Schlafmann/Zschenderlein
Allgemeine Wirtschaftslehre
für Steuerfachangestellte

Zusätzliche digitale Inhalte für Sie!

Zu diesem Buch stehen Ihnen kostenlos folgende digitale Inhalte zur Verfügung:

- Online-Buch ✓
- Buch als PDF
- Online-Training
- Zusatz-Downloads
- App
- Digitale Lernkarten

Schalten Sie sich das Buch inklusive Mehrwert direkt frei.

Scannen Sie den QR-Code **oder** rufen Sie die Seite **www.kiehl.de** auf. Geben Sie den Freischaltcode ein und folgen Sie dem Anmeldedialog. Fertig!

Ihr Freischaltcode

BFSM-YZBJ-OYFM-LHJA-NVWM-ZH

Allgemeine Wirtschaftslehre für Steuerfachangestellte

Von
OStR Dipl.-Kfm. Lutz Schlafmann und
OStR Dipl.-Hdl. Oliver Zschenderlein

20., aktualisierte Auflage

ISBN 978-3-470-**52740**-6 · 20., überarbeitete Auflage 2022

© NWB Verlag GmbH & Co. KG, Herne 1991
www.kiehl.de

Kiehl ist eine Marke des NWB Verlags

Alle Rechte vorbehalten.
Das Werk und seine Teile sind urheberrechtlich geschützt. Jede Nutzung in anderen als den gesetzlich zugelassenen Fällen bedarf der vorherigen schriftlichen Einwilligung des Verlages. Hinweis zu § 52a UrhG: Weder das Werk noch seine Teile dürfen ohne eine solche Einwilligung eingescannt und in ein Netzwerk eingestellt werden. Dies gilt auch für Intranets von Schulen und sonstigen Bildungseinrichtungen.

Satz: SATZ-ART Prepress & Publishing GmbH, Bochum
Druck: Druckerei Hachenburg PMS GmbH, Hachenburg

 Scannen Sie den QR-Code oder besuchen Sie **Climate-Partner.com/16605-2106-1001** und erfahren Sie mehr zu unseren klimaneutralen Druckprodukten.

Vorwort

Grundlage für das vorliegende Lehr-, Lern- und Arbeitsbuch ist der aktuelle **Rahmenlehrplan für den Ausbildungsberuf Steuerfachangestellte/r**. Der Lernende soll beim Studium dieses Buches in die grundlegenden Probleme der Wirtschaftslehre und in die wirtschaftlich relevanten Teile des Rechts eingeführt werden.

Die Informationen sind ausbildungsgerecht verständlich und praxisnah dargestellt. Für die Arbeit mit diesem Buch sind folgende Punkte erwähnenswert:

- Zentrale **Begriffe und Sachverhalte sind durch Fettdruck** hervorgehoben.
- Zahlreiche **Schaubilder, Grafiken und Tabellen** erleichtern die Arbeit mit dem Buch.
- Ein ausführliches **Stichwortverzeichnis** und ein **Abkürzungsverzeichnis** helfen beim Auffinden von Sachverhalten und Gesetzesquellen.
- Die **„Aufgaben zur Sicherung des Lernerfolgs"** können als selbstständige Arbeitsaufträge eingesetzt werden.
- Die 20. Auflage wurde **vollständig überarbeitet und aktualisiert**. Ein Lösungsheft für die Vielzahl von Übungsfällen und Aufgaben ist unter der Bestellnummer 978-3-470-52750-5 lieferbar.

„Ein Blick ins Gesetz fördert das Rechtsverständnis und die Rechtsfindung", lautet ein Juristen-Rat, der unbedingt zu beachten ist. Der Leser soll die Fähigkeit erlernen, einfache juristische Probleme aus den entsprechenden Rechtsgebieten zu erkennen und selbstständig zu lösen. Dies ist aber nur möglich, wenn der Benutzer des Buches die Gesetzesvorschriften immer wieder nachliest. Die Lektüre der zitierten Gesetzestexte ist daher unerlässliche Voraussetzung. Die erforderlichen Gesetzbücher sollten immer in greifbarer Nähe sein, um die zitierten Rechtsvorschriften nachzuschlagen. Der Umgang mit Gesetzestexten muss durch ständiges Training geschult werden. **Lesen Sie deshalb die gesetzlichen Vorschriften Wort für Wort**, um Ihr juristisches Denken und Arbeiten zu fördern. „Ein Blick ins Gesetz erspart viel Geschwätz."

In der 20. Auflage wurde der Teil von Wolfgang Leib durch Oliver Zschenderlein bearbeitet und wird künftig durch ihn weitergeführt. Wir danken Herrn Leib für die gute Zusammenarbeit und sein Engagement.

Die Verfasser
Hirschberg und Koblenz, im Mai 2022

Benutzungshinweise

Diese Symbole erleichtern Ihnen die Arbeit mit diesem Buch:

 TIPP

Hier finden Sie nützliche Hinweise zum Thema.

 MERKE

Das X macht auf wichtige Merksätze oder Definitionen aufmerksam.

 ACHTUNG

Das Ausrufezeichen steht für Beachtenswertes, wie z. B. Fehler, die immer wieder vorkommen, typische Stolpersteine oder wichtige Ausnahmen.

 INFO

Hier erhalten Sie nützliche Zusatz- und Hintergrundinformationen zum Thema.

 RECHTSGRUNDLAGEN

Das Paragrafenzeichen verweist auf rechtliche Grundlagen, wie z. B. Gesetzestexte.

 MEDIEN

Das Maus-Symbol weist Sie auf andere Medien hin. Sie finden hier Hinweise z. B. auf Download-Möglichkeiten von Zusatzmaterialien, auf Audio-Medien oder auf die Website von Kiehl.

Aus Gründen der besseren Lesbarkeit verzichten wir auf die gleichzeitige Verwendung der Sprachformen männlich, weiblich und divers (m/w/d). Sämtliche Personenbezeichnungen gelten gleichermaßen für alle Geschlechter.

Feedbackhinweis

Kein Produkt ist so gut, dass es nicht noch verbessert werden könnte. Ihre Meinung ist uns wichtig. Was gefällt Ihnen gut? Was können wir in Ihren Augen verbessern? Bitte schreiben Sie einfach eine E-Mail an: **feedback@kiehl.de**

INHALTSVERZEICHNIS

Vorwort 5
Benutzungshinweise 6
Feedbackhinweis 6
Abkürzungsverzeichnis 15

A. Rechtliche Rahmenbedingungen der Wirtschaft 17

1. Grundlagen des Privatrechts 17
1.1 Begriff, Quellen und Funktionen des Rechts 17
1.2 Bürgerliches Recht – Privatrecht – Zivilrecht 17
1.3 Allgemeiner Aufbau eines Gesetzes 19
1.4 Privates und öffentliches Recht 22
1.5 Rechtssubjekte und Rechtsobjekte 24
1.6 Sachen, Rechte, Tiere 25
1.7 Aufbau des BGB 26
1.8 Objektives Recht und subjektive Rechte 27
1.9 Rechtsfähigkeit 28
1.10 Geschäftsfähigkeit 31
1.11 Rechtsgeschäfte und Willenserklärungen 35
1.12 Formvorschriften bei privat-rechtlichen Rechtsgeschäften 36
1.13 Arten von Rechtsgeschäften 37
1.14 Nichtige und anfechtbare Rechtsgeschäfte 38
1.15 Wichtige Verträge des täglichen Lebens 42
1.16 Übungsaufgaben 49

2. Grundlagen des Kaufvertragsrechts 59
2.1 Kaufvertragsabschluss und Kaufvertragserfüllung 59
2.2 Kaufvertrag 60
   2.2.1 Angebot 62
   2.2.2 Bindung an das Angebot 63
2.3 Besondere Art des Kaufs: Verbrauchsgüterkauf und Beweislastumkehr 64
2.4 Besondere Vertriebsformen beim Kauf 66
   2.4.1 Außerhalb von Geschäftsräumen geschlossene Verträge und Fernabsatzverträge 66
   2.4.2 Vertragsabschluss im E-Commerce 68
2.5 Übungsaufgaben 69

3. Störungen bei der Erfüllung eines Kaufvertrages 71
3.1 Mangelhafte Lieferung 71
   3.1.1 Mängel im Hinblick auf die Erkennbarkeit 72
   3.1.2 Sachmängel und Rechtsmängel 73
   3.1.3 Rechte des Käufers bei mangelhafter Lieferung 79

INHALTSVERZEICHNIS

		3.1.4	Ausschluss oder Einschränkung der Gewährleistungsrechte	82
		3.1.5	Produkthaftungsgesetz	85
	3.2	Lieferungsverzug		86
		3.2.1	Voraussetzungen des Lieferungsverzugs	86
		3.2.2	Vorsatz und Fahrlässigkeit	88
		3.2.3	Rechte des Käufers bei Lieferungsverzug	89
	3.3	Annahmeverzug		91
	3.4	Zahlungsverzug		93
	3.5	Übungsaufgaben		101
4.	**Eigentumserwerb und Eigentumsübertragung**			**107**
	4.1	Besitz und Eigentum		107
	4.2	Eigentumserwerb an beweglichen Sachen		108
	4.3	Eigentumserwerb an Grundstücken		109
	4.4	Übungsaufgaben		110
5.	**Forderungseinzug und Mahnwesen**			**113**
	5.1	Überwachen des Zahlungseingangs		113
	5.2	Außergerichtliches Mahnverfahren		113
	5.3	Gerichtliches Mahnverfahren		116
	5.4	Verjährung von Ansprüchen im Privatrecht		126
		5.4.1	Einrede	126
		5.4.2	Hemmung der Verjährung	129
		5.4.3	Neubeginn der Verjährung	130
	5.5	Zivilprozess		132
	5.6	Übungsaufgaben		134

B. Arbeitsrecht und soziale Sicherung 139

1.	**Berufsausbildung**		**139**
	1.1	Inhalt des Berufsausbildungsvertrages	139
	1.2	Beendung des Ausbildungsverhältnisses	143
	1.3	Verlängerung der Ausbildungszeit	146
	1.4	Berufsbildungsgesetz und Ausbildungsordnung	147
	1.5	Duales System der Berufsausbildung	148
	1.6	Steuerberaterkammern und ihre Aufgaben in der Berufsausbildung	151
	1.7	Übungsaufgaben	152
2.	**Schutz des Menschen im Beruf**		**156**
	2.1	Arbeitsschutz im Überblick	156
	2.2	Jugendarbeitsschutzgesetz	157
	2.3	Mutterschutzgesetz	164
	2.4	Elternzeit und Elterngeld	166

INHALTSVERZEICHNIS

2.5	Unfallschutz und Gesundheitsschutz durch Gewerbeaufsichtsamt und Berufsgenossenschaft	171
2.6	Arbeitszeitregelung	172
2.7	Datenschutz	173
2.8	Übungsaufgaben	175
3.	**Innerbetriebliche und außerbetriebliche Weiterbildungsangebote**	**177**
4.	**Mitbestimmungs- und Mitwirkungsrechte der Arbeitnehmer**	**179**
4.1	Interessenvertretung und Arbeitnehmerbeteiligung nach dem Betriebsverfassungsgesetz	180
4.2	Betriebliche Jugendvertretung	183
5.	**Entstehung und Beendigung des Arbeitsverhältnisses**	**184**
5.1	Arbeitsverhältnis und Einzelarbeitsvertrag	184
5.2	Gewährung und Berechnung des Urlaubsanspruchs	187
5.3	Tarifvertrag	189
5.4	Beendigungsmöglichkeiten des Arbeitsverhältnisses	192
5.5	Kündigung und Kündigungsschutz	193
5.5.1	Kündigungsform und Kündigungsgrund	193
5.5.2	Kündigungszugang und Beweislast	194
5.5.3	Exkurs: Auflösungsvertrag	195
5.5.4	Kündigungsfristen bei ordentlicher Kündigung	196
5.5.5	Außerordentliche Kündigung	199
5.5.6	Abmahnung	200
5.5.7	Kündigungsschutzklage und Abfindung	203
5.5.8	Kündigungsschutzgesetz	204
5.5.9	Anhörung des Betriebsrates vor einer Kündigung	209
5.5.10	Besonderer Kündigungsschutz	210
5.6	Arbeitszeugnis	212
5.7	Allgemeines Gleichbehandlungsgesetz	213
5.8	Entgelttransparenzgesetz	215
5.9	Übungsaufgaben	216
6.	**Sozialrecht und Sozialversicherung**	**226**
6.1	Versicherungsprinzip	226
6.2	Entstehen der Sozialversicherung	226
6.3	Grundgedanke der Sozialversicherung	227
6.4	Zweige der Sozialversicherung	227
6.4.1	Gesetzliche Krankenversicherung	229
6.4.2	Soziale Pflegeversicherung	233
6.4.3	Gesetzliche Rentenversicherung	236
6.4.4	Gesetzliche Arbeitslosenversicherung	240
6.4.5	Gesetzliche Unfallversicherung	247

6.5	Beitragsbemessungsgrenze	249
6.6	Versicherungspflichtgrenze	254
6.7	Ermittlung und Überweisung des Gesamtsozialversicherungsbeitrags	255
6.8	Arbeits- und Sozialgerichtsbarkeit	257
6.9	Übungsaufgaben	260

C. Handels- und Gesellschaftsrecht 265

1. Verhältnis von Handelsrecht und Privatrecht 265

2. Kaufmannseigenschaft und Kaufmannsarten 269
- 2.1 Istkaufmann aufgrund eines Handelsgewerbes nach § 1 HGB 269
- 2.2 Kannkaufmann aufgrund gewählter Eintragung nach § 2 HGB 274
- 2.3 Kannkaufmann aufgrund gewählter Eintragung nach § 3 HGB 275
- 2.4 Kaufmann kraft Gesellschaftsform, Formkaufleute nach § 6 HGB 276
- 2.5 Übungsaufgaben 279

3. Handelsregisterrecht 282
- 3.1 Eintragung und Löschung von Tatsachen 283
- 3.2 Eintragungstatsachen und Eintragungswirkung 283
- 3.3 Vertrauensschutz des Handelsregisters 285
  - 3.3.1 Schutz gutgläubiger Dritter bei Nichteintragung und/oder Nichtbekanntmachung (fehlende Publizität) 285
  - 3.3.2 Schutz des Eintragungspflichtigen bei richtiger Eintragung und Bekanntmachung (fehlerfreie Publizität) 286
  - 3.3.3 Schutz gutgläubiger Dritter bei falschen Bekanntmachungen (fehlerhafte Publizität) 287
  - 3.3.4 Elektronisches Handelsregister 288
- 3.4 Übungsaufgaben 290

4. Firmenrecht 293
- 4.1 Firmenarten und Firmenzusätze 294
- 4.2 Grundsätze der Firmenbildung und Firmenführung 295
  - 4.2.1 Grundsatz der Firmenwahrheit und Firmenklarheit 295
  - 4.2.2 Grundsatz der Firmenbeständigkeit und Firmenfortführung 296
  - 4.2.3 Grundsatz der Firmenausschließlichkeit und Firmenunterscheidbarkeit 297
  - 4.2.4 Grundsatz der Firmeneinheit 298
  - 4.2.5 Grundsatz der Firmenöffentlichkeit 298
  - 4.2.6 Pflichtangaben auf Geschäftsbriefen und Bestellscheinen 299
- 4.3 Übungsaufgaben 299

INHALTSVERZEICHNIS

5. Recht der Stellvertretung — 300
- 5.1 Stellvertreter und Bote — 300
- 5.2 Stellvertretung und Vollmacht — 301
- 5.3 Handlungsbevollmächtigter — 303
- 5.4 Prokurist — 305
- 5.5 Erlöschen der Vollmacht — 308
- 5.6 Selbstständige Mitarbeiter des Kaufmanns — 309
  - 5.6.1 Handelsvertreter — 309
  - 5.6.2 Kommissionär — 311
  - 5.6.3 Handelsmakler — 312
- 5.7 Übungsaufgaben — 315

6. Unternehmensformen — 318
- 6.1 Überblick über die Unternehmensformen — 318
  - 6.1.1 Personen- und Kapitalgesellschaften — 319
  - 6.1.2 Exkurs: Handelsrechtliche Rechnungslegung und Publizität — 320
  - 6.1.3 Unterscheidungskriterien — 322
- 6.2 Einzelunternehmen — 322
- 6.3 Gesellschaft des bürgerlichen Rechts (GbR) — 323
- 6.4 Offene Handelsgesellschaft (OHG) — 328
- 6.5 Kommanditgesellschaft (KG) — 331
- 6.6 GmbH & Co. KG — 333
- 6.7 Partnerschaftsgesellschaft (PartG) — 334
- 6.8 Stille Gesellschaft — 336
- 6.9 Europäische wirtschaftliche Interessengemeinschaft (EWIV) — 338
- 6.10 Gesellschaft mit beschränkter Haftung (GmbH) — 339
- 6.11 Aktiengesellschaft (AG) — 347
  - 6.11.1 Aktienarten — 349
  - 6.11.2 Aktionärsrechte — 352
  - 6.11.3 Gründung — 357
  - 6.11.4 Geschäftsführung und Vertretung — 361
  - 6.11.5 Haftung — 362
  - 6.11.6 Finanzierung — 362
  - 6.11.7 Steuerliche Behandlung — 369
- 6.12 Kommanditgesellschaft auf Aktien (KGaA) — 370
- 6.13 Europäische Gesellschaft (SE) — 370
- 6.14 Eingetragene Genossenschaft (eG) — 371
- 6.15 Europäische Genossenschaft (SCE) — 375
- 6.16 Übungsaufgaben — 376

INHALTSVERZEICHNIS

D. Investition und Finanzierung 391

1. Finanzierungsarten 394
    1.1   Übungsaufgaben 396

2. Außenfinanzierung 398
    2.1   Beteiligungsfinanzierung 398
    2.2   Bankkredit 398
        2.2.1   Kreditarten 399
        2.2.2   Kreditsicherheiten 405
        2.2.3   Bonitätsanalyse und Rating 420
    2.3   Lieferantenkredit und Kundenanzahlung 429
    2.4   Besondere Finanzierungsarten 431
        2.4.1   Factoring 431
        2.4.2   Leasing 433
    2.5   Übungsaufgaben 436

3. Innenfinanzierung 445
    3.1   Finanzierungseffekt von Abschreibungen 445
        3.1.1   Kapitalfreisetzungs- und Kapitalbindungseffekt 445
        3.1.2   Kapazitätserweiterungseffekt 447
    3.2   Finanzierung durch Kapitalfreisetzung 449
    3.3   Offene Selbstfinanzierung 449
    3.4   Stille Selbstfinanzierung 450
    3.5   Übungsaufgaben 451

4. Insolvenz 453
    4.1   Unternehmensinsolvenz 455
    4.2   Verbraucherinsolvenz 457
    4.3   Restschuldbefreiung 458
    4.4   Übungsaufgaben 459

E. Grundzüge der Wirtschaftsordnung und der Wirtschaftspolitik 461

1. Wirtschaftsordnungen 461
    1.1   Grundprobleme einer Wirtschaftsordnung 461
    1.2   Marktwirtschaft und Zentralverwaltungswirtschaft 462
    1.3   Soziale Marktwirtschaft 463
    1.4   Marktformen 465
    1.5   Ökonomisches Prinzip 467
        1.5.1   Ethik der Marktwirtschaft 467
        1.5.2   Ökonomische, ökologische und soziale Ziele 468

INHALTSVERZEICHNIS

1.6	Wettbewerbsschutz		469
	1.6.1	Unternehmenskonzentration	469
	1.6.2	Gesetz gegen Wettbewerbsbeschränkungen	471
	1.6.3	Verbraucherschutz	473
1.7	Übungsaufgaben		474
2.	**Wirtschaftspolitik**		**477**
2.1	Träger der Wirtschaftspolitik		477
2.2	Ziele der Wirtschaftspolitik		477
2.3	Geldpolitik		479
	2.3.1	Inflation	479
	2.3.2	Ziele und Aufgaben des ESZB	480
	2.3.3	Organisation des ESZB	481
	2.3.4	Instrumente des ESZB	482
2.4	Beschäftigungspolitik		484
	2.4.1	Vollbeschäftigung und Arbeitslosigkeit	484
	2.4.2	Formen der Arbeitslosigkeit	485
2.5	Außenwirtschaftspolitik		486
	2.5.1	Internationale Arbeitsteilung	487
	2.5.2	Zahlungsbilanz	487
	2.5.3	Europäische Union und Europäischer Wirtschaftsraum (EU und EWR)	489
	2.5.4	Europäische Wirtschafts- und Währungsunion (WWU)	489
	2.5.5	Außenwert des Geldes	491
2.6	Konjunkturpolitik		493
	2.6.1	Konjunkturphasen	493
	2.6.2	Konjunkturindikatoren	494
	2.6.3	Fiskalpolitik	496
2.7	Umweltpolitik		500
2.8	Gerechte Einkommens- und Vermögensverteilung		502
	2.8.1	Wirtschaftssektoren	502
	2.8.2	Staatliche Strukturpolitik	503
2.9	Übungsaufgaben		504

Stichwortverzeichnis 511

ABKÜRZUNGSVERZEICHNIS

AGG	Allgemeines Gleichbehandlungsgesetz	GVG	Gerichtsverfassungsgesetz
AktG	Aktiengesetz	GWB	Gesetz gegen Wettbewerbsbeschränkungen
AO	Abgabenordnung		
ArbGG	Arbeitsgerichtsgesetz	HGB	Handelsgesetzbuch
ArbZG	Arbeitszeitgesetz	HRV	Handelsregisterverfügung
ASiG	Gesetz über Betriebsärzte Sicherheitsingenieure und andere Fachkräfte für Arbeitssicherheit	InsO	Insolvenzordnung
		IPR	Internationales Privatrecht
		JArbSchG	Jugendarbeitsschutzgesetz
BBiG	Berufsbildungsgesetz	KSchG	Kündigungsschutzgesetz
BDSG	Bundesdatenschutzgesetz	KStG	Körperschaftsgesetz
BEEG	Bundeselterngeld- und Elternzeitgesetz	MitbestG	Mitbestimmungsgesetz
BetrVerfG	Betriebsverfassungsgesetz	MuSchG	Mutterschutzgesetz
BFH	Bundesfinanzhof		
BGB	Bürgerliches Gesetzbuch	PartGG	Partnerschaftsgesellschaftsgesetz
BUrlG	Bundesurlaubsgesetz	PflegeG	Pflegeversicherungsgesetz
DSGVO	Datenschutzgrundverordnung	ProdHaftG	Produkthaftungsgesetz
		PublG	Publizitätsgesetz
EBRG	Gesetz über Europäische Betriebsräte	SchwbG	Schwerbehindertengesetz
		SGB	Sozialgesetzbuch
EHUG	Gesetz über elektronische Handelsregister und Genossenschaftsregister sowie das Unternehmensregister	StabG	Gesetz zur Förderung der Stabilität und des Wachstums in der Wirtschaft (Stabilitätsgesetz)
		StBerG	Steuerberatergesetz
EntgTranspG	Entgelttransparenzgesetz	StGB	Strafgesetzbuch
EStG	Einkommensteuergesetz	StPO	Strafprozessordnung
FGG	Gesetz über die Angelegenheiten der freiwilligen Gerichtsbarkeit	TVG	Tarifvertragsgesetz
		TzBfG	Teilzeit- und Befristungsgesetz
FGO	Finanzgerichtsordnung		
		UG	Unternehmergesellschaft
GBO	Grundbuchordnung	UrhG	Urheberrechtsgesetz
GenG	Gesetz betreffend die Erwerbs- und Wirtschaftsgenossenschaften	UStG	Umsatzsteuergesetz
		UWG	Gesetz gegen den unlauteren Wettbewerb
GewO	Gewerbeordnung		
GG	Grundgesetz	VVG	Versicherungsvertragsgesetz
GKG	Gerichtskostengesetz	VwVfG	Verwaltungsverfahrensgesetz
GmbHG	Gesetz betreffend die Gesellschaften mit beschränkter Haftung	ZPO	Zivilprozessordnung

A. Rechtliche Rahmenbedingungen der Wirtschaft
1. Grundlagen des Privatrechts
1.1 Begriff, Quellen und Funktionen des Rechts

Recht im objektiven Sinn ist die **Rechtsordnung**, d. h. die **Gesamtheit der Rechtsvorschriften** und **Rechtsregeln**, die das Zusammenleben der Menschen in der Gemeinschaft (Staat, Gemeinde, Familie) ordnen. Die Rechtsordnung legt fest, was der Einzelne tun darf und unterlassen soll. Die Rechtsordnung ist somit eine **Zusammenfassung der Gebote und Verbote, eine Festlegung von Rechten und Pflichten**.

Rechtsvorschriften werden in Gesetzen zusammengefasst. Nach seiner Entstehung teilt man das Recht ein in Gewohnheitsrecht und Gesetzesrecht.

Das **Gewohnheitsrecht** als **ungeschriebenes** Recht ist durch mündliche Überlieferung entstanden. Bestimmte Rechtsgrundsätze und Rechtsregeln werden von Generation zu Generation überliefert und in der Gegenwart als geltendes Recht empfunden und geübt, ohne dass es in Gesetzen schriftlich festgelegt ist. Das Gewohnheitsrecht hat heute in unserer Rechtsordnung seine Bedeutung fast völlig verloren.

Gesetzesrecht als **geschriebenes** Recht ist in gesetzlichen Vorschriften niedergelegt, die von der Legislative (Bundestag oder Landtag) erlassen werden (siehe Art. 70 ff. GG).

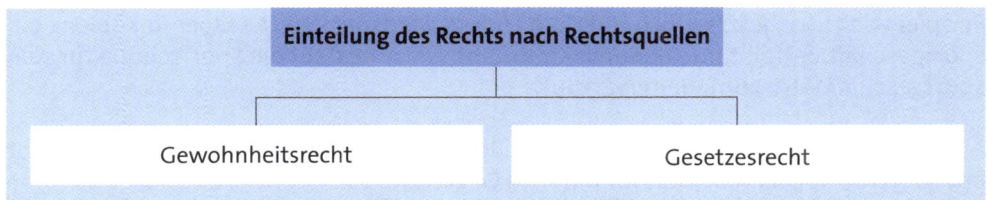

1.2 Bürgerliches Recht – Privatrecht – Zivilrecht

Das **Bürgerliche Recht** ist das **Privatrecht für jedermann**. Es regelt die Rechtsbeziehungen zwischen Privatpersonen untereinander. Für alle (Verbraucher, Unternehmer, Privatpersonen, Gewerbetreibende, Selbstständige, Unselbstständige), die am Rechts- und Wirtschaftsleben teilnehmen, ist das Bürgerliche Recht von zentraler Bedeutung. Die Beschäftigung mit rechtlichen Grundsätzen und rechtlichen Grundbegriffen ist daher für den genannten Personenkreis unerlässlich.

Der Begriff „**Bürgerliches Recht**" ist identisch mit dem Begriff „**Zivilrecht**". Die wichtigsten rechtlichen Bestimmungen für das Zusammenleben einzelner Personen enthält das **Bürgerliche Gesetzbuch**. Häufig wird der Begriff des Bürgerlichen Rechts mit dem Begriff des Privatrechts gleichgesetzt. Das Bürgerliche Gesetzbuch ist das wichtigste Gesetz des Privatrechts und hat die größte Bedeutung im Alltagsleben.

Daneben gibt es eine Reihe von privatrechtlichen Sondergesetzen, die das Bürgerliche Recht ergänzen und abweichende Vorschriften enthalten: das Handels- und Gesellschaftsrecht, das Wertpapierrecht sowie das Gewerbe- und Wettbewerbsrecht.

Beispiel

Die Privatperson Christian Kasper bestellt bei einem Versandhandel ein Paar Sportschuhe. Die Schuhe werden eine Woche nach der Bestellung geliefert und von Herrn Kasper bezahlt. Da Herr Kasper durch seine Arbeit stark ausgelastet und ein paar Tage auf einer Dienstreise ist, hat er keine Zeit, die erhaltenen Schuhe zu prüfen und auszuprobieren.

Einen Monat nach dem Erhalt der Schuhe findet Herr Kasper Zeit, die Schuhe genauer zu betrachten und auszuprobieren. Dabei stellt er fest, dass die Sohle nicht richtig verklebt ist und sich deshalb auch ohne Nutzung an einigen Stellen abgelöst hat.

Für diesen Fall (Sachmangel) enthält das BGB Regelungen zu den Rechten, die Herr Kasper hat: Er kann die Schuhe beispielsweise zurückschicken und im Gegenzug mangelfreie Schuhe verlangen (vgl. §§ 437 und 439 BGB).

Für den Verkäufer der Sportschuhe und Herrn Kasper als Käufer regelt das BGB also, welche Rechte der Käufer bei der Lieferung einer mangelhaften Sache hat.

Fallvariante:
Beispiel wie zuvor, jetzt jedoch mit dem Unterschied, dass Herr Kasper in Koblenz ein Sportgeschäft betreibt und dadurch Kaufmann ist. Er bestellt die Sportschuhe für sein Sportgeschäft (also zum Weiterverkauf).

Als Kaufmann ist Herr Kasper neben dem BGB an das HGB gebunden. Dieses schreibt in § 377 HGB vor, dass der Kaufmann – im Gegensatz zur Privatperson – die erhaltene Ware **unverzüglich** auf Mängel zu untersuchen und entdeckte Mängel **unverzüglich** zu reklamieren hat. Unterlässt er diese Handlungen, gilt die Ware als genehmigt und spätere Reklamationen sind dann grundsätzlich nicht mehr möglich.

Für Kaufleute gilt also neben dem BGB zusätzlich das HGB mit teilweise strengeren Vorschriften (die einer Privatperson nicht zugemutet werden).

1.3 Allgemeiner Aufbau eines Gesetzes

Juristisches Denken und Arbeiten

Recht haben ist eine Seite, **Recht durchsetzen können** ist eine andere Seite, **Recht bekommen** ist der glückliche Ausgang einer Rechtsstreitigkeit.

Juristen haben eine spezielle Arbeitstechnik und Arbeitsmethodik. Bei der Anwendung des **objektiven Rechts** (Summe der Rechtsregeln und Rechtsvorschriften) wird ein konkreter **Sachverhalt (Fall)** rechtlich bewertet.

Zunächst ist der Sachverhalt nach rechtlichen Gesichtspunkten zu erfassen und das anzuwendende Gesetzbuch zu finden (z. B. BGB, HGB). Zur Lösung des Problems hat sich die folgende Vorgehensweise als vorteilhaft erwiesen:

1. Die gesetzliche Regelung des Anspruchs **(Rechtsnorm)** besteht aus zwei Elementen: aus einem **Tatbestand** und aus einer **Rechtsfolge**. Der Tatbestand umschreibt den Sachverhalt, für den eine Regelung getroffen werden soll. Die Rechtsfolge tritt ein, wenn dieser Tatbestand vorliegt.

    Jede Rechtsnorm muss allgemein gehalten sein, da sie nicht für einen speziellen Einzelfall gelten soll, sondern für eine Vielzahl von gleichen Fällen.

2. Der **Tatbestand** besteht wiederum aus einzelnen **Tatbestandsmerkmalen** (Voraussetzungen). Alle Voraussetzungen müssen erfüllt sein, damit die **Rechtsfolge** eintritt.

Beispiel

Das BGB regelt in § 105 Abs. 1 BGB: „Die Willenserklärung eines Geschäftsunfähigen ist nichtig."

Die **Tatbestandsmerkmale** dieser Regelung sind:
- es liegt eine **Willenserklärung** vor (z. B. Annahme eines Antrags bzw. Angebots im Rahmen eines Kaufvertrags)
- die Willenserklärung wurde von einer Person getätigt, die **nicht geschäftsfähig** ist (z. B. ein sechsjähriges Kind; vgl. § 104 Nr. 1 BGB).

Die **Rechtsfolge** lautet, wenn die Tatbestandsmerkale erfüllt sind: Die getätigte Willenserklärung ist **nichtig** (= unwirksam).

Wenn also ein Kind, das unter sieben Jahre alt ist, einen Kaufvertrag schließt, ist dieser nichtig (als wäre dieser nie geschlossen worden).

Juristische Sprache und Zitierweise

Jedes Gesetzbuch ist für den juristischen Laien ein unübersichtliches und schwer verständliches Gesetzeswerk. Wer zum ersten Mal gezwungen ist, sich mit rechtlichen Problemen und Gesetzestexten auseinander zu setzen, hat begreiflicherweise Schwierigkeiten mit der juristischen Sprache und Zitierweise. Daher sind ein paar grundlegende Hinweise hilfreich und angebracht.

1. Jedes Gesetz ist unterteilt in einzelne Paragrafen (das Grundgesetz ist in Artikel untergliedert). Das Paragrafenzeichen (§) besteht aus zwei aneinander gefügten „S" (Signum sectionis = lat. Abschnittszeichen) und gibt den Abschnitt des Gesetzes an, z. B. **§ 433 BGB.** Mehrere Paragrafenzeichen werden durch zwei aufeinanderfolgende Paragrafenzeichen zitiert, z. B. **§§ 433 - 453 BGB oder §§ 433 ff. BGB.**

2. Häufig untergliedert sich der Paragraf in mehrere Absätze. Ein Absatz kann wiederum mehrere Sätze enthalten, z. B. **§ 433 Abs. 1 Satz 1 BGB.**

3. Innerhalb eines Gesetzes wird durchnummeriert von § 1 an beginnend fortlaufend bis zum Gesetzesende, z. B. **§§ 1 - 2385 BGB.**

4. Neu hinzugefügte Rechtsvorschriften werden durch Kleinbuchstaben gekennzeichnet, da es ein zu großer Aufwand wäre, das Gesetz völlig neu zu nummerieren, z. B. **§ 241a BGB.**

5. Außer Kraft getretene Paragrafen werden mit dem Vermerk „weggefallen" oder „aufgehoben" gekennzeichnet, z. B. **§§ 3 - 6 BGB (weggefallen); § 4 HGB (aufgehoben).**

6. Aus Gründen der juristischen Zitierweise werden Gesetze einfachheitshalber und zweckmäßigerweise mit einer offiziellen Kurzbezeichnung vom Gesetzgeber verabschiedet, z. B. **BGB, HGB, AO.**

7. Als **Legaldefinition** bezeichnet man die **Definition eines Rechtsbegriffs in einem Gesetz**. Der Gesetzgeber legt in einer Rechtsvorschrift selbst durch Definition im Gesetzestext fest, wie ein unbestimmter Gesetzesbegriff zu verstehen ist.

Beispiele

- §§ 13, 14 BGB: Verbraucher, Unternehmer
- § 90 BGB: Sache
- § 276 Abs. 2 BGB: Fahrlässigkeit.

Manche Rechtsbegriffe werden im Gesetz nicht erläutert, sodass es der Rechtsprechung und der Rechtslehre vorbehalten bleibt, diese Begriffe zu definieren und auszulegen.

Beispiele

Rechtsgeschäft, Willenserklärung, Vorsatz, Unternehmen, Gewerbe.

Manche Begriffe haben in der Juristensprache eine andere Bedeutung als in der Umgangssprache.

Beispiele

„Grundsätzlich" hat in der Juristensprache nicht die Bedeutung von „immer", sondern „grundsätzlich" lässt gerade Ausnahmen zu.

„Unverzüglich" heißt in der Juristensprache nicht „sofort", sondern „ohne schuldhaftes Verzögern".

Gesetzesrecht tritt in Form von **Gesetzen**, **Verordnungen** und **Satzungen** in Erscheinung.

Gesetze werden von den Bundes- und Länderparlamenten beschlossen. Durch Gesetz können die Bundesregierung, ein Bundesminister oder die Landesregierungen ermächtigt werden Rechtsverordnungen zu erlassen (Art. 80 Abs. 1 GG).

Auf der Grundlage von § 6 Abs. 1 des Straßenverkehrsgesetzes wurde beispielsweise die Straßenverkehrsordnung erlassen. **Rechtsverordnungen** sind gegenüber Gesetzen nachrangig.

Satzungen werden von juristischen Personen des öffentlichen Rechts erlassen (Gemeinden, öffentliche Anstalten, Universitäten, Steuerberaterkammern). Den Gemeinden muss das Recht gewährleistet sein, alle Angelegenheiten der örtlichen Gemeinschaft im Rahmen der Gesetze in eigener Verantwortung zu regeln (Art. 28 Abs. 2 GG), z. B. Müllsatzung, Gemeindesatzung zur Reinigungspflicht von Gehwegen.

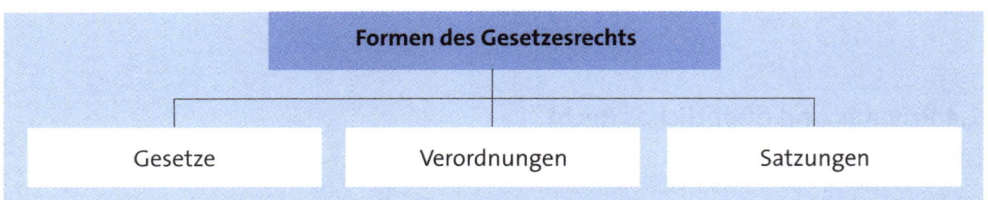

Das Recht soll das friedliche Zusammenleben der Menschen sichern (**Ordnungsfunktion**). Darüber hinaus soll das Recht in jedem einzelnen Streitfall eine gerechte Entscheidung herbeiführen: gleiche Entscheidung bei gleich gelagerten Fällen (**Gerechtigkeitsfunktion**). Recht hat auch die Aufgabe, den Bürger zu schützen vor Verletzungen der Rechtsvorschriften (**Schutzfunktion**): Jede Missachtung von rechtlichen Geboten und Verboten hat rechtliche Folgen. Recht begründet Rechtsansprüche. Wer einen Rechtsanspruch gegenüber einem anderen hat, muss sicher sein, dass er diesen Anspruch mithilfe der Gerichte durchsetzen kann (**Rechtssicherheitsfunktion**).

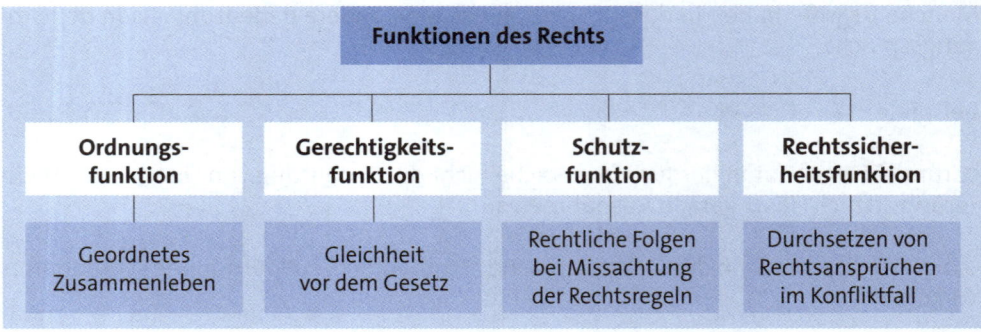

Beispiele	Tatbestand	Rechtsfolge
§ 433 Abs. 1 Satz 1 BGB	Durch den Kaufvertrag	wird der Verkäufer einer Sache verpflichtet, dem Käufer die Sache zu übergeben und das Eigentum an der Sache zu verschaffen.
§ 823 Abs. 1 BGB	Wer vorsätzlich oder fahrlässig das Leben, die Gesundheit, die Freiheit, das Eigentum ... eines anderen widerrechtlich verletzt,	ist dem anderen zum Ersatze des daraus entstehenden Schadens verpflichtet.

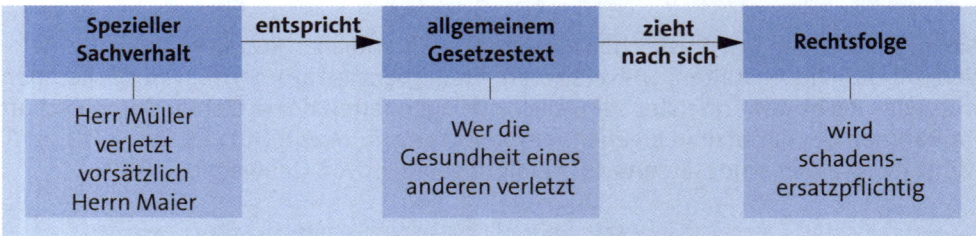

1.4 Privates und öffentliches Recht

Unsere Rechtsordnung wird in zwei Rechtsgebiete unterteilt:

Das **Privatrecht** regelt die **Rechtsbeziehungen zwischen Privatpersonen**. Einzelinteressen stehen hierbei im Vordergrund. Die Personen gehen freiwillig privatrechtliche Pflichten ein. Niemand zwingt einen Bürger, einen Kaufvertrag abzuschließen. Da die beteiligten Bürger (z. B. Käufer und Verkäufer) gleichberechtigt sind, spricht man vom **Prinzip der Gleichordnung**. Das **Handelsgesetzbuch (HGB)** und das **Bürgerliche Gesetzbuch (BGB)** sind Teile des Privatrechts.

Auf dem **Gebiet des Privatrechts** herrscht der **Grundsatz der Vertragsfreiheit**. Jeder Bürger kann selbstständig entscheiden,

- ob, wann und mit wem er einen Vertrag eingehen will (**Abschlussfreiheit**)
- worüber er einen Vertrag eingehen will (**inhaltliche Gestaltungsfreiheit**)
- in welcher Form er einen Vertrag eingehen will (**Formfreiheit**).

Beim **öffentlichen Recht** steht das **Interesse der Allgemeinheit** im Vordergrund. Die Beteiligten sind hierbei nicht gleichberechtigt. Öffentlich-rechtliche Pflichten werden aufgrund von Hoheitsgewalt erzwungen. Der Staat kann den Bürger zwingen, Steuern zu zahlen oder seiner Schulpflicht nachzukommen. Das öffentliche Recht ist demnach durch das **Prinzip der Über- und Unterordnung** (Staat – Bürger) gekennzeichnet. **Strafrecht**, **Steuerrecht** und **Verwaltungsrecht** sind Teile des öffentlichen Rechts.

Einteilung des Rechts nach Rechtsgebieten	
Privates Recht	**Öffentliches Recht**
Betrifft Einzelinteressen	Betrifft Staatsinteressen
In der Regel durch Verträge abänderbar = nachgiebig	Durch Verträge nicht abänderbar = zwingend
Prinzip der Gleichordnung	**Prinzip der Über- und Unterordnung**
Bürger ←→ Bürger	Staat ↕ Bürger Staatsorgan ↕ Staatsorgan
Regelt die Rechtsbeziehung zwischen Privatpersonen untereinander = auf gleicher Augenhöhe	Regelt die Rechtsbeziehung zwischen Bürgern und Staat sowie zwischen Staatsorganen untereinander = von oben herab

MERKE

Zwingendes Recht kann vertraglich nicht abgeändert werden, nachgiebiges Recht ist durch Vertrag abänderbar.

Die meisten Vorschriften des Schuldrechts (ein Teilgebiet des BGB) beinhalten **nachgiebiges Recht**, d. h. die gesetzlichen Bestimmungen des BGB gelten nur dann, wenn die Parteien vertraglich nichts Abweichendes vereinbart haben. So können beispielsweise die Kaufvertragsparteien im Rahmen der Allgemeinen Geschäftsbedingungen (AGB) die dem Käufer gesetzlich zustehenden Rechte bei mangelhafter Lieferung vertraglich abändern. Die Möglichkeit der Vertragspartner, ihre Rechtsbeziehungen frei zu regeln und zu gestalten, bezeichnet man als **Privatautonomie** (Autonomie = Selbstständigkeit, Unabhängigkeit).

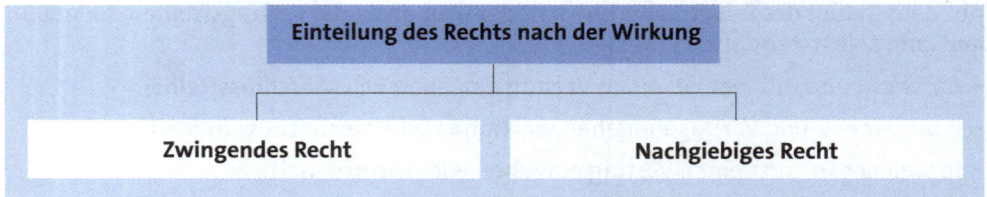

Auf dem **Gebiet des öffentlichen Rechts** greift der Staat durch sog. **Verwaltungsakte** in die Rechte der Staatsbürger ein.

„**Verwaltungsakt** ist jede Verfügung, Entscheidung oder andere hoheitliche Maßnahme, die eine Behörde zur Regelung eines Einzelfalles auf dem Gebiet des öffentlichen Rechts trifft und auf die mittelbare Rechtswirkung nach außen gerichtet ist" (§ 35 Satz 1 VwVfG).

Die Zustellung eines vom Finanzamt festgesetzten Einkommensteuerbescheids durch die Post ist ein solcher Verwaltungsakt. Die Rechtsregeln des Steuerrechts sind zwingender Natur, d. h. abweichende Regelungen durch Vereinbarung sind nicht zulässig. Im Gegensatz zum Schuldrecht ist das Steuerrecht demnach **zwingendes Recht**.

Privatrechtliche Regelung	Staatliche Regelung
eigenverantwortliche Gestaltungen	zwingende Vorschriften
Verträge	Gesetze, Verordnungen, Satzungen

Aufgaben 13 - 15 > Seite 52
Aufgaben 20 > Seite 53

1.5 Rechtssubjekte und Rechtsobjekte

Alle **Personen**, die rechtsfähig sind, sind **Rechtssubjekte**. Rechtssubjekte sind demnach **alle natürlichen** und **juristischen Personen** (vgl. §§ 1, 21 BGB).

Das bürgerliche Recht erkennt den eingetragenen Verein (e. V.) als juristische Person an. Im Bereich des Wirtschaftsrechts sind Aktiengesellschaften, Gesellschaften mit beschränkter Haftung und eingetragene Genossenschaften als juristische Personen anerkannt.

 MERKE

> Ein Rechtssubjekt ist eine rechtsfähige natürliche oder juristische Person, die Träger von Rechten und Pflichten sein kann.

Neben den juristischen Personen des Privatrechts gibt es **juristische Personen des öffentlichen Rechts** als selbstständige Rechtssubjekte. Als juristische Personen des öffentlichen Rechts sind die Bundesrepublik Deutschland, die Bundesländer, die Gemeinden, die Industrie- und Handelskammern, die Steuerberaterkammern, Universitäten sowie Rundfunk- und Fernsehanstalten anerkannt.

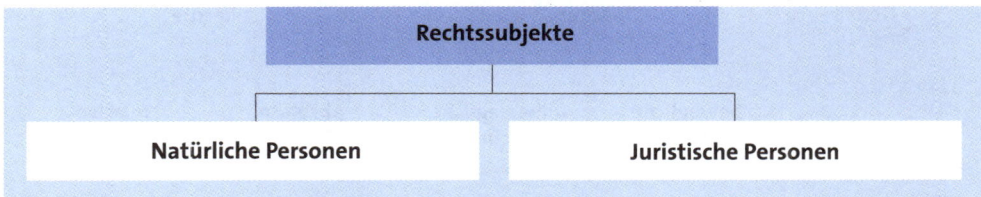

Rechtsobjekte sind Sachen, Tiere und Rechte. Sie können Gegenstand von Rechtsgeschäften sein. Rechtsobjekte sind demnach **Sachen**, **Rechte** und **Tiere**, an denen Rechtssubjekte Rechte haben (z. B. Eigentumsrechte, Pfandrechte, Kaufvertrags- und Mietvertragsansprüche).

 MERKE

Ein Rechts**subjekt** ist **Träger** von Rechten und Pflichten.

Ein Rechts**objekt** ist **Gegenstand** von Rechten und Pflichten.

1.6 Sachen, Rechte, Tiere

Sachen im Sinne des BGB sind **körperliche Gegenstände** (§ 90 BGB), unabhängig davon, ob sie fest, flüssig oder gasförmig sind. Sachen unterscheiden sich somit durch ihre **Körperlichkeit** von den Rechten.

Tiere sind keine Sachen, jedoch sind grundsätzlich die für Sachen geltenden Vorschriften entsprechend anzuwenden (§ 90a BGB), d. h. Tiere als Lebewesen stehen den Sachen rechtlich gleich.

Bewegliche Sachen können ohne Beschädigung oder Zerstörung ihrer körperlichen Beschaffenheit von einer Stelle zu anderen versetzt werden. **Unbewegliche** Sachen sind Bauwerke und Grundstücke.

Vertretbare Sachen sind bewegliche Sachen, die sich nach Zahl, Maß oder Gewicht bestimmen lassen (§ 91 BGB). **Nicht vertretbare** Sachen sind individuell bestimmt bzw. hergestellt worden. Während vertretbare Sachen austauschbar und wiederbeschaffbar sind, sind nicht vertretbare Sachen Originale, die einmalig und somit nicht austauschbar und beschaffbar sind.

Im Gegensatz zu Sachen sind **Rechte unkörperliche Gegenstände**.

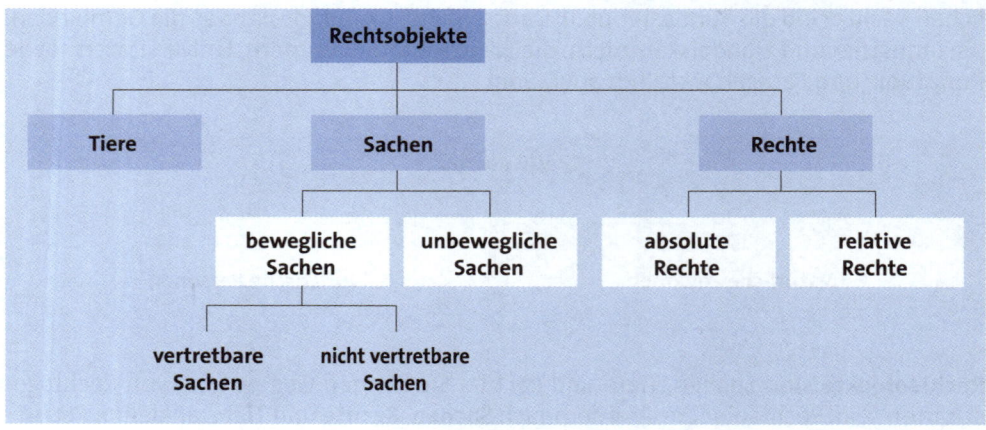

Aufgaben 16 - 17 > Seite 52 - 53
Aufgaben 21 - 25 > Seite 54

1.7 Aufbau des BGB

Das Bürgerliche Recht regelt die Rechte und Pflichten der Privatleute untereinander. Geregelt ist das Bürgerliche Recht im Bürgerlichen Gesetzbuch (BGB), das in fünf „Bücher" aufgeteilt ist. Das BGB als Grundgesetz für die Regelung privatrechtlicher Probleme wird beherrscht von der **Eigentums- und Vertragsfreiheit**.

Regelungsbereich	Inhalt
Buch 1: Allgemeiner Teil § 1 - 240 **Allgemeine Grundsätze**, die **für das gesamte BGB** gelten; theoretisch könnte man das gesamte BGB in vier Bücher aufspalten und jedem Buch einen Allgemeinen Teil voranstellen. Dies ist jedoch nicht sinnvoll, da zahlreiche grundlegende Bestimmungen für das gesamte BGB gelten.	Der Allgemeine Teil enthält Vorschriften und Regelungen, die für alle Teile gelten, z. B.: ▶ Wirksamkeit von Rechtsgeschäften (§§ 104 ff.) ▶ Zustandekommen von Verträgen (§§ 145 ff.) ▶ Verjährung von Ansprüchen (§§ 194 ff.)
Buch 2: Recht der Schuldverhältnisse §§ 241 - 853 Regelung der **Rechtsbeziehungen zwischen Personen**	Das **Schuldrecht** gliedert sich in einen **Allgemeinen Teil** (§§ 241 - 432) und einen **Besonderen Teil** (§§ 433 - 853). ▶ Der Allgemeine Teil enthält allgemeine Regelungen über alle Schuldverhältnisse. ▶ Der Besondere Teil regelt einzelne vertragliche Schuldverhältnisse

Regelungsbereich	Inhalt
Buch 3: Sachenrecht §§ 854 - 1296 Regelung der **Rechtsbeziehungen zwischen Personen und Sachen**	Das **Sachenrecht** erfasst Besitz, Eigentum und dingliche Rechte. Während im Schuldrecht der Grundsatz der Vertragsfreiheit gilt, finden sich im Sachenrecht **überwiegend zwingende Rechte**.
Buch 4: Familienrecht §§ 1297 - 1921 Regelung familienrechtlicher Beziehungen (Verlöbnis, Ehe, Verwandtschaft, Scheidung)	Das **Familienrecht** regelt die **Beziehungen der Familienmitglieder untereinander** und zu Außenstehenden.
Buch 5: Erbrecht §§ 1922 - 2385 **Regelung der Rechtsverhältnisse** über das Vermögen **eines Menschen nach seinem Tode**	Das **Erbrecht** regelt, was im **Todesfall** mit den Rechten und Pflichten des Verstorbenen erfolgt.

1.8 Objektives Recht und subjektive Rechte

Die im BGB geregelten Vertragstypen bezeichnet man als **objektives Recht**. Auf der Grundlage des objektiven Rechts lassen sich **subjektive Rechte gegenüber Personen und Sachen** ableiten.

Das **Vertragsrecht (objektives Recht)** regelt das Rechtsverhältnis der beteiligten Parteien. Die daraus individuell erwachsenden Rechte und Pflichten der Gläubiger und Schuldner, d. h. die **Ansprüche auf vertragsmäßige Leistungen**, bezeichnet man als die jeweiligen **subjektiven Rechte**.

Der Gesetzestext ist ungenau und allgemein gefasst und schafft Spielraum für die Besonderheiten jedes Einzelfalles. Kein Gesetz kann so genau und eindeutig formuliert werden, dass damit jeder Einzelfall im Rechtsleben gelöst werden kann. **Recht im objektiven Sinn sind also die Rechtsvorschriften**. Mit **subjektivem Recht** bezeichnet man demnach das, **was dem Einzelnen von Rechts wegen zusteht**.

Beispiel

Die schuldrechtlichen Vorschriften über Kaufverträge sind objektives Recht: Durch den Kaufvertrag wird der Verkäufer einer Sache per Gesetz verpflichtet, dem Käufer die Sache zu übergeben und das Eigentum an der Sache zu verschaffen. Der Käufer ist per Gesetz verpflichtet, den vereinbarten Kaufpreis zu zahlen (§ 433 BGB).

Einzelfall: Herr Abel verkauft Herrn Berger seinen Gebrauchtwagen für 5.000 €. Herr Abel hat gegenüber Herrn Berger einen Anspruch auf Zahlung des Kaufpreises (objektives Recht) in Höhe von 5.000 € (subjektives Recht). Herr Berger hat gegenüber Herrn Abel einen Anspruch auf Übereignung (objektives Recht) des Gebrauchtwagens (subjektives Recht).

Unter **materiellem** Recht versteht man die **Rechtsvorschriften** und **Rechtsregeln**, die den Inhalt eines Rechts bestimmen.

Beispiel

Die Bestimmungen des BGB **regeln** die Rechte und Pflichten der Kaufvertragsparteien (= materielles Recht).

Beim materiellen Recht geht es um die Beurteilung der Rechtslage: Wer verlangt was von wem woraus? Gegen wen besteht möglicherweise ein Anspruch?

Das **formelle** Recht bestimmt die Regeln, unter denen materielles Recht durchgesetzt werden kann.

Beispiel

Die Zivilprozessordnung bestimmt, bei welchem Gericht und in welcher Weise zu klagen ist, wenn eine Kaufvertragspartei ihren Verpflichtungen nicht nachkommt.

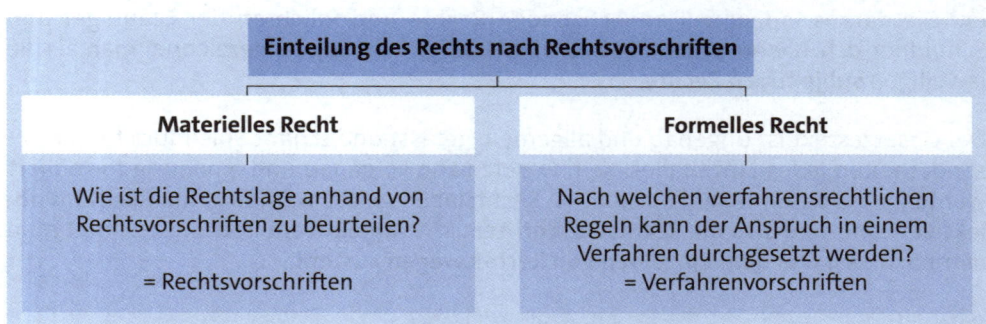

1.9 Rechtsfähigkeit

Niemand würde einen Tisch, an dem er sich ein Kleidungsstück beschädigt hat, rechtlich zur Verantwortung ziehen. Eine tote Sache kann nicht am Rechtsleben teilnehmen.

Nur wer die sogenannte Rechtsfähigkeit besitzt, kann am allgemeinen Rechtsverkehr teilnehmen. Nach § 1 BGB **beginnt** diese Rechtsfähigkeit bei **natürlichen Personen** (alle Menschen) mit **Vollendung der Geburt**.

Die Rechtsfähigkeit eines Menschen **endet** mit dessen Tod, d. h. sie kann zu Lebzeiten nicht abgesprochen werden. Das Gesetz sagt aber an keiner Stelle, was Rechtsfähigkeit bedeutet.

In der Juristensprache bedeutet Rechtsfähigkeit: **Eine Person kann Träger von Rechten und Pflichten sein.** So kann beispielsweise schon der Säugling am Rechtsleben teilnehmen, indem er das Recht hat, zu erben und die Pflicht, Steuern zu zahlen (**passive Teilnahme am Rechtsleben**). Diese Rechte und Pflichten kann der Säugling jedoch nicht durch rechtswirksame Rechtsgeschäfte (eigenes Handeln) vornehmen.

Rechtsfähigkeit bedeutet somit nicht automatisch, dass eine Person Rechte und Pflichten durch eigenes Handeln erwerben kann. Rechtsfähigkeit braucht keine Geschäftsfähigkeit, aber Geschäftsfähigkeit setzt Rechtsfähigkeit voraus.

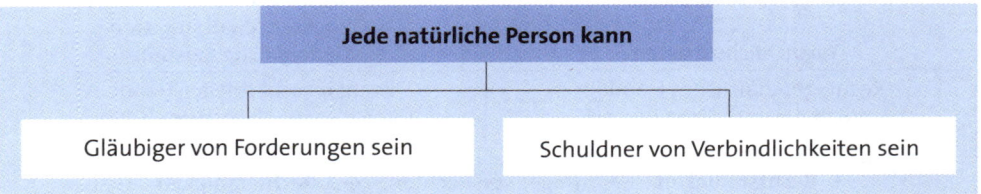

 INFO

Das römische Recht unterschied die Menschen in Freie und Sklaven. Sklaven besaßen keine Rechtsfähigkeit, d. h. sie waren rechtsunfähig. Da Sklaven nach römischem Recht keine Menschen, sondern Sachen waren, fanden auf sie die Rechtsbestimmungen des Sachenrechts Anwendung. Sklaven waren Eigentum des Herrn. Der Eigentümer einer Sache kann mit der Sache nach Belieben verfahren (vgl. auch § 903 BGB). Das Töten des eigenen Sklaven war somit erlaubt und straffrei, das Töten eines fremden Sklaven war lediglich Sachbeschädigung.

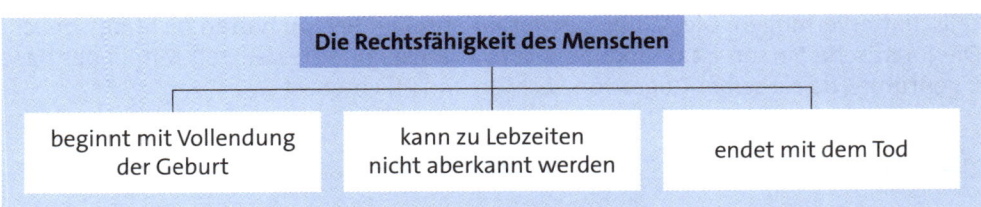

Wäre es nur natürlichen Personen möglich, die Rechtsfähigkeit zu erlangen, dann könnten weder eine Aktiengesellschaft noch ein Verein am Rechtsleben teilnehmen. Die Aktiengesellschaft könnte weder einen Kaufvertrag abschließen noch Mitarbeiter einstellen. Eine Aktiengesellschaft und ein Verein sind künstliche Gebilde ohne Fleisch und Blut. Sie verdanken ihr Leben also keiner biologischen, sondern einer juristischen Geburt.

Diese sog. **juristischen Personen erwerben die Rechtsfähigkeit mit Eintrag in das entsprechende Register** (Handelsregister, Genossenschaftsregister, Vereinsregister).

Personen	
Natürliche Personen	**Juristische Personen**
Dasein durch biologische Geburt = Eintrag ins Geburtsregister	Dasein durch juristische Geburt = Eintrag ins Handels-, Vereins-, Genossenschaftsregister
Tatsächliche Existenz	**Gedankliche Existenz**
Rechtsgeschäftliches Handeln durch die natürliche Person selbst	Rechtsgeschäftliches Handeln durch die verantwortlichen Organe (z. B. Vorstand, Geschäftsführer)
Rechtsfähigkeit → Träger von Rechten und Pflichten ← **Rechtsfähigkeit**	

Juristische Personen des Privatrechts erwerben ihre Rechtsfähigkeit durch den Eintrag in ein staatlich geführtes Register.

Handeln können diese künstlichen Gebilde selbstverständlich nicht selbst, sondern nur ihre verantwortlichen Organe (Vorstand, Geschäftsführer).

Für die Verbindlichkeiten der juristischen Personen haftet den Gläubigern nur das Gesellschaftervermögen. Die Mitglieder der juristischen Person haften nicht persönlich. Die juristische Person ist unabhängig vom Wechsel ihrer jeweiligen Mitglieder bzw. Eigentümer, da sie selbst Träger von Rechten und Pflichten ist.

Rechtsfähigkeit ist die Möglichkeit einer natürlichen oder juristischen Person, am Rechtsleben teilzunehmen, Rechte zu erwerben und Pflichten zu erfüllen.

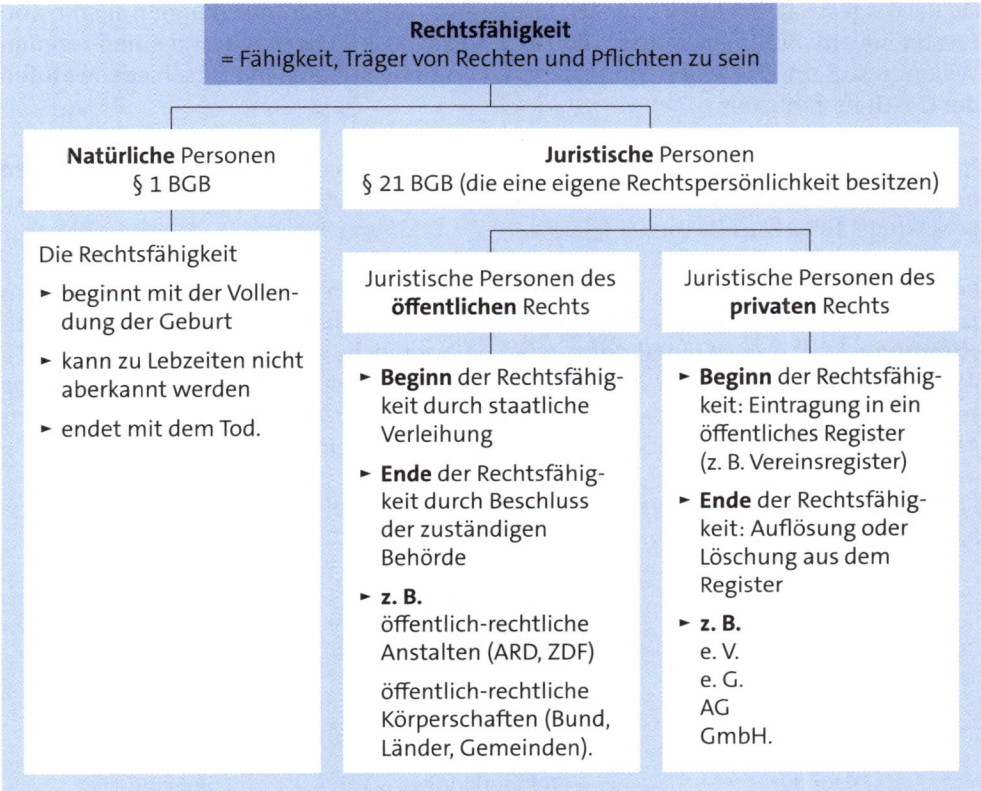

1.10 Geschäftsfähigkeit

Sachverhalt
Der 6-jährige Fritz plündert sein Sparschwein, kauft sich vom Taschengeld eine Tafel Schokolade und verzehrt sie genüsslich. Die Mutter ist mit der Verwendung des Taschengeldes überhaupt nicht einverstanden und verlangt vom Kaufmann das Geld zurück. Mit Recht?

Artikel 2 Grundgesetz garantiert das Recht auf freie Entfaltung der Persönlichkeit. Kann aber jeder Mensch diese im Grundgesetz verankerte Handlungsfreiheit uneingeschränkt wahrnehmen? Die Antwort auf diese Frage gibt uns die sogenannte **Geschäftsfähigkeit**.

Nur wer geschäftsfähig ist, kann rechtswirksame (gültige) Rechtsgeschäfte vornehmen. Die Rechtsfähigkeit alleine genügt nicht, bestimmte Rechtsfolgen durch eigenes Handeln herbeizuführen.

Im Gegensatz zur Rechtsfähigkeit ist die Geschäftsfähigkeit an das Lebensalter und an die geistigen Fähigkeiten einer Person gebunden.

Da Rechtsgeschäfte durch Willenserklärungen zustande kommen, können sie nur von Personen vorgenommen werden, die auch tatsächlich in der Lage sind einen eigenen Willen zu äußern. Das BGB kennt je nach Alter und Geisteszustand verschiedene **Stufen der Geschäftsfähigkeit**.

Nach § 104 BGB sind folgende Personen geschäfts**unfähig**: Kinder **unter sieben Jahren** und dauerhaft **Geisteskranke**. Alle Rechtshandlungen dieses Personenkreises sind unwirksam (§ 105 Abs. 1 BGB).

Beschränkt geschäftsfähig sind Minderjährige zwischen **sieben und unter achtzehn** Jahren (§ 106 BGB). Rechtshandlungen beschränkt Geschäftsfähiger **bedürfen der Zustimmung** (vorherige Einwilligung oder nachträgliche Genehmigung §§ 107, 108 Abs. 1 BGB) des gesetzlichen Vertreters. Schließt ein Minderjähriger ohne Zustimmung seiner Eltern einen Kaufvertrag ab, dann ist dieser Kaufvertrag bis zur Zustimmung oder Ablehnung durch den gesetzlichen Vertreter schwebend unwirksam (§ 108 Abs. 1 BGB).

Personen, die das **18. Lebensjahr vollendet** haben, sind **voll geschäftsfähig**. Ihre Rechtshandlungen sind voll gültig.

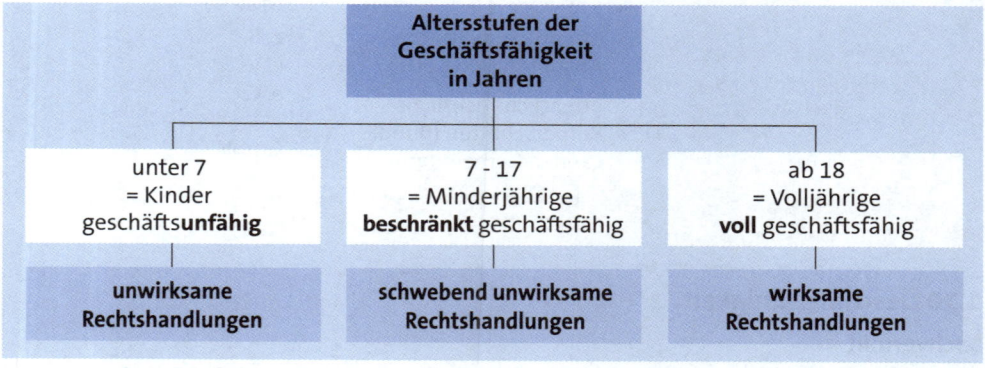

 MERKE

Geschäftsfähigkeit ist die Fähigkeit, **Rechtsgeschäfte selbst wirksam vorzunehmen** und Rechte und Pflichten zu begründen.

Beispiel

Der Volljährige Mike Gerliz schließt nach seiner Ausbildung einen unbefristeten Arbeits**vertrag** ab. Er ist dadurch **verpflichtet**, die vertraglich vereinbarten Arbeitsleistungen zu erbringen. Gleichzeitig hat er das **Recht**, den vereinbarten Arbeitslohn von seinem Arbeitgeber zu fordern.

In den folgenden drei Fällen werden auch **Minderjährige** (7 - 17 Jahre alt) den voll geschäftsfähigen Personen gleichgestellt, d. h. ihre Rechtshandlungen sind auch ohne Zustimmung der Eltern voll gültig.

1. **Verträge**, die der Minderjährige **im Rahmen seines Taschengeldes** abschließt, sind rechtswirksam (§ 110 BGB). Diese Ausnahme gilt allerdings nicht für Kredit- und Ratenverträge bzw. für alle Beträge, die einen bestimmten Betrag übersteigen (z. B. wenn vom wöchentlichen Taschengeld über Monate hinweg ein Geldbetrag angespart wurde).

2. Die Zustimmung der Eltern kann entfallen, wenn der Minderjährige gem. § 107 BGB lediglich einen **rechtlichen Vorteil** erlangt, z. B. durch eine Schenkung. Mit der Willenserklärung des Minderjährigen darf kein rechtlicher Nachteil verbunden sein.

   Beispiel

   Onkel Karl Müller schenkt seiner Nichte Martina (17 Jahre) ein bebautes Grundstück im Wert von 450.000 €. Das Haus ist vermietet. Die Mieteinnahmen betragen jährlich 18.000 €. Auf dem Grundstück lastet noch eine Hypothek. Das damit verbundene Bankdarlehen hat eine Restschuld von 50.000 €. Es wird monatlich in Höhe von 500 € getilgt.

   Die Wirksamkeit dieser Schenkung hängt von der Zustimmung der Eltern von Martina ab, weil Martina nicht nur einen rechtlichen Vorteil erlangt; die auf dem Grundstück lastende Hypothek, verbunden mit dem Bankdarlehen, ist ein rechtlicher Nachteil.

3. Einer Zustimmung der Eltern bedarf es ebenfalls nicht, wenn der Jugendliche gemäß § 113 BGB zur **Eingehung eines Dienst- oder Arbeitsverhältnisses** ermächtigt worden ist. Für alle Rechtsgeschäfte im Rahmen des Dienst- oder Arbeitsverhältnisses ist der Minderjährige voll geschäftsfähig. So darf der Minderjährige beispielsweise die Arbeitsbedingungen selbstständig vereinbaren, das Entgelt in Empfang nehmen (er darf allerdings nicht über das Entgelt frei verfügen) und das Arbeitsverhältnis kündigen.

   Zu beachten ist dabei, dass der Abschluss von Ausbildungsverträgen nicht unter § 113 BGB fällt (siehe hierzu §§ 10 ff. BBiG sowie die Regelungen des JArbSchG).

A. Rechtliche Rahmenbedingungen der Wirtschaft | 1. Grundlagen des Privatrechts

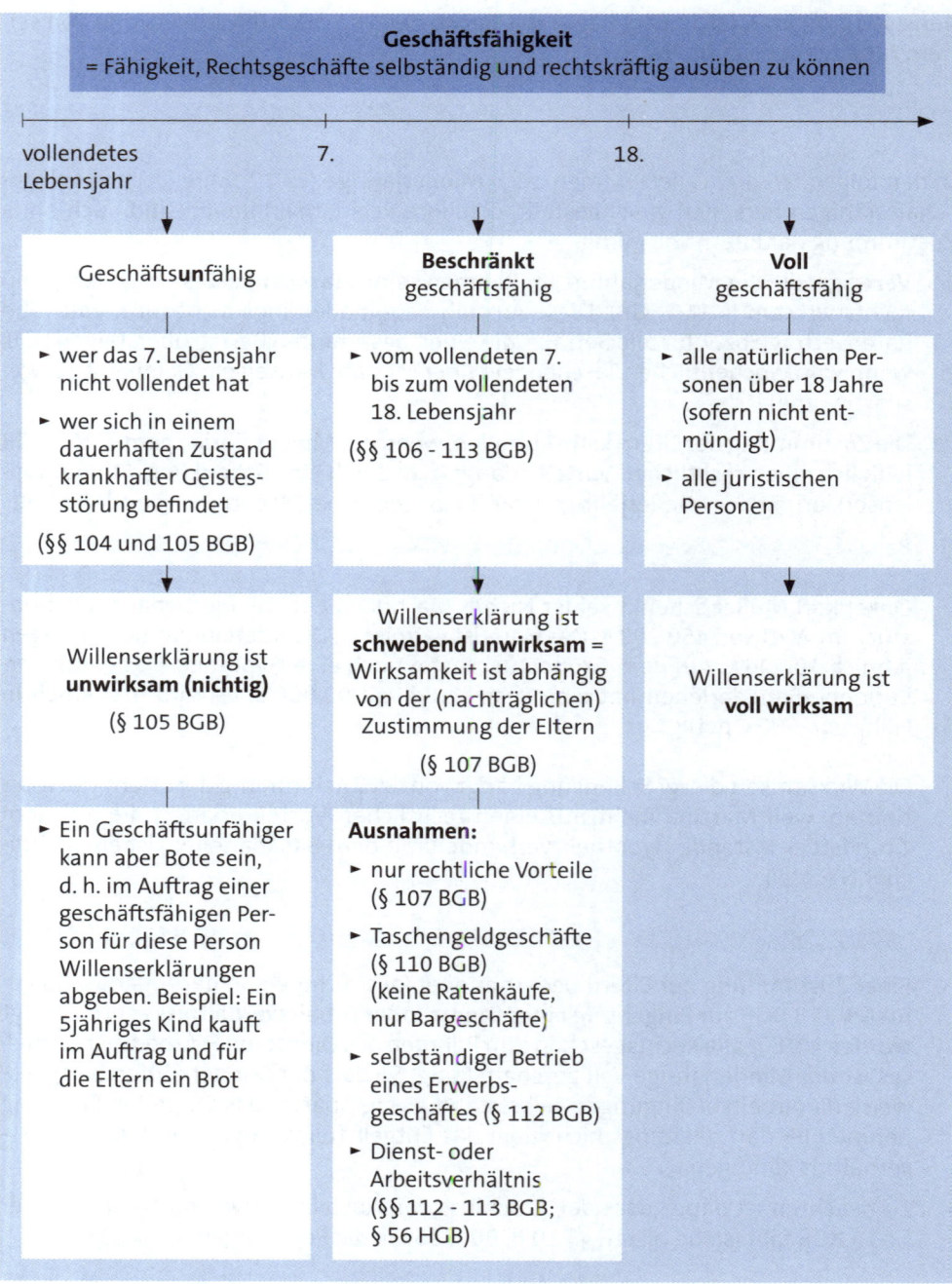

Aufgaben 1 - 12 > Seite 49 - 51

1.11 Rechtsgeschäfte und Willenserklärungen

Die Begriffe **Willenserklärung** und **Rechtsgeschäft** sind wie der Begriff Rechtsfähigkeit im BGB weder definiert noch erklärt.

Kaufverträge (§ 433 BGB), Mietverträge (§ 535 BGB) und Dienstverträge (§ 611 BGB) sind sogenannte Rechtsgeschäfte.

Die Begriffe Willenserklärung und Rechtsgeschäft werden oft synonom verwendet, sind aber grundsätzlich nicht identisch (Ausnahme: Testament).

Das Rechtsgeschäft ist das Ergebnis, die Willenserklärung(en) sind das Mittel, um zu dem Ergebnis zu gelangen.

Rechtsgeschäfte kommen also durch Willenserklärungen von Personen zustande.

Eine **Willenserklärung** ist eine **Willensäußerung** einer Person **mit rechtlichen Folgen**.

Ist ein **Rechtsgeschäft** zustande gekommen (beispielsweise ein Kaufvertrag) dann resultieren hieraus **privatrechtliche Rechtsfolgen**, die sich als **Rechte und Pflichten** des bzw. der Beteiligten darstellen.

Beispiel

Michael Schoor gefällt das Mountain-Bike seines Freundes Felix Wirges außerordentlich gut. Er möchte es seinem Freund abkaufen. Bei einer gemeinsamen Tour spricht er Felix Wirges darauf an und sagt: „Ich möchte dir das Mountain-Bike für 600 € abkaufen."

Die Äußerung von Michael Schoor ist eine Willenserklärung, und zwar ein Antrag zum Abschluss eines Kaufvertrages.

Ein Kaufvertrag (= Rechtsgeschäft) erfordert aber zwei übereinstimmende Willenserklärungen. Wenn Felix Wirges dem Kaufantrag zustimmt, z. B. durch: „Ja, ich verkaufe dir das Moutain-Bike für 600 €", kommt ein gültiger Kaufvertrag zustande, aus dem sich für beide Vertragsparteien Pflichten ergeben (Felix Wirges ist verpflichtet, Michael Schoor das Fahrrad zu übergeben und ihm das Eigentum daran zu verschaffen und Michael Schoor ist verpflichtet, Felix Wirges den Kaufpreis in Höhe von 600 € zu bezahlen.

1.12 Formvorschriften bei privat-rechtlichen Rechtsgeschäften

Im Rechtsleben besteht **grundsätzlich Formfreiheit**. Ein Kaufvertrag über ein Auto oder über einen Kasten Mineralwasser kann demnach mündlich oder schriftlich abgeschlossen werden. Aus Beweisgründen wird der Kaufvertrag über das Auto in der Regel schriftlich abgeschlossen, aus Vereinfachungsgründen wählt man beim Kauf eines Kastens Mineralwasser die mündliche Form.

Bei manchen Willenserklärungen erübrigt sich sogar eine mündliche Erklärung. In diesen Fällen kann der Wille auch **stillschweigend** durch **schlüssiges Handeln** (Verhalten) erklärt werden: Mit dem Besteigen eines Busses und dem Erwerb eines Fahrscheines wurde ein Beförderungsvertrag abgeschlossen, ohne dass ein Wort gewechselt wurde. **Viele Geschäftsbesorgungsverträge** werden durch **schlüssiges Handeln** abgeschlossen ohne mündliche oder schriftliche Formulierung der Vertragsbedingungen. Eine schlüssige Handlung ist eine Willenserklärung, die einen bestimmten Schluss mit rechtlicher Wirksamkeit zulässt.

MERKE

Willenserklärungen können
- schriftlich, elektronisch, mündlich, fernmündlich oder
- stillschweigend

geäußert werden.

Ein **Formzwang** kann sich **kraft Gesetzes** ergeben **oder** zwischen den Parteien **vertraglich vereinbart** werden.

Vorschriften zu einem Formzwang können beispielsweise folgende **Funktionen** erfüllen:

- **Warnfunktion:** Die geforderte Form (z. B. Schriftform) soll den Erklärenden vor übereiltem und unüberlegtem Handeln bewahren.
- **Beweisfunktion:** Mit der (z. B. schriftlichen) Vereinbarung liegt im Streitfall ein Beweismittel vor.
- **Beratungsfunktion:** Bei der notariellen Beurkundung (z. B. bei Grundstücksverkäufen zwingend vorgeschrieben) ist der Notar verpflichtet, die Vertragsparteien zu beraten und zu betreuen.
- **Klarstellungsfunktion:** Formvorschriften können eventuelle Missverständnisse und Unsicherheiten von mündlichen Vereinbarungen und Erklärungen beseitigen, weil sie i. d. R. überlegter und genauer geäußert und dokumentiert werden.

Bei Kaufverträgen über Grundstücke ist nach § 313 BGB **notarielle Beurkundung** erforderlich. Der Notar bestätigt hierbei sowohl die **Richtigkeit des Inhalts** als auch die Echtheit der Unterschrift (§ 128 BGB). Erklärungen gegenüber dem Grundbuchamt bedürfen der **öffentlichen Beglaubigung**. Hierbei bestätigt der Notar die **Echtheit der Unterschrift** unter dem Schriftstück.

Formarten des Bürgerlichen Gesetzbuches					
mündlich	Schriftform	elektronische Form	Textform	öffentlich beglaubigt	notariell beurkundet
z. B. Abschluss eines Kaufvertrages über einen Gebrauchtwagen	z. B. Kündigung eines Arbeitsverhältnisses; die Übermittlung einer Urkunde durch Faxgerät genügt nicht der Schriftform	Die elektronische Form wird als Ersatz für die Schriftformen anerkannt, sofern nicht gesetzlich Gegenteiliges bestimmt ist (siehe z. B. § 623 BGB)	Ist durch Gesetz Textform vorgeschrieben, so muss die Erklärung in einer Urkunde oder auf andere zur dauerhaften Wiedergabe in Schriftzeichen geeigneten Weise abgegeben werden	Registereintragungen müssen öffentlich beglaubigt beantragt werden	z. B. Grundstückskaufvertrag
grundsätzlich möglich	§§ 126, 623 BGB	§§ 126 Abs. 3, 126a BGB	§§ 126b BGB	§ 129 BGB	§ 128 BGB

 **MERKE**

Die **Beurkundung** bezieht sich auf den **Inhalt der Erklärung**. Die **Beglaubigung** bezieht sich auf die **Identität des Unterzeichners**.

Aufgaben 28 - 31 > Seite 55

1.13 Arten von Rechtsgeschäften

Die meisten Rechtsgeschäfte sind **zweiseitige bzw. mehrseitige** Rechtsgeschäfte. Hierzu zählen alle Verträge. Verträge beruhen auf den übereinstimmenden Willenserklärungen von zwei oder mehreren Personen.

Bei den **einseitigen** Rechtsgeschäften ist die Willenserklärung nur einer Person erforderlich. Die einseitigen Rechtsgeschäfte kann man weiter untergliedern in empfangsbedürftige und nicht empfangsbedürftige Rechtsgeschäfte.

Empfangsbedürftige Rechtsgeschäfte werden erst in dem Zeitpunkt wirksam, in dem die Willenserklärung dem Empfänger **zugegangen** ist (Kündigung, Anfechtung, Vollmachterteilung, Mahnung).

Nicht empfangsbedürftige Rechtsgeschäfte werden bereits mit der **Abgabe** der Willenserklärung wirksam (Testament, Auslobung).

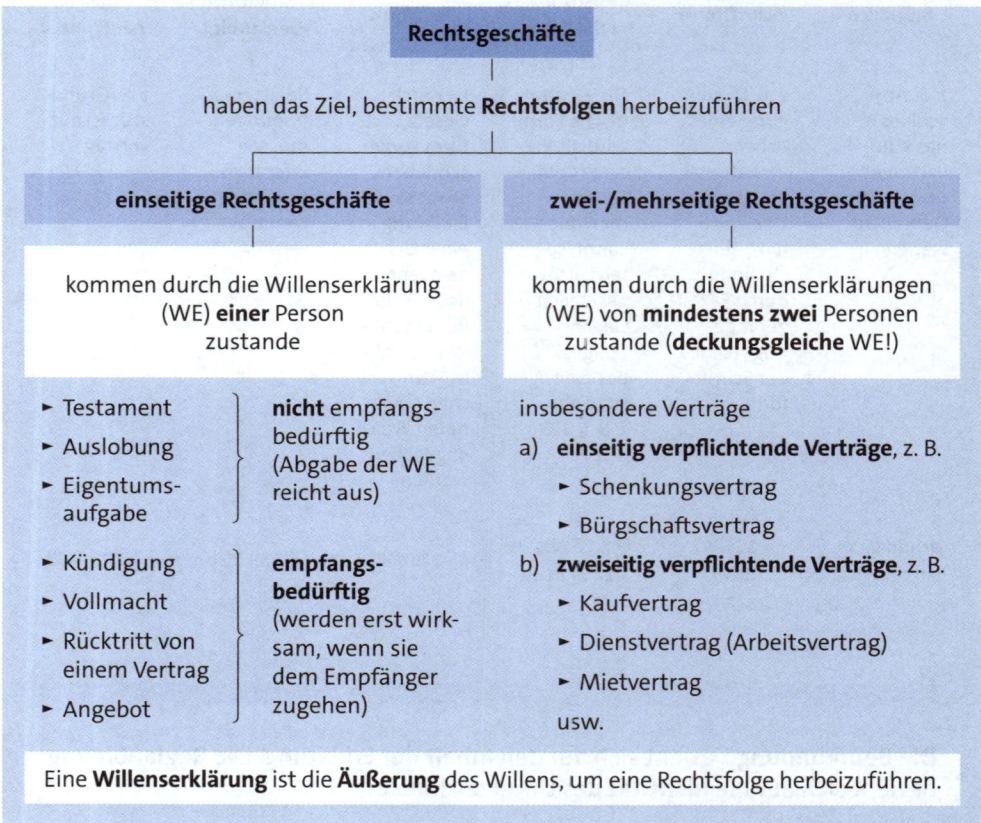

Aufgabe 29 > Seite 55
Aufgaben 32 - 36 > Seite 55 - 56

1.14 Nichtige und anfechtbare Rechtsgeschäfte

Nichtige Rechtsgeschäfte sind ohne rechtliche Folgen, da sie von Anfang an **ungültig** sind. Sie haben keine Rechtswirkung. Ein Rechtsgeschäft ist nichtig, wenn es ...

1. von einem **Geschäftsunfähigen** abgeschlossen wurde (§ 105 Abs. 1 BGB);
2. von einem **beschränkt Geschäftsfähigen ohne Zustimmung** des gesetzlichen Vertreters abgeschlossen und abgelehnt wurde (§ 108 BGB);

Beispiele

zu 1. Der sechsjährige Dirk kauft im Spielzeuggeschäft vom Geburtstagsgeld seiner Oma ein Tablet mit Videospielen.

Der Kaufvertrag ist von Anfang an nichtig, weil Dirk nicht geschäftsfähig ist.

zu 2. Der achtjährige Frank kauft von seinem gesparten Geld in einem Elektronikgeschäft ein Videospiel für 80 € gegen Barzahlung. Die Eltern sind mit dem Kauf nicht einverstanden.

Der Kaufvertrag ist so lange schwebend unwirksam, bis die Eltern von Frank diesem zustimmen oder ihn ablehnen. Da sie ihn ablehnen, ist der Vertrag ungültig.

3. **nur zum Schein** abgeschlossen wurde (§ 117 BGB);

Beispiel

Um Grunderwerbsteuer zu sparen lässt der Käufer eines Hauses beim Notar nicht die vereinbarte Kaufsumme von 160.000 € eintragen, sondern nur 120.000 €.

4. **nur zum Scherz** geschlossen wurde (§ 118 BGB);

Beispiel

Frau Kaiser verkauft ihrer besten Freundin den Bahnhof von Neustadt zum Sonderpreis von 5.000 €.

5. **gegen ein gesetzliches Verbot verstößt** (§ 134 BGB);

Beispiel

Ein Rauschgiftsüchtiger bestellt bei einem Dealer Heroin im Wert von 10.000 €. Der Händler kann die Abnahme gerichtlich nicht erzwingen, da Rauschgifthandel verboten ist.

6. **gegen eine gesetzlich vorgeschriebene Form verstößt** (§ 125 BGB);

Beispiel

Der Kauf über ein Grundstück wurde nur schriftlich abgeschlossen.

7. **gegen die guten Sitten verstößt oder wenn Treu und Glauben im Geschäftsverkehr verletzt werden** (§ 138 BGB).

Beispiel

Ein Kreditvermittler verlangt für ein Darlehen 20 % Zinsen pro Monat. Das ist Wucher.

Anfechtbare Rechtsgeschäfte sind zunächst voll gültig. Durch die Anfechtung werden diese Rechtsgeschäfte jedoch **rückwirkend nichtig**. Ein Rechtsgeschäft ist anfechtbar, wenn es ...

1. durch **arglistige Täuschung** oder **widerrechtliche Drohung** zustande kam (§ 123 BGB).

Beispiel

Ein Staubsaugerverkäufer droht einem Kaufinteressenten mit Schlägen, wenn er den Kaufvertrag nicht unterschreibt.

2. durch **Erklärungsirrtum** zustande kam (§ 119 BGB);

Beispiel

Jemand weiß zwar, was er sagt, er wollte aber diese Erklärung überhaupt nicht abgeben. Hierzu gehören die Fälle des Verschreibens und des Versprechens.

3. durch einen **Inhaltsirrtum** zustande kam (§ 119 Abs. 1 BGB);

Beispiel

Jemand weiß nicht, was das Gesagte bedeutet.

4. durch einen **Übermittlungsirrtum** zustande kam (§ 120 BGB); die unrichtige Übermittlung einer Erklärung durch einen Boten ist ein gesetzlich geregelter Spezialfall des Erklärungsirrtums.

Beispiel

Der Prokurist einer Obstgroßhandlung beauftragt einen Angestellten, 10 Kisten Orangen zu bestellen. Der Angestellte bestellt irrtümlich 100 Kisten, in der Annahme, dies sei ihm aufgetragen worden.

Das Recht zur Anfechtung ist allerdings nur bei **unbewusst** unrichtiger Übermittlung gegeben. Bei einer **bewusst** unrichtigen Übermittlung wird der Bote so angesehen, als gäbe er eine eigene Willenserklärung ab. In diesem Falle ist die bewusst falsch abgegebene Erklärung dem Auftraggeber nicht zuzurechnen, sodass es keiner Anfechtung bedarf.

5. durch einen **Eigenschaftsirrtum** zustande kam (§ 119 Abs. 2 BGB). Hier handelt es sich um einen Irrtum über eine wesentliche Eigenschaft einer Person oder Sache.

Beispiel

Ein Kreditinstitut stellt unwissend einen wegen Unterschlagung vorbestraften Kassierer ein.

Anfechtung von Willenserklärungen		
Anfechtungsgrund	**gesetzliche Regelung (BGB)**	**Kurzerklärung**
Irrtum		
▶ in der Erklärung (Erklärungsirrtum)	§ 119 Abs. 1	Versprechen, Verschreiben, Vergreifen (Regal)
▶ im Inhalt (Inhaltsirrtum)	§ 119 Abs. 1	Irrtum über die Bedeutung der Erklärung: „er weiß zwar, was er sagt, weiß aber nicht, was er damit sagt"
▶ in der Eigenschaft einer Sache oder Person (Eigenschaftsirrtum)	§ 119 Abs. 2	die zugesicherten oder verkehrswesentlichen Eigenschaften der Sache oder Person liegen nicht vor
▶ bei der Übermittlung (Übermittlungsfehler)	§ 120	falsche Übermittlung durch einen Dritten oder ein Übermittlungswerkzeug (Bote, Telefon, Telefax usw.)
Arglistige Täuschung	§ 123	der Erklärende ist durch den Erklärungsempfänger getäuscht worden (Vorspiegelung falscher Tatsachen oder Unterdrückung von Tatsachen)
Widerrechtliche Drohung	§ 123	der Erklärende wurde zur Abgabe der Willenserklärung gezwungen [Drohung = Inaussichtstellung eines empfindlichen Übels]

 ACHTUNG

▶ Die Anfechtung muss gegenüber dem Anfechtungsgegner **erklärt** werden (**Anfechtungserklärung** = empfangsbedürftige Willenserklärung).

▶ Die **Anfechtungsfrist** muss eingehalten werden (siehe §§ 121 und 124 BGB).

1.15 Wichtige Verträge des täglichen Lebens

So unterschiedlich die zahlreichen im Gesetz geregelten Vertragsarten auch sind, so gelten für alle doch folgende Regeln und Grundsätze:

1. Jeder Vertrag kommt durch **zwei übereinstimmende Willenserklärungen** zustande. Die Willenserklärungen heißen **Antrag** (1. Willenserklärung = Wille des Erklärenden) und **Annahme** des Antrags (2. Willenserklärung = Jawort des Adressaten). **Übereinstimmend** bedeutet, dass sich die Vertragsparteien in allen wesentlichen Punkten **geeinigt** haben.
2. Durch Verträge kommen **Rechtsbeziehungen** zwischen den Vertragspartnern zustande.
3. Verträge müssen von den Vertragsparteien **eingehalten werden**.
4. Jeder schuldrechtliche Vertrag begründet für die Vertragsparteien **Rechte und Pflichten**. Gegenseitige Verträge beruhen auf dem Willen zum Leistungsaustausch: Jeder Vertragspartner erbringt seine Leistung nur, weil er die Gegenleistung erhalten will. Bei jedem gegenseitig verpflichtenden Vertrag ist jede Vertragspartei einmal Schuldner und einmal Gläubiger. Ein Vertragspartner verpflichtet sich dem anderen gegenüber, damit auch die andere Vertragspartei sich ihm gegenüber verpflichtet.

MERKE

Do ut es → Ich gebe, damit du gibst.

Beispiel

Der Verkäufer verpflichtet sich zur Übergabe der Kaufsache, damit er den Kaufpreis erhält. Der Käufer verpflichtet sich zur Zahlung des Kaufpreises, damit er die Kaufsache erhält.

5. Ein **Rücktritt** vom Vertrag ist nur möglich, wenn dies **vertraglich vereinbart** wurde oder **gesetzlich gestattet** ist, z. B. Widerrufsrecht bei außerhalb von Geschäftsräumen geschlossenen Verträgen und bei Fernabsatzverträgen (§ 312g BGB).
6. Wenn ein Vertragspartner seinen Verpflichtungen nicht nachkommt, hat dies für ihn möglicherweise **unangenehme rechtliche und wirtschaftliche Folgen** (z. B. Schadenersatz).
7. Grundsätzlich sind auch mündlich geschlossene Verträge gültig. Ein schriflich vereinbarter Vertrag ist jedoch zu empfehlen. Schriftstücke sind Beweismittel und Gedächtnisstütze: Das gesprochene Wort geht verloren, der geschriebene Buchstabe bleibt.

Nach dem Inhalt kann man folgende Vertragsarten unterscheiden:

Sachleistungs-verträge	Gebrauchsüber-lassungsverträge	Dienstleistungs-verträge	Sicherungsverträge
▸ Kaufvertrag ▸ Werkvertrag	▸ Mietvertrag ▸ Pachtvertrag ▸ Leihvertrag ▸ Darlehensvertrag	▸ Dienstvertrag ▸ Ausbildungsvertrag	▸ Forderungsabtretungsvertrag ▸ Pfandvertrag ▸ Bürgschaftsvertrag ▸ Sicherungsübereignungsvertrag

Nach der **Dauer des Schuldverhältnisses** kann man folgende Vertragsarten unterscheiden:

Dauerhafte Schuldverhältnisse	Einmalige Schuldverhältnisse
Verträge mit bestimmtem oder unbestimmtem Zeitverlauf	Verträge mit einmaliger Abwicklung
Dienstvertrag, Mietvertrag	Kaufvertrag, Werkvertrag

Nach den **Sachgebieten des BGB** kann man folgende Vertragsarten unterscheiden:

Schuldrechtliche Verträge	Sachenrechtliche Verträge	Familienrechtliche Verträge	Erbrechtliche Verträge
Kaufvertrag Werkvertrag Dienstvertrag	Bestellung einer Grundschuld	Ehevertragliche Gütertrennung bzw. Gütergemeinschaft	Erbvertrag

Das Schuldverhältnis

Bei einem **zivilrechtlichen Schuldverhältnis** geht es um die rechtliche Beziehung zweier oder mehrerer Personen, die dem Gläubiger das Recht geben, vom Schuldner eine **Leistung zu verlangen**. Das BGB bezeichnet das Recht, von einem anderen ein **Tun oder Unterlassen zu verlangen**, als **Anspruch** (§ 194 Abs. 1 BGB). Im Rahmen des Schuldrechts wird ein Anspruch auch als **Forderung** bezeichnet.

Die Forderung gibt dem Berechtigten (Gläubiger) das Recht, vom Verpflichteten (Schuldner) eine Leistung zu verlangen (§ 241 Abs. 1 BGB).

Schuldverhältnisse entstehen entweder aufgrund eines Rechtsgeschäftes oder aufgrund einer gesetzlichen Bestimmung. Schuldverhältnisse durch Rechtsgeschäfte werden i. d. R. durch Vertrag begründet.

Beispiel

Der Abschluss eines Kaufvertrages begründet für Käufer und Verkäufer Ansprüche.

Ein **vertragliches Schuldverhältnis** bindet Gläubiger und Schuldner aneinander. Was der Gläubiger fordern kann, muss der Schuldner leisten. Jede Vertragspartei ist Gläubiger und Schuldner zugleich.

Gesetzliche Schuldverhältnisse verpflichten den Schuldner zu einer Leistung aufgrund von Rechtsvorschriften unabhängig vom Willen der betreffenden Person.

Beispiel

Die Verpflichtung zur Leistung von Schadensersatz aufgrund einer unerlaubten Handlung (§ 823 BGB).

Schuldverhältnisse **erlöschen** durch **Erfüllung** (§ 362 Abs. 1 BGB). Sinn und Zweck eines Vertrages sind erreicht, wenn beide Vertragspartner ihre Pflichten erfüllt haben. Die Erfüllung der Ansprüche und die Beendigung des Schuldverhältnisses fallen nur zusammen, wenn die Erfüllung ordnungs- und vorschriftsmäßig erfolgt.

Beispiel

Der Verkäufer schuldet die Übergabe der mangelfreien Kaufsache und die Eigentumsverschaffung. Der Käufer schuldet die Annahme der Kaufsache und die Bezahlung des Kaufpreises. Wenn alle Verpflichtungen ordnungsgemäß erfüllt sind, erlischt das Schuldverhältnis.

Wenn die Abwicklung des Schuldverhältnisses nicht ordnungsgemäß verläuft, spricht man allgemein von **Leistungsstörungen**.

MERKE

> Leistungsstörungen sind Störfälle, die bei der Erfüllung eines Schuldverhältnisses auftreten können.

Die folgende Übersicht zeigt die wichtigsten Verträge des täglichen Lebens und deren Merkmale:

Vertragsart	Name der Vertragspartner	Vertragsinhalt	Abgrenzungen
Kaufvertrag §§ 433 - 479 BGB	Käufer und Verkäufer	**Gegenstand des Kaufvertrages** (§§ 433, 453 Abs. 1 BGB) sind ▸ **Sachen** (Sachkauf: Konsum- und Produktionsgüter) ▸ **Rechte** (Rechtskauf: Forderungen, Patente) ▸ **sonstige Gegenstände** (Unternehmen, freiberufliche Praxen, Fernwärme, Elektrizität).	Gekauft werden können alle verkehrsfähigen Güter. Beim Tauschvertrag verpflichten sich die Vertragsparteien zum Austausch von Sachen und Rechten, ohne dass das Tauschmittel Geld gezahlt und damit zwischengeschaltet wird. Auf den Tausch finden die Vorschriften über den Kauf entsprechende Anwendung (§ 480 BGB). Im Gegensatz zum Miet- oder Pachtvertrag muss beim Kaufvertrag eine Eigentumsübertragung erfolgen.
Werkvertrag §§ 631 - 650 BGB	Besteller und Unternehmer	Gegenstand des Werkvertrages kann sowohl die **Herstellung** oder **Veränderung (Reparatur)** einer Sache **als auch ein anderer durch Arbeit oder Dienstleistung herbeizuführender Erfolg** sein. Der Anwendungsbereich des Werkvertragsrechts erfasst im Wesentlichen die individuelle Herstellung von Sachen und Reparaturarbeiten.	Beim Werkvertrag muss das versprochene Werk erst noch hergestellt bzw. repariert werden. **Werkvertrag = erfolgsbestimmt = Das Werk steht im Vordergrund**. Beim Kaufvertrag sind die Güter, die verkauft werden, bereits hergestellt oder werden als Massenware noch hergestellt.
Leihvertrag §§ 598 - 606 BGB	Verleiher und Entleiher	Unentgeltliche Überlassung der Leihsache	Dem Leihvertrag liegt eine Stückschuld zugrunde, dem Darlehensvertrag eine Gattungsschuld.

Vertragsart	Name der Vertragspartner	Vertragsinhalt	Abgrenzungen
Dienstvertrag §§ 611 - 630 BGB	Dienstherr (Dienstberechtigter) und Dienstverpflichteter.	Überlassung einer Dienstleistung irgendwelcher Art gegen Entgelt bzw. Honorar; der Dienstpflichtige kann selbstständig tätig[1] oder an Weisungen gebunden sein.[2] Bei unselbstständig Dienstpflichtigen liegt ein Arbeitsvertrag (§ 611a BGB) vor (Arbeitgeber-Arbeitnehmer-Verhältnis), d. h. es gelten neben den Bestimmungen des BGB auch die Bestimmungen des Arbeitsrechts.	Im Gegensatz zum Werkvertrag wird nur die Überlassung der Dienste geschuldet (Verpflichtung zum Tätigwerden); eine Erfolgsgarantie wird **nicht** übernommen. Der Dienstvertrag hat überwiegend eine laufende Tätigkeit zum Gegenstand, während der Werkvertrag überwiegend einmaliger Natur ist. **Dienstvertrag = zeitbestimmt = Das Wirken steht im Vordergrund**. Der Dienstverpflichtete schuldet also nur seine Tätigkeit.
Darlehensvertrag §§ 488 - 506, 607 - 609 BGB	Darlehensgeber und Darlehensnehmer	Überlassung von Geld oder Waren gegen Entgelt. **Das entgeltliche Darlehen** ist ein gegenseitiger Vertrag. Beim Gelddarlehen wird i. d. R. ein Zinssatz vereinbart. Als Objekt eines Sachdarlehens kommen nur vertretbare Sachen (§ 91 BGB) in Betracht.	Durch den **Geld-Darlehensvertrag** wird der Darlehensgeber verpflichtet, dem Darlehensnehmer einen Geldbetrag in vereinbarter Höhe zur Verfügung zu stellen (§ 488 Abs. 1 Satz 1 BGB). Der Darlehensnehmer ist verpflichtet einen geschuldeten Zins zu zahlen und das Darlehen zurückzuerstatten (§ 488 Abs. 1 Satz 2 BGB). Beim **Sachdarlehensvertrag** wird der Darlehensgeber verpflichtet eine vereinbarte vertretbare Sache zu überlassen (§ 607 Abs. 1 Satz 1 BGB). Der Darlehensnehmer ist zur Zahlung eines Darlehensentgelts und zur Rückerstattung von Sachen gleicher Art, Güte und Menge verpflichtet (§ 607 Abs. 1 Satz 2 BGB).

---

[1] Frei praktizierender Steuerberater = selbstständig, eigenverantwortlich.
[2] Angestellter Steuerberater in einer Steuerberatungsgesellschaft = unselbstständig, fremdbestimmt.

Vertragsart	Name der Vertragspartner	Vertragsinhalt	Abgrenzungen
Mietvertrag §§ 535 - 580a BGB	Mieter und Vermieter	Überlassung der Mietsache gegen Entgelt	Im rechtlichen Sinne werden Bezeichnungen wie „Bootsverleih" oder „Leihwagen" irrtümlich verwendet. **Mietvertrag = gebrauchsbestimmt und gegen Entgelt ("Miete")**
Pachtvertrag §§ 581 - 597 BG	Pächter und Verpächter	Überlassung der Pachtsache **und deren Ertrag** (Nutzen, Ausbeute) gegen Entgelt	Im Gegensatz zum Mietvertrag kann der Pächter einer Sache diese nicht nur benutzen, sondern auch mit ihr wirtschaften. Dem **Pächter** stehen die **Erträge aus der Pachtsache** zu. Gegenstand eines Pachtvertrages (nicht eines Mietvertrages!) kann auch ein Recht sein (Marken- oder Patentrecht). **Pachtvertrag = ertragsbestimmt**

Kaufvertrag – Werkvertrag – Dienstvertrag
Die Abgrenzung der Vertragstypen ist deshalb wichtig, weil davon das anzuwendende Recht abhängt: Kaufvertragsrecht, Werkvertragsrecht oder Dienstvertragsrecht.

Beim **Sachkauf** verpflichtet sich der Verkäufer gegenüber dem Käufer zur **Übergabe und** zur **Verschaffung des Eigentums** an der beweglichen oder unbeweglichen Kaufsache.

Beim **Werkvertrag** verpflichtet sich der Unternehmer gegenüber dem Besteller, einen **bestimmten Erfolg herbeizuführen**.

Im **Dienstvertrag** ist der Erfolg als Endergebnis nicht geschuldet, sondern **nur die Tätigkeit**.

MERKE

> Beim **Werkvertrag** wird die Herstellung eines Werkes gegen Entgelt geschuldet, also das Herbeiführen eines bestimmten **Erfolges**.
>
> Beim **Dienstvertrag** wird zwar eine **Leistung** bzw. eine **Tätigkeit**, aber **kein** Erfolg geschuldet.

Grundsätzlich sind alle Verträge mit Handwerkern Werkverträge. Anwendungsbereiche des **Werkvertrages** sind folgende **typische Leistungen**:

- Leistungen an unbeweglichen Gegenständen (Bau eines Hauses durch einen Bauunternehmer)
- Leistungen an bereits vorhandenen Sachen des Bestellers (Reparaturauftrag am Dach eines Hauses)
- Leistungen geistig-schöpferischer Art (Bauplanung eines Architekten).

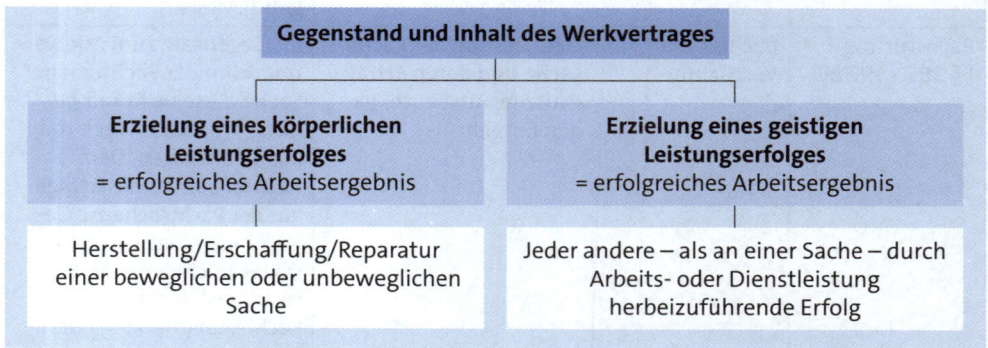

1. Die Veränderung einer Sache ist nicht auf den Begriff der Sache im Sinne des § 90 BGB beschränkt. Auch am Menschen vorgenommene Arbeitsleistungen können Gegenstand eines Werkvertrages sein (Haarschnitt beim Frisör).
2. Unter Erfolg ist das Ergebnis der Arbeitsleistung zu verstehen, nicht etwa der wirtschaftliche Erfolg aufgrund des Jahresabschlusses.

Auf Werkverträge findet Werkvertragsrecht (§§ 631 ff. BGB) Anwendung.

Zu beachten ist, dass auf einen Werkvertrag, der die Lieferung **herzustellender** oder zu erzeugender **beweglicher Sachen** zum Gegenstand hat (z. B. Lieferung eines Maßanzugs nach den Maßen des Auftraggebers), die **Vorschriften über den Kauf anzuwenden** sind (§ 650 BGB). Dies hat insbesondere Bedeutung bei der Lieferung einer Sache, die Mängel aufweist. Siehe hierzu „Störungen bei der Erfüllung des Kaufvertrages" (S. 71 ff.).

 ACHTUNG

Für die Gültigkeit eines Vertrages kommt es nicht darauf an, wie die Parteien den Vertrag nennen. Entscheidend ist, was die Parteien inhaltlich vereinbart haben.

Beispiel

Ein Vertrag, in dem sich der Malermeister verpflichtet, die Büroräume zu renovieren, ist dem Inhalt nach ein Werkvertrag, auch wenn er in Großbuchstaben mit „Dienstvertrag" überschrieben ist.

 MERKE

Vertragstyp	Leistung des Schuldners	Anzuwendendes Vertragsrecht
Kaufvertrag (§ 433 BGB)	Verkäufer schuldet die Lieferung der Sache	Kaufvertragsrecht
Dienstvertrag (§ 611 BGB)	Dienstverpflichteter schuldet Arbeitseinsatz	Dienstvertragsrecht
Werkvertrag (§ 631 BGB)	Unternehmer schuldet Arbeitserfolg	Werkvertragsrecht ggf. Kaufvertragsrecht (siehe § 650 BGB)

Aufgaben 37 - 45 > Seite 56 - 58

1.16 Übungsaufgaben

Aufgabe 1:
a) Kann ein Geisteskranker Eigentümer einer Unternehmung sein?
b) Kann ein Haustier (Hund, Katze) vererbt werden?

Aufgabe 2:
Untersuchen Sie die rechtlichen Bedeutungen des Lebensalters
a) Personen unter 7 Jahren
b) Personen ab 7 bis unter 18 Jahren
c) Personen ab 18 Jahren
bezüglich der Geschäftsfähigkeit!

Aufgabe 3:
Eine 17-Jährige Auszubildende kauft von ihrem angesparten Taschengeld ein Smartphone für 400 €.

Ist der Kaufvertrag gültig?

Aufgabe 4:
Kann ein Minderjähriger ohne Zustimmung der Eltern die Schenkung eines unbelasteten Grundstücks/eines Hundes annehmen?

Aufgabe 5:
Ein 16-Jähriger schließt mit einem Kreditvermittler einen Kreditvertrag über 2.000 € mit folgenden Konditionen:

Laufzeit zwei Jahre, Rückzahlung in einem Betrag, Zinssatz ein Prozent

Ist der Kreditvertrag gültig?

Aufgabe 6:
Grundsätzlich werden juristische Personen so gestellt wie natürliche Personen. Können Sie trotzdem Rechtsgeschäfte nennen, die juristische Personen im Gegensatz zu natürlichen Personen nicht vornehmen können?

Aufgabe 7:
Ein Minderjähriger kauft sich mit Zustimmung der Eltern ein Lotterielos für 5 € und gewinnt den Hauptgewinn in Höhe von 3.000 €. Von diesem Hauptgewinn kauft er sich ohne Zustimmung der Eltern einen Gebrauchtwagen.

Wie ist die Rechtslage?

Aufgabe 8:
Prüfen Sie, ob eine beschränkt geschäftsfähige Person die folgenden Rechtsgeschäfte rechtswirksam (gültig) vornehmen kann.
a) Kauf eines Hundes
b) Antrag auf Eröffnung eines Girokontos
c) Darlehen aufnehmen
d) Barbeträge vom Girokonto abheben
e) Kauf von Zigaretten
f) Erwerb eins Smartphones mit Kartenvertrag

g) Abschluss eines Ausbildungsvertrages
h) Kauf einer Flasche Weinbrand
i) Kündigung des Arbeitsvertrages.

Aufgabe 9:
Ergänzen Sie das folgende Schaubild:

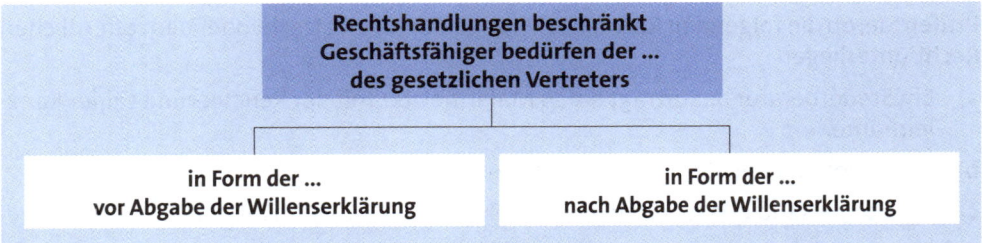

Aufgabe 10:
Der 6 Jahre alte Pascal nimmt heimlich Geld aus seiner Spardose und kauft dafür im benachbarten Bäckerladen eine Menge Süßigkeiten. Pascal kommt mit einem Teil der erworbenen Ware nach Hause. Die Eltern von Pascal sind mit diesem Geschäft nicht einverstanden.

Können die Eltern das Geld von dem Bäcker zurückverlangen? Begründen Sie Ihre Antwort mit Angabe der zutreffenden Rechtsquelle.

Aufgabe 11:
a) Die 16 Jahre alte Rebekka erhält von ihrer Tante eine wertvolle Perlenkette geschenkt. Rebekkas Eltern sind mit dem Geschenk nicht einverstanden.
b) Fall wie a), jedoch jetzt mit dem Unterschied, dass Rebekka 6 Jahre alt ist.

Muss Rebekka die Perlenkette aus rechtlicher Sicht zurückgeben? Begründen Sie Ihre Antwort mit Angabe der zutreffenden Rechtsquelle.

Aufgabe 12:
Die 15 Jahre alte Luise kauft beim Händler ein Mofa. Das Geld hat Luise von ihrem Sparbuch abgehoben. Ihre Eltern hatte Luise nicht gefragt, ob sie mit einem solchen Geschäft einverstanden wären.

Ist der Kaufvertrag, den Luise mit dem Händler abgeschlossen hat, gültig? Begründen Sie Ihre Antwort mit Angabe der zutreffenden Rechtsquelle.

Aufgabe 13:
a) Wodurch unterscheiden sich die Rechtsgebiete „Öffentliches Recht" und „Privatrecht" voneinander?
b) Nennen Sie zwei Gesetze oder Rechtsgebiete des öffentlichen Rechts.
c) Nennen Sie zwei Gesetze oder Rechtsgebiete des Privatrechts.

Aufgabe 14:
Prüfen Sie, ob die folgenden Rechtsbeziehungen dem Privatrecht oder dem öffentlichen Recht unterliegen.
a) Ein Steuerberater beauftragt einen Malermeister mit der Renovierung seiner Kanzleiräume.
b) Eine Gemeinde erhöht die Hundesteuer.
c) Ein Bundesland erlässt einen neuen Lehrplan für einen Ausbildungsberuf.
d) Eine Steuerfachangestellte nimmt ein Darlehen auf.
e) Eine Gemeindeverwaltung beauftragt einen Handwerksbetrieb mit der Reparatur der Dachfenster.
f) Ein Steuerberater bringt sein Auto zur Inspektion in eine Kfz-Reparaturwerkstätte.

Aufgabe 15:
Welche der folgenden Gesetze sind dem Privatrecht bzw. dem öffentlichen Recht zuzuordnen?
a) HGB
b) GmbH-Gesetz
c) Scheckgesetz
d) Einkommensteuergesetz
e) Genossenschaftsgesetz
f) Strafgesetzbuch
g) Aktiengesetz
h) Schulgesetz.

Aufgabe 16:
Stellen Sie für die nachfolgenden Rechtssubjekte a) bis d) fest, ob es sich jeweils um eine
- natürliche Person
- juristische Person des Privatrechts
- juristische Person des öffentlichen Rechts

handelt.

a) ZDF
b) AOK Rheinland-Pfalz/Saarland
c) Franz Huber, Vorstandsvorsitzender der Zement AG
d) Metallwerke GmbH Bochum

Aufgabe 17:
Erkundigen Sie sich: Kann ein ungeborenes Kind ein Haus erben?

Aufgabe 18:
a) Welche Gesetze des allgemeinen Steuerverfahrensrechts ergänzen das Steuerrecht?
b) In welchem Gesetz ist das Verfahrensrecht für die Sozialgesetze geregelt?

Aufgabe 19:
a) Nennen Sie Vertragsarten des täglichen Lebens.
b) In welchem Buch des Bürgerlichen Gesetzbuches sind die Rechtsvorschriften über die Vertragsarten festgelegt?
c) In welchem Buch bzw. in welchem Paragrafen ist festgelegt, dass ein 6-jähriges Kind keinen wirksamen Vertrag schließen kann?

Aufgabe 20:
Ordnen Sie die folgenden Gesetze dem privaten Recht bzw. dem öffentlichen Recht zu.
a) Sozialgesetzbuch
b) Handelsgesetzbuch
c) Einkommensteuergesetz
d) Abgabenordnung
e) Zivilprozessordnung
f) Produkthaftungsgesetz
g) Finanzgerichtsordnung
h) Aktiengesetz
i) Wehrpflichtgesetz
j) Strafgesetzbuch
k) Verwaltungsgerichtsverfahrensgesetz
l) Umsatzsteuergesetz
m) Urheberrechtsgesetz.

Aufgabe 21:
Was sind „Rechtssubjekte"? Erklären Sie den Begriff und nennen Sie Beispiele.

Aufgabe 22:
Was sind „Rechtsobjekte"? Erklären Sie den Begriff und nennen Sie Beispiele.

Aufgabe 23:
Was sind „vertretbare Sachen"? Erklären Sie den Begriff und nennen Sie Beispiele.

Aufgabe 24:
a) Kann die Altersgrenze für Volljährigkeit vertraglich verändert werden?
b) Ist es möglich, freiwillig auf die Rechtsfähigkeit zu verzichten?
c) Erlaubt es der Grundsatz der Privatautonomie dem Steuerbürger, die Höhe der zu zahlenden Steuer mit dem Finanzamt vertraglich zu vereinbaren?

Aufgabe 25:
Ergänzen Sie den folgenden Lückentext:

Rechtsfähigkeit ist die Fähigkeit _____ und _____ Personen, selbstständig Träger von _____ und _____ zu sein. Geschäftsfähigkeit ist die Fähigkeit, _____ selbst oder durch einen _____ wirksam vorzunehmen.

Aufgabe 26:
„Ich gehe heute Abend in die Disco." Hat diese Äußerung Rechtsfolgen?

Aufgabe 27:
Prüfen Sie die folgenden Rechtsgeschäfte hinsichtlich der Zahl der Willenserklärungen, die zur Rechtswirksamkeit notwendig sind!

Rechtsgeschäft	Zahl der Willenserklärungen
Kauf eines Tablets	
Fünf Personen gründen eine BGB-Gesellschaft	
Anfechtung eins Kaufvertrages	
Leasing-Vertrag	
Kündigung eines Arbeitsvertrages	
Testament	
Erbvertrag	

Aufgabe 28:
Ergänzen Sie den folgenden Lückentext:

Formvorschriften schützen vor _____ und erhöhen _____

Aufgabe 29:
Prüfen Sie, ob es sich bei den folgenden Rechtsgeschäften jeweils um ein einseitiges oder zweiseitiges Rechtsgeschäft handelt.

a) Bürgschaft
b) Abmahnung
c) Angebot
d) Erbvertrag
e) Ehe
f) Aufrechnung
g) Tauschvertrag
h) Schenkungsversprechen
i) Forderungsabtretung
j) Schuldversprechen.

Aufgabe 30:
Für welche Willenserklärungen/Rechtsgeschäfte ist eine öffentliche Beglaubigung bzw. eine notarielle Beurkundung erforderlich? Nennen Sie jeweils zwei Beispiele!

Aufgabe 31:
Ergänzen Sie den folgenden Lückentext:

Bei der öffentlichen Beglaubigung wird die _____ von einem Notar beglaubigt. Bei der notariellen Beurkundung wird der gesamte _____ von einem Notar beurkundet.

Aufgabe 32:
Ergänzen Sie den folgenden Lückentext:

Bei einem einseitigen Rechtsgeschäft gibt nur eine _____ eine _____ ab. Bei nicht empfangsbedürftigen Willenserklärungen kommt es nicht darauf an, ob jemand _____ erlangt. Empfangsbedürftige Willenserklärungen müssen dem Empfänger _____. Zweiseitige Rechtsgeschäfte kommen durch die übereinstimmenden _____ von _____ Personen zustande.

Aufgabe 33:
Ergänzen Sie den folgenden Lückentext:

Eine Willenserklärung besteht aus einem _____ und einer _____. Der Wille kann _____ oder _____ erklärt werden. Das Testament ist eine _____ Willenserklärung, die nicht _____ ist. Verträge sind alle Rechtsgeschäfte, die durch zwei _____ Willenserklärungen zustande kommen. Ein Rechtsgeschäft besteht aus einer oder mehreren _____ Rechtsgeschäfte sind entweder _____ oder _____.

Aufgabe 34:
Was versteht man unter einer Auslobung?

Aufgabe 35:
Was sind „einseitige Rechtsgeschäfte"? Erklären Sie den Begriff und nennen Sie Beispiele.

Aufgabe 36:
Was sind „zweiseitige Rechtsgeschäfte"? Erklären Sie den Begriff und nennen Sie Beispiele.

Aufgabe 37:
Geben Sie an, um welche Vertragsart es sich bei den folgenden Fällen handelt:
a) Ein Steuerberater überlässt seiner Angestellten unentgeltlich den Pkw-Kombi für Umzugszwecke.
b) Ein Steuerberater erwirbt gegen Entgelt eine Eigentumswohnung, die er für Praxisräume benötigt.
c) Ein Steuerberater möchte neue Bürogeräte anschaffen. Zu diesem Zweck nimmt er einen Kredit über 13.000 € bei einer Bank auf.
d) Ein Steuerberater beauftragt einen Rechtsanwalt, eine Honorarforderung gerichtlich geltend zu machen.
e) Ein Steuerberater beauftragt einen Malermeister, die Praxisräume zu renovieren.
f) Ein Steuerberater beauftragt ein Bauunternehmen mit dem Bau eines Zweifamilienhauses.
g) Ein Steuerberater beauftragt anlässlich seines Geburtstages eine Band.
h) Eine Angestellte bevollmächtigt einen Fachanwalt für Arbeitsrecht, Kündigungsschutzklage zu erheben.
i) Ein Autoeigentümer bringt sein Fahrzeug zur Inspektion in die Kfz-Werkstatt.
j) Ein Steuerberater beauftragt einen Taxiunternehmer mit dem Transport zum Flughafen Frankfurt.

k) Ein Ehemann lässt von einem Kunstmaler ein Portrait von seiner Frau an Hand eines Fotos erstellen.
l) Eine Steuerfachangestellte überlässt ihren Drucker einer guten Bekannten für vier Wochen.
m) Ein Lehrer beauftragt eine Druckerei mit der Herstellung von Visitenkarten.
n) Eine Auszubildende wünscht eine Tätowierung.
o) Ein Steuerberater bestellt Standardsoftware für die Kanzlei.
p) Ein Lehrer erteilt Nachhilfestunden in Rechnungswesen.

Aufgabe 38:
Wodurch unterscheidet sich ein Tausch von einem Kauf?

Aufgabe 39:
Ergänzen Sie den folgenden Lückentext:

§ 611 BGB: Durch den Dienstvertrag wird derjenige, welcher _____ zusagt, zur _____ der versprochenen Dienste, der andere Teil zur Gewährung der vereinbarten _____ verpflichtet.

§ 631 BGB: Durch den Werkvertrag wird der _____ zur _____ des versprochenen Werkes, der _____ zur Entrichtung der vereinbarten _____ verpflichtet.

Im Dienstvertrag stellt jemand seine _____ zur Verfügung. Im Werkvertrag verpflichtet sich jemand zur erfolgreichen _____ oder _____ eines Werkes.

Aufgabe 40:
Beschreiben Sie in wenigen Sätzen, was unter einem „Werkvertrag" zu verstehen ist.

Aufgabe 41:
Wo sind die gesetzlichen Regelungen zu Werkverträgen zu finden (§§ und Gesetz)?

Aufgabe 42:
Wodurch unterscheidet sich ein Kaufvertrag von einem Werkvertrag?

Aufgabe 43:
Wo sind die gesetzlichen Regelungen zum Kaufvertrag zu finden (§§ und Gesetz)?

Aufgabe 44:

Melanie Hoch findet in einer Modezeitschrift einen Haarschnitt, der ihr gefällt. Sie geht zu ihrer Friseurin und möchte einen Haarschnitt, wie er auf dem Foto in der Modezeitschrift zu sehen ist. Die Friseurin ist bereit, Melanie die Haare in der gewünschten Art zu schneiden, weist sie jedoch darauf hin, dass die nicht hundertprozentig identisch möglich ist (beispielsweise wegen unterschiedlicher Haare und unterschiedlicher Kopfform). Der Haarschnitt soll mit Waschen und Föhnen 65 € kosten.

a) Welche Vertragsart liegt in diesem Fall vor?

b) Melanie ist mit dem Ergebnis des Haarschnitts nicht voll zufrieden. Muss sie dennoch die vereinbarten 65 € bezahlen?

Aufgabe 45:

Prüfen Sie in den folgenden Fällen, welches Vertragsrecht (Kauf-, Werk- oder Dienstvertragsrecht) anzuwenden ist.

a) Erwerb einer Eigentumswohnung

b) Reparatur am Kraftfahrzeug

c) Taxifahrt zum Hauptbahnhof

d) Übersetzung eines italienischen Geschäftsbriefes

e) Anfertigen eines Hochzeitskleides

f) Nachhilfestunden in Steuerrecht

g) Reinigung eines verstopften Abflussrohres

h) Erwerb eines Hochzeitskleides im Kaufhaus

i) Anfertigung eines Nachschlüssels

j) Verpflichtung eines Lizenzfußballers

k) Vereinbarung eines Frisörtermins

l) Bestellung eines AG-Vorstandes

m) Operation durch den Chefarzt

n) Erstellen der Steuererklärung durch den Steuerberater

o) Anfertigen eines individuellen Reiseprospektes

p) Einzelstunde beim Fitnesstrainer.

2. Grundlagen des Kaufvertragsrechts

2.1 Kaufvertragsabschluss und Kaufvertragserfüllung

Die Rechte und Pflichten aus einem Kaufvertrag sind in § 433 BGB geregelt.

 RECHTSGRUNDLAGEN

„Durch den Kaufvertrag wird der Verkäufer einer Sache verpflichtet, dem Käufer die Sache zu übergeben und das Eigentum an der Sache zu verschaffen. Der Verkäufer hat dem Käufer die Sache frei von Sach- und Rechtsmängeln zu verschaffen. Der Käufer ist verpflichtet, dem Verkäufer den vereinbarten Kaufpreis zu zahlen und die gekaufte Sache abzunehmen."

Mit dem Abschluss eines Kaufvertrages werden demnach lediglich **Verpflichtungen** der Kaufvertragsparteien begründet (= **Schuldrecht**).

Die **Erfüllung** der Verpflichtungen (= Eigentumsübertragung der Ware und des Geldes) ist nicht im Schuldrecht geregelt, sondern im **Sachenrecht** (§ 854 ff. BGB).

 **MERKE**

Schuldrechtliche Verträge begründen **Rechte und Pflichten**.

Sachenrechtliche Verträge bewirken die **Übertragung von Besitz** und **Eigentum**.

Der Verkäufer ist zunächst einmal verpflichtet, dem Käufer das Eigentum an der Kaufsache zu verschaffen. Durch den Vertrag selbst ist der Käufer noch nicht Eigentümer geworden. Der **Abschluss eines Kaufvertrages** ist lediglich ein **Verpflichtungsgeschäft** (die Kaufvertragsparteien haben sich zu etwas verpflichtet). Verpflichtungsgeschäfte begründen also eine rechtliche Beziehung zwischen zwei Personen. Beide Parteien sind sich einig, dass sie ihre Verpflichtungen aus dem Kaufvertrag erfüllen sollen.

Erst mit der tatsächlichen Übergabe der beweglichen Sache wird der Käufer gemäß § 929 BGB neuer Eigentümer. Neben dem **Kaufvertrag** wurde noch ein Übereignungsvertrag geschlossen. Diesen **Übereignungsvertrag** nennt man **Erfüllungsgeschäft** oder **Verfügungsgeschäft**. Jetzt haben die Parteien ihre Verpflichtungen auch tatsächlich erfüllt.

Beispiel

V und K haben einen Kaufvertrag nach § 433 BGB über einen Gebrauchtwagen geschlossen. Die Eigentumslage hat sich mit Vertragsabschluss noch nicht geändert. Verursacht der Verkäufer vor Übergabe des Gebrauchtwagens einen Totalschaden, hat er diesen Schaden selbst zu tragen (er ist immer noch verpflichtet, dem Käufer den bzw. einen Gebrauchtwagen in der vereinbarten Güte zu übergeben).

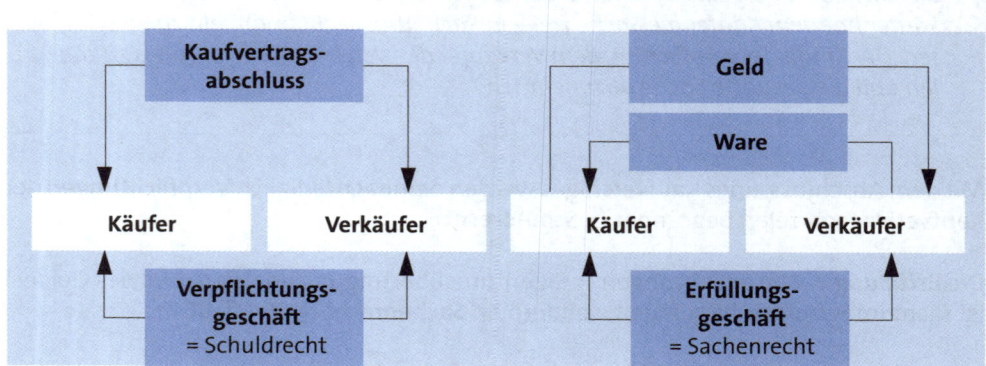

Dem Abschluss eines Kaufvertrages (Verpflichtungsgeschäft) muss demnach ein Verfügungsgeschäft folgen. In vielen Fällen fallen Verpflichtungs- und Verfügungsgeschäft zeitlich nicht auseinander, sondern zeitlich zusammen (z. B. bei Käufen des täglichen Bedarfs). Mit der Erfüllung der Pflichten erlöschen gem. § 362 Abs. 1 BGB die geschuldeten Leistungen.

Beim **Barkauf** fallen Kaufvertragsabschluss und Kaufvertragserfüllung i. d. R. zeitlich zusammen. Beim **Versendungskauf** fallen Kaufvertragsabschluss und Kaufvertragserfüllung zeitlich auseinander.

2.2 Kaufvertrag

Der Kaufvertrag ist ein gegenseitiger/schuldrechtlicher Vertrag, durch den sich ein Vertragspartner zur Veräußerung eines Vermögensgegenstandes, und ein anderer Vertragspartner zur Zahlung einer Geldsumme verpflichtet.

Jeder Vertrag kommt durch **zwei übereinstimmende Willenserklärungen** zustande. Diese Willenserklärungen heißen **Antrag** (1. Willenserklärung) und **Annahme** des **Antrags** (2. Willenserklärung). Übereinstimmend bedeutet, dass sich die Vertragsparteien in allen wesentlichen Punkten geeinigt haben.

Kaufgegenstände können sein
- bewegliche und unbewegliche **Sachen**
- **Tiere** und
- **Rechte**.

Kaufvertragsparteien können sein
- **Kaufmann** und **Kaufmann** (zweiseitiges Handelsgeschäft)
- **Kaufmann** und **Verbraucher** (einseitiges Handelsgeschäft) sowie
- **Verbraucher** und **Verbraucher** (Bürgerliches Geschäft).

Die Rechte und Pflichten aus dem Kaufvertrag ergeben sich aus den Bestimmungen des **§ 433 BGB**. Danach hat der **Verkäufer** die **Kaufsache** dem Käufer zu **übergeben** und das **Eigentum** an der Kaufsache **zu verschaffen**. Der **Käufer** ist verpflichtet die gekaufte Sache **anzunehmen** und den vereinbarten **Kaufpreis** zu **zahlen**. Darüber hinaus ist der Verkäufer verpflichtet, eine mangelfreie Sache zu liefern.

Bestellung und Bestellungsannahme
Es gibt zwei verschiedene Möglichkeiten, einen Kaufvertrag abzuschließen (§§ 145 ff. BGB):
1. Der **Verkäufer macht** ein **Angebot** (= Antrag), der **Käufer nimmt** dieses **an** (Bestellung).
2. Der **Käufer bestellt** ohne vorheriges Angebot, der **Verkäufer nimmt** die **Bestellung an**.

Möglichkeit 1

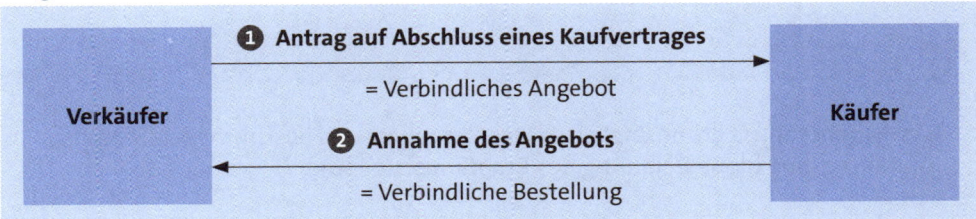

Möglichkeit 2

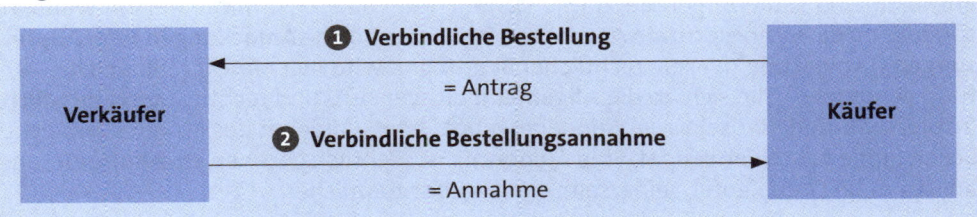

Bei einer Bestellung des Käufers ohne vorheriges Angebot des Verkäufers muss die Bestellung vom Verkäufer bestätigt werden damit ein rechtswirksamer Kaufvertrag zustande kommt. Die **Auftragsbestätigung** ist an keine bestimmte Form gebunden, sollte jedoch in Schriftform erfolgen. Die Auftragsbestätigung entfällt, wenn sofort geliefert wird.

2.2.1 Angebot

Angebot oder Anlockung (sog. „Anpreisung")
Das **Angebot** ist eine **einseitige, empfangsbedürftige Willenserklärung.** Ein Angebot im rechtlichen Sinne liegt erst dann vor, wenn es sich an eine **bestimmte Person oder Personengruppe** wendet. Der Anbieter bietet dem Käufer den Abschluss eines Kaufvertrages an. Deshalb muss das Angebot des Verkäufers inhaltlich genau bestimmt sein, damit es der Käufer durch ein einfaches „Ja" („angenommen", „einverstanden", „in Ordnung") annehmen kann.

Der Inhalt eines Angebots hängt vom beabsichtigten Vertragstyp ab. Als vertragswesentliche und geschäftstypische Bestandteile eines Kaufvertrages muss das Angebot mindestens über folgende Fragen Auskunft geben:

- Wer soll die Sache kaufen? → Käufer
- Wer soll die Sache verkaufen? → Verkäufer
- Was soll gekauft/verkauft werden? → Kaufsache/Verkaufssache
- Wieviel soll die Kaufsache/Verkaufssache kosten? → Kaufpreis/Verkaufspreis.

An Angebote im rechtlichen Sinne ist der Anbieter nach § 145 BGB gebunden. Das feste **Angebot** ist somit **rechtlich verbindlich**.

 MERKE

> Ein Angebot muss grundsätzlich so klar formuliert und bestimmt sein, dass zur Annahme eine bloße Bejahung des Empfängers genügt.

Kataloge, Preislisten, Plakate, Zeitungsanzeigen, Werbesendungen und Schaufensterauslagen sind keine Angebote, da sie sich nicht an eine bestimmte Person wenden, sondern an eine unbestimmte Anzahl von Personen. Solche **Anlockungen** bzw. **Anpreisungen** („Anlockung" ist kein rechtlicher Begriff und wird hier ohne irgendwelche Wertung verwendet), die sich **an die Allgemeinheit** wenden, sind rechtlich **unverbindlich**. Insofern werden Klauseln wie „Sonderangebot" oder „Angebot des Monats" im rechtlichen Sinne falsch verwendet. Eine Anlockung ist rechtlich gesehen eine Aufforderung an den möglichen Käufer, seinerseits ein Angebot zu machen.

MERKE

Ein **Angebot** ist rechtlich verpflichtend und an eine bestimmte Person gerichtet.

2.2.2 Bindung an das Angebot

Der Anbieter ist an sein Angebot gebunden, wenn er nicht von vornherein die Bindung ganz oder teilweise einschränkt (§ 145 BGB). Einschränkungen der Bindung ergeben sich aus den gesetzlichen Annahmefristen. So müssen **Angebote unter Anwesenden** (auch fernmündliche Angebote) **sofort** angenommen werden (§ 147 Abs. 1 BGB). „Der einem Abwesenden gemachte Antrag kann nur bis zu dem Zeitpunkt angenommen werden, in welchem der Antragende den Eingang der Antwort unter regelmäßigen Umständen erwarten darf" (§ 147 Abs. 2 BGB), d. h. der Empfänger des Angebots muss unverzüglich mit dem gleichen Nachrichtenmittel antworten. Die Bindung an ein schriftliches Angebot, das per **Brief** gemacht wurde, beträgt demnach ungefähr **eine Woche**.

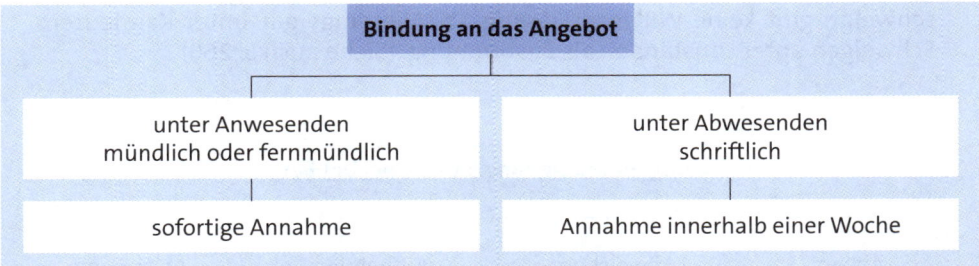

Eine **Bindung** an das Angebot **entfällt** auch nach **Ablauf einer** vom Anbietenden gesetzten **Annahmefrist**. Eine **verspätete Annahme** eines Angebots gilt als **neues Angebot**.

Beispiel

Der Unternehmer Frank Starke möchte Heizöl bestellen. Er bittet seinen Lieferanten um ein Angebot für die Lieferung von 5.000 Litern.

Der Heizöllieferant schickt Herrn Starke ein Angebot in Höhe von 4.100 € netto für die Lieferung von 5.000 Litern Heizöl, mit der Anmerkung, dass eine Zusage von Herrn Starke binnen einer Woche erfolgen muss.

Herr Starke gibt die Bestellung 10 Tage nach dem Erhalt des Angebots auf. Da das befristete Angebot des Heizöllieferanten zeitlich bereits abgelaufen war, gilt die Bestellung von Herrn Starke nicht als Annahme, sondern als neuer Antrag auf Abschluss eines Kaufvertrags.

A. Rechtliche Rahmenbedingungen der Wirtschaft | 2. Grundlagen des Kaufvertragsrechts

Der Lieferant kann die Bestellung von Herrn Starke (= neuer Antrag zum Abschluss eines Kaufvertrags) zu dem Preis von 4.100 € annehmen oder ablehnen (z. B. weil sich der Marktpreis zwischenzeitlich erhöht hat).

Die Bindung an das **Angebot entfällt außerdem**, wenn

- der **Empfänger** eine vom Angebot **abweichende Bestellung** aufgibt. Diese abweichende Bestellung gilt als **neues Angebot**
- der **Absender** das Angebot **rechtzeitig widerruft**. Der Widerruf muss vor oder gleichzeitig mit dem Angebot beim Empfänger sein
- der **Empfänger** das Angebot **ablehnt**.

ACHTUNG

Schweigen ist keine Willensäußerung. Daher führt das Schweigen auf ein Angebot (Nichtstun) grundsätzlich auch nicht zu einem Vertragsabschluss. Wer schweigt, gibt keine Willenserklärung ab. Allerdings gilt unter Kaufleuten Schweigen unter Umständen als Zustimmung. (Siehe auch S. 266)

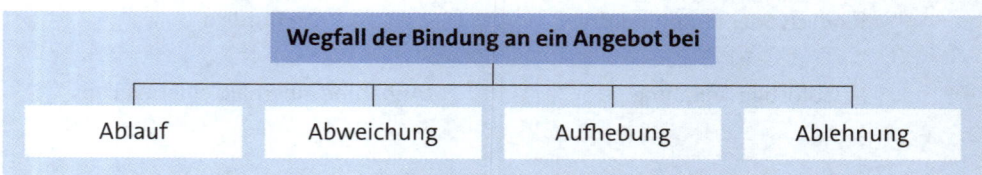

Im Geschäftsverkehr sind auch sogenannte **Freizeichnungsklauseln** üblich, um die rechtliche Bindung an das Angebot völlig oder teilweise einzuschränken. Klauseln wie „ohne Gewähr", „ohne Verpflichtung" oder „freibleibend" schließen jegliche Bindung an das Angebot aus. Die Klausel „Solange der Vorrat reicht" beschränkt die Menge. „Unverbindliche Preise" oder „Preise freibleibend" bedeutet, dass die Preise nicht bindend sind.

Aufgaben 46 - 48 > Seite 69

2.3 Besondere Art des Kaufs: Verbrauchsgüterkauf und Beweislastumkehr

Für einen Verbrauchsgüterkauf gelten ergänzende Vorschriften (**Sonderregelungen**); vgl. §§ 474 ff. BGB.

Ein Verbrauchsguterkauf liegt nach § 474 Abs. 1 BGB vor, wenn
- ein Verbraucher (= insbesondere Privatperson)
- von einem Unternehmer

eine Ware kauft.

ACHTUNG

Der Begriff „Verbrauchsgüterkauf" ist missverständlich. Beim Verbrauchsgüterkauf im Sinne des BGB kommt es nicht auf das Gut an (Gebrauchsgut, Verbrauchsgut, gebrauchtes Gut), sondern auf die **Person (hier: Privatperson), die das Gut von einem Unternehmer kauft**. Damit die ergänzenden Vorschriften des BGB für den Verbrauchsgüterkauf anwendbar sind, muss die Konstellation „Verkäufer = Unternehmer und Käufer = Verbraucher (Privatperson)" vorliegen (also „B2C").

Wenn eine Privatperson (= Verbraucher) eine Sache von einer anderen Privatperson kauft, liegt beispielsweise **kein** Verbrauchsgüterkauf vor.

Bei **Lieferung einer mangelhaften Ware** muss grundsätzlich **der Käufer** die Voraussetzungen seines Gewährleistungsanspruchs beweisen. Er muss beweisen, dass ein Mangel vorliegt und dass der Mangel bereits bei Gefahrübergang (= zum Zeitpunkt der Übergabe der Ware an den Käufer) vorhanden war und nicht erst später infolge des anschließenden Gebrauchs durch den Käufer entstanden ist.

Bei einem **Verbrauchsgüterkauf** gilt in dieser Hinsicht hingegen die Sondervorschrift des § 477 BGB. Sie regelt eine **Umkehr der Beweislast zugunsten des Verbrauchers innerhalb eines Jahres** ab Gefahrübergang. Dies bedeutet, dass bei einem Verbrauchsgüterkauf die gesetzliche **Vermutung** gilt, dass ein Mangel, der sich innerhalb von 12 Monaten ab Gefahrübergang zeigt, **bereits bei Gefahrübergang vorhanden war**. Der Verbraucher muss dann also nicht den Beweis antreten, dass der Mangel „von Anfang an" vorhanden war. Der Verkäufer muss vielmehr beweisen, dass die Sache bei Gefahrübergang mangelfrei war.

Eine Ausnahme von der Beweislastumkehr ist jedoch dann gegeben, wenn diese Vermutung mit der Art der Sache oder des mangelhaften Zustands unvereinbar ist.

Eine weitere Sonderregelung enthält § 476 Abs. 2 BGB. Diese Vorschrift regelt, dass bei einem Verbrauchsgüterkauf die **Verjährungsfrist für die Gewährleistungsrechte des Käufers**

- für **neue** Sachen **zwei Jahre**
- für **gebrauchte** Sachen **ein Jahr**

beträgt. Eine vorab vereinbarte vertragliche **Verkürzung** dieser Frist ist **nicht** zulässig.

In den folgenden Fällen kann der Käufer seine **Gewährleistungsansprüche nicht geltend machen:**

- Die Gewährleistungsfrist ist abgelaufen.
- Der Käufer kennt den Mangel bei Vertragsabschluss.

Ist dem Käufer infolge grober Fahrlässigkeit der Mangel unbekannt geblieben, kann der Käufer Rechte nur geltend machen, wenn der Verkäufer den Mangel arglistig verschwiegen oder eine Garantie für die Beschaffenheit der Sache übernommen hat (§ 442 Abs. 1 Satz 2 BGB).

2.4 Besondere Vertriebsformen beim Kauf

2.4.1 Außerhalb von Geschäftsräumen geschlossene Verträge und Fernabsatzverträge

Verträge müssen von den Vertragsparteien grundsätzlich eingehalten werden. Allerdings hat der Gesetzgeber Ausnahmen von diesem Grundsatz im BGB gesetzlich geregelt. Bei sogenannten Kaffeefahrten (Freizeitveranstaltungen) werden oft teure und minderwertige Elektrogeräte oder Gesundheitsartikel angeboten. Oder ein Reisender/Vertreter klingelt unangemeldet an der Wohnungstür und möchte sein Sortiment vorführen (Bücher, Küchen- und Reinigungsgeräte).

Bei einem Vertrag zwischen einem Unternehmer und einem Verbraucher, der eine entgeltliche Leistung zum Gegenstand hat und zu dessen Abschluss der Verbraucher beispielsweise

- mündlich an seinem Arbeitsplatz oder in einer Privatwohnung oder
- anlässlich einer Freizeitveranstaltung oder
- im Anschluss an ein überraschendes Ansprechen in Verkehrsmitteln oder im Bereich öffentlich zugänglicher Verkaufsflächen bestimmt worden ist,

steht dem Verbraucher ein Widerrufsrecht gemäß § 355 BGB zu (§ 312g Abs. 1 BGB).

Verbraucher ist jede natürliche Person (keine juristische Person), die weder ein gewerbliches Rechtsgeschäft abschließt noch eine selbstständige berufliche Tätigkeit ausübt (§ 13 BGB). **Unternehmer** ist jede natürliche oder juristische Person oder eine rechtsfähige Personengesellschaft, die bei Abschluss eines Rechtsgeschäfts in Ausübung ihrer gewerblichen oder selbstständigen beruflichen Tätigkeit handelt (§ 14 Abs. 1 BGB).

Das Widerrufsrecht beschränkt sich nicht nur auf den Kauf von Waren. Auch Dienst- und Handwerkerleistungen (Dienstverträge, Werkverträge), die der Unternehmer und der Verbraucher ohne vorherige Anmeldung in der Wohnung des Verbrauchers vereinbart haben, können rückgängig gemacht werden.

Verträge für die das Widerrufsrecht **nicht** gilt, sind in § 312g Abs. 2 BGB einzeln aufgelistet (siehe dort).

Form und Frist des Widerrufs
Der Widerruf muss keine Begründung enthalten und ist innerhalb von **14 Tagen** gegenüber dem Unternehmer zu erklären (§ 355 Abs. 2 Satz 1 BGB). Eine bestimmte Form ist nicht vorgeschrieben (also auch per SMS, Fax oder E-Mail möglich). Die Widerspruchsfrist beginnt erst, wenn dem Verbraucher eine den Anforderungen des § 360 Abs. 1 BGB entsprechenden Belehrung über sein Widerrufsrecht in Textform mitgeteilt worden ist (§ 356 Abs. 3 Satz 1 BGB).

Bei der Lieferung von Waren beginnt die Widerrufsfrist nicht vor dem Tag des Eingangs beim Empfänger. (§ 356 Abs. 2 Nr. 1 Buchst. a).

Das Widerrufsrecht gilt nicht nur für mündlich geschlossene Verträge, sondern auch für Verträge, die unterschrieben wurden.

Der Unternehmer ist verpflichtet, den Verbraucher gemäß § 360 BGB über sein Widerrufsrecht zu belehren (§ 312 Abs. 2 Satz 2 BGB).

Hat der Verbraucher den Vertrag widerrufen bzw. die gekaufte Sache fristgerecht zurückgegeben, ist der Unternehmer zur Erstattung des bereits gezahlten Kaufpreises verpflichtet (§ 357 BGB). Zahlt der Unternehmer nicht innerhalb 30 Tagen ab Zugang der Widerrufs- bzw. Rückgabeerklärung, kommt er ohne Mahnung automatisch in Verzug (§ 286 BGB). Kosten und Gefahr der Rücksendung trägt der Unternehmer (§ 357 Abs. 2 Satz 2 BGB).

Für Unternehmen, die im Versandhandel oder E-Commerce (Elektronischer Geschäftsverkehr) tätig sind, gelten die Bestimmungen und Regelungen über Fernabsatzverträge (§§ 312c ff. BGB).

Fernabsatzverträge sind **Verträge** über die Lieferung von Waren oder über die Erbringung von Dienstleistungen, die **zwischen einem Unternehmer und einem Verbraucher** unter ausschließlicher **Verwendung** von **Fernkommunikationsmitteln** abgeschlossen werden (§ 312c Abs. 1 BGB).

Fernkommunikationsmittel sind Kommunikationsmittel, die zur Anbahnung oder zum Abschluss eines Vertrages zwischen einem Verbraucher und einem Unternehmer **ohne gleichzeitige körperliche Anwesenheit der Vertragsparteien** eingesetzt werden können (§ 312c Abs. 2 BGB). Fernkommunikationsmittel sind insbesondere **Briefe, Kataloge, Telefonanrufe, Telekopien, E-Mails, SMS** sowie **Rundfunk, Tele- und Mediendienste**.

Der Unternehmer muss den Verbraucher rechtzeitig vor Abschluss eines Fernabsatzvertrages klar und verständlich über die Einzelheiten des Vertrags informieren (§ 312d Abs. 1 Satz 1 BGB).

Dem Verbraucher steht bei einem Fernabsatzvertrag ein **Widerrufsrecht** nach § 355 BGB (Widerrufsrecht bei Verbraucherverträgen) zu (§ 312g Abs. 1 BGB).

MERKE

> Bei Fernabsatzverträgen nach § 312c BGB steht dem Verbraucher gem. § 312g BGB i. V. m. § 355 BGB ein **Widerrufsrecht** mit einer **Frist** von **14 Tagen** zu. Innerhalb dieser Frist kann er also ohne Begründung von dem geschlossenen Vertrag zurücktreten.

2.4.2 Vertragsabschluss im E-Commerce

Für Verträge über die **Lieferung von Waren oder die Erbringung von Dienstleistungen**, die ein **Unternehmer** mit einem **Verbraucher** über einen **Tele- oder Mediendienst** schließt (Vertrag im elektronischen Geschäftsverkehr), gelten besondere Bestimmungen (§ 312i ff. BGB).

Der Kunde hat keine Möglichkeit, die Ware zu prüfen und keine Möglichkeit, Rückfragen an den Unternehmer zu stellen. Im Interesse des Verbraucherschutzes muss der Unternehmer dem Kunden

1. technische Hilfsmittel zur Verfügung stellen, mit deren Hilfe der Kunde Eingabefehler erkennen und berichtigen kann
2. den Zugang der Bestellung unverzüglich auf elektronischem Weg bestätigen

3. die Möglichkeit verschaffen, die Vertragsbestimmungen einschließlich der Allgemeinen Geschäftsbedingungen abzurufen und zu speichern. E-Commerce-Verträge mit Verbrauchern sind i. d. R. gleichzeitig Fernabsatzverträge mit den weitergehenden Unterrichtungspflichten und Widerrufs- und Rückgaberechten.

Aufgaben 49 - 55 > Seite 69 - 70

2.5 Übungsaufgaben

Aufgabe 46:
Wie lange ist ein Gebrauchtwagenhändler an ein Angebot gebunden, das er am 15.08. a) mündlich und b) schriftlich gemacht hat?

Aufgabe 47:
Bei einem Gebrauchtwagenhändler steht ein Mercedes mit der folgenden Beschreibung: „Günstige Gelegenheit: Sonderangebot, Mercedes A-Klasse, 85.000 km, TÜV neu, nur 8.000 €". Ist dies ein Angebot im rechtlichen Sinne?

Aufgabe 48:
Ein Gebrauchtwagenhändler bietet den Mercedes aus Fall 2 einer Helferin an. Diese nimmt das Angebot an mit der Äußerung: „Ich nehme den Wagen für 7.000 €". Ist ein Kaufvertrag zustande gekommen?

Aufgabe 49:
Die Steuerfachangestellte Hannah Helfrich verkauft einer Kollegin ihren gebrauchten Laptop für 100 €. Da Frau Helfrich das Gerät noch ein paar Tage selbst benötigt, vereinbaren die beiden Kolleginnen, dass sowohl der Laptop als auch der Kaufpreis erst am kommenden Wochenende übergeben werden sollen. Erläutern Sie anhand des geschilderten Sachverhalts die Rechtsgeschäfte, die bei einem Kaufvertrag vom Abschluss bis zur Erfüllung stattfinden:
a) das schuldrechtliche Verpflichtungsgeschäft
b) das sachenrechtliche Erfüllungsgeschäft.

Aufgabe 50:
Frau Helfrich sammelt Bilder moderner Künstler. Beim Kunsthändler Schön kauft sie das Bild eines zeitgenössischen Malers für 800 € gegen Barzahlung. Mit Herrn Schön hatte sie vereinbart, dass sie den Kaufpreis bar bezahlt, das Bild aber erst zu einem späteren Zeitpunkt abholt. In der Zwischenzeit kauft ein anderer Kunde das Bild von Frau Helfrich zu einem höheren Preis. Der andere Kunde zahlt den Kaufpreis und nimmt das Bild mit. Wie ist die Rechtslage?

Aufgabe 51:

Welche der folgenden Aussagen sind richtig oder falsch?

a) Bei allen Kaufverträgen fallen Kaufvertragsabschluss und Eigentumsübertragung zeitlich zusammen.

b) Bei allen Kaufverträgen fallen Kaufvertragsabschluss und Eigentumsübertragung zeitlich auseinander.

c) Bei Kaufverträgen des täglichen Lebens fallen Kaufvertragsabschluss und Eigentumsübertragung i. d. R. zeitlich zusammen.

d) Bei Grundstückskaufverträgen fallen Kaufvertragsabschluss und Eigentumsübertragung manchmal zeitlich zusammen.

e) Bei einem Kaufvertrag über ein neues Kraftfahrzeug fallen Kaufvertragsabschluss und Eigentumsübertragung i. d. R. zeitlich auseinander.

f) Bei Grundstückskaufverträgen fallen Kaufvertragsabschluss und Eigentumsübertragung immer zeitlich auseinander.

Aufgabe 52:

Ergänzen Sie den folgenden Lückentext:

Durch den Kaufvertrag entstehen nur die _____ der Vertragsparteien. Die Vertragsparteien verpflichten sich zur Erbringung von Leistung und _____. Erst mit der Erfüllung vollzieht sich der tatsächliche Austausch von _____ und Gegenleistung.

Aufgabe 53:

Ein Kaufhaus bietet Waren an, die „vom Umtausch ausgeschlossen" sind. Ist dies juristisch möglich?

Aufgabe 54:

Was ist unter „Fernabsatzverträgen" zu verstehen? (Hinweis: siehe § 312c BGB.)

Aufgabe 55:

Die Auszubildende Susanne Brandner hat im Internet von Steuerberater Paul Wegener gebrauchte Büromöbel ersteigert. Zwei Tage später entdeckt Frau Brandner ähnliche Möbel in einem Gebrauchtmöbellager zu einem wesentlich günstigeren Preis. Kann Frau Brandner den Kaufvertrag mit Herrn Wegener widerrufen? Begründen Sie Ihre Lösung.

3. Störungen bei der Erfüllung eines Kaufvertrages

Die meisten Kaufverträge werden ordnungsgemäß erfüllt. Bereits bei **Abschluss** eines Kaufvertrages kann es jedoch zu **Störungen** kommen, wenn der Vertrag nichtig oder anfechtbar ist. Auch bei der **Erfüllung** eines Kaufvertrages können **Störungen** auftreten, wenn die Vertragspartner ihre Verpflichtungen aus dem Vertrag nicht ordnungsgemäß erfüllen. Störungen können dabei sowohl auf der Käuferseite als auch auf der Verkäuferseite auftreten.

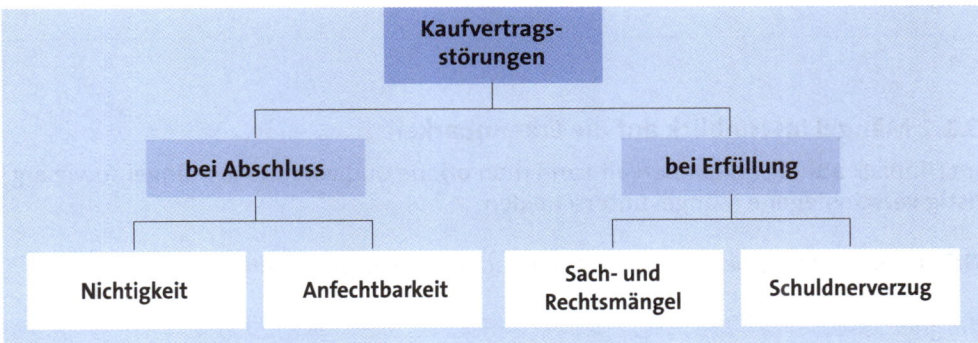

Schuldverhältnisse können **aufgrund Gesetz** oder durch **Rechtsgeschäft** begründet werden. Der Regelfall für rechtsgeschäftliche Schuldverhältnisse ist der Vertrag.

Das Recht der unerlaubten Handlung, auch **Deliktsrecht** genannt (vom lateinischen Wort „delictum"= Vergehen, Rechtsverstoß), soll hingegen den allgemeinen Schutz der verschiedenen Rechtsgüter sicherstellen, indem es dem Geschädigten einen **Ausgleichsanspruch für erlittene Schäden** verschafft. Das Deliktrecht sichert die Wiedergutmachung **materieller und immaterieller Schäden**, die infolge schuldhafter Verletzung eines absoluten Rechtsgutes entstehen. Für die Schadensersatzpflicht aus unerlaubter Handlung spielt es keine Rolle, ob zwischen Schädiger und Geschädigtem ein vertragliches Schuldverhältnis besteht. Das **Schuldverhältnis** wird **durch die unerlaubte Handlung** selbst begründet.

Das zivilrechtliche Deliktrecht ist zu unterscheiden vom Strafrecht, an das man beim Wort Delikt zuerst denkt. In der Rechtssprache versteht man unter einem Delikt im **Strafrecht** eine **Straftat** und im **Zivilrecht** eine **unerlaubte Handlung**. Das Strafrecht verwirklicht den staatlichen Strafanspruch bei unerlaubter Handlung (Strafgesetzbuch). Das **Deliktrecht** regelt die **zivilrechtlichen Schadensersatzansprüche** (BGB). Die strafrechtliche Verantwortung für die Tat ist nicht Gegenstand des zivilrechtlichen Deliktrechts.

3.1 Mangelhafte Lieferung

Durch den Kaufvertrag wird der Verkäufer **verpflichtet** dem Käufer die **Kaufsache frei von Sach- und Rechtsmängeln** zu verschaffen (§ 433 Abs. 1 Satz 2 BGB). Der Mangel kann somit in der Sache selbst liegen (Sachmangel) oder in der Tatsache, dass ein Dritter ein Recht an der Sache geltend machen kann (Rechtsmangel). Liefert der Verkäufer an Stelle einer mangelfreien eine mangelhafte Sache, hat er seine Pflicht aus dem Vertrag nicht erfüllt. Die Leistung entspricht nicht dem, was geschuldet ist.

MERKE

Eine mangelhafte Lieferung liegt vor, wenn der Verkäufer zwar rechtzeitig geliefert hat, die **Kaufsache** jedoch einen **Mangel** aufweist.

3.1.1 Mängel im Hinblick auf die Erkennbarkeit

Im Hinblick auf die Erkennbarkeit kann man **offene** und **versteckte** Mängel sowie **arglistig verschwiegene** Mängel unterscheiden.

Offene Mängel sind bei der Prüfung der Kaufsache **sofort erkennbar**.

Beispiel

Die Glasscheibe des gelieferten Aktenschrankes ist gerissen.

Versteckte (verborgene) Mängel sind bei der Prüfung der Kaufsache **nicht sofort erkennbar**, sie stellen sich erst später heraus.

Beispiel

Beim Öffnen einer Konservendose entdeckt die Hausfrau, dass der Inhalt verdorben ist.

Arglistig verschwiegene Mängel sind versteckte Mängel, die der Verkäufer **absichtlich geheim** hält.

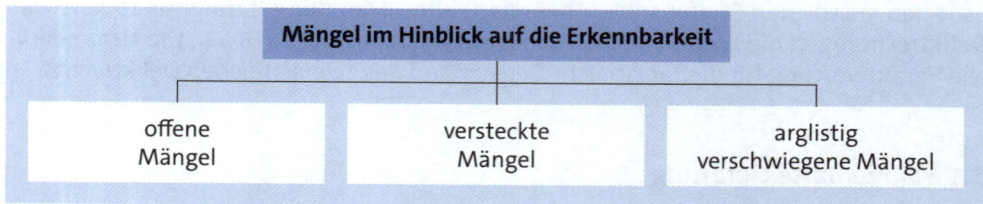

3.1.2 Sachmängel und Rechtsmängel

Sachmängel sind in § 434 BGB, Rechtsmängel in § 435 BGB definiert.

Frei von Sachmängeln ist eine Sache nach § 434 Abs. 1 BGB dann, wenn sie bei Gefahrübergang vom Verkäufer auf den Käufer

- den subjektiven Anforderungen
- den objektiven Anforderungen und
- den Montageanforderungen

entspricht.

Im Umkehrschluss liegt ein **Sachmangel** also vor, wenn **eine** der vorgenannten Anforderungen **nicht** gegeben ist.

Nach § 434 Abs. 4 BGB ist auch eine „**Falschlieferung**" (es wird eine andere als die vertraglich geschuldete Sache geliefert) als **Sachmangel** zu behandeln.

Subjektive Anforderungen

Eine Sache ist nach § 434 Abs. 2 BGB **mangelhaft**, wenn sie **nicht** den **subjektiven** Anforderungen entspricht. „Subjektiv" bedeutet, dass als Maßstab der Beurteilung die **im Vertrag** zwischen den Vertragsparteien vereinbarten Anforderungen herangezogen werden. Hierbei kann es sich handeln um

- die im Vertrag **vereinbarte Beschaffenheit** (z. B. „aus Aluminium, schwarz lackiert")
- die nach dem Vertrag **vereinbarte Verwendung** (z. B. „wasserdicht")
- das im Vertrag **vereinbarte Zubehör** (z. B. Lade- und Anschlusskabel) sowie die im Vertrag vereinbarten Anleitungen, einschließlich Montage- und Installationsanleitungen.

Beispiele

1. Alexander Groß bestellt beim Fahrradhändler „Conon-Bikes" ein für ihn individuell zusammengestelltes Mountain-Bike. Im Kaufvertrag wird u. a. vereinbart, dass der Rahmen anthrazit lackiert sein soll.

   Das bestellte Mountain-Bike wird einige Wochen später geliefert. Bei Übergabe im Geschäft stellt Herr Groß fest, dass der Rahmen nicht anthrazit, sondern schwarz lackiert ist. Das Fahrrad hat somit nicht die vereinbarte Beschaffenheit; es liegt somit ein Sachmangel nach § 434 Abs. 2 Nr. 1 BGB vor.

2. Fabius Günter möchte eine wasserdichte Armbanduhr kaufen. In dem Geschäft „Uhren-Welt" findet er eine solche Uhr. Beim Abschluss des Kaufvertrags vereinbart er mit dem Verkäufer im Vertrag, dass die Uhr zum Tauchen geeignet und wasserdicht ist.

Beim ersten Tauchgang stellt Herr Günter fest, dass bei einer Wassertiefe von 10 m Wassertropfen in das Gehäuse der Uhr eindringen. Die Uhr eignet sich also nicht für die nach dem Vertrag vereinbarte Verwendung; es liegt somit ein Sachmangel nach § 434 Abs. 2 Nr. 2 BGB vor.

3. Annalena Wierschem kauft in einem Computerfachgeschäft einen Computer mit Display und sonstigem Zubehör (z. B. Tastatur, Maus). In dem Kaufvertrag wird vereinbart, dass sämtliche Kabel zum Anschluss an das Stromnetz, das Internet, für das Display und für einen Multifunktionsdrucker mitgeliefert werden.

   Beim Auspacken der vom Computerfachgeschäft zusammenstellten Geräte und Zubehörteile stellt Frau Wierschem fest, dass außer einem Stromkabel keine weiteren Kabel vorhanden sind; es liegt somit ein Sachmangel nach § 434 Abs. 2 Nr. 3 vor.

4. Tobias Steyer kauft im Geschäft „Computer und mehr" einen Multifunktionsdrucker. Weil er hinsichtlich der Anschlüsse, der Einrichtung des Gerätes und der Verbindung zum Computer nicht so versiert ist, ist er unsicher, ob er das Gerät kaufen soll.

   Der Verkäufer sichert Herrn Steyer zu, dass die Einrichtung, der Anschluss und die Bedienung einfach sind und dass „alles" in den beigefügten Handbüchern leicht verständlich erklärt ist. Im Kaufvertrag wird festgehalten „inklusive aller Anleitungen für die Nutzung und Installation".

   Beim Auspacken des Multifunktionsdruckers stellt Herr Steyer fest, dass in dem Karton keine Installationsanleitung vorhanden ist; es liegt somit ein Sachmangel nach § 434 Abs. 2 Nr. 4 BGB vor.

Objektive Anforderungen
Eine Sache ist nach § 434 Abs. 3 BGB **mangelhaft**, wenn sie **nicht** den **objektiven** Anforderungen entspricht. „Objektiv" bedeutet, dass als Maßstab der Beurteilung die „allgemeine Betrachtung", d. h. die Sichtweise eines „unabhängigen Dritten" herangezogen werden soll.

§ 434 Abs. 3 BGB legt folgende Kriterien fest:

1. Die Sache **eignet sich für die gewöhnliche Verwendung** (z. B. „eine Taucheruhr eignet sich zum Tauchen").

2. Die Sache **weist eine Beschaffenheit auf, die bei Sachen derselben Art üblich ist** und die der Käufer erwarten kann (z. B. „der Stoff einer Regenjacke ist wasserabweisend"). Zu berücksichtigen sind hierbei
   - die Art der Sache und
   - die öffentlichen Äußerungen des Verkäufers oder im Auftrag des Verkäufers (z. B. in der Werbung oder auf dem Etikett).

Zur üblichen Beschaffenheit gehören

- die Menge (= „richtige" oder übliche Menge)
- die Qualität (= zu erwartende bzw. übliche Qualität)
- sonstige Merkmale, wie Haltbarkeit, Funktionalität, Kompatibilität und Sicherheit.

3. Die **Beschaffenheit der Sache entspricht der einer Probe oder eines Musters**, die oder das der Verkäufer dem Käufer vor Vertragsschluss zur Verfügung gestellt hat.
4. Die Sache wird **mit dem Zubehör, der Verpackung, der Montage- und Installationsanleitung sowie weiteren Anleitungen übergeben**, deren Erhalt der Käufer üblicherweise erwarten kann.

Beispiele

1. Melina Bläser kauft eine Armbanduhr zum Tauchen („Taucheruhr") in dem Geschäft „Uhren-Welt".

   Bereits beim ersten Tauchen stellt Frau Bläser fest, dass Wassertropfen in das Gehäuse der Uhr eindringen. Die Uhr eignet sich also nicht für die übliche Verwendung (Tauchen); es liegt somit ein Sachmangel nach § 434 Abs. 3 Nr. 1 BGB vor.

2. Sabine Gittler kauft in einem Outdoor-Ausstattungsgeschäft eine Regenjacke zum Wandern.

   Bei einer Wanderung im Allgäu regnet es. Frau Gittler verwendet die Regejacke. Schon nach kurzer Zeit stellt sie fest, dass sich der Stoff mit Wasser vollsaugt, also nicht wasserabweisend ist. Die Regenjacke weist also nicht die Beschaffenheit auf, die bei Sachen derselben Art üblich ist und die der Käufer erwarten kann; es liegt somit ein Sachmangel nach § 434 Abs. 3 Nr. 2 BGB vor.

3. Amando Munk sieht in einem Bekleidungsgeschäft eine hochwertige Allwetterjacke mit wasserabweisendem Außenstoff („Wassersäule 10.000") und einer Innenjacke, die wärmedämmend gefüttert ist. Da diese Jacke ein Muster ist und keine weiteren Jacken dieser Größe bei dem Geschäft auf Lager liegen, bestellt er die gleiche Jacke in seiner Größe bei dem Geschäft. Die Jacke wird ihm zugeschickt.

   Beim Auspacken der Jacke stellt Herr Munk fest, dass diese zwar optisch der Jacke entspricht, die er anprobiert hatte, jedoch der Außenstoff nicht so wasserabweisend ist, wie bei der anprobierten Jacke (der Stoff der zugeschickten Jacke hat eine „Wassersäule 2.000"); es liegt somit ein Sachmangel nach § 434 Abs. 3 Nr. 3 BGB vor.

4. Tobias Steyer kauft im Geschäft „Computer und mehr" einen Multifunktionsdrucker zum Anschluss an seinen Computer.

   Beim Auspacken des Multifunktionsdruckers stellt Herr Steyer fest, dass in dem Karton keine Anschlusskabel, keine Bedienungs- und Anschlussanleitung vorhanden sind (was bei solchen Geräten üblicherweise beigefügt ist); es liegt somit ein Sachmangel nach § 434 Abs. 3 Nr. 4 BGB vor.

Abweichende Vereinbarungen

Bei Kaufverträgen B2B („Business to Business" = beide Vertragspartner sind Unternehmer) oder C2C („Consumer to Consumer" = beide Vertragspartner sind Privatpersonen) können die Vertragsparteien im Vertrag eine Beschaffenheit der Sache vereinbaren, die von der objektiven Beschaffenheit abweicht, also dass die Sache bereits mangelhaft ist und so verkauft bzw. gekauft wird.

Bei einem **Verbrauchsgüterkauf** (Verkäufer ist Unternehmer, Käufer ist Privatperson) ist dies jedoch **nur möglich, wenn**

- der Käufer **vor** der Abgabe seiner Vertragserklärung **ausdrücklich davon in Kenntnis gesetzt** wurde, dass ein bestimmtes Merkmal der Sache von den objektiven Anforderungen abweicht und
- diese Abweichung **im Vertrag ausdrücklich und gesondert vereinbart** wurde (vgl. § 476 Abs. 1 Satz 2 BGB).

Montagemangel

Eine Sache ist nach § 434 Abs. 4 BGB **mangelhaft**, wenn sie **nicht** den **Montageanforderungen** entspricht. Dies ist u. a. dann der Fall, wenn

1. die **Montage unsachgemäß durchgeführt** worden ist (z. B. durch den Verkäufer oder einen vom Verkäufer Beauftragten) oder
2. die fehlerhafte Montage durch eine vom Verkäufer übergebene bzw. mitgeschickte **fehlerhafte Montageanleitung** verursacht wurde.

Beispiel

Alexander Kurth kauft in einem Sportgeschäft ein Sportgerät für seinen Fitnessraum. Im Vertrag wird die Montage durch den Verkäufer im Haus von Herrn Kurth mit vereinbart.

Die Teile des Sportgerätes werden mangelfrei geliefert. Durch die unsachgemäße Montage durch Mitarbeiter des Sportgeschäfts wird das Sportgerät mangelhaft zusammengebaut; es liegt dann ein Sachmangel nach § 434 Abs. 4 Nr. 1 BGB vor.

ACHTUNG

- Wenn es sich um einen **Verbrauchsgüterkauf** handelt (= Käufer ist Privatperson) gilt: zeigt sich der Mangel in den ersten **zwölf Monaten** nach dem Kauf, besteht die **Vermutung**, dass er schon **von Anfang an bestand** (§ 477 BGB). Der Verkäufer muss in diesem Fall beweisen, dass die Sache bei Lieferung mangelfrei war; kann er das nicht, gilt die vorgenannte Vermutung. Es gilt dann also der Grundsatz: „Im Zweifel für den Käufer".

- Wenn es sich **nicht** um einen Verbrauchsgüterkauf handelt oder **bereits zwölf Monate seit dem Kauf vergangen** sind, hat der **Käufer die Beweislast** (Umkehrschluss aus § 477 BGB). Im Streitfall muss er dem Verkäufer dann also beweisen bzw. schlüssig darlegen, dass die Sache schon beim Kauf mangelhaft war.

Rechtsmangel
Vom Sachmangel abzugrenzen ist der **Rechtsmangel**. Ein solcher Mangel liegt vor, wenn der Käufer die Sache **nicht** frei bzw. ungestört nutzen oder über sie verfügen kann (z. B. weil die **Sache mit Rechten anderer Personen belegt** ist, die vom Käufer nicht im Kaufvertrag übernommen wurden). Es könnte beispielsweise sein, dass ein Käufer eines Pkw nicht weiß, dass der Pkw den er erwirbt, zwischenzeitlich an einen Dritten übereignet wurde (der Verkäufer also nicht mehr Eigentümer des Pkw ist; dann liegt ein Rechtsmangel an dem Pkw vor).

Eine Sache ist dann **frei** von Rechtsmängeln, wenn andere Personen in Bezug auf die Sache keine oder nur die im Kaufvertrag übernommenen Rechte gegen den Käufer geltend machen können (§ 435 Satz 1 BGB).

Ein Rechtsmangel wird **einem Sachmangel gleich gestellt**. Dies bedeutet, dass ein Rechtsmangel die **gleichen Rechtsfolgen und Mängelansprüche** (§ 437 BGB) wie ein Sachmangel gegen den Verkäufer auslöst.

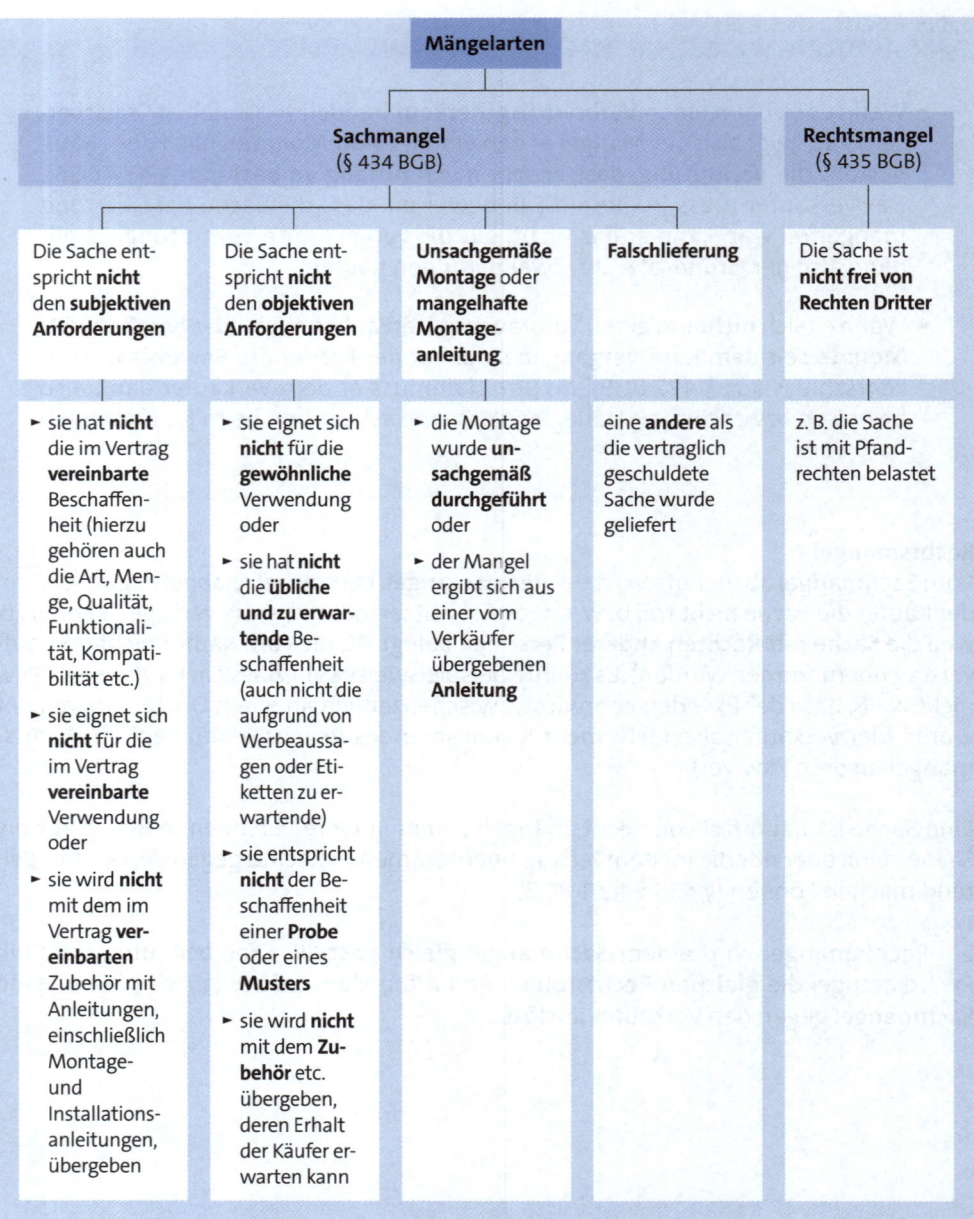

3.1.3 Rechte des Käufers bei mangelhafter Lieferung

Wenn eine mangelhafte Lieferung vorliegt, hat der Käufer eine Mehrzahl von gesetzlich geregelten Rechten, die nachfolgend unter a) bis f) jeweils erklärt werden.

a) Recht auf Nacherfüllung

Liegt ein Sachmangel vor, kann der Käufer **in erster Linie** (vorrangig) **Nacherfüllung** verlangen (§§ 437 Nr. 1, 439 BGB), da der Kaufvertrag noch nicht erfüllt ist. Der Käufer kann **als Nacherfüllung** wahlweise die **Beseitigung des Mangels** (Nachbesserung, Reparatur) oder die **Lieferung** einer **mangelfreien Sache** (Umtausch, Nachlieferung) verlangen (§ 439 Abs. 1 BGB).

Der Verkäufer kann die vom Käufer gewählte Art der Nacherfüllung verweigern, wenn sie nur mit unverhältnismäßigen Kosten möglich ist (§ 439 Abs. 4 Satz 1 BGB).

Beispiele

1. Bei einem Taschenrechner für 5 € ist eine Reparatur nur mit unverhältnismäßigen Kosten verbunden. Der Verkäufer kann eine Nachbesserung ablehnen und statt dessen den mangelhaften Taschenrechner durch einen mangelfreien ersetzen.
2. Der Mangel eines Einbaukühlschrankes für 850 € kann durch einfaches Austauschen eines preiswerten Moduls behoben werden. Dem Verkäufer ist in diesem Fall eine Nachlieferung nicht zumutbar.

b) Recht auf Rücktritt

Mangelbeseitigung oder Nachbesserung setzen voraus, dass die Nacherfüllung noch möglich ist. Ist die Nacherfüllung unmöglich oder unzumutbar, hat der Käufer ein **Rücktritts- oder Minderungsrecht**.

Der Käufer kann grundsätzlich nur zurücktreten, wenn er dem Verkäufer **erfolglos eine angemessene Nachfrist** zur Nacherfüllung gesetzt hat (§§ 323 Abs. 1, 437 Nr. 2 BGB). Eine Fristsetzung ist nicht erforderlich, wenn der Verkäufer beide Arten der Nacherfüllung ausdrücklich verweigert (§ 440 Satz 1 BGB).

Darüber hinaus bedarf es keiner Nachfristsetzung, wenn die vom Käufer gewählte Art der Nacherfüllung fehlgeschlagen ist (§ 440 Satz 1 BGB). Eine **Nachbesserung** gilt **nach dem erfolglosen zweiten Versuch als fehlgeschlagen** (§ 440 Satz 2 BGB).

Rücktritt ist **nur bei erheblichem Mangel** möglich, d. h. der Käufer kann nicht vom Vertrag zurücktreten, wenn der Sachmangel unerheblich ist (§§ 323 Abs. 5 Satz 2, 437 Nr. 2 BGB).

Rücktritt bedeutet, dass der **Kaufvertrag rückgängig gemacht wird:** Der Käufer muss die empfangene Kaufsache zurückübereignen, der Verkäufer muss den empfangenen Kaufpreis zurückgewähren.

c) Recht auf Minderung des Kaufpreises
Statt zurückzutreten kann der Käufer die mangelhafte Sache behalten und den **Kaufpreis herabsetzen** (§§ 437 Nr. 2, 441 BGB).

> Das Recht auf Minderung gilt auch bei unerheblichem Sachmangel (§§ 441 Abs. 1 Satz 2, 323 Abs. 5 Satz 2 BGB).

d) Recht auf Schadensersatz
Vorraussetzung für den Schadensersatzanspruch ist, dass der **Verkäufer den Mangel zu vertreten hat**. Ein Anspruch auf Schadensersatz statt Leistung (§§ 437 Nr. 3, 440, 281 Abs. 1 BGB) steht dem Käufer zu, wenn die Kaufsache mangelhaft ist und die Nacherfüllung fehlgeschlagen oder verweigert worden ist.

Beispiel

Marius Müller kauft bei der Computer und mehr GmbH einen Vierfarbdrucker. Der Drucker ist schon nach kurzer Nutzung defekt. Die Computer und mehr GmbH repariert den Drucker. Danach ist dieser aber direkt wieder defekt. Auch nach erneuter (zweiter) Reparatur ist der Drucker immer noch nicht funktionstüchtig. Herr Müller setzt der GmbH eine Frist von 10 Tagen zur Lieferung eines funktionstüchtigen Austauschgerätes. Die Computer und mehr GmbH verweigert die Lieferung eines Ersatzgerätes und bietet wieder eine Reparatur an.

Marius Müller tritt von dem Kaufvertrag zurück und erwirbt bei einem anderen Händler einen vergleichbaren Drucker, der 200 € teurer ist, die Computer und mehr GmbH muss Marius Müller den Schaden in Höhe von 200 € ersetzen.

e) Recht auf Aufwendungsersatz
Statt **Schadensersatz** kann der Käufer **neben Rücktritt oder Minderung Ersatz vergeblicher Aufwendungen** verlangen (§§ 284, 437 Nr. 3 BGB). Der Käufer kann allerdings nur Ersatz der Aufwendungen verlangen, die er im Vertrauen auf den Erhalt der Kaufsache gemacht hat (§ 284 BGB). Vergeblich sind die Aufwendungen, wenn sie wegen der mangelhaften Lieferung nutzlos waren, es sei denn, der Zweck dieser Aufwendungen wäre auch ohne die Pflichtverletzung des Schuldners erreicht worden (§ 284 BGB).

f) Kein Recht auf Selbstbeseitigung des Mangels

Im Gegensatz zum Werkvertragsrecht (vgl. § 634 Nr. 2 BGB) und Mietvertragsrecht (vgl. § 536a Abs. 2 BGB) hat der Käufer nach Kaufvertragsrecht **kein Recht, den Mangel selbst zu beseitigen** und dafür Ersatz der erforderlichen Aufwendungen zu verlangen.

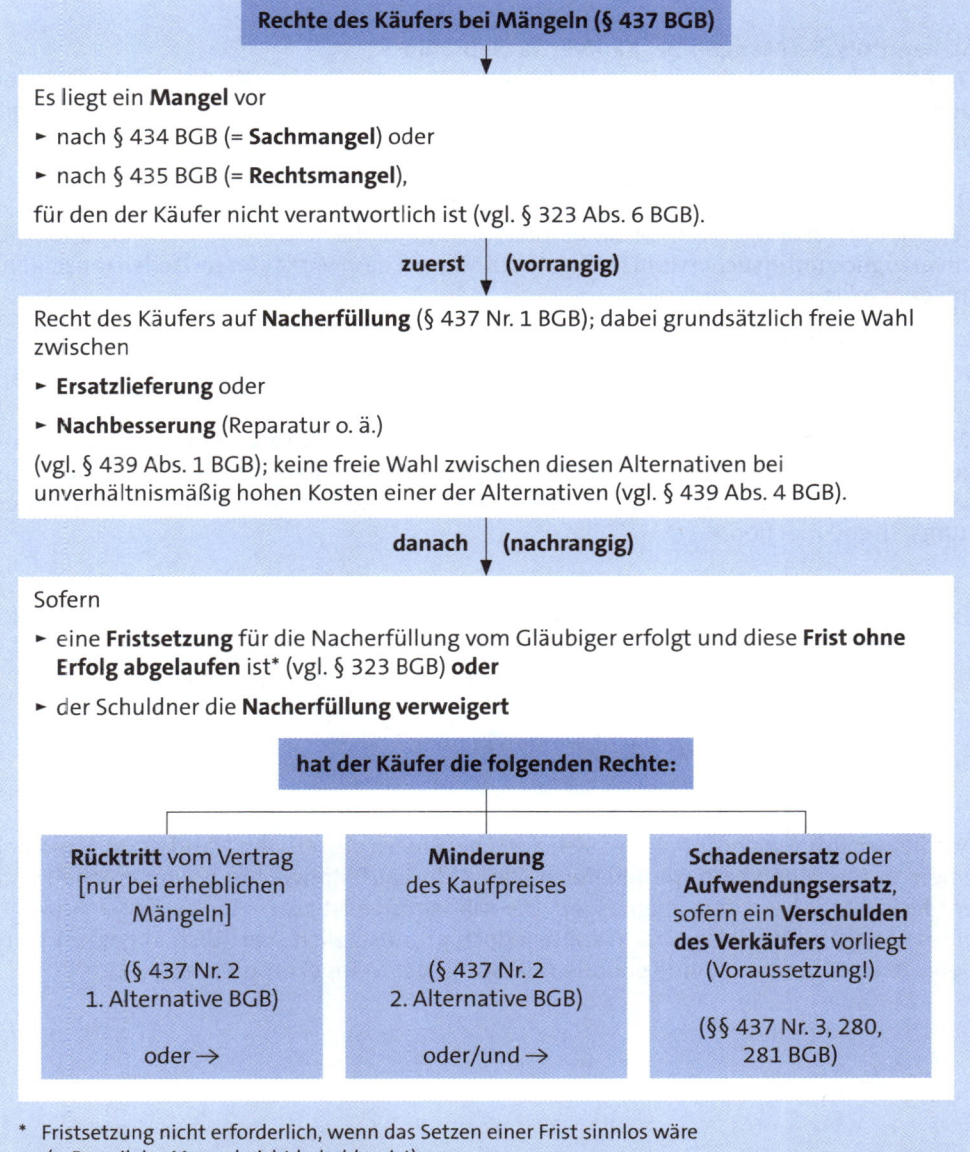

3.1.4 Ausschluss oder Einschränkung der Gewährleistungsrechte

a) Vertraglich vereinbarter Ausschluss
Die Vorschriften des § 437 BGB sind **grundsätzlich kein zwingendes Recht**, sondern **nachgiebiges Recht**, d. h. die Gewährleistungsrechte können vertraglich ausgeschlossen oder beschränkt werden.

b) Kenntnis des Mangels bei Kaufvertragsabschluss
Darüber hinaus sind die Käuferrechte **ausgeschlossen, wenn** der **Käufer den Mangel bei Vertragsabschluss kannte** (§ 442 Abs. 1 Satz 1 BGB) oder wegen grober Fahrlässigkeit nicht kannte (§ 442 Abs. 1 Satz 2 BGB).

c) Verletzung der Untersuchungs- und Rügepflicht beim zweiseitigen Handelskauf
Bei einem **zweiseitigen Handelskauf** muss der Käufer die Kaufsache nach der Lieferung **unverzüglich untersuchen und** festgestellte **Mängel** dem Verkäufer **mitteilen** (anzeigen, melden, reklamieren, rügen).

- **Offene Mängel** sind **unverzüglich** zu rügen (§ 377 Abs. 1 HGB).
- **Versteckte Mängel** sind **unverzüglich nach Entdeckung** zu rügen (§ 377 Abs. 3 HGB).

Die Untersuchungs- und Reklamationspflicht gilt **auch bei Falschlieferung und Mengenfehlern. Unterlässt der Käufer die Anzeige, so gilt die Ware als genehmigt.** Der Käufer kann nur innerhalb der Rügefrist seine Rechte aufgrund einer mangelhaften Lieferung geltend machen.

MERKE

> Unter einer **Mängelrüge** versteht man beim Kaufvertrag die **Anzeige des Käufers**, dass die gelieferte **Sache einen Mangel aufweist**, damit die Gewährleistungsrechte geltend gemacht werden können.

Aus Beweisgründen empfiehlt es sich auch bei einem einseitigen Handelskauf und bei einem bürgerlichen Kauf, die gelieferte Ware sofort auf Mängel hin zu untersuchen und entdeckte Mängel sofort anzuzeigen. Die Mängelrüge ist zwar eine formlose Anzeige eines Mangels. Die Reklamation sollte jedoch grundsätzlich schriftlich abgefasst werden. Darüber hinaus ist eine genaue Auflistung der Mängel empfehlenswert.

d) Ausschluss der Gewährleistungsansprüche durch Verjährung

Nach **Ablauf der Verjährungsfrist** kann der Käufer seine **Gewährleistungsrechte nicht mehr gerichtlich erzwingen**. Die Ansprüche des Käufers wegen eines Sach- oder Rechtsmangels verjähren nach folgenden Fristen (§ 438 BGB):

Anspruch	Verjährungsfrist	Rechtsgrundlage
Regelmäßige kaufrechtliche Mängelansprüche (Normalfall)	2 Jahre	§ 438 Abs. 1 Nr. 3 BGB
Arglistig verschwiegene Mängel	3 Jahre	§ 438 Abs. 3 i. v. m. § 195 BGB
Bauwerke und Baumaterial	5 Jahre	§ 438 Abs. 1 Nr. 2 BGB

 INFO

Ein Ausschluss oder eine Beschränkung der Käuferrechte ist nicht möglich bei arglistig verschwiegenem Mangel oder bei Garantieübernahme der Beschaffenheit der Sache (§ 444 BGB).

Bei einem **Verbrauchsgüterkauf** (siehe auch Seite 64 ff.) sind die **Gewährleistungsrechte** kein nachgiebiges, sondern **zwingendes Recht**: Auf eine vertragliche Vereinbarung, die zum Nachteil des Verbrauchers bei den Rechten bei mangelhafter Lieferung abweicht, kann sich der Unternehmer nicht berufen (§ 476 Abs. 1 Satz 1 BGB).

Gewährleistungsrechte und Verschulden des Verkäufers
Grundsätzlich hat der Käufer die Gewährleistungsansprüche auch dann, wenn der Verkäufer den Mangel nicht verschuldet hat.

Gewährleistung und Garantierechte
Vertragspartner beim Kaufvertrag ist grundsätzlich der **Verkäufer** und nicht der Hersteller. Der Verkäufer kann somit seine Verantwortung bei Lieferung einer mangelhaften Kaufsache nicht auf den Hersteller abwälzen. Gewährt der Hersteller jedoch freiwillig eine Garantie für die Kaufsache, kann sich der Käufer wahlweise entweder an den Verkäufer oder an den Hersteller wenden.

Das Garantierecht des Herstellers tritt neben die Gewährleistungsrechte (vgl. § 443 Abs. 1 BGB). Das Garantierecht ersetzt nicht die Gewährleistungsrechte. Garantieansprüche und Gewährleistungsansprüche stellen sicher, dass Verkäufer oder Hersteller für einen Sachmangel haften. **Gewährleistungsansprüche** gelten nach den gesetzlichen Vorschriften des BGB für Mängel **bei Übergabe der Kaufsache, Garantieansprüche** sind **freiwillig** gewährte Rechte des Herstellers für **Mängel**, die **nach der Übergabe** entstanden sind. Hersteller erweitern freiwillig ihre Haftung auch auf solche Mängel, die erst im Laufe der Zeit entstanden sind, und nicht schon von Anfang an existierten. Der Käufer hat in diesem Fall zwei Anspruchsgrundlagen, die er wahlweise geltend machen kann.

Gewährleistung	Garantie
gesetzliche Sachmängelhaftung	freiwilliges Versprechen des Herstellers
gesetzliche Rechte des Käufers gegenüber dem Verkäufer	Hersteller kann die Bedingungen festlegen
zwei Jahre ab Kaufdatum	längere Fristen vertraglich möglich

Hinweis: Liegt der Kauf durch eine Privatperson bereits länger als ein Jahr zurück, muss der Käufer beweisen, dass der Mangel schon bei der Übergabe der Kaufvertragssache vorlag. Zeigt sich der Mangel innerhalb des ersten Jahres, vermuten die Gerichte zugunsten des Käufers, dass der Mangel bereits bei der Übergabe bestanden hat (§ 477 Abs. 1 BGB).

Ersatz des Mangelfolgeschadens
Ein **Sachmangel kann** einen **Schaden an anderen Rechtsgütern** (Leben, Gesundheit, Eigentum) **verursachen**, bevor die Nacherfüllung erfolgreich war. Der Schaden geht in diesem Fall über die Wertminderung der verkauften mangelhaften Sache hinaus. Der **Mangelfolgeschaden** ist somit **Folge der mangelhaft gelieferten Kaufsache**. Voraussetzung für Ansprüche auf Schadensersatz wegen Mangelfolgeschaden ist eine Pflichtverletzung des Verkäufers, die er zu vertreten hat (§§ 437 Nr. 3, 276, 280 Abs. 1 BGB). Das **Vertretenmüssen setzt ein Verschulden voraus:** Der Schuldner hat Vorsatz und Fahrlässigkeit zu vertreten.

Beispiel

Der Einbau eines mangelhaft gelieferten elektronischen Moduls zerstört die ganze Maschine. Der Verkäufer des elektronischen Moduls muss dann den gesamten Schaden ersetzen.

Schadensersatz statt der Leistung
Nach erfolgloser Nacherfüllung kann der Käufer vom Kaufvertrag zurücktreten. Darüber hinaus wird der **Anspruch auf Schadensersatz nicht ausgeschlossen** (§ 325 BGB). Schadensersatz statt Leistung kann der Käufer nur verlangen, wenn

- der Schaden erheblich ist und
- der Verkäufer die Pflichtverletzung zu vertreten hat.

Der Käufer gibt die mangelhafte Sache zurück und verlangt Ersatz des gesamten Schadens, der ihm durch die Nichterfüllung des ganzen Vertrages entstanden ist (§§ 281 Abs. 1 Satz 3, 283, 311a BGB).

Beispiel

Der Verkäufer liefert eine mangelhafte Verpackungsmaschine. Die Nacherfüllung war erfolglos. Der Käufer erhält den bereits gezahlten Kaufpreis zurück. Darüber hinaus kann er die Kosten für die Ersatzbeschaffung und den entgangenen Gewinn geltend machen.

3.1.5 Produkthaftungsgesetz

Wird durch den Fehler eines Produkts jemand getötet, sein Körper oder seine Gesundheit verletzt oder eine Sache beschädigt, so ist der Hersteller des Produkts verpflichtet, dem Geschädigten den daraus entstehenden Schaden zu ersetzen (§ 1 Abs. 1 Satz 1 ProdHaftG).

Der Hersteller haftet auch ohne Verschulden auf Schadensersatz, wenn durch einen **Produktfehler** ein Schaden verursacht wird. Ein Produkt hat einen Fehler, wenn es nicht die erforderliche Sicherheit bietet (§ 3 ProdHaftG). Kann der Hersteller des Produkts nicht festgestellt werden, kann die Haftung auch den Lieferanten treffen (§ 4 Abs. 3 Satz 1 ProdHaftG). Die Beweislast für das Vorliegen eines Fehlers, den Eintritt des Schadens und den ursächlichen Zusammenhang zwischen Fehler und Schaden trägt der Geschädigte (§ 1 Abs. 4 Satz 1 ProdHaftG). Bei der Prüfung der Anspruchsgrundlage für den Schadensersatzanspruch nach dem Produkthaftungsgesetz ist Folgendes zu beachten:

1. Produkt im Sinne des Gesetzes ist jede bewegliche Sache (§ 2 ProdHaftG).
2. Die Haftung bezieht sich auf die Sicherheit des Produktes.
3. Der Fehlerbegriff ist nicht identisch mit dem Sachmangelbegriff im Kaufvertragsrecht (§ 3 ProdHaftG).
4. Der Hersteller haftet auch ohne sein Verschulden.
5. Im Falle der Sachbeschädigung gilt die Verpflichtung zum Schadensersatz nur, wenn eine andere Sache als das fehlerhafte Produkt beschädigt wird und diese andere Sache für den privaten Ge- oder Verbrauch bestimmt und vom Geschädigten verwendet worden ist (§ 1 Abs. 1 Satz 2 ProdHaftG).
6. Anspruchsgegner ist der Hersteller (§ 4 ProdHaftG).
7. Vertragliche Mängelansprüche nach dem BGB bestehen immer nur zwischen dem Geschädigten und dem Verkäufer. Bei der **Produkthaftung** handelt es sich um die **Verantwortlichkeit des Herstellers**, auch wenn diese Person nicht in Geschäftsbeziehung mit dem Geschädigten steht.
8. Von der Haftung des Herstellers nach dem Produkthaftungsgesetz ist die Produzentenhaftung aus unerlaubter Handlung zu unterscheiden (§ 823 BGB). Die Produzentenhaftung setzt Verschulden voraus.

> **MERKE**
>
> Unter Produkthaftung versteht man die Haftung des Herstellers für Folgeschäden aus der Benutzung des Produkts.

Aufgaben 56 - 65 > Seite 101 - 104

3.2 Lieferungsverzug

Die Bestimmungen des BGB über den **Schuldnerverzug** aufgrund einer fälligen Lieferung (= Lieferungsverzug) gelten für alle Vertragsarten. Wesen, Voraussetzungen, Rechtsfolgen und Rechte sollen hier am Beispiel des Kaufvertrages dargestellt werden.

Im Gegensatz zur mangelhaften Lieferung wurde **beim Schuldnerverzug** der Kaufvertrag **überhaupt noch nicht erfüllt**. Der Schuldner **verzögert** die Leistung, obwohl sie **fällig** ist.

> **MERKE**
>
> Beim Schuldnerverzug wird die Leistung **nicht rechtzeitig** erbracht. Verzug ist das schuldhafte, nicht rechtzeitige Leisten **trotz Mahnung und Fälligkeit**.

3.2.1 Voraussetzungen des Lieferungsverzugs

Der Schuldner kommt nur in **Verzug**, wenn die folgenden **Voraussetzungen** erfüllt sind:

1. Die Kaufsache muss **fällig** sein. Der Schuldner leistet trotz Fälligkeit nicht. Der Käufer kann aufgrund eines Kaufvertrages die Lieferung verlangen.

   Es muss ein Zeitpunkt vorliegen, an dem der Schuldner verpflichtet ist, seine Leistung zu erfüllen. Vor Fälligkeit kann eine Leistung nicht gefordert werden. Wenn vertraglich **nichts vereinbart** wurde, ist die Leistung **„sofort"** fällig (§ 271 BGB).

   Sofortige Fälligkeit bedeutet hierbei nicht unverzüglich oder auf der Stelle, sondern innerhalb eines angemessen Zeitraums.

2. Der Gläubiger muss **mahnen:** Dem Schuldner muss nach Fälligkeit mitgeteilt werden, dass der Verzug Rechtsfolgen für ihn haben kann.

 **MERKE**

Der Schuldner kommt grundsätzlich erst durch Mahnung nach Fälligkeit in Verzug.

Leistet der Schuldner auf eine **Mahnung** des Gläubigers **nicht**, die **nach Eintritt der Fälligkeit** erfolgt, so kommt er **durch die Mahnung** in **Verzug** (§ 286 BGB). Der Mahnung stehen die Klageerhebung sowie die Zustellung eines Mahnbescheids im Mahnverfahren gleich.

Die Mahnung ist eine einseitige Willenserklärung an den Schuldner, jetzt endlich seine Leistung zu erfüllen. Sie ist zwar an keine Form gebunden, sollte jedoch aus Beweisgründen schriftlich erfolgen.

 INFO

Das Ende der Leistungszeit muss mit dem Kalender bestimmbar sein („Lieferung am 12.10.20..“). Es genügt nicht, dass lediglich die Möglichkeit der Berechenbarkeit besteht („Lieferung demnächst“).

Eine **Mahnung ist nicht erforderlich**, wenn im Vertrag die **Leistungszeit kalendermäßig bestimmt** ist („Der Tag mahnt für den Menschen“, § 286 Abs. 2 Nr. 1 BGB) oder zumindest kalendermäßig bestimmbar ist (§ 286 Abs. 2 Nr. 2 BGB). In diesem Fall wurde der Leistungszeitpunkt vertraglich vereinbart, oder es ergibt sich aus dem Gesetz, wann die Leistung spätestens zu erbringen ist.

Beispiele

„Lieferung bis 01.04.20..“
„Lieferung am 01.04.20..“
„Lieferung 30 Tage nach Rechnungsdatum“

 **MERKE**

Der Schuldner gerät **ohne Mahnung** in Verzug **mit Ablauf einer bestimmten Zeit** oder des **vereinbarten Termins**. Bei **fehlender Vereinbarung** einer nach dem Kalender bestimmten Zeit kommt der Schuldner **erst durch eine Mahnung** des Gläubigers **in Verzug**.

Darüber hinaus bedarf es einer Mahnung **nicht**, wenn der Schuldner die Leistung ernsthaft und endgültig **verweigert**.

3. Der Schuldner kommt nur in Verzug, wenn er die Verzögerung zu vertreten hat (§ 286 Abs. 4 BGB). Der Schuldner ist somit nur **verantwortlich für eigenes Verschulden**, wenn er die **Verspätung vorsätzlich oder fahrlässig verursacht** hat (§ 276 Abs. 1 BGB). Den Verzug vertreten müssen heißt also, verantwortlich zu sein für die Pflichtverletzung: Der Schuldner „kann etwas dafür."

Beispiel

Der Verkäufer hat aufgrund fehlerhafter Aufzeichnungen den Lieferzeitpunkt versäumt.

Unverschuldete und unvorhersehbare Ereignisse wie Naturkatastrophen hat der Schuldner **nicht** zu vertreten.

 INFO

Der Gläubiger hat das Vorliegen von Fälligkeit und Mahnung zu beweisen, die Beweislast des Nichtverschuldens der Verzögerung liegt beim Schuldner.

3.2.2 Vorsatz und Fahrlässigkeit

Fahrlässig handelt jemand, der einen rechtswidrigen Erfolg zwar nicht möchte, ihn aber bei sorgfältiger Abwägung vorhersehen und vermeiden konnte. **Fahrlässig** bedeutet **leichtsinnig:** Man will etwas nicht, ist aber **unaufmerksam**. Fahrlässig handelt, wer die erforderliche **Sorgfalt außer Acht** lässt (§ 276 Abs. 2 BGB).

Unter **Vorsatz** versteht man das bewusste und gewollte Herbeiführen eines rechtswidrigen Erfolges. **Vorsätzlich** bedeutet **absichtlich**.

Die Unterscheidung, ob Vorsatz oder Fahrlässigkeit vorliegt, ist im Zivilrecht von untergeordneter Bedeutung: Der Schuldner hat **sowohl Vorsatz als auch Fahrlässigkeit zu vertreten** (§ 276 Abs. 1 BGB).

 MERKE

Schuldnerverzug ist die **schuldhafte** Nichtleistung trotz Fälligkeit und Mahnung.

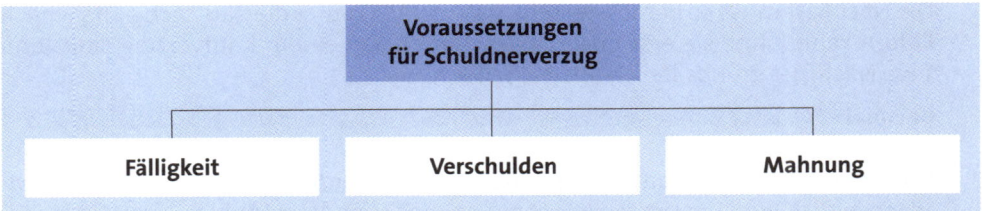

3.2.3 Rechte des Käufers bei Lieferungsverzug

1. **Lieferung der Kaufsache**
   Der **Leistungsanspruch** des Gläubigers bei Fälligkeit der Leistung **bleibt bestehen**.

   Der Leistungsanspruch erlischt erst, wenn der Schuldner (hier: der Verkäufer = Lieferer) seine Leistung erbringt.

2. **Ersatz des Verzugsschadens neben der Leistung**
   Wenn außer der Fälligkeit die zusätzlichen Voraussetzungen für Schuldnerverzug vorliegen, nämlich Mahnung und Verschulden, kann der Gläubiger (hier: der Käufer) **neben der Leistung Schadensersatz wegen der Verzögerung** verlangen (§§ 280 Abs. 1 und 2, 286 BGB).

   Beispiel

   Ein Steuerfachangestellter bestellt bei einem Autohaus einen Neuwagen. Das Autohaus ist durch Überschreiten des verbindlichen Liefertermins in Verzug. Durch die schuldhafte Verzögerung der Lieferung ist der Käufer gezwungen, einen Ersatzwagen zu mieten. Die Kosten für den Mietwagen (Verzögerungsschaden) hat der Verkäufer zu ersetzen.

   Wenn der Schuldner die Verzögerung nicht zu vertreten hat, muss er den Verzögerungsschaden nicht ersetzen.

3. **Rücktritt vom Kaufvertrag**
   Der Käufer braucht nicht unbegrenzte Zeit auf die Erfüllung der Leistung zu warten. Unter bestimmten Voraussetzungen kann der Gläubiger vom Vertrag zurücktreten, wenn er kein Interesse mehr an der Leistungserfüllung hat.

   Voraussetzung für das **Rücktrittsrecht** ist,

   ▸ dass der Gläubiger dem Schuldner nach Eintritt der Fälligkeit eine **angemessene Frist zur Leistung** setzt, und

   ▸ dass diese Nachfrist zur **Leistung** erfolglos abgelaufen ist (§ 323 Abs. 1 BGB).

   Das Rücktrittsrecht kann der Gläubiger auch dann geltend machen, wenn der Schuldner die Verzögerung nicht zu vertreten hat.

Die Nachfrist muss so bemessen sein, dass der Verkäufer die Kaufsache tatsächlich liefern kann, ohne sie erst noch zu beschaffen. Bei einem Kaufvertrag sind zehn Tage Nachfrist grundsätzlich ausreichend.

Beispiel

Nach Abschluss eines Kaufvertrages über einen Laserdrucker liegt dem Käufer zwischenzeitlich ein günstigeres Angebot von einem anderen Anbieter vor. Nach Eintritt der Fälligkeit und nach erfolgloser Nachfristsetzung tritt der Käufer vom Kaufvertrag zurück.

4. **Schadensersatz statt der Lieferung**
   Der **Anspruch auf Schadensersatz** nach § 280 BGB ist an folgende **Voraussetzungen** gebunden:

   ▶ Es muss ein **vertragliches Schuldverhältnis** bestehen: Kaufvertrag.
   ▶ Es muss eine **Pflichtverletzung** vorliegen: Verzug.
   ▶ Es muss ein **Schaden entstanden** sein: beleg- und nachweisbar.
   ▶ Der **Schuldner** (hier: der Verkäufer) muss für die Pflichtverletzung **verantwortlich** sein. Höhere Gewalt ist dem Schuldner nicht vorwerfbar:
     - Der Schuldner hat wegen organisatorischer Mängel einen Liefertermin „verschlafen." (vorwerfbar!)
     - Der Schuldner konnte wegen schwerer Krankheit nicht zum vereinbarten Zeitpunkt liefern. (nicht vorwerfbar!)

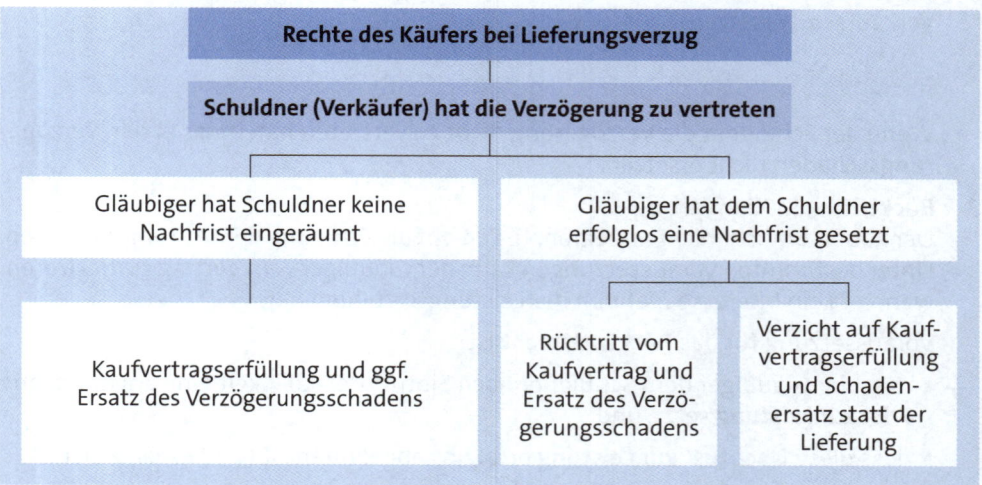

3.3 Annahmeverzug

Der Gläubiger (Käufer) ist verpflichtet, die ihm angebotene Leistung (z. B. bestellte Ware) anzunehmen. Kommt er dieser Verpflichtung nicht nach, gerät er unter den unten aufgeführten Voraussetzungen in **Annahmeverzug** (§§ 293 ff. BGB).

Beispiel

Bernhard Kilbinger hat ein neues Sofa für sein Wohnzimmer bestellt. Das Sofa soll vom Verkäufer vereinbarungsgemäß zu Herrn Kilbinger nach Hause geliefert werden. Als Liefertermin wurde der 25.06.2022 vereinbart.

Als das Möbelhaus (Verkäufer des Sofas) die Lieferung am 25.06.2022 bei Herrn Kilbinger ausführen möchte, ist Herr Kilbinger entgegen der Vereinbarung nicht zu Hause.

Voraussetzungen des Annahmeverzugs
Annahmeverzug liegt vor, wenn die folgenden Voraussetzungen erfüllt sind:

▸ Fälligkeit der Leistung
▸ ordnungsgemäßes Anbieten der Leistung, also am rechten Ort, zur rechten Zeit, frei von Mängeln (§ 294 BGB), und
▸ der Gläubiger (Käufer) nimmt die Leistung (z. B. Ware) nicht oder nicht fristgerecht an. Es spielt keine Rolle, ob er in diesem Fall schuldhaft handelt oder nicht.

Beispiel

Beispiel wie zuvor (Sofalieferung an Herrn Kilbinger). Die Leistung war laut Vertrag am 25.06.2022 fällig.

Das Anbieten der Leistung durch den Schuldner (Möbelhaus) erfolgte ordnungsgemäß (am rechten Ort zur rechten Zeit und – unterstellt – frei von Mängeln).

Herr Kilbinger hat die Leistung (das Sofa) nicht fristgerecht (nicht zum vereinbarten Termin) angenommen.

Herr Kilbinger befindet sich somit im Annahmeverzug.

Kein Annahmeverzug liegt jedoch vor, wenn

- der Gläubiger die Leistung zwar nicht annehmen kann bzw. nicht annimmt, gleichzeitig der Schuldner die Leistung aber nicht ordnungsgemäß erbringen kann (§ 297 BGB) oder
- der Gläubiger die Leistung zwar annimmt, sie aber für mangelhaft oder nicht vertragsgemäß erklärt und zurückgibt oder
- der Gläubiger die Leistung nur vorübergehend nicht annehmen kann, weil er verhindert ist. Das gilt insbesondere für Fälle, bei denen für die Übergabe kein genauer Zeitpunkt verabredet war. Es ist für den Gläubiger nicht zumutbar, die Leistung immer und an jedem Ort annehmen zu müssen (§ 299 BGB).

Beispiel

Beispiel wie zuvor (Sofalieferung an Herrn Kilbinger) mit folgender Änderung: Das Lieferdatum war nicht vereinbart.

Das Möbelhaus möchte das Sofa am 24.06.2022 um 10 Uhr an Herrn Kilbinger liefern. Herr Kilbinger ist zu dieser Zeit nicht zu Hause und kann die Lieferung somit nicht annehmen. Da ihm nicht zuzumuten ist, zu jeder Zeit zu Hause zu sein, gerät er nicht in Annahmeverzug.

Rechtsfolgen des Annahmeverzugs
Wenn Annahmeverzug vorliegt, kann dies für den Käufer Rechtsfolgen haben; insbesondere, dass die **Gefahr der Beschädigung oder des zufälligen „Untergangs"** der Ware (z. B. Zerstörung durch Blitzeinschlag oder Verlust durch Diebstahl) **auf den Gläubiger** übergeht (§ 300 Abs. 1 BGB).

Beispiel

Beispiel wie zuvor (Sofalieferung an Herrn Kilbinger). Das Lieferdatum war nun terminlich vereinbart: 25.06.2022 um 17 Uhr.

Herr Kilbinger hatte den Termin vergessen. Er kam erst um 17:30 Uhr nach Hause.

Als das Sofa nach dem „Lieferversuch" des Möbelhauses wieder ins Lager gebracht wird, gerät der Lieferwagen unverschuldet in einen Unfall. Der Unfallverursacher flüchtet und ist nicht mehr zu ermitteln. Das Sofa wurde durch den Unfall beschädigt.

Herr Kilbinger haftet für die Schäden an dem Sofa, da er sich zum Zeitpunkt des Unfalls in Annahmeverzug befand.

Er muss trotz der Beschädigung des Sofas den vollen Kaufpreis an das Möbelhaus bezahlen.

Der Schuldner (Verkäufer) hat während des Annahmeverzugs jedoch Vorsatz und grobe Fahrlässigkeit zu vertreten (§ 300 Abs. 1 BGB).

Beispiel

Beispiel wie zuvor (Sofalieferung an Herrn Kilbinger). Das Lieferdatum war terminlich vereinbart: 25.06.2022 um 17 Uhr.

Herr Kilbinger hatte den Termin vergessen. Die Angestellten des Möbelhauses stellen das Sofa vor der Haustür von Herrn Kilbinger ab und fahren zurück zum Möbelhaus. Es regnet zwischenzeitlich stark, wodurch das Sofa beschädigt wird.

Das Abstellen des Sofas ohne Rücksprache mit Herrn Kilbinger und ohne Regensicherung war grob fahrlässig. Deshalb haftet das Möbelhaus für den Schaden. Der Schuldner muss ein mangelfreies Sofa liefern.

Ab Eintritt des Annahmeverzugs hat der **Schuldner folgende Rechte**:
- Lagerung der Ware auf Kosten des Käufers (§ 304 BGB)
- Klage auf Abnahme der Ware
- beim Handelskauf: Selbsthilfeverkauf nach Androhung (§ 373 Abs. 2 Satz 1 HGB); bei verderblicher Ware ist eine Verkaufs-Androhung jedoch nicht erforderlich (§ 373 Abs. 2 Satz 2 HGB).

3.4 Zahlungsverzug

Der **Käufer** (Kunde, **Geldschuldner**) ist **verpflichtet** den **Kaufpreis zu zahlen**. Nach Abschluss des Kaufvertrages kann im Vertragsablauf somit sowohl auf der **Sachschuldnerseite** als auch auf der **Geldschuldnerseite** Verzug eintreten, wenn die Vertragspartner nicht rechtzeitig leisten und somit ihren Verpflichtungen nicht nachkommen.

Ein Schuldnerverzug in Form einer nicht rechtzeitig geleisteten Entgeltforderung tritt somit ein, wenn der **Käufer nicht oder nicht rechtzeitig zahlt**.

Gesetzlich geregelt ist der Schuldnerverzug in den §§ 286 ff. BGB.

Damit der Gläubiger einer Entgeltforderung sich auf § 286 BGB berufen kann, müssen zunächst die folgenden **Voraussetzungen** erfüllt sein:

1. **Das Erbringen der Leistung muss möglich sein.**
   Bei Unmöglichkeit – z. B. infolge von Krieg, Naturkatastrophe o. ä. – gelten nicht die Regeln zum Schuldnerverzug, sondern die gesetzlichen Bestimmungen zur Unmöglichkeit, also die §§ 275, 326 BGB.

2. **Die Leistung muss fällig sein.**
   Ein Schuldner muss vor der Fälligkeit nicht leisten und kann daher auch nicht in Verzug geraten, wenn die Leistung nicht fällig ist. Der **Fälligkeitszeitpunkt** einer Entgeltforderung ergibt sich entweder aus dem **Vertrag** bzw. den dazu **ergänzenden Bestimmungen** (z. B. Liefer- und Zahlungsbedingungen) oder aus dem **Gesetz**.

   Wenn keine gültige vertragliche Regelung vorliegt, greift zunächst § 274 BGB, aus dem hervorgeht, dass eine Leistung sofort fällig ist, soweit sich aus den Umständen nichts anderes ergibt. Wenn die vereinbarte Leistung also erbracht wurde, ist **zeitgleich** auch die **Entgeltforderung fällig**, sofern nichts anderes vereinbart wurde.

   § 286 Abs. 3 BGB regelt als spezielles Recht ergänzend, dass – sofern keine abweichende Vereinbarung und keine Mahnung vorliegt – **spätestens nach dem Ablauf von 30 Tagen ab Zugang der Rechnung** Zahlungsverzug eintritt.

    ACHTUNG

   Wenn sich zwei Parteien aus einem Vertrag gegenseitig Leistungen schulden (z. B. der eine soll eine Ware liefern, der andere soll im Gegenzug Geld dafür bezahlen), kann derjenige, der zur Zahlung verpflichtet ist, die **Einrede des nicht erfüllten Vertrags** nach § 320 BGB erheben, wenn der Vertragspartner noch nicht vertragsgemäß (z. B. nicht vollständig) geleistet hat. In diesem Fall liegt keine Fälligkeit der Entgeltforderung vor und somit auch kein Verzug.

3. **Der Schuldner wurde gemahnt.**
   Der Eintritt des Verzugs setzt grundsätzlich die Mahnung des Schuldners voraus. In welcher Form eine solche Mahnung zu erfolgen hat, ist vom Gesetz nicht festgelegt. Entscheidend ist, dass der Gläubiger die Erfüllung der Leistung verlangt (dies kann auch durch eine Zahlungserinnerung geschehen; der **Begriff „Mahnung"** muss hierbei **nicht** verwendet werden).

   Die **Mahnung** ist für den Eintritt des Zahlungsverzugs jedoch in den folgenden Fällen **entbehrlich**, d. h. Verzug tritt auch **ohne Mahnung** ein:

   - ein **Zeitpunkt** für die Bezahlung wurde **ausdrücklich vereinbart** (z. B. „zu bezahlen bis zum 31.12.2022" oder „innerhalb von 10 Tagen ab Erhalt der Lieferung")
   - der **Schuldner** hat sich ernsthaft und eindeutig **geweigert, die Zahlung zu leisten**
   - **besondere Gründe** rechtfertigen den sofortigen Eintritt des Verzugs (z. B. der Schuldner verweigert den Zugang der Post)
   - seit dem Zugang der Rechnung beim Schuldner sind **bereits 30 Tage vergangen** (s. o. Gliederungspunkt 2.).

4. **Der Schuldner hat die Verzögerung zu vertreten.**
   Schuldnerverzug liegt nur dann vor, wenn dieser die Verzögerung der Leistung zu vertreten hat (wenn er daran „schuld" ist). Das Gesetz unterstellt, dass er die Verzögerung zu vertreten hat, und zwar so lange er nicht beweisen kann, dass ihn kein Verschulden trifft (z. B. kein Verschulden bei Naturkatastrophe, schwerer Krankheit, Kontoänderung des Gläubigers).

   Kein Entschuldigungsgrund ist ein momentaner **Zahlungsengpass**. Hier gilt der Grundsatz „Geld hat man zu haben".

Verzug spätestens nach 30 Tagen

§ 286 Abs. 3 BGB regelt, dass bei Entgeltforderungen Verzug „automatisch" eintritt, wenn der Schuldner

- nach Fälligkeit und Zugang einer Rechnung oder gleichwertigen Zahlungsaufstellung
- nicht innerhalb von 30 Tagen

leistet.

Gegenüber Verbrauchern (Privatpersonen; vgl. § 13 BGB) gilt die Regelung des automatischen Verzugseintritts jedoch nur dann, wenn der Zahlungspflichtige eine Rechnung oder Zahlungsaufstellung erhalten hat, in der auf den Verzugseintritt nach Ablauf von 30 Tagen **ausdrücklich hingewiesen** worden ist (§ 286 Abs. 3 Satz 1 2. Halbsatz BGB).

Beispiel

Der Verkäufer einer Ware hat in seiner Rechnung an den Kunden Tom Klar, Montabaur, den folgenden Zahlungshinweis abgedruckt:

„Der Rechnungsbetrag wird 30 Tage nach dem Rechnungsdatum zur Zahlung fällig. Erfolgt bei Fälligkeit die Zahlung nicht, kommt der Käufer in Verzug, ohne dass es einer weiteren Benachrichtigung durch den Verkäufer bedarf."

Denn, wer noch keine Rechnung erhalten hat, weiß nicht, was fällig ist, und sieht i. d. R. keinen Anlass zu zahlen. Deshalb kann es bei Verbrauchen **ohne Rechnung oder Zahlungsaufstellung** grundsätzlich noch **keinen Verzug** geben.

Für **„Nicht-Verbraucher"** (also **Selbstständige, Gewerbetreibende, Behörden usw.**) gilt in dieser Hinsicht hingegen eine andere Regelung:

Wenn der **Zeitpunkt des Rechnungszugangs unsicher** ist, kommt der Schuldner **spätestens 30 Tage nach Fälligkeit und Empfang der Leistung** in Verzug (§ 286 Abs. 3 Satz 2 BGB).

Beispiel

Der Künstler Kaul, Koblenz, bemalt für die Druckerei Fölbach, Koblenz, die Fassade des Druckereigebäudes. Die Leistung wird am 03.06.2022 abgeschlossen. Ein Zahlungsziel wurde nicht vereinbart.

Herr Kaul schreibt der Druckerei Fölbach am 03.06.2022 eine Rechnung über die erbrachte Leistung in Höhe von 2.000 € + 380 € USt (vereinbarter Preis). Er schickt die Rechnung am selben Tag per Post an die Druckerei Fölbach ab.

Da unsicher ist, wann die Rechnung bei der Druckerei Fölbach ankommt, beginnt die Zahlungsfrist am 04.06.2022 um 0.00 Uhr zu laufen (= Tag nach dem Abschluss der Leistung) und endet somit am 03.07.2022 um 24.00 Uhr (03.06. + 30 Tage). Am 04.07.2022 ist dann bereits Zahlungsverzug eingetreten.

Verzug vor dem Ablauf von 30 Tagen

▶ **Verzug durch Mahnung**

Die Regelung des § 286 Abs. 3 BGB („automatischer" Eintritt des Zahlungsverzugs) verdrängt jedoch nicht die anderen Wege zum Eintritt des Verzugs. Ein **früherer Verzugsbeginn** als nach dem Ablauf von 30 Tagen kann in allen anderen Fällen des § 286 BGB hergestellt werden; beispielsweise dadurch, dass der Gläubiger durch rasche **Mahnung nach der Fälligkeit** Verzug auslöst.

Beispiel

Der Gärtner Konrad Kröber erbringt für den Gewerbebetrieb Rolf Theisen e. K. am 20.06.2022 auftragsgemäß Gärtnerleistungen und berechnet Herrn Theisen hierfür am selben Tag vereinbarungsgemäß 500 € + 95 € USt.

Der Auftrag und die Rechnung enthalten **kein Zahlungsziel**.

Herr Kröber kann von Herr Theisen die Zahlung der 595 € „sofort" verlangen (§ 271 Abs. 1 BGB).

Zahlungsverzug tritt jedoch erst dann ein, wenn Herr Theisen von Herr Kröber **gemahnt** wurde (§ 286 Abs. 1 Satz 1 BGB) **oder wenn 30 Tage** seit dem 20.06.2022 **abgelaufen** sind, ohne dass die Rechnung bezahlt wurde (§ 286 Abs. 3 Satz 1 BGB).

Wenn Herr Kröber aber beispielsweise am 01.07.2022 eine Mahnung an die Firma Rolf Theisen e. K. schickt, tritt Verzug bereits ab dem Tag ein, der dem Tag des Zugangs der Mahnung bei der Firma Rolf Theisen Baustoffe e. K. folgt.

▶ Verzug durch vertragliche Vereinbarung

Eine Mahnung ist für den Eintritt des Zahlungsverzugs vor dem Ablauf von 30 Tagen **nicht notwendig**, wenn der **Fälligkeitszeitpunkt durch Vertrag** (Vereinbarung zwischen beiden Vertragspartnern) vereinbart wurde.

Beispiele

- Markus Hermann kauft bei dem Küchengeschäft „Interküche" in Koblenz eine Küchenzeile für 2.000 € + 380 € USt.

  Im Kaufvertrag wird vereinbart, dass die Lieferung am 14.06.2022 erfolgt und dass der Kaufpreis **am 31.07.2022** fällig ist (= **kalendermäßige Bestimmtheit,** § 286 Abs. 2 Nr. 1 BGB).

  Wenn Herr Hermann nicht bis zum Ablauf des 31.07.2022 bezahlt, tritt Zahlungsverzug auch ohne Mahnung am 01.08.2022 ein.

- Der Dachdeckermeister Fetz, Koblenz, erneuert am 23. und 24.07.2022 die Dachrinnen am Gebäude der Buchbinderei Kneip in Koblenz. Die Abnahme der Leistung erfolgt am 24.07.2022 durch den Geschäftsführer der Buchbinderei Kneip; sie wird auf einem Abnahmeprotokoll bestätigt.

  Der Kostenvoranschlag und die Auftragsbestätigung, die Grundlage des Auftrages waren, enthalten die Zahlungsbedingung „Der vereinbarte Preis ist fällig innerhalb von 10 Tagen nach Abschluss und Abnahme der Leistung" (= **kalendermäßige Bestimmbarkeit**, § 286 Abs. 2 Nr. 2 BGB).

  Am 25.07.2022 schickt Herr Fetz der Buchbinderei Kneip die Rechnung in Höhe von 3.000 € + 570 € USt (vereinbarter Preis) für die Erneuerung der Dachrinnen.

  Zahlungsverzug tritt am 04.08.2022 ein (Ablauf von 10 Tagen ab dem Tag der Abnahme der Leistung), wenn die Buchbinderei Kneip den Rechnungsbetrag nicht bis zum Ablauf des 03.08.2022 bezahlt hat. Einer Mahnung durch den Dachdeckermeister Fetz bedarf es in diesem Fall **nicht**, weil der **Fälligkeitstermin bereits zuvor vertraglich vereinbart** wurde.

▶ Verzug durch „besondere Umstände"

Weitere Fälle, bei denen nach § 286 Abs. 2 BGB **sofortiger Verzug** auch **ohne Mahnung** eintritt, sind:

- ernsthafte und endgültige Erfüllungsverweigerung des Schuldners
- „Selbstmahnung" des Schuldners (Ankündigung des Schuldners, zu einem bestimmten Zeitpunkt zu leisten, mit der er einer Mahnung zuvor kommt)
- ein die Mahnung verhinderndes Verhalten des Schuldners (z. B. Verweigerung der Annahme von Post)
- Eilfälle (z. B. Reparatur eines Wasserrohrbruches).

Rechtsfolgen des Zahlungsverzugs

1. **Ersatz des Verzugsschadens**

    Der Gläubiger kann vom Schuldner im Falle des Verzugs zunächst verlangen, den Verzugsschaden ersetzt zu bekommen (§§ 280, 286 BGB).

    Verzugsschaden ist derjenige Schaden, der dem Gläubiger **direkt durch die Verzögerung entstanden** ist (z. B. Kosten für die Einschaltung eines Inkassobüros oder die gerichtliche Durchsetzung des Anspruchs).

    Die **nach dem Verzugseintritt** entstanden **Mahnkosten** gehören ebenfalls zum Verzugsschaden und müssen somit vom Schuldner auf Verlangen des Gläubigers zusätzlich zur Hauptforderung erstattet werden.

    ACHTUNG

    - Die Kosten einer „**verzugsbegründenden** Mahnung" – also einer Mahnung, die den Verzug erst auslöst, weil er bisher nicht eingetreten war – fallen **nicht** unter den Verzugsschaden und müssen daher nicht vom Schuldner ersetzt werden.

    - Sofern der **Schuldner kein Verbraucher** ist – also beispielsweise ein Unternehmer oder eine juristische Person – hat der Gläubiger der Entgeltforderung bei Verzug des Schuldners **zusätzlich** Anspruch auf Zahlung einer **Pauschale** in Höhe von **40 €** (§ 288 Abs. 5 BGB). Diese dient der Kostendeckung des Gläubigers. Wenn dem Gläubiger Kosten der Rechtsverfolgung entstehen, ist die Pauschale auf diese Kosten anzurechnen.

2. **Zinsanspruch des Gläubigers**

    Während des Verzugs ist die Geldschuld zu verzinsen. Der **Verzugszinssatz beträgt** für das Jahr fünf Prozentpunkte über dem Basiszinssatz (§ 288 Abs. 1 Satz 2 BGB).

    Bei Geschäften, an denen **kein Verbraucher** beteiligt ist (**„B2B-Geschäfte"**), beträgt der **Zinssatz neun Prozentpunkte über dem Basiszinssatz** (§ 288 Abs. 2 BGB).

    Die Deutsche Bundesbank gibt den aktuellen Basiszinssatz jeweils im Bundesanzeiger bekannt (§ 247 Abs. 2 BGB).

beispielhafter Geltungszeitraum	Basiszinssatz § 247 Abs. 1 BGB	Verzugszinssatz	
01.01.2021 - 30.06.2021 01.07.2021 - 31.12.2021	-0,88 %	Verbrauchergeschäfte § 288 Abs. 1 Satz 2 BGB	Handelsgeschäfte § 288 Abs. 2 BGB
		5 % - 0,88 % = 4,12 %	9 % - 0,88 % = 8,12 %

Der Gläubiger braucht einen Zinsschaden weder darzulegen noch zu beweisen. Den pauschal festgelegten Zinsanspruch kann er auch dann geltend machen, wenn ihm überhaupt kein Schaden entstanden ist.

MERKE

Eine Geldschuld ist während des Verzugs zu verzinsen. Der Verzugszinssatz beträgt für das Jahr fünf Prozentpunkte über dem Basiszinssatz (§ 288 Abs. 1 Satz 1 BGB).

Bei Geschäften, an denen kein Verbraucher beteiligt ist, betragen die Verzugszinsen neun Prozentpunkte über dem Basiszinssatz (§ 288 Abs. 2 BGB).

Zusätzlich hat der Gläubiger einer Entgeltforderung bei Verzug des Schuldners, wenn dieser keine Privatperson ist, einen Anspruch auf Zahlung einer Pauschale in Höhe von 40 € (§ 288 Abs. 5 Satz 1 BGB).

Eine im Voraus getroffene Vereinbarung, die den Anspruch des Gläubigers einer Entgeltforderung auf Verzugszinsen ausschließt, ist unwirksam (§ 288 Abs. 6 Satz 1 BGB).

Berechnung der Verzugstage
Im Gegensatz zum Zinssatz ist die Zinsmethode gesetzlich nicht festgeschrieben. Auch die Rechtsprechung hat sich auf keine bestimmte Zinsmethode festgelegt.

Der Verzug beginnt am Tag **nach** der Fälligkeit um 0:00 Uhr und endet am Tag der Leistung, wobei dieser als voller Zinstag anzurechnen ist.

Zinsberechnungsmethode	Zinsmonat	Zinsjahr	Verzinsung erster Tag	Verzinsung letzter Tag	Anwendung
deutsche-kaufmännische	30	360	nein	ja	Darlehen, Sichteinlagen, Termineinlagen, Konsumentenkredit
deutsche-kaufmännische	30	360	ja	nein	Spareinlagen
tagesgenaue Zinsmethode	kalenderecht	kalenderecht	nein	ja	Bundesanleihen, Bundesschatzbriefe, Bundesobligationen

Eine „**richtige**" Zinsmethode gibt es nicht! Die Zinsmethode darf aber auch nicht beliebig gewählt werden. In vielen europäischen Ländern ist die **tagesgenaue** Zinsmethode bereits per Gesetz vorgeschrieben. Diese Zinsberechnungsmethode entspricht auch dem Gerechtigkeitsempfinden: Der Schuldner soll nur für den Zeitraum zahlen, in dem er einen Vorteil hatte. Umgekehrt soll der Gläubiger nur für den Zeitraum Zinsen verlangen können, in dem ihm ein Nachteil entstanden ist.

Beispiel

Die Privatperson Karen Sailer kauft am 01.04.2022 bei der Firma Jung ein Fernsehgerät für 1.000 € auf Ziel. Als Zahlungstermin wurde der 10.04.2022 vertraglich vereinbart. Frau Sailer bezahlt nach mehrfacher Mahnung erst am 15.07.2022 durch Überweisung.

Frage: Wie viel Euro Verzugszinsen kann die Firma Jung von Frau Sailer verlangen?
- Verzugszeitraum: 11.04. bis 15.07. = **96 Tage** Verzug (taggenaue Berechnung)
- Zinssatz pro Jahr: -0,88 + 5 % = **4,12 %**
- Verzugszinsen: 1.000 € • 4,12 % : 365 Tage • 96 Tage = **10,82 €**

[Die Firma Jung kann Frau Sailer zusätzlich noch Mahnkosten in Rechnung stellen.]

Aufgaben 66 - 74 > Seite 104 - 106

Exkurs: Auf der sicheren Seite oder Haarspalterei
In Verträgen, in den Allgemeinen Geschäftsbedingungen oder auch in Klageanträgen kann man oftmals die Formulierung zur Bestimmung einer Verzinsung lesen, dass der Zins auf „5 % bzw. 8 % über dem Basiszinssatz" festgelegt wird. Im Gegensatz zu 5 % bzw. 8 % spricht das BGB in § 288 BGB von fünf bzw. acht Prozentpunkten (§ 288 Abs. 1 und 2 BGB). Prozent und Prozentpunkte sind jedoch rechnerisch nicht das Gleiche.

Beispiel

- Die Umsatzsteuer wird von 16 % um 3 % erhöht. In diesem Fall steigt der Steuersatz auf 16,48 %.
- Die Umsatzsteuer wird von 16 % um drei Prozentpunkte erhöht. In diesem Fall steigt der Steuersatz auf 19 %.

Bei einem Zivilprozess sollte im Klageantrag auf die Formulierung „fünf bzw. acht Prozentpunkte über dem Basiszinssatz" geachtet werden. Andernfalls verlangt der Kläger weniger als ihm zusteht. Das Gericht wird nur auf Betreiben der Parteien tätig und stützt seine Entscheidung nur auf Tatsachen, die von den Parteien vorgetragen werden.

3.5 Übungsaufgaben

Aufgabe 56:

Schreiben Sie den folgenden Text ab und ergänzen Sie dabei die fehlenden Textstellen [siehe hierzu § 434 BGB]!

Eine Sache ist frei von Sachmängeln – also nicht mangelhaft – wenn sie bei Gefahrübergang den

- den _____ Anforderungen und
- den _____ Anforderungen und
- den _____ anforderungen

entspricht.

Die Sache entspricht den subjektiven Anforderungen, wenn sie

1. die _____ hat,
2. sich für die _____ eignet und
3. mit dem _____, einschließlich Montage- und Installationsanleitungen, übergeben wird.

Die Sache entspricht den objektiven Anforderungen, wenn sie

1. sich für _____ eignet,
2. eine _____ aufweist, die bei Sachen derselben Art _____ ist und die der Käufer _____ kann,
3. der _____ entspricht, die oder das der Verkäufer dem Käufer vor Vertragsschluss zur Verfügung gestellt hat, und
4. mit dem _____ einschließlich der Verpackung, der _____ sowie anderen Anleitungen übergeben wird, deren Erhalt der Käufer _____ kann.

Die Sache entspricht den Montageanforderungen, wenn die Montage _____ durchgeführt worden ist.

Einem Sachmangel steht es gleich, wenn der Verkäufer eine _____ Sache als die vertraglich _____ Sache liefert.

Aufgabe 57:

Prüfen Sie, ob in den folgenden Fällen ein Sachmangel im Sinne von § 434 BGB oder ein Rechtsmangel im Sinne von § 435 BGB vorliegt.

a) Ein Buchhändler bestellt zehn Exemplare eines BWL-Buches. Der Verlag liefert fünf Bücher.

b) Ein Fahrradhersteller liefert fünf Herrenfahrräder einer bestimmten Marke, obwohl der Fahrradhändler fünf Damenfahrräder bestellt hat.

c) Ein Freizeitsportler kauft in einem Sportgeschäft ein Trimm-Gerät. Aufgrund der fehlerhaften Montage durch das Sportgeschäft wird das Gerät stark beschädigt. Darüber hinaus hat sich der Käufer durch den Gebrauch des Gerätes erheblich verletzt und musste ärztliche Hilfe in Anspruch nehmen.

d) Ein Steuerberater bestellt zehn Packungen Kopierpapier. Das Schreibcenter liefert zwanzig Packungen.

e) Ein Tapetenhersteller wirbt in ganzseitigen Anzeigen in Tageszeitungen mit einer wasserabwaschbaren Neuheit. Aufgrund dieser Anzeige erwirbt ein Eigentümer eines Mehrfamilienhauses mehrere Rollen dieser Tapeten bei dem Tapetengeschäft. Nach Renovierung einiger Wohnungen stellt sich heraus, dass diese Tapeten nicht so beschaffen sind, wie in der Werbung versprochen wurde.

f) Ein Kunde kauft in einem Baumarkt ein Stahlregal für die Vorratshaltung im Keller. Aufgrund eines Materialfehlers wird das Regal unbrauchbar und einige Vorräte vernichtet.

g) Eine Angestellte kauft eine Eigentumswohnung, die bereits für einen längeren Zeitraum vermietet ist.

h) Eine Steuerfachangestellte verkauft nebenberuflich T-Shirts mit dem Bild von verschiedenen Popsängern. Der Vertrieb dieser T-Shirts ist nicht genehmigt.

i) Ein Kunde kauft von einem Autohaus ein Fahrzeug unter Eigentumsvorbehalt. Obwohl der Kaufpreis noch nicht vollständig bezahlt ist, verkauft der Käufer das Fahrzeug an einen Dritten weiter.

j) Ein Auszubildender verkauft ein geliehenes Fachbuch an einen Mitschüler.

Aufgabe 58:

Ein Kunde kauft in einem Möbelhaus eine Schrankwand. Aufgrund einer unverständlichen und zum Teil fehlerhaften Montageanleitung ist es dem Käufer nicht möglich, die Schrankwand gebrauchsgemäß zu montieren. Liegt in diesem Fall ein Sachmangel vor (Antwort mit Angabe einer Rechtsgrundlage)?

Aufgabe 59:

Ergänzen Sie den folgenden Lückentext:

Offene Mängel sind beim _____ der Kaufsache sofort _____ Versteckte Mängel lassen sich nicht feststellen. Nennt der Verkäufer einen ihm bekannten Mangel nicht, liegt ein arglistig _____ Mangel vor. Bei Kenntnis des Mangels hätte der _____ den Kaufvertrag _____ abgeschlossen. Der Verkäufer hat dann _____ gehandelt.

Aufgabe 60:
Auf welche Art und Weise erfolgt die Mangelbeseitigung
a) bei einer fehlerhaften Montage und
b) bei einer Minderlieferung?

Aufgabe 61:
Wie ist die Rechtslage bei einer Mehrlieferung?

Aufgabe 62:
Steuerberater Dr. Werner Jaksch kauft einen BMW-Oldtimer. Obwohl der Verkäufer weiß, dass die Bremsen aus Sicherheitsgründen repariert werden müssen, hat er Herrn Jaksch diese Tatsache verschwiegen. Weil die Bremsen versagen, verunglückt Herr Jaksch. Welche Kosten kann Herr Jaksch möglicherweise geltend machen?

Aufgabe 63:
Die Kofferraumtür eines Neuwagens weist auf der Innenseite einen Kratzer auf.
a) Handelt es sich hierbei um einen Sachmangel im Sinne des Bürgerlichen Gesetzbuches?
b) Kann der Käufer die Lieferung eines anderen Neuwagens verlangen? Begründen Sie Ihre Antwort.

Aufgabe 64:
Die Industrieanlagen-Wartungs-GmbH (IW GmbH) in Koblenz verwendet bei ihren Firmenfahrzeugen Spezialgepäckträger für Werkzeugkisten. Bei der Bestellung von 20 derartigen Gepäckträgern beim Hersteller hatte dieser ausdrücklich zugesagt, dass die Gepäckträger Lasten bis zu 100 kg standhalten. Dies wurde auch in der Auftragsbestätigung schriftlich bestätigt. Die Gepäckträger wurden im Februar 2022 für 400 €/Stück gekauft und auf 20 Fahrzeugen fachgerecht montiert.

Auf der Fahrt zu einem Wartungseinsatz in Mainz ist im März 2022 bei einem Firmenfahrzeug der IW GmbH der Dachgepäckträger gebrochen, der mit Werkzeugkisten mit einem Gesamtgewicht von 80 kg beladen war. Die Werkzeugkisten fielen auf die Straße und wurden total zerstört. Die zerstörten Werkzeuge hatten einen Gesamtwert von 3.500 €.
a) Welcher Mangel liegt bei dem Dachgepäckträger vor (genaue Bezeichnung des Mangels!) und wo ist dieser im BGB genannt (Angabe der Rechtsquelle!)?
b) Welche Ansprüche kann die IW-GmbH gegen den Hersteller der Dachgepäckträger geltend machen? Eine ausführliche Begründung der Antwort ist erforderlich!

Aufgabe 65:

[Geben Sie nachfolgend bitte kurze (stichwortartige) Antworten, jeweils mit Angabe der zutreffenden Rechtsgrundlage.]

a) Steuerberater Roland Herberger kauft bei der „Büromöbel GmbH" einen neuen Karteischrank. Der gelieferte Schrank kann vom Verkäufer nicht ordnungsgemäß montiert werden, da die Schranktüren nicht funktionieren. Welche Rechte kann Herr Herberger geltend machen?

b) Die Büromöbel GmbH versuchte zweimal vergeblich, die mangelhaften Schranktüren zu reparieren. Herr Herberger hat in der Zwischenzeit bei einem anderen Anbieter den gleichen Karteischrank wesentlich preisgünstiger entdeckt und ist verständlicherweise an dem defekten Karteischrank nicht mehr interessiert. Er lehnt daher einen dritten Nachbesserungsversuch ab, obwohl der Verkäufer ihm glaubhaft versichert, dass ihn kein Verschulden trifft. Wie ist die Rechtslage?

c) Die Büromöbel GmbH teilt Herrn Herberger mit, dass sie die Kosten für die beiden Reparaturversuche nicht übernehmen will. Zu Recht?

d) Wie wäre die Rechtslage, wenn die Kosten für die Reparatur höher sind als ein Umtausch?

e) Herr Herberger hat sich für eine Neulieferung von der Büromöbel GmbH entschieden. Infolge einer fehlerhaften Montage durch die Büromöbel GmbH löst sich ein Einlegboden aus der Verankerung, wodurch eine teure chinesische Vase im Schrank zerstört wird. Muss der Verkäufer für den Schaden aufkommen?

Aufgabe 66:

Ergänzen Sie in der folgenden Übersicht die Lücken mithilfe der Worte „ohne" oder „mit".

Lieferzeitpunkt bei Vertragsabschluss		
Kalendermäßig bestimmbar vereinbart	Kalendermäßig unbestimmbar vereinbart	Überhaupt nicht vereinbart
Verzugseintritt _____ Mahnung	Verzugseintritt _____ Mahnung	Verzugseintritt _____ Mahnung

Aufgabe 67:

Dr. Ritter bestellte am 15.08.20.. bei dem Computervertrieb Rumpf einen Personalcomputer. Die Lieferung sollte bis Mitte September erfolgen. Als Ende September das Gerät noch immer nicht geliefert ist, entschließt sich Dr. Ritter, der Firma Rumpf am 28.09.20.. eine Mahnung zu schreiben und eine Nachfrist zu setzen.

Schreiben Sie im Auftrag von Dr. Ritter diese Mahnung und drohen Sie bei erfolglosem Verstreichen der Nachfrist ein gesetzlich zustehendes Recht an!

Aufgabe 68:
Prüfen Sie, ob bei den folgenden vereinbarten Lieferterminen eine Mahnung erforderlich ist, damit Verzug eintritt:
a) Lieferung im August 20..
b) Lieferung sofort
c) Lieferung Ende September 20..
d) Lieferung ab Oktober 20..
e) Lieferung 10 Tage ab Bestelldatum
f) Lieferung im Laufe des Novembers 20..
g) Lieferung Ostern 20..
h) Lieferung umgehend
i) Lieferung in der 52. Kalenderwoche
j) Lieferung schnellstmöglich.

Aufgabe 69:
Dr. Peter Ritter bestellte für seinen Privathaushalt Gartenmöbel. Es war ein besonders günstiges Angebot. Der Lieferer befindet sich in Verzug. Von welchem Recht wird Dr. Ritter Gebrauch machen?

Aufgabe 70:
Im Kaufvertrag wurde kein Leistungszeitpunkt vereinbart. Wann kann der Gläubiger die Leistung fordern bzw. wann muss der Schuldner die Leistung erbringen?

Aufgabe 71:
Ergänzen Sie den folgenden Lückentext:

Der Verkäufer muss eine mangel-_____ Sache übergeben. Liefert der Verkäufer eine mangelhafte Sache, handelt es sich um eine _____. Der Verkäufer haftet für die _____. Der Verkäufer muss die Sache _____ liefern. Liefert der Verkäufer unpünktlich, befindet er sich in _____.

Aufgabe 72:
a) Ein Steuerfachangestellter kauft von seinem Arbeitgeber einen gebrauchten Schreibtisch für 100 €. Wie viel Verzugszinsen in Prozent kann der Steuerberater geltend machen, wenn der Angestellte nicht rechtzeitig zahlt?
b) Wie ist die Rechtslage, wenn bei einem zweiseitigen Handelskauf der Käufer nicht rechtzeitig zahlt?

Aufgabe 73:
Die MODUL AG liefert an die Müller OHG fünf Personalcomputer mit Rechnung am 20.06.20.. Nennen Sie das Verzugsdatum der Müller OHG, wenn die Rechnung kein Zahlungsziel enthält und keine Mahnung erteilt wurde. Begründen Sie Ihre Antwort!

Aufgabe 74:
Ein Student bestellt für die Examensvorbereitung bei einer Bürobedarfshandlung 200 Karteikarten. Nach Erhalt der Auftragsbestätigung drei Tage nach Auftragserteilung reklamiert der Student telefonisch sofortige Lieferung.

a) Prüfen Sie die Voraussetzungen für Schuldnerverzug.

b) Welchen Verzögerungsschaden könnte der Student möglicherweise geltend machen?

c) Wie wäre die Rechtslage, wenn die Bürobedarfshandlung eine Nachfrist des Studenten von acht Tagen erfolglos verstreichen lässt, und die Karteikarten in der Zwischenzeit in einer anderen Bürobedarfshandlung zu einem höheren Preis angeboten werden?

4. Eigentumserwerb und Eigentumsübertragung

4.1 Besitz und Eigentum

Schlagzeile in einer Tageszeitung: „Hausbesitzer kündigt allen Mietern – Wohnungseigentümer wehren sich".

Was wurde in dieser Schlagzeile juristisch fälschlicherweise verwechselt?

Der **Besitzer** hat die **tatsächliche** (körperliche) **Herrschaft** über eine Sache (§ 854 BGB). Besitz gibt Antwort auf die Frage **„Wer hat die Sache?"**

Der **Eigentümer** hat die **rechtliche Herrschaft** über eine Sache (§ 903 BGB). Eigentum gibt Antwort auf die Frage **„Wem gehört die Sache?"**.

Der Begriff **Besitz** bezeichnet also etwas, was eine Person tatsächlich hat: „Ich bin Besitzer eines Fahrzeuges." Besitz wird in der Umgangssprache im juristischen Sinn fälschlicherweise gleichbedeutend mit Eigentum verwendet. **Eigentum** regelt, welche Person über etwas verfügen und mit etwas verfahren darf. Maßgebend für die Frage, ob eine Person eine Sache in Besitz hat, ist nicht, ob diese Sache seinem Eigentum zuzuordnen ist, sondern ob diese Person unabhängig von der rechtlichen Zuordnung die Sache tatsächlich in Gewahrsam hat.

MERKE

> **Eigentum** ist die **rechtliche** Zuordnung einer Person zu einer Sache. **Besitz** ist kein Recht, sondern ein **tatsächliches Gewaltverhältnis** zwischen einer Person und einer Sache.

Beispiel

Steuerberater Dr. Peter Ritter unternimmt mit seinem Auto einen Ausflug. Dr. Ritter ist Besitzer und Eigentümer des Autos zugleich. Wird sein Fahrzeug während einer Rast gestohlen, bleibt Dr. Ritter zwar Eigentümer des Fahrzeugs, die tatsächliche Herrschaft und somit den Besitz hat dann der Dieb.

4.2 Eigentumserwerb an beweglichen Sachen

Nach § 929 Satz 1 BGB sind zur Übertragung des Eigentums an einer beweglichen Sache die **Einigung**, dass die Sache übergeben werden soll (= Vertrag) **und** die **tatsächliche Übergabe** erforderlich. Mit Abschluss des Kaufvertrages sind sich die beiden Parteien darüber einig, dass das Eigentum übertragen werden soll (**Verpflichtungsgeschäft**). Für den Eigentumserwerb muss die Sache aber noch übergeben werden (**Verfügungs- oder Erfüllungsgeschäft**).

Mit der Übergabe wird der unmittelbare Besitz an der Sache verschafft. Ist der Erwerber bereits Besitzer der Sache, so genügt die Einigung über die Eigentumsübertragung (§ 929 Satz 2 BGB).

ACHTUNG

> Eigentum an einer beweglichen Sache kann grundsätzlich nur vom bisherigen (tatsächlichen) Eigentümer erworben werden.
>
> Es gibt jedoch Situationen, in denen der Erwerber nicht weiß oder wissen kann, ob derjenige, der ihm das Eigentum an einer Sache überträgt, tatsächlich Eigentümer dieser Sache ist. Dies ist beispielsweise dann der Fall, wenn eine Person einen Gegenstand verkauft, den sie von einer anderen Person nur ausgeliehen hat. Der Verkäufer war somit nie Eigentümer der Sache.
>
> Wusste der Käufer der Sache nicht, dass der Verkäufer gar kein Eigentümer war, so erwirbt er das Eigentum „im guten Glauben", dass der Verkäufer Eigentümer war (sog. **gutgläubiger Erwerb** gem. § 932 BGB). Der Käufer wird dann neuer Eigentümer der Sache, und der bisherige Eigentümer verliert das Eigentum an dieser Sache.
>
> Sollte der Erwerber jedoch gewusst haben (oder hätte er wissen müssen), dass der Veräußerer nicht Eigentümer war, wird er **kein** Eigentümer der Sache (vgl. § 932 Abs. 2 BGB).
>
> Bei **gestohlenen, verloren gegangenen** oder **sonst abhanden gekommenen** Sachen ist ein gutgläubiger Erwerb **nicht** möglich (vgl. § 935 BGB); diesen Varianten ist gemeinsam, dass der „echte" Eigentümer den unmittelbaren Besitz **unfreiwillig** eingebüßt hat. Diese Regelung gilt jedoch **nicht für Geld**, Inhaberpapiere (bestimmte Wertpapiere) und Sachen, die versteigert werden (vgl. 935 Abs. 2 BGB), was bedeutet, dass sie auch dann gutgläubig erworben werden können, wenn sie beispielsweise gestohlen oder verloren wurden.

 INFO

Eigentum an einer beweglichen Sache kann auch „unter Vorbehalt" übertragen werden. Dies ist beispielsweise dann möglich, wenn eine Sache vom Eigentümer verkauft, vom Käufer aber nicht direkt bezahlt wird. Der Verkäufer kann die Sache dem Käufer dann unter dem Vorbehalt übereignen, dass dieser den Kaufpreis vollständig bezahlt (= Verkauf unter **Eigentumsvorbehalt** gem. § 449 Abs. 1 BGB).

Bezahlt der Käufer den Kaufpreis nicht oder nicht vollständig, wird er **kein** Eigentümer dieser Sache. Der Verkäufer kann die Sache dann vom Käufer zurück verlangen (vgl. § 985 BGB).

Bezahlt der Käufer den Kaufpreis vollständig, wird er Eigentümer der Sache.

4.3 Eigentumserwerb an Grundstücken

Für die Eigentumsübertragung an Grundstücken ist ebenfalls die **Einigung über die Eigentumsübertragung** erforderlich. Der Grundstückskaufvertrag bedarf jedoch der **notariellen Beurkundung** (§ 311b Abs. 1 Satz 1 BGB). Das Eigentum wird jedoch erst mit **Eintragung in das Grundbuch** übertragen (§ 873 BGB). Die Einigung (Auflassung) muss bei gleichzeitiger Anwesenheit beider Teile (Veräußerer und Erwerber) vor einer zuständigen Stelle (Notar) erklärt werden (§ 925 BGB).

 MERKE

Eigentum an Grundstücken wird erworben durch Einigung der Vertragsparteien beim Notar (= Auflassung) und Eintragung ins Grundbuch.

Der Kaufvertrag begründet somit lediglich die Verpflichtung, das Eigentum zu übertragen. Eine Eigentumsübertragung ist mit der **Auflassung** noch nicht erfolgt.

Aufgaben 75 - 84 > Seite 110 - 112

4.4 Übungsaufgaben

Aufgabe 75:

Überprüfen Sie folgende Äußerungen zu Besitz und Eigentum. Geben Sie an, ob die jeweilige Aussage richtig oder falsch ist.

a) Besitz ist die rechtliche Herrschaft über eine Sache oder ein Recht.

b) Eigentum ist die rechtliche Herrschaft über eine Sache oder ein Recht.

c) Das Eigentum an einer beweglichen Sache wird durch Einigung und Übergabe erworben.

d) Das Eigentum an einem Grundstück kann durch schriftliche Einigung und Eintragung im Grundbuch erworben werden.

e) Das Eigentum an einem Grundstück kann nur durch die Auflassung und Eintragung in das Grundbuch erworben werden.

f) Gutgläubiger Eigentumserwerb ist möglich bei verlorengegangenen oder gestohlenen Sachen. Der gutgläubige Erwerber wird dann Eigentümer.

Aufgabe 76:

Wodurch unterscheiden sich „Besitz" und „Eigentum" einer beweglichen Sache voneinander? Geben Sie zu Unterscheidung auch ein Beispiel und die relevanten §§ mit an.

Aufgabe 77:

In welchen der folgenden Fälle ist der Käufer Eigentümer der Sache geworden? Sofern eine Eigentumsübertragung erfolgt ist, zeigen Sie bitte kurz auf, wie diese erfolgt ist (mit Angabe der Fundstelle im Gesetz).

a) Fabius Günter vereinbart mit Alexander Groß den Kauf eines Grundstücks in Koblenz Metternich für 150.000 €. Der Kaufvertrag wird schriftlich abgeschlossen und die Geldsumme bar bezahlt. Der Verkäufer Alexander Groß übergibt Fabius Günter das Grundstück zusammen mit einer Eigentumsurkunde.

b) Sabine Gittler erwirbt in einer Gärtnerei eine Vase. Sie hat nicht genug Bargeld und auch keine Geldkarte dabei. Die Verkäuferin stimmt dennoch zu, dass Frau Gittler die Vase mitnimmt und später gegen Rechnung per Überweisung bezahlt.

c) Helga Mohr hat sich für eine Woche ein Cembalo von einem Musikfachgeschäft ausgeliehen. Da ihr das Instrument zusagt, möchte sie das Instrument kaufen und sagt dies dem Inhaber des Musikgeschäfts. Der Inhaber des Musikgeschäfts und Frau Mohr einigen sich auf einen Kaufpreis in Höhe von 7.500 €. Er sagt Frau Mohr, dass sie das Instrument direkt behalten soll; die Rechnung wird nachträglich zugeschickt.

Aufgabe 78:

Christopher Groß kauft von einem „Freund" eine Digitaluhr für 50 €, die ihm der Freund gegen Bezahlung der 50 € übergibt. Einige Zeit später erkennt ein Bekannter von Christopher Groß diese Uhr. Es stellt sich heraus, dass sein Bekannter die Uhr verloren hatte.

Ist Christopher Groß Eigentümer der Uhr geworden? [Hinweis: siehe §§ 932 und 935 BGB!]

Aufgabe 79:

Martina Neumann leiht sich von ihrem Bekannten Gerald Forsch ein Mountain-Bike für eine Tour. Nach der Tour verkauft sie das Fahrrad an Michael Schoor für 500 € und übergibt ihm das Fahrrad. Michael weiß, dass das Fahrrad „eigentlich" Gerald Forsch gehört.

Ist Michael Schoor Eigentümer geworden? [Hinweis: siehe § 932 BGB!]

Aufgabe 80:

Tobias Steyer möchte das Tablet von Annalena Wierschem kaufen. Sie ist bereit, es an Tobias Steyer für 200 € zu verkaufen. Zurzeit hat allerdings Alexander Kurth das Tablet leihweise. Tobias und Annalena einigen sich, dass Alexander das Tablet an Tobias übergeben soll. Tobias bezahlt die 200 € an Annalena.

Ist ein Eigentumsübergang auf Tobias möglich und falls ja, wie?

Aufgabe 81:

Sarah ist Mieterin einer Zwei-Zimmer-Wohnung. Um ein weiteres Zimmer zu gewinnen, möchte sie das Wohzimmer durch eine Wand teilen. Sarah ist der Meinung, dass sie als Wohnungsbesitzerin dazu berechtigt ist. Mit Recht?

Aufgabe 82:

Ergänzen Sie den folgenden Lückentext:

§ 854 Abs. 1 BGB: Der Besitz einer Sache wird durch die Erlangung der _____ Gewalt über die Sache erworben.

§ 903 BGB: Der Eigentümer einer Sache kann mit der Sache nach _____ verfahren.

Aufgabe 83:

An welchen Arten von Objekten kann Privateigentum erworben werden und an welchen nicht? Eigentumserwerb ...

a) an einem Hund
b) am akademischen Titel des Vaters
c) am Weingut der Eltern
d) am Patent des verstorbenen Bruders
e) an diesem Lehrbuch
f) an einem Menschen.

Aufgabe 84:

Amando Munk leiht seiner Bekannten Kerstin Blum sein Buch „Prüfungs-Coach für Steuerfachangestellte" zur Prüfungsvorbereitung. Kerstin findet beim Lernen in dem Buch einen 100 €-Schein. Sie begleicht damit ihre Schuld gegenüber ihrem Bekannten Luca Weyand, der auch Interesse an dem Buch hat. Kurzentschlossen verkauft Kerstin das Buch an Luca für 39 €. Sie übergibt ihm das Buch.

a) Ist Luca Weyand Eigentümer des Buchs geworden?
b) Kann Amando Munk die Herausgabe der 100 € von Kerstin Blum verlangen?

5. Forderungseinzug und Mahnwesen

5.1 Überwachen des Zahlungseingangs

Zu den Aufgaben eines Unternehmers gehört u. a. das **Überwachen der Zahlungseingänge**, denn

- er verwendet die **Betriebseinnahmen zur Zahlung von Betriebsausgaben** wie Lieferantenrechnungen, Gehälter und Zinsen;
- Forderungen unterliegen einer bestimmten **Verjährungsfrist**. Nach Ablauf der Verjährungsfrist kann der Unternehmer seine Ansprüche nicht mehr gerichtlich durchsetzen.

Wenn die Zahlung nicht oder nicht pünktlich erfolgt, kann dies mehrere **Ursachen** haben. Ein häufiger Grund ist sicherlich in der **Vergesslichkeit** des Schuldners zu suchen. Weitere Gründe können **Zahlungsunwilligkeit** (der Schuldner will nicht zahlen), **Zahlungsunfähigkeit** (der Schuldner kann nicht zahlen) oder **Unstimmigkeiten mit der erbrachten Leistung** sein.

Eine Befragung von Inkasso-Unternehmen ergab, dass fast die Hälfte der befragten Unternehmen der Meinung ist, die **Zahlungsmoral** der privaten Schuldner hat sich **verschlechtert**. Die beiden wichtigsten **Gründe** für das Nichtbezahlen offener Rechnungen sind **Überschuldung** und **Arbeitslosigkeit**. Ein Indiz für die finanzielle Misere vieler privater Haushalte ist auch die steigende Zahl der **Verbraucherinsolvenzen**.

5.2 Außergerichtliches Mahnverfahren

Sachverhalt
Rechnung 1

Steuerberater
Dr. Peter Ritter

Hauptstraße 67
67433 Neustadt, 15.08.20..
Bankverbindung

Herrn
Peter Bauer
Holbeinstraße 11
67433 Neustadt

Für meine Bemühungen vom 24.06.20.. bis 14.07.20.. erlaube ich mir

238,00 €

zu berechnen.

Rechnung 2

Steuerberater
Dr. Peter Ritter

Hauptstraße 67
67433 Neustadt, 15.08.20..
Bankverbindung

Herrn
Peter Bauer
Holbeinstraße 11
67433 Neustadt

Für meine Bemühungen vom 24.06.20.. bis 14.07.20.. erlaube ich mir

238,00 €

zahlbar bis 15.09.20.., zu berechnen.

Fragen

1. Wodurch unterscheidet sich Rechnung 2 von Rechnung 1?
2. Warum sind bei Rechnung 1 Konflikte zwischen Dr. Ritter und Herrn Bauer vorprogrammiert?

Fälligkeit, Mahnung und Verzug

Vor der Fälligkeit kann eine Leistung nicht gefordert werden. Es muss demnach ein Zeitpunkt vorliegen, an dem der Schuldner verpflichtet ist, seine Leistung zu erfüllen. Wenn vertraglich nichts anderes vereinbart wurde, kann der Gläubiger die Leistung **sofort** verlangen, der Schuldner muss sie **sofort** erfüllen (§ 271 Abs. 1 BGB). Die Fälligkeit einer Forderung ergibt sich aus der zwischen Gläubiger und Schuldner **vertraglich vereinbarten Absprache**.

Bargeschäfte geschehen regelmäßig beim **Kauf des täglichen Bedarfs:** Ware wird unmittelbar gegen Geld ausgetauscht. Verpflichtungs- und Erfüllungsgeschäft fallen hierbei zeitlich zusammen.

Bei **Warenkäufen auf Ziel** fallen Vertragsabschluss und Erfüllung der Zahlungsverpflichtung zeitlich auseinander. Wenn die Leistungszeit kalendermäßig nicht bestimmt ist, muss der Gläubiger den Schuldner grundsätzlich **mithilfe einer Mahnung an die Fälligkeit der Zahlungsverpflichtung erinnern**.

 MERKE

Der Schuldner kommt in Verzug, wenn er nach Ablauf einer Zahlungsfrist oder nach Erhalt der ersten Mahnung nicht zahlt.

Um den Schuldner in Verzug zu setzen, ist somit bei Fehlen einer gesonderten vertraglichen Vereinbarung grundsätzlich eine **Mahnung erforderlich** (Ausnahmen: § 286 Abs. 2 und 3 BGB).

Außergerichtliches Vorgehen des Gläubigers
Die Mahnung mit Nachfristsetzung ist eine Aufforderung an den Schuldner innerhalb einer bestimmten Zeit, seine Leistung zu erbringen. Das **außergerichtliche Mahnverfahren** greift in die Rechtsbeziehungen zwischen den Vertragsparteien ein **ohne Einschaltung der ordentlichen Gerichte**. Weder über den **zeitlichen Ablauf** noch über die **äußere Form** gibt es Vorschriften.

Mahnen erfordert Fingerspitzengefühl. Unsachliche Argumente und laute Töne sind unangebracht. Eine Mahnung erzeugt beim Empfänger eine gewisse Betroffenheit. Scharfe Formulierungen machen den Absender mit Sicherheit nicht sympathischer.

Das **kaufmännische** (außergerichtliche) Mahnverfahren ist gesetzlich nicht geregelt. Es liegt also im Ermessen des Gläubigers. Aus Beweisgründen sollte es **schriftlich** erfolgen.

Nach **Ablauf des Zahlungsziels** bzw. der **Fälligkeit der Forderung** könnte der Ablauf **beispielsweise** wie folgt durchgeführt werden:

1. **Erinnerung** an die Zahlung (ggf. mit Fristsetzung, wie z. B. „... mit der Bitte um Bezahlung innerhalb einer Woche.") [Die **Erinnerung** gilt rechtlich bereits als **Mahnung**.]
2. **erste Mahnung** einige Zeit (10 - 14 Tage) nach der Erinnerung mit Frist (z. B. eine Woche)
3. **zweite Mahnung** nach Ablauf der Frist der ersten Mahnung, erneut mit Frist und Androhung weiterer Maßnahmen sowie dem Hinweis auf weitere Kosten (Zinsen und Mahngebühren)
4. **dritte Mahnung** nach Ablauf der Frist der zweiten Mahnung; dringende Aufforderung zur sofortigen Zahlung und Androhung, die Zahlung gerichtlich einziehen zu lassen sowie Hinweis auf Zinsen, Mahn- und Gerichtskosten.

Regeln und Hinweise
Zwar gibt es keine gesetzlichen Vorschriften über Zahl, Zeitfolge und Formulierung der Mahnungen, jedoch sollten folgende **Regeln und Hinweise zur Organisation des Mahnwesens** beachtet werden:

- Mahnen kostet Zeit und Geld. Viel mahnen kostet mehr Zeit und Geld. Wenn der Schuldner nach der ersten Mahnung nicht zahlt, ist die Wahrscheinlichkeit gering, dass er nach der fünften Mahnung zahlt.
- Schleppende oder ausbleibende Zahlungen haben in den meisten Fällen ihre Ursache in einem „vorübergehenden finanziellen Engpass", was nichts anderes bedeutet, als dass der **Schuldner zahlungsunfähig** ist.

- Wenn in der letzten Mahnung mit gerichtlichen Schritten für den Fall gedroht wird, dass die Zahlung weiterhin nicht erfolgt, sollten aus „pädagogischen Gründen" auch **tatsächlich rechtliche Maßnahmen** ergriffen werden. Welche Konsequenz sollte sonst die Drohung haben? Andernfalls wird für künftige Fälle die „Waffe der Drohungen" stumpf: Der Schuldner glaubt in späteren Fällen nicht an die Ernsthaftigkeit der Androhung gerichtlicher Maßnahmen.

5.3 Gerichtliches Mahnverfahren

Haben sich private Mahnversuche als erfolglos herausgestellt, dann muss der Gläubiger versuchen, auf gerichtlichem Weg seine Forderungen einzutreiben. Ein Zivilprozess ist aber zeitaufwendig und teuer. Mit einem **Mahnbescheid** lässt sich in vielen Fällen derselbe Erfolg erreichen.

Das **gerichtliche Mahnverfahren** ist ein **vereinfachtes Verfahren** zur Sicherstellung von finanziellen Ansprüchen ohne vorherige Gerichtsverhandlung. Die Gebühren für das Mahnverfahren sind wesentlich geringer als bei einem Prozess vor einem ordentlichen Gericht.

Im Gegensatz zum außergerichtlichen Mahnverfahren unterliegt das **gerichtliche Mahnverfahren** gesetzlich festgelegten Zeit- und Formvorschriften. Das gerichtliche Mahnverfahren ist **nur für die Zahlung einer Geldsumme zulässig**.

Das **gerichtliche Mahnverfahren** ist das **zeitlich schnellste Verfahren** einen vollstreckbaren Titel zu erlangen. Die Mahnbescheidsanträge werden grundsätzlich am Eingangstag erledigt.

Wenn aufgrund des vorangegangenen Schriftwechsels zu erwarten ist, dass sich der Schuldner zur Wehr setzen wird, weil er Einwendungen gegen die angemahnte Forderung hat, ist das Mahnbescheidsverfahren wenig sinnvoll. In diesem Fall ist eine Klage vor Gericht dem Mahnbescheidsverfahren vorzuziehen, um nicht unnötig Zeit zu verlieren, die Zwangsvollstreckung durchzuführen.

 MERKE

> Das gerichtliche Mahnverfahren ist ein einfaches, schnelles, formalisiertes und kostengünstiges Verfahren zum Erhalt eines Vollstreckungstitels ohne mündliche Verhandlung.

Durch die **zentrale Bearbeitung** soll sichergestellt werden, dass die Gläubiger schnell zu einem Vollstreckungstitel kommen.

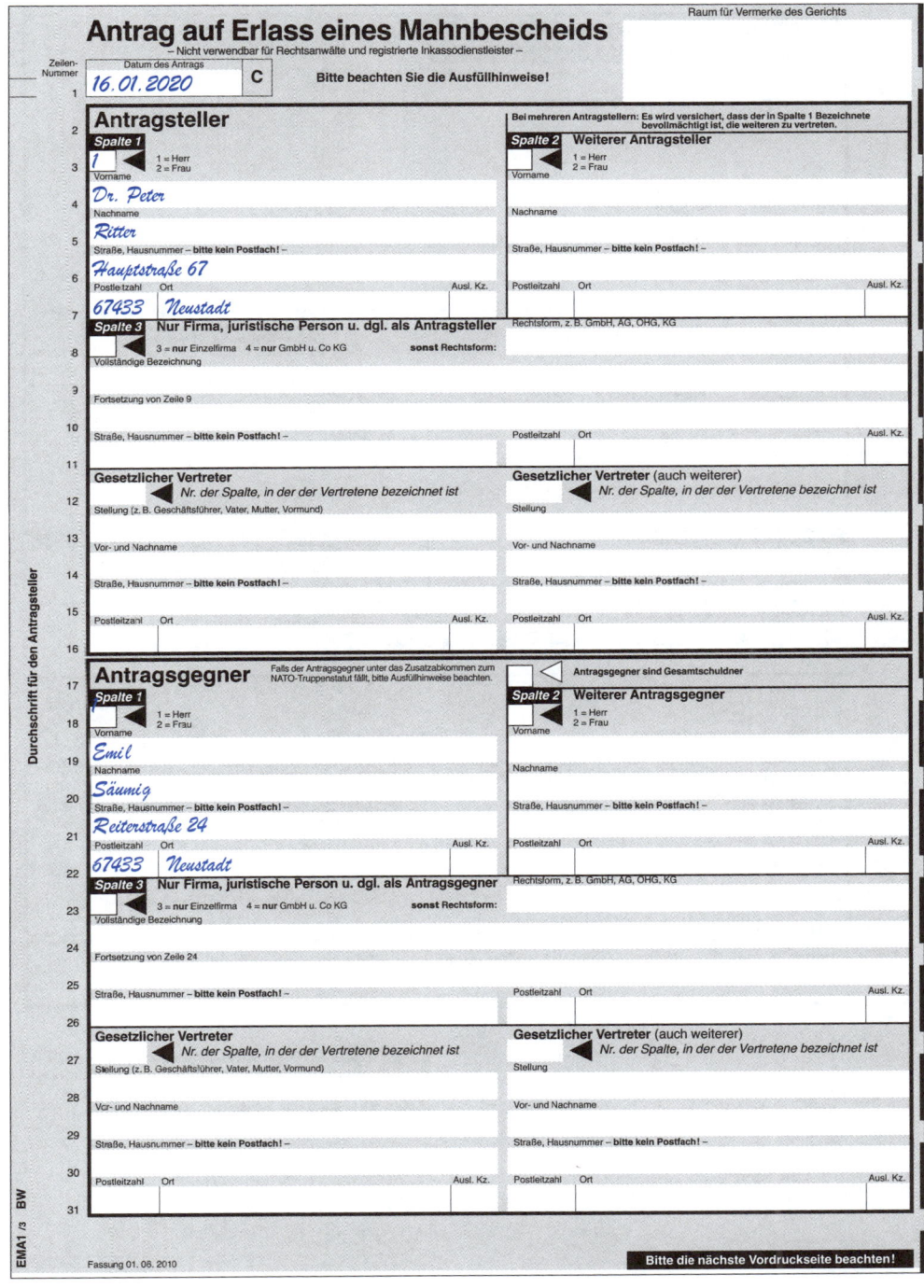

Bezeichnung des Anspruchs

I. Hauptforderung – siehe Katalog in den Hinweisen –

Zeilen-Nummer	Katalog-Nr.	Rechnung/Aufstellung/Vertrag oder ähnliche Bezeichnung	Nr. der Rechng./des Kontos u. dgl.	Datum bzw. Zeitraum (TT.MM.JJ) vom	bis	Betrag EUR
32	7	Rechnung	M82/3	15.09.2019		540.00
33						
34						

35 Postleitzahl | Ort als Zusatz bei Katalog-Nr. 17, 19, 20, 90 | Ausl. Kz. | Vertragsart als Zusatz bei Katalog-Nr. 28 | -Vertrag

36 Sonstiger Anspruch – nur ausfüllen, wenn im Katalog nicht vorhanden – mit Vertrags-/Lieferdatum/Zeitraum vom … bis …

37 Fortsetzung von Zeile 36 | vom | bis | Betrag EUR

38 **Nur bei Abtretung oder Forderungsübergang:** Früherer Gläubiger – Vor- und Nachname, Firma (Kurzbezeichnung) | Datum | Seit diesem Datum ist die Forderung an den Antragsteller abgetreten/auf ihn übergegangen.

39 Postleitzahl | Ort | Ausl. Kz.

IIa. Laufende Zinsen

Zeilen-Nummer	Zeilen-Nr. der Hauptforderung	Zinssatz %	oder %-Punkte über Basiszinssatz	1 = jährl. 2 = mtl. 3 = tägl.	Betrag EUR nur angeben, wenn abweichend vom Hauptforderungsbetrag.	Ab Zustellung des Mahnbescheids, wenn kein Datum angegeben. ab oder vom	bis
40	32		5	1		16.10.2019	
41							
42							

IIb. Ausgerechnete Zinsen

43 Gemäß dem Antragsgegner mitgeteilter Berechnung für die Zeit vom | bis | Betrag EUR

III. Auslagen des Antragstellers für dieses Verfahren

Vordruck/Porto Betrag EUR	Sonstige Auslagen Betrag EUR	Bezeichnung
10,00		

IV. Andere Nebenforderungen

Zeilen-Nummer	Mahnkosten Betrag EUR	Auskünfte Betrag EUR	Bankrücklastkosten Betrag EUR	Inkassokosten Betrag EUR	Anwaltsvergütung für vorgerichtl. Tätigkeit Betrag EUR	Sonstige Nebenforderung Betrag EUR	Bezeichnung
44	15,00						

Ein streitiges Verfahren wäre durchzuführen vor dem

45 [1] ◀ 1 = Amtsgericht, 2 = Landgericht, 3 = Landgericht – KfH, 6 = Amtsgericht – Familiengericht, 8 = Sozialgericht in Postleitzahl 67433 Ort Neustadt, Robert-Stolz-Straße 20 [X] ◁ Im Falle eines Widerspruchs beantrage ich die Durchführung des streitigen Verfahrens.

Prozessbevollmächtigter des Antragstellers

46 [ ] ◀ 3 = Rechtsbeistand, 4 = Herr, Frau, 9 = Verbraucherzentrale, -verband | Betrag EUR | **Ordnungsgemäße Bevollmächtigung versichere ich.** Bei Rechtsbeistand: Anstelle der Auslagenpauschale (Nr. 7002 VV RVG) werden die nebenstehenden Auslagen verlangt, deren Richtigkeit versichert wird. | [ ] ◁ Der Antragsteller ist nicht zum Vorsteuerabzug berechtigt.

47 Vor- und Nachname/Bezeichnung

48 Straße, Hausnummer – **bitte kein Postfach!** – | Postleitzahl | Ort | Ausl. Kz.

49 IBAN oder: Bankleitzahl | Konto-Nr. | BIC (Bank Identifier Code)

50 Von **Kreditgebern (auch Zessionar)** zusätzlich zu machende Angaben bei Anspruch aus Verbraucherdarlehensvertrag (§§ 491 ff BGB):

Zeilen-Nr. der Hauptforderung	Vertragsdatum	Effektiver Jahreszins	Zeilen-Nr. der Hauptforderung	Vertragsdatum	Effektiver Jahreszins	Zeilen-Nr. der Hauptforderung	Vertragsdatum	Effektiver Jahreszins

51 Geschäftszeichen des Antragstellers/Prozessbevollmächtigten

52 **Ich erkläre, dass der Anspruch von einer Gegenleistung abhängt, die bereits erbracht wurde oder nicht von einer Gegenleistung abhängt.**
Ich beantrage, einen Mahnbescheid zu erlassen und in diesen die Kosten des Verfahrens aufzunehmen.

An das
Amtsgericht Stuttgart
– Mahnabteilung –

53 **70154 Stuttgart**
Postleitzahl, Ort

Unterschrift des Antragstellers/Vertreters/Prozessbevollmächtigten
Dr. Peter Kettner

EMA1 /4 BW

Fassung 01. 06. 2010

Nachdem der Antrag auf formelle Ordnungsmäßigkeit geprüft und die Einzahlung der erforderlichen Gerichtsgebühr festgestellt wurde, wird der Mahnbescheid ausgefertigt und dem Antragsgegner zugestellt. Der Antragsteller wird vom Gericht benachrichtigt, wann der Mahnbescheid dem Antragsgegener zugestellt wurde.

Nach Erhalt des Mahnbescheides hat der Schuldner **drei Reaktionsmöglichkeiten:**

1. Der **Schuldner zahlt** dem Gläubiger **innerhalb von zwei Wochen** die geschuldete Leistung einschließlich Verzugszinsen sowie Mahn- und Gerichtskosten. Das gerichtliche Mahnverfahren ist in diesem Fall beendet.

2. Der **Schuldner erhebt innerhalb von zwei Wochen Widerspruch** (siehe Abbildung auf Seite 121). Eine Begründung des Widerspruchs ist nicht notwendig.

    Im Falle des Widerspruchs kommt es zu einem **ordentlichen Klageverfahren (Zivilprozess)**. Auf Antrag des Gläubigers oder des Schuldners wird ein Termin zur mündlichen Verhandlung festgesetzt.

    Der Antragsteller wird durch eine Widerspruchsnachricht unterrichtet, wenn der Antragsgegner gegen den Mahnbescheid Widerspruch erhebt.

3. Der **Schuldner reagiert nicht.** Der Gläubiger kann in diesem Fall **innerhalb von sechs Monaten** einen Antrag auf einen **Vollstreckungsbescheid** stellen (siehe Abbildung auf Seite 122). Der Mahnbescheid soll für vollstreckbar erklärt werden.

    Der Vollstreckungsbescheid ist eine Urkunde. In dieser Urkunde wird von der zuständigen Stelle das Recht der Vollstreckbarkeit festgestellt. Mithilfe dieser staatlichen Stelle kann der Gläubiger seine Rechte zwangsweise durchsetzen.

ACHTUNG

Der Antrag auf Erlass des Vollstreckungsbescheids kann nicht mit dem Mahnantrag gestellt werden, sondern erst nach Ablauf der 14-tägigen Widerspruchsfrist. Über Erlass und Zustellung des Mahnbescheids wird der Antragsteller informiert. Mit der Benachrichtigung erhält er vom Mahngericht einen Vordruck „Antrag auf Erlass eines Vollstreckungsbescheids".

 **MERKE**

Ein Vollstreckungsbescheid ist ein für vollstreckbar erklärter Mahnbescheid, aus dem die Zwangsvollstreckung in das Vermögen des Schuldners betrieben werden kann.

Beispiel

für einen Mahnbescheid:
Dr. Peter Ritter stellte seinem Mandanten Emil Säumig am 15.09.2021 eine Rechnung über 540 € aus. Er gewährt ein Zahlungsziel von 30 Tagen.

Am 15.11.2021 wurde an die offenstehende Rechnung mit der Bitte erinnert, diese innerhalb von 14 Tagen zu begleichen. Eine weitere Mahnung vom 07.12.2021, in der erneut um Zahlung innerhalb von 10 Tagen gebeten wurde, blieb erfolglos.

Da der Mandant auch auf dieses Schreiben nicht reagierte, schickte Dr. Ritter am 27.12.2021 eine letzte Mahnung mit der Bitte um Zahlung innerhalb von 8 Tagen und mit der Androhung eines gerichtlichen Mahnbescheids, wenn die Zahlung nicht innerhalb von 14 Tagen eingeht. Auch diese Zeit verstreicht ohne Zahlungseingang. Daraufhin stellt Dr. Ritter am 16.01.2022 einen Antrag auf Erlass eines Mahnbescheids.

Das Amtsgericht prüft nicht, ob Dr. Ritter tatsächlich einen Anspruch gegenüber Herrn Emil Säumig hat. Eine Prüfung, ob die gemachten Angaben richtig sind und somit einen Mahnbescheid rechtfertigen, findet im Gegensatz zum Klageverfahren beim Mahnverfahren also nicht statt. Deshalb sollen dem Antrag keine Beweismittel (Belege) beigefügt werden.

Beim **gerichtlichen Mahnverfahren** ist das **Amtsgericht** (Mahngericht) **des Antragstellers** zuständig, unabhängig von der Höhe des Streitwertes.

 **INFO**

In vielen Bundesländern besteht die Regelung, Mahnbescheide **zentral** bei einem dafür bestimmten Gericht zu beantragen (z. B. in NRW: Amtsgericht Hagen; in RLP: Amtsgericht Mayen).

A. Rechtliche Rahmenbedingungen der Wirtschaft | 5. Forderungseinzug und Mahnwesen

[Muster – Formular "Widerspruch" gegen einen Mahnbescheid, Fassung 01.01.2011]

A. Rechtliche Rahmenbedingungen der Wirtschaft | 5. Forderungseinzug und Mahnwesen

Antrag auf Erlass eines Vollstreckungsbescheids

Ich beantrage, Vollstreckungsbescheid zu erlassen und in diesen die weiteren Kosten des Verfahrens aufzunehmen. Falls der Antragsgegner gegen einen Teil des Anspruchs Widerspruch erhoben hat, beantrage ich, Vollstreckungsbescheid zu erlassen, soweit dem Anspruch nicht widersprochen wurde.

Muster

Dieser Antrag darf nicht vor Ablauf von zwei Wochen nach dem (Zustellung des Mahnbescheids) gestellt werden.

Beleg wird maschinell gelesen. Bitte füllen Sie den Vordruck gut lesbar aus.

Fassung 01. 01. 2011

Die **Zustellung** erfolgt i. d. R. aus Beweisgründen von Amts wegen mit **Postzustellungsurkunde**.

Eine juristische Prüfung, ob die Forderung zu Recht besteht, wird vom Amtsgericht nicht durchgeführt. Der zuständige Rechtspfleger prüft lediglich, ob der Antrag den gesetzlichen Bestimmungen entspricht. Aus diesem Grund ist beim gerichtlichen Mahnverfahren auch kein Richter notwendig. Die Mahnsache wird von einem Rechtspfleger bearbeitet.

Für das Mahnverfahren bei Gerichten, die die maschinelle Bearbeitung eingeführt haben, sind besondere Vordrucke eingeführt (§ 703c ZPO).

Nach **Erhalt eines Vollstreckungsbescheids** hat der Schuldner erneut **drei Reaktionsmöglichkeiten:**

1. Er **zahlt**. Die Ansprüche der Parteien sind in diesem Fall beendet.
2. Er **erhebt innerhalb von zwei Wochen Einspruch**. Ohne Einspruch erlangt der Vollstreckungsbescheid Rechtskraft. Legt der Antragsgegner Einspruch gegen den Vollstreckungsbescheid ein, dann gibt das Mahngericht das Verfahren an das örtlich und sachlich zuständige Prozessgericht ab.
3. Er **reagiert** innerhalb der Einspruchsfrist **nicht**. Der Vollstreckungsbescheid ist nach Ablauf der Frist rechtskräftig geworden, d. h. der Gläubiger hat das Recht, einen Gerichtsvollzieher mit der Pfändung von Vermögensgegenständen des Schuldners zu beauftragen. Der Vollstreckungsbescheid verjährt erst nach 30 Jahren. Es ist somit auch zu einem späteren Zeitpunkt möglich, einen Pfändungsversuch zu unternehmen.

ACHTUNG

Der Antrag auf Erlass eines Vollstreckungsbescheids darf frühestens nach Ablauf einer **zweiwöchigen Wartefrist** beantragt werden. Außerdem ist zu beachten, dass der Mahnbescheid unwirksam wird, wenn nicht innerhalb einer Frist von sechs Monaten nach Zustellung des Mahnbescheids der Vollstreckungsbescheid beantragt wird.

MERKE

Durch den Einspruch geht wie beim Widerspruch das gerichtliche Mahnverfahren in ein Gerichtsverfahren über.

Maschinelles gerichtliches Mahnverfahren

Die automatisierte Bearbeitung des Mahnverfahrens ermöglicht die Einreichung von Anträgen auf Erlass eines Mahnbescheids in einer nur maschinell lesbaren Aufzeichnung. Der elektronische Datenausgleich (EDA) kommt für Antragsteller in Betracht, die Datensätze in vorgegebener Form für die Datenfernübertragung bzw. zur Übermittlung über das Internet erstellen können. Anträge auf Erlass eines Mahnbescheids können unmittelbar über das Internet eingegeben werden. Die Antragsdaten können dabei elektronisch übermittelt werden („Versand per Internet").

MEDIEN

Der Zugang zu diesem online-Angebot ist über **www.online-mahnantrag.de**, über die Internetportale der Mahngerichte (**www.mahngerichte.de**) und der Landesjustizverwaltungen möglich.

Rechtsanwälte und Inkassodienstleister dürfen Mahnbescheidsanträge nicht auf dem amtlichen Formular stellen: Mahnbescheidsanträge sind in einer **maschinell lesbaren Form** einzureichen (§ 690 Abs. 3 Satz 2 ZPO). Ein Mahnantrag, der diesen Vorschriften nicht entspricht, wird vom Mahngericht zurückgewiesen (§ 691 Abs. 1 Nr. 1 ZPO). Dasselbe gilt hinsichtlich der Vordrucke für Folgeanträge, die im Laufe des Verfahrens gestellt werden (Vollstreckungsbescheide).

Die maschinelle Bearbeitung der Mahnverfahren §§ 688 ff. ZPO	
Zuständiges Mahngericht	**Form der Anträge**
Die automatisierte Bearbeitung des Verfahrens wird in allen Bundesländern durch zentrale Mahngerichte durchgeführt.	1. Antragstellung in einer maschinell lesbaren Form (Branchensoftware) über das elektronische Gerichts- und Verwaltungspostfach – EGVP 2. Antragstellung über das Internet mit „online-Mahnantrag" 3. Antragstellung mit vorgeschriebenen Vordrucken für die Verwendung bei maschineller Bearbeitung

Ablauf eines gerichtlichen Mahnverfahrens

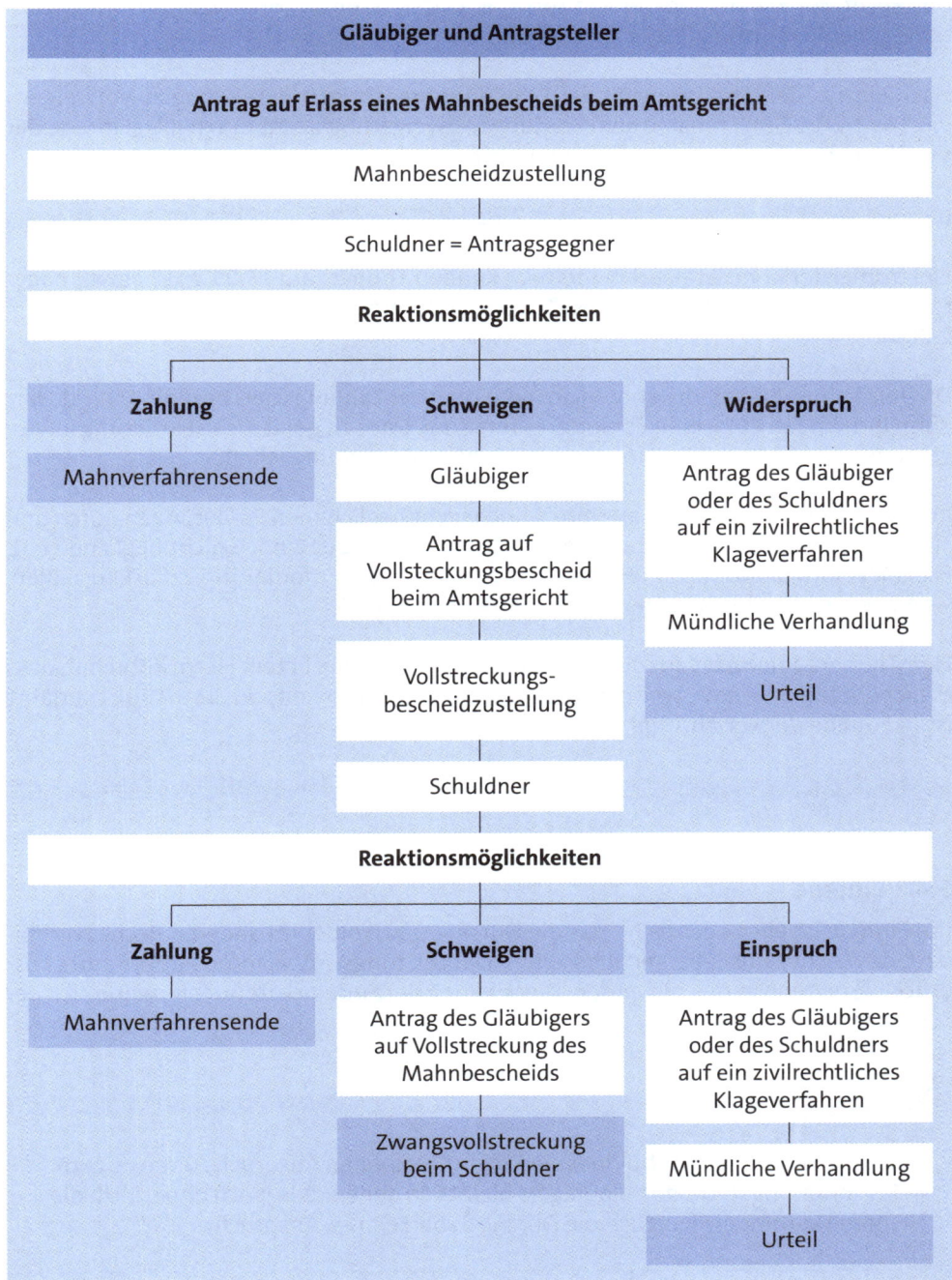

Aufgaben 85 - 97 > Seite 134 - 136

5.4 Verjährung von Ansprüchen im Privatrecht

Das Recht, von einem anderen ein Tun oder Unterlassen zu verlangen (Anspruch), unterliegt der Verjährung (§ 194 Abs. 1 BGB).

Nach Eintritt der Verjährung ist der **Schuldner berechtigt**, die **Leistung zu verweigern** (§ 214 Abs. 1 BGB). Er macht sein Leistungsverweigerungsrecht durch die **„Einrede der Verjährung"** gegenüber dem Gläubiger geltend.

Beispiel

Elektromeister Kühn istalliert bei seinem Kunden Thunert am 15.05.2018 ein Klimagerät und berechnet ihm am 16.05.2018 vereinbarungsgemäß 2.000 € + 380 € USt = 2.280 €.

Da Herr Thunert nicht im Rahmen des vereinbarten Zahlungsziels bezahlt, schickt Herr Kühn ihm im Juli 2018 eine Zahlungserinnerung. Danach gerät diese Forderung in Vergessenheit, weil Herr Kühn an ständiger Arbeitsüberlastung leidet.

Im Juli 2022 geht Herr Kühn alle alten, noch nicht beglichenen Forderungen durch und stellt fest, dass Herr Thunert die Rechnung vom 16.05.2018 noch nicht beglichen hat. Er schickt ihm daraufhin eine letzte Mahnung mit der Aufforderung, sofort zu zahlen, weil er sonst gerichtlich gegen ihn vorgehen werde.

Herr Thunert antwortet auf die Mahnung von Herrn Kühn. Er teilt Herrn Kühn mit, dass er nicht bezahlen werde, weil die Zahlungsverpflichtung bereits am 31.12.2021 verjährt ist (= Einrede der Verjährung).

5.4.1 Einrede

Die Einrede ist ein Gegenrecht, das die Durchsetzbarkeit eines anderen Rechts verhindert, das Recht selbst aber nicht beseitigt. Das Leistungsverweigerungsrecht muss ausdrücklich geltend gemacht werden. Die Wirkung der Einrede tritt nur ein, wenn sich der Schuldner auf sie beruft.

MERKE

Einreden geben dem Schuldner die Möglichkeit, einen Anspruch zu verweigern. Das Forderungsrecht des Gläubigers bleibt von der Einrede jeoch unberührt; die Einrede verhindert lediglich die Durchsetzbarkeit des Anspruchs.

Der **Schuldner** hat bei Eintritt der Verjährung also ein **Leistungsverweigerungsrecht**. Oder vom Gläubiger her gesehen: Der **Gläubiger** kann seinen **Anspruch nicht mehr gerichtlich erzwingen**.

Der Schuldner kann jedoch auch nach Ablauf der Verjährungsfrist freiwillig leisten. Er muss sich nicht auf die Einrede der Verjährung berufen.

> Wenn der Schuldner trotz Ablauf der Verjährungsfrist in Unkenntnis zahlt, kann er die Leistung nicht mehr **zurückfordern** (§ 214 Abs. 2 BGB).

Zu unterscheiden ist zwischen
- der Verjährungsfrist (Zeitraum) und
- dem Verjährungsbeginn (Zeitpunkt), an dem die Verjährungsfrist zu laufen beginnt.

Die **regelmäßige Verjährungsfrist** beträgt **drei Jahre** (§ 195 BGB). Sie gilt für alle vertraglichen und gesetzlichen Ansprüche, es sei denn, es ist im Gesetz etwas anderes geregelt.

Die regelmäßige Verjährungsfrist **beginnt** mit dem **Ende des Jahres**, in dem
1. der **Anspruch entstanden ist** und
2. der **Gläubiger** von den den **Anspruch begründenden Umständen** und der **Person des Schuldners Kenntnis erlangt** oder ohne grobe Fahrlässigkeit erlangen müsste (§ 199 Abs. 1 BGB).

Ansprüche auf **Übertragung des Eigentums an einem Grundstück** verjähren in **zehn Jahren** (§ 196 BGB). Die Verjährungsfrist beginnt mit der Entstehung des Anspruchs (§ 200 Satz 1 BGB).

In **30 Jahren** verjähren
1. Herausgabeansprüche aus Eigentum
2. familien- und erbrechtliche Ansprüche
3. rechtskräftig festgestellte Ansprüche (Urteil im Zivilprozess)
4. Ansprüche aus vollstreckbaren Urkunden (Vollstreckungsbescheid)
5. Ansprüche, die durch die im Insolvenzverfahren erfolgte Feststellung vollstreckbar geworden sind (§ 197 Abs. 1 BGB).

Die Verjährung von Ansprüchen der in Nr. 1 und 2 bezeichneten Art beginnt mit der Entstehung des Anspruchs (§ 200 Satz 1 BGB).

Die Verjährung von Ansprüchen der in Nr. 3 - 5 bezeichneten Art beginnt mit der Rechtskraft der Entscheidung, der Errichtung des vollstreckbaren Titels oder der Feststellung im Insolvenzverfahren (§ 201 BGB).

Verjährungsfrist in Jahren	Art des Anspruchs	Beginn der Verjährungsfrist
2	Gewährleistungsansprüche aus einem Kaufvertrag oder Werkvertrag	mit der Entstehung des Anspruchs (Übergabe der Sache)
3	regelmäßiger Anspruch	mit dem Schluss des Jahres, in dem der Anspruch entstanden ist
5	Gewährleistungsansprüche aus Baumängeln	mit der Entstehung des Anspruchs (Übergabe der Sache)
10	Ansprüche auf Eigentumsübertragung an einem Grundstück	mit der Entstehung des Anspruchs
30	rechtskräftig festgestellte Urteile	mit der Rechtskraft der Entscheidung
30	vollstreckbare Urkunden	mit der Errichtung des vollstreckbaren Titels
30	Insolvenzverfahrensansprüche	mit der Feststellung im Insolvenzverfahren

Beispiel

Bernd Regenhardt betreibt in Koblenz ein Fahrradfachgeschäft mit Werkstatt. Er repariert am 01.09.2018 seinem Kunden Dietmar Fölbach das Fahrrad. Sein Anspruch gegen Herrn Fölbach beträgt 238 €. Da Herr Fölbach beim Abholen des reparierten Fahrrads kein Geld dabei hat, händigt Herr Regenhardt das Fahrrad ausnahmsweise mit Rechnung an Herrn Fölbach aus.

Herr Regenhardt hat ständig zu viel zu tun. Deshalb vergisst er, den Zahlungseingang von Herrn Fölbach zu kontrollieren. Im Januar 2022 geht Herr Regenhardt alle alten, noch nicht beglichenen Forderungen durch und stellt fest, dass Herr Fölbach die Rechnung vom 01.09.2018 noch nicht beglichen hat. Diese Forderung ist dann bereits verjährt:

Verjährungsfrist: 3 Jahre (§ 195 Abs. 1 BGB)
Beginn der Frist: 31.12.2018 um 24 Uhr (§ 199 Abs. 1 Nr. 1 BGB)
Verjährungseintritt: 31.12.2021 um 24 Uhr

Erleichterungen der Verjährung (Verkürzung der Verjährungsfrist) sind **grundsätzlich zulässig** (Grundsatz der Vertragsfreiheit). **Erschwerungen** der Verjährung (Verlängerung der Verjährungsfrist) sind ebenfalls **grundsätzlich zulässig**, jedoch nicht über eine Verjährungsfrist von 30 Jahren ab dem gesetzlichen Verjährungsbeginn hinaus (§ 202 Abs. 2 BGB).

5.4.2 Hemmung der Verjährung

Bei der Hemmung der Verjährung wird der Lauf der Verjährungsfrist **angehalten** (§ 209 BGB).

Fällt der hemmende Umstand weg, läuft die Verjährungsfrist weiter, wie eine Stoppuhr, die angehalten wurde und durch ein weiteres Drücken dort weiter läuft, wo sie gestoppt wurde.

Die Verjährungsfrist wird dadurch **um die Zeitspanne der Hemmung verlängert:**

Verjährungsfrist = ursprüngliche Frist + Hemmungszeitraum

Beispiel

Der Drucker Dietmar Fölbach liefert an den Werbegrafiker Rainer Böhm Drucksachen. Der Kaufpreis ist am 15.07.2018 fällig. Am 20.12.2021 (kurz vor Ablauf der Verjährungsfrist) hat Herr Böhm immer noch nicht bezahlt.

Fölbach und Böhm beginnen am 21.12.2021 Verhandlungen über die Zahlungsmodalitäten, weil immer noch gewisse Unklarheiten bestehen. Am 10.01.2022 bricht Herr Fölbach die Verhandlungen ab und verlangt sofortige Zahlung. Böhm verweigert die Zahlung und beruft sich auf die Verjährung.

Während der Zeit der Verhandlungen ist der Lauf der Verjährung gehemmt. Dieser Zeitraum wird an das reguläre Ende der Verjährungsfrist angehängt. Die Verjährung ist am 31.12.2021 also **nicht** eingetreten. Sie tritt nach § 203 BGB sogar nicht vor Ablauf von 3 Monaten ab dem Ende der Verhandlungen ein; hier: 10.01.2022 + 3 Monate = 10.04.2022 um 24 Uhr. Die Einrede der Verjährung ist also unberechtigt.

Hemmungsgründe sind z. B.
- Verhandlungen über den Anspruch (§ 203 BGB)
  Verjährung tritt frühestens drei Monate nach dem Ende der Verhandlungen ein
- Rechtsverfolgung
  - Klageerhebung (§ 204 Abs. 1 Nr. 1 BGB)
  - Antrag eines gerichtlichen Mahnbescheids (§ 204 Abs. 1 Nr. 3 BGB)
  - Veranlassung eines Schlichtungsverfahrens (§ 204 Abs. 1 Nr. 4 BGB)
- Leistungsverweigerungsrecht (§ 205 BGB)
  der Schuldner ist aufgrund einer Vereinbarung mit dem Gläubiger berechtigt, die Leistung vorübergehend zu verweigern (z. B. Stundungsvereinbarung zwischen Schuldner und Gläubiger)

- höhere Gewalt (§ 206 BGB)

  solange der Gläubiger innerhalb der letzten sechs Monate durch höhere Gewalt (z. B. Naturkatastrophe) an der Rechtsverfolgung gehindert war, wird die Verjährung gehemmt

Beispiel

Martin Birkenbeil hat gegen Nadine Krämer seit dem 25.03.2018 eine fällige Kaufpreisforderung mit **dreijähriger Verjährungsfrist**.

Da Frau Krämer nicht bezahlt und auch nicht auf Mahnungen reagiert, beantragt Herr Birkenbeil am 15.06.2021 den Erlass eines Mahnbescheids, der vom Amtsgericht Mayen angenommen und erlassen wird.

Der **angenommene Mahnbescheid** hat die **Hemmung** der Verjährung zur Folge (bis zur Entscheidung, Beendigung, jedoch max. 6 Monate gem. § 204 Abs. 2 BGB). Der reguläre Ablauf der Verjährungsfrist zum 31.12.2021 wird durch den Mahnbescheid somit verhindert („angehalten").

Hemmung ist die Nichteinrechnung bestimmter Zeiten in die Verjährungsfrist.

5.4.3 Neubeginn der Verjährung

Die **Verjährung beginnt erneut** (§ 212 Abs. 1 BGB), wenn

1. der Schuldner dem Gläubiger gegenüber den Anspruch **durch Abschlagszahlung, Zinszahlung, Sicherheitsleistung** oder in anderer Weise anerkennt oder
2. eine **gerichtliche oder behördliche Vollstreckungshandlung** vorgenommen oder beantragt wird.

Mit dem Neubeginn der Verjährungsfrist endet der Lauf der bisherigen Verjährungsfrist. Die Verjährungsfrist beginnt erneut in voller Länge zu laufen.

Beispiel

Am 27.04.2018 ist ein Anspruch eines Steuerberaters gegenüber einem Mandanten fällig. Die dreijährige Verjährungsfrist beginnt am 31.12.2018 zu laufen. Am 02.08.2019 bittet der Mandant telefonisch um Stundung des Rechnungsbetrages für drei Monate. Die dreijährige Verjährungsfrist beginnt am 02.08.2019/24:00 Uhr erneut zu laufen und endet am 02.08.2022/24:00 Uhr.

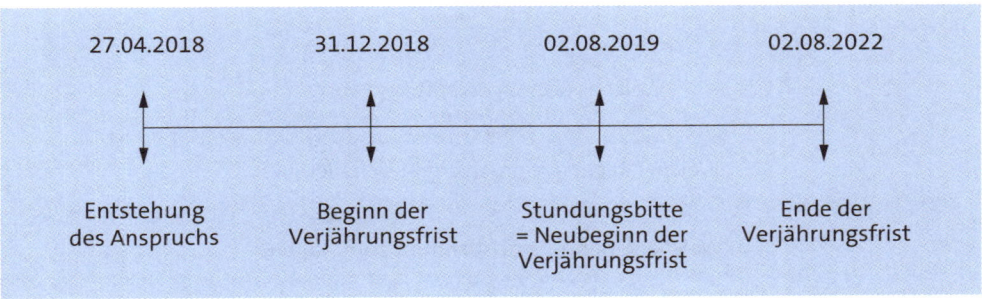

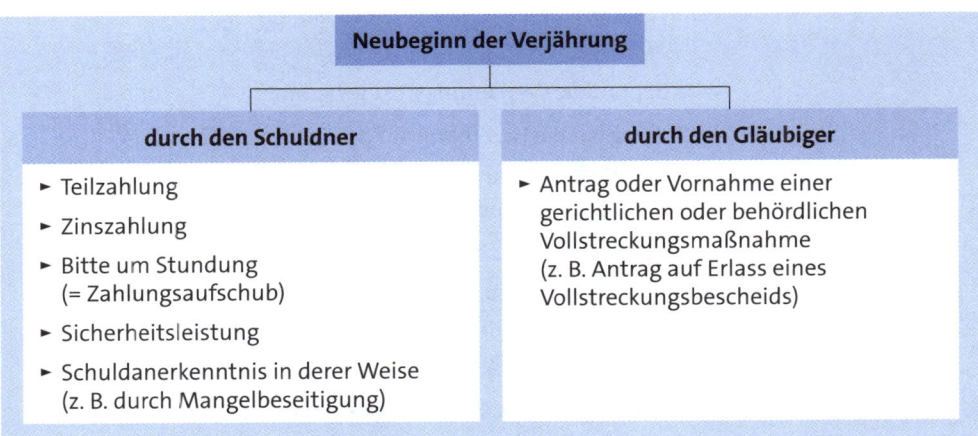

Beispiel

Peter Schmidt hat gegen Bernd Regenhardt seit dem 12.03.2020 eine fällige Kaufpreisforderung mit **dreijähriger Verjährungsfrist**.

Da Herr Regenhardt nicht bezahlt und auch nicht auf den im Mai 2022 zugestellten Mahnbescheid reagiert, beantragt Herr Schmidt am 01.08.2022 den Erlass eines Vollstreckungsbescheids, der vom Gericht angenommen und erlassen wird.

Der **angenommene Vollstreckungsbescheid** hat den **Neubeginn** der Verjährung zur Folge. Am 01.08.2022 nach 24:00 Uhr (mit Ablauf des Ereignistages) beginnt die dreijährige Frist neu zu laufen. Die Verjährung tritt also erst am 01.08.2025 nach 24:00 Uhr ein.

Prüfschema zur Ermittlung des Endes einer Verjährungsfrist

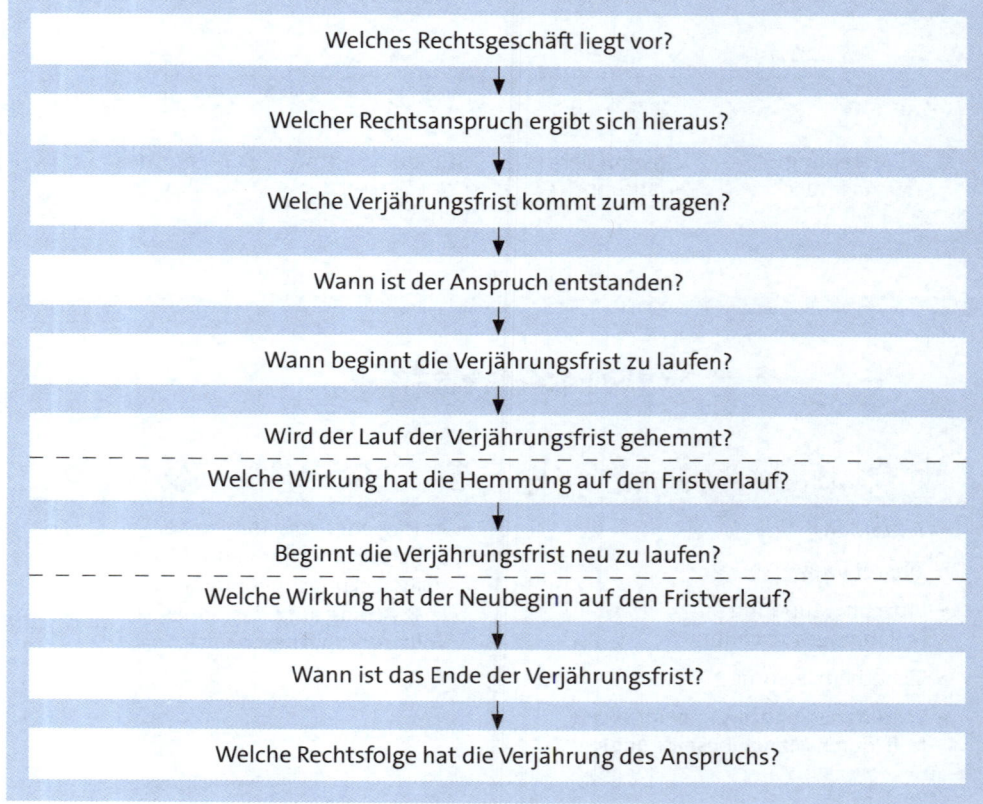

5.5 Zivilprozess

Der Zivilprozess ist ein gerichtliches Verfahren vor den ordentlichen Gerichten. Im Zivilprozess werden beispielsweise alle **bürgerlichen** (privatrechtlichen) **Streitigkeiten aus Verträgen** behandelt. Ablauf und grundlegende Verfahrensvorschriften des Zivilprozesses sind in der Zivilprozessordnung und im Gerichtsverfassungsgesetz geregelt. Zivilprozesse finden vor den **Zivilgerichten** statt, die zur ordentlichen Gerichtsbarkeit gehören.

In einem Zivilprozess stehen sich **Kläger und Beklagter** gegenüber, die in einem Verfahren um das Bestehen eines Rechtsanspruchs streiten und die Entscheidung darüber dem Gericht überlassen. Der Zivilprozess dient der Durchsetzung von Ansprüchen des Klägers.

Ein Zivilprozess beginnt damit, dass der Kläger bzw. sein Prozessbevollmächtigter beim zuständigen Amts- oder Landgericht durch einen Schriftsatz (Klageschrift) Klage erhebt.

Die Klage kann dabei vor den Landgerichten nur durch einen dort zugelassenen Rechtsanwalt eingelegt werden. Beim Amtsgericht kann der Kläger seine Interessen selbst wahrnehmen.

Das Gericht stellt der beklagten Partei die Klage zu und setzt ihr eine Frist zur Klageerwiderung. Die Klageschrift besteht aus einem Antrag und einer Begründung.

In einer anschließenden mündlichen Verhandlung tragen Kläger und Beklagter ihre gegensätzlichen Standpunkte vor. Tragen die Parteien unterschiedliche Tatsachenbehauptungen vor, so haben sie in einer Beweisführung ihr Vorbringen zu beweisen.

Im Zivilprozess wird häufig darum gestritten, wie sich ein Sachverhalt zugetragen hat. Werden Tatsachen bestritten, auf die es für die Entscheidung ankommt, ist darüber Beweis zu erheben. Eine der beiden Prozessparteien hat die Pflicht, den Nachweis für die Richtigkeit oder Unrichtigkeit des streitigen Umstands zu führen. Kann eine Behauptung weder bewiesen noch widerlegt werden, so muss an Hand der Beweislast entschieden werden. Die Beweislast trägt grundsätzlich diejenige Partei, für die der streitige Umstand rechtlich vorteilhaft ist oder vereinfacht gesagt, **derjenige, der einen Anspruch durchsetzen will, muss die Beweise dafür erbringen**.

Dem Kläger obliegt die Beweislast.

Beweisen muss, wer etwas behauptet, nicht, wer etwas bestreitet.

Im Anschluss an die mündliche Verhandlung ergeht das Urteil, wenn sich die Parteien nicht vorher einigen. In dem Urteil entscheidet das Gericht über den geltend gemachten Anspruch. Das Urteil wird verkündet und den Parteien zugestellt. Die Klage wird abgewiesen, wenn der Kläger die Beweislast für die von ihm behauptete Darstellung nicht erbringen kann.

Die gesamten Kosten des Prozesses (Gerichtskosten, Auslagen für Zeugen und Sachverständige, Kosten der Rechtsanwälte beider Parteien) trägt die unterlegene Partei.

Ein Zivilprozess ist wesentlich teurer als das gerichtliche Mahnverfahren. Eine einfache, billigere und schnellere Verfahrensform ist deshalb das gerichtliche Mahnverfahren. Das Mahnverfahren ist im Gegensatz zum Zivilprozess nur zur Durchsetzung von Geldforderungen zulässig und setzt grundsätzlich voraus, dass die Gegenleistung bereits erbracht ist.

Der Zivilprozess wird durch die Parteien selbst in Gang gesetzt. Die Gerichte werden nur tätig, wenn jemand sie anruft und Klage erhebt.

MERKE

> Wenn kein Kläger, dann kein Richter.

Die Wahrheit wird nicht von Amts wegen vom Gericht ermittelt, sondern das Gericht stützt seine Entscheidung nur auf **Tatsachen, die von den Parteien vorgetragen werden**. Nur wenn die Parteien sich uneins sind, erhebt das Gericht auf Antrag Beweise (Zeugenvernehmung, Sachverständigengutachten, Parteivernehmung, Urkunden).

Das **Prozessrisiko** tragen die **Prozessparteien**. Dazu gehört das Risiko, einen der Sache nach begründeten Anspruch im Rechtsstreit nicht durchsetzen oder abwehren zu können, weil keine oder unzureichende Beweismittel zur Verfügung stehen oder der Prozessgegner über gleichwertige Beweismittel verfügt.

Aufgaben 98 - 104 > Seite 137 - 138

5.6 Übungsaufgaben

Aufgabe 85:

Der Unternehmer Müller hat gegenüber dem Kunden Mayer eine Forderung in Höhe von 1.190 €. Der Kunde Mayer hat das Zahlungsziel überschritten und nicht bezahlt.

Das außergerichtliche Mahnverfahren unterliegt keinen Formvorschriften. Ihrer verbalen Kreativität sind keine Grenzen gesetzt. Entwerfen Sie eine Drei-Schritt-Mahnreihe (drei Schreiben an den Schuldner).

Aufgabe 86:
Welche der nachfolgenden Aussagen zum gerichtlichen Mahnverfahren sind richtig? (Mehrfachnennungen sind möglich)
a) Eine dritte Mahnung ist notwendig, bevor ein gerichtliches Mahnverfahren gegen den Schuldner eingeleitet werden kann.
b) Das gerichtliche Mahnverfahren stellt eine Mahnung durch das Gericht dar.
c) Der Vollstreckungsbescheid ermöglicht es dem Gläubiger, beim Schuldner pfänden zu lassen.

Aufgabe 87:
Die Müller OHG, Mainz schuldet der Mayer GmbH, Koblenz, 15.000 € aus einem Kaufvertrag, der in Trier abgewickelt wurde. Die Müller OHG ist bereits in Zahlungsverzug, reagiert aber nicht auf Zahlungsaufforderungen der Mayer GmbH. Welches Gericht ist für den Erlass eines Mahnbescheids zuständig?
a) Amtsgericht Mainz
b) Amtsgericht Koblenz
c) Landgericht Koblenz
d) Amtsgericht Trier
e) Amtsgericht Mayen

Aufgabe 88:
Wieviel Zeit hat der Empfänger eines gerichtlichen Mahnbescheids, gegen diesen rechtskräftig Widerspruch einzulegen?

Aufgabe 89:
Welche Folge(n) hat der Widerspruch gegen einen gerichtlichen Mahnbescheid?

Aufgabe 90:
Was geschieht, wenn der Empfänger eines gerichtlichen Mahnbescheids auf diesen nicht reagiert?

Aufgabe 91:
Der Empfänger eines Mahnbescheids reagiert nicht (keine Zahlung, kein Widerspruch). Wieviel Zeit hat der Antragsteller (= Gläubiger), einen Vollstreckungsbescheid beim Gericht zu beantragen?

Aufgabe 92:
Welches Gericht ist im Allgemeinen für die Beantragung eines Mahnbescheids zuständig?

Aufgabe 93:
Nach Erhalt eines Vollstreckungsbescheids hat der Schuldner drei Möglichkeiten zu reagieren. Nennen Sie diese drei Reaktionsmöglichkeiten und beschreiben Sie kurz deren Auswirkungen.

Aufgabe 94:
In welcher Form stellt das Amtsgericht einen Mahnbescheid zu?

Aufgabe 95:
a) Besorgen Sie sich die aktuelle Gebührentabelle für Gerichtskosten (Internet) und fügen Sie diese Tabelle Ihren Unterlagen bei.

b) Ergänzen Sie den folgenden Lückentext.

Die Gerichtskosten berechnen sich nach dem _____. Im Zivilrecht richtet sich die Höhe einer Gebühr nach dem _____. Hierbei handelt es sich um den Betrag, um den _____ wird. Die Gerichtsgebühr trägt der, der beim Rechtsstreit _____. Der Wert einer Gebühr bestimmt sich nach der _____. Bei einer gerichtlichen Auseinandersetzung fallen auch _____ an. Die Höhe der Gerichtskosten errechnet sich ebenfalls aus dem _____. Die Höhe der Gebühr richtet sich nach der _____. Auf die Gerichtskosten wird _____ Umsatzsteuer erhoben.

Aufgabe 96:
a) Erkundigen Sie sich, ob in Ihrem Bundesland die maschinelle Bearbeitung des Mahnverfahrens eingeführt ist.

b) Ermitteln Sie die Adresse Ihres zuständigen Mahngerichts.

Aufgabe 97:
Ergänzen Sie den folgenden Lückentext:

Das Mahnverfahren ist schneller und kostengünstiger als das _____ . Das Mahnverfahren ist nur bei Ansprüchen auf _____ zulässig und darf nicht von einem _____ abhängig sein. Zuständig ohne Rücksicht auf den Streitwert ist immer das _____. Das zuständige Mahngericht prüft lediglich die _____ des Antrags, ohne den Anspruch selbst zu _____. Gegen den Mahnbescheid kann der Antragsteller innerhalb von zwei Wochen _____ einlegen. Der Widerspruch muss nicht _____ werden. Daher ist das Mahnverfahren nur sinnvoll, wenn zu erwarten ist, dass der _____ begründet ist und der Antragsgegner sich _____ zur Wehr setzt. Widerspricht der Antragsgegner, geht das Mahnbescheidsverfahren in einen streitigen _____ über. Der Zugang eines Mahnbescheids bedeutet nicht, dass das Mahngericht den Anspruch _____ hätte. Erhebt der Antragsgegner nicht fristgerecht Widerspruch, so kann der _____ beantragen, dass das Mahngericht einen _____ erlässt.

Aufgabe 98:

Alexander Tovma verkaufte seinem Bekannten Franz Weber am 20.09.2020 seinen gebrauchten Ferrari für 42.000 €. Franz Weber hat nach zwei Jahren immer noch nicht an Alexander Tovma gezahlt.

Wann verjährt die Forderung von Alexander Tovma?

Aufgabe 99:

Der Maschinenhändler Jonas Geisler verkaufte am 02.02.2020 eine Maschine an den Kunden Bauer. Der Kaufpreis war am 02.03.2020 fällig. Da nach 2 Jahren immer noch keine Kaufpreiszahlung erfolgt ist, reicht Herr Geisler am 20.06.2022 die Klage gegen Herrn Bauer ein. Herr Bauer wird am 30.09.2022 rechtskräftig verurteilt.

Wann verjährt der Anspruch von Herrn Geisler?

Aufgabe 100:

Warum ist es im Geschäftsleben nicht außergewöhnlich, dass Kaufleute von ihrem Recht der Einrede der Verjährung keinen Gebrauch machen?

Aufgabe 101:

Welche der folgenden Antworten sind richtig bzw. falsch?
a) Wenn ein Anspruch verjährt ist, so ist er auch erloschen.
b) Auch nach Ablauf der Verjährungsfrist kann der Gläubiger seinen Anspruch gerichtlich durchsetzen.
c) Nach Ablauf der Verjährungsfrist muss der Schuldner seine Leistung erbringen.
d) Nach Ablauf der Verjährungsfrist hat der Gläubiger keinen Anspruch mehr.
e) Nach Ablauf der Verjährungsfrist hat der Gläubiger zwar noch einen Anspruch, er kann diesen Anspruch jedoch nicht mehr gerichtlich durchsetzen.

Aufgabe 102:

Welche Wirkung hat die Beantragung eines gerichtlichen Mahnbescheids auf die Verjährung?

Aufgabe 103:

Welche Wirkungen haben folgende Aktionen auf die Verjährung?
a) Beantragung eines Vollstreckungsbescheids
b) Veranlassung eines Schlichtungsverfahrens
c) Zinszahlung des Schuldners
d) Bitte um Stundung durch den Schuldner
e) Klageeinreichung
f) Höhere Gewalt verhindert Rechtsverfolgung
g) Teilzahlung des Schuldners
h) Antrag auf Zustellung eines Mahnbescheids

Aufgabe 104:

Rainer Böhm lieferte an Dietmar Weber eine Spezialmaschine. Der Kaufpreis war am 10.06.2019 fällig. Am 20.12.2022 (kurz vor Ende der Verjährungsfrist) hat K immer noch nicht bezahlt. Rainer Böhm und Dietmar Weber beginnen Verhandlungen über die Zahlungsmodalitäten, weil immer noch gewisse Unklarheiten bestehen. Am 20.03.2023 bricht Rainer Böhm die Verhandlungen ab und verlangt sofortige Zahlung. Dietmar Weber verweigert die Zahlung und beruft sich auf die Verjährung.

Klären Sie die Rechtslage!

B. Arbeitsrecht und soziale Sicherung

Im Gegensatz zum Bürgerlichen Recht (BGB), Handelsrecht (HGB) und Sozialrecht (SGB) gibt es **kein** Arbeitsgesetzbuch. Das Arbeitsrecht ist ein besonderes Rechtsgebiet mit zahlrechen Spezialgesetzen und einer eigenen Gerichtsbarkeit. Arbeitsrecht ist Sonderrecht der Arbeitnehmer.

1. Berufsausbildung

1.1 Inhalt des Berufsausbildungsvertrages

Mit **Abschluss des Berufsausbildungsvertrages** gehen die Vertragspartner bestimmte **Pflichten** ein. Auf der anderen Seite erwerben sie bestimmte **Rechte**. Die Berufsausbildung soll berufliche Grundkenntnisse und die notwendigen fachlichen Fertigkeiten und Kenntnisse vermitteln (§ 1 Abs. 2 und 3 BBiG).

Rechtliche Grundlage der Berufsausbildung ist in wesentlichen Teilen das **Berufsbildungsgesetz** (BBiG). Es legt fest, dass die allgemeinen arbeitsrechtlichen Vorschriften auf den Berufsausbildungsvertrag dann angewendet werden, wenn keine besonderen ausbildungsrechtlichen Regelungen vorliegen (§ 10 Abs. 2 BBiG).

Für jugendliche Auszubildende (noch nicht 18 Jahre alt) gilt **zusätzlich** das **Jugendarbeitsschutzgesetz** (JArbSchG).

Nach § 11 BBiG hat der Vertrag bestimmte **Mindestangaben** zu enthalten, ist **schriftlich** abzufassen und **von beiden Vertragsparteien zu unterschreiben**. Bei **Minderjährigen** ist **zusätzlich** die Unterschrift **beider gesetzlicher Vertreter** (Eltern) erforderlich.

Nach Abschluss des Berufsausbildungsvertrages hat der Ausbildende

- eine Ausfertigung dem Auszubildenden, ggf. dessen gesetzlichen Vertreter auszuhändigen (§ 11 Abs. 3 BBiG) und
- den Vertrag der zuständigen Kammer zur Eintragung in das Verzeichnis der Berufsausbildungsverhältnisse einzureichen (§ 36 BBiG). Diese Eintragung ist eine Voraussetzung für die Abschlussprüfung.

Zu Beginn der Ausbildung ist für die Auszubildenden die im Ausbildungsvertrag getroffene Regelung über die **Probezeit** besonders wichtig. Sie ist Bedenkzeit und soll beiden Partnern die Möglichkeit geben, die getroffene Entscheidung zu überprüfen. Hierzu steht in § 20 BBiG: „Das Berufsausbildungsverhältnis beginnt mit der Probezeit. Sie muss **mindestens einen Monat** und darf **höchstens vier Monate betragen**."

Das BBiG unterscheidet zwischen dem **Auszubildenden** und dem **Ausbilder** als Vertragspartner (§ 10 BBiG).

Ausbildende (z. B. Steuerberater) haben Auszubildende selbst auszubilden oder einen Ausbilder oder eine Ausbilderin ausdrücklich damit zu beauftragen (§ 14 Abs. 1 Nr. 2 BBiG).

Die durch den Berufsausbildungsvertrag begründeten Rechte und Pflichten ergeben sich im Wesentlichen aus §§ 13 - 19 BBiG. Verkürzt dargestellt sind dies:

Hauptpflicht der Ausbildenden = Recht der Auszubildenden (§ 14 Abs. 1 Nr. 1 BBiG)	Hauptpflicht der Auszubildenden = Recht der Ausbildenden (§ 13 Satz 1 BBiG)
Planmäßige Vermittlung der Fertigkeiten, Kenntnisse und Fähigkeiten, die zum Erreichen des Ausbildungsziels erforderlich sind, in zeitlich und sachlich gegliederter Form.	Bemühungen, die Fertigkeiten, Kenntnisse und Fähigkeiten zu erwerben, die erforderlich sind, um das Ausbildungsziel zu erreichen.
Die hauptsächlichen Ausbildungsverpflichtungen sind also die **Ausbildungspflicht des Steuerberaters** und die **Lernpflicht der Auszubildenden**.	

Es stehen demnach die **Ausbildungspflicht des Ausbildenden** und die **Lernpflicht des Auszubildenden** in einem Austauschverhältnis. Damit unterscheidet sich das Ausbildungsverhältnis von einem Arbeitsverhältnis, in dem die Arbeit in einem Austauschverhältnis zur Vergütung steht. Außerdem kommt im Ausbildungsverhältnis zur Ausbildungspflicht noch der Gesichtspunkt der charakterlichen Förderung des Auszubildenden hinzu (§ 14 Abs. 1 Nr. 5 BBiG).

Einzelverpflichtungen aus dem Berufsausbildungsverhältnis	
Pflichten der Ausbildenden	**Pflichten der Azubis**
1. **Anmeldung des Berufsausbildungsverhältnisses** bei der zuständigen Stelle (Kammer) (§ 36 Abs. 1 BBiG) 2. **Ausbildung gemäß dem Ausbildungsziel** (während der Ausbildung müssen die Kenntnisse und Fertigkeiten vermittelt werden, die zum Erreichen des Ausbildungsziels (Abschlussprüfung) erforderlich sind (§ 14 Abs. 1 Nr. BBiG) 3. **Ausbildung durch geeignetes Personal** (der Ausbildende selbst oder ein von ihm beauftragter Ausbilder – es darf nur ausbilden, wer persönlich und fachlich dazu geeignet ist, § 28 BBiG)	1. **Bemühung, das Ausbildungsziel zu erreichen** (§ 13 Satz 1 BBiG) 2. **sorgfältige (= gewissenhafte) Ausführung der ihr/ihm übertragenen Aufgaben** (§ 13 Satz 2 Nr. 1 BBiG) 3. **Teilnahme an Ausbildungsmaßnahmen**, (§ 13 Satz 2 Nr. 2 BBiG), insbesondere ▸ am Berufsschulunterricht, ▸ an Prüfungen und ▸ an überbetrieblichen Ausbildungsmaßnahmen.

Einzelverpflichtungen aus dem Berufsausbildungsverhältnis	
Pflichten der Ausbildenden	**Pflichten der Azubis**
4. **kostenlose Bereitstellung von Ausbildungs- und Prüfungsmitteln** (Zurverfügungstellung von Werkzeugen, Werkstoffen, Fachliteratur etc. für die Ausbildung oder zum Ablegen von Zwischen- und Abschlussprüfungen, § 14 Abs. 1 Nr. 3 BBiG) 5. Sorge dafür tragen dass der **Azubi** ordnungsgemäß ▸ die **Berufsschule besucht** (§ 14 Abs. 1 Nr. 4 BBiG) und ▸ den Ausbildungsnachweis **(Berichtsheft)** führt (§ 14 Abs. 2 BBiG) 6. Sorge dafür tragen, dass der **Azubi** ▸ **charakterlich gefördert** und ▸ **sittlich und körperlich nicht gefährdet** wird und dass ihm ▸ **nur Aufgaben** übertragen werden **die dem Ausbildungszweck dienen** und seinen **körperlichen Kräften angemessen** sind (dem Ausbildungszweck dienen nicht: private Einkäufe für den Ausbildenden besorgen, Kinder verwahren etc.) 7. **Freistellung für die Teilnahme am Berufsschulunterricht und an Prüfungen** (§ 15 BBiG) 8. **Zahlung einer angemessenen Vergütung** (§ 17 BBiG) 9. **Ausstellung eines Zeugnisses** bei Beendigung der Berufsausbildung (§ 16 BBiG)	4. **Befolgung von Weisungen,** die im Rahmen des Berufsausbildungsverhältnisses vom Ausbildenden, vom Ausbilder oder anderen weisungsberechtigten Personen erteilt werden (§ 13 Satz 2 Nr. 3 BBiG) 5. **Beachtung der für die Ausbildungsstätte geltenden Ordnung** (§ 13 Satz 2 Nr. 4 BBiG), also Beachtung von betrieblichen Regeln, wie z. B. Rauchverbot, allgemeine Hausordnung, Regelungen zum Beginn und Ende der regelmäßigen Arbeitszeit usw. 6. **pflegliche Behandlung der Betriebs- und Geschäftsausstattung** (§ 13 Satz 2 Nr. 5 BBiG), also die Einrichtungsgegenstände des Betriebes sind von Azubis pfleglich zu behandeln 7. **Verschwiegenheitspflicht** (Verpflichtung, über Betriebs- und Geschäftsgeheimnisse Stillschweigen zu wahren, § 13 Satz 2 Nr. 6 BBiG) 8. **Führung des Ausbildungsnachweises (Berichtsheftes)** (§ 13 Satz 2 Nr. 7 BBiG)

Während der Ausbildung sind die berufsbezogenen **Fertigkeiten, Kenntnisse und Fähigkeiten** des jeweiligen Berufsbildes nach dem **Ausbildungsrahmenplan** zu vermitteln.

Der Auszubildende ist verpflichtet, die dem Ausbildungszweck entsprechenden Arbeiten des Berufsbildes zu erledigen.

Durch die Ausbildung sollen ebenfalls sog. Arbeitstugenden, wie z. B. Pünktlichkeit, zielgerichtetes Arbeiten, korrekte Aufgabenerfüllung, Sorgfalt und Zuverlässigkeit entwickelt werden. Darüber hinaus beinhaltet das Ausbildungsverhältnis auch Hilfe bei der **Persönlichkeitsbildung** durch die Entwicklung von **Handlungskompetenz** in beruflichen, gesellschaftlichen und privaten Situationen. Zu diesem Zweck sind beispielsweise die folgenden Fähigkeiten zu entwickeln und zu fördern:

- Gemeinschaftsbewusstsein und Bereitschaft zur Teamarbeit sowie Rücksichtnahme als Grundlagen der Sozialkompetenz

- Verantwortungs-/Pflichtbewusstsein, Kritik- und Urteilsfähigkeit, Anpassungsfähigkeit, sowie Mobilitäts- und Weiterbildungsbereitschaft als Bestandteile der Humankompetenz.

Die Verpflichtung zum **Berufsschulbesuch** ist in § 13 Satz 2 Nr. 2 und § 14 Abs. 1 Nr. 4 BBiG festgelegt und in den einzelnen Bundesländern durch die Schulgesetze geregelt. Der Ausbildende hat die Auszubildenden bei der Berufsschule, in deren Schulbezirk sich sein Betrieb befindet anzumelden und nach § 15 BBiG sowie § 9 Jugendarbeitsschutzgesetz für die Teilnahme am Unterricht freizustellen. Die Schulzeit ist auf die wöchentliche Ausbildungszeit anzurechnen (siehe hierzu § 15 Abs. 2 BBiG und für Minderjährige § 9 Abs. 2 JArbSchG).

Freistellung für Berufsschulunterricht und dessen Anrechnung auf die betriebliche Ausbildungszeit

Pflicht zur Freistellung für Berufsschulunterricht (§ 15 Abs. 1 BBiG)	Anrechnung auf die betriebliche Ausbildungszeit (§ 15 Abs. 2 BBiG)
1. **ein** Berufsschultag **einmal** in der Woche mit mehr als 5 Unterrichtsstunden von jeweils mindestens 45 Minuten (z. B. 6 Unterrichtsstunden à 45 Minuten)	mit der durchschnittlichen täglichen Arbeitszeit (z. B. 8 Stunden)
2. **weiterer** Berufsschulunterricht (z. B. **zweiter** Berufsschultag in einer Woche von 8 bis 13 Uhr)	mit der Unterrichtszeit einschließlich der Pausen (z. B. 5 Stunden)
3. Berufsschulwochen mit planmäßigem **Blockunterricht** von mindestens 25 Stunden an mindestens 5 Tagen	mit der durchschnittlichen wöchentlichen Ausbildungszeit (z. B. 40 Stunden)
4. Teilnahme an **Prüfungen und Ausbildungsmaßnahmen**, die aufgrund öffentlich-rechtlicher oder vertraglicher Bestimmungen außerhalb der Ausbildungsstätte durchzuführen sind (z. B. Zwischen- und Abschlussprüfung)	mit der Zeit der Teilnahme einschließlich der Pausen
5. Arbeitstag, der der Abschlussprüfung unmittelbar vorangeht (voller Arbeitstag am Tag vor der Abschlussprüfung)	mit der durchschnittlichen täglichen Ausbildungszeit (z. B. 8 Stunden)

In der Steuerberaterpraxis spielt die **Schweigepflicht** eine besondere Rolle. Der Steuerberater muss Auszubildende darüber rechtzeitig belehren und zur Verschwiegenheit verpflichten. Auszubildende ihrerseits müssen die Geheimhaltung – auch nach Beendigung des Ausbildungsverhältnisses – gewährleisten.

Die Verpflichtung zur Vermeidung körperlicher Gefährdung des Auszubildenden soll nicht nur körperliche Überforderung ausschließen. Sie verpflichtet den Ausbildenden auch, über Gefahren und bestehende **Arbeitsschutzvorschriften** zu informieren sowie zu überwachen, ob diese auch eingehalten werden. Unfallverhütungs- und sonstige Arbeitsschutzmaßnahmen sind in diesem Zusammenhang eine besondere Ausbildungsverpflichtung.

Der Ausbildungsvertrag regelt auch die **Vergütung des Auszubildenden**. Die Vergütung soll „angemessen" sein und mit fortschreitender Ausbildung mindestens jährlich ansteigen (§ 17 Abs. 1 BBiG).

Das BBiG legt in § 17 Abs. 2 ff. BBiG ergänzend fest, welche Ausbildungsvergütungen als nicht angemessen gelten und legt **Mindestvergütungen** fest, die nicht unterschritten werden dürfen (siehe hierzu § 17 Abs. 2 BBiG).

Der Ausbildungsvertrag regelt auch den jährlichen **Urlaubsanspruch**. Für Minderjährige beträgt er nach dem Jugendarbeitsschutzgesetz je nach Alter 25 bis 30 Werktage (siehe hierzu § 19 JArbSchG). Der Jahresurlaub sollte in den Berufsschulferien liegen und zur Sicherstellung der Erholung zusammenhängend zwei Wochen nicht unterschreiten.

Auch bei der im Ausbildungsvertrag festgelegten wöchentlichen Arbeitszeit sind für die jugendlichen Auszubildenden die Regelungen des Jugendarbeitsschutzgesetzes bindend (zzt. 40 Std./Woche). Gültige tarifvertragliche Vereinbarungen sind ggf. ebenfalls zu beachten.

Aufgaben 105 und 106 > Seite 152

1.2 Beendung des Ausbildungsverhältnisses

Das Ausbildungsverhältnis wird beendet durch

- Bestehen der Abschlussprüfung, falls die Abschlussprüfung vor Ablauf des Vertrags bestanden wird (§ 21 Abs. 2 BBiG)
- Ablauf des Vertrags, falls die Prüfung später stattfindet (§ 21 Abs. 1 BBiG)
- rechtswirksame schriftliche Kündigung (§ 22 BBiG), als einseitige empfangsbedürftige Willenserklärung
- Auflösung im beiderseitigen Einvernehmen (Aufhebungsvertrag).

Für die **Kündigung** gelten während und nach der Probezeit unterschiedliche Regelungen.

Während der Probezeit kann das Vertragsverhältnis von beiden Seiten fristlos und **ohne Angabe von Gründen** jederzeit gekündigt werden (§ 22 Abs. 1 BBiG). Die Kündigung muss schriftlich erfolgen (§ 22 Abs. 3 BBiG).

Minderjährige benötigen für eine Kündigung die vorherige Zustimmung ihrer gesetzlichen Vertreter. Ebenso muss die Kündigungserklärung des Ausbildenden in diesen Fällen gegenüber den gesetzlichen Vertretern abgegeben werden.

Nach der Probezeit kann das Ausbildungsverhältnis nach § 22 Abs. 2 BBiG nur gekündigt werden

- aus wichtigem Grund von beiden Vertragspartnern und ohne Kündigungsfrist
- vom Auszubildenden mit einer Kündigungsfrist von vier Wochen, wenn er die Berufsausbildung ganz aufgeben oder sich für einen anderen Beruf ausbilden lassen will.

Diese **Kündigungen** müssen ebenfalls **schriftlich** erfolgen, wobei jetzt auch die **Kündigungsgründe anzugeben** sind (§ 22 Abs. 3 BBiG).

Kündigungsgründe der Ausbildenden	Kündigungsgründe der Azubis
▶ Tätlichkeiten oder eheblichen Ehrverletzungen (z. B. Beleidigungen) gegen den Ausbilder oder andere Mitarbeiter ▶ Verstoß gegen die Schweigepflicht ▶ Vermögensdelikte zum Nachteil des Ausbildenen (z. B. Diebstahl) ▶ andauernd schlechtes Benehmen, andauernde Unpünktlichkeit, fortgesetztes unentschuldigtes Fehlen im Betrieb oder in der Berufsschule (jeweils nach Abmahnungen) ▶ eigenmächtiger Urlaubsantritt	▶ Tätlichkeiten oder eheblichen Ehrverletzungen (z. B. Beleidigungen) durch den Ausbilder oder Mitarbeiter gegen den Azubi ▶ unvollständige Ausbildung, ständig nicht ausbildungskonforme Aufträge während der Ausbildungszeit (z. B. Reinigung der Büroräume und der Toiletten, Gartenarbeiten etc.) ▶ Nichtzahlung oder andauernde stark verspätete Bezahlung der Ausbildungsvergütung ▶ unterlassene Abführung der Sozialversicherungsbeiträge

Wird das Verhältnis aus einem wichtigen Grund rechtswirksam gekündigt, so kann der zur Kündigung Berechtigte vom anderen Teil Ersatz des Schadens fordern, der ihm durch die vorzeitige Lösung des Vertrages entstanden ist. Der Schadensersatzanspruch ist innerhalb von drei Monaten nach Beendigung des Ausbildungsverhältnisses geltend zu machen (§ 23 BBiG).

ACHTUNG

> Die Kündigung aus wichtigem Grund ist jedoch **unwirksam**, wenn die ihr zugrunde liegenden Tatsachen dem zur Kündigung berechtigten Partner **länger als zwei Wochen bekannt** waren (§ 22 Abs. 4 BBiG). Nach dieser Frist gelten die Gründe als „geheilt" und sind nicht mehr für die fristlose Kündigung verwertbar.

Zeitpunkt der Kündigung	Wer kann kündigen?	Kündigungsfrist?	Form der Kündigung?	Angabe des Kündigungsgrundes erforderlich?
in der Probezeit	▸ Azubi oder ▸ Ausbildender	keine Frist (§ 22 Abs. 1 BBiG)	nur **schriftlich** zulässig (§ 22 Abs. 3 BBiG)	**keine** Angabe erforderlich
nach der Probezeit a) ordentliche Kündigung	nur der Azubi	4 Wochen (§ 22 Abs. 2 Nr. 2 BBiG)	nur **schriftlich** zulässig (§ 22 Abs. 3 BBiG)	Angabe des Kündigungsgrundes erforderlich (§ 22 Abs. 3 BBiG) ▸ **Azubi:** Kündigung wegen Aufgabe der Berufsausbildung oder wegen Wechsel zu einer anderen Berufstätigkeit zulässig ▸ **Ausbildungsbetrieb:** Angabe des Grundes, warum die Fortsetzung des Ausbildungsverhältnisses unzumutbar ist
b) außerordentliche Kündigung	grundsätzlich beide Vertragsparteien, aber **nur in Ausnahmefällen** möglich (z. B. wenn eine Weiterbeschäftigung unzumutbar ist) [Ausschluss gem. § 22 Abs. 4 BBiG beachten!]	keine Frist (§ 22 Abs. 2 Nr. 2 BBiG)		

Die folgende Übersicht zeigt, wie die Vertragspartner auch vor Ablauf des Ausbildungsvertrags das Ausbildungsverhältnis beenden können:

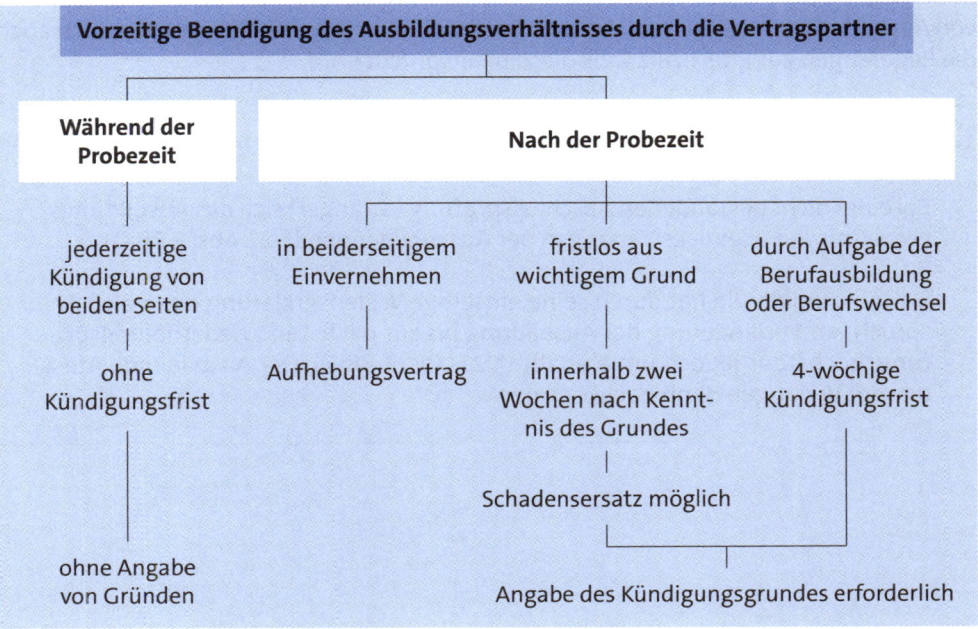

B. Arbeitsrecht und soziale Sicherung | 1. Berufsausbildung

 MERKE

Das Ausbildungsverhältnis kann durch Ablauf der Ausbildungszeit, bestandene Prüfung, Kündigung oder Aufhebungsvertrag beendet werden. Bei einer Kündigung sind besondere Vorschriften (insbesondere § 22 BBiG) zu beachten.

Aufgaben 107 - 109 > Seite 152 - 153

1.3 Verlängerung der Ausbildungszeit

Jeder Auszubildende wird bestrebt sein, seine Ausbildung möglichst schnell und erfolgreich abzuschließen. Es gibt jedoch Fälle, in denen es zweckmäßig ist, die Ausbildung zu verlängern (vgl. § 8 Abs. 2 und § 21 Abs. 3 BBiG):

- bei geringem Leistungsstand, der das Bestehen der Prüfung nicht wahrscheinlich erscheinen lässt
- bei längeren Fehlzeiten während der Ausbildung, z. B. durch Krankheit oder Schwangerschaft
- bei längerer Unterbrechung der Ausbildungszeit durch Verlust des Ausbildungsplatzes
- bei nicht bestandener Abschlussprüfung.

In den ersten drei Fällen erfordert die Verlängerung ein beiderseitiges Einverständnis von Ausbildenden und Auszubildenden. Bei der Geburt eines Kindes gelten jedoch auch die Regelungen zur Elternzeit, falls diese beansprucht wird.

 ACHTUNG

Bei einer nicht bestandenen Abschlussprüfung verlängert sich das Ausbildungsverhältnis auf alleiniges Verlangen der Auszubildenden (§ 21 Abs. 3 BBiG).

Der Auszubildende hat durch seine einseitige Willenserklärung dann also Anspruch auf Verlängerung der Ausbildung bis zur nächsten Wiederholungsprüfung, höchstens jedoch um ein Jahr (§ 21 Abs. 3 BBiG). Der Ausbildende muss diesem Verlangen dann nachkommen.

In jedem Fall ist die Ausbildungsverlängerung der Kammer zur Eintragung in das Verzeichnis der Berufsausbildungsverhältnisse zu melden.

1.4 Berufsbildungsgesetz und Ausbildungsordnung

Das Berufsbildungsgesetz (BBiG) regelt in der Bundesrepublik Deutschland die Berufsausbildungsvorbereitung, die Berufsausbildung, die berufliche Fortbildung und die berufliche Umschulung (§ 1 Abs. 1 BBiG).

Die Rechtsverordnungen für die Berufsausbildung in einem bestimmten staatlich anerkannten Ausbildungsberuf werden vom zuständigen Fachministerium im Einvernehmen mit dem Bundesministerium für Bildung und Forschung erlassen. Sie enthalten jeweils die besonderen Regelungen für die Ausbildung in den einzelnen Berufen.

Bei Aufnahme der Ausbildung erhält **jeder Auszubildende** ein Exemplar der **Ausbildungsordnung** mit dem zugehörigen **Ausbildungsrahmenplan**, sowie die Vordrucke für den **Ausbildungsnachweis** ausgehändigt. Er sollte sich während seiner Ausbildung regelmäßig mit den im Berufsbild (§ 4 AusbV) genannten Fertigkeiten, Kenntnissen und Fähigkeiten ihres Berufs vertraut machen und sich die **Prüfungsanforderungen** und die **Gliederung** ihrer **Prüfung** verdeutlichen.

MERKE

> Das **Berufsbildungsgesetz** gibt den Rechtsrahmen für die berufliche Ausbildung in allen Ausbildungsberufen in der Bundesrepublik Deutschland vor. Es regelt ebenfalls die Berufsausbildungsvorbereitung, die berufliche Fortbildung und Umschulung.
>
> In den **Ausbildungsordnungen** sind die besonderen Rechtsregeln für die Ausbildung in den einzelnen Berufen zusammengefasst. Sie enthalten auch die Prüfungsanforderungen.

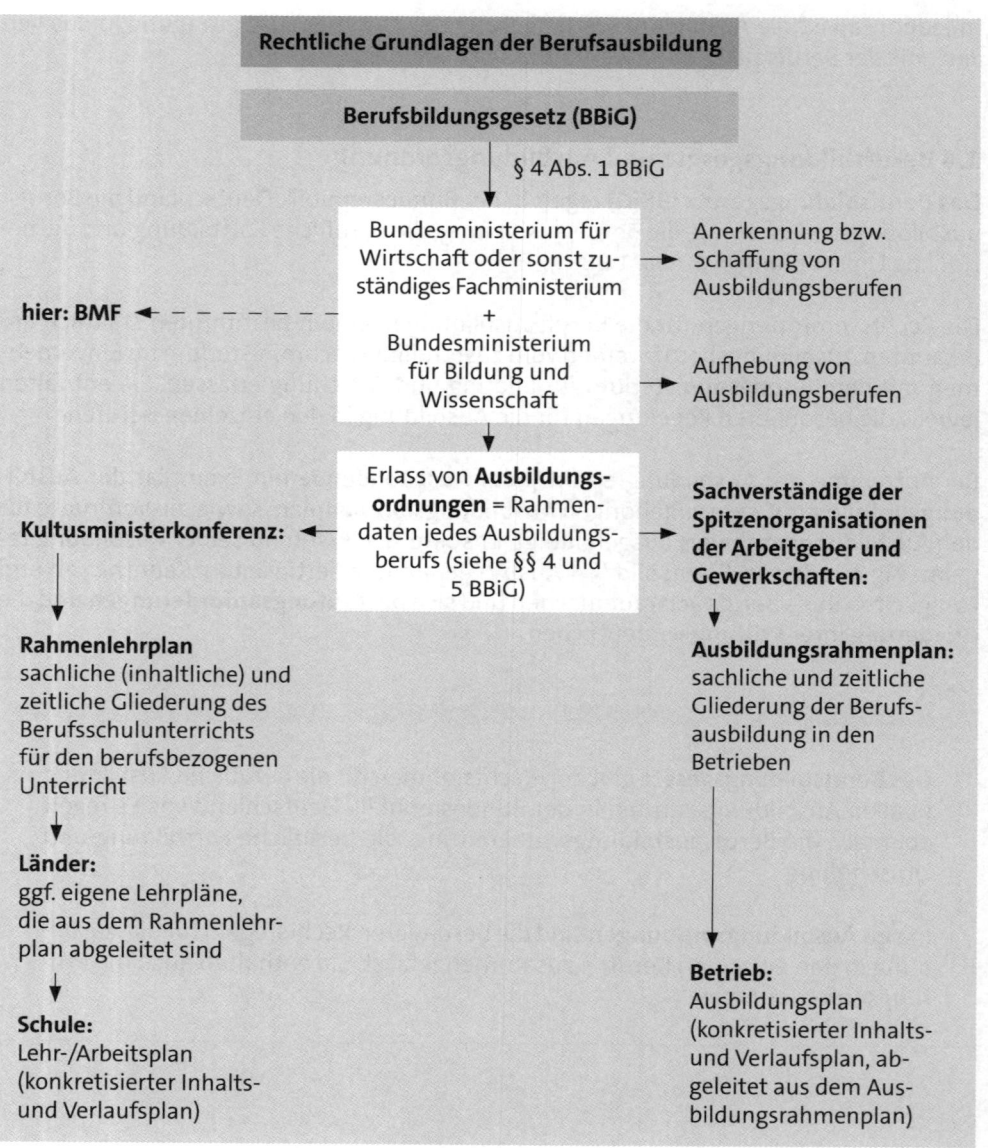

1.5 Duales System der Berufsausbildung

Neben der Ausbildung beim Steuerberater (= Betrieb) haben auszubildende Steuerfachangestellte auch am Berufsschulunterricht (= Schule) teilzunehmen und dort die allgemeine **zwölfjährige Schulpflicht** zu erfüllen.

Am Berufsschulunterricht kann auf Antrag auch freiwillig teilnehmen, wer zwar die allgemeine Schulpflicht erfüllt hat, danach jedoch ein Berufsausbildungsverhältnis eingegangen ist, z. B. ein Abiturient. Es ist also zwischen **berufsschulpflichtigen** und **berufsschulberechtigten** Auszubildenden zu unterscheiden.

Die Berufsschule ist eine Schulform der berufsbildenden Schulen.
Die berufsbildenden Schulen sind eine selbstständige Schulart, die neben den allgemeinbildenden Schulen (Sonder-, Grund-, Haupt-, Realschulen, Gymnasien, Gesamtschulen) besteht. In ihr sind die Berufsschule und weitere unterschiedliche Schulformen zusammengefasst, z. B. Schulen zur Berufsvorbereitung und Berufsgrundbildung, Berufsfach- und Berufsoberschulen sowie berufliche Gymnasien.

Die Gesetzgebungszuständigkeit für die Schulen liegt bei den einzelnen Bundesländern. Sie ist ein Teil der Kulturhoheit der Bundesländer.

Für die Auszubildenden bietet die Berufsschule folgende Möglichkeiten:

▶ Mit Erweiterung der bereits erworbenen allgemeinen Bildung kulturelle Fähigkeiten zu entwickeln und Lebensorientierung zu ermöglichen.

▶ Mit dem berufsbezogenen Unterricht fachbezogene Kenntnisse, Fertigkeiten und Fähigkeiten zu erlangen. Die Berufsschule soll somit Grundlagen für die Bewältigung der Aufgaben im Betrieb und wesentliche Voraussetzungen für eine qualifizierte Beschäftigung schaffen.

▶ Mit dem erfolgreichen Abschluss nachträglich den Hauptschulabschluss zu erwerben.

▶ Mit einem Gesamtnotendurchschnitt von mindestens 3,0 den „Mittleren Abschluss" zu erreichen. Dies jedoch nur i. V. m. einem Berufsabschlusszeugnis und ausreichenden Leistungen in einer Fremdsprache (mind. 5 Jahre Unterricht).[1]

Da Steuerfachangestellte in der Steuerberaterpraxis und in der Berufsschule ausgebildet werden, erfolgt das Lernen in Kombination von Schule und Betrieb (= „dual"). Die berufliche Ausbildung hat somit zwei Lernorte:

Bei dieser Form der Ausbildung sind beide Bereiche **gleichberechtigte Träger der Ausbildung**. Sie sollen sich gegenseitig ergänzen und tragen beide Verantwortung für die Qualität der Ausbildung gegenüber dem einzelnen Auszubildenden und der Gesellschaft. Dieses System nennt man das **duale System der Berufsbildung**. Es ist eine Besonderheit der beruflichen Bildung in der Bundesrepublik Deutschland und hat sich geschichtlich dadurch entwickelt, dass Anfang des 20. Jahrhunderts zu der früher rein betrieblichen Ausbildung eine schulische Ausbildung auf breiter Basis hinzukam.

---

[1] Diese Möglichkeit ist in den einzelnen Bundesländern unterschiedlich geregelt.

B. Arbeitsrecht und soziale Sicherung | 1. Berufsausbildung

Im dualen Berufsbildungssystem stellt die Praxis den vorrangig privatrechtlichen Teil dar. Die Berufsschule ist der ausschließlich öffentlich-rechtlich geregelte Bereich der beruflichen Ausbildung.

Mit der Reform der beruflichen Bildung wurden die Unterschiede dadurch vermindert, dass sich die **Kultusminister** aller Bundesländer in der ständigen **Kultusministerkonferenz** (KMK) verbindlich auf einen einheitlichen Kernbereich, der mit den Zielen und Inhalten der Ausbildungsrahmenpläne übereinstimmt, geeinigt haben. Dies ist der für das jeweilige Berufsbild verbindliche **Rahmenlehrplan**.

Für die Steuerfachangestellten sind die Inhalte des Rahmenlehrplans nicht nur für den Berufsschulunterricht wichtig. Auch die Zwischen- und Abschlussprüfung erstreckt sich auf den im Berufsschulunterricht zu vermittelnden Lehrstoff des Rahmenlehrplans, soweit er für die Berufsausbildung wesentlich ist.

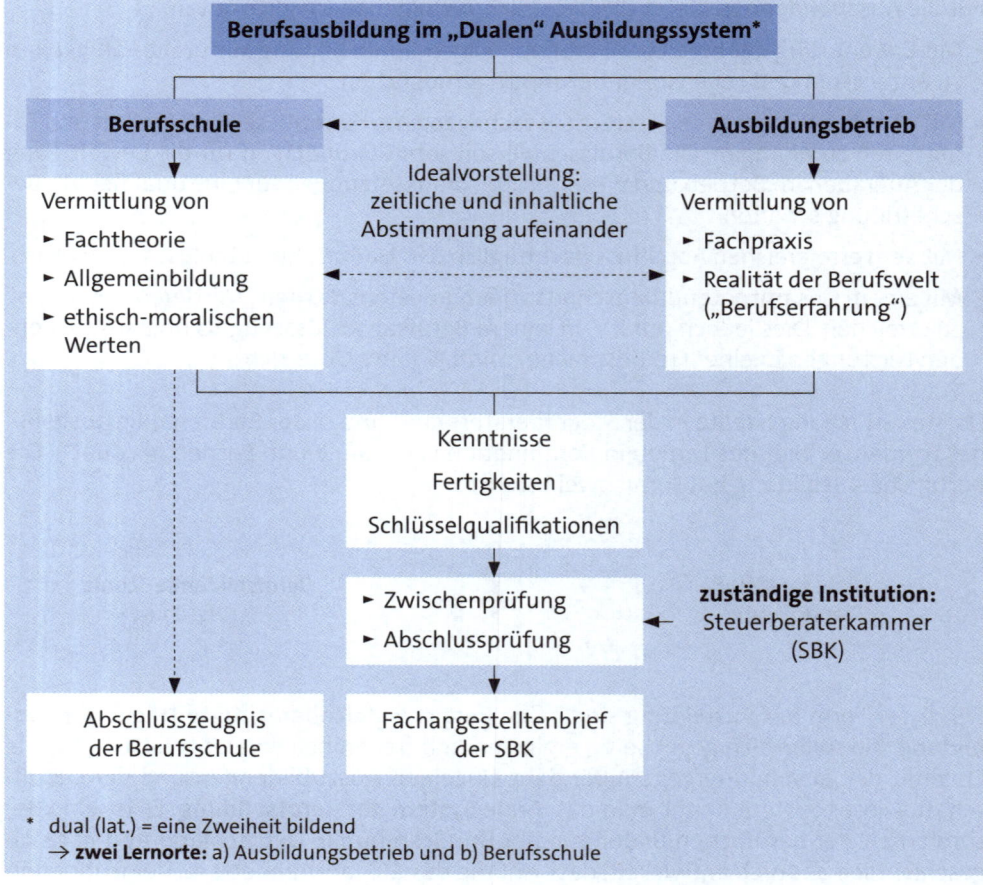

* dual (lat.) = eine Zweiheit bildend
→ **zwei Lernorte:** a) Ausbildungsbetrieb und b) Berufsschule

Aufgaben 112 - 117 > Seite 153 - 154

1.6 Steuerberaterkammern und ihre Aufgaben in der Berufsausbildung

Die **Steuerberaterkammer** ist die **Berufskammer** für alle **Steuerberater, Steuerbevollmächtigten** und **Steuerberatungsgesellschaften**, die ihre berufliche Niederlassung bzw. ihren Sitz im jeweiligen Kammerbezirk haben. In der Bundesrepublik gibt es 21 Steuerberaterkammern, die in der Bundessteuerberaterkammer zusammengeschlossen sind. Die Bundessteuerberaterkammer ist Mitglied des europäischen Zusammenschlusses der steuerberatenden Berufe CFE (Confédération Fiscale Européenne).

Die Steuerberaterkammern sind **Körperschaften des öffentlichen Rechts** mit Selbstverwaltung. Rechtliche Grundlage für die Errichtung, Organisation und Tätigkeit der Steuerberaterkammern ist das Steuerberatungsgesetz. **Hauptaufgabe** der Steuerberaterkammern ist die **Wahrung und Förderung der beruflichen Interessen** der Mitglieder. Darüber hinaus ergeben sich für die Steuerberaterkammer folgende Tätigkeitsschwerpunkte:

INFO

1. Bestellung von Steuerberatern
2. Beratung und Information der Mitglieder
3. Führung des Berufsregisters aller Mitglieder
4. Praxisvertretung und Praxisabwicklung bei Krankheit und im Todesfall
5. Vermittlungstätigkeit bei Streitigkeiten zwischen einem Mitglied und dessen Auftraggeber
6. Berufsaufsicht über die Einhaltung der Berufspflichten durch die Mitglieder
7. Berufliche Fortbildung der Berufsangehörigen
8. Berufsausbildung der Steuerfangestellten und deren Fortbildung.

Für die Steuerfachangestellten wird die **Bedeutung der Steuerberaterkammer** schon zu Anfang ihrer Ausbildung sichtbar, da die Kammer

- den Berufsausbildungsvertrag überprüft
- das Ausbildungsverhältnis in ihr Verzeichnis der Berufsausbildungsverhältnisse einträgt
- Informationsunterlagen zuschickt.

Im weiteren Verlauf der Ausbildung dann

- die Zwischenprüfung abwickelt und das Ergebnis mitteilt
- die Meldung zur Abschlussprüfung entgegennimmt
- die Abschlussprüfung durchführt, das Ergebnis mitteilt und das Abschlusszeugnis ausstellt.

Aufgaben 118 - 120 > Seite 154 - 155

1.7 Übungsaufgaben

Aufgabe 105:
Jan Kröll, geb. am 15.07.2004, wurde mit 7 Jahren eingeschult, hat alle Schuljahre erfolgreich absolviert (kein Schuljahr wiederholt), die Sekundarstufe 1 erfolgreich abgeschlossen und anschließend die Klasse 11 des Beruflichen Gymnasiums für Wirtschaft besucht. Nun beginnt er am 01.08.2022 eine Berufsausbildung zum Steuerfachangestellten.

a) Muss Jan auch die Berufsschule besuchen oder ist die Teilnahme am Berufsschulunterricht freiwillig? Begründen Sie Ihre Antwort!

b) Muss Jan von seinem Ausbilder zur Berufsschule angemeldet werden? Geben Sie die Rechtsgrundlage mit an!

c) Muss Jan für den Berufsschulunterricht von der betrieblichen Arbeitszeit freigestellt werden? Geben Sie die Rechtsgrundlage mit an!

d) Nehmen wir an, dass Jan jede Woche einen Berufsschultag mit 8 Unterrichtsstunden und alle zwei Wochen einen weiteren („zweiten") Berufsschultag mit 6 Unterrichtsstunden hat. Wie wird die Berufsschulzeit auf die betriebliche Arbeitszeit von Jan angerechnet? Geben Sie die Rechtsgrundlage mit an!

Aufgabe 106:
a) Wodurch unterscheiden sich Ausbildender und Ausbilder?

b) Wer ist persönlich und fachlich nicht zur Berufsausbildung geeignet? [Hinweis: siehe §§ 29 - 30 BBiG!]

c) Wer überwacht die persönliche und fachliche Eignung? [Hinweis: siehe §§ 32 BBiG!]

d) Welche Rechtsfolge hat ein Fehlen der Eignung? [Hinweis: siehe §§ 32 - 33 BBiG!]

Aufgabe 107:
Arno Luftikus befindet sich im 2. Ausbildungsjahr des Ausbildungsberufes „Steuerfachangestellte/r". Weil er keine Lust mehr hat, jeden Morgen früh aufzustehen, will er seinen Ausbildungsvertrag sofort kündigen und dann für ein bis zwei Jahre erst einmal nichts tun. Darf er ohne Weiteres sofort kündigen und welche Folgen hätte eine sofortige Kündigung für ihn?

Aufgabe 108:
Sabine Weber, Auszubildende im zweiten Ausbildungsjahr (Steuerfachangestellte – Berufsgruppe 75 der staatlichen anerkannten Ausbildungsberufe) bei Steuerberater Dr. Schindler, möchte das Ausbildungsverhältnis beenden und

a) ein neues Ausbildungsverhältnis bei Steuerberater Dr. Hoffmann in der gleichen Stadt oder

b) ein Ausbildungsverhältnis als Medizinische Fachangestellte (Berufsgruppe 85) bei einem Allgemeinmediziner beginnen.

Wie ist die Rechtslage?

Aufgabe 109:
Wann endet lt. BBiG die Ausbildung? (1 Antwort)
a) Am Ende des Schuljahres im Jahr der Abschlussprüfung.
b) Immer mit dem Ablauf der im Ausbildungsvertrag vereinbarten Zeit.
c) Mit der offiziellen Bekanntgabe der bestandenen Abschlussprüfung.

Aufgabe 110:
Martina Müller befindet sich im zweiten Ausbildungsjahr ihrer Ausbildung zur Steuerfachangestellten. In einem Gespräch mit ihrer Freundin kommt die Frage auf, welche Gründe es geben kann, dass die reguläre Ausbildungszeit verlängert wird.

Nennen Sie drei Gründe, die eine Verlängerung der Ausbildungszeit auslösen können und geben Sie auch die Rechtsgrundlagen hierzu an.

Aufgabe 111:
Begründen Sie, warum für alle Auszubildenden gemeinsam das BBiG gilt, für die einzelnen Ausbildungsberufe jedoch unterschiedliche Ausbildungsordnungen erlassen werden.

Aufgabe 112:
Erläutern Sie, was das duale System der Berufsbildung ist.

Aufgabe 113:
Welches Begriffspaar kennzeichnet den Begriff „duales System"?
a) Steuerberater und Steuerfachangestellte
b) Steuerberaterkammer und Berufsschule
c) Steuerberaterpraxis und Berufsschule.

Aufgabe 114:
Der rechtliche Rahmen der Berufsausbildung in einem Ausbildungsberuf ist in einer Rechtsverordnung geregelt.
a) Wie heißt diese Rechtsverordnung (Begriff)?
b) Wo ist diese Verordnung im Berufsbildungsgesetz genannt?
c) Geben Sie in Stichworten beispielhaft an, was in dieser Verordnung geregelt ist!

Aufgabe 115:
Nehmen Sie Stellung zu den Stärken und Schwächen beim Vergleich der Ausbildung in Berufsschule und Betrieb.

Aufgabe 116:
Erklären Sie kurz, was unter einem „Rahmenlehrplan" zu verstehen ist und was er im Allgemeinen enthält.

Suchen Sie anschließend im Internet den für Ihren Ausbildungsberuf gültigen Rahmenlehrplan und laden Sie ihn herunter.

Aufgabe 117:
An welcher Stelle ist das hier behandelte Themengebiet „Berufsausbildung" im Rahmenlehrplan für Steuerfachangestellte geregelt und welche Lerninhalte werden dort in diesem Zusammenhang aufgeführt?

Aufgabe 118:
Zum Aufgabenbereich der zuständigen Stelle (hier: Steuerberaterkammer) gehören (zwei Antworten sind richtig) [Hinweis: § 76 BBiG]
a) die gesamte Berufsausbildung
b) die Überwachung der Durchführung der Berufsausbildung
c) die Förderung der Ausbildenden und Auszubildenden durch Beratung
d) die Überwachung der Auszubildenden.

Aufgabe 119:
Die zuständige Stelle überwacht (vier Antworten sind richtig)
a) Betriebe, die nicht ausbilden
b) Betriebe, die mit Ausbildung beginnen
c) anerkannte Ausbildungsbetriebe, die ausbilden
d) die Einhaltung der Vorschriften des Berufsbildungsgesetzes
e) die Einhaltung der Regelungen der Kammer
f) alle Vergütungen der Auszubildenden.

Aufgabe 120:

Welche der nachfolgenden Aussagen sind falsch?

a) In der Bundesrepublik Deutschland gibt es 25 Steuerberaterkammern.
b) Die Steuerberaterkammern sind für die Anmeldung der Auszubildenden zur Berufsschule zuständig.
c) Die Steuerberaterkammern sind für die Organisation und Durchführung der Zwischen- und Abschlussprüfung zuständig.
d) Die Steuerberaterkammern sind Körperschaften des Privatrechts.
e) Die Steuerberaterkammern beraten ihre Mitglieder in fachlichen Fragen des Steuerrechts.
f) Die für den jeweiligen Kammerbezirk zuständige Steuerberaterkammer registriert alle in ihrem Bezirk geschlossenen Berufsausbildungsverträge für Steuerfachangestellte.
g) Die Steuerberaterkammern sind u. a. zuständig für berufliche Fortbildungen der Berufsangehörigen.
h) Verstöße gegen Berufsausbildungsverträge werden von den Steuerberaterkammern durch Bußgelder geahndet.
i) Die zuständige Steuerberaterkammer stellte die Abschlusszeugnisse der Abschlussprüfungen in ihrem Bezirk aus.

2. Schutz des Menschen im Beruf

2.1 Arbeitsschutz im Überblick

Unter dem Begriff Arbeitsschutz sind Maßnahmen zusammengefasst, die Arbeitnehmer vor Gefahren und Risiken des Berufslebens schützen sollen. Durch Rechtsvorschriften wird den Arbeitnehmern ein Mindestmaß an gesundheitlicher und sozialer Sicherheit gewährleistet, sodass Arbeitsschutz ein Teil des Arbeitsrechts ist.

Der Arbeitgeber hat bereits durch den Abschluss des Arbeitsvertrags gegenüber dem Arbeitnehmer eine allgemeine privatrechtliche Schutzpflicht (§ 618 Abs. 1 BGB). Diese allgemeine Verpflichtung wird durch eine Vielzahl öffentlich-rechtlicher Schutzvorschriften erweitert und präzisiert. Besonders gewissenhaft sind die Arbeitsschutzbestimmungen gegenüber den Auszubildenden zu beachten, da das Berufsausbildungsverhältnis ein Arbeitsverhältnis besonderer Art ist.

Die rechtlichen Normen (Gesetze, Verordnungen, Vorschriften) zum Schutz des arbeitenden Menschen betreffen sowohl den technischen Arbeitsschutz, wie auch den **sozialen Arbeitsschutz**. Der folgende systematische Überblick soll dies verdeutlichen:

Arbeitsschutz	
Betriebs- und Gefahrenschutz	**Sozialer Arbeitsschutz**
Zweck: Technischer und gesundheitlicher Schutz für die Gefahrenvorsorge an der Arbeitsstätte, z. B. durch ▸ Arbeitsschutzgesetz ▸ Gewerbeordnung ▸ Arbeitsstättenverordnung ▸ Vorschriften und Regeln der Berufsgenossenschaft (u. a. zur Unfallverhütung).	**Zweck:** Verbesserung der Rechtsstellung der Arbeitnehmer zur Schaffung von sozialer Sicherheit, gesundheitlichem Schutz und persönlichen Entfaltungsmöglichkeiten, z. B. durch ▸ Kündigungsschutzgesetz ▸ Bundesurlaubsgesetz ▸ Arbeitszeitgesetz ▸ Jugendarbeitsschutzgesetz ▸ Mutterschutzgesetz ▸ Regelungen für Schwerbehinderte ▸ Entgeltfortzahlungsgesetz ▸ Bundeselterngeld- und Elternzeitgesetz

Der technische Arbeitsschutz regelt die Sicherheit am Arbeitsplatz, während der soziale Arbeitsschutz neben der Gefahrenabwehr und der Erhaltung der Gesundheit und Leistungsfähigkeit auch der Erhaltung des sozialen Wohlbefindens dient.

Die Schutzvorschriften werden weitgehend durch die Gewerbeaufsicht (GA), die Berufsgenossenschaften (BG), Gesundheitsämter, den technischen Überwachungsverein (TÜV) bzw. technische Überwachungsämter (TÜA) überwacht. In größeren Betrieben können auch der Betriebsrat (Sicherheitsbeauftragte) sowie Sicherheitsfachkräfte und Betriebsärzte nach dem Arbeitsicherheitsgesetz für Kontrollen zuständig sein.

Nach gesetzlichen Vorgaben müssen im Betrieb bestimmte Arbeitsschutzbestimmungen ausgelegt, d. h. ohne Weiteres den Mitarbeitern des Betriebes zugänglich gemacht werden, so z. B.

- das Arbeitsschutzgesetz
- das Jugendarbeitsschutzgesetz
- das Mutterschutzgesetz
- die Arbeitsstättenverordnung
- die Bildschirmarbeitsverordnung
- die Unfallverhütungsvorschriften der Berufsgenossenschaft
- die Strahlenschutzverordnung.

2.2 Jugendarbeitsschutzgesetz

Kinder und Jugendliche müssen vor Überforderung und Gesundheitsschäden durch Belastungen aus der Arbeitswelt geschützt werden, weil sie i. d. R. noch nicht die Leistungsfähigkeit besitzen, die ein Erwachsener hat. Aus diesem Grund gibt es in Deutschland ein **Jugendarbeitsschutzgesetz (JArbSchG)** und eine **Kinderarbeitsschutzverordnung (KindArbSchV)**, die von den Betroffenen (insbesondere Arbeitgeber) verbindlich zu beachten sind.

Verstöße können mit **Bußgeld- oder Strafvorschriften** geahndet werden (vgl. §§ 58 und 59 JArbSchG).

Für die Überwachung der Einhaltung des Jugendarbeitsschutzgesetzes sind insbesondere die staatlichen **Landesämter für Arbeitsschutz** oder die **Gewerbeaufsichtsämter** zuständig, die auch zu einzelnen Anwendungsfragen Auskunft geben.

MEDIEN

Das JArbSchG und die KindArbSchV können über folgende Internetadressen des Bundesamtes für Justiz (BfJ) kostenfrei heruntergeladen werden:

http://www.gesetze-im-internet.de/bundesrecht/jarbschg/gesamt.pdf
http://www.gesetze-im-internet.de/bundesrecht/kindarbschv/gesamt.pdf

Geltungsbereich (§ 1 JArbSchG)
Das Jugendarbeitsschutzgesetz gilt insbesondere für die **Beschäftigung von Kindern und Jugendlichen** in der Berufsausbildung oder als Arbeitnehmer.

Das Gesetz gilt aber beispielsweise **nicht** (vgl. § 1 Abs. 2 JArbSchG) für

- **geringfügige Hilfeleistungen** soweit sie **gelegentlich** aus Gefälligkeit, in Einrichtungen der Jugendhilfe oder zur Eingliederung Behinderter erbracht werden oder
- die **Beschäftigung im Familienhaushalt** durch die Personensorgeberechtigten (insbesondere Eltern).

Grundlegende Definitionen (§§ 2 - 3 JArbSchG)
In den §§ 2 und 3 des JArbSchG sind die von diesem Gesetz betroffenen Personengruppen definiert:

- Ein **Kind** ist eine Person, die das 15. Lebensjahr noch nicht vollendet hat (§ 2 Abs. 1).
- Ein **Jugendlicher** ist eine Person, die bereits 15, aber noch nicht 18 Jahre alt ist (§ 2 Abs. 2).

  Beachte: Auf **Jugendliche, die der Vollzeitschulpflicht unterliegen**, werden die für Kinder geltenden Vorschriften angewendet (§ 2 Abs. 3).

- Ein **Arbeitgeber** ist eine Person, die ein Kind oder einen Jugendlichen beschäftigt (§ 3).

Wichtige Einzelregelungen (§§ 4 ff. JArbSchG)

Regelungsbereich	gesetzliche Bestimmungen
1. **Kinderarbeit** (§ 5 JArbSchG)	Die Beschäftigung von **Kindern** ist grundsätzlich **verboten.** Dies gilt **auch** für **Jugendliche**, die der **Vollzeitschulpflicht** unterliegen. Eine Zustimmung der Personensorgeberechtigten (insbesondere Eltern) zu einer Beschäftigung kann dieses Verbot nicht außer Kraft setzen! **Ausnahmen:** **Zulässig** sind nach § 5 Abs. 2 jedoch Beschäftigungen - zum Zwecke der Beschäftigungs- und Arbeitstherapie - für Betriebspraktika während der Vollzeitschulpflicht - zur Erfüllung einer richterlichen Weisung. **Zulässig** ist auch die Beschäftigung von Kindern **ab 13** Jahren mit Zustimmung der Personensorgeberechtigten, **wenn** die Beschäftigung **leicht und für Kinder geeignet** ist und **nicht mehr als 2 Stunden täglich** umfasst (siehe im Einzelnen § 5 Abs. 3 JArbSchG und § 2 KindArbSchV). **Zulässig** ist ebenfalls die Beschäftigung von vollzeitschulpflichtigen Jugendlichen **ab 15 Jahren während der Schulferien für höchstens 4 Wochen** im Kalenderjahr (vgl. § 5 Abs. 4). Weitere Ausnahmen: §§ 6 und 7 JArbSchG (siehe dort).

Regelungsbereich	gesetzliche Bestimmungen
2. **Arbeitszeit** (§§ 4, 8, 12 - 18 JArbSchG)	**Höchstgrenzen** für die Arbeitszeit: ▸ **8 Stunden** pro **Tag** ▸ **40 Stunden** pro **Woche** (grundsätzlich nur Mo. - Fr.) **Ausnahmen** sind z. B.: ▸ bis zu 8 ½ Stunden **pro Tag** sind zulässig, **wenn** die Arbeitszeit dafür **an einzelnen Werktagen auf weniger als 8 Stunden** verkürzt ist (z. B. montags bis donnerstags jeweils 8 ½ Stunden und freitags dann nur 6 Stunden) ▸ in der Landwirtschaft während der Erntezeit dürfen Jugendliche über 16 Jahre maximal 9 Stunden täglich und bis zu 85 Stunden pro Doppelwoche beschäftigt werden (vgl. § 8 Abs. 3 JArbSchG). **Beschäftigungsverbot:** ▸ **an mehr als 5 Tagen** in der Woche (§ 15 JArbSchG); ▸ **an Samstagen** (§ 16 Abs. 1 JArbSchG) ▸ **an Sonn- und Feiertagen** (§§ 17 Abs. 1 und 18 JArbSchG). **Ausnahme:** In Betrieben, die in § 16 Abs. 2 JArbSchG genannt sind (z. B. Krankenhäuser, Pflege- oder Altenheime, Landwirtschaft) darf an mehr als 5 Tagen in der Woche bzw. an Samstagen oder Sonn- und Feiertagen gearbeitet werden; dann aber Freistellung an einem anderen Tag in der Woche als Ersatz); mindestens 2 Samstage/Sonntage pro Monat sollen beschäftigungsfrei bleiben (§§ 16 Abs. 2 und 17 Abs. 2 JArbSchG).
3. **Pausen** (§ 11 JArbSchG)	Im Voraus feststehende Ruhepausen von angemessener Dauer müssen gewährt werden, und zwar **mindestens**: ▸ **30 Minuten** bei einer Arbeitszeit von mehr als 4 ½ bis zu 6 Stunden bzw. ▸ **60 Minuten** bei einer Arbeitszeit von mehr als 6 Stunden. ▸ **Mindestdauer** einzelner Pausen: **15 Minuten** (vgl. § 11 Abs. 1 JArbSchG). Pausen sind grundsätzlich außerhalb der Arbeitsräume zu verbringen (vgl. § 11 Abs. 3).
4. **tägliche Freizeit** (§ 13 JArbSchG)	Nach Beendigung der täglichen Arbeitszeit **mindestens** ununterbrochen **12 Stunden**.
5. **Nachtruhe** (§ 14 JArbSchG)	Jugendliche dürfen grundsätzlich nur in der Zeit von **6 bis 20 Uhr** beschäftigt werden. Für Jugendliche über 16 Jahre sieht das Gesetz **Ausnahmen** vor (siehe § 14 Abs. 2), z. B. ▸ im Gaststättengewerbe bis 22 Uhr ▸ in Bäckereien und Konditoreien ab 5 Uhr.

Regelungsbereich	gesetzliche Bestimmungen

6. **Berufsschule** (§ 9 JArbSchG)	Der Arbeitgeber hat den Jugendlichen (Azubi) für die Teilnahme am Berufsschulunterricht **freizustellen.**
	
	▸ Der Arbeitgeber darf den Jugendlichen **nicht** beschäftigen
	  - vor einem **Unterricht, der vor 9 Uhr beginnt**; dies gilt **auch** für Personen, die über 18 Jahre alt und noch berufsschulpflichtig sind
	  - an **einem** Berufsschultag in der Woche, der mehr als 5 Unterrichtsstunden (also mindestens 6) mit mindestens jeweils 45 Minuten hat (bei einem zweiten Berufsschultag in der Woche darf er den Jugendlichen also nach der Berufsschule beschäftigen)
	  - bei Blockunterricht: siehe § 9 Abs. 1 Nr. 3 JArbSchG.
	
	▸ **Anrechnung des Berufsschulunterrichts** auf die Arbeitszeit (vgl. § 9 Abs. 2 JArbSchG):
	  - **erster** Berufsschultag in der Woche: mit der durchschnittlichen täglichen Arbeitszeit im Betrieb
	  - **zweiter** Berufsschultag in der Woche: Unterrichtszeit einschließlich Pausen
	  - **Blockunterricht**: durchschnittliche wöchentliche Arbeitszeit im Betrieb.

7. **Prüfungen und außerbetriebliche Ausbildungsmaßnahmen** (§ 10 JArbSchG)	**Der Arbeitgeber hat den Jugendlichen freizustellen** (1) für die Teilnahme an Prüfungen und an bestimmten außerbetrieblichen Ausbildungsmaßnahmen sowie (2) an dem Arbeitstag, der der schriftlichen Abschlussprüfung unmittelbar vorangeht. **Anrechnung auf die Arbeitszeit:** bei (1): Zeit der Teilnahme einschließlich der Pausen; bei (2): mit der durchschnittlichen täglichen Arbeitszeit im Betrieb.
8. **Urlaub** (§ 19 JArbSchG)	Jugendliche haben folgenden Anspruch auf bezahlten Erholungsurlaub: Alter zu Beginn des Kalenderjahres Anspruch auf ▸ noch nicht 16 Jahre alt **30 Werk**tage ▸ noch nicht 17 Jahre alt **27 Werk**tage ▸ noch nicht 18 Jahre alt **25 Werk**tage **Im Übrigen** gelten für den Urlaub der Jugendlichen § 3 Abs. 2, §§ 4 bis 12 und § 13 Abs. 3 des **Bundesurlaubsgesetzes.**

Regelungsbereich	gesetzliche Bestimmungen
9. **Beschäftigungs-verbote** (§§ 22 - 24 JArbSchG)	Die §§ 22 - 24 JArbSchG enthalten verschiedene Beschäftigungsverbote (mit Ausnahmen); **beispielsweise** dürfen Jugendliche grundsätzlich **nicht** beschäftigt werden ▶ mit Arbeiten, die ihre psychische oder physische Leistungsfähigkeit objektiv übersteigen ▶ mit Arbeiten, bei denen ihre Gesundheit durch außergewöhnliche Hitze, Kälte, Nässe, Chemikalien oder Strahlen gefährdet wird ▶ mit Akkordarbeit oder Fließbandarbeit mit gesteigertem Arbeitstempo. **Ausnahme:** Eine Beschäftigung ist im o. g. Rahmen möglich, wenn dies zur Erreichung des Ausbildungszieles erforderlich ist und der Schutz des Jugendlichen durch die Aufsicht eines Fachkundigen gewährleistet ist (vgl. §§ 22 Abs. 2 und 23 Abs. 2 JArbSchG).
10. **Informations-pflichten** (§§ 47 - 48 JArbSchG)	Arbeitgeber, die regelmäßig mindestens einen Jugendlichen beschäftigen, müssen ein Exemplar des **JArbSchG** und die **Anschrift der zuständigen Aufsichtsbehörde** an geeigneter Stelle im Betrieb **zur Einsicht auslegen oder aushängen** (vgl. § 47 JArbSchG). Der Arbeitgeber muss auch einen **Aushang** über **Beginn und Ende der regelmäßigen täglichen Arbeitszeit** und der **Pausen der Jugendlichen** an geeigneter Stelle im Betrieb anbringen (vgl. § 48 JArbSchG).
11. **ärztliche Untersuchungen** (§§ 32 ff. JArbSchG)	Ein Jugendlicher darf bei Eintritt in das Berufsleben nur beschäftigt werden, wenn er innerhalb der letzten 14 Monate vor dem Beschäftigungsbeginn **von einem Arzt untersucht** worden ist **(Erstuntersuchung)** und dem Arbeitgeber eine **von diesem Arzt ausgestellte Bescheinigung** (Gesundheitszeugnis) vorlegt. **Ein Jahr nach der Aufnahme der ersten Beschäftigung** muss eine **Nachuntersuchung** stattfinden (vgl. § 33 JArbSchG). **Nach Ablauf jedes weiteren Jahres** kann sich der Jugendliche **freiwillig** erneut untersuchen lassen **(weitere Nachuntersuchungen)**. Der Arbeitgeber soll ihn auf diese Möglichkeit rechtzeitig hinweisen (vgl. § 34 JArbSchG). Der Arbeitgeber hat den **Jugendlichen für die Untersuchungen freizustellen** (vgl. § 43 JArbSchG) und die ärztlichen **Bescheinigungen aufzubewahren** und ggf. vorzulegen (vgl. § 41 JArbSchG). Die Untersuchungen werden vom jeweiligen Bundesland bezahlt. Es entstehen also weder dem Jugendlichen noch dem Arbeitgeber Kosten. **Ausnahmen:** Die ärztlichen Untersuchungen können unterbleiben, sofern es sich bei der Beschäftigung um eine geringfügige oder eine nicht länger als 2 Monate dauernde Beschäftigung mit leichten Arbeiten ohne Gesundheitsgefahren handelt (vgl. § 32 Abs. 2 JArbSchG).

Regelungsbereich	gesetzliche Bestimmungen
12. **Sanktionen** (§§ 58 - 60 JArbSchG)	In den §§ 58 - 60 enthält das JArbSchG Straf- und Bußgeldvorschriften, mit denen Verstöße geahndet werden sollen. Sie richten sich insbesondere gegen Verstöße seitens des Arbeitgebers. **Ordnungswidrigkeiten**, die mit einer **Gelbuße** geahndet werden können, sind in den § 58 - 59 abschließend (= vollständig) aufgezählt (siehe dort!). Die **maximale** Geldstrafe hierfür beträgt **30.000 €**. Eine **Freiheitsstrafe bis zu einem Jahr** oder eine Geldstrafe droht demjenigen, der eine in § 58 JArbSchG bezeichnete Handlung (z. B. Verstoß gegen die Beschäftigung eines Kindes) **vorsätzlich** begeht und dadurch die Gesundheit oder Arbeitskraft des Kindes oder Jugendlichen gefährdet **oder einen Verstoß beharrlich wiederholt**.

Beispiele

Beispiel 1
Die Auszubildende Nicole Ortwein ist 17 Jahre alt. Sie ist der Ansicht, dass die Regelungen des JArbSchG in Bezug auf ihre Berufsausbildung keine Gültigkeit haben, weil sie bereits über 16 Jahre alt ist und keines besonderen Schutzes mehr bedarf.

Die Regelungen des JArbSchG sind für die Beschäftigung der Auszubildenden Nicole Ortwein verbindlich zu beachten, weil das Gesetz für die Beschäftigung von Personen gilt, die noch nicht 18 Jahre alt sind (vgl. § 1 Abs. 1 JArbSchG).

Beispiel 2
Ralf ist 12 Jahre alt und möchte neben der Schule ein paar Euro verdienen, um sein Taschengeld aufzubessern. Er treibt aktiv Sport und ist deshalb gesund und kräftig.

Bei der Tankstelle, die er mit seinem Fahrrad von zu Hause in 5 Minuten erreichen kann, bittet er um eine entsprechende Beschäftigung als „Autowäscher". Er bietet dem Tankstellenbesitzer an, für 5 Euro/Stunde zu arbeiten und sichert zu, täglich 2 - 3 Stunden Zeit zu haben. Seine Eltern würden zustimmen, weil sie der Ansicht sind, dass Kinder nicht früh genug lernen können, dass das Geld nicht „vom Himmel fällt".

Die Beschäftigung von Kindern (= noch nicht 15 Jahre alt) ist verboten (vgl. § 5 Abs. 1 JArbSchG). Der Tankstellenbesitzer darf Ralf also nicht beschäftigen. Erst wenn Ralf 13 Jahre alt ist, darf er in geringem Umfang (nicht mehr als 2 Stunden täglich) mit einfachen Tätigkeiten und mit Einwilligung der Eltern beschäftigt werden (vgl. § 5 Abs. 3 JArbSchG).

Beispiel 3
Simone ist 15 Jahre alt. Weil sie nach ihrem 16. Geburtstag zusammen mit ihrer Freundin eine vierwöchige Reise nach Griechenland unternehmen möchte und ihre Eltern ihr nur die Hälfte der veranschlagten Ausgaben bezahlen würden, möchte sie während der Sommerferien arbeiten, um dadurch die Finanzierung der Reise sicherzustellen.

Bei der Bäckerei, bei der sie morgens regelmäßig Brötchen kauft, hat sie nachgefragt ob sie in den Sommerferien dort als Aushilfe arbeiten kann. Simones Angebot kommt der Bäckerin wie gerufen, weil die angestellte Verkäuferin im Sommer 5 Wochen Urlaub machen möchte und bisher noch kein Ersatz für die Verkäuferin gefunden wurde. Simones Eltern stimmen der folgenden Vereinbarung zu:

- Beschäftigung für 5 Wochen
- Arbeitszeit pro Tag: 8 Stunden (montags bis freitags)
- Stundenlohn: 12 € (brutto).

In dem beschriebenen Umfang darf Simone nicht beschäftigt werden, weil die Beschäftigungsdauer 4 Wochen überschreitet (vgl. § 5 Abs. 4 JArbSchG).

Beispiel 4
Katrin ist 17 Jahre alt. Sie absolviert eine Berufsausbildung als Steuerfachangestellte. Ihr Ausbildungsvertrag sieht eine wöchentliche Arbeitszeit von 40 Stunden und eine tägliche Arbeitszeit von 8 Stunden vor.

Ihr Arbeitgeber bietet ihr an, täglich eine Stunde länger arbeiten zu können; sie würde dafür eine um 200 € höhere Ausbildungsvergütung und 2 Tage zusätzlichen Urlaub im Jahr erhalten.

Nach § 8 Abs. 1 JArbSchG dürfen Jugendliche im Durchschnitt nicht mehr als 8 Stunden täglich und nicht mehr als 40 Stunden wöchentlich beschäftigt werden. Eine Erhöhung der Arbeitszeit über diese Grenzen ist grundsätzlich unzulässig.

Beispiel 5
Verena ist 17 Jahre alt und absolviert ebenfalls eine Berufsausbildung als Steuerfachangestellte. Sie möchte wie die anderen Angestellten im Büro freitags nur von 8 bis 14 Uhr arbeiten. Deshalb arbeitet sie montags bis donnerstags jeweils 8 ½ Stunden.

Die von Verena vorgenommene Verteilung der wöchentlichen Arbeitszeit auf 4 Tage mit 8 ½ Stunden und 1 Tag mit 6 Stunden Arbeitszeit ist nach § 8 Abs. 2a JArbSchG zulässig.

Beispiel 6
Der Betrieb des Ausbilders Lohmann ist zu Fuß 5 Minuten von der Berufsschule entfernt. Er erteilt die Anweisung, dass seine Auszubildenden nach der Berufsschule noch in den Betrieb kommen müssen, weil die regelmäßige Arbeitszeit im Betrieb bis 17 Uhr dauert und die Berufsschule jeweils um 15:30 Uhr endet.

Zurzeit hat Herr Lohmann zwei Auszubildende, die beide wöchentlich 2 Berufsschultage haben:

a) Heike, 17 Jahre alt und
b) Michael, 20 Jahre alt, nicht mehr berufsschulpflichtig.

Lösung zu a):
Für Heike gilt die Regelung des § 9 Abs. 1 Satz 2 Nr. 2, nach der sie für einen Berufsschultag in der Woche vollständig von ihrem Ausbilder freigestellt werden muss (keine Weiterarbeit im Betrieb nach dem Berufsschulunterricht). An einem jeweils zweiten Berufsschultag pro Woche muss sie nach dem Unterricht in den Ausbildungsbetrieb, bis sie ihre tägliche Arbeitszeit abgeleistet hat.

Lösung zu b):
Für Micheal gilt das Jugendarbeitsschutzgesetz nicht, weil er das 18. Lebensjahr bereits vollendet hat. Die Regelung des § 9 Abs. 1 Satz 2 Nr. 2 JArbSchG gilt für ihn auch nicht, weil er nicht mehr berufsschulpflichtig ist. Sein Ausbilder muss ihn aber – wie Heike – nach § 15 Abs. 1 Satz 2 Nr. 2 BBiG für einen Berufsschultag in der Woche vollständig freistellen. An einem jeweils zweiten Berufsschultag pro Woche muss er nach dem Unterricht in den Ausbildungsbetrieb, bis er seine tägliche Arbeitszeit abgeleistet hat.

Aufgaben 121 - 124 > Seite 175 - 176

2.3 Mutterschutzgesetz

Nach dem Gesetz zum Schutz von Müttern bei der Arbeit, in der Ausbildung und im Studium (Mutterschutzgesetz – MuSchG) hat der z. B. Arbeitgeber gegenüber einer schwangeren Arbeitnehmerin zahlreiche Schutzverpflichtungen zu erfüllen. Dies dient dem Schutz von Mutter und Kind vor Gefahren durch die betriebliche Arbeit.

> Voraussetzung jeglichen Mutterschutzes ist allerdings, dass dem Arbeitgeber die Schwangerschaft und somit auch die Schutzbedürftigkeit bekannt ist. Aus diesem Grund sollte die werdende Mutter ihre Schwangerschaft und den voraussichtlichen Tag der Entbindung unverzüglich dem Arbeitgeber mitteilen (§ 15 Abs. 1 MuSchG).
>
> In einem Bewerbungsgespräch ist die Frage nach der Schwangerschaft grundsätzlich unzulässig; wird sie dennoch gestellt, kann die Schwangere auch wahrheitswidrig antworten.

Nach Kenntnis der Schwangerschaft einer Beschäftigten hat der Arbeitgeber darüber unverzüglich die Gewerbeaufsicht zu informieren und eine konkretisierte **Gefährdungsbeurteilung** für den Arbeitsplatz/die Tätigkeit der schwangeren Arbeitnehmerin zu erstellen und zu dokumentieren (vgl. § 10 MuSchG).

Die Hauptziele des Mutterschutzgesetzes sind **Gefahrenschutz**, **Kündigungsschutz** und **Entgeltschutz**.

Nach dem **Gefahrenschutz** dürfen Frauen während der Schwangerschaft nicht mit Arbeiten betraut werden, die Mutter und Kind gefährden (vgl. § 9 Abs. 2 Satz 1 MuSchG). Dies sind z. B. schwere körperliche Arbeiten und Arbeiten mit schädlicher Einwirkung von gesundheitsgefährdenden Stoffen oder Strahlen (siehe hierzu im einzelnen §§ 11 - 12 MuSchG).

MERKE

Vor und nach der Entbindung besteht eine **Schutzfrist** von sechs bzw. acht Wochen, in der die Frauen grundsätzlich **nicht beschäftigt** werden dürfen (vgl. § 3 Abs. 1 und 2 MuSchG).

Dies soll die folgende Darstellung verdeutlichen:

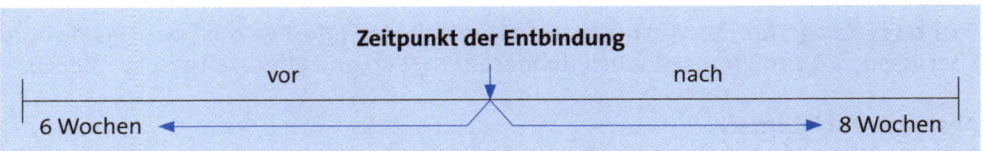

Ausnahmen:
- Erklärt sich eine Schwangere ausdrücklich bereit zu arbeiten, so kann sie dies in der Schutzfrist vor der Entbindung tun (vgl. § 3 Abs. 1 Satz 1 2. Halbsatz MuSchG).
- Die Schutzfrist nach Früh- oder Mehrlingsgeburten beträgt zwölf Wochen (vgl. § 3 Abs. 2 Satz 2 MuSchG).

Falls nach einem ärztlichen Zeugnis Leben oder Gesundheit von Mutter und Kind gefährdet sind, dürfen werdende Mütter generell nicht beschäftigt werden (vgl. § 16 Abs. 1 MuSchG).

Kündigungsschutz besteht während der Schwangerschaft und bis zum Ablauf von vier Monaten nach der Entbindung, d. h. die Kündigung des Arbeitsverhältnisses durch den Arbeitgeber ist unzulässig (§ 17 Abs. 1 MuSchG). Kündigt der Arbeitgeber in Unkenntnis der Schwangerschaft, so ist die Kündigung unwirksam, wenn die Arbeitnehmerin dem Arbeitgeber die Schwangerschaft innerhalb von zwei Wochen nach der Kündigung mitteilt.

Entgeltschutz besteht insofern, als die versicherte Arbeitnehmerin während der Schutzfristen Anspruch auf **Mutterschutzlohn** (§ 18 MuSchG) bzw. **Mutterschaftsgeld** hat (§ 19 Abs. 1 MuSchG). Der Arbeitgeber hat beim Mutterschaftsgeld einen Zuschuss in

Höhe des Unterschiedsbetrags zum durchschnittlichen Netto-Arbeitsentgelt zu zahlen. Zu den Einzelheiten siehe §§ 18 ff. MuSchG.

MERKE

Durch das Mutterschutzgesetz werden die in einem Arbeitsverhältnis stehende Frau und ihr Kind vor Gefahren durch die betriebliche Tätigkeit geschützt. Der Schutz besteht während der Schwangerschaft und auch noch nach der Geburt. Er umfasst Beschäftigungsverbote, die Arbeitsplatzgestaltung und die wirtschaftliche Sicherung durch Entgelt- und Kündigungsschutz.

2.4 Elternzeit und Elterngeld

Als Elternzeit wird ein Zeitraum unbezahlter Freistellung von der Arbeit nach der Geburt eines Kindes bezeichnet. Auf diese Freistellung haben Arbeitnehmer einen Rechtsanspruch (§ 15 BEEG).

Rechtsgrundlage für den Anspruch auf Elternzeit und Elterngeld ist das Gesetz zum Elterngeld und zur Elternzeit (auch Bundeselterngeld- und Elternzeitgesetz – BEEG).

Anspruch auf Elternzeit

Arbeitnehmer und Arbeitnehmerinnen haben Anspruch auf Elternzeit, wenn sie

- mit ihrem Kind
- in einem Haushalt leben
- und dieses Kind selbst betreuen oder erziehen (§ 15 Abs. 1 BEEG).

Bei mehreren Kindern besteht der Anspruch auf Elternzeit für jedes Kind, auch wenn sich die Zeiträume überschneiden. Die Elternzeit kann, auch anteilig, von jedem Elternteil allein oder von beiden Elternteilen gemeinsam genommen werden (§ 15 Abs. 3 BEEG). Der Arbeitnehmer oder die Arbeitnehmerin darf während der Elternzeit nicht mehr als 32 Wochenstunden im Durchschnitt des Monats erwerbstätig sein (§ 15 Abs. 4 BEEG).

Anspruchsdauer

- Der Anspruch auf Elternzeit beträgt **36 Monate** (§ 15 Abs. 2 Satz 1 BEEG).
- Ein Anteil von bis zu 24 Monaten kann zwischen dem 3. und 8. Geburtstag des Kindes in Anspruch genommen werden (§ 15 Abs. 2 Satz 2 BEEG). Der Arbeitgeber kann Elternzeit, die vollständig zwischen dem 3. und 8. Geburtstag des Kindes beansprucht werden soll, jedoch ablehnen, wenn dringende betriebliche Gründe entgegenstehen (§ 16 Abs. 1 Satz 7 BEEG).

- Die Elternzeit von 36 Monaten steht **jedem einzelnen Elternteil** zu. Die Eltern können die Elternzeit **zu abwechselnden Zeiträumen** oder auch **zur gleichen Zeit** beanspruchen (§ 15 Abs. 3 Satz 1 BEEG).
- Jeder Elternteil kann seine Elternzeit **auf drei Zeitabschnitte verteilen**; eine Verteilung auf weitere Zeitabschnitte ist nur mit der Zustimmung des Arbeitgebers möglich (§ 16 Abs. 1 Satz 6 BEEG).

Zu weiteren Einzelheiten siehe §§ 15 - 16 BEEG.

 ACHTUNG

Der Arbeitgeber kann den Erholungsurlaub, der dem Arbeitnehmer oder der Arbeitnehmerin für das Urlaubsjahr zusteht, für jeden vollen Kalendermonat der Elternzeit um ein Zwölftel kürzen (§ 17 Abs. 1 Satz 1 BEEG).

Antrag auf Elternzeit
Die Elternzeit, die innerhalb der ersten drei Lebensjahre des Kindes beansprucht werden soll, muss beim Arbeitgeber sieben Wochen vor Antritt angemeldet werden (§ 16 Abs. 1 Satz 1 BEEG). Mit der erstmaligen Anmeldung der Elternzeit muss der Arbeitnehmer gleichzeitig verbindlich festlegen, für welche Zeiträume innerhalb von zwei Jahren die Elternzeit genommen werden soll (§ 16 Abs. 1 Satz 2 BEEG). Beantragt ein Elternteil Elternzeit nur bis zur Vollendung des ersten Lebensjahres des Kindes, folgt daraus, dass auf die Elternzeit für das zweite Lebensjahr verzichtet wird.

 MERKE

Wer Elternzeit beanspruchen will, muss sie grundsätzlich spätestens **sieben Wochen** vor Beginn **schriftlich** vom Arbeitgeber verlangen und gleichzeitig verbindlich erklären, für welche Zeiten innerhalb von zwei Jahren Elternzeit genommen werden soll (§ 16 Abs. 1 Sätze 1 - 2 BEEG).

Wird die Elternzeit unmittelbar nach der Mutterschutzfrist in Anspruch genommen, ist das Elternzeitverlangen spätestens sieben Wochen vor Ablauf der Mutterschutzfrist zu stellen, also in der ersten Woche nach dem Geburtstermin (§ 16 Abs. 1 Satz 4 BEEG).

Die Anmeldung zur Elternzeit muss schriftlich erfolgen. Aus Beweisgründen ist eine Bestätigung von Seiten des Arbeitgebers ratsam. Sinnvoll ist auch die persönliche Abgabe der Anmeldung, damit der Antragsteller sich den Erhalt der Anmeldung schriftlich quittieren lassen kann.

Kündigungsschutz

Während der Elternzeit besteht **Kündigungsschutz**. Der Kündigungsschutz beginnt mit der Anmeldung der Elternzeit, frühestens jedoch acht Wochen vor deren Beginn (§ 18 Abs. 1 Satz 2 BEEG). Eine Kündigung kann daher nur in besonderen Fällen erfolgen und auch nur dann, wenn die zu ständige Aufsichtsbehörde die Kündigung zuvor für zulässig erklärt hat (§ 18 Abs. 1 Sätze 4 - 5 BEEG).

Beispiele

Als besondere Fälle gelten:
- Stilllegung des Betriebes
- schwere Straftat des Arbeitnehmers
- schwere arbeitsvertragliche Pflichtverletzung
- Gefährdung der wirtschaftlichen Existenz des Betriebes durch die Fortsetzung des Arbeitsverhältnisses.

Ende der Elternzeit

Mit dem Ende der Elternzeit lebt das Arbeitsverhältnis zu den Bedingungen, die vor der Elternzeit galten, automatisch wieder auf, ohne dass es hierzu einer Aufforderung oder einer besonderen Erklärung des Arbeitgebers oder des Arbeitnehmers bedarf.

MERKE

Elternzeit dürfen Mütter und Väter nehmen, die ihr Kind in den ersten drei Lebensjahren zu Hause selbst erziehen und betreuen (§ 15 Abs. 1 BEEG). Der Arbeitnehmer muss die Erziehung und Betreuung des Kindes selbst übernehmen und kann sie nicht einem anderen überlassen. Er darf sich jedoch durch Familienangehörige oder Au-Pairs unterstützen lassen. Die Elternzeit kann unabhängig vom Bezug von Elterngeld in Anspruch genommen werden.

Arbeitnehmer dürfen während der Elternzeit nicht mehr als 32 Wochenstunden im Durchschnitt des Monats erwerbstätig sein (§ 15 Abs. 4 Satz 1 BEEG).

Elterngeld

Elterngeld ist eine staatliche Sozialleistung für junge Familien. Die Elternzeit hat mit dem Elterngeld grundsätzlich nichts zu tun. Die Elternzeit ist von der Elterngeldzahlung also unabhängig.

Anspruchsvoraussetzungen – Berechtigte (§ 1 BEEG)
Anspruch auf Elterngeld nach § 1 Abs. 1 BEEG hat, wer

1. einen Wohnsitz oder seinen gewöhnlichen Aufenthalt in Deutschland hat,
2. mit seinem Kind in einem Haushalt lebt,
3. dieses Kind selbst betreut oder erzieht und
4. keine oder **keine volle** Erwerbstätigkeit ausübt.

Auf die Art und die Dauer des Arbeitsverhältnisses kommt es nicht an. Anspruch auf Elterngeld besteht für Angestellte, Beamte, Selbstständige, Erwerbslose, Studenten und Auszubildende. Eine Person ist **nicht voll** erwerbstätig, wenn ihre Arbeitszeit 32 Wochenstunden im Durchschnitt des Monats nicht übersteigt oder sie eine Beschäftigung zur Berufsbildung ausübt (§ 1 Abs. 6 BEEG).

Höhe des Elterngeldes
Die Höhe des Elterngeldes hängt vom Einkommen des betreuenden Elternteils ab. Elterngeld wird grundsätzlich in Höhe von **67 %** des Netto-Einkommens aus Erwerbstätigkeit **vor** der Geburt des Kindes gewährt (§ 2 Abs. 1 Sätze 1 und 3 BEEG). Es wird bis zu einem **Höchstbetrag** von **1.800 € monatlich** gezahlt, in dem die berechtigte Person **kein** Einkommen aus Erwerbstätigkeit hat (§ 2 Abs. 1 Satz 2 BEEG). Elterngeld wird **mindestens** in Höhe von **300 €** gezahlt (§ 2 Abs. 4 BEEG).

Zu abweichenden Regelungen bzgl. des vorgenannten Prozentsatzes und der Höhe des Elterngeldes siehe § 2 Abs. 2 und 3 BEEG.

ACHTUNG

Das Elterngeld ist steuerfrei (§ 3 Nr. 67 EStG). Es wird bei der Ermittlung des steuerpflichtigen Einkommens also nicht berücksichtigt. Da es jedoch dem Progressionsvorbehalt nach § 32b EStG unterliegt, kann der persönliche Steuersatz bei der Einkommensteuer erhöht werden und es dadurch im Rahmen der Einkommensteuer-Veranlagung zu einer Steuernachzahlung kommen. Elterngeld stellt kein Erwerbseinkommen dar, es werden somit keine Sozialversicherungsbeiträge darauf erhoben.

Dauer und Art des Bezugs
Elterngeld kann in der Zeit vom Tag der Geburt grundsätzlich für maximal **14 Monate** bezogen werden (§ 4 Abs. 1 BEEG). Elterngeld wird in Monatsbeträgen für Lebensmonate des Kindes gezahlt.

Basiselterngeld, Elterngeld Plus, Partnerschaftsbonus
Basiselterngeld wird – wie oben dargestellt – in Höhe von 67 % des Netto-Einkommens aus Erwerbstätigkeit vor der Geburt des Kindes gewährt und wird bis zu einem Höchstbetrag von 1.800 € monatlich für die vollen Monate gezahlt, in denen die berechtigte

Person **kein** Einkommen aus Erwerbstätigkeit hat. Für den Anspruch auf Elterngeld ist es unerheblich, ob Elternzeit besteht oder nicht.

Basiselterngeld kann in der Zeit vom Tag der Geburt bis zur Vollendung des 14. Lebensmonats des Kindes bezogen werden (§ 4 Abs. 1 Satz 1 BEEG).

Statt für einen Monat Basiselterngeld zu beanspruchen, kann die berechtigte Person **jeweils** zwei Monate lang ein **Elterngeld Plus** beziehen (§ 4a Abs. 2 Satz 2 BEEG). Es beträgt monatlich höchstens die **Hälfte des Basiselterngeldes**. Beide Elternteile haben zusammen 12 Monatsbeträge Basiselterngeld zur Verfügung.

Das **Elterngeld Plus** ist für Eltern gedacht, die schon kurz nach dem Mutterschutz wieder stundenweise arbeiten wollen. Elterngeld Plus macht es Müttern und Väter leichter, Elternzeit und Teilzeitarbeit miteinander zu verbinden, denn Eltern, die nach der Geburt des Kindes Teilzeit arbeiten, können die Bezugszeit des Elterngeldes verlängern: aus einem Elterngeldmonat werden zwei Elterngeld Plus-Monate. Jeden Monat wird nur die Hälfte des Elterngeldes ausgezahlt, dafür aber doppelt so lange – also 24 statt zwölf Monate.

MERKE

Aus jedem Basiselterngeld-Monat werden nach Wahl der Eltern zwei Elterngeld-Plus-Monate.

Teilen sich Vater und Mutter die Betreuung ihres Kindes und arbeiten sie parallel für vier Monate zwischen 25 und 32 Wochenstunden, erhalten sie zusätzlich den **Partnerschaftsbonus** in Form von jeweils vier zusätzlichen Elterngeld Plus-Monaten (§ 4b Abs. 2 und 3 BEEG).

MERKE

Die Partnerschaftsbonusmonate werden nur in Form von Elterngeld-Plus gewährt. Voraussetzung ist, dass die Eltern gleichzeitig in vier aufeinanderfolgenden Lebensmonaten des Kindes im Umfang von 25 bis 32 Wochenstunden teilerwerbstätig sind.

Zur Dauer und Höhe des Elterngeldes enthält das BEEG eine Vielzahl von Kombinationsmöglichkeiten und Sonderregelungen. Siehe hierzu im Einzelnen §§ 4 - 4d BEEG.

2.5 Unfallschutz und Gesundheitsschutz durch Gewerbeaufsichtsamt und Berufsgenossenschaft

Der Unternehmer ist verpflichtet die Maschinen und Geräte so einzurichten und zu unterhalten, dass die Arbeitnehmer gegen Gefahren für Leben und Gesundheit geschützt sind (§ 120a Abs. 1 GewO).

Unfallschutz und **Unfallverhütung** ist **Aufgabe des Betriebsschutzes** und befasst sich u. a. mit der Beschaffenheit der Betriebsräume und Betriebseinrichtungen. Die **Berufsgenossenschaften** haben mit geeigneten Mitteln für die Verhütung von Arbeitsunfällen, Berufskrankheiten, Gesundheitsgefahren und Erste Hilfe zu sorgen (§ 14 Abs. 1 SGB VII). Zur Erfüllung dieser Aufgaben erlassen die Berufsgenossenschaften Unfallverhütungsvorschriften (§ 15 SGB VII).

Die Schutzvorschriften der Gewerbeordnung sind einseitige Schutzpflichten des Arbeitgebers. Die Unfallverhütungsvorschriften sind für Arbeitgeber und Arbeitnehmer verpflichtend.

Die **Berufsgenossenschaften** haben die Unfallverhütungsvorschriften zu übewachen und den Unternehmer und die Mitarbeiter zu beraten (§ 17 Abs. 1 SGB VII). In Betrieben mit mehr als 20 Beschäftigten ist ein **Sicherheitsbeauftragter** zu bestellen (§ 22 Abs. 1 Satz 1 SGB VII). Die Sicherheitsbeauftragten haben den Unternehmer bei der Durchführung der Maßnahmen zur Unfallverhütung zu unterstützen (§ 22 Abs. 2 SGB VII).

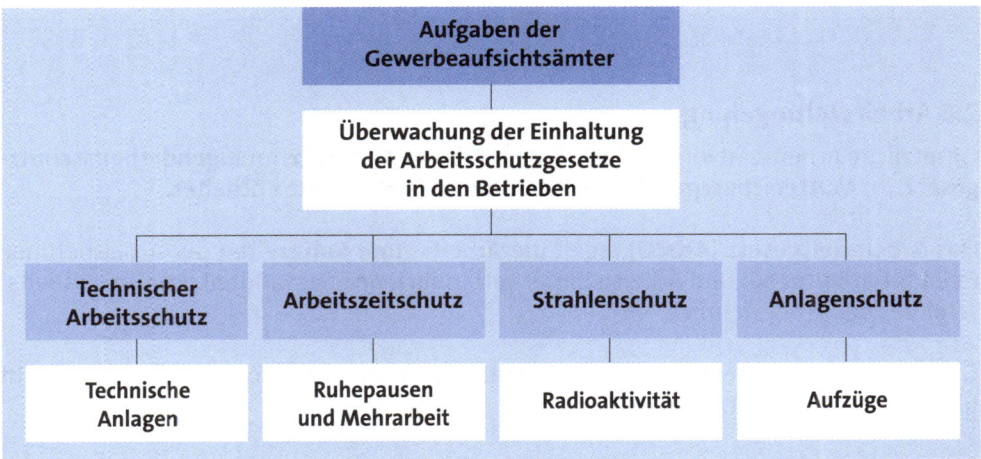

Die Berufsgenossenschaften erlassen Vorschriften über Einrichtungen, Anordnungen und Maßnahmen, die die Unternehmer zur Verhütung von Arbeitsunfällen zu treffen haben (§ 15 Abs. 1 Nr. 1 SGB VII).

Die **Berufsgenossenschaften** sind **Träger der gesetzlichen Unfallversicherung** in Deutschland.

Sie sind für die **Verhütung, Rehabilitation und Entschädigung** von
- Arbeitsunfällen,
- Unfällen auf dem Arbeitsweg und
- Berufskrankheiten

zuständig.

Ihre gesetzliche Grundlage ist das Sozialgesetzbuch VII (SGB VII).

Die **gesetzliche Unfallversicherung** ist – ebenso wie die anderen Sozialversicherungszweige – eine **Pflichtversicherung**.

Die Berufsgenossenschaften in Deutschland sind unter dem „Spitzenverband Deutsche Gesetzliche Unfallversicherung (DGUV)" zusammengefasst.

Zuständig für die steuerberatenden Berufe ist die „Verwaltungs-Berufsgenossenschaft (VBG)" mit Sitz in Hamburg.

2.6 Arbeitszeitregelung

Gesetzliche Arbeitszeitvorschriften sind im **Arbeitszeitgesetz**, im **Jugendarbeitsschutzgesetz**, im **Mutterschutzgesetz** und im **Bundesurlaubsgesetz** enthalten.

Das **Arbeitszeitgesetz (ArbZG)** regelt die **Arbeits- und Ruhezeiten** der Arbeitnehmer. Es ist für Arbeitgeber und Arbeitnehmer verbindlich und Bestandteil des Gesundheitsschutzes der Arbeitnehmer.

Grundsätzlich darf die **werktägliche Arbeitszeit** der Arbeitnehmer **acht Stunden** nicht überschreiten (§ 3 Satz 1 ArbZG).

Die **täglich acht Stunden** erfassen die **reine Arbeitszeit**, nicht jedoch die Ruhepausen und den Weg von und zur Arbeit (§ 2 Abs. 1 ArbZG).

Die werktägliche Arbeitszeit kann bis zu zehn Stunden verlängert werden, wenn innerhalb von sechs Kalendermonaten oder innerhalb von 24 Wochen im Durchschnitt acht Stunden werktäglich nicht überschritten werden (§ 3 Satz 2 ArbZG).

Beispiel

Aufgrund eines Zusatzauftrages erhöht sich die werktägliche Arbeitszeit für vier Wochen auf zehn Stunden. Innerhalb des Ausgleichszeitraums werden für vier Wochen nur sechs Stunden pro Werktag gearbeitet.

Die **Höchstdauer** der werktäglichen Arbeitszeit ist **nachgiebiges Recht**. In einem **Tarifvertrag** oder in einer **Betriebsvereinbarung** kann
- die Arbeitszeit über zehn Stunden werktäglich verlängert werden
- ein anderer Ausgleichszeitraum festgelegt werden oder
- die werktägliche Arbeitszeit auch ohne Ausgleich verlängert werden (§ 7 ArbZG).

Arbeitnehmer im Sinn des Arbeitszeitgesetzes sind Arbeiter, Angestellte und Auszubildende (§ 2 Abs. 2 ArbZG).

Die **Arbeitszeit** ist durch **Ruhepausen** zu unterbrechen, und den Arbeitnehmern ist nach Beendigung der täglichen Arbeitszeit eine **Ruhezeit** zu gewähren.

Ruhepausen für Frauen und Männer (§ 4 ArbZG)	
Arbeitszeit mehr als 6 bis 9 Stunden	30 Minuten Ruhepause oder 2 • 15 Minuten
mehr als 9 Stunden Arbeitszeit	45 Minuten Ruhepause oder Aufteilung in mehrere Zeitabschnitte von jeweils mindestens 15 Minuten

Die ununterbrochene **Ruhezeit** beträgt **mindestens 11 Stunden** (§ 5 Abs. 1 ArbzG).

2.7 Datenschutz

Aufgabe des Datenschutzes ist der **Schutz personenbezogener Daten** vor Missbrauch bei ihrer Speicherung, Übermittlung, Veränderung und Löschung.

Personenbezogene Daten sind Einzelinformationen über persönliche und sachliche Verhältnisse einer natürlichen Person, die direkt zugeordnet werden können (z. B. Konfession, Familienstand, Gesundheitszustand, Einkommen). In einer Datei sind personenbezogene Daten in einem Datensatz gesammelt. Sie können mithilfe der Datenverarbeitung nach verschiedenen Gesichtspunkten ausgewertet werden.

Datenschutz ist Bürgerschutz
Datenschutz schützt die Privatsphäre der Bürger

Der Begriff Datenschutz kann missverstanden werden. **Geschützt** werden nicht Daten, sondern **Personen vor Missbrauch ihrer persönlichen Daten**. Sollen Daten vor unerwünschter Zerstörung oder Vernichtung geschützt werden, spricht man von Datensicherung. Häufig bewirken Maßnahmen der Datensicherung auch einen Datenschutz, sodass eine exakte Abgrenzung nicht immer möglich ist.

Grundgedanke des Datenschutzes ist das Recht jedes Menschen frei und selbst zu entscheiden,

- welche persönliche Daten
- wann und
- wem

zugänglich sein sollen (Recht auf informationelle Selbstbestimmung).

Der Datenschutz ist zwar im Grundgesetz nicht ausdrücklich festgelegt, nach der Rechtsprechung des Bundesverfassungsgerichts genießt der Datenschutz jedoch grundrechtlichen Rang.

Hauptprinzipien des Datenschutzes sind

- Datenvermeidung und Datensparsamkeit
- Erforderlichkeit und
- Zweckbindung.

Datenschutzkontrolle
Seit dem 25.05.2018 gilt in allen Mitgliedsstaaten der EU die **Datenschutzgrundverordnung (DSGVO)**, die für den **Datenschutz in Europa einheitliche Regelungen** vorgibt. Hauptziel der Vorschriften der DSGVO ist der Schutz der Grundrechte und Grundfreiheiten natürlicher Personen bei der Datenverarbeitung sowie die Gewährleistung des freien Verkehrs personenbezogener Daten zwischen den Mitgliedstaaten. Zum Erreichen dieses Ziels wurden die Datenschutzstandards in Europa vereinheitlicht. Diese Standards gelten aber auch für nicht-europäische Unternehmen, die in Europa ihre Dienste anbieten.

Die nationalen Gesetzgeber müssen ihre nationalen Gegebenheiten und Vorschriften an die neuen Vorgaben der Europäischen Union anpassen. Die DSGVO hat aber auch direkte Wirkung auf den Datenschutz in Europa, weil Verordnungen der EU grundsätzlich allgemeine und unmittelbare Geltung haben. Die DSGVO lässt allerdings auch nationale Regelungen zu (sog. Öffnungsklauseln). Dadurch ermöglicht sie den Mitgliedstaaten, eigene nationale Regelungen zu treffen oder bereits vorhandene Regelungen aufrechtzuerhalten, insbesondere zur Konkretisierung bzw. Umsetzung der Bestimmungen der DSGVO.

MEDIEN

Einzelheiten zur DSGVO können **zusammengefasst** der folgenden Quelle entnommen werden:

Bundeszentrale für politische Bildung: Was steht in der Europäischen Datenschutz-Grundverordnung? Quelle: https://www.bpb.de/gesellschaft/digitales/democracy/255875/was-steht-in-der-dsgvo

---

Spezielle Vorschriften und Bestimmungen zum Datenschutz in der Bundesrepublik Deutschland sind insbesondere in den **nationalen Datenschutzgesetzen** geregelt.

Auf **Bundesebene** wurde ein an die Datenschutzgrundverordnung angepasstes neues **Bundesdatenschutzgesetz** (Datenschutzanpassungs- und Umsetzungsgesetz) verabschiedet, das wie die DSGV am 25.05.2018 in Kraft trat. Es regelt primär die Datenverarbeitung durch nicht-öffentliche Stellen sowie durch öffentliche Stellen des Bundes, soweit dies infolge einer Regelungsbefugnis bzw. eines Regelungsauftrages der DSGVO weiterhin möglich ist.

Auf **Landesebene** regeln die **Landesdatenschutzgesetze** der einzelnen Bundesländer den Datenschutz in Landes- und Kommunalbehörden.

Neben den allgemeinen Datenschutzgesetzen gibt es **spezielle Datenschutzregelungen**, beispielsweise in der Abgabenordnung (§ 30 AO) und im Sozialgesetzbuch (§§ 67 - 85a SGB X).

2.8 Übungsaufgaben

Aufgabe 121:

Das Jugendarbeitsschutzgesetz soll den Jugendlichen vor körperlichen Überlastungen im Arbeitsleben schützen. Ergänzen Sie die nachfolgenden Aussagen durch richtige Eintragungen an den fehlenden Textstellen!

a) Die Dauer der täglichen Arbeitszeit darf _____ Stunden nicht überschreiten, wenn die Arbeitszeit an allen Tagen der Woche gleich ist.

b) Jugendliche dürfen (von Ausnahmen abgesehen) grundsätzlich nur in der Zeit von _____ Uhr bis _____ Uhr beschäftigt werden.

c) Der Jahresurlaub von Jugendlichen, die noch nicht 16 Jahre alt sind, beträgt _____ Tage.

d) Die tägliche Freizeit (Zeit zwischen Arbeitsende und Arbeitsanfang des nächsten Tages) muss mindestens _____ Stunden betragen.

Aufgabe 122:
Rolf ist 17 Jahre alt und absolviert eine Berufsausbildung zum Steuerfachangestellten. Sein Ausbildungsvertrag sieht eine wöchentliche Arbeitszeit von 40 Stunden vor. Rolf erhält von seinem Arbeitgeber das Angebot, wöchentlich 2 Stunden mehr arbeiten zu können. Er würde dafür eine um 100 € höhere Ausbildungsvergütung erhalten. Ist das Angebot von Rolfs Arbeitgeber zulässig?

Aufgabe 123:
Willi Nervenbündel absolviert am Mittwoch und Donnerstag, den 27. und 28.04.2022 die schriftliche Abschlussprüfung zum Einzelhandelskaufmann. Er möchte deshalb am Dienstag, Mittwoch und Donnerstag (26. bis 28.04.2022) von der Arbeit im Betrieb freigestellt werden. Am 29.04.2022 hat Willi seinen 18. Geburtstag.

Sein Arbeitgeber hat ihm bereits vorab mitgeteilt, dass er für die Prüfung Urlaub nehmen muss, weil eine Freistellung nicht in Frage kommt. Willi ist anderer Ansicht. Wer hat Recht? Begründen Sie Ihre Antwort!

Aufgabe 124:
Wie ist der Fall 123 zu beurteilen, wenn Willi seinen 18. Geburtstag am 25.04.2022 hat?

3. Innerbetriebliche und außerbetriebliche Weiterbildungsangebote

Gegen die Gefahr des beruflichen Rückschritts gibt es ein geeignetes Mittel: **Fortbildung und Weiterbildung**. Geschulte Mitarbeiter sind informiert. Informierte Mitarbeiter sind motiviert. Motivierte Mitarbeiter sind engagiert. Engagement ist Grundlage und Voraussetzung für Freude am und für Zufriedenheit **im Beruf**. Fort- und Weiterbildung legen den Grundstein für beruflichen Erfolg.

Wichtigster Beweggrund für die Teilnahme an Fort- und Weiterbildungsmaßnahmen sind berufliche Gründe. Aktualisierung des beruflichen Wissens oder die Förderung der Karriere sind die hauptsächlichen Motive.

Im Alphabet der Berufs- und Arbeitswelt ist das L ein wichtiger Buchstabe: Lernen und Leistung auf der einen Seite, Lob und Lohn auf der anderen Seite und: **Long-Life-Learning**.

 MERKE

Fort- und Weiterbildung
- sichert berufliche Kenntnisse und Fertigkeiten
- verbessert die fachliche Qualifikation
- ermöglicht beruflichen Aufstieg.

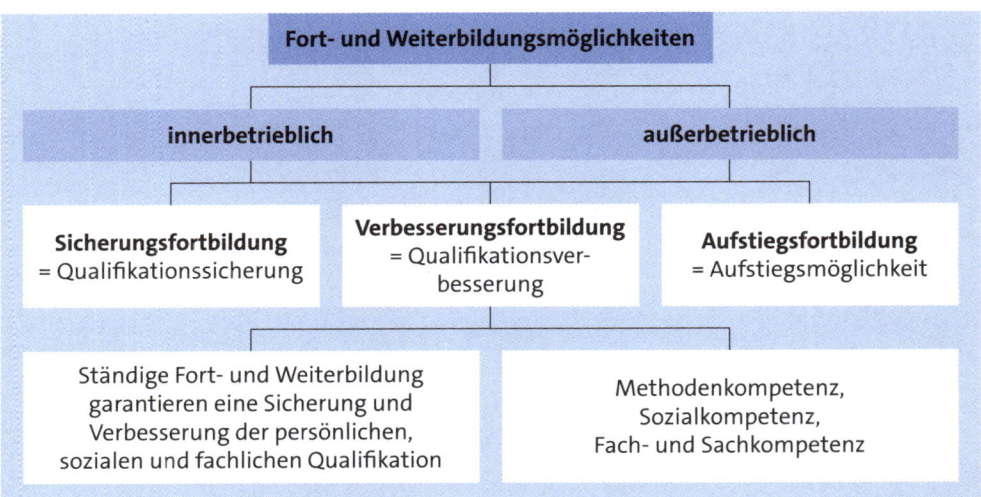

Neben den **Steuerberaterkammern** bieten auch die **Berufsbildenden Schulen** Bildungsgänge an, die auf einer beruflichen Erstqualifikation aufbauen. Die praktischen Kenntnisse und Fertigkeiten sowie das theoretische Wissen sollen vertieft werden. Da das Erlernte – insbesondere im Steuerrecht – sehr schnell veraltet, bietet die Fachschule eine Möglichkeit, den Wissensstand ständig zu aktualisieren. Durch praxisbezogenen und Fächer übergreifenden Unterricht wird das vernetzte Denken in Zusammenhängen angestrebt.

Die **Industrie- und Handelskammern** bieten u. a. die Fort- und Weiterbildung zum **Bilanzbuchhalter** an.

Die berufliche Fortbildung soll die beruflichen Kenntnisse und Fertigkeiten erhalten und erweitern. Als **Anpassungsfortbildung** ermöglicht die Fortbildung sich den betrieblichen, technologischen und wirtschaftlichen Veränderungen anzupassen. Die **Aufstiegsfortbildung** ermöglicht einen beruflichen Aufstieg, indem sie auf höher qualifizierte Anforderungen und Aufgaben vorbereitet.

4. Mitbestimmungs- und Mitwirkungsrechte der Arbeitnehmer

Das Mitbestimmungs- und Mitwirkungsrecht regelt die **innerbetriebliche Zusammenarbeit zwischen Arbeitgeber und Arbeitnehmer**.

Der Arbeitgeber handelt in erster Linie **gewinnorientiert**, während der Arbeitnehmer primär ein **Interesse am Erhalt seines Arbeitsplatzes** und an einem angemessenen, stetigen **Lohnzuwachs** hat. Die Mitbestimmung hat u. a. das Ziel die einseitige Gewinnorientierung des Arbeitgebers auszugleichen zugunsten der Interessen der Arbeitnehmer.

Allgemein versteht man unter **Mitbestimmung** in einem Unternehmen alle **Möglichkeiten und Rechte von Arbeitnehmern auf unternehmerische Entscheidungen Einfluss zu nehmen** mit dem Ziel, Nachteile und Belastungen zu vermeiden oder zumindest einzuschränken. Mitbestimmung im engeren Sinne bedeutet, dass der Arbeitgeber bestimmte Maßnahmen grundsätzlich nur mit Zustimmung der Arbeitnehmervertretung durchführen kann.

Mitwirkung dagegen heißt, dass der Arbeitgeber die Arbeitnehmer oder deren Vertretung vor der Durchführung bestimmter Maßnahmen zu informieren oder anzuhören hat.

Nicht nur Arbeitnehmer, sondern **auch Arbeitgeber können ein Interesse an Mitbestimmung haben**. Ergebnisse empirischer Arbeiten haben ergeben, dass größere Betriebe mit einem Betriebsrat produktiver sind als Betriebe ohne Betriebsrat. Theoretisch erklärbar wäre dies

- durch eine erhöhte Motivation der Beschäftigten und
- durch eine bessere Kommunikation auf allen Ebenen des Unternehmens.

Mitbestimmung des Arbeitnehmers besteht in zwei Formen:
1. **Mitbestimmung am Arbeitsplatz und im Betrieb**
2. **Unternehmensmitbestimmung** in größeren Betrieben.

> Eine besondere Stellung innerhalb der betrieblichen Mitbestimmung nimmt die **Jugend- und Ausbildungsvertretung** ein.

4.1 Interessenvertretung und Arbeitnehmerbeteiligung nach dem Betriebsverfassungsgesetz

Eine Mitbestimmung der Arbeitnehmer nach dem Betriebsverfassungsgesetz besteht in folgenden Bereichen:

- Ordnung des Betriebes
- Arbeitsbedingungen
- Personalangelegenheiten
- wirtschaftliche Entscheidung über die Entwicklung und Zukunft des Unternehmens.

Arbeitsschutz und die **Gesundheitsförderung** beanspruchen den größten Teil der Betriebsratsarbeit. Einen hohen Stellenwert nehmen auch **betriebliche Umstrukturierungen** ein. Dazu gehören z. B. die Änderung der Arbeitsorganisation und die Einführung neuer Techniken, sowie Arbeitsschutz/Gesundheitsförderung, Weiterbildung, Riester-Rente/betriebliche Altersversorgung, Erhöhung des Leistungsdrucks, Beschäftigungssicherung, Änderungen der Arbeitsorganisation, Zielvereinbarungen/Mitarbeitergespräche, Altersteilzeit, Personalabbau, Verschlechterung des Betriebsklimas, Zunahme von Überstunden, Kündigungsschutzfragen, Einführung neuer Arbeitszeitformen, Einführung neuer Techniken, Wünsche der Beschäftigten nach flexiblen Arbeitszeiten.

Nach § 1 **Betriebsverfassungsgesetz** (BetrVerfG) können in Betrieben mit i. d. R. mindestens fünf ständigen wahlberechtigten Arbeitnehmern, von denen drei wählbar sind, **Betriebsräte** gewählt werden. Wahlberechtigt sind alle Arbeitnehmer, die das 18. Lebensjahr vollendet haben (§ 7 BetrVerfG). Wählbar sind alle Wahlberechtigten, die sechs Monate dem Betrieb angehören (§ 8 BetrVerfG).

Der Arbeitgeber ist nicht verpflichtet, von sich aus Betriebsratswahlen durchzuführen. Auf Antrag der Arbeitnehmer ist er aber verpflichtet, die Wahl zuzulassen. Wer die Wahl eines Betriebsrates verhindert, wird mit einer Freiheitsstrafe bis zu einem Jahr und mit Geldstrafe oder einer dieser Strafen bestraft (§ 119 Abs. 1 BetrVerfG). Die Zahl der Betriebsratsmitglieder richtet sich nach der Zahl der Beschäftigten (§ 9 BetrVerfG):

Zahl der wahlberechtigten Arbeitnehmer	Zahl der Betriebsratsmitglieder
5 - 20	1
21 - 50	3
51 - 100	5
101 - 200	7
.	.
.	.
.	.
7.001 - 9.000	35
In Betrieben mit mehr als 9.000 Arbeitnehmern erhöht sich die Zahl der Betriebsratsmitglieder für je angefangene weitere 3.000 Arbeitnehmer um 2 Mitglieder.	

Betriebsverfassungsrecht				
Mitwirkungs- und Beschwerderecht	Mitbestimmungsrecht	Gestaltungsrecht	Anhörungsrecht	Beratungsrecht

Bei einigen betrieblichen Angelegenheiten hat der Betriebsrat ein **Mitwirkungsrecht** (Recht auf Beratung und Information). Bei **Mitwirkungsrechten** hat der Betriebsrat das Recht, sich zu einer Maßnahme zu äußern. Die Maßnahme selbst kann der Betriebsrat nicht verhindern, sondern nur verzögern. Bei **Informations- und Anhörungsrechten** muss der Betriebsrat lediglich von der geplanten Maßnahme unterrichtet werden.

Mitwirkungs- und Beschwerderecht des Arbeitnehmers §§ 81 - 86 BetrVG
Der Arbeitgeber hat den Arbeitnehmer über dessen Aufgabe und Verantwortung sowie über die Art seiner Tätigkeit zu unterrichten.
Der Arbeitnehmer hat das Recht in betrieblichen Angelegenheiten, die seine Person betreffen, gehört zu werden.
Der Arbeitnehmer hat das Recht in die über ihn geführten Personalakten Einsicht zu nehmen.
Der Betriebsrat hat Beschwerden von Arbeitnehmern entgegenzunehmen und, falls er sie für berechtigt erachtet, beim Arbeitgeber auf Abhilfe hinzuwirken.

Bei **Mitbestimmungsrechten** müssen Arbeitgeber und Arbeitnehmer gemeinsam handeln und einer Maßnahme oder Entscheidung einvernehmlich zustimmen.

Bei vielen **sozialen Angelegenheiten** hat der Betriebsrat ein echtes **Mitbestimmungsrecht**, d. h. ohne die Zustimmung des Betriebsrates bleiben betriebliche Maßnahmen unwirksam.

Mitbestimmungsrechte in sozialen Angelegenheiten §§ 87 - 89 BetrVG
Der Betriebsrat hat in folgenden Angelegenheiten mitzubestimmen:
1. Fragen der Ordnung des Betriebes
2. Beginn und Ende der täglichen Arbeitszeit einschließlich der Pausen
3. Vorübergehende Verkürzung (Kurzarbeit) oder Verlängerung (Überstunden) der betrieblichen Arbeitszeit
4. Zeit, Ort und Art der Auszahlung der Arbeitsentgelte
5. Aufstellung allgemeiner Urlaubsgrundsätze und des Urlaubsplans
6. Einführung von technischen Einrichtungen, die dazu bestimmt sind die Leistung des Arbeitnehmers zu überwachen

Beispiel

Da in der Vergangenheit im Büro wiederholt Diebstahl begangen wurde, möchte der Arbeitgeber eine Überwachungskamera installieren. Der Betriebsrat muss dieser Maßnahme ausdrücklich zustimmen, andernfalls ist der Einbau der Überwachungskamera nicht möglich.

Stufen der Mitgestaltungsrechte und Mitverantwortung des Betriebsrats
Mitbestimmungsrechte mit Zustimmungspflicht
Der Arbeitgeber muss vom Betriebsrat die Zustimmung für eine geplante betriebliche Maßnahme erhalten.
Mitwirkungsrechte ohne Zustimmungspflicht
Der Arbeitgeber muss den Betriebsrat vor einer geplanten betrieblichen Maßnahme informieren und dessen Meinungen und Beurteilungen anhören.
Beratungsrechte ohne Zustimmungspflicht
Der Arbeitgeber hat den Betriebsrat zu beraten und dessen Vorstellungen und Vorschläge anzuhören.
Informationsrechte ohne Zustimmungspflicht
Der Arbeitgeber hat den Betriebsrat vor Durchführung einer betrieblichen Maßnahme zu informieren.

Kommt eine Einigung nicht zustande, so entscheidet die **Einigungsstelle**. Der Spruch der Einigungsstelle ersetzt die Einigung zwischen Arbeitgeber und Betriebsrat (§ 87 Abs. 2 BetrVG).

Fallweise oder ständige Einigungsstelle § 76 BetrVG
Zur Beilegung von Meinungsverschiedenheiten zwischen Arbeitgeber und Betriebsrat ist eine Einigungsstelle zu bilden.
Die Einigungsstelle besteht aus einer gleichen Anzahl von Beisitzern, die vom Arbeitgeber und Betriebsrat bestellt werden und einem unparteiischen Vorsitzenden, auf dessen Person sich beide Seiten einigen müssen.
Die Einigungsstelle fasst ihre Beschlüsse mit Stimmrechtsmehrheit.

Der Betriebsrat hat **Unterrichtungs- und Beratungsrechte**

- bei der Gestaltung von Arbeitsplatz, Arbeitsablauf und Arbeitsumgebung (§§ 90 - 91 BetrVG)
- bei personellen Angelegenheiten (§§ 92 - 105 BetrVG)
- bei wirtschaftlichen Angelegenheiten (§§ 106 - 113 BetrVG).

Darüber hinaus hat der Betriebsrat **bei Kündigungen** ein **Mitbestimmungsrecht** (§ 102 BetrVG).

4.2 Betriebliche Jugendvertretung

Die Zahl der Jugendvertreter bestimmt sich nach der Zahl der jugendlichen Arbeitnehmer und Auszubildenden bis zum 25. Lebensjahr (§ 62 BetrVG). In Betrieben mit **mindestens fünf** Arbeitnehmern, die das 18. Lebensjahr noch nicht vollendet haben (jugendliche Arbeitnehmer) oder Auszubildende, die das 25. Lebensjahr noch nicht vollendet haben, werden Jugend- und Ausbildungsvertretungen gewählt (§ 60 Abs. 1 BetrVG).

Wahlberechtigt sind jugendliche Arbeitnehmer und Auszubildende bis zum 25. Lebensjahr (§ 61 Abs. 1 BetrVG). Wählbar sind alle Arbeitnehmer, die das 25. Lebensjahr noch nicht vollendet haben und nicht Mitglied des Betriebsrats sind (§ 61 Abs. 2 BetrVG).

Zahl der in § 60 genannten Personen	Zahl der Jugend- und Ausbildungsvertreter
5 - 20	1
21 - 50	3
51 - 150	5
151 - 300	7
301 - 500	9
501 - 700	11
701 - 1.000	13
mehr als 1.000	15

Die Jugendvertretung kann zu allen Betriebsratssitzungen einen Vertreter entsenden (§ 67 Abs. 1 Satz 1 BetrVG). Die Jugendvertretung hat **allgemeine Aufgaben** (§ 70 BetrVG):

- Sie beantragt beim Betriebsrat Maßnahmen, die den jugendlichen Arbeitnehmern dienen, insbesondere in Fragen der Berufsausbildung.
- Sie wacht darüber, dass die zugunsten der jugendlichen Arbeitnehmer geltenden Gesetze, Verordnungen, Unfallverhütungsvorschriften, Tarifverträge und Betriebsvereinbarungen eingehalten werden.
- Sie hat Anregungen von jugendlichen Arbeitnehmern, insbesondere in Fragen der Berufsausbildung, entgegenzunehmen und an den Betriebsrat weiterzuleiten.

Die Jugendvertretung kann im Einvernehmen mit dem Betriebsrat **Jugend- und Auszubildendenversammlungen** einberufen (§ 71 BetrVG) und in Betrieben, die i. d. R. mehr als 50 jugendliche Arbeitnehmer und Auszubildende unter 25 Jahren beschäftigen, **Sprechstunden** während der Arbeitszeit einrichten (§ 69 BetrVG).

5. Entstehung und Beendigung des Arbeitsverhältnisses

5.1 Arbeitsverhältnis und Einzelarbeitsvertrag

Ein Arbeitsverhältnis wird mit Abschluss eines **Arbeitsvertrages** zwischen einem **einzelnen Arbeitgeber** und einem **einzelnen Arbeitnehmer** begründet. Der Arbeitsvertrag ist wie der Mietvertrag ein sogenanntes **Dauerschuldverhältnis**, d. h. er ist ein zeitlich befristeter oder unbefristeter Vertrag, also kein Vertrag mit einer einmaligen Abwicklung.

> Der Arbeitsvertrag ist ein spezieller Dienstvertrag (§ 611a BGB)

Arbeitnehmer im Sinne des Arbeitsrechts sind alle Erwerbstätigen, die ein Arbeitsverhältnis aufgrund eines **privatrechtlichen Vertrages** eingegangen sind. Beamte sind demnach keine Arbeitnehmer, da sie ein Arbeitsverhältnis aufgrund eines **öffentlich-rechtlichen Dienstvertrages** eingegangen sind.

Arbeitgeber im Sinne des Arbeitsrechts sind alle natürlichen und juristischen Personen, **die mit einem Arbeitnehmer ein Arbeitsverhältnis** eingegangen sind.

> **Arbeitnehmer** sind Arbeiter, Angestellte und Auszubildende (vgl. z. B. §§ 5 Abs. 1 BetrVG, 2 ArbZG, 2 BUrlG).
>
> Während der **Arbeitnehmer** immer eine **natürliche Person** ist, kann der **Arbeitgeber** sowohl eine **natürliche** als auch eine **juristische Person** sein.

Arbeitgeber und **Arbeitnehmer** sind Vertragspartner eines Arbeitsvertrages.

Wie alle schuldrechtlichen Verträge kommt auch der Arbeitsvertrag durch Antrag und Annahme des Antrags zustande.

Der Arbeitsvertrag beruht auf einem **Leistungsaustausch:**

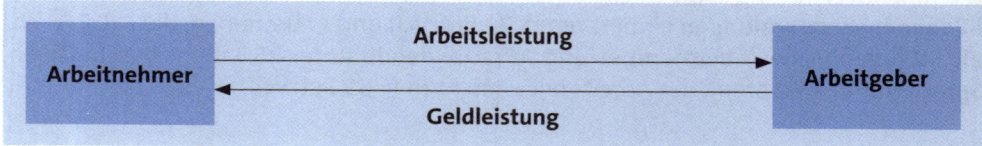

Für den **Abschluss** eines Einzelarbeitsvertrages gibt es grundsätzlich **keine** Formvorschrift; er kann also **auch mündlich oder konkludent** (= durch schlüssiges Verhalten) gültig abgeschlossen werden.

Eine **Ausnahme** hiervon bilden **befristete Arbeitsverträge**. Sie können bei Vorliegen eines sachlichen Grundes (z. B. Vertretung, vorübergehender Bedarf) oder auch ohne Sachgrund (z. B. bei Neueinstellung) **zeitlich befristet** geschlossen werden. Die Befristung muss nach § 14 Abs. 4 Teilzeitbefristungsgesetz (TzBfG) **schriftlich** vereinbart werden; geschieht dies nicht, kommt durch den Vertragsabschluss ein unbefristetes Arbeitsverhältnis zu Stande.

Der Arbeitgeber ist nach § 2 **Nachweisgesetz** (NachwG) verpflichtet, dem Arbeitnehmer spätestens einen Monat nach dem vereinbarten Beginn des Arbeitsverhältnisses die Arbeitsbedingungen **schriftlich** zu **bestätigen**.

Die **Niederschrift** muss nach § 2 NachwG **mindestens die folgenden zehn Punkte** enthalten:

1. Name und Anschrift der Vertragsparteien
2. Beginn des Arbeitsverhältnisses
3. Dauer des Arbeitsverhältnisses bei Zeitverträgen
4. Arbeitsort
5. Beschreibung der Tätigkeit
6. Höhe und Fälligkeit des Arbeitsentgelts
7. Arbeitszeit
8. Dauer des Erholungsurlaubs
9. Kündigungsfrist
10. Hinweis auf Tarifverträge, Betriebs- oder Dienstvereinbarungen.

Der Nachweis **kann** dann **unterbleiben**, wenn der **Arbeitsvertrag schriftlich** abgeschlossen wurde und die **erforderlichen Angaben enthält**. In diesem Fall entfällt der Verwaltungsaufwand, der mit der Anfertigung und Aushändigung der Niederschrift verbunden ist (§ 4 NachwG).

MERKE

> Der Arbeitgeber ist nicht zu einem schriftlichen Arbeitsvertrag, aber zu einem schriftlichen Nachweis der Arbeitsbedingungen verpflichtet. Wenn er dieser Verpflichtung nicht nachkommt, ist der geschlossene Arbeitsvertrag aber trotzdem gültig!

Auf dem Gebiet des Arbeitsrechts herrscht i. d. R. der **Grundsatz der Vertragsfreiheit**. Über Abschluss, Inhalt und Form können die Vertragsparteien selbstständig entscheiden.

In einem **Arbeitsvertrag** sollten insbesondere die folgenden **wichtigen Punkte** vereinbart werden:

- Art der Tätigkeit
- Beginn und Dauer der Tätigkeit
- Dauer der Arbeitszeit
- Dauer der Probezeit
- Entgelt
- Urlaub
- Kündigungsfristen
- freiwillige soziale Leistungen.

Rechtliches Kennzeichen des Arbeitsvertrages ist das **Weisungsrecht des Arbeitgebers** (Recht, Anordnungen im Rahmen des Arbeitsvertrages zu treffen) und die **Weisungspflicht des Arbeitnehmers** (Pflicht, Anordnungen im Rahmen des Arbeitsvertrages zu befolgen).

Aufgrund eines Arbeitsvertrages verpflichten sich die Vertragspartner, ihre Leistungen zu erfüllen. **Hauptpflicht** des **Arbeitnehmers** ist die Erbringung seiner Arbeitsleistung (§ 611a Abs. 1 Satz 1 BGB). Hauptpflicht des Arbeitgebers ist die Vergütung der Arbeitsleistung (§ 611a Abs. 2 BGB).

Zu den **Nebenpflichten** des **Arbeitnehmers** gehören u. a. die **Pflicht zur Verschwiegenheit** in betrieblichen Angelegenheiten und das **Unterlassen jeglichen Wettbewerbs**.

Zu den **Nebenpflichten des Arbeitgebers** gehören u. a. die **Gewährung von Urlaub** nach dem Bundesurlaubsgesetz (BUrlG), die **Gewährung einer angemessenen Zeit zur Arbeitssuche** (§ 629 BGB) und das **Ausstellen eines Zeugnisses** bei der Beendigung des Arbeitsverhältnisses (§ 630 BGB).

Hauptpflichten des		Nebenpflichten des	
Arbeitgebers	Arbeitnehmers	Arbeitgebers	Arbeitnehmers
► Zahlung des vereinbarten Entgelts	► Erbringung/ Bereitstellung der vereinbarten Arbeitsleistung(en)	► Urlaubsgewährung ► Fürsorgepflicht ► Zeugnispflicht	► Weisungspflicht ► Verschwiegenheitspflicht ► Treuepflicht ► Verbot der Annahme von Schmiergeldern ► Unterlassung rufschädigender Äußerungen

Aufgaben 169 - 176 > Seite 225

5.2 Gewährung und Berechnung des Urlaubsanspruchs

Urlaub wird nach **Werktagen**, nicht nach Arbeits- oder Kalendertagen berechnet. **Werktage** sind **alle Tage, die nicht Sonn- oder Feiertage sind**, also auch der arbeitsfreie Samstag.

 **MERKE**

Die gesetzliche Urlaubszeit beträgt 24 Werktage im Kalenderjahr (§ 3 Abs. 1 BUrlG).

Arbeitstage sind die Tage, an denen der Arbeitnehmer aufgrund des Arbeitsvertrages zur Arbeit verpflichtet ist.

Der **gesetzliche Mindesturlaub** (§ 3 Abs. 1 BurlG) **bezieht sich auf eine Sechstagewoche** (Mo.-Sa.). Die gesetzliche Regelung geht also davon aus, dass auch samstags gearbeitet wird. Somit entspricht der gesetzliche Mindesturlaub einer Urlaubsdauer von **4 Wochen** (24 Werktage Urlaub: 6 Werktage pro Woche = 4 Wochen).

Wenn im Betrieb jedoch nur montags bis freitags gearbeitet wird (= **Fünftagewoche**), muss der Urlaubsanspruch – wenn er in Werktagen vereinbart ist – **in Arbeitstage umgerechnet** werden.

Ein vereinbarter Urlaubsanspruch von **24 Werktagen** entspricht bei einer Fünftagewoche somit **20 Arbeitstagen** (24 Werktage : 6 Werktage/Woche • 5 Arbeitstage/Woche = 20 Arbeitstage).

 **MERKE**

Umrechnung von Werktagen in Arbeitstage (bei einer Fünftagewoche):

$$\frac{\text{Werktage}}{6} \cdot 5 = \text{Arbeitstage}$$

Beispiel

Der Arbeitnehmer Jürgen Ringel hat in dem Arbeitsvertrag mit seinem Arbeitgeber Hans Müller 34 Werktage Erholungsurlaub jährlich vereinbart.

Da Herr Ringel im Betrieb eine Fünftagewoche (Mo.-Fr.) hat, beträgt sein Urlaubsanspruch 28 Arbeitstage (34 Werktage : 6 • 5 = 28,33 Tage, gerundet = 28 Tage).

 **INFO**

Wenn ein arbeitsfreier Samstag (z. B. innerhalb eines zusammenhängenden Urlaubs) ein **gesetzlicher Feiertag** ist (beispielsweise Samstag, der 01.01.2022), dann ist dieser Samstag **nicht** als Urlaubstag anzurechnen (maximal jedoch 4 derartige Samstage pro Kalenderjahr).

Erholungsurlaub muss grundsätzlich im **laufenden Kalenderjahr gewährt und genommen werden** (§ 7 Abs. 3 Satz 1 BUrlG). Eine **Übertragung** auf das nächste Kalenderjahr ist nur aus **betrieblichen** (hohe Auftragslage) oder **persönlichen** (Krankheit) **Gründen** möglich. Aus finanziellen Gründen ist eine Übertragung nicht möglich.

Im Falle der Übertragung muss der Urlaub bis 31.03. des folgenden Kalenderjahres gewährt und genommen werden, es sei denn, im Tarifvertrag wurde ein späterer Zeitpunkt vereinbart (§ 7 Abs. 3 Satz 3 und § 13 Abs. 1 BUrlG).

Der Anspruch auf **vollen** Jahresurlaub wird erst nach **sechsmonatigem** Bestehen (= Wartezeit) des Arbeitsverhältnisses erworben (§ 4 BUrlG). Anspruch auf **Teilurlaub** ($\frac{1}{12}$ des Jahresurlaubs für jeden vollen Monat, in dem das Arbeitsverhältnis bestanden hat), erwirbt der Arbeitnehmer in folgenden Fällen (§ 5 BUrlG):

1. Der **Arbeitnehmer erfüllt die Wartezeit nicht**, weil sein Arbeitsverhältnis erst nach Juni begonnen hat.
2. Der **Arbeitnehmer scheidet** vor erfüllter Wartezeit aus dem Arbeitsverhältnis **aus**.
3. Der **Arbeitnehmer hat die Wartezeit erfüllt** (das Arbeitsverhältnis besteht mehrere Jahre) und **scheidet in der ersten Hälfte** des laufenden Kalenderjahres **aus**.

 **MERKE**

Der Arbeitnehmer hat in bestimmten Fällen Anspruch auf ein Zwölftel des Jahresurlaubs für jeden Monat des Bestehens des Arbeitsverhältnisses.

Bruchteile von Urlaubstagen, die **mindestens** einen **halben Tag** ergeben, sind auf **volle** Urlaubstage aufzurunden (§ 5 Abs. 2 BUrlG).

Den Anspruch auf Jahresurlaub hat der Arbeitnehmer auch bei einem Arbeitsplatzwechsel. Der Anspruch an den neuen Arbeitgeber besteht jedoch nicht, wenn dem Arbeitnehmer für das laufende Kalenderjahr bereits von seinem früheren Arbeitgeber Urlaub gewährt worden ist (§ 6 Abs. 1 BUrlG). Der Arbeitgeber ist deshalb verpflichtet, bei Beendigung des Arbeitsverhältnisses dem Arbeitnehmer eine **Bescheinigung über den im laufenden Kalenderjahr gewährten Urlaub** auszuhändigen (§ 6 Abs. 2 BUrlG). Diese Verpflichtung des Arbeitgebers soll Doppelansprüche vermeiden. Solange der

Arbeitnehmer diese Urlaubsbescheinigung nicht vorlegt, kann der neue Arbeitgeber den Urlaub verweigern.

Aufgabe 143 > Seite 219

5.3 Tarifvertrag

Das **Individualarbeitsrecht** (Individuum, lat. einzelne Person) regelt die Rechtsbeziehungen zwischen dem Arbeitgeber und dem einzelnen Arbeitnehmer. Das **Kollektivarbeitsrecht** (Kollektiv, lat. Gruppe, Gemeinschaft) regelt die Rechtsbeziehungen zwischen Gruppen von Vertragspartnern (Gewerkschaften, Arbeitgeberverbänden, Betriebsräten). Teil des Kollektivarbeitsrechts ist das **Tarifvertragsrecht**.

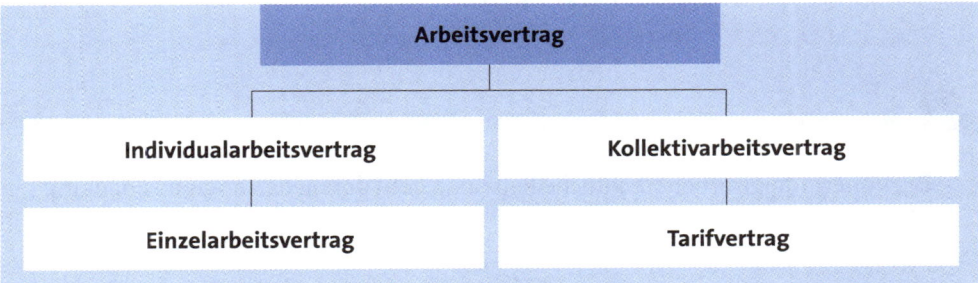

Nur die Tarifvertragsparteien (Sozialpartner) sind berechtigt, Tarifverträge abzuschließen. Man bezeichnet dieses Recht als **Tariffähigkeit**. **Tarifvertragsparteien** sind auf der Seite der Arbeitnehmer die **Gewerkschaften** (niemals ein einzelner Arbeitnehmer), auf der anderen Seite **einzelne Arbeitgeber** sowie **Arbeitgeberverbände** (§ 2 Abs. 1 TVG).

Nach dem **Inhalt der Tarifverträge** unterscheidet man

- **Lohn- und Gehaltstarifverträge** (Entgelttarifverträge): sie enthalten Bestimmungen über die Vergütung.
- **Manteltarifverträge** (Rahmentarifverträge): sie enthalten Bestimmungen über allgemeine Arbeitsbedingungen.
- **Haus- und Firmentarifverträge:** sie werden mit einzelnen Arbeitgebern vereinbart.
- **Branchentarifverträge:** sie gelten für einen bestimmten Wirtschaftszweig, ob also der Unternehmensgegenstand einer Branche zuzuordnen ist.

Das Recht Tarifverträge selbstständig und ohne staatliche Einmischung abzuschließen, bezeichnet man als **Tarifautonomie**.

Die Rechtsregeln des Tarifvertrages gelten unmittelbar und zwingend (unabdingbar) zwischen den **Tarifgebundenen**. Tarifvertragsrecht ist somit **zwingendes Recht**. Von den tarifvertraglichen Regelungen darf nur **zugunsten** des Arbeitnehmers abgewichen werden (**Günstigkeitsprinzip**).

Einzelarbeitsvertragliche Regelungen sind unwirksam, sofern sie gegen tarifvertragliche Regelungen verstoßen. **Tarifvertrag geht vor Arbeitsvertrag**. Insofern wirkt der Tarifvertrag wie ein Gesetz.

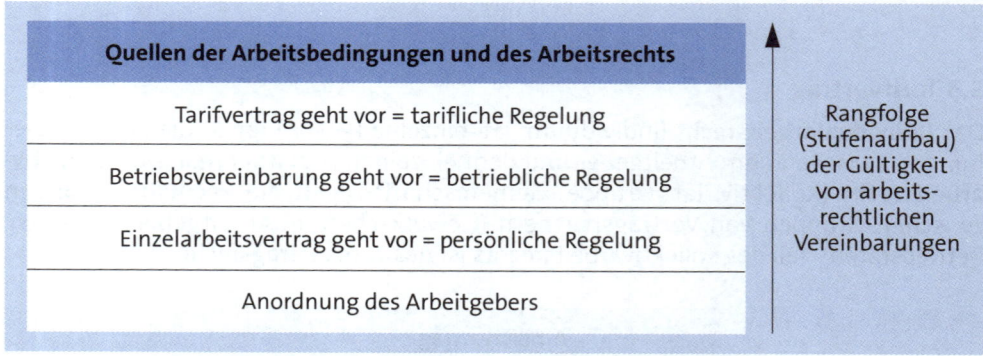

Die höherrangige arbeitsrechtliche Regelung geht der niederrangigen Regelung vor.

Der Tarifvertrag ist **nur dann zwingend**, wenn **beiderseitige Tarifgebundenheit** vorliegt, d. h. wenn der Arbeitnehmer Mitglied einer tarifschließenden Gewerkschaft und der Arbeitgeber Mitglied eines tarifschließenden Arbeitgeberverbandes ist. Ist dies nicht der Fall, können tarifvertragliche Regelungen im Arbeitsvertrag übernommen werden, sie müssen es aber nicht. Einzelvertraglich kann sogar zuungunsten des Arbeitnehmers abgewichen werden. Der Tarifvertrag ist dann lediglich eine Empfehlung.

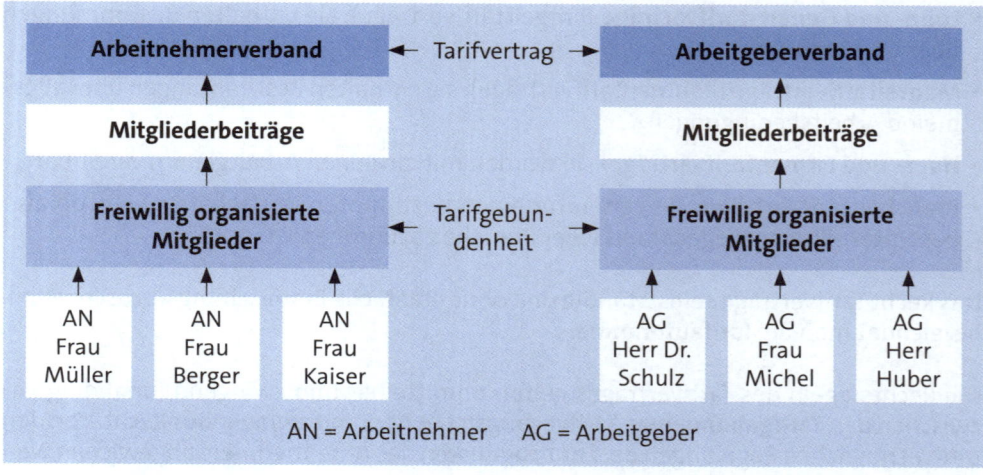

Für tarifgebundene Arbeitgeber und Arbeitnehmer spielt es keine Rolle, ob sie der Geltung des Tarifvertrages zugestimmt haben oder ob sie vom Vertragsinhalt Kenntnis genommen haben. Der Tarifvertrag ist auch ohne ihre Zustimmung zwingendes Recht.

Der Tarifvertrag regelt einen bestimmten Geltungsbereich.

Geltungsbereich des Tarifvertrages			
Räumlicher Geltungsbereich	Zeitlicher Geltungsbereich	Fachlicher Geltungsbereich	Persönlicher Geltungsbereich
▸ für das gesamte Bundesgebiet ▸ für einzelne Bundesländer ▸ für einzelne Arbeitgeber	01.01.20.. bis 31.12.20..	für Gebäudereinigungsbetriebe	a) für Gebäudereinigungsfachkräfte b) für Auszubildende

Während der Laufzeit des Tarifvertrages besteht für die Tarifparteien **Friedenspflicht**, d. h. sie dürfen **keine Kampfmaßnahmen** (Streik, Aussperrung) zur Durchsetzung ihrer Ziele ergreifen.

Funktionen des Tarifvertrages		
Schutzfunktion	Friedensfunktion	Ordnungsfunktion
durch die Zulassung von günstigeren einzelvertraglichen Regelungen	durch das Verbot von Kampfmitteln während der Laufzeit eines Tarifvertrages	durch gleichartige Regelungen für eine Vielzahl von Arbeitsverhältnissen

Betriebsvereinbarungen
Betriebsvereinbarungen sind **schriftliche Vereinbarungen** (Abmachungen) zwischen dem **Betriebsrat** und dem **Arbeitgeber** (§§ 77 Abs. 1 Satz 1, 77 Abs. 2 Satz 1 BetrVG). Die Betriebsvereinbarung wirkt allein auf der Ebene des Betriebes, und zwar unmittelbar und zwingend. Betriebsvereinbarungen schaffen **auf der Ebene eines einzelnen Betriebes verbindliches Arbeitsrecht. Allerdings geht der Tarifvertrag in seiner Wirksamkeit vor**. Einen Katalog der durch Betriebsvereinbarung regelbaren Angelegenheiten enthält § 88 BetrVG. In Betriebsvereinbarungen kann freiwillig nur vereinbart werden, was zum Gestaltungsbereich des Betriebsrates gehört.

Die Allgemeinverbindlichkeitserklärung
In Branchen mit einer Vielzahl von Klein- und Kleinstbetrieben können deren Inhaber tarifvertragliche Regelungen in zweifacher Hinsicht umgehen:
1. Sie gehören keiner Arbeitgebervereinigung an.
2. Sie stellen nur Arbeitnehmer ein, die keiner Gewerkschaft angehören.

Je nach konjunktureller Lage ist es denkbar, dass sich Arbeitgeber (in Zeiten von Vollbeschäftigung) oder Arbeitnehmer (in Zeiten hoher Arbeitslosigkeit) gegenseitig Konkurrenz machen.

Um ein gegenseitiges Unterbieten der Arbeitnehmer beim Kampf um einen Arbeitsplatz zu verhindern, besteht die Möglichkeit, dass der Bundesminister für Arbeit und Sozialordnung einen Tarifvertrag für allgemein verbindlich erklärt (§ 5 TVG). Die Voraussetzungen sind:

- Eine Tarifvertragspartei muss den Antrag stellen.
- Die tarifgebundenen Arbeitgeber dürfen nicht weniger als 50 % der in den Geltungsbereich des Tarifvertrages fallenden Arbeitnehmer beschäftigen.
- Es muss ein öffentliches Interesse vorliegen.

Die Allgemeinverbindlichkeitserklärung bewirkt, dass die Regelungen des Tarifvertrages in seinem Geltungsbereich **auch für die nichtorganisierten Arbeitnehmer und Arbeitgeber** (Außenseiter) **gelten**.

Aufgabe 148 > Seite 220
Aufgabe 157 > Seite 222

5.4 Beendigungsmöglichkeiten des Arbeitsverhältnisses

Ein Arbeitsverhältnis von **unbestimmter Dauer** kann durch verschiedene Umstände beendet werden.

In Betracht kommen insbesondere:

- Anfechtung des Arbeitsvertrages (z. B. wegen Irrtum nach § 119 BGB: Einstellung eines Lkw-Fahrers; es stellt sich aber heraus, dass dieser gar keinen Lkw-Führerschein hat)
- Tod des Arbeitnehmers
- Auflösungsvertrag
- Kündigung
- Erreichen der Altersgrenze (Eintritt in die Rente).

Der **Tod des Arbeitgebers** führt hingegen **nicht** zur Beendigung des Arbeitsverhältnisses. Auch ein Betriebsübergang bei einen **Inhaberwechsel** führt **nicht** zur Beendigung des Arbeitsverhältnisses (§ 613a Abs. 1 Satz 1 BGB), es sei denn, dass der Arbeitnehmer widerspricht (§ 613a Abs. 6 BGB).

Befristete Arbeitsverhältnisse (von bestimmter Dauer) **enden automatisch**, wenn der vertraglich vereinbarte Zeitraum (z. B. „6 Monate") abgelaufen oder Zeitpunkt (z. B. „bis zum 31.12.20..") erreicht ist. Eine vor dem vertraglichen Ende eintretende Beendigung ist in seltenen Ausnahmefällen natürlich auch möglich (z. B. durch Tod des Arbeitnehmers, Auflösungsvertrag oder fristlose Kündigung).

 **MERKE**

Beendigung von Arbeitsverhältnissen	
unbefristete Arbeitsverhältnisse	**befristete** Arbeitsverhältnisse
▸ Anfechtung des Arbeitsvertrages	▸ Vertragsablauf (Zeitvertrag)
▸ Tod des Arbeitnehmers	oder
▸ Auflösungsvertrag	▸ Tod des Arbeitnehmers
▸ Kündigung	▸ Auflösungsvertrag
▸ Erreichen der Altersgrenze	▸ Kündigung

5.5 Kündigung und Kündigungsschutz

Mit dem **Abschluss des Arbeitsvertrages** haben Arbeitgeber und Arbeitnehmer **Rechte erworben**, aber gleichzeitig **Pflichten übernommen**. Die Vertragsparteien können das Arbeitsverhältnis jedoch durch Kündigung beenden, ohne dass es auf den Willen der anderen Partei ankommt. Mit Beendigung des Arbeitsverhältnisses sind die Vertragsparteien von ihren arbeitsvertraglichen Pflichten entbunden, verlieren auf der anderen Seite aber auch ihre arbeitsvertraglichen Rechte.

5.5.1 Kündigungsform und Kündigungsgrund

Hauptzweck des Arbeitsrechts ist der **Schutz des Arbeitnehmers** vor Nachteilen bzw. Gefahren, die mit seiner unselbstständigen Stellung verbunden sind. Neben den Bereichen Gesundheitsschutz, Arbeitszeitschutz und Entgeltschutz ist der **Kündigungsschutz** von besonderer Bedeutung.

 **MERKE**

Arbeitsrecht ist in erster Linie Arbeitnehmerschutzrecht.

Wird ein Arbeitnehmer nicht für unbestimmte Zeit eingestellt, sondern bis zu einem bestimmten Zeitpunkt, spricht man von einem **befristeten Arbeitsvertrag (Arbeitsvertrag auf Zeit)**, z. B.: Urlaubsvertretung, Vertretung einer in Elternzeit befindlichen Arbeitnehmerin, Vertretung eines länger erkrankten Mitarbeiters. Ein befristetes Arbeitsverhältnis (auch **Zeitvertrag** genannt) **endet** automatisch **mit Fristablauf** (§ 620 BGB).

Da es beim Zeitvertrag keiner Kündigung bedarf, kommen weder die Kündigungsschutzbestimmungen zum Zuge, noch ist eine Anhörung des Betriebsrates erforderlich.

Ein **unbefristeter** Arbeitsvertrag kann durch einen Auflösungsvertrag oder durch eine Kündigung beendet werden.

Die **Kündigung** ist ein **einseitiges**, **empfangsbedürftiges** Rechtsgeschäft. Die Willenserklärung wird also nur von einer Vertragspartei abgegeben, muss aber der anderen Vertragspartei zur Kenntnis gebracht werden.

Das BGB schreibt in § 623 vor, dass die Kündigung oder Auflösung eines Arbeitsverhältnisses **schriftlich** erfolgen muss. Geschieht dies nicht (z. B. nur mündliche Kündigung), dann ist sie ungültig; die **elektronische Form** (z. B. E-Mail) ist ausdrücklich **ausgeschlossen**.

MERKE

Die Beendigung von Arbeitsverhältnissen durch Kündigung oder Auflösungsvertrag bedürfen der Schriftform, um wirksam zu sein (§ 623 BGB).

Eine **Begründung** der Kündigung ist grundsätzlich **nicht erforderlich**. Auf Verlangen des Kündigungsempfängers muss der Kündigungserklärende **bei einer außerordentlichen Kündigung** jedoch den **Kündigungsgrund** unverzüglich schriftlich mitteilen (§ 626 BGB).

5.5.2 Kündigungszugang und Beweislast

Erst ab **Zugang der Kündigung** kann die Kündigung wirksam werden.

Bei **persönlicher Überbringung** des Kündigungsschreibens ist die Kündigung **mit der Übergabe erfolgt**. Aus Beweisgründen bedient sich der Überbringer häufig eines Zeugen oder lässt sich den Empfang des Schreibens bestätigen.

Wird das Kündigungsschreiben **durch die Post** übergeben, so ist das Schreiben in dem Zeitpunkt übergegangen, in dem mit der **Leerung des Briefkastens zu rechnen** ist. Grundsätzlich genügt der Einwurf des Kündigungsschreibens in den Hausbriefkasten, und zwar selbst dann, wenn sich der Empfänger im Urlaub befindet. Übergibt der Postbedienstete das für den Empfänger bestimmte Kündigungsschreiben der Ehefrau, den Eltern, der Lebensgefährtin oder einem volljährigen Kind, so gilt das Kündigungsschreiben mit der Annahme des Briefes durch diese Personen als zugegangen.

Für **Einschreibebriefe** gilt das Gleiche **wie für gewöhnliche Briefe**. Die Kündigung gilt jedoch erst dann als zugegangen, wenn sie in den Briefkasten des Empfängers eingeworfen (= Einwurfeinschreiben) oder dem Empfänger übergeben wurde (= Übergabeeinschreiben).

ACHTUNG

Verweigert der Empfänger die Annahme des Schreibens oder leert er seinen Hausbriefkasten nicht, so gilt die Kündigung trotzdem als zugegangen.

Mit einer **Einschreibesendung** lässt sich nur der **Zugang** eines Schreibens nachweisen, **nicht aber dessen Inhalt**. Der Benachrichtigungszettel gibt keine Hinweise auf den Absender und lässt den Empfänger im Unwissen über den Inhalt der Einschreibesendung. Sicherheitshalber sollte der Erklärende Zeugen hinzuziehen, die bestätigen, dass das Kündigungsschreiben in den Briefumschlag gegeben wurde.

5.5.3 Exkurs: Auflösungsvertrag

Durch den Auflösungsvertrag wird das Arbeitsverhältnis in **beiderseitigem Einverständnis** (Einvernehmen) durch Arbeitgeber und Arbeitnehmer beendet.

Der Auflösungsvertrag ist die häufigste Form der Beendigung eines Arbeitsverhältnisses ohne Kündigung. Auflösungsverträge bieten die Möglichkeit,

- Arbeitsverhältnisse zu beenden, für die kein anerkannter Kündigungsgrund nach dem Kündigungsschutzgesetz vorliegt und
- Arbeitsgerichtsprozesse mit ungewissem Ausgang zu vermeiden.

MERKE

Beim Auflösungsvertrag wird das Arbeitsverhältnis durch zwei übereinstimmende Willenserklärungen der Vertragsparteien aufgehoben, ohne dass der Arbeitgeber zuvor eine Kündigung ausgesprochen hat. Der Auflösungsvertrag bedarf zu seiner Wirksamkeit der Schriftform (§ 623 BGB).

Vorteile:
1. Kündigungsfristen müssen nicht beachtet werden.
2. Kündigungsschutzbestimmungen finden keine Beachtung.
3. Eine vorherige Anhörung des Betriebsrates kann unterbleiben.
4. Das Prozessrisiko in einem Kündigungsschutzprozess entfällt.
5. Häufig wird eine Abfindungszahlung für den Arbeitsplatzverlust vereinbart.
6. Das Arbeitsverhältnis wird ohne personenbedingte oder verhaltensbedingte Kündigung beendet.
7. Es entfällt die Sozialauswahl bei einer betriebsbedingten Kündigung.

Nachteile:

1. Kündigungsschutzvorschriften sind nicht anwendbar.
2. Mitwirkungsrechte des Betriebsrates entfallen.
3. Der Abschluss eines Auflösungsvertrages führt grundsätzlich zu einer Sperrzeit für den Bezug von Arbeitslosengeld von 12 Wochen.

5.5.4 Kündigungsfristen bei ordentlicher Kündigung

Eine **ordentliche Kündigung** ist nur unter Einhaltung bestimmter Fristen möglich. Wenn einzelvertraglich oder tarifvertraglich nichts vereinbart ist, gelten die **gesetzlichen Kündigungsfristen**.

Die Kündigungsfrist ist der gesetzlich oder vertraglich vorgeschriebene Zeitraum zwischen dem Zugang der Kündigung und ihrem Wirksamwerden.

Die **Kündigungsfrist** für Arbeiter und Angestellte beträgt mindestens **vier Wochen** genau **zum 15. eines Monats oder zum Monatsende** (sog. Grundkündigungsfrist gem. § 622 Abs. 1 BGB).

Abweichende bestehende tarifvertragliche Regelungen bleiben gültig und sind auch weiterhin möglich.

Die **Grundkündigungsfrist** nach § 622 Abs. 1 BGB beträgt **4 Wochen** (= 28 Kalendertage) zum 15. oder zum Ende eines Kalendermonats.

Die Nichteinhaltung der Kündigungsfrist hat keinen Einfluss auf die Wirksamkeit der Kündigung. Eine verspätet zugegangene Kündigung ist somit zum nächstmöglichen Kündigungstermin wirksam.

Die Kündigungsfrist verlängert sich für langjährig beschäftigte Arbeitnehmer, unabhängig von der Zahl der Beschäftigten im Betrieb.

Verlängerte Kündigungsfristen bei einer Beschäftigungsdauer im selben Betrieb (§ 622 Abs. 2 BGB)	Kündigungsfrist durch den Arbeitgeber	Kündigungsfrist durch den Arbeitnehmer
2 Jahre	1 Monat zum Monatsende	4 Wochen zum 15. oder zum Ende eines Monats
5 Jahre	2 Monate zum Monatsende	
8 Jahre	3 Monate zum Monatsende	
10 Jahre	4 Monate zum Monatsende	
12 Jahre	5 Monate zum Monatsende	
15 Jahre	6 Monate zum Monatsende	
20 Jahre	7 Monate zum Monatsende	

Beachten Sie folgende Hinweise:

- Die verlängerten Kündigungsfristen sind eine Schutzvorschrift zugunsten des Arbeitnehmers. Lediglich für den Arbeitgeber verlängern sich die Kündigungsfristen. Für den Arbeitnehmer gilt weiterhin eine Kündigungsfrist von vier Wochen.
- Einzelvertragliche Verlängerungen der Grundkündigungsfrist sind möglich. Einzelvertragliche Verkürzungen sind nur möglich bei Aushilfstätigkeiten bis drei Monate (§ 622 Abs. 5 Nr. 1 BGB).
- Abweichende Regelungen in Tarifverträgen bleiben unberührt, wenn sie einheitliche Fristen für Arbeiter und Angestellte vorsehen (§ 622 Abs. 4 BGB).
- Für Betriebe mit 20 oder weniger Arbeitnehmern können vier Wochen ohne festen Termin (kalendertäglich) als Kündigungsfrist vereinbart werden (§ 622 Abs. 5 Nr. 2 BGB).
- Während einer vorgeschalteten Probezeit von höchstens sechs Monaten kann mit einer Zwei-Wochen-Frist gekündigt werden (§ 622 Abs. 3 BGB).
- Für die Kündigung des Arbeitsverhältnisses durch den Arbeitnehmer darf keine längere Frist vereinbart werden als für die Kündigung durch den Arbeitgeber (§ 622 Abs. 6 BGB).
- Fällt der letzte Tag, an dem die Kündigung zugeht, auf einen Samstag, Sonntag oder gesetzlichen Feiertag, muss der Kündigende den Zugang bereits am vorherigen Werktag bewirken oder die Kündigung am Samstag, Sonntag oder gesetzlichen Feiertag nachweislich zugehen lassen.
- Der Kündigungstag (Tag des Ereignisses) ist bei der Fristberechnung nicht mitzurechnen (§ 187 Abs. 1 BGB). Wird beispielsweise an einem Montag gekündigt, ist der Dienstag der erste Tag der Fristberechnung. Das Fristende ist dann wiederum ein Montag (§ 188 Abs. 2 BGB).

Beabsichtigte Beendigung des Arbeitsverhältnisses	Spätester Zugangstag der Kündigung
vier Wochen zum Monatsende	Monate mit 31 Tagen = 3. Tag dieses Monats
	Monate mit 30 Tagen = 2. Tag dieses Monats
	28. bzw. 29.02. = 31.01. bzw. 01.02.
vier Wochen zum 15.	Vormonate mit 31 Tagen = 18. Tag des Vormonats
	Vormonate mit 30 Tagen = 17. Tag des Vormonats
	15.03. = 15. bzw. 16.02.
bei verlängerten Kündigungsfristen	jeweils der letzte Tag des Monats, der der Kündigungsfrist vorausgeht = 31. bzw. 30. bzw. 28.

Beispiele

1. Gero Schröder ist Inhaber des Unternehmens „Sanitärinstallationen Schröder e. K.". Er hat insgesamt acht Arbeitnehmer und ist kein Mitglied eines Arbeitgeberverbands.

   Herr Schröder muss seinem Mitarbeiter Josch Fischer, der **seit zwei Jahren** bei ihm beschäftigt ist, aus betrieblichen Gründen **zum 30.06.2022** kündigen. Im Arbeitsvertrag mit Herrn Fischer sind keine von der gesetzlichen Regelung abweichenden Kündigungsfristen vereinbart.

   Nach § 622 Abs. 2 Nr. 1 BGB beträgt die Kündigungsfrist **einen Monat zum Ende eines Kalendermonats**. Herr Schröder muss Herrn Fischer somit spätestens am **31.05.2022** (= spätestes Zugangsdatum bei Herrn Fischer) kündigen.

2. Herr Schröder muss auch seinem Mitarbeiter Hajo Eichel, der bereits **seit neun Jahren** bei ihm beschäftigt ist, aus betrieblichen Gründen **zum 30.06.2022** kündigen. Im Arbeitsvertrag mit Herrn Eichel sind keine von der gesetzlichen Regelung abweichenden Kündigungsfristen vereinbart.

   Nach § 622 Abs. 2 Nr. 2 BGB beträgt die Kündigungsfrist **drei Monate zum Ende eines Kalendermonats**. Herr Schröder muss Herrn Eichel somit spätestens am **31.03.2022** (= spätestes Zugangsdatum bei Herrn Eichel) kündigen.

3. Der Mitarbeiter Olaf Schily ist über die vorgenannten Kündigungen entsetzt und möchte deshalb selbst zum 31.07.2022 kündigen. Er fällt seinen Entschluss am 25.06.2022.

   Die Kündigungsfrist für Herr Schily beträgt nach § 622 Abs. 1 BGB **vier Wochen zum 15. oder zum Ende eines Kalendermonats**. Herr Schily muss somit spätestens am 03.07.2022 (= vier Wochen = 28 Tage vor dem 31.07.2022) wirksam kündigen. Da der 03.07.2022 aber ein Sonntag ist, muss Herr Schily den Zugang seiner Kündigung bei Herrn Schröder am Freitag, den 01.07.2022 sicherstellen (damit diese zum 31.07.2022 wirksam wird).

5.5.5 Außerordentliche Kündigung

Neben der ordentlichen Kündigung, die nur unter Einhaltung einer Kündigungsfrist erfolgen kann, ist jederzeit eine **außerordentliche (fristlose) Kündigung möglich**. Eine fristlose Kündigung ist nach § 626 BGB aber nur **aus wichtigem Grund** möglich. Was ein wichtiger Grund ist, sagt der Gesetzgeber nicht. Das muss im Einzelfall die Rechtsprechung entscheiden.

Ein **wichtiger Grund** liegt allgemein gesagt immer dann vor, wenn es dem Kündigenden nicht zuzumuten ist, das Arbeitsverhältnis aufrecht zu erhalten, weil das **Vertrauensverhältnis empfindlich gestört** ist.

Der **Arbeitgeber** kann z. B. in folgenden Fällen **fristlos kündigen:**

Wiederholtes oder einmaliges Fehlverhalten des Arbeitnehmers: der Arbeitnehmer ...

- verweigert die Arbeitsanweisungen
- kommt zu spät oder geht zu früh
- missachtet Arbeitsschutzbestimmungen
- erledigt private Dinge während der Arbeitszeit
- verstößt gegen das betriebliche Rauch- oder Alkoholverbot
- meldet sich zu spät krank
- legt gefälschte Arbeitsunfähigkeitsbescheinigungen vor
- führt private Telefongespräche von Dienstapparaten
- fällt durch Tätlichkeiten auf
- begeht Diebstahl, Betrug, Unterschlagung
- beleidigt in grober Weise Vorgesetzte, Mitarbeiter, Mandanten
- verletzt die Pflicht zur Verschwiegenheit
- hat sich selbst beurlaubt
- täuscht eine Krankheit vor.

Die außerordentliche Kündigung ist i. d. R. **fristlos**, d. h. es wird dem Gekündigten keine Frist eingeräumt. Eine fristlose Kündigung kann jedoch nur **innerhalb von zwei Wochen** ab Kenntnis des Kündigungsgrundes erfolgen.

ACHTUNG

Die Kündigung aus wichtigem Grund ist unwirksam, wenn die ihr zugrunde liegenden Tatsachen dem zur Kündigung berechtigten Partner länger als zwei Wochen bekannt waren. Nach dieser Frist gelten die Gründe als geheilt und sind nicht mehr für die fristlose Kündigung verwertbar.

Der **Arbeitnehmer** kann z. B. in folgenden Fällen **fristlos kündigen:**

Wiederholtes oder einmaliges Fehlverhalten des Arbeitgebers: der Arbeitgeber ...
- wird tätlich oder grob beleidigend
- verletzt die Arbeitsschutzbestimmungen und gefährdet Leben und Gesundheit
- hat erheblichen Entgeltrückstand
- fällt durch sexuelle Belästigung oder Mobbing auf.

INFO

- Eine außerordentliche Kündigung kann einzelvertraglich nicht ausgeschlossen werden.
- Sowohl der Arbeitgeber als auch der Arbeitnehmer hat das Recht und ggf. die Pflicht, vor außerordentlicher Kündigung grundsätzlich eine arbeitsrechtliche Abmahnung auszusprechen, um dem anderen Vertragspartner die Möglichkeit einer Verhaltensänderung einzuräumen.

5.5.6 Abmahnung
Sachverhalt

Sehr geehrter Herr Pechstein,

aus gegebenem Anlass weise ich darauf hin, dass Sie in letzter Zeit häufig zu spät am Arbeitsplatz erschienen sind.

Darüber hinaus haben Sie sich ohne meine Zustimmung selbst beurlaubt und mehrmals die Mittagspause überzogen. Im Übrigen fordere ich Sie auf, in Zukunft auf das Tragen von Jeans am Arbeitsplatz zu verzichten.

Ich bitte Sie, Ihr Fehlverhalten abzustellen und künftig Ihren arbeitsvertraglichen Pflichten nachzukommen.

Sollte sich Ihr Fehlverhalten wiederholen, drohe ich Ihnen die außerordentliche Kündigung des Arbeitsverhältnisses an.

Arbeitsauftrag
Erläutern Sie anhand des vorliegenden Schreibens die Funktionen einer Abmahnung.

Die Kündigung ist das letzte Mittel zur Regelung eines Arbeitskonfliktes. Die außerordentliche Kündigung ist daher grundsätzlich erst dann rechtswirksam, wenn zuvor nachweislich eine **Abmahnung** an den Arbeitnehmer erfolgt ist.

Für die Abmahnung bestehen keine gesetzlichen Bestimmungen. Nach einem Urteil des Bundesarbeitsgerichts aus den 1960-er Jahren ist **vor jeder verhaltensbedingten Kündigung** grundsätzlich eine **Abmahnung erforderlich**.

 MERKE

Einer außerordentlichen Kündigung muss grundsätzlich eine Abmahnung vorausgehen.

Eine **Abmahnung** ist eine **Ermahnung des Arbeitnehmers** „mit erhobenem Zeigefinger" und **Androhung von Rechtsfolgen** durch den Arbeitgeber, wenn arbeitsvertragliche Pflichten verletzt wurden. In der Sprache der Fußballer würde man sagen, eine Abmahnung ist eine Verwarnung mit der gelben Karte und der Androhung, im Wiederholungsfall die rote Karte zu ziehen.

Eine Abmahnung liegt dann vor, wenn der Arbeitgeber ein **konkretes Fehlverhalten eines Arbeitnehmers als Missbilligung feststellt** und unmissverständlich darauf hinweist, dass dieses Fehlverhalten (wie z. B. unentschuldigtes Entfernen von der Arbeitsstelle) **im Wiederholungsfalle** das Bestehen des Arbeitsverhältnisses gefährdet, was nichts anderes heißt, dass es **zur Kündigung führen wird**.

 ACHTUNG

Eine Abmahnung muss das Fehlverhalten sachlich und zeitlich genau beschreiben. Pauschale Vorwürfe reichen nicht aus.

Die Abmahnung unterliegt dem **Prinzip der Verhältnismäßigkeit**, d. h. sie ist unwirksam, wenn sie aus geringfügigem Anlass ausgesprochen wird.

 MERKE

Eine Abmahnung ist unwirksam,
- wenn sie wegen Kleinigkeiten, Lächerlichkeiten oder Bagatellvergehen ausgesprochen wird, oder
- wenn der Vorwurf nicht zutrifft, weil unrichtige Tatsachen behauptet wurden.

Auf eine **Abmahnung kann** der Arbeitgeber aber **verzichten**, wenn das **Fehlverhalten** des Arbeitnehmers so **schwerwiegend** ist, dass ein Weiterbestehen des Arbeitsverhältnisses dem Arbeitgeber nicht zugemutet werden kann, da Vertrauensverhältnis und „Betriebsfrieden" erheblich gestört sind. Dies ist regelmäßig der Fall bei Diebstahl und bei Verstoß gegen die Verschwiegenheitspflicht.

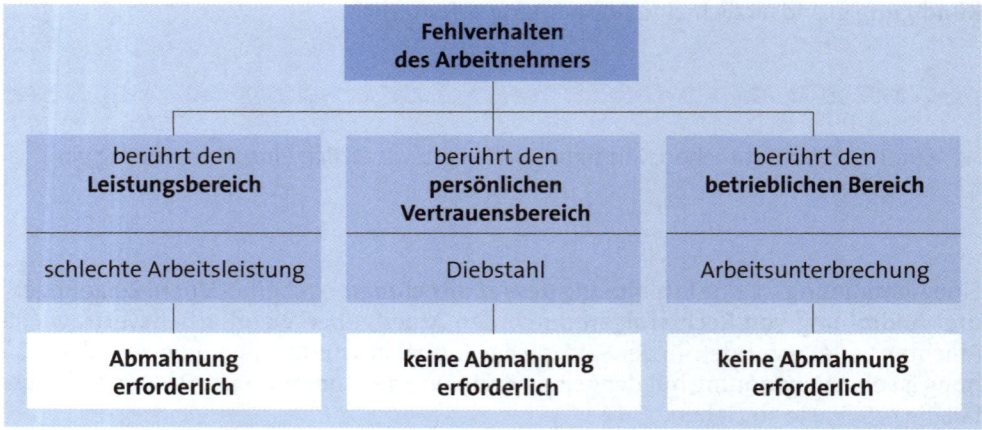

Die Abmahnung hat		
Hinweisfunktion auf das Fehlverhalten	**Aufforderungsfunktion** zur Erfüllung arbeitsvertraglicher Pflichten	**Ankündigungsfunktion** der fristlosen Kündigung im Wiederholungsfall
Beweis und Information	Rüge und Chance	Warnung und Konsequenz

Eine mildere Form der Disziplinarmaßnahme ist die **Ermahnung** bei weniger schwerwiegenden Pflichtverletzungen. Die Ermahnung hat **Hinweis- und Aufforderungsfunktion**, jedoch **keine Ankündigungsfunktion** (es fehlt z. B. die Androhung von rechtlichen Konsequenzen). Eine Ermahnung reicht somit nicht aus zur Vorbereitung einer fristlosen Kündigung.

Aufgaben 130 - 132 > Seite 217
Aufgaben 134 - 136 > Seite 218
Aufgaben 145 - 147 > Seite 220
Aufgaben 150 - 151 > Seite 221
Aufgabe 176 > Seite 225

5.5.7 Kündigungsschutzklage und Abfindung

Will ein Arbeitnehmer geltend machen, dass eine Kündigung sozial ungerechtfertigt oder aus anderen Gründen nicht rechtswirksam ist, so muss er innerhalb von **drei Wochen** nach Zugang der schriftlichen Kündigung **Kündigungsschutzklage beim Arbeitsgericht** erheben. Die dreiwöchige Klagefrist gilt sowohl für die ordentliche Kündigung als auch für eine außerordentliche Kündigung. Hat der Arbeitnehmer unverschuldet die Klagefrist versäumt (Krankheit), so kann das Gericht auf seinen Antrag hin nachträglich die Klage zulassen.

Im Kündigungsschutzverfahren hat der Arbeitgeber die Beweislast für die von ihm angeführten Kündigungsgründe anzutreten. Eine rechtsunwirksame, sozial ungerechtfertigte Kündigung ist von Anfang an rechtswirksam, wenn eine Kündigungsschutzklage vor dem Arbeitsgericht unterbleibt.

Der **Arbeitnehmer stellt** i. d. R. mit Erhebung der Kündigungsschutzklage einen **Antrag auf Weiterbeschäftigung**. Verliert der Arbeitnehmer die Kündigungsschutzklage, war die Kündigung rechtswirksam. In diesem Fall ist das Arbeitsverhältnis aufgelöst. Gewinnt der Arbeitnehmer die Kündigungsschutzklage, war die Kündigung unwirksam. In diesem Fall dauerte das Arbeitsverhältnis die ganze Zeit an.

Eine **Fortsetzung des Arbeitsverhältnisses** nach Beendigung des Kündigungsschutzprozesses ist **oftmals weder sinnvoll noch den Vertragsparteien zumutbar**. Der Arbeitnehmer hat in der Zwischenzeit vielleicht ein neues Arbeitsverhältnis gefunden. In jedem Fall ist das Vertrauensverhältnis empfindlich gestört, und die Fronten sind verhärtet.

Stellt das Gericht fest, dass das Arbeitsverhältnis durch die Kündigung nicht aufgelöst ist, ist jedoch dem Arbeitnehmer die Fortsetzung nicht zuzumuten, so hat **das Gericht auf Antrag** des Arbeitnehmers das **Arbeitsverhältnis aufzulösen** und den Arbeitgeber zur **Zahlung einer angemessenen Abfindung** zu verurteilen. Die gleiche Entscheidung hat das Gericht auf Antrag des Arbeitgebers zu treffen, wenn eine weitere Zusammenarbeit dem Arbeitgeber aus betrieblichen Gründen nicht zumutbar ist.

Der Arbeitgeber kann eine **betriebsbedingte** Kündigung direkt mit dem **Angebot einer Abfindung** verbinden. Nimmt der Arbeitnehmer das Angebot an und **verzichtet auf eine Kündigungsschutzklage**, erwirbt er einen **gesetzlichen Anspruch auf die Abfindung** (§ 1a Abs. 1 KSchG).

Bei einer **betriebsbedingten** Kündigung des Arbeitsverhältnisses durch den Arbeitgeber, hat der Arbeitnehmer einen **Anspruch auf Abfindung**. Die Höhe der Abfindung beträgt 0,5 Monatsverdienste für jedes Jahr des Bestehens des Arbeitsverhältnisses.

INFO

- Bei der Ermittlung der Dauer des Arbeitsverhältnisses ist ein Zeitraum von mehr als sechs Monaten auf ein volles Jahr aufzurunden.
- Der Arbeitnehmer hat nur dann einen Abfindungsanspruch, wenn er die dreiwöchige Frist für die Erhebung einer Kündigungsschutzklage ungenutzt verstreichen lässt.

Höhe der Abfindung nach § 10 KSchG		
grundsätzlich	mit Vollendung des 50. Lebensjahres und einer Betriebszugehörigkeit von mindestens 15 Jahren	mit Vollendung des 50. Lebensjahres und einer Betriebszugehörigkeit von mindestens 20 Jahren
bis zu 12 Monatsverdiensten	bis zu 15 Monatsverdiensten	bis zu 18 Monatsverdiensten

5.5.8 Kündigungsschutzgesetz

Der gesetzliche Kündigungsschutz ist Arbeitnehmerschutz. Das Kündigungsschutzgesetz zwingt den Arbeitgeber, Kündigungen zu begründen. Kann er dies nicht, ist eine Kündigung ungültig.

Grundsätzlich ist bei einer **ordentlichen** Kündigung die Angabe eines **Kündigungsgrundes nicht erforderlich**.

Bei einer außerordentlichen Kündigung muss der Kündigende den **Kündigungsgrund nur auf Verlangen** mitteilen (§ 626 Abs. 2 Satz 3 BGB).

Die Kündigung des Arbeitsverhältnisses durch den Arbeitgeber stellt den Arbeitnehmer vor weitreichende wirtschaftliche und soziale Probleme. Der Kündigungsschutz soll die Betroffenen gegen willkürliche Entlassungen schützen.

Der allgemeine Kündigungsschutz ist im **Kündigungsschutzgesetz (KSchG)** geregelt. Es gilt nur in **Betrieben**, in denen i. d. R. **mehr als zehn Arbeitnehmer** (ohne die Auszubildenden) beschäftigt sind (§ 23 Abs. 1 KSchG).

Der Kündigungsschutz erstreckt sich auf Arbeitnehmer, die ohne Unterbrechung **länger als sechs Monate** in demselben Betrieb beschäftigt waren (§ 1 Abs. 1 KSchG).

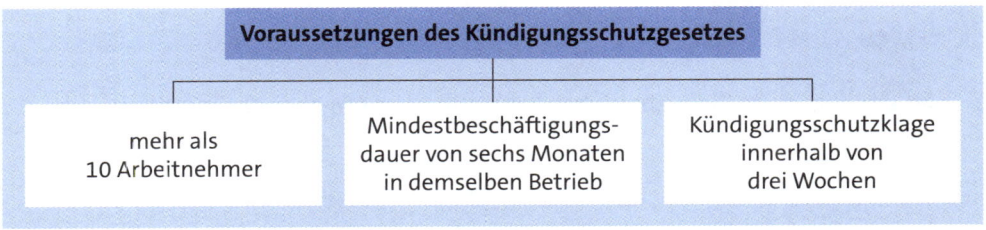

 **MERKE**

Arbeitnehmer, die länger als sechs Monate in einem Betrieb mit mehr als zehn Mitarbeitern beschäftigt sind, können vor dem Arbeitsgericht die Rechtmäßigkeit einer Kündigung nach dem Kündigungsschutzgesetz prüfen lassen.

Bei der Festsetzung der Zahl der beschäftigten Arbeitnehmer sind teilzeitbeschäftigte Arbeitnehmer wie folgt zu berücksichtigen (§ 23 Abs. 1 Satz 4 KSchG):

Regelmäßige wöchentliche Arbeitszeit	Zahl der Arbeitnehmer
bis 10 Stunden	0,25
bis 20 Stunden	0,5
bis 30 Stunden	0,75
über 30 Stunden	1

 **INFO**

- Für Arbeitsverhältnisse, die bis zum 31.12.2003 begonnen haben, gilt das Kündigungsschutzgesetz nicht bei **fünf** oder weniger Arbeitnehmern, d. h. es gilt ab sechs Arbeitnehmern.
- Für Arbeitsverhältnisse, die ab dem 01.01.2004 begonnen haben, gilt das Kündigungsschutzgesetz nicht bei **zehn** oder weniger Arbeitnehmern, d. h. es gilt ab elf Arbeitnehmern.

Findet das Kündigungsschutzgesetz **keine** Anwendung, kann der Arbeitgeber das Arbeitsverhältnis jederzeit ohne rechtfertigenden Grund ordentlich kündigen. Bei einer Klage des Arbeitnehmers gegen die Kündigung prüft das Arbeitsgericht dann nicht, ob die Kündigung sozial gerechtfertigt ist.

 **ACHTUNG**

Arbeitnehmern in Kleinstbetrieben kann also ohne Angabe von Gründen gekündigt werden.

Das Gericht prüft lediglich, ob die Kündigung wegen bestimmter Mängel unwirksam ist:

- Die Kündigungsfrist wurde nicht eingehalten.
- Die Kündigung verstößt gegen Formvorschriften.
- Die Kündigung wurde von einem Mitarbeiter ausgesprochen, der hierzu nicht befugt war.
- Die Kündigung wurde gegenüber einem Minderjährigen ausgesprochen, bevor sie den gesetzlichen Vertretern zuging.
- Es liegt ein Verstoß gegen ein gesetzliches Kündigungsverbot vor (Mutterschutz, Schwerbehinderung).
- Es fehlt ein wichtiger Grund bei einer außerordentlichen Kündigung.
- Der Betriebsrat wurde nicht angehört.

Je nachdem, ob das Kündigungsschutzgesetz Anwendung findet oder nicht, geht es aus Sicht des Arbeitnehmers um die Frage, ob ein **Schutz vor grundloser Kündigung** besteht und aus Sicht des Arbeitgebers, ob er grundlos kündigen kann. In beiden Fällen muss der Arbeitnehmer **innerhalb von drei Wochen nach Zugang der Kündigung Klage beim Arbeitsgericht** auf Feststellung erheben, dass das Arbeitsverhältnis durch die Kündigung nicht aufgelöst ist (§ 4 Satz 1 KSchG).

 ACHTUNG

Das Kündigungsschutzgesetz schränkt die Befugnis zur fristlosen Kündigung nicht ein.

 MERKE

Eine Kündigung ist rechtlich unwirksam, wenn sie sozial ungerechtfertigt ist.

Die Kündigung ist wirksam, wenn sie sozial vertretbar und somit zumutbar ist.

Ablauf einer Kündigungsschutzklage:

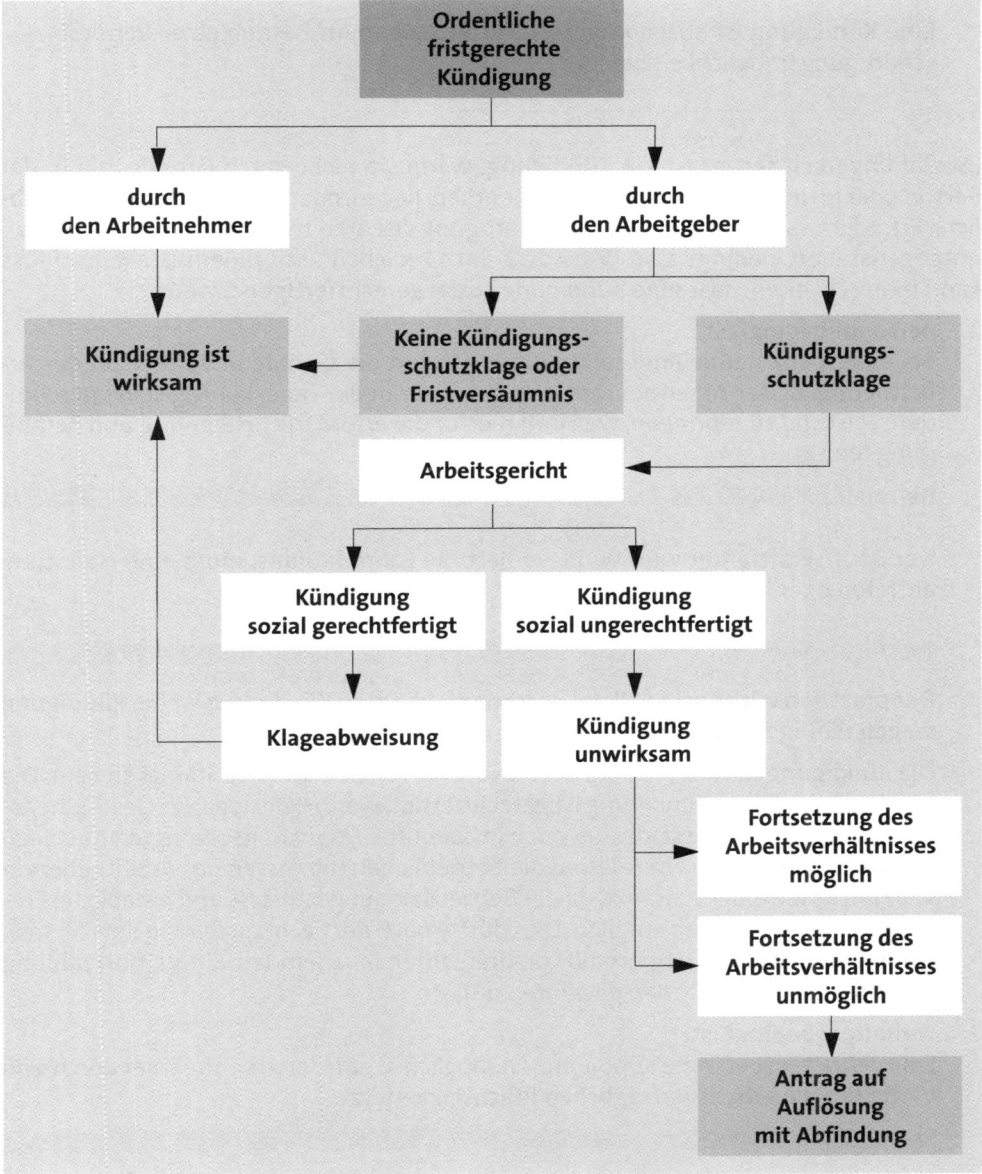

MERKE

Eine Kündigung ist sozial ungerechtfertigt, wenn im Betrieb eine Weiterbeschäftigungsmöglichkeit besteht.

„Sozial ungerechtfertigt ist die Kündigung, wenn sie nicht durch Gründe, die in der Person oder in dem Verhalten des Arbeitnehmers liegen, oder durch dringende betriebliche Erfordernisse, die einer Weiterbeschäftigung des Arbeitnehmers in diesem Betrieb entgegenstehen, bedingt sind (§ 1 Abs. 2 Satz 1 KSchG)". Mit einem Umkehrschluss kann man schließen, dass eine Kündigung **sozial gerechtfertigt** ist, wenn sie

1. **personenbedingt** ist:
   Bei einer personenbedingten Kündigung liegen die **Gründe in der Person** des Arbeitnehmers. Der Arbeitnehmer ist nicht mehr in der Lage, künftig seine geschuldete Leistung zu erbringen, weil ihm hierfür die erforderliche Eignung und Befähigung fehlt.

   Beispiele

Der Berufskraftfahrer wird blind, verliert die Fahrerlaubnis, muss eine Haftstrafe antreten oder ist alters- oder krankheitsbedingt arbeitsunfähig.

Der praktisch **wichtigste Fall der personenbedingten Kündigung** ist die **Kündigung wegen** häufiger **Krankheiten**.

Die Kündigung darf aber keine Bestrafung wegen der Arbeitsunfähigkeit sein. Die krankheitsbedingte Kündigung ist gerechtfertigt, wenn eine negative Gesundheitsprognose erwarten lässt, dass es auch in Zukunft zu krankheitsbedingten Ausfällen kommen kann. In diesem Fall sind die betrieblichen Interessen des Arbeitgebers in starkem Maße eingeschränkt, da der Betriebsablauf gestört ist und erhebliche Entgeltfortzahlungskosten anfallen. Dies dürfte nach der Rechtsprechung der Fall sein, wenn der Arbeitgeber innerhalb von drei Jahren in jedem Jahr Entgeltfortzahlung für mehr als sechs Wochen gewähren musste.

2. **verhaltensbedingt** ist:
   Eine verhaltensbedingte Kündigung ist möglich, wenn der Arbeitnehmer **durch sein Verhalten** die **arbeitsvertraglichen Pflichten verletzt**.

   Beispiele

Der Arbeitnehmer führt private Telefongespräche am Arbeitsplatz, surft während der Arbeitszeit im Internet, verstößt gegen das betriebliche Rauch- oder Alkoholverbot, kommt häufig zu spät und verweigert Arbeitsanweisungen, fehlt unentschuldigt, stört den Betriebsfrieden mit rechtsradikalen und rassistischen Äußerungen.

ACHTUNG

Vor einer verhaltensbedingten Kündigung muss grundsätzlich eine Abmahnung ausgesprochen werden.

3. **betriebsbedingt** ist:
Die betriebsbedingte Kündigung hat ihre **Ursache in einem betrieblichen Umstand**.

Beispiele

Umsatz- und Auftragsrückgang, Rationalisierung, Produkteinschränkung, altersbedingte Tätigkeitseinschränkung des Unternehmers.

Untrennbar verbunden mit der Kündigung aus betrieblichen Gründen ist die **Sozialauswahl**, die unter vergleichbaren Arbeitnehmern **denjenigen** auswählen soll, der wirtschaftlich betrachtet am **wenigsten auf den Arbeitsplatz angewiesen** ist. Der Arbeitgeber hat hierbei umfassende soziale Gesichtspunkte zu beachten. Neben der Dauer der Betriebszugehörigkeit, dem Lebensalter und den Unterhaltspflichten des Arbeitnehmers spielen auch eine Berufskrankheit, ein unverschuldeter Arbeitsunfall oder eine Schwerbehinderung eine Rolle.

Auswahlkriterien = soziale Gesichtspunkte			
Dauer der Betriebszugehörigkeit	Lebensalter	Unterhaltspflichten	Schwerbehinderung

5.5.9 Anhörung des Betriebsrates vor einer Kündigung

Der Betriebsrat ist vor jeder Kündigung (ordentliche und außerordentliche) zu hören (§ 102 Abs. 1 Satz 1 BetrVG). Eine Kündigung ist unwirksam, wenn der Arbeitgeber die Anhörung unterlässt (§ 102 Abs. 1 Satz 3 BetrVG). Der Betriebsrat kann einer ordentlichen Kündigung aus den in § 102 Abs. 3 BetrVG genannten Gründen widersprechen. In diesem Fall hat der Arbeitnehmer das Recht auf Weiterbeschäftigung über den Ablauf der Kündigungsfrist hinaus (§ 102 Abs. 5 Satz 1 BetrVG).

Nach Anhörung muss dem Betriebsrat eine bestimmte Frist zur Stellungnahme gewährt werden (drei Tage bei fristloser Kündigung, eine Woche bei ordentlicher Kündigung, § 102 Abs. 2 BetrVG).

Hat der Betriebsrat einer Kündigung widersprochen und hat der Arbeitnehmer nach dem Kündigungsschutzgesetz Klage auf Feststellung erhoben, dass das Arbeitsverhältnis durch die Kündigung nicht aufgelöst ist, so muss der Arbeitgeber auf Verlangen des

Arbeitnehmers diesen bis zum rechtskräftigen Abschluss des Rechtsstreites weiterbeschäftigen (§ 102 Abs. 5 Satz 1 BetrVG).

Der Widerspruch des Betriebsrates macht die Kündigung nicht ungültig, sondern schwebend unwirksam. Der nachfolgende Arbeitsgerichtsprozess entscheidet über die Wirksamkeit oder Unwirksamkeit der Kündigung.

Aufgabe 138 > Seite 218

5.5.10 Besonderer Kündigungsschutz

Neben dem allgemeinen Kündigungsschutz gibt es noch einen **besonderen Kündigungsschutz für bestimmte Personenkreise:**

1. **Betriebsratsmitglieder** sind **während ihrer Amtszeit** unkündbar (§ 15 Abs. 1 KSchG).
2. **Schwerbehinderten** kann **nur mit vorheriger Zustimmung des Integrationsamts** gekündigt werden (§§ 168 ff. SGB IX).

> Auch die außerordentliche Kündigung eines Schwerbehinderten bedarf der vorherigen Zustimmung durch das Integrationsamt. Die Integrationsämter finden Sie unter **www.integrationsaemter.de** im Internet.

3. **Auszubildende** sind **nach Ablauf der Probezeit** ordentlich unkündbar (§ 22 Abs. 2 BBiG).
4. **Schwangere** sind während der Schwangerschaft und bis zum Ablauf von 4 Monaten nach der Entbindung unkündbar (§ 9 Abs. 1 MuSchG).
5. **Eltern in Elternzeit** können ab 8 Wochen vor dem Beginn und während der Elternzeit grundsätzlich nicht gekündigt werden (§ 18 BEEG); nach dem Ende der Elternzeit beträgt die Kündigungsfrist 3 Monate (§ 19 BEEG).

> Einige Gruppen von Arbeitnehmern hat der Gesetzgeber als besonders schutzbedürftig angesehen. Für diese Gruppen wurden arbeitsrechtliche Sonderregelungen in Form eines erweiterten Kündigungsschutzes geschaffen. Hierzu gehören u. a. Betriebsratsmitglieder, Schwerbehinderte, Auszubildende nach Ablauf der Probezeit, Schwangere und Eltern in Elternzeit.

Kündigungsschutz im Arbeitsrecht

„allgemeiner" Kündigungsschutz

A. **Kündigungsfristen** (§§ 622 ff. BGB)
B. **Kündigungsschutzgesetz** (KSchG)

Voraussetzungen:

1. Der Betrieb beschäftigt regelmäßig **mehr als 10 Arbeitnehmer**; Auszubildende werden nicht mitgerechnet; (§ 23 Abs. 1 Satz 3 KSchG) **und**
2. das Arbeitsverhältnis des Arbeitnehmers hat in demselben Betrieb oder Unternehmen ohne Unterbrechung länger als 6 Monate bestanden; (Wartezeit); (§ 1 Abs. 1 KSchG).

Konsequenz:
Eine Kündigung ist **unwirksam, wenn** sie **sozial ungerechtfertigt** ist (§ 1 Abs. 1 KSchG).

Sozial gerechtfertigt – also zulässig – ist eine Kündigung nach § 1 Abs. 2 KSchG nur dann, wenn sie bedingt ist durch

- **Gründe in der Person** des Arbeitnehmers
  (z. B. mangelnde körperliche oder geistige Leistung, lang andauernde Erkrankung ohne Erkennbarkeit der baldigen Genesung)
- **Gründe im Verhalten** des Arbeitnehmers
  (z. B. schlechte Arbeitsleistungen, wiederholte Unpünktlichkeit usw. beachte: in der Regel ist zuvor eine Abmahnung Voraussetzung für die Gültigkeit der Kündigung!)
- **dringende betriebliche Erfordernisse**
  (z. B. Auftragsrückgang, Rationalisierungsmaßnahmen, Stillegung von Betriebsteilen).
  [Beachte hierzu § 1 Abs. 3 KSchG!]

besonderer Kündigungsschutz

geregelt in zahlreichen **Einzelgesetzen**, wie z. B.

- **Berufsbildungsgesetz**
  Nach der Probezeit Kündigung durch den Arbeitgeber **nur in besonderen Fällen** möglich (§ 22 Abs. 2 BBiG).
- **Mutterschutzgesetz**
  Während der Schwangerschaft und bis zum Ablauf von 4 Monaten nach der Entbindung Kündigung grundsätzlich unzulässig, wenn die Schwangerschaft dem Arbeitgeber zum Zeitpunkt der Kündigung bekannt war oder innerhalb von 2 Wochen nach dem Zugang der Kündigung mitgeteilt wird (§ 9 Abs. 1 MuSchG).
- **Elterngeld- und Elternzeitgesetz**
  Ab 8 Wochen vor dem Beginn und **während** der Elternzeit Kündigung **grundsätzlich unzulässig** (§ 18 BEEG).
  Nach der Elternzeit gilt für die Kündigung für Arbeitnehmer und Arbeitgeber eine Kündigungsfrist von 3 Monaten (§ 19 BEEG).
- **Sozialgesetzbuch (SGB) IX für Schwerbehinderte**
  Kündigung durch den Arbeitgeber bedarf nach §§ 168 ff. SGB IX **zwingend** der **Zustimmung des Integrationsamtes**.
- **Betriebsverfassungsgesetz**
  Betriebsratsmitgliedern darf nur in besonderen Fällen und ggf. nur mit Zustimmung des Arbeitsgerichts außerordentlich gekündigt werden (§ 103 Abs. 1 und 2 BetrVG). Während der Tätigkeit als Betriebsratsmitglied ist eine ordentliche Kündigung nicht zulässig; nach der Beendigung der Amtszeit als Betriebsratsmitglied ist die Kündigung 1 Jahr lang grds. unzulässig (§ 15 Abs. 1 Satz 1 und 2 KSchG).

5.6 Arbeitszeugnis

Bei Beendigung des Berufsausbildungsverhältnisses hat der Ausbildende dem Auszubildenden ein **Zeugnis auszustellen** (§ 16 Abs. 1 BBiG). Das Zeugnis muss Angaben enthalten über Art, Dauer und Ziel der Berufsausbildung sowie über die erworbenen Fertigkeiten und Kenntnisse des Auszubildenden. Auf Verlangen des Auszubildenden sind auch Angaben über Führung, Leistung und besondere fachliche Fähigkeiten aufzunehmen (§ 16 Abs. 2 BBiG).

Während das Ausstellen eines Zeugnisses bei Beendigung der Berufsausbildung für den Ausbildenden verpflichtend ist, muss der Arbeitgeber dem Arbeitnehmer **bei Beendigung eines Arbeitsverhältnisses** nur **auf Antrag des Arbeitnehmers** ein Zeugnis ausstellen (§ 630 Satz 1 BGB). Das Zeugnis ist auf Verlangen des Arbeitnehmers auf die Leistung und die Führung zu erstrecken (§ 630 Satz 2 BGB).

Man unterscheidet das **einfache** und das **qualifizierte** Zeugnis. Ein **einfaches Zeugnis** gibt lediglich Auskunft über **Art** und **Dauer der Tätigkeit**. Das **qualifizierte Zeugnis** enthält **darüber hinaus Angaben** über **Führung** und **Leistung** des Arbeitnehmers.

Das Arbeitszeugnis muss dem Inhalt nach der Wahrheit entsprechen. Negative Aussagen sind jedoch untersagt. Das Zeugnis soll wahr, aber auch wohlwollend sein. Als Faustregel bei der Bewertung und Benotung der Leistung des Arbeitnehmers gilt: Überdurchschnittliche Bewertung und Benotung muss der Arbeitnehmer beweisen, bei unterdurchschnittlicher Bewertung und Benotung hat der Arbeitgeber die Beweislast.

Behauptungen, Vermutungen, Unterstellungen, Andeutungen und Verdächtigungen darf das Zeugnis nicht enthalten. Jede Beurteilung enthält ein Werturteil. Auch ein noch so ausgefeiltes und detailliertes Arbeitszeugnis garantiert keine absolut objektive Beurteilung. In jede Beurteilung fließen subjektive Momente ein.

Der Beurteilende sollte sich bemühen, das Zeugnis so objektiv wie möglich zu erstellen und sich nicht von subjektiven Faktoren (Geschlecht, Alter, Äußeres, Herkunft, Vorbildung, Konfession, Nationalität, ethische Zugehörigkeit) beeinflussen lassen. Beurteilt wird nicht, was der Einzelne ist, sondern was der Einzelne tut, bzw. getan hat.

Zeugnissprache

Für die Formulierung eines **Arbeitszeugnisses** gilt als **oberster Grundsatz**, dass es **wahr sein muss**. Das Zeugnis muss alle wesentlichen und wichtigen Tatsachen und Bewertungen enthalten, die für eine Gesamtbewertung des Arbeitnehmers von Bedeutung sind. Darüber hinaus haben auch interessierte dritte Personen ein Interesse daran, dass das Arbeitszeugnis wahr, klar und verständlich formuliert ist. Auf der anderen Seite verlangt der **Grundsatz des Wohlwollens**, dass die Beurteilung den Arbeitnehmer nicht in seinem Fort- und Weiterkommen hindern darf.

Um der Gefahr arbeitsgerichtlicher Auseinandersetzungen zu entgehen, hat sich im Arbeitsleben eine Art **Nebensprache**, **Fachsprache** oder **Geheimsprache** gebildet, die sich **Standardformulierungen** bedient. Diese freundlich und wohlwollend klingenden

Zeugnisfloskeln bedeuten jedoch keineswegs, was sie auf den ersten Blick und bei erster Durchsicht dem Wortlaut nach auszusagen scheinen. Zwischen dem Gebot der wahrheitsgemäßen Bewertung und dem Gebot der wohlwollenden Beurteilung besteht ein Zielkonflikt, der sich in der Zeugnissprache niederschlägt. Der Leser des Zeugnisses steht vor der Aufgabe den **codierten Text zu decodieren** und auf die dahinter sich verbergende Bedeutung und Botschaft zu untersuchen. Nachstehend sind Beispiele von standardisierten Zeugnisformulierungen und ihrer Bedeutung aufgeführt:

das steht im Arbeitszeugnis	das entspricht der folgenden Note
Hannah hat die ihr übertragenen Arbeiten **stets** zu unserer **vollsten** Zufriedenheit erledigt.	sehr gut
Hannah hat die ihr übertragenen Arbeiten **stets** zu unserer **vollen** Zufriedenheit erfüllt.	gut
Hannah hat die ihr übertragenen Arbeiten zu unserer **vollen** Zufriedenheit erfüllt.	befriedigend
Hannah hat die ihr übertragenen Arbeiten zu unserer **Zufriedenheit** erfüllt.	ausreichend
Hannah hat **im Allgemeinen** die ihr übertragenen Arbeiten zu unserer **Zufriedenheit** erfüllt.	mangelhaft
Hannah **hat sich stets bemüht**, die ihr übertragenen Arbeiten zu unserer Zufriedenheit zu erfüllen.	ungenügend

Der neue Arbeitgeber ist berechtigt, vom früheren Arbeitgeber Auskünfte über den Bewerber einzuholen, sofern der Bewerber die Einholung von Auskünften nicht untersagt hat.

Aufgabe 149 > Seite 221

5.7 Allgemeines Gleichbehandlungsgesetz

Das Allgemeine Gleichbehandlungsgesetz (AGG), umgangssprachlich auch **Antidiskriminierungsgesetz** genannt, hat zum Ziel, ungerechtfertigte Benachteiligung aus Gründen bestimmter personenbezogener Merkmale zu verhindern oder zu beseitigen.

Das Gesetz gilt u. a. für Angestellte, Arbeiter und Auszubildende der Privatwirtschaft (§ 6 Abs. 1 AGG).

Persönlicher Anwendungsbereich
Schutz genießen folgende personenbezogene Merkmale (§ 1 AGG):

- Rasse
- ethnische Herkunft
- Geschlecht

- Religion
- Weltanschauung
- Behinderung
- Alter
- sexuelle Identität.

Sachlicher Anwendungsbereich
In sachlicher Hinsicht (§ 2 Abs. 1 AGG) bezieht sich das Allgemeine Gleichbehandlungsgesetz auf

- Auswahlkriterien und Einstellungsbedingungen und auf den beruflichen Aufstieg
- Beschäftigungs- und Arbeitsbedingungen einschließlich Arbeitsentgelt und Entlassungen
- Zugang zu Berufsausbildung und beruflicher Weiterbildung
- Verletzung der Würde der Person
- sexuelle Belästigung.

Rechtsfolgen
Alle Vereinbarungen, die gegen das Diskriminierungsverbot verstoßen, sind ungültig (§ 7 Abs. 2 AGG). Zur Verwirklichung des Gleichbehandlungsziels erhalten Angehörige der durch das Gesetz geschützten Personengruppen **Rechtsansprüche gegenüber dem Arbeitgeber**, wenn dieser sich in einer gesetzlich verbotenen Weise gegenüber dem Geschützten verhält. Der **Entschädigungsanspruch** für den Fall einer Ungleichbehandlung im Zusammenhang mit einer Nichteinstellung beträgt **maximal drei Monatsgehälter**.

Die unterschiedliche Behandlung wegen des Geschlechts ist nur zulässig, wenn das Geschlecht wegen der Art der ausübenden Tätigkeit eine unverzichtbare Voraussetzung für die Tätigkeit ist (§ 8 Abs. 1 AGG).

Im Prozess trägt der Arbeitgeber die Darlegungs- und Beweislast (§ 22 AGG).

Beispiele

1. Bei der Einstellung eines Models für Damenbademoden kann der Arbeitgeber den Beweis erbringen, dass das weibliche Geschlecht Voraussetzung ist für das Ausüben der beruflichen Tätigkeit.
2. Die Stelle für einen männlichen Schauspieler braucht nicht geschlechtsneutral ausgeschrieben werden.

Aufgaben 164 - 165 > Seite 224

INFO

Seit 2019 ist das dritte Geschlecht („divers") in Deutschland gesetzlich verankert. Weil das AGG eine Benachteiligung wegen des Geschlechts verbietet und Stellenausschreibungen diskriminierungsfrei formuliert sein müssen, ist es erforderlich, in Stellenausschreibungen auch das dritte Geschlecht mit „d" oder „divers" ausdrücklich mit aufzunehmen.

5.8 Entgelttransparenzgesetz

Ziel des Entgelttransparenzgesetzes (EntgTranspG) ist es, das Gebot des gleichen Entgelts für Frauen und Männer bei gleicher oder gleichwertiger Arbeit durchzusetzen (§ 1 EntgTranspG).

INFO

Weibliche und männliche Beschäftigte üben eine **gleiche Tätigkeit** aus, wenn sie an verschiedenen Arbeitsplätzen oder nacheinander an demselben Arbeitsplatz eine identische oder gleichartige Tätigkeit ausführen. Zur Überprüfung der Einhaltung des Entgeltgleichheitsgebots haben Beschäftigte einen Auskunftsanspruch. Der **Auskunftsanspruch** besteht für Beschäftigte in **Betrieben** mit in der Regel **mehr als 200 Beschäftigte** bei demselben Arbeitgeber. Die Auskunftspflicht umfasst nur Entgeltregelungen, die in demselben Betrieb und bei demselben Arbeitgeber angewendet werden.

Bei gleicher oder gleichwertiger Arbeit ist eine Benachteiligung wegen des Geschlechts im Hinblick auf das Entgelt verboten (§ 3 Abs. 1 EntgTranspG). Eine Entgeltbenachteiligung liegt vor, wenn eine Beschäftigte oder ein Beschäftigter wegen des Geschlechts bei gleicher oder gleichwertiger Arbeit ein geringeres Entgelt als eine Beschäftigte oder ein Beschäftigter des jeweils anderen Geschlechts erhält, erhalten hat oder erhalten würde.

Mitarbeitende können allerdings nicht nach dem Entgelt einzelner Kollegen fragen, sondern erfahren immer nur das **Durchschnittsentgelt einer Vergleichsgruppe des anderen Geschlechts** im Betrieb (§ 11 EntgTranspG). Frauen erfahren somit nicht, was gleichqualifizierte Kolleginnen im Schnitt verdienen, sondern nur, was die männlichen Kollegen verdienen. Das Vergleichsentgelt ist nicht anzugeben, wenn die Vergleichstätigkeit von **weniger als sechs Beschäftigten** des jeweils anderen Geschlechts ausgeübt wird (§ 12 Abs. 3 Satz 2 EntgTranspG). Ergeben sich aus einem betrieblichen Prüfverfahren Benachteiligungen wegen des Geschlechts in Bezug auf das Entgelt, muss der Arbeitgeber die geeigneten Maßnahmen zur Beseitigung der Benachteiligung ergreifen (§ 19 EntgTranspG).

INFO

Der Arbeitgeber ist nicht automatisch dazu verpflichtet, den Mitarbeitenden ein höheres Entgelt zu zahlen, die im Vergleich bisher weniger verdient haben. Der Mitarbeiter hat lediglich einen **Auskunftsanspruch**, jedoch **keinen Anpassungsanspruch**. Offen bleibt dem Mitarbeiter der Klageweg. Betriebe mit weniger als 200 Beschäftigten werden nicht vom Entgelttransparenzgesetz erfasst. Außerdem muss es mindestens sechs Kollegen des anderen Geschlechts geben, die eine ähnliche Tätigkeit ausüben wie der Antragsteller.

Aufgaben 125 - 176 > Seite 216 - 225

5.9 Übungsaufgaben

Aufgabe 125:

Ein Arbeitsvertrag enthält die folgende Vereinbarung: „Der Arbeitgeber kann das Arbeitsverhältnis unter Einhaltung der Kündigungsfrist von fünf Wochen kündigen, der Arbeitnehmer kann das Arbeitsverhältnis unter Einhaltung einer Kündigungsfrist von acht Wochen kündigen". Ist diese Vereinbarung zulässig?

Aufgabe 126:

Eine Steuerfachangestellte verneint bei einem Vorstellungsgespräch die Frage des Arbeitgebers nach einer bestehenden Schwangerschaft. Nach der Einstellung stellt sich heraus, dass die Angestellte zum Zeitpunkt der Einstellung schwanger war und dies auch wusste. Ist der Arbeitsvertrag rechtsgültig?

Aufgabe 127:

Einer Angestellten unterlaufen ständig schwerwiegende Fehler bei der Buchführung. Ist eine Kündigung möglich?

Aufgabe 128:

Darf der einer berufstätigen Mutter zustehende Jahresurlaub gekürzt werden, wenn die Arbeitnehmerin Mutterschaftsurlaub in Anspruch genommen hat?

Aufgabe 129:

Wie ist die Rechtslage zu beurteilen, wenn im Arbeitsvertrag folgende Klausel vereinbart wurde: „Im Übrigen gelten die tarifvertraglichen Bestimmungen."?

Aufgabe 130:

a) Herr Abel ist seit längerer Zeit krank (18 Monate).
b) Herr Behrens ist innerhalb eines Jahres für jeweils eine Woche zum achten Mal arbeitsunfähig.
c) Herr Chron ist alkoholabhängig.

Kann der Arbeitgeber das Arbeitsverhältnis kündigen? Begründen Sie Ihre Lösung!

Aufgabe 131:

Welche Einspruchsfrist hat der Arbeitgeber gegen eine vom Arbeitnehmer ausgesprochene Kündigung zu beachten?

Aufgabe 132:

Prüfen Sie, ob in den folgenden Fällen eine Abmahnung erforderlich ist. Es wird unterstellt, dass es sich bei den Fällen a - e um wiederholte Vertragsverstöße handelt.

a) Ein Mitarbeiter liest während der Arbeitszeit ein privates Buch.
b) Ein Mitarbeiter weigert sich, klare Arbeitsanweisungen zu befolgen.
c) Ein Mitarbeiter ist unpünktlich.
d) Ein Mitarbeiter verlässt ohne Erlaubnis den Arbeitsplatz.
e) Ein Mitarbeiter verstößt gegen das betriebliche Rauch- und Alkoholverbot.
f) Ein Mitarbeiter wird ertappt, wie sie einer Kollegin die Handtasche durchwühlt und 200 € aus dem Geldbeutel entwendet.
g) Ein Mitarbeiter wurde gegenüber einer Auszubildenden sexuell zudringlich.

Aufgabe 133:

a) Ein Steuerberater möchte seiner Mitarbeiterin 28 Urlaubstage gewähren. Im Arbeitsvertrag ist – versehentlich – folgende Vertragsklausel vereinbart: Die Arbeitnehmerin hat Anspruch auf 82 Urlaubstage. Wie ist die Rechtslage?
b) Überprüfen Sie den folgenden Personalfragebogen zur Vorbereitung von Bewerbungsgesprächen. Sind die folgenden Fragen zulässig/unzulässig?
   1. Sind Sie vorbestraft?
   2. Sind Sie Mitglied einer Gewerkschaft?
   3. Warum beabsichtigen Sie, Ihren Arbeitsplatz zu wechseln?
   4. Sind Sie Schwerbehinderter?
   5. Sind Sie schwanger? Wenn ja, in welchem Monat?
   6. Leiden Sie an chronischen Krankheiten?
   7. Warum bewerben Sie sich bei uns?
   8. Wie hoch war Ihr letztes Entgelt?

Aufgabe 134:

Wie ist die Rechtslage, wenn der letztmögliche Zugangstag, an dem die Kündigung fristgerecht erklärt werden kann, ein Samstag, Sonntag oder gesetzlicher Feiertag ist?

Aufgabe 135:

Frau Weber, 20 Jahre, ist Steuerfachangestellte in einer Gemeinschaftskanzlei mit zwölf Mitarbeitern (ohne Auszubildende). Da ihr Arbeitgeber nur noch an drei Tagen praktizieren möchte, kündigt er ihr das Arbeitsverhältnis schriftlich (Datum des Kündigungsschreibens: 18.01.20..). Frau Weber wird das Kündigungsschreiben am 27.01.20.. zugestellt.

a) Wann wäre die Kündigung rechtswirksam?

b) Was muss Frau Weber tun, wenn sie mit der Kündigung nicht einverstanden ist?

c) Angenommen, der Arbeitgeber hat die Kündigung fristgerecht zugestellt. Da Frau Weber zu dieser Zeit für vier Wochen einen Urlaub auf den Kanarischen Inseln verbringt, ist die Frist für eine Kündigungsschutzklage zwischenzeitlich verstrichen. Kann Frau Weber nachträglich Kündigungsschutzklage erheben?

Aufgabe 136:

Was versteht man im Arbeitsrecht unter einer

a) Änderungskündigung [Hinweis: siehe § 2 KSchG!]

b) Verdachtskündigung [Hinweis: suchen Sie diesen Begriff im Internet und erklären Sie ihn!]?

Aufgabe 137:

Welche der folgenden Aussagen sind zutreffend?

a) Weisungen des Arbeitgebers können nur im Rahmen des Arbeitsvertrages erteilt werden.

b) Betriebsvereinbarungen sind zwingend.

c) Von tarifvertraglichen Regelungen darf nicht abgewichen werden, da sie unmittelbar und zwingend sind [Hinweis: siehe § 4 Abs. 3 TVG!].

Aufgabe 138:

Wie ist die Rechtslage, wenn der Betriebsrat

a) einer Kündigung die Zustimmung verweigert [Hinweis: siehe § 102 BetrVG!]

b) einer Einstellung widerspricht [Hinweis: siehe §§ 92, 93, 99 BetrVG!]?

Aufgabe 139:
Ergänzen Sie den folgenden Lückentext:

Es kann niemand zum Abschluss eines Vertrages _____ werden. Grundsätzlich kann sich aber auch niemand nach Abschluss eines Vertrages durch einseitige Erklärung von den vertraglichen Verpflichtungen _____. Im Gegensatz zum Werkvertrag, der von beiden Parteien jeweils nur _____ erfüllt wird, ist der Arbeitsvertrag ein _____schuldverhältnis. Ein _____verhältnis ist ein Vertrag, der nicht durch den _____ Austausch von Leistung und _____ erfüllt wird. Dauerleistungspflichten sehen ein fortgesetztes oder wiederholtes _____ vor. Die Vertragsparteien binden sich für längere Zeit. Beim Werkvertrag ist eine vorzeitige Auflösung des Vertragsverhältnisses normalerweise nur in _____ Einvernehmen möglich. Beim Arbeitsvertrag besteht die Möglichkeit der _____ Auflösung unter Beachtung bestimmter Fristen. Ein Dauerarbeitsverhältnis endet entweder durch eine einseitige Erklärung des _____ oder durch eine einseitige Erklärung des _____. Die Auflösung eines unbefristeten Arbeitsvertragsverhältnisses ist auch durch einen _____ möglich.

Aufgabe 140:
Darf ein Steuerberater mit dem Verkauf seiner Kanzlei auch automatisch seine Arbeitnehmer mitverkaufen?

Aufgabe 141:
„Auflösungsverträge bringen dem Arbeitnehmer hauptsächlich Ärger". Nehmen Sie Stellung zu dieser Aussage.

Aufgabe 142:
Die 22-jährige Steuerfachangestellte Anja Abel übt eine Nebentätigkeit als Aushilfsbedienung in einer Diskothek einmal im Monat aus. Ist das Ausüben dieser Nebentätigkeit ohne Anzeigen und Zustimmung des Arbeitgebers zulässig?

Aufgabe 143:
a) Wie lange ist die gesetzliche Urlaubsdauer nach dem Bundesurlaubsgesetz?
b) Eine Angestellte arbeitet an fünf Tagen in der Woche. Welcher Urlaubsanspruch ergibt sich hieraus?

Aufgabe 144:
Erläutern Sie die Anzeige- und Nachweispflicht einer Arbeitsunfähigkeit nach § 5 Entgeltfortzahlungsgesetz.

Aufgabe 145:

Eine 34-jährige Angestellte ist 14 Jahre in der gleichen Kanzlei beschäftigt. Welche Kündigungsfrist muss

a) der Arbeitgeber

b) die Arbeitnehmerin beachten?

Aufgabe 146:

Bestimmen Sie den letztmöglichen rechtswirksamen Kündigungstermin bei einer Kündigung nach § 622 Abs. 1 BGB.

Beabsichtigte Beendigung des Arbeitsverhältnisses	Letztmöglicher Kündigungstermin
28.02.	
29.02.	
15.03.	
31.03.	
15.04.	
30.04.	

Aufgabe 147:

Ergänzen Sie den folgenden Lückentext:

Ist der beabsichtigte Kündigungstermin der 31. Tag eines Monats, so ist der letztmögliche Kündigungstermin der _____ Tag _____ Monats. Ist der beabsichtigte Kündigungstermin der 30. Tag eines Monats, so ist der letztmögliche Kündigungstermin der _____ Tag _____ Monats. Ist der beabsichtigte Kündigungstermin der 15. Tag eines Monats mit 30 Tagen, so ist der letztmögliche Kündigungstermin der _____ Tag des _____ . Ist der beabsichtigte Kündigungstermin der 15. Tag eines Monats mit 31 Tagen, so ist der letztmögliche Kündigungstermin der _____ Tag des _____ . Ist der beabsichtigte Kündigungstermin der 28.02., so ist der letztmögliche Kündigungstermin der _____ . Ist der beabsichtigte Kündigungstermin der 29.02., so ist der letztmögliche Kündigungstermin der _____ . Ist der beabsichtigte Kündigungstermin der 15.03., so ist der letztmögliche Kündigungstermin der _____ .

Aufgabe 148:

Welche der folgenden Aussagen sind richtig/falsch?

a) Entgelttarifverträge enthalten arbeitsrechtliche Regelungen über das Urlaubsgeld.

b) Rahmentarifverträge enthalten arbeitsrechtliche Regelungen über die Höhe des Einkommens.

c) Rahmentarifverträge enthalten arbeitsrechtliche Regelungen über die Zahl der Urlaubstage.
d) Entgelttarifverträge enthalten arbeitsrechtliche Regelungen über die Gehaltshöhe.

Aufgabe 149:
Wie beurteilen Sie die folgenden Formulierungen in Arbeitszeugnissen?
a) Frau Erika Erlewein und ich haben uns zum 31.12.20.. einvernehmlich getrennt.
b) Das Arbeitsverhältnis zwischen mir und Frau Fredericke Fischer endete zum 30.06.20...
c) Frau Gisela Gerke verlässt uns auf eigenen Wunsch.
d) Sein Verhalten gegenüber Kollegen war einwandfrei.

Aufgabe 150:
Ein Arbeitgeber kündigt einem Mitarbeiter per Einschreiben. Da der Mitarbeiter abwesend ist, landet lediglich die Benachrichtigung über die Niederlegung bei der Post in seinem Briefkasten. Zu welchem Zeitpunkt ist die Kündigung als zugegangen anzusehen?

Aufgabe 151:
Max Müller ist bei der Bürotechnik Mayer e. K. als kaufmännischer Mitarbeiter beschäftigt. Der Inhaber des Unternehmens, Thomas Mayer, erfährt am 15.06.2022, dass Max Müller Kunden- und Lieferantenlisten der Bürotechnik Mayer e. K. einem Freund gegeben hat, der bei einem anderen Unternehmen für Bürotechnik arbeitet.

Thomas Mayer kündigt Max Müller am 22.06.2022 fristlos.

Ist die fristlose Kündigung rechtmäßig? Begründen Sie Ihre Antwort unter Angabe der gesetzlichen Grundlage!

Aufgabe 152:
Welche Aussagen treffen zu?

Eine Angestellte ist verpflichtet
a) das Betriebsgeheimnis zu wahren
b) das Wettbewerbsverbot einzuhalten
c) Weisungen des Steuerberaters im Rahmen ihrer Tätigkeit zu befolgen
d) den ihr zustehenden Jahresurlaub im Juni des Folgejahres zu nehmen
e) Kündigungsfristen einzuhalten.

Aufgabe 153:
Welche Aussagen treffen zu?

Eine Angestellte hat Anspruch auf
a) ein qualifiziertes Zeugnis
b) Jahresurlaub
c) Weihnachtsgeld
d) Überstundenvergütung
e) Freistellung für Vorstellungsgespräche.

Aufgabe 154:
Was trifft auf den Einzelarbeitsvertrag zu?
a) Einzelvertragliche Bestimmungen gehen tarifvertraglichen Bestimmungen immer vor.
b) Der Abschluss eines Einzelarbeitsvertrages ist formfrei.
c) Der Einzelarbeitsvertrag muss schriftlich geschlossen werden.
d) Tarifvertragliche Bestimmungen gehen einzelvertraglichen Bestimmungen immer vor.
e) Der Einzelarbeitsvertrag bedarf der Zustimmung der Steuerberaterkammer.

Aufgabe 155:
Muss bei einem Vorstellungsgespräch die Frage
a) nach einer HIV-Infizierung
b) nach einer AIDS-Erkrankung
wahrheitsgemäß beantwortet werden?

Aufgabe 156:
a) Ist eine Kündigung des Arbeitsverhältnisses während einer Erkrankung zulässig?
b) Ein Arbeitnehmer ist länger erkrankt. Der Arbeitgeber will seine Arbeitsunfähigkeitsbescheinigung überprüfen und ihn deshalb zur betriebsärztlichen Untersuchung schicken. Wie ist die Rechtslage?

Aufgabe 157:
Was versteht man im Tarifvertragsrecht unter sogenannten Öffnungsklauseln [Hinweis: siehe § 77 Abs. 3 BetrVG!]?

Aufgabe 158:

Welche der folgenden Fragen bei einem Vorstellungsgespräch sind Ihrer Meinung nach zulässig und somit wahrheitsgemäß zu beantworten?

a) Warum bewerben Sie sich in unserem Betrieb?
b) Sind Sie vorbestraft?
c) Sind Sie schwerbehindert?
d) Wollen Sie in absehbarer Zeit heiraten?

Aufgabe 159:

Im Zusammenhang mit einer fristlosen Kündigung fällt oft der Satz: „Sie können sich Ihre Arbeitspapiere in einer Stunde in der Personalabteilung abholen."

a) Welche Papiere zählen zu den Arbeitspapieren? [Recherchieren Sie im Internet „Arbeitspapiere bei Entlassung"!]
b) Wer ist Eigentümer der Personalakte?
c) Muss der Arbeitgeber die Arbeitspapiere herausgeben?

Aufgabe 160:

Ein Arbeitnehmer ist über die Kündigung so verärgert, dass er die Zusendung der Arbeitspapiere verlangt. Mit Recht?

Aufgabe 161:

Wie ist die Rechtslage, wenn ein Arbeitnehmer im Urlaub krank wird?

Aufgabe 162:

Ist die folgende Vereinbarung in einem Arbeitsvertrag möglich oder unwirksam: „Der Arbeitnehmer kann nur mit Zustimmung des Arbeitgebers eine Nebentätigkeit ausüben".

Aufgabe 163:

Arbeitgeber sind oftmals bereit, Beschäftigte für Fortbildung bei Weiterzahlung des Gehalts freizustellen und die Lehrgangskosten zu übernehmen. Im Gegenzug verpflichtet sich der Arbeitnehmer dazu, nach Abschluss der Fortbildung für einen bestimmten Zeitraum im Unternehmen zu bleiben. Kündigt der Arbeitnehmer vorzeitig, muss er zumindest einen Teil der Fortbildungskosten erstatten. SInd derartige vertragliche Vereinbarungen zulässig?

Aufgabe 164:

Prüfen Sie, ob die folgenden Stellenangebote das Gebot der geschlechtsneutralen Stellenausschreibung nach dem Allgemeinen Gleichbehandlungsgesetz (AGG) verletzen.

Gesucht wird ein/e

a) Geburtshelferin

b) Medizinische Fachangestellte

c) Bodyguard für einen Popsänger

d) Dressman

e) Pfarrer in der katholischen Kirche

f) Bediensteter im Justizvollzugsdienst (m/w/d)

g) Erzieherin

h) Croupier

i) Fotomodell für Damenunterwäsche (Herrenunterwäsche)

j) junge(r) dynamische(r) Mitarbeiter(in).

Aufgabe 165:

Prüfen Sie, ob die folgenden Formulierungen in der Stellenausschreibung gegen das AGG verstoßen.

a) Bewerber senden ihre aussagefähigen Unterlagen an Steuerberater Dr. Werner Jakobi.

b) Wir sind ein junges Team und suchen eine(n) junge(n) Mitarbeiter(in).

c) Wir suchen einen katholischen Pfarrer.

d) Ich suche eine(n) Steuerfachangestellte(n) (m/w/d). Schwerbehinderung ist kein Hinderungsgrund.

e) Voraussetzung sind gute Deutschkenntnisse.

Aufgabe 166:

Auch bei gewonnenem Kündigungsschutzprozess ist der Arbeitsplatz meist verloren. Nehmen Sie Stellung zu dieser Aussage.

Aufgabe 167:

Ergänzen Sie den folgenden Lückentext:

Ein Arbeitsverhältnis endet bei einer ordentlichen Kündigung erst mit Ablauf der vertraglichen oder _____ Kündigungsfrist. Mit zunehmender Beschäftigungsdauer _____ sich die gesetzlichen Kündigungsfristen. Die verlängerten Kündigungsfristen muss nur der _____ beachten.

Aufgabe 168:
In einem Tarifvertrag wurde die 38-Stunden-Woche vereinbart. Ist es rechtlich zulässig, dass in einer Betriebsvereinbarung die 39-Stunden-Woche eingeführt wird? [Der Tarifvertrag ebthält keine Öffnungsklausel gem. § 4 Abs. 3 TVG – siehe dort!]

Aufgabe 169:
Kann ein Arbeitnehmer ohne Einwilligung des Arbeitgebers den Schichtdienst mit einem befreundeten Mitarbeiter tauschen?

Aufgabe 170:
Nennen Sie Informationen, die unter das Betriebs- und Geschäftsgeheimnis fallen.

Aufgabe 171:
Nennen Sie Einzelgesetze, die arbeitsrechtliche Bestimmungen enthalten.

Aufgabe 172:
Welche Bestimmungen des Bürgerlichen Gesetzbuches und des Handelsgesetzbuches sind privatrechtlicher Bestandteil des Arbeitsrechts?

Aufgabe 173:
Ist ein mündlich abgeschlossener Arbeitsvertrag gültig?

Aufgabe 174:
a) Welche Pflichten haben Arbeitgeber und Arbeitnehmer zu erfüllen?
b) Müssen Arbeitnehmer, die wegen der Wetterverhältnisse nicht rechtzeitig aus dem Winterurlaub zurückkommen, weil sie aufgrund gesperrter Straßen im Skiort festsitzen, mit Lohnkürzungen rechnen?

Aufgabe 175:
Wie kann ein Arbeitsverhältnis beendet werden?

Aufgabe 176:
Wodurch unterscheidet sich eine ordentliche Kündigung von einer außerordentlichen Kündigung?

6. Sozialrecht und Sozialversicherung

Das Sozialrecht ist im Sozialgesetzbuch (SGB) zusammengefasst. Im System der sozialen Sicherung der Bundesrepublik spielt die Sozialversicherung dabei die bedeutendste Rolle.

 MERKE

Sozialrecht im gesetzlichen Sinn ist das gesamte **im Sozialgesetzbuch geregelte Recht**. Sozialrecht im inhaltlichen Sinn ist das der sozialen Gerechtigkeit und der sozialen Sicherheit dienende Recht.

6.1 Versicherungsprinzip

Wir alle sind von vielfältigen **Risiken** im Alltag betroffen: Unfall, Krankheit, Tod. Wer von uns krank wird oder früh stirbt, lässt sich nicht vorhersehen. Sicher ist nur, dass nicht bei allen Personen eine drohende Gefahr eintritt, sondern nur bei einigen Personen. **Versicherungen** können die Lebensrisiken nicht ausschalten, sie **sichern uns jedoch ab** gegen finanzielle Verluste und Folgen eines Gefahreneintritts.

Das **Versicherungsprinzip** (Grundgedanke der Versicherung) besteht darin, dass viele natürliche und juristische Personen, die von derselben Gefahr bedroht sind (**Gefahrengemeinschaft**), dem Versicherer das finanzielle Risiko des Gefahreneintritts übertragen. Der Schaden des einzelnen Versicherten wird somit von der Gesamtheit der Versicherten getragen.

6.2 Entstehen der Sozialversicherung

Das Entstehen der Sozialversicherung ist nur vor dem Hintergrund der **sozialen Folgen der industriellen Revolution** im vergangenen Jahrhundert zu verstehen. Die Lage der Arbeiter im 19. Jahrhundert war gekennzeichnet durch Elend und unerträgliche Zustände in Betrieben und Wohnungen. Es gab **keinerlei Schutz vor unvorhersehbaren und unverschuldeten Notlagen** und Schicksalsschlägen des Lebens. Bei Invalidität drohte Entlassung. Im Falle von Arbeitslosigkeit gab es keine Unterstützung durch den Staat. Kein Arbeitgeber zahlte die Arztkosten im Krankheitsfall. Im Alter waren viele Menschen auf die Familie bzw. auf die Sozialhilfe angewiesen.

Der **17. November 1881** gilt als die Geburtsstunde der Sozialversicherung. An diesem Tag verlas Bismarck im Reichstag eine **„kaiserliche Botschaft"** von Wilhelm I. Die Arbeiter sollten künftig gegen Krankheit, Erwerbsunfähigkeit und materielle Not im Alter versichert werden. Nach und nach entstanden folgende Einzelgesetze:

- 1883 Krankenversicherungsgesetz
- 1884 Unfallversicherungsgesetz
- 1889 Gesetz betreffend die Invaliditäts- und Alterssicherung.

In der Folgezeit entstanden noch weitere Gesetze, die die Sozialversicherung erweiterten:

- 1911 Angestelltenversicherung
- 1923 Knappschaftsversicherung
- 1927 Arbeitslosenversicherung
- 1969 Arbeitsförderungsgesetz
- 1995 Pflegeversicherung.

6.3 Grundgedanke der Sozialversicherung

Grundgedanke der Sozialversicherung ist das **Prinzip der Solidarität** („Einer für alle, alle für einen"). **Das Risiko eines Notfalles trägt nicht der Einzelne, sondern tragen alle Versicherten**. Junge Arbeitnehmer tragen zur Finanzierung der Altersrenten bei, gesunde Arbeitnehmer zur Finanzierung der Krankheitskosten. Die Beiträge zur Sozialversicherung aller Versicherten sichern den Lebensstandard trotz Alter und Krankheit. Innerhalb der Sozialversicherung findet demnach ein Risikoausgleich statt (zwischen Kranken und Gesunden, zwischen Arbeitsunfähigen und Arbeitenden).

6.4 Zweige der Sozialversicherung

Die Zweige bzw. Säulen der Sozialversicherung umfassen die

- gesetzliche **Krankenversicherung**
- soziale **Pflegeversicherung**
- gesetzliche **Rentenversicherung**
- gesetzliche **Arbeitslosenversicherung**
- gesetzliche **Unfallversicherung**.

Die **Versicherungsträger** der Sozialversicherung sind **juristische Personen des öffentlichen Rechts mit Selbstverwaltung**. Aufgabe der Versicherungsträger ist die Organisation und Verwaltung der Sozialversicherungszweige. Den Versicherungsträgern stehen die Beiträge der Arbeitnehmer und der Arbeitgeber zur Sozialversicherung zu. Mit diesen Sozialversicherungsbeiträgen erbringen die einzelnen Versicherungsträger im Versicherungsfall ihre Leistungen.

Streitigkeiten in Sozialversicherungsangelegenheiten entscheiden die **Sozialgerichte**.

Die Sozialversicherung stellt weder rechtlich noch organisatorisch eine Einheit dar. Sie gliedert sich in fünf Versicherungszweige. Innerhalb dieser fünf Versicherungszweige sind verschiedene Versicherungsträger – mit Ausnahme der Arbeitslosenversicherung – in unterschiedlichen sachlichen und örtlichen Zuständigkeiten tätig. In der Arbeitslosenversicherung ist allein die Bundesagentur für Arbeit zuständig.

 MERKE

Das Sozialversicherungsrecht ist ein Teilgebiet des öffentlichen Rechts.

Das **Recht des Sozialgesetzbuches** (SGB) soll zur **Verwirklichung sozialer Gerechtigkeit** und **sozialer Sicherheit** Sozialleistungen gestalten (§ 1 Abs. 1 SGB I). Es soll dazu beitragen, ein menschenwürdiges Dasein zu sichern, gleiche Voraussetzungen für die freie Entfaltung der Persönlichkeit, insbesondere auch für junge Menschen, zu schaffen, die Familie zu schätzen und zu fördern und den Erwerb des Lebensunterhalts durch eine frei gewählte Tätigkeit zu ermöglichen.

Sozialversicherungspflichtig sind grundsätzlich **die in einem Beschäftigungsverhältnis tätigen Arbeitnehmer**.

Die zwölf Bücher des Sozialgesetzbuches	
SGB I	Allgemeiner Teil
SGB II	Grundsicherung für Arbeitssuchende
SGB III	Arbeitsförderung
SGB IV	Gemeinsame Vorschriften
SGB V	Gesetzliche Krankenversicherung
SGB VI	Gesetzliche Rentenversicherung
SGB VII	Gesetzliche Unfallversicherung
SGB VII	Kinder- und Jugendhilfe
SGB IX	Rehabilitation und Teilhabe behinderter Menschen
SGB X	Sozialverwaltungsverfahren und Sozialdatenschutz
SGB XI	Soziale Pflegeversicherung
SGB XII	Sozialhilfe

Aufgaben 177 - 185 > Seite 260 - 261

6.4.1 Gesetzliche Krankenversicherung

Die gesetzlichen Aufgaben des **SGB V** werden von den **Krankenkassen** wahrgenommen. Im SGB V ist festgelegt,

- wer **Versicherungsträger** ist
- wer **versicherungspflichtig** ist
- wie sich die Krankenversicherungen **finanzieren** und
- welche **Leistungen** die Krankenkassen erbringen.

Die Krankenkassen sind rechtsfähige Körperschaften des öffentlichen Rechts mit Selbstverwaltung (§ 4 Abs. 1 SGB V). Versicherungsträger (Kassenarten) sind Ortskrankenkassen, Betriebskrankenkassen, Innungskrankenkassen und Ersatzkassen.

Versicherungspflicht und Versicherungsfreiheit

Versicherungspflicht (§ 5 SGB V)	▸ Arbeiter und Angestellte, deren Jahresarbeitsentgelt die Jahresarbeitsentgeltgrenze nicht übersteigt ▸ Auszubildende, Studenten ▸ Praktikanten, die eine in Studien- oder Prüfungsordnungen vorgeschriebene berufspraktische Tätigkeit ohne Arbeitsentgelt verrichten ▸ Personen, die Arbeitslosengeld oder Unterhaltsgeld nach dem SGB III beziehen ▸ Rentner in der gesetzlichen Rentenversicherung ▸ Landwirte und ihre mitarbeitenden Familienangehörigen ▸ Künstler und Publizisten ▸ Menschen ohne anderweitigen Anspruch auf Absicherung im Krankheitsfall, sofern sie zuletzt gesetzlich krankenversichert waren oder der gesetzlichen Krankenversicherung zuzuordnen sind.
Versicherungsfreiheit (§ 6 SGB V)	▸ Arbeiter und Angestellte, deren Jahresarbeitsentgelt die Jahresarbeitsentgeltgrenze übersteigt (2022: 58.050 €) ▸ Beamte, Richter, Soldaten auf Zeit sowie Berufssoldaten der Bundeswehr ▸ geringfügig Beschäftigte.

Arbeitnehmer sind Angestellte und Arbeiter. Das Arbeitnehmerverhältnis ist ein privatrechtliches Arbeitsverhältnis und wird durch einen Arbeitsvertrag begründet. Das Beamtenverhältnis ist ein öffentlich-rechtliches Verhältnis und kommt durch Ernennung (Verwaltungsakt) zustande. Beamte, Richter, Soldaten sind **keine** Arbeitnehmer im rechtlichen Sinn. Selbstständige sind ebenfalls **keine** Arbeitnehmer. Beamte und Selbstständige sind deshalb grundsätzlich **nicht** krankenversicherungspflichtig.

Krankenversicherungsbeitrag

Arbeitgeber und Arbeitnehmer tragen jeweils die Hälfte der Beiträge. In der gesetzlichen Krankenversicherung gelten einheitlich für alle Krankenkassen folgende Beitragssätze:

- der **allgemeine Beitragssatz** in Höhe von **14,6 %** gilt für Arbeitnehmer, die bei Arbeitsunfähigkeit für mindestens sechs Wochen Anspruch auf Fortzahlung des Arbeitsentgelts haben
- der **ermäßigte Beitragssatz** in Höhe von **14,0 %** gilt für Versicherte, die keinen Krankengeldanspruch haben.

Zeitraum	Beitragssatz		Verteilung	
2022	allgemein	ermäßigt	hälftiger Beitragssatz allgemein Arbeitnehmer	hälftiger Beitragssatz allgemein Arbeitgeber
	14,6 %	14,0 %	7,3 %	7,3 %

Jede Krankenkasse kann einen **einkommensabhängigen Zusatzbeitrag** erheben. Dieser **kassenindividuelle Zusatzbeitrag** wird durch Satzung von der Krankenkasse festgelegt. Auch der kassenindividuelle Zusatzbeitrag ist paritätisch von Arbeitnehmern und Arbeitgebern je zur Hälfte zu tragen. Der vom Bundesministerium für Gesundheit für das Jahr 2022 bekanntgegebene durchschnittliche Zusatzbeitrag beträgt 1,3 %.

Geldströme innerhalb des Gesundheitsfonds:

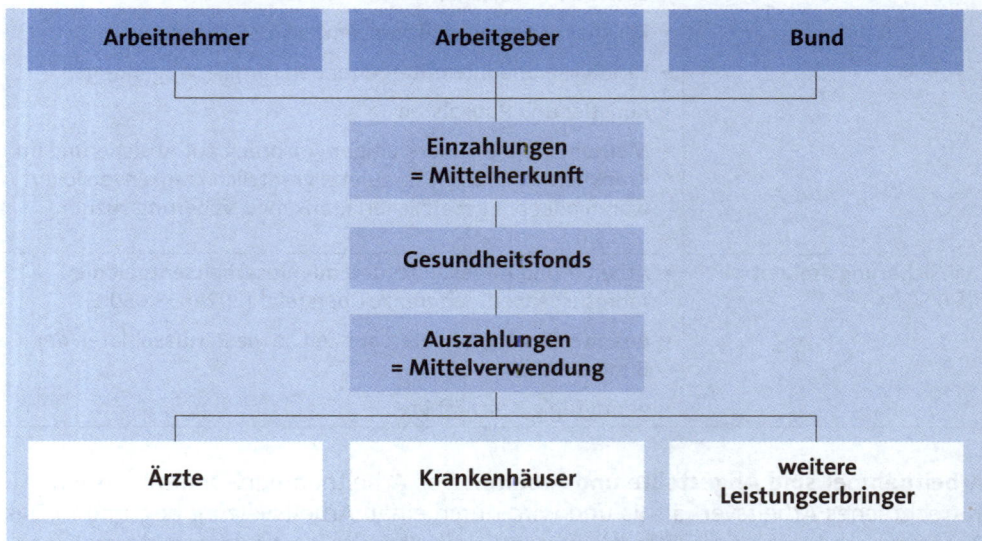

Die Beiträge richten sich nach der **finanziellen Leistungsfähigkeit** des Versicherten und nicht nach seinem persönlichen Krankheitsrisiko (Alter, Geschlecht, Gesundheitsstatus), im Gegensatz zur privaten Krankenversicherung, bei der eine Versicherungsprämie nach dem persönlichen Krankheitsrisiko berechnet wird. Die Höhe der Beiträge hängt deshalb allein vom Einkommen des Versicherten ab.

INFO

Der monatliche Beitrag zur gesetzlichen Krankenversicherung berechnet sich bei Arbeitnehmern grundsätzlich wie folgt:

> beitragspflichtiges Arbeitsentgelt • allgemeiner KV-Beitragssatz = allgemeiner KV-Beitrag
> + beitragspflichtiges Arbeitsentgelt • KV-Zusatzbeitragssatz = KV-Zusatzbeitrag
> = **gesamter monatlicher KV-Beitrag**

Davon tragen der Arbeitnehmer und der Arbeitgeber jeweils die Hälfte.

Die Beitragsanteile des Arbeitnehmers werden von seinem Arbeitslohn einbehalten und vom Arbeitgeber zusammen mit dem Arbeitgeberanteil an die jeweilige Krankenkasse abgeführt.

Die Höhe des beitragspflichtigen Arbeitsentgelts ist jedoch **nach oben begrenzt** (sog. **Beitragsbemessungsgrenze**). Für die gesetzliche Kranken- und Pflegeversicherung beträgt sie für 2022

- 58.050 € (Kalenderjahr)
- 4.837,50 € (Kalendermonat).

Arbeitsentgelte über diesen Beträgen unterliegen **nicht** der Beitragspflicht (sie sind dann also faktisch beitragsfrei).

Hat ein Arbeitnehmer beispielsweise einen monatlichen Bruttoarbeitslohn in Höhe von 6.000 € und beträgt der Zusatz-Beitragssatz seiner Krankenkasse 1,3 %, dann berechnet sich sein Monatsbeitrag 2022 wie folgt:

```
4.837,50 € • 14,6 %    = 706,28 €
4.837,50 € •  1,3 %    =  62,88 €
                         769,16 €
```

Davon trägt der Arbeitnehmer die Hälfte, also 384,58 € (Abzug vom Bruttoarbeitslohn) und der Arbeitgeber die andere Hälfte, also ebenfalls 384,58 €. Den Gesamtbeitrag muss der Arbeitgeber monatlich an die Krankenkasse abführen.

Das **Solidarprinzip** bedeutet, dass ein **Ausgleich geschaffen** werden soll zwischen Gesunden und Kranken, zwischen Frauen und Männern, zwischen jungen und alten Mitgliedern, zwischen Alleinstehenden und Familien, zwischen gut und weniger gut verdienenden Mitgliedern. Die Leistungen der gesetzlichen Krankenkasse bestehen unabhängig vom Familienstand, Alter und von der Höhe der gezahlten Beiträge.

Leistungen

Versicherte haben Anspruch auf Krankenbehandlung, wenn sie notwendig ist, um eine Krankheit zu erkennen, zu heilen, ihre Verschlimmerung zu verhüten oder Krankheitsbeschwerden zu lindern (§ 27 Abs. 1 Satz 1 SGB V).

Krankheit ist die Abwesenheit von Gesundheit. Krankheit ist allgemein ein Zustand des körperlichen oder seelischen Unwohlseins bzw. Leidens, eine Störung der normalen Funktion eines Organs oder Körperteils, auch des seelischen Wohlbefindens.

Leistungen erhält der Versicherte beitragsunabhängig (Ausnahme: Krankengeld). Der Einzelne erhält im Krankheitsfall Sachleistungen, ohne dass er gegenüber der Krankenkasse direkte Zahlungen zu leisten hat.

Leistungsarten (§ 11 SGB V)		
Verhütung von Krankheiten §§ 20 bis 24b SGB V	Früherkennung von Krankheiten §§ 25 bis 26 SGB V	Behandlung von Krankheiten §§ 27 bis 52 SGB V

Der Versicherte hat Anspruch auf **Pflichtleistungen** und **Ermessensleistungen**. Pflichtleistungen sind vom Gesetz vorgeschriebene Leistungen. Ermessensleistungen sind durch die Satzung der einzelnen Kasse freiwillig gewährte Leistungen (Satzungsleistungen).

Die **gesetzlich vorgeschriebenen Leistungen** sind für alle Kassen **verbindlich**.

Pflichtleistungen
Verhütung von Krankheiten
Früherkennung von Krankheiten
Mutterschaftsvorsorge
Behandlung einer Krankheit
Medizinische und ergänzende Leistungen zur Rehabilitation
Verhütung von Zahnerkrankungen
Besondere präventive Maßnahmen
Krankengeld
Mutterschaftsgeld

Beteiligte und Rechtsverhältnisse

Die Versicherten erhalten Leistungen von der gesetzlichen Krankenversicherung. Der **Leistungsberechtigte** in der Krankenversicherung ist i. d. R. auch der **Leistungsempfänger**.

Die **Versorgung** der Versicherten muss **ausreichend und zweckmäßig** sein, darf das Maß des Notwendigen nicht überschreiten und muss in der fachlich gebotenen **Qualität** sowie **wirtschaftlich** erbracht werden (§ 70 Abs. 1 Satz 2 SGB V).

Rechtsbeziehungen zwischen Leistungsträger, Leistungserbringer und -empfänger:

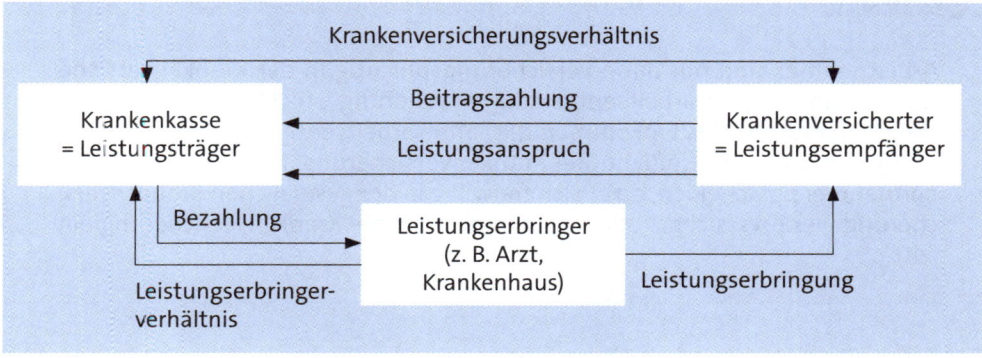

Aufgaben 188 - 189 > Seite 262 - 263

6.4.2 Soziale Pflegeversicherung

Für die Pflegeversicherung als weitere Säule der Sozialversicherung gelten in Bezug auf die Leistungen die folgenden Grundsätze:

1. Prävention und Rehabilitation vor Pflegeleistungen und
2. Ambulante Pflege vor stationären Pflegeleistungen (§ 3 SGB XI).

Rechtsgrundlage des Pflegeversicherungsrechts ist das SGB XI.

Versicherungspflichtiger Personenkreis
Die soziale Pflegeversicherung ist ein eigenständiger Zweig der Sozialversicherung (§ 1 Abs. 1 SGB XI). Bei ihr gilt der **Grundsatz: Die Pflegeversicherung folgt der Krankenversicherung!**

Beispiel

Ein Arbeitnehmer ist gesetzlich krankenversichert in der Ortskrankenkasse Irgendwo. Für die Durchführung seiner Pflegeversicherung ist die bei der Ortskrankenkasse Irgendwo errichtete Pflegekasse zuständig.

Grundsätzlich gibt es keine Versicherungspflicht in der Pflegeversicherung ohne gleichzeitigen Schutz in der gesetzlichen Krankenversicherung. In die soziale Pflegeversicherung sind deshalb gesetzlich alle einbezogen, die in der gesetzlichen Krankenversicherung versichert sind (§ 1 Abs. 2 Satz 1 SGB XI).

INFO

Arbeitnehmer sind nur dann versicherungspflichtig in der Krankenversicherung, wenn ihr Jahresarbeitsentgelt die Versicherungspflichtgrenze nicht übersteigt. Übersteigt das Einkommen die Jahresarbeitsentgeltgrenze, endet die Krankenversicherungspflicht. Bei Krankenversicherungsfreiheit kann der Arbeitnehmer entscheiden, ob er sich freiwillig in der gesetzlichen Krankenversicherung weiterversichert oder ob er in eine private Krankenversicherung eintritt.

Bei Krankenversicherungsfreiheit besteht auch in der Pflegeversicherung keine Versicherungspflicht als Arbeitnehmer.

Freiwillige Mitglieder der gesetzlichen Krankenversicherung sind versicherungspflichtig in der sozialen Pflegeversicherung (§ 20 Abs. 3 SGB XI). Diese Personen können sich von der Versicherungspflicht befreien lassen, wenn sie bei einem privaten Versicherungsunternehmen gegen Pflegebedürftigkeit versichert sind (§ 22 Abs. 1 Satz 1 SGB XI).

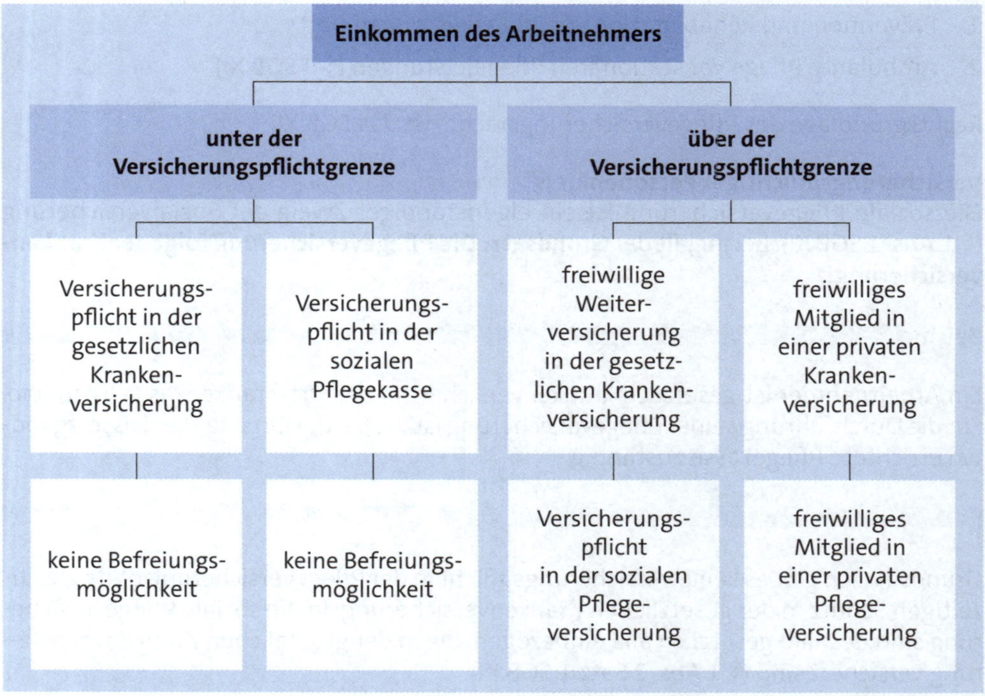

Einkommen des Arbeitnehmers			
unter der Versicherungspflichtgrenze		über der Versicherungspflichtgrenze	
Versicherungspflicht in der gesetzlichen Krankenversicherung	Versicherungspflicht in der sozialen Pflegekasse	freiwillige Weiterversicherung in der gesetzlichen Krankenversicherung	freiwilliges Mitglied in einer privaten Krankenversicherung
keine Befreiungsmöglichkeit	keine Befreiungsmöglichkeit	Versicherungspflicht in der sozialen Pflegeversicherung	freiwilliges Mitglied in einer privaten Pflegeversicherung

Beitragsaufbringung und Pflegeversicherungsträger
Träger der Pflegeversicherung sind die **Pflegekassen** (§ 46 Abs. 1 Satz 1 SGB XI). Bei jeder Krankenkasse (Ortskrankenkassen, Betriebskrankenkassen, Innungskrankenkassen, Ersatzkassen) wird eine Pflegekasse errichtet. Die Pflegekassen sind rechtsfähige Körperschaften des öffentlichen Rechts mit Selbstverwaltung. Organe der Pflegekassen sind die Organe der Krankenkassen, bei denen sie errichtet werden (§ 2 Abs. 2 SGB XI).

Die Ausgaben der Pflegeversicherung werden durch **Beiträge der Mitglieder und** der **Arbeitgeber** finanziert. Die Beiträge richten sich nach den beitragspflichtigen Einnahmen der Mitglieder (§ 1 Abs. 6 SGB XI). Sie werden nach einem Beitragssatz von den beitragspflichtigen Einnahmen der Mitglieder bis zur Beitragsbemessungsgrenze erhoben (§ 54 Abs. 2 Satz 1 SGB XI).

Der Beitragssatz beträgt **2022** bundeseinheitlich **3,05 %** der beitragspflichtigen Einnahmen (§ 55 Abs. 1 Satz 1 SGB XI).

Kinderlose, die mindestens 23 Jahre alt sind, zahlen einen **Beitragszuschlag** von **0,35 %** (§ 55 Abs. 3 SGB XI; **Beitragszuschlag für Kinderlose**).

Die versicherungspflichtig Beschäftigten, die in der gesetzlichen Krankenversicherung pflichtversichert sind, und ihre Arbeitgeber tragen die Beiträge **jeweils zur Hälfte**. Den **Beitragszuschlag** für Kinderlose tragen **die Beschäftigten allein** (§ 58 Abs. 2 SGB XI).

> Zum Ausgleich der mit den Arbeitgebern verbundenen Belastungen der Wirtschaft haben die Länder einen gesetzlichen landesweiten Feiertag, der stets auf einen Werktag fällt, aufgehoben. Als einziges Bundesland hat Sachsen keinen Feiertag gestrichen. Dafür ist in Sachsen der Arbeitnehmeranteil an der Pflegeversicherung um 0,5 % höher als im übrigen Bundesgebiet.

Pflegebedürftigkeit und Leistungsansprüche
Pflegebedürftig sind Personen, die wegen einer körperlichen, geistigen oder seelischen Krankheit oder Behinderung für die gewöhnlichen und regelmäßig wiederkehrenden Verrichtungen im Ablauf des täglichen Lebens auf Dauer, voraussichtlich für mindestens sechs Monate, in erheblichem Umfang oder höherem Maße der Hilfe bedürfen (§ 14 SGB XI).

Die Pflegebedürftigkeit wird auf Antrag des Versicherten von der Pflegeversicherung festgestellt. Die Pflegeversicherung lässt hierzu ein **Gutachten** durch den **Medizinischen Dienst der Krankenversicherung (MDK)** oder von **Medicproof - Gutachtern** erstellen. Aufgrund des Gutachtens stellt die Pflegeversicherung die Art der Pflege fest und ordnet den Grad der Pflegebedürftigkeit einem der **fünf Pflegegrade** zu.

Leistungen

Die Pflegeversicherung unterstützt Pflegebedürftige – abhängig vom festgestellten Pflegegrad – bei der **häuslichen** Pflege, der **teilstationären/kurzzeitigen** Pflege und der **vollstationären** Pflege.

Häusliche Pflege

- Pflegesachleistungen (Finanzierungshilfen für ambulante Pflegedienste)
- Pflegegeld (pauschaler monatlicher Geldbetrag, wenn beispielsweise die Pflege von Familienangehörigen durchgeführt wird)
- Pflegehilfsmittel (z. B. technische Hilfsmittel, wie Krankenbett oder Rollstuhl sowie Verbrauchsmittel, wie Betteinlagen oder Einmalhandschuhe).

Teilstationäre und/oder kurzzeitige Pflege

- Tages-/Nachtpflege in einer Pflegeeinrichtung, wenn die häusliche Pflege nicht sichergestellt werden kann
- Kurzzeitpflege in einer Pflegeeinrichtung bis zu 4 Wochen im Kalenderjahr, wenn die häusliche Pflege kurzzeitig nicht sichergestellt werden kann.

Vollstationäre Pflege

Teilfinanzierung der vollstationären Pflege in einer Pflegeeinrichtung, wenn die häusliche/teilstationäre Pflege nicht mehr in Frage kommt.

Verrichtungen			
Grundpflege			Hauswirtschaftliche Versorgung
Körperpflege	Ernährung	Mobilität	

Aufgaben 190 - 193 > Seite 263

6.4.3 Gesetzliche Rentenversicherung

Die gesetzliche Rentenversicherung ist das größte soziale Sicherungssystem in Deutschland. Grundlage des **Rentenversicherungsrechts** ist das **SGB VI**.

Versicherter Personenkreis

Versicherungspflichtig sind insbesondere Personen, die gegen Arbeitsentgelt oder zu ihrer Berufsausbildung beschäftigt sind (§ 1 SGB VI; **Versicherung kraft Gesetzes**).

Arbeiter, **Angestellte** und **Auszubildende** (Beschäftigte) sind somit pflichtversichert, unabhängig vom Willen des Arbeitnehmers oder Arbeitgebers.

Selbstständige sind grundsätzlich sozialversicherungs**frei** und somit **nicht** rentenversicherungspflichtig. Versicherungs**frei** sind auch **Beamte**, **Richter** und **Soldaten** (§ 5 Abs. 1 SGB VI).

Nach § 2 SGB VI sind aber auch bestimmte selbstständig tätige Personen rentenversicherungspflichtig. Versicherungspflichtig sind demnach auch selbstständig tätige

1. Gewerbetreibende, die in die Handwerksrolle eingetragen sind (**Handwerker**) und
2. Personen, die im Zusammenhang mit ihrer selbstständigen Tätigkeit keinen versicherungspflichtigen Arbeitnehmer beschäftigen und auf Dauer und im Wesentlichen nur für einen Auftraggeber tätig sind (**arbeitnehmerähnliche Selbstständige**).

Beitragshöhe und Beitragsaufbringung

Die Versicherungspflicht führt zur Beitragspflicht. Eine Versicherungspflicht besteht unabhängig von der Höhe des Einkommens. Anders als in der gesetzlichen Krankenversicherung gibt es in der Rentenversicherung **keine Rentenversicherungspflichtgrenze**. Die beitragspflichtigen Einnahmen werden aber wie in der Krankenversicherung nicht unbegrenzt zur Beitragsberechnung herangezogen. Die beitragspflichtigen Einnahmen sind deshalb nur bis zur Höhe der **Beitragsbemessungsgrenze der Rentenversicherung** bei der Beitragsberechnung zu berücksichtigen (**2022** beträgt sie in den alten Bundesländern **7.050 €** monatlich und in den neuen Bundesländern **6.750 €**). Die Beiträge für versicherungspflichtige Beschäftigte sind vom Arbeitgeber und Arbeitnehmer je zur Hälfte zu tragen. **2022** beträgt der Beitragssatz zur Rentenversicherung **18,6 %**.

Gesamtbeitrag zur Rentenversicherung in Prozent	Beitragsanteil AN in Prozent	Beitragsanteil AG in Prozent
18,6	9,3	9,3

Versicherungsfälle der Rentenversicherung

Die Rentenversicherung erbringt Leistungen zur medizinischen Rehabilitation und Leistungen zur Teilhabe am Arbeitsleben, um den Auswirkungen einer Krankheit oder einer körperlichen, geistigen oder seelischen Behinderung auf die Erwerbsfähigkeit entgegenzuwirken oder sie zu überwinden (§ 9 Abs. 1 SGB VI). Die Maßnahmen sollen das vorzeitige Ausscheiden des Versicherten aus dem Erwerbsleben verhindern oder eine Wiedereingliederung in das Erwerbsleben ermöglichen. Es gilt der Grundsatz: **Die Leistungen zur Teilhabe haben Vorrang vor Rentenleistungen!**

 INFO

Leistungen in der gesetzlichen Kranken- und Rentenversicherung, nach dem Recht der Arbeitsförderung sowie in der sozialen Pflegeversicherung werden grundsätzlich nur auf Antrag erbracht (§ 19 SGB IV; **Leistungen auf Antrag**). Leistungen in der gesetzlichen Unfallversicherung werden hingegen von Amts wegen erbracht (**Leistungen von Amts wegen**).

Renten werden geleistet

- wegen **Alters**,
- wegen **verminderter Erwerbsfähigkeit** oder
- wegen **Todes** (§ 33 Abs. 1 SGB VI).

Renten wegen Alters sind
1. **Regelaltersrente**
2. **Altersrente für langjährig Versicherte**
3. **Altersrente für schwerbehinderte Menschen** (§ 33 Abs. 2 SGB VI).

Versicherte haben Anspruch auf **Regelaltersrente**, wenn sie
1. die **Regelaltersgrenze** erreicht und
2. die **allgemeine Wartezeit** erfüllt haben. Die **Regelaltersgrenze** wird mit Vollendung des **67. Lebensjahres** erreicht (§ 35 SGB VI).

Die Regelaltersrente wird von dem Monat an geleistet, zu dessen Beginn die Anspruchsvoraussetzungen vorliegen, sofern der Rentenantrag gestellt wird (§ 99 Abs. 1 SGB VI). Die Rente wird also frühestens ab dem **Monat** gezahlt, **der auf den Monat folgt, in dem der Versicherte die Regelaltersgrenze** erreicht hat.

Für Versicherte, die nach dem 31.12.1946 geboren sind, gilt die folgende Regelung:

Geburtsjahr des Versicherten	Regelaltersgrenze	Erreichen der Regelaltersgrenze
1950	65 + 4 Monate	05.2015 - 04.2016
1960	66 + 4 Monate	05.2026 - 04.2027
ab 1964	67	Januar bis Dezember der entsprechenden Jahre

Eine vorzeitige Inanspruchnahme der Altersrente ist nach Vollendung des 63. Lebensjahres möglich (§ 36 Satz 2 SGB VI). Bei Renten wegen Alters, die vorzeitig in Anspruch genommen werden, müssen jedoch **Rentenabschläge** in Kauf genommen werden.

Voraussetzungen für einen Rentenanspruch
Versicherte und ihre Hinterbliebenen haben Anspruch auf Rente, wenn die für die Rente erforderliche Mindestversicherungszeit (**Wartezeit**) erfüllt ist und die **persönlichen Voraussetzungen** vorliegen (§ 34 Abs. 1 SGB VI).

Die Erfüllung der **allgemeinen Wartezeit** von **fünf Jahren** ist Voraussetzung für einen Anspruch auf Regelaltersgrenze, Rente wegen verminderter Erwerbsfähigkeit und Rente wegen Todes (§ 50 Abs. 1 SGB VI). Auf die allgemeine Wartezeit werden Kalendermonate mit **Beitragszeiten** und **Ersatzzeiten** (§ 250 SGB VI) angerechnet (§ 51 SGB VI; **anrechenbare Zeiten**).

Rentenrechtliche Zeiten (§ 54 Abs. 1 SGB VI) sind

1. Beitragszeiten,
2. beitragsfreie Zeiten und
3. Berücksichtigungszeiten (§ 57 SGB VI).

Beitragszeiten sind Zeiten, für die Pflichtbeiträge (Pflichtbeitragszeiten) oder freiwillige Beiträge gezahlt worden sind.

Beitragsfreie Zeiten sind Kalendermonate, die mit Anrechnungszeiten (§ 58 SGB VI) oder mit Ersatzzeiten belegt sind, wenn für sie nicht auch Beiträge gezahlt worden sind (z. B. Zeiten einer Fachschulausbildung).

Berücksichtigungszeit ist die Zeit der Erziehung eines Kindes bis zur Vollendung des 10. Lebensjahres des Kindes (= 10. Geburtstag).

Exkurs: Generationenvertrag und Renteneintrittsalter
Im **Generationenvertrag** sind Alt und Jung miteinander verbunden. Der Begriff „Generationenvertrag" ist kein juristischer Begriff, sondern bezeichnet das **Umlageverfahren** in der Rentenversicherung. Die **Ausgaben eines Kalenderjahres** in der Rentenversicherung werden durch die **Einnahmen des gleichen Kalenderjahres** bestritten (§ 153 Abs. 1 SGB VI).

Die heutigen Erwerbstätigen kommen für die Renten der Elterngeneration auf und erhalten dafür einen Anspruch auf ihre Renten durch die Enkelgeneration. Die heutigen Erwerbstätigen vertrauen darauf, dass ihre Kinder in ähnlichem Umfang Kinder haben werden, und dass diese Kinder im Erwerbsleben stehen und Rentenversicherungsbeiträge zahlen.

Der Begriff „Generationenvertrag" ist allerding sprachlich unglücklich gewählt, da dies kein Vertrag im juristischen Sinn ist. Der Generationenvertrag begründet somit keine Pflichten, die einklagbar sind.

 INFO

Immer weniger Erwerbstätige müssen immer mehr Rentner für einen immer längeren Zeitraum versorgen, weil sich

- die Altersstruktur geändert hat
- die Laufzeit der Renten verlängert hat
- die Dauer und die Höhe der Beitragszahlung verringert hat.

Die heutige Alterssicherung basiert auf dem Drei-Säulen-System: die staatliche Rentenversicherungspflicht, die betriebliche und die private Altersvorsorge.

Die gesetzliche Rentenversicherung ist für die Beschäftigten die tragende Säule der Altersversorgung. Die Veränderung der Bevölkerungsstruktur (demografischer Wandel) hat zur Folge, dass immer weniger Beitragszahler immer mehr Rentenbezieher finanzieren müssen. Bei vielen Arbeitnehmern reichen die Ansprüche aus der gesetzlichen Rentenversicherung künftig nicht mehr aus, um Altersarmut zu vermeiden. In dem Maße, in dem die beiden tragenden Säulen der Alterssicherung, die gesetzliche Rente und die betriebliche Altersversorgung, nicht mehr dazu beitragen können, den gewohnten und gewünschten Lebensstandard im Alter zu sichern, muss die ergänzende dritte Säule, die private Altersvorsorge, hinzukommen.

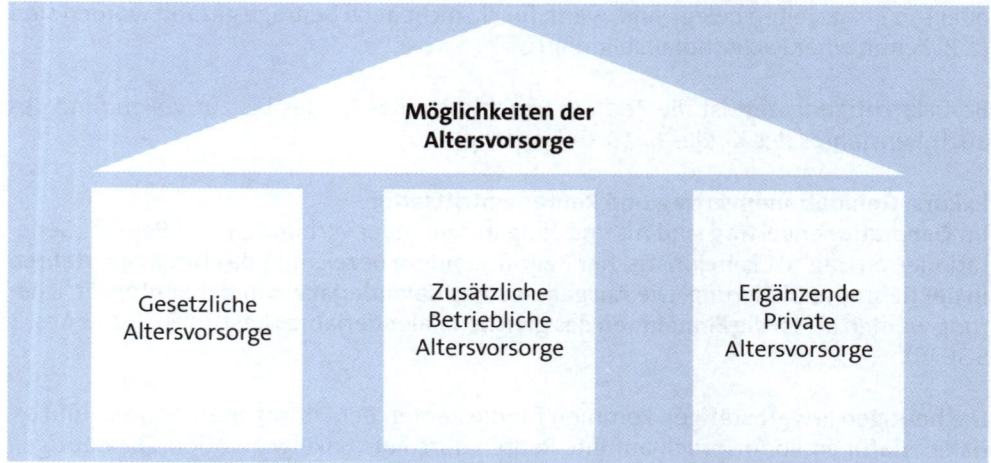

6.4.4 Gesetzliche Arbeitslosenversicherung

Die gesetzliche Arbeitslosenversicherung wird übergreifend als **Arbeitsförderung** bezeichnet. Nach § 1 Abs. 1 SGB III soll die Arbeitsförderung

- dem Entstehen von Arbeitslosigkeit entgegenwirken
- die Dauer der Arbeitslosigkeit verkürzen
- den Ausgleich von Angebot und Nachfrage auf dem Ausbildungs- und Arbeitsmarkt unterstützen.

Dabei ist durch die **Verbesserung der individuellen Beschäftigungsfähigkeit** Langzeitarbeitslosigkeit zu vermeiden. Auch die **Gleichstellung von Frauen und Männern** ist als durchgängiges Ziel der Arbeitsförderung zu verfolgen.

Zuständig für die Arbeitsförderung sind die **Agenturen für Arbeit**.

Die Arbeitslosenversicherung ist in erster Linie eine Versicherung der Arbeitnehmer mit dem Zweck, **erwerbslosen Personen** ein **Einkommen zu sichern**. Für Zeiten ohne Beschäftigung gewährt dieser Versicherungszweig seinen Versicherten unter bestimmten Voraussetzungen und einen begrenzten Zeitraum dafür neben Fortbildungsangeboten u. a. einen finanziellen Ausgleich in Form von **Arbeitslosengeld**.

Versicherter Personenkreis
Versicherungspflichtig sind Personen, die gegen Arbeitsentgelt oder zu ihrer Berufsausbildung beschäftigt sind (§ 25 Abs. 1 Satz 1 SGB III; **versicherungspflichtige Beschäftigung**).

Versicherungsfrei sind z. B. Personen in einer Beschäftigung als **Beamter, Richter, Soldat** auf Zeit sowie Berufssoldat der Bundeswehr (§ 27 Abs. 1 Nr. 1 SGB III).

Beitragsaufbringung und Arbeitslosenversicherungsträger
Die Beitragshöhe richtet sich nicht nach dem versicherten Risiko, sondern nach dem **Bruttoarbeitsentgelt** der Beschäftigten. Die beitragspflichtigen Einnahmen werden jedoch nicht unbegrenzt zur Beitragsberechnung herangezogen. **Obergrenze** des zu berücksichtigenden Arbeitsentgelts ist die **Beitragsbemessungsgrenze** (siehe hierzu S. 249 ff.). Beträge, die die Beitragsbemessungsgrenze **übersteigen**, sind **beitragsfrei**.

Der Beitragssatz zur Arbeitslosenversicherung **2022** beträgt **2,4 %**. Die Versicherungspflicht führt zur Beitragspflicht. Die Beiträge für den versicherungspflichtigen Beschäftigten sind von Arbeitnehmer und Arbeitgeber **je zur Hälfte** zu tragen.

Gesamtbeitrag zur Arbeitslosenversicherung in Prozent	Beitragsanteil AN in Prozent	Beitragsanteil AG in Prozent
2,4	1,2	1,2

Versicherungsträger
Versicherungsträger ist die **Bundesagentur für Arbeit (BA)**. Sie ist eine Körperschaft des öffentlichen Rechts mit Selbstverwaltung. Sie gliedert sich in eine Zentrale mit Sitz in Nürnberg auf der obersten Verwaltungsebene, **Regionaldirektionen** auf der mittleren Verwaltungsebene und **Agenturen für Arbeit** auf der örtlichen Verwaltungsebene (§ 367 SGB III).

MERKE

Die Beiträge zur Arbeitslosenversicherung werden nach einem Prozentsatz (Beitragssatz) von den beitragspflichtigen Einnahmen, höchstens jedoch von der Beitragsbemessungsgrenze (= Obergrenze), erhoben (§ 341 Abs. 1 SGB III). Der Beitragssatz 2022 beträgt 2,4 % (§ 341 Abs. 2 SGB III). Die Beiträge werden von den versicherungspflichtig Beschäftigten und den Arbeitgebern je zur Hälfte getragen (§ 346 Abs. 1 Satz 1 SGB III).

Anspruchsdauer und Höhe des Arbeitslosengeldes

Die Dauer des **Anspruchs** auf Arbeitslosengeld richtet sich nach

1. der **Dauer der Versicherungspflichtverhältnisse** und
2. dem **Lebensalter** (§ 147 Abs. 1 SGB III).

Die Dauer des Anspruchs auf Arbeitslosengeld ist befristet. Der Anspruch besteht für **sechs bis maximal zwölf** Monate. Ältere Arbeitnehmer haben Anspruch auf Arbeitslosengeld bis zu einer Dauer von maximal **24 Monaten** (§ 147 Abs. 2 SGB III).

Die Dauer des Anspruchs auf Arbeitslosengeld beträgt:

nach Versicherungspflichtverhältnissen mit einer Dauer von insgesamt mindestens ... Monaten	und nach Vollendung des ... Lebensjahres	... Monate
12		6
16		8
20		10
24		12
30	50	15
36	55	18
48	58	24

Das **Arbeitslosengeld** beträgt

1. für **Arbeitslose mit mindestens einem Kind 67 %,**
2. für die übrigen Arbeitslosen (Arbeitslose **ohne Kind**) **60 %**

des pauschalierten Nettoentgelts, das sich aus dem Bruttoentgelt ergibt, das der Arbeitslose im Bemessungszeitraum erzielt hat (§ 149 SGB III).

ACHTUNG

Hat der Arbeitnehmer sich versicherungswidrig verhalten, ohne dafür einen wichtigen Grund zu haben, ruht der Anspruch für die Dauer einer Sperrzeit (§ 159 Abs. 1 Satz 1 SGB III). Versicherungswidriges Verhalten liegt vor (§ 159 SGB III), wenn der Arbeitnehmer das Beschäftigungsverhältnis gelöst oder durch ein arbeitsvertragswidriges Verhalten Anlass für die Lösung des Beschäftigungsverhältnisses gegeben hat (**Sperrzeit bei Arbeitsaufgabe**). Versicherungswidriges Verhalten liegt auch vor

- wenn der Arbeitslose bei einer angebotenen Beschäftigung diese ablehnt oder nicht antritt (**Sperrzeit bei Arbeitsablehnung**),
- wenn der Arbeitslose die geforderten Eigenbemühungen nicht nachweist (**Sperrzeit bei unzureichenden Eigenbemühungen**),

- wenn der Arbeitslose sich weigert, an einer Maßnahmen zur beruflichen Eingliederung oder an einer Maßnahme zur beruflichen Ausbildung oder Weiterbildung teilzunehmen (**Sperrzeit bei Ablehnung einer beruflichen Eingliederungsmaßnahme**)
- wenn der Arbeitslose einer Aufforderung, sich zu melden oder einem ärztlichen oder psychologischen Untersuchungstermin nicht nachkommt oder nicht nachgekommen ist (**Sperrzeit bei Meldeversäumnis**).

Die Dauer der Sperrzeit reicht von einer Woche (Versäumnis der Meldepflicht) bis zu zwölf Wochen (Arbeitsaufgabe).

Anspruch auf Arbeitslosengeld hat, wer
- arbeitslos ist
- der Arbeitsvermittlung zur Verfügung steht
- die Anwartschaft erfüllt hat und
- sich beim Arbeitsamt arbeitslos gemeldet und Arbeitslosengeld beantragt hat.

Der Anspruch auf Arbeitslosengeld beginnt am Tag der Arbeitslosenmeldung und ist zeitlich begrenzt. Die **Anwartschaftszeit** erfüllt, wer **in der Rahmenfrist** mindestens **zwölf Monate** in einem Versicherungsverhältnis gestanden hat. Die **Rahmenfrist** beträgt **zwei Jahre** und beginnt mit dem Tag vor der Erfüllung aller Voraussetzungen für den Anspruch auf Arbeitslosengeld.

MERKE

Den Anspruch auf Arbeislosengeld hat erfüllt, wer in den letzten zwei Jahren vor der Arbeitslosenmeldung mindestens 360 Kalendertage eine in der Arbeitslosenversicherung beitragspflichtige Beschäftigung ausgeübt hat.

Beispiel

Rahmenfrist 2 Jahre			
100 Tage Beschäftigung		260 Tage Beschäftigung	
0	1. Jahr		2. Jahr

(zusammengerechnet 360 Tage versicherungspflichtige Beschäftigung innerhalb von 2 Jahren)

MERKE

Für die Berechnung von Leistungen wird ein Monat mit 30 Tagen und eine Woche mit sieben Tagen berechnet (§ 339 Satz 1 SGB III).

Rechte und Pflichten beim Eintritt von Arbeitslosigkeit

Ein Anspruch auf Arbeitslosengeld besteht nur, wenn die in SGB III genannten Pflichten beachtet werden.

Was ist zu tun, wenn die Arbeitslosigkeit eintritt?

1. Die **Arbeitslosigkeit** muss **persönlich** bei der zuständigen Agentur für Arbeit **gemeldet** werden, und zwar **spätestens am ersten Tag der Arbeitslosigkeit**. Die persönliche Meldung bei der Arbeitsagentur kann auch innerhalb von drei Monaten vor Beginn der Arbeitslosigkeit erfolgen. Eine schriftliche Anzeige ersetzt nicht die **Pflicht zum persönlichen Aufsuchen** der Agentur. Darüber hinaus ist es nicht zulässig, einen Stellvertreter mit der persönlichen Meldung zu beauftragen.

Beispiel

Das Arbeitsverhältnis endet am Sonntag, den 31.12. Die persönliche Arbeitslosenmeldung hat spätestens am Dienstag, den 02.01., zu geschehen.

2. Das **Arbeitslosengeld muss beantragt** werden. Diese Pflicht ist mit der Arbeitslosenmeldung erfüllt.

ACHTUNG

Gründe für die Beendigung des Arbeitsverhältnisses sind anzugeben,
- wenn der Arbeitnehmer das Arbeitsverhältnis selbst beendet hat, oder
- wenn das Arbeitsverhältnis durch einen Auflösungsvertrag in beiderseitigem Einvernehmen aufgelöst wurde.

3. Der **Antragsteller** muss **beschäftigungslos** sein.
4. Der **Antragsteller** muss für **Vermittlungsbemühungen** der Agentur für Arbeit **zur Verfügung stehen**. Der Arbeitslose muss persönlich für die Arbeitsagentur an jedem Werktag unter der angegebenen Anschrift erreichbar sein und die Agentur auch täglich aufsuchen können.

ACHTUNG

Wer ohne Zustimmung der Agentur verreist, verliert die Bewilligung der Leistung rückwirkend vom Beginn der Reise an. Es ist daher ratsam, bei einem geplanten vorübergehenden Ortswechsel die Agentur rechtzeitig zu benachrichtigen. Als rechtzeitig kann eine Woche vor der geplanten Abwesenheit an der angegebenen Adresse angesehen werden.

Der Arbeitslose muss bereit sein, zumutbaren Vorschlägen zur Teilnahme an Maßnahmen der beruflichen Eingliederung nachzukommen.

Darüber hinaus muss der Arbeitslose bereit sein, jede zumutbare Beschäftigung anzunehmen.

ACHTUNG

Eine Beschäftigung ist auch dann zumutbar, wenn sie mit Nachteilen gegenüber der alten Beschäftigung verbunden ist: Umzug, Entgeltminderung, längere Fahrzeiten, ungünstigere Arbeitszeiten, keine Entsprechung der Ausbildung oder der bisherigen Tätigkeit.

Weitere Leistungen der Arbeitslosenversicherung
Neben Beratung und Vermittlung sowie Arbeitslosengeld I erbringt die Arbeitslosenversicherung u. a. die nachfolgenden Leistungen:

► **Arbeitslosengeld II (umgangssprachlich „Hartz IV")**

Die rechtliche Grundlage des Arbeitslosengeldes II ist das Zweite Buch Sozialgesetzbuch (SGB II).

Das Arbeitslosengeld II dient der Sicherung des Lebensunterhalts.

Arbeitslosengeld II kann bezogen werden von Personen, die keinen Anspruch auf Arbeitslosengeld I haben und

- mindestens 3 Stunden täglich arbeiten können
- mindestens 15 Jahre alt sind und das gesetzliche Rentenalter noch nicht erreicht haben
- ihren gewöhnlichen Aufenthalt in Deutschland haben
- ihren Lebensunterhalt (und den Ihrer Familie) nicht oder nicht ausreichend selbst sichern können oder
- mit einer erwerbsfähigen, leistungsberechtigten Person in einer Bedarfsgemeinschaft leben.

Arbeitslosengeld II bekommen **nur hilfebedürftige Personen**; Antragsteller müssen deshalb grundsätzlich zuerst Ihre eigenen Mittel einsetzen (sofern bestimmte Freibeträge überschritten werden), bevor sie finanzielle Hilfe erhalten.

Bei der Höhe des Arbeitslosengeldes II werden der Familienstand und die Kinderzahl berücksichtigt.

Die Höhe der **Regelbedarfe zur Sicherung des Lebensunterhalts** beträgt ab 01.01.2022

- für Alleinstehende, Alleinerziehende: **449 €**
- für volljährige Partner: **404 €**
- für Volljährige bis zur Vollendung des 25. Lebensjahres (18 - 24 Jahre): **360 €**
- für Kinder bzw. Jugendliche im 15. Lebensjahr bis zur Vollendung des 18. Lebensjahres (14 - 17 Jahre): **376 €**
- für Kinder ab Beginn des 7. Lebensjahres bis zur Vollendung des 14. Lebensjahres (6 - 13 Jahre): **311 €**
- für Kinder bis zur Vollendung des 6. Lebensjahres (0 - 5 Jahre): **285 €**.

Für besondere Mehrbedarfe (z. B. für Schwangere ab der 13. Woche, Alleinerziehende von Minderjährigen oder behinderte Menschen) können pauschale Zusatzbeträge bewilligt werden.

Bedarfe für **Unterkunft und Heizung (Miete)** werden in Höhe Ihrer **tatsächlichen Aufwendungen** übernommen, soweit diese **angemessen** sind.

Zu Einzelheiten siehe §§ 19 ff. SGB III.

▶ **Kurzarbeitergeld**
Wenn ein **vorübergehender Arbeitsausfall** gegeben ist und dadurch Entgeltausfall bei Arbeitnehmern vorliegt, zahlt die Bundesagentur für Arbeit auf Antrag des Arbeitgebers einen **Entgeltausgleich**, wenn zu erwarten ist, dass die Arbeitsplätze erhalten bleiben.

Zu Einzelheiten siehe §§ 95 ff. SGB III.

▶ **Insolvenzgeld**
Wenn ein Insolvenzverfahren über das Vermögen des Arbeitgebers eröffnet oder mangels Masse abgelehnt wurde, zahlt die Bundesagentur für Arbeit auf Antrag des Arbeitnehmers einen **Entgeltausgleich, wenn noch Entgeltansprüche bestehen**. Der Antrag kann innerhalb von 2 Monaten nach Eröffnung des Insolvenzverfahrens gestellt werden. Insolvenzgeld wird als **Ersatz für den Lohn** gezahlt, **der für die letzten 3 Monate vor Eröffnung des Insolvenzverfahrens aussteht**. Es wird in der Regel in Höhe des Nettolohns ausgezahlt.

Zu Einzelheiten siehe §§ 165 ff. SGB III.

▶ **Saison-Kurzarbeitergeld (Winterausfallgeld)**
Das Saison-Kurzarbeitergeld steht den Betrieben des **Baugewerbes**, des **Dachdeckerhandwerks** sowie des **Garten-, Landschafts- und Sportplatzbaus** zu.

Anspruch auf Kurzarbeitergeld besteht, wenn mindestens 10 % der Beschäftigten einen Arbeitsentgeltausfall von mehr als 10 % haben. Es kann dann vom Arbeitgeber bei der Agentur für Arbeit beantragt werden.

Der Zeitraum, in dem Beschäftigte Saison-Kurzarbeitergeld beziehen können, beginnt am **01.12.** und endet am **31.03.** (sog. **Schlechtwetterzeit**).

Ziel des Saison-Kurzarbeitergeldes ist es, Arbeitnehmer bei Arbeitsmangel oder bei saisonalen Arbeitsausfällen in der Schlechtwetterzeit nicht in die Arbeitslosigkeit zu entlassen, sondern sie im Betrieb zu halten.

Der Arbeitgeber zahlt zunächst das Saison-Kurzarbeitergeld an die Arbeitnehmer aus. Die Agentur für Arbeit erstattet ihm anschließend auf Antrag die verauslagten Leistungen.

Zu Einzelheiten siehe §§ 101 f. SGB III.

▶ **Krankenversicherungsbeiträge für Arbeitslose**
Für arbeitslos gemeldete Personen zahlt die Agentur für Arbeit die Beiträge zur gesetzlichen Krankenversicherung (§ 251 Abs. 4a SGB V).

6.4.5 Gesetzliche Unfallversicherung

Versicherungsfälle der Unfallversicherung sind **Arbeitsunfälle** und **Berufskrankheiten** (§ 7 Abs. 1 SGB VII).

Aufgabe der Unfallversicherung ist es (§ 1 SGB VII)

1. vorrangig mit allen geeigneten Mitteln Arbeitsunfälle und Berufskrankheiten sowie arbeitsbedingte Gesundheitsgefahren **zu verhüten** (**Präventionsfunktion**),
2. nach Eintritt von Arbeitsunfällen oder Berufskrankheiten die Gesundheit und die Leistungsfähigkeit der Versicherten mit allen geeigneten Mitteln **wiederherzustellen** (**Rehabilitationsfunktion**) und sie oder den Hinterbliebenen durch Geldleistungen zu **entschädigen** (**Entschädigungsfunktion**).

Leitgedanke der gesetzlichen Unfallversicherung ist der Arbeitnehmerschutz. Die gesetzliche Unfallversicherung sichert in erster Linie Berufstätige ab. Für sie besteht das Risiko, dass ihre materielle Existenz durch den Eintritt eines Arbeitsunfalls oder einer Berufskrankheit gefährdet oder vernichtet wird.

Die gesetzliche Unfallversicherung verfolgt zwei Anliegen: den Schutz der Versicherten (s. o.) sowie den Ausschluss der privatrechtlichen Schadensersatzhaftung des Unternehmers (**Haftungsbefreiungsfunktion**). Im Gegenzug für seine Haftungsbefreiung zahlt der Unternehmer die Beiträge zur gesetzlichen Unfallversicherung allein.

Versicherter Personenkreis und Unfallversicherungsträger
Kraft Gesetzes unfallversicherte Personen sind vor allem **Beschäftigte** (§ 2 Abs. 1 SGB VII). Beschäftigung ist die nicht selbstständige Arbeit, insbesondere in einem Arbeitsverhältnis.

Träger der gesetzlichen Unfallversicherung sind u. a. die **gewerblichen Berufsgenossenschaften** und die **landwirtschaftlichen Berufsgenossenschaften** (§ 114 SGB VII). Die gewerblichen Berufsgenossenschaften sind in neun Branchen gegliedert und werden in Anlage 1 zu § 114 SGB VII aufgeführt. Die Berufsgenossenschaften sind Körperschaften des öffentlichen Rechts mit Selbstverwaltung.

Die gesetzliche Unfallversicherung erfasst **auch Kinder** während des **Besuchs von Tageseinrichtungen**, **Schüler** während des **Besuchs von** allgemein- oder berufsbildenden **Schulen**, **Studierende** während der Aus- und Fortbildung **an (Fach-) Hochschulen und Universitäten**. Träger sind die **Versicherungsträger der öffentlichen Hand** (z. B. in Rheinland-Pfalz die Unfallkasse Rheinland-Pfalz mit Sitz in Andernach). **Beitragspflichtige** sind hierfür die Länder und Kommunen.

MERKE

Zur gesetzlichen Unfallversicherung:

- **Pflichtversicherte** sind insbesondere **Arbeitnehmer**.
- Die **Beiträge** werden insbesondere von **Arbeitgebern** getragen.
- **Träger** sind die **Berufsgenossenschaften** (für Steuerfachangestellte: Verwaltungsberufsgenossenschaft mit Sitz in Hamburg) sowie die **Versicherungsträger der öffentlichen Hand**.

Versicherungsfälle
Versicherungsfälle sind **Arbeitsunfälle** und **Berufskrankheiten** (§ 7 Abs. 1 SGB VII). Ein Arbeitsunfall erfordert

- die Verrichtung einer versicherten Tätigkeit
- eine versicherte Person
- einen schädigenden Vorgang (Unfall)
- einen gesundheitlichen Schaden.

Arbeitsunfälle sind Unfälle von Versicherten infolge einer versicherten Tätigkeit. Unfälle sind von außen auf den Körper einwirkende Ereignisse, die zu einem Gesundheitsschaden oder zum Tod führen (§ 8 Abs. 1 SGB VII).

Versichert ist auch das Zurücklegen des mit der versicherten Tätigkeit zusammenhängenden unmittelbaren Weges nach und von dem Ort der Tätigkeit (**Wegeunfall** nach § 8 Abs. 2 Nr. 1 SGB VII). Das Zurücklegen eines abweichenden Weges ist auch versichert, wenn sich Berufstätige zu einer **Fahrgemeinschaft** zusammenschließen (§ 8 Abs. 2 Nr. 2b SGB VII).

Darüber hinaus sind Betriebsfeiern, Dienst- und Geschäftsreisen und Betriebssportveranstaltungen unfallversichert.

Leistungen der gesetzlichen Unfallversicherung
Versicherte haben u. a. Anspruch auf

- Heilbehandlung
- ärztliche und zahnärztliche Behandlung
- Arznei- und Verbandmittel
- Heilmittel
- Hilfsmittel
- häusliche Krankenpflege
- Behandlung in Krankenhäusern und Rehabilitationseinrichtungen
- Pflege.

Hinterbliebene haben Anspruch auf Sterbegeld, Witwen- und Witwerrente sowie Waisenrente.

Zu Einzelheiten siehe §§ 26 ff. SGB VII.

6.5 Beitragsbemessungsgrenze

Mit steigendem Einkommen steigen bei gleichbleibendem Beitragssatz in Prozent die Beiträge des Arbeitnehmers zur Kranken-, Pflege-, Renten- und Arbeitslosenversicherung in Euro. Die Beiträge steigen jedoch nur bis zu einer Obergrenze (**Beitragsbemessungsgrenze**). Das **über** der Beitragsbemessungsgrenze liegende Einkommen ist **beitragsfrei**.

Beitragsbemessungsgrenzen in der Kranken- und Pflegeversicherung 2022		
	jährlich	monatlich
Bundesgebiet (einheitliche Grenze)	58.050,00 €	4.837,50 €

Beitragsbemessungsgrenzen in der Renten- und Arbeitslosenversicherung 2022		
	jährlich	monatlich
alte Bundesländer	84.000,00 €	7.050,00 €
neue Bundesländer	81.000,00 €	6.750,00 €

Für die Berechnung der beitragspflichtigen Einnahmen der Mitglieder ist die Woche zu sieben, der Monat zu 30 und das Jahr in 360 Tagen anzusetzen (§ 223 Abs. 1 SGB V).

Beispiel

Der Arbeitnehmer Christian Kasper, Mainz, hat einen monatlichen **Bruttoarbeitslohn** in Höhe von **7.200 €**. Er ist Mitglied einer gesetzlichen Krankenkasse in Mainz, die einen Zusatzbeitrag von 1,3 % erhebt. Herr Kasper ist verheiratet und hat zwei Kinder.

2022 errechnen sich seine Monatsbeiträge zur gesetzlichen Sozialversicherung wie folgt:

- **Krankenversicherung**:

  4.837,50 € (Beitragsbemessungsgrenze) · 14,6 % (KV-Beitragssatz) =   **706,28 €**
  4.837,50 € (Beitragsbemessungsgrenze) · 1,3 % (Zusatzbeitragssatz) =   **62,88 €**
                                                                                                             769,16 €

  davon   AN-Anteil (½) = 384,58 € (Abzug vom Bruttoarbeitslohn)
               AG-Anteil (½) = 384,58 €.

  Der Bruttoarbeitslohn, der die Beitragsbemessungsgrenze übersteigt (hier monatlich 2.362,50 €) bleibt **beitragsfrei**.

- **Pflegeversicherung**:

  4.837,50 € (Beitragsbemessungsgrenze) · 3,05 % (PV-Beitragssatz) =   **147,54 €**

  davon   AN-Anteil (½) = 73,77 € (Abzug vom Bruttoarbeitslohn)
               AG-Anteil (½) = 73,77 €.

  Der Bruttoarbeitslohn, der die Beitragsbemessungsgrenze übersteigt (hier monatlich 2.362,50 €) bleibt **beitragsfrei**.

- **Rentenversicherung**:

  7.050 € (Beitragsbemessungsgrenze) · 18,6 % (RV-Beitragssatz) =   **1.311,30 €**

  davon   AN-Anteil (½) = 655,65 € (Abzug vom Bruttoarbeitslohn)
               AG-Anteil (½) = 655,65 €.

  Der Bruttoarbeitslohn, der die Beitragsbemessungsgrenze übersteigt (hier monatlich 150 €) bleibt **beitragsfrei**.

- **Arbeitslosenversicherung**:

  7.050 € (Beitragsbemessungsgrenze) · 2,4 % (ArblV-Beitragssatz) =   **169,20 €**

  davon   AN-Anteil (½) = 84,60 € (Abzug vom Bruttoarbeitslohn)
               AG-Anteil (½) = 84,60 €.

  Der Bruttoarbeitslohn, der die Beitragsbemessungsgrenze übersteigt (hier monatlich 150 €) bleibt **beitragsfrei**.

Exkurs: Geringfügige Beschäftigungen in Form von geringfügig entlohnten Beschäftigungen und kurzfristigen Beschäftigungen
Für geringfügig entlohnte Beschäftigungen und für kurzfristige Beschäftigungen gelten sozialversicherungsrechtliche – und steuerrechtliche – Besonderheiten.

Eine geringfügige Beschäftigung liegt vor, sofern die Beschäftigung nicht einen geringen entgeltlichen oder zeitlichen Umfang übersteigt.

Eine **geringfügig entlohnte Beschäftigung** (Minijob, 450-Euro-Job) liegt vor, wenn das **Arbeitsentgelt** aus dieser Beschäftigung regelmäßig **im Monat 450 €** nicht übersteigt

(§ 8 Abs. 1 Nr. 1 SGB IV; **geringes Arbeitsentgelt**). Die wöchentliche Arbeitszeit und die Anzahl der monatlichen Arbeitseinsätze sind hierbei unerheblich. Das regelmäßige monatliche Arbeitsentgelt darf im Jahresdurchschnitt 450 € nicht übersteigen. Das bedeutet nicht, dass der Beschäftigte genau 450 € im Monat verdienen darf. Entscheidend ist, dass das Jahresentgelt 5.400 € nicht überschreitet.

Mit der geplanten Anhebung des gesetzlichen Mindestlohns auf 12 € pro Stunde soll die bisherige **Minijob-Grenze** von 450 € monatlich **zum 01.10.2022** auf **520 €** monatlich erhöht werden.

Zu beachten ist, dass zum Zeitpunkt der Drucklegung lediglich der „Entwurf eines Gesetzes zur Erhöhung des Schutzes durch den gesetzlichen Mindestlohn und zu Änderungen im Bereich der geringfügigen Beschäftigung" vorliegt, der die o. g. Erhöhungen vorsieht. Bis zur Verabschiedung dieses Gesetzes steht die geplante Neuregelung unter Vorbehalt.

Eine **kurzfristige Beschäftigung** (Saisonbeschäftigung) liegt vor, wenn die Beschäftigung innerhalb eines Kalenderjahres auf längstens **drei Monate** oder – bei weniger als fünf Arbeitstagen in der Woche – auf **insgesamt 70 Arbeitstage** innerhalb eines Kalenderjahres begrenzt zu sein pflegt oder im Voraus vertraglich begrenzt ist (§ 8 Abs. 1 Nr. 2 SGB IV; **geringe Arbeitszeit**). Auf die Höhe des Arbeitsentgelts kommt es nicht an, solange die Tätigkeit nicht berufsmäßig ausgeübt wird. Kurzfristige Beschäftigungen sind beispielsweise zeitlich befristete Aushilfstätigkeiten (Urlaubs- und Krankheitsvertretungen sowie Erntehelfer in der Landwirtschaft). Geht ein Arbeitsverhältnis über ein Jahr hinaus oder ist es auf jährliche Wiederholung angelegt, liegt keine kurzfristige Beschäftigung vor.

Eine kurzfristige Beschäftigung ist sowohl für den Arbeitgeber als auch für den Arbeitnehmer sozialversicherungsfrei. Der Arbeitgeber hat jedoch Umlagen zum Ausgleich von Arbeitgeberaufwendungen bei Krankheit und Mutterschaft des Arbeitnehmers abzuführen.

Ein geringfügiges Beschäftigungsverhältnis liegt entweder bei einer geringen Höhe des Arbeitsentgelts vor (geringfügig entlohnte Beschäftigung) oder bei einem Beschäftigungsverhältnis von kurzer Dauer (kurzfristige Beschäftigung).

Eine geringfügig entlohnte Beschäftigung ist **neben einer sozialversicherungspflichtigen Hauptbeschäftigung** versicherungs**frei** in der Kranken-, Pflege- und Arbeitslosenversicherung. Weitere Nebenbeschäftigungen werden mit der Hauptbeschäftigung zusammengerechnet und sind sozialversicherungspflichtig in der Kranken-, Pflege- und Rentenversicherung.

Für geringfügig entlohnte Beschäftigte hat der Arbeitgeber die folgenden pauschalen Abgaben abzuführen:

Pauschale Sozialversicherungs-abgaben des Arbeitgebers	13 % Krankenversicherung (§ 249b SGB V)	15 % Rentenversicherung (§ 172 SGB VI)

Der pauschale Arbeitgeberbeitrag zur Krankenversicherung entfällt, wenn der Minijobber nicht Mitglied der gesetzlichen Krankenkasse, sondern privat krankenversichert ist.

Zur Rentenversicherung:
Minijobs sind grundsätzlich rentenversicherungspflichtig.

Der Arbeitnehmer trägt aber nur die Differenz zum allgemeinen Beitragssatz von 18,6 % (2022). Der Eigenanteil des Minijobbers liegt somit bei 3,6 % (18,6 - 15) Rentenversicherungsbeitrag. Der Minijobber hat jedoch die Möglichkeit, sich **auf Antrag** von der Rentenversicherungspflicht **befreien** zu lassen (§ 6 Abs. 1b SGB VI). Der Beschäftigte muss dem Arbeitgeber dann schriftlich mitteilen, dass er die Befreiung von der Rentenversicherungspflicht wünscht. Eine Begründung für den Befreiungsantrag muss nicht angegeben werden. Mit der Befreiung entfallen die vom Beschäftigten zu tragenden 3,6 Beitragszusatzpunkte. Nur der Arbeitgeber zahlt seinen pauschalen Beitrag zur Rentenversicherung in Höhe von 15 %.

Widerspricht die Minijobzentrale dem Befreiungsantrag nicht innerhalb eines Monats nach der Meldung durch den Arbeitgeber, ist der Befreiungsantrag ohne gesonderten Befreiungsbescheid genehmigt. Der Beschäftigte muss sich aber im Klaren darüber sein, dass er mit der Befreiung auch seine Ansprüche auf Leistungen der gesetzlichen Rentenversicherung verliert. Der Minijobber erwirbt weder Ansprüche auf eine Alters- oder Erwerbsminderungsrente noch auf Rehabilitationsleistungen.

Kurzfristige Beschäftigungsverhältnisse sind **nicht** rentenversicherungspflichtig.

 ACHTUNG

> Sowohl Minijobs als auch Saisonbeschäftigungen müssen bei der Minijob-Zentrale gemeldet werden.

Geringfügig Beschäftigte sind teilzeitbeschäftigte Arbeitnehmer (§ 2 Abs. 2 TzBfG). Teilzeitbeschäftigte haben grundsätzlich die gleichen Rechte wie Vollzeitbeschäftigte. Sie haben daher Anspruch auf Urlaub, Entgeltfortzahlung im Krankheitsfall sowie Sonderleistungen (Weihnachtsgeld, Urlaubsgeld). Darüber hinaus muss der Arbeitgeber den Grundsatz der Gleichbehandlung, die Kündigungsschutzvorschriften und die gesetzlichen Kündigungsfristen beachten.

B. Arbeitsrecht und soziale Sicherung | 6. Sozialrecht und Sozialversicherung

Geringfügige Beschäftigungsverhältnisse (ohne Sonderfälle)

geringfügig entlohnte Beschäftigung (Minijob)

höchstens **450 €** im Monat

(mehrere geringfügig entlohnte Beschäftigungen eines Arbeitnehmers werden grundsätzlich zusammengerechnet)

ohne Hauptbeschäftigung		mit Hauptbeschäftigung über 450 €/Monat	
Arbeitnehmer ist **gesetzlich** krankenversichert = Mitglied in der gesetzlichen Krankenversicherung	Arbeitnehmer ist **privat** krankenversichert = kein Mitglied in der gesetzlichen Krankenversicherung	**eine** geringfügig entlohnte Beschäftigung neben der Hauptbeschäftigung bleibt sozialversicherungsfrei in der KV, PV, ArbIV	**zweite** und **weitere** geringfügig entlohnte Beschäftigungen müssen sozialversicherungsrechtlich mit der Hauptbeschäftigung zusammengerechnet werden
Arbeitgeber trägt pauschal **15 % RV + 13 % KV**	Arbeitgeber bezahlt pauschal **15 % RV** (kein Beitrag zur RV)	Arbeitgeber bezahlt **pauschale** Beiträge zur **RV** und ggf. zur **KV** wie bei der Fallkonstellation „ohne Hauptbeschäftigung" (siehe links!)	Arbeitgeber und Arbeitnehmer zahlen **je ⅔ der normalen Sozialversicherungsbeiträge** (jedoch kein ArbIV-Beitrag für die geringfügige Beschäftigung)
Arbeitnehmer trägt die Differenz zum regulären RV-Beitrag (2022: 3,6 %) oder lässt sich von der RV-Pflicht befreien	Arbeitnehmer trägt die Differenz zum regulären RV-Beitrag (2022: 3,6 %) oder lässt sich von der RV-Pflicht befreien		
regulärer Lohnsteuerabzug entsprechend der vorliegenden Lohnsteuerabzugsmerkmale **oder** Arbeitgeber bezahlt **2 % pauschale** LSt (**inklusive** SolZ und KiSt) [Abwälzung auf den Arbeitnehmer möglich = Abzug vom Lohn]		Besteuerung der geringfügig entlohnten Beschäftigung wie bei der Fallkonstellation „ohne Hauptbeschäftigung" (siehe links!)	regulärer Lohnsteuerabzug **oder** **20 % pauschale** LSt + pauschale KiSt + SolZ [Voraussetzungen beachten! → § 40a Abs. 2a EStG]

kurzfristige Beschäftigung

- höchstens **3 Monate** oder **70 Tage** pro Kalenderjahr
- keine berufsmäßige Ausübung

sozialversicherungsfrei

auch wenn sie neben einer sozialversicherungspflichtigen Hauptbeschäftigung erfolgt!

regulärer Lohnsteuerabzug **oder**
25 % pauschale LSt
+ pauschale KiSt
+ SolZ
[Voraussetzungen beachten! → § 40a Abs. 1 und 4 EStG]

6.6 Versicherungspflichtgrenze

Beschäftigte sind in der gesetzlichen Krankenversicherung (GKV) versicherungspflichtig, wenn ihr regelmäßiges Jahresarbeitsentgelt die Jahresarbeitsentgeltgrenze nicht übersteigt (§ 6 SGB V). Beschäftigte, die ein jährliches regelmäßiges Arbeitseinkommen **über der Versicherungspflichtgrenze** beziehen, sind versicherungs**frei** (§ 6 Abs. 6 SGB V). Sie haben die Wahl, eine freiwillige gesetzliche Krankenversicherung abzuschließen oder sich privat zu versichern.

Beschäftigte, die wegen Überschreitens der Versicherungspflichtgrenze aus der Versicherungspflicht ausgeschieden sind und in eine private Krankenversicherung (PKV) gewechselt sind, erhalten von ihrem Arbeitgeber einen Beitragszuschuss in Höhe der Hälfte des Betrages, der sich nach dem durchschnittlichen Beitragssatz aller Krankenkassen des Vorjahres errechnet.

Versicherungspflichtgrenze/Jahresarbeitsentgeltgrenze (JAE) GKV/PV 2022		
	jährlich	monatlich
Bundesgebiet	64.350,00 €	5.362,50 €

ACHTUNG

Die Versicherungspflichtgrenze darf nicht verwechselt werden mit der Beitragsbemessungsgrenze. Beide Grenzen sind voneinander losgelöst.

Versicherungspflichtgrenze	Beitragsbemessungsgrenze
Höchsteinkommen, bis zu dem in der GKV und PV Versicherungspflicht besteht	Höchsteinkommen, bis zu dem Beiträge zur GKV und PV berechnet werden

Für einen Wechsel in die private KV ist die Versicherungspflichtgrenze (Jahresarbeitsentgeltgrenze) maßgebend. Der Arbeitgeber hat für jeden Arbeitnehmer zu prüfen, ob zum Jahreswechsel die gesetzliche Versicherungspflicht besteht. Darüber hinaus ist der Arbeitgeber verpflichtet, diese Prüfung bei Beschäftigungsbeginn durchzuführen.

ACHTUNG

Mit Eintritt der Krankenversicherungspflicht beginnt auch die Versicherungspflicht in der sozialen Pflegeversicherung. Wird die Versicherungspflichtgrenze während des Jahres wegen Erhöhung des monatlichen Arbeitsentgelts überschritten, endet die Versicherungspflicht mit Ablauf des Kalenderjahres der Überschreitung.

Unterschreitet das Arbeitsentgelt die neue Jahresarbeitsentgeltgrenze, ist der Arbeitnehmer vom 01. Januar an versicherungspflichtig in der Kranken- und Pflegeversicherung.

Krankenversicherungsfreie Arbeitnehmer, welche die Versicherungspflichtgrenze während des Jahres nicht nur vorübergehend unterschreiten, unterliegen ab dem Tag, von dem an das verminderte Arbeitsentgelt gewährt wird, der Krankenversicherungspflicht.

Aufgaben 194 > Seite 263

6.7 Ermittlung und Überweisung des Gesamtsozialversicherungsbeitrags

Mit Ausnahme der Unfallversicherung tragen Arbeitgeber und Arbeitnehmer **jeweils die Hälfte** der Sozialversicherungsbeiträge. Den Arbeitnehmeranteil zur Sozialversicherung zieht der Arbeitgeber vom Bruttogehalt ab und überweist diesen Betrag zusammen mit seinem Arbeitgeberanteil **an die zuständige Krankenkasse (Einzugsstelle = Annahmestelle).**

Der Arbeitgeber ist zur Zahlung des Gesamtversicherungsbeitrags verpflichtet. Er ist somit gegenüber der zuständigen Krankenkasse Beitragsschuldner und haftet für die Zahlung der Beiträge.

Da der Arbeitgeberanteil zusätzlich zum vereinbarten Bruttoentgelt zu zahlen ist, spricht man von Entgeltzusatzkosten bzw. Entgeltnebenkosten.

Die **Summe der Beiträge** zu den vier Sozialversicherungszweigen KV, PV, RV, ArblV wird als Gesamtsozialversicherungsbeitrag bezeichnet. Der Arbeitgeber ermittelt den Gesamtsozialversicherungsbeitrag durch Abzug vom Arbeitsentgelt. Zuständige Einzugsstelle für den Gesamtsozialversicherungsbeitrag ist die Krankenkasse, von der die Krankenversicherung durchgeführt wird, also die Krankenkasse, bei der der Beschäftigte versichert ist. Die Krankenkasse leitet die Beiträge zur Rentenversicherung weiter an die Träger der Rentenversicherung. Die Beiträge zur Arbeitslosenversicherung werden weitergeleitet an die Bundesagentur für Arbeit (BA).

MERKE

Der Arbeitgeber ist Zahlungspflichtiger des Gesamtsozialversicherungsbeitrags und somit Beitragsschuldner.

Fälligkeit der voraussichtlichen Höhe der Beitragsschuld ist **spätestens** der **drittletzte Bankarbeitstag des aktuellen Monats** (§ 23 Abs. 1 SGB IV). Fälligkeit eines verbleibenden Restbetrages, der von der Vorausschätzung nicht erfasst wurde, ist der drittletzte Bankarbeitstag des Folgemonats.

Die Beiträge zur Sozialversicherung (KV, PV, RV, ArblV) werden von dem gesamtsozialversicherungspflichtigen Bruttoentgelt berechnet. Der Gesamtsozialversicherungsbeitrag muss am drittletzten Banktag des Lohnabrechnungszeitraums auf dem Konto der Einzugsstelle wertgestellt sein. Die Beiträge zur Unfallversicherung überweist der Arbeitgeber direkt an die zuständige Berufsgenossenschaft.

Für am Fälligkeitstag nicht gezahlte Beiträge erhebt die Einzugsstelle einen **Säumniszuschlag** auch dann, wenn der Beitrag nur einen Tag später eingeht. Die Krankenkassen können auf den Säumniszuschlag nicht nach eigenem Ermessen verzichten. Für Beiträge, die der Zahlungspflichtige nicht bis zum Ablauf des Fälligkeitstages gezahlt hat, ist für jeden angefangenen Monat der Säumnis ein Säumniszuschlag von 1 % des rückständigen, auf 50 € nach unten abgerundeten Betrags zu zahlen (§ 24 SGB IV).

Hinweise zur Ermittlung und Überweisung des Gesamtsozialversicherungsbeitrags	
Der Arbeitgeber hat der Einzugsstelle einen Beitragsnachweis zwei Arbeitstage vor Fälligkeit der Beiträge zu übermitteln.	§ 28f Abs. 3 Satz 1 SGB IV
Der Gesamtsozialversicherungsbeitrag ist an die Krankenkassen (Einzugsstellen) zu zahlen. Die Einzugsstelle überwacht die Einreichung des Beitragsnachweises und die Zahlung des Gesamtsozialversicherungsbeitrags.	§ 28h Abs. 1 SGB IV
Beiträge sind in voraussichtlicher Höhe der Beitragsschuld spätestens am drittletzten Bankarbeitstag des Monats fällig, in dem die Beschäftigung, mit der das Arbeitsentgelt erzielt wird, ausgeübt worden ist.	§ 23 Abs. 1 Satz 2 SGB IV

Durch die Arbeitgeber müssen somit innerhalb eines Kalendermonats zwei Termine beachtet werden:

- der Termin zur Übermittlung des Beitragsnachweises und
- der Fälligkeitstermin.

Samstage, Sonntage und gesetzliche Feiertage sind keine Bankarbeitstage. Darüber hinaus gelten der 24.12. und der 31.12. nicht als banküblische Arbeitstage.

Der Beitragsnachweis muss zwei Arbeitstage vor dem Fälligkeitstermin der Sozialversicherungsbeiträge vorliegen.

Die Fälligkeitstermine sind immer am drittletzten Bankarbeitstag des Monats.

Der Beitragsnachweis ist somit bis zum fünftletzten Arbeitstag des laufenden Monats zu übermitteln.

Aufgaben 186 - 187 > Seite 262

6.8 Arbeits- und Sozialgerichtsbarkeit

„Die rechtsprechende Gewalt ist den Richtern anvertraut; sie wird durch das Bundesverfassungsgericht, durch die im Grundgesetz vorgesehenen Bundesgerichte und durch die Gerichte der Länder ausgeübt" (Art. 92 GG).

Oberste **Gerichtshöfe** sind für die

- ordentliche Gerichtsbarkeit der **Bundesgerichtshof** in Karlsruhe
- Arbeitsgerichtsbarkeit das **Bundesarbeitsgericht** in Erfurt
- Sozialgerichtsbarkeit das **Bundessozialgericht** in Kassel.

Alle Gerichte, die nicht Bundesgerichte sind, sind Gerichte der einzelnen Bundesländer. Die Entscheidungen der Bundesgerichte haben wie die Gesetze den Charakter einer Rechtsquelle.

Die **ordentliche Gerichtsbarkeit** umfasst die **Zivilgerichtsbarkeit** und die **Strafgerichtsbarkeit**. Vor die ordentlichen Gerichte gehören alle bürgerlichen Rechtsstreitigkeiten und Strafsachen.

Die ordentliche **streitige Gerichtsbarkeit** wird durch **Amtsgerichte**, **Landgerichte** und **Oberlandesgerichte** sowie durch den **Bundesgerichtshof** ausgeübt.

Neben den ordentlichen Gerichten können nach Art. 101 Abs. 2 GG Gerichte für besondere Sachgebiete errichtet werden (besondere **Gerichtsbarkeit**). Zu den besonderen Gerichten gehört die **Verwaltungsgerichtsbarkeit**, die **Finanzgerichtsbarkeit**, die **Arbeitsgerichtsbarkeit** und die **Sozialgerichtsbarkeit**.

Besondere Gerichtsbarkeit	Zuständig für Streitigkeiten zwischen
Arbeitsgerichtsbarkeit	Arbeitgeber und Arbeitnehmer (= Arbeitsrecht)
Sozialgerichtsbarkeit	Bürger und Sozialversicherung (= Sozialversicherungsrecht)

Die **Arbeitsgerichte** sind u. a. sachlich zuständig für Rechtsstreitigkeiten zwischen Arbeitnehmern und Arbeitgebern, für Rechtstreitigkeiten zwischen Tarifvertragsparteien sowie für Streitigkeiten aus dem Betriebsverfassungsrecht. Örtlich zuständig ist das Arbeitsgericht am Wohnsitz des Beklagten bzw. am Ort des Sitzes einer juristischen Person.

Das Gerichtsverfassungsgesetz (GVG) regelt Gerichtsaufbau und Instanzenzug. Mit einem Rechtsmittel wird eine gerichtliche Entscheidung angefochten und an ein höheres Gericht verwiesen (Instanzenzug).

Bei der **Berufung** überprüft das Berufungsgericht ein Urteil in tatsächlicher und rechtlicher Hinsicht. Es erfolgt eine erneute Beweisaufnahme mit Zeugenvernehmung.

Bei der **Revision** überprüft das Revisionsgericht ein Urteil nur in rechtlicher Hinsicht, ob eine Gesetzesverletzung begangen wurde (z. B. Formfehler). Eine Beweisaufnahme findet nicht statt.

Gegen die **Urteile der Arbeitsgerichte** kann **Berufung** eingelegt werden. Das Arbeitsgericht hat die Berufung zuzulassen, wenn die Rechtssache grundsätzliche Bedeutung hat. In Rechtsstreitigkeiten über vermögensrechtliche Streitigkeiten kann die Berufung nur eingelegt werden, wenn der Wert des Beschwerdegegenstandes 600 € übersteigt. Gegen das **Endurteil eines Landesarbeitsgerichts** kann **Revision** eingelegt werden, wenn sie in dem Urteil des Landesarbeitsgerichts oder durch das Bundesarbeitsgericht zugelassen worden ist. Die Revision ist zuzulassen, **wenn** die Rechtssache **grundsätzliche Bedeutung** hat.

Aufbau der Arbeits- und Sozialgerichtsbarkeit:

Das Verfahren für Arbeitssachen vor den Gerichten **beginnt** mit einer **mündlichen Verhandlung** vor dem Vorsitzenden **zum Zwecke der gütlichen Einigung** der Parteien (Güteverhandlung, § 54 Abs. 1 Satz 1 ArbGG). Der Vorsitzende kann mit Zustimmung der Parteien die Güteverhandlung nach einer Unterbrechung in einem weiteren Termin fortsetzen.

Eine Besonderheit ist dadurch gegeben, dass in erster und zweiter Instanz des Verfahrens sog. Organisationsvertreter, d. h. Interessenvertreter von Arbeitgeberverbänden und Gewerkschaften, ihre Mitglieder vertreten können. Erst in **dritter Instanz** herrscht **Anwaltszwang**.

Die besondere Stellung der Sozialpartner – Gewerkschaften und Arbeitgeberverbände – zeigt sich hier auch wieder in der **paritätischen Besetzung** der Arbeitsgerichte mit **Schöffen**, d. h. ehrenamtlichen Laienrichtern **aus dem Kreis der Arbeitnehmer- und Arbeitgeberverbände**.

 INFO

> Der Arbeitsgerichtsprozess weist gegenüber einem Zivilprozess folgende Besonderheiten auf:
> - ▶ Ein Arbeitsprozess ist kostengünstiger (niedrigere Gerichtsgebühren).
> - ▶ Der Unterlegene braucht in erster Instanz die Anwaltskosten des Gegners nicht zu erstatten.

Schematische Darstellung eines Arbeitsgerichtsverfahrens:

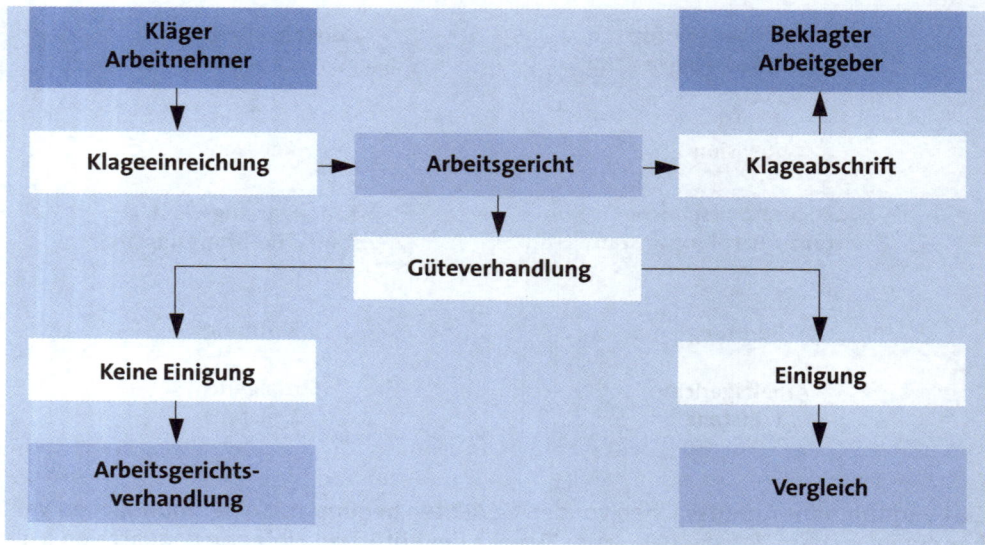

Aufgaben 195 - 198 > Seite 263 - 264

6.9 Übungsaufgaben

Aufgabe 177:
In welchem Gesetz ist die Sozialversicherung in Deutschland geregelt?

Aufgabe 178:
Was ist der Grundgedanke der Sozialversicherung?

Aufgabe 179:
Welche Zweige der gesetzlichen Sozialversicherung gibt es in Deutschland?

Aufgabe 180:
Wer sind die Träger der einzelnen Zweige der gesetzlichen Sozialversicherung in Deutschland?

Aufgabe 181:
Informieren Sie sich:
a) Welche Berufsgenossenschaft ist für Ihren Ausbildungsbetrieb zuständig?
b) Nennen Sie Berufsgenossenschaften, die es in Deutschland gibt!

Aufgabe 182:
Wer zahlt die Beiträge zur Sozialversicherung, und wer trägt die Beiträge zur Sozialversicherung?

Aufgabe 183:
Der bisher selbständige Bilanzbuchhalter Tobias Steyer gibt sein „Buchhaltungsbüro" auf. Er bewirbt sich bei der Steuerberatungsgesellschaft „Siragusa und Partner mbB", die ihm einen unbefristeten Arbeitsvertrag mit einer Probezeit von 6 Monaten und ein Bruttomonatsgehalt in Höhe von 3.000 € anbietet. Er nimmt dieses Angebot an und unterschreibt den Arbeitsvertrag. Bisher war Herr Steyer privat kranken- und pflegeversichert.

Wird Herr Steyer durch die Beschäftigung bei der „Siragusa und Partner mbB" sozialversicherungspflichtig und – falls ja – in welchen Versicherungszweigen?

Aufgabe 184:
Nennen Sie für die folgenden Sachverhalte den jeweiligen Zweig der Sozialversicherung, der für die Erbringung der Leistungen zuständig ist.
a) Der angestellte Sozialarbeiter Fabius Günter erhält Kurzarbeitergeld.
b) Frau Simone Gilles macht nach längerer Arbeitslosigkeit eine genehmigte Umschulung zur Steuerfachangestellten.
c) Die angestellte Steuerfachangestellte Annalena Wierschem hat einen Verkehrsunfall auf dem Weg zur Arbeit. Zur vollständigen Genesung erhält sie Rehabilitationsmaßnahmen.
d) Der Arbeitnehmer Christopher Groß hat sich beim privaten Fußballspielen verletzt. Er wird im Krankenhaus behandelt.

Aufgabe 185:
Warum zahlt nach dem Willen des Gesetzgebers die Beiträge zur Unfallversicherung der Arbeitgeber allein?

Aufgabe 186:

Ergänzen Sie den folgenden Lückentext:

Der Beitragseinzug ist im _____ Buch SGB geregelt. Der Arbeitgeber muss den Gesamtsozialversicherungsbeitrag _____ berechnen, einen _____ erstellen, diesen Nachweis der _____ übermitteln und den Beitrag an die Einzugsstelle _____ Einzugsstellen sind die _____. Unter Einzugsstelle ist diejenige Stelle gemeint, die die Gesamtsozialversicherungsbeiträge bei den Arbeitgebern _____ und an die einzelnen _____ weiterleitet. Der Gesamtsozialversicherungsbeitragssatz ergibt sich aus der _____ für einen _____ Beschäftigten zur Kranken-, Pflege-, Renten- und Arbeitslosenversicherung. Der Gesamtsozialversicherungsbeitragssatz wird für jedes Kalenderjahr vom _____ bekanntgegeben.

Aufgabe 187:

Welche Zweige der Sozialversicherung erbringen die nachfolgend genannten Leistungen? Nennen Sie den jeweils zutreffenden Sozialversicherungszweig (Träger) je Leistung!

a) Zahlung von Krankengeld
b) Zahlung von Mutterschaftsgeld
c) Rehabilitationsleistungen nach einem Arbeitsunfall
d) Durchführung von Vorsorgeuntersuchungen
e) Versorgung mit technischen Pflegemitteln
f) Erwerbsunfähigkeitsrente eines Angestellten
g) Zahlung von Insolvenzgeld
h) Stellenvermittlung
i) Bezahlung von Krankenhauskosten nach einem Skiunfall
j) Berufsberatung

Aufgabe 188:

Zur gesetzlichen Krankenversicherung:

a) Wer ist versicherungspflichtig? Nennen Sie die Hauptgruppe der Versicherungspflichtigen!
b) Wie hoch ist der Beitragssatz 2022?
c) Wer trägt die Beiträge?
d) Welche Leistungen erbringt die Krankenversicherung? Nennen Sie einige einschlägige Leistungen!
e) Was bedeutet „Versicherungspflichtgrenze"?

Aufgabe 189:
Die Arbeitnehmerin Melina Bläser hat einen monatlichen Bruttoarbeitslohn in Höhe von 2.750 €. Sie ist bei der AOK Koblenz gesetzlich krankenversichert. Der Zusatzbeitrag der AOK Koblenz beträgt 1,3 %.

Wie hoch ist der Monatsbeitrag 2022 zur Krankenversicherung von Frau Bläser und wie bezahlt sie diesen?

Aufgabe 190:
Wer bildet die Hauptgruppe der Versicherungspflichtigen in der gesetzlichen Pflegeversicherung?

Aufgabe 191:
Wer ist in der gesetzlichen Pflegeversicherung nicht pflichtversichert? Nennen Sie drei einschlägige Personengruppen.

Aufgabe 192:
Die Arbeitnehmerin Melina Bläser hat einen monatlichen Bruttoarbeitslohn in Höhe von 2.750 €. Sie ist bei der AOK Koblenz gesetzlich krankenversichert. Sie ist ledig, 24 Jahre alt und hat keine Kinder.

Wie hoch ist der Monatsbeitrag 2022 zur Pflegeversicherung von Frau Bläser und wer trägt und bezahlt diesen?

Aufgabe 193:
Nennen Sie Leistungen, die die gesetzliche Pflegeversicherung an Pflegebedürftige erbringt.

Aufgabe 194:
Erklären Sie, was die folgenden Begriffe im Sozialversicherungsrecht bedeuten:
a) Beitragsbemessungsgrenze
b) Versicherungspflichtgrenze.

Aufgabe 195:
Welche Antwort ist richtig? Das Bundessozialgericht hat seinen Sitz in
a) Karlsruhe
b) Berlin
c) Kassel
d) Bonn
e) Leipzig.

Aufgabe 196:
Welche Antwort stimmt? Das Bundesarbeitsgericht hat seinen Sitz in
a) Karlsruhe
b) Berlin
c) Erfurt
d) Bonn
e) Leipzig.

Aufgabe 197:
Ein Rentner möchte gegen den Rentenbescheid klagen. Welches Gericht ist zuständig?
a) Strafgericht
b) Sozialgericht
c) Arbeitsgericht
d) Zivilgericht
e) Bundesverfassungsgericht.

Aufgabe 198:
Welche der folgenden Aussagen sind richtig bzw. falsch?

Das Sozialgericht ist zuständig bei Streitigkeiten
a) aus der Sozialversicherung
b) zwischen den Tarifvertragsparteien
c) aufgrund einer betriebsbedingten Kündigung
d) aufgrund einer arglistigen Täuschung
e) zwischen Arbeitgeber und Finanzamt.

C. Handels- und Gesellschaftsrecht
1. Verhältnis von Handelsrecht und Privatrecht

Das **Handels- und Gesellschaftsrecht** ist wie das Bürgerliche Recht ein **Teilgebiet des Privatrechts**. Das **Bürgerliche Recht** regelt **allgemeine**, für alle Bürger geltende **Rechtsbeziehungen**. Man bezeichnet daher das Handelsrecht als das **Sonderprivatrecht** für Kaufleute. Sonderrecht bedeutet nicht, dass die Bestimmungen des Handelsrechts ausschließlich anzuwenden sind. Die handelsrechtlichen Regelungen treten ergänzend zum BGB hinzu.

ACHTUNG

Das BGB greift nur dann, wenn im HGB keine Regelungen getroffen sind. Die gesetzlichen Bestimmungen des BGB gelten selbstverständlich auch für Kaufleute.

Das Handelsrecht baut auf dem Bürgerlichen Recht auf. Das Bürgerliche Recht als „Recht für jedermann" bildet die Grundlage. Das **Handelsrecht** enthält abändernde und **zusätzliche Regelungen für Kaufleute**. Die handelsrechtlichen Regelungen als besonderes Recht gehen den allgemeinen Regelungen des Bürgerlichen Rechts vor.

MERKE

Lex specialis derogat legi generali → Das spezielle Gesetz hebt das generelle auf.

Das besondere Gesetz hebt das allgemeine auf. Sondervorschriften setzen allgemeine Regeln außer Kraft. Eine allgemeine Regel gilt nicht, soweit eine besondere Regel etwas anderes sagt.

Beispiele

Für spezielle handelsrechtliche Regelungen:

- **Formfreiheit für Bürgschaften, Schuldversprechen und Schuldanerkenntnis für Kaufleute** (§ 350 HGB)
- **keine Einrede der Vorausklage** bei Bürgschaften der Kaufleute (§ 349 HGB)
- **keine Herabsetzung** einer versprochenen **Konventionalstrafe** bei Kaufleuten (§ 348 HGB)

- **Führung einer Firma** (§ 17 HGB)
- **Prokuraerteilung** (§ 48 HGB)
- **Buchführungspflichten** (§ 238 HGB).

Die handelsrechtlichen Bestimmungen sind Teil des Privatrechts. Neben privatrechtlichen Regelungen enthält das HGB auch öffentlich-rechtliche Vorschriften (§§ 8 ff. Handelsregisterrecht; §§ 18 ff. Firmenordnungsrecht; §§ 238 ff. Rechnungslegungspflicht).

Die gesetzlichen Regelungen über den **Handelskauf** enthalten Sonderbestimmungen zum Kaufrecht zum BGB:

a) Bei einem **beiderseitigen Handelsgeschäft** hat der Käufer die Ware **unverzüglich** nach Ablieferung zu **untersuchen** und, wenn sich ein Mangel zeigt, den **Mangel unverzüglich anzuzeigen** (§ 377 Abs. 1 HGB). Unterlässt der Käufer die Anzeige, gilt die Ware als genehmigt (§ 377 Abs. 2 HGB), d. h. er verliert die Gewährleistungsansprüche nach § 437 BGB.

b) Unter Kaufleuten ist es üblich (Gewohnheitsrecht), dass eine Vertragspartei der anderen mündlich getroffene Vereinbarungen zu Beweiszwecken schriftlich bestätigt. Dieses kaufmännische Bestätigungsschreiben soll Klarheit darüber schaffen, ob ein Vertrag zustande gekommen ist und mit welchem Inhalt. Widerspricht der Empfänger nicht, gilt das Schweigen auf ein **kaufmännisches Bestätigungsschreiben** als Annahme.

 MERKE

Silentium non est consensus → Schweigen ist keine Zustimmung nach Bürgerlichem Recht.

Qui tacet, consentire videtur → Wer schweigt, scheint zuzustimmen nach Handelsrecht.

Das **kaufmännische Bestätigungsschreiben** ist im HGB nicht geregelt, sondern leitet sich aus **Handelsbräuchen** ab (§ 346 BGB). Grundsätzlich kommt auch im Handelsrecht ein Vertrag nur durch Angebot und Annahme des Angebots zustande. Auch für Kaufleute gilt somit Schweigen auf ein Angebot nicht als Annahme. Ein gesetzlich geregelter Ausnahmefall des Schweigens eines Kaufmanns auf ein Angebot ist in § 362 HGB festgelegt. Ein Kaufmann, dessen Gewerbebetrieb die Geschäfte für andere besorgt, muss auf Vertragsangebote unverzüglich reagieren, wenn er mit dem Antragenden in Geschäftsverbindung steht. Schweigt er, gilt dies als Annahme des Angebots, mit der Rechtsfolge, dass durch das Schweigen der Vertrag zustande kommt (§ 362 Abs. 1 Satz 1 HGB).

Beispiele

Geschäftsbesorgungen
Bankgeschäfte, Speditionsgeschäfte, Kommissionsgeschäfte

 MERKE

Qui non improbat, probat → Wer nicht ablehnt, stimmt zu

Kleine Einzelkaufleute sind befreit von der Pflicht zur Buchführung und Erstellung eines Inventars (§ 241a Satz 1 HGB). Einzelkaufleute im Sinne des Gesetzes sind Kaufleute, die an den Abschlussstichtagen von zwei aufeinander folgenden Geschäftsjahren **nicht mehr** als **600.000 € Umsatzerlöse** und **60.000 € Jahresüberschuss** aufweisen.

Im Fall der Neugründung treten die Rechtsfolgen schon ein, wenn die Schwellenwerte am ersten Abschlussstichtag nach der Neugründung nicht überschritten werden (§ 241a Satz 2 HGB).

Eine Befreiung von der Buchführungs- und Inventarpflicht ist nur möglich, wenn an zwei aufeinander folgenden Abschlussstichtagen **keiner der beiden Schwellenwerte** überschritten wird. Die Befreiungsmöglichkeit von der Buchführungs- und Inventarpflicht gilt nur für Einzelkaufleute, nicht für Personen- und Kapitalgesellschaften.

Handelsgeschäfte sind alle Geschäfte eines Kaufmanns, die zum Betrieb seines Handelsgewerbes gehören (§ 343 HGB). Privatgeschäfte eines Kaufmanns werden von den Vorschriften des Handelsgesetzbuches nicht erfasst. Für diese Rechtsgeschäfte gelten die Vorschriften des Privatrechts.

Ein **einseitiges Handelsgeschäft** liegt vor, wenn ein Rechtsgeschäft für einen der **beiden Teile ein Handelsgeschäft** ist (§ 345 HGB). Bei einem einseitigen Handelsgeschäft kommen die Vorschriften über Handelsgeschäfte für beide Teile zur Anwendung. Ein **beiderseitiges** (zweiseitiges) **Handelsgeschäft** liegt vor, wenn **beide Teile Kaufleute** sind.

 MERKE

Ein Rechtsgeschäft, das für beide Teile ein Privatgeschäft ist, bezeichnet man als bürgerliches Geschäft. Für diese Geschäfte gelten die Bestimmungen des BGB.

Aufbau des HGB

Das HGB ist zusammen mit dem BGB am 01.01.1900 in Kraft getreten. Das HGB besteht aus fünf Büchern (Das fünfte Buch Seehandel (§ 476 - 905 HGB) wird in dieser Darstellung nicht berücksichtigt:

Buch	§§	Inhalt
1. Buch: Handelsstand	1 - 104	Kaufleute, Handelsregister, Handelsfirma, Prokura und Handlungsvollmacht, Handlungsgehilfen und Handlungslehrlinge, Handelsvertreter, Handelsmakler
2. Buch: Handelsgesellschaften und Stille Gesellschaft	105 - 236	OHG, KG, Stille Gesellschaft
3. Buch: Handelsbücher	238 - 342a	Vorschriften für alle Kaufleute, Ergänzende Vorschriften für Kapitalgesellschaften (Aktiengesellschaften, Kommanditgesellschaften mit beschränkter Haftung), Ergänzende Vorschriften für eingetragene Genossenschaften
4. Buch: Handelsgeschäfte	343 - 475 h	Allgemeine Vorschriften, Handelskauf, Kommissionsgeschäfte, Speditionsgeschäft, Lagergeschäft, Frachtgeschäft, Beförderung von Gütern und Personen auf den Eisenbahnen des öffentlichen Verkehrs

Der Begriff „Handel" bedeutet nicht nur Handel im Sinne von Güterverteilung (Einzel-, Groß- und Außenhandel), sondern erfasst alle Produktionsbetriebe (Dienstleistungsbetriebe, Urproduktionsbetriebe, Handwerksbetriebe, warenproduzierendes Gewerbe). **Handelsrecht ist Kaufmannsrecht:** Die Kaufmannseigenschaft ist grundsätzlich Voraussetzung für handelsrechtliche Regelungen.

MERKE

Die Regelungen des Handelsrechts haben Vorrang vor den Regelungen des Bürgerlichen Rechts.

Handelsrechtliche Vorschriften kommen nicht nur bei zweiseitigen Handelsgeschäften zur Anwendung, sondern sind auch bei einseitigen Handelsgeschäften anwendbar (§ 345 BGB).

Zu den Nebengesetzen des Handelsrechts zählen u. a. das Aktiengesetz, das GmbH-Gesetz sowie das Scheck- und Wechselgesetz.

2. Kaufmannseigenschaft und Kaufmannsarten

Nur **Kaufleute unterliegen** den **handelsrechtlichen Vorschriften**. Daher ist der **Begriff des Kaufmanns** von zentraler Bedeutung.

> Der Begriff „Unternehmer" ist vom Begriff „Kaufmann" zu unterscheiden. Unternehmer ist der weitere, Kaufmann der engere Begriff. Nur ein Teil aller Unternehmer ist zugleich auch Kaufmann im handelsrechtlichen Sinn. Unternehmer im Sinne des § 14 Abs. 1 BGB ist jede natürliche oder juristische Person, die in Ausübung ihrer gewerblichen oder selbstständigen beruflichen Tätigkeit Rechtsgeschäfte abschließt. Unternehmer ist also eine natürliche oder juristische Person oder eine Personengesellschaft. Alle Kaufleute sind zugleich Unternehmer, aber nicht alle Unternehmer sind Kaufleute. Ein Unternehmen ist nur dann Kaufmann, wenn die Voraussetzungen des § 1 HGB vorliegen.

2.1 Istkaufmann aufgrund eines Handelsgewerbes nach § 1 HGB

Kaufmann im Sinne des HGB **ist, wer ein Handelsgewerbe betreibt** (§ 1 Abs. 1 HGB). **Handelsgewerbe ist jeder Gewerbebetrieb**, es sei denn, dass das Unternehmen nach Art oder Umfang einen in kaufmännischer Weise eingerichteten Geschäftsbetrieb nicht erfordert (§ 1 Abs. 2 HGB).

> Kaufmann ist, wer ein Handelsgewerbe betreibt. Das HGB setzt die Begriffe „Handelsgewerbe" und „Gewerbebetrieb" gleich. Eine Begriffsbestimmung oder Worterklärung im Sinne einer Legaldefinition findet sich im HGB nicht.

Nicht jedes Gewerbe ist auch ein Handelsgewerbe. Ein **Handelsgewerbe ist grundsätzlich jeder Gewerbebetrieb unabhängig von der Branche**. Ein Gewerbe als berufliche Tätigkeit wird zum Handelsgewerbe, sobald es nach Art oder Umfang einen in kaufmännischer Art und Weise eingerichteten Geschäftsbetrieb erfordert. Somit sind alle Gewerbetreibende ohne Rücksicht auf die Branche vom Kaufmannsbegriff erfasst. Kleingewerbetreibende, deren Betrieb nach Art oder Umfang eine kaufmännische Organisation nicht erfordert, sind somit keine Kaufleute, da sie kein Handelsgewerbe betreiben. Welche Arten von Geschäften der Gewerbebetrieb zum Gegenstand hat, ist unerheblich.

Wenn in einem ersten Schritt geklärt ist, dass überhaupt ein Gewerbe betrieben wird, kann anhand des Handelsgesetzbuches geprüft werden, ob es sich um ein Handelsgewerbe handelt. Es geht hierbei um die Beantwortung der Frage, ob es sich nur um einen Gewerbebetrieb handelt, oder erfüllt der Gewerbebetrieb den Tatbestand der Kaufmannseigenschaft.

MERKE

> Ein Gewerbe ist ein Handelsgewerbe, wenn der Betrieb eine nach Art oder Umfang kaufmännische Organisation erfordert.

Das Tatbestandsmerkmal **„nach Art oder Umfang in kaufmännischer Weise eingerichteter Geschäftsbetrieb"** grenzt einheitlich alle kaufmännischen Gewerbebetriebe von den nicht-kaufmännischen Gewerbebetrieben ab.

Das HGB selbst verzichtet auf das Tatbestandsmerkmal „nach Art und Umfang in kaufmännischer Weise eingerichteter Geschäftsbetrieb" durch gesetzlich festgelegte Mindestgrößenanforderungen zu präzisieren.

Anhaltspunkte (Kriterien) für einen in **kaufmännischer Art und Weise eingerichteten Geschäftsbetrieb sind:**

- Mitarbeiterzahl
- Umsatzhöhe
- Zahl der Zweigniederlassungen
- Betriebsgröße
- Lieferanten- und Kundenkontakte
- Bilanzsumme
- Betriebsvermögen.

MERKE

> Handelsgewerbe ist jeder Gewerbetreibende, dessen Unternehmen nach Art oder Umfang einen kaufmännischen Geschäftsbetrieb erfordert.
>
> Ein kaufmännischer Geschäftsbetrieb gilt als Hinweis für das Vorliegen einer Kaufmannseigenschaft.

Da ein Einzelgewerbetreibender nach § 241a HGB von der Buchführungs- und Inventarpflicht befreit ist, entfällt die Rechnungslegungspflicht als Kennzeichen für die Frage, ob eine Kaufmanneigenschaft gegeben ist.

Für das Merkmal „in kaufmännischer Weise eingerichteter Geschäftsbetrieb" kommt es somit auf das Gesamtbild des Betriebes und auf die Gesamtumstände anhand einer Kombination von Merkmalen an, wobei es zu Abgrenzungsproblemen kommen kann. Ob ein Betrieb eine kaufmännische Organisation erfordert, lässt sich nur für jeden Einzelfall bestimmen.

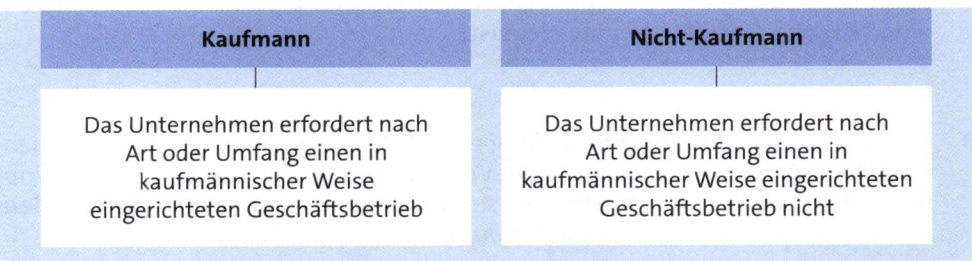

Die Darlegungs- und Beweislast, dass sein Betrieb **kein Handelsgewerbe** ist, liegt bei dem Betreibenden.

Kleingewerbetreibende als Nicht-Kaufleute **sind dem BGB** und nicht dem HGB **zu unterstellen**.

Jeder Kaufmann ist verpflichtet sich ins Handelsregister eintragen zu lassen (§ 29 HGB). Die **Eintragung** beim Kaufmann nach § 1 HGB hat aber lediglich **deklaratorische (rechtsbezeugende, verlautbarende) Wirkung**. Es wird eine bereits bestehende Rechtstatsache bekundet. Die Kaufmannseigenschaft des Istkaufmanns ergibt sich aus dem HGB, d. h. die Eintragung ins Handelsregister macht ihn nicht erst zum Kaufmann. Der Istkaufmann ist Kaufmann, ohne dass es auf eine Eintragung ins Handelsregister ankommt.

Das HGB selbst gibt keine Auskünfte darüber, was ein Gewerbe ist. Das HGB enthält weder eine Definition noch eine Erläuterung des Gewerbebegriffs. Nach Rechtsprechung und Rechtslehre ist der Begriff Gewerbe durch folgende **Merkmale** gekennzeichnet (vgl. Baumbach-Duden: Kommentar zum HGB):

Ein **Gewerbe** ist jede **offene**, auf eine **gewisse Dauer** angelegte, **selbstständige Tätigkeit**, die auf **Gewinnerzielung** gerichtet und **erlaubt** ist.

1. Gewerbe ist ein **nach außen gerichtetes**, für Dritte → erkennbares Handeln.

   Beispiel

   Ein stiller Gesellschafter betreibt kein Gewerbe.

2. Gewerbe ist eine **auf Dauer** angelegte Tätigkeit. Das Gewerbe darf nicht einmalig oder gelegentlich ausgeübt werden → dauerhaftes Handeln.

Beispiel

Ein Student, der anlässlich eines Fußballspiels gelegentlich Eis verkauft, ist kein Kaufmann. Es muss sich nicht um eine dauerhafte Tätigkeit handeln, sondern um eine Tätigkeit, die auf Dauer angelegt ist.

3. Gewerbe ist eine auf **Gewinnerzielung** gerichtete Tätigkeit. Es ist hierbei unerheblich, ob tatsächlich ein Gewinn erzielt wird. Erforderlich ist lediglich eine Gewinnerzielungsabsicht. Einrichtungen, die sozialen, wissenschaftlichen oder künstlerischen Zwecken dienen, fallen nicht hierunter → wirtschaftliches Handeln.

Beispiel

Der erfolglose Wurstfabrikant ist Kaufmann, auch wenn er rote Zahlen schreibt.

Ob die Absicht, einen Gewinn zu erzielen, ein Merkmal des Gewerbebegriffs ist, ist umstritten. Das Erfordernis der Gewinnerzielungsabsicht für den Gewerbebegriff gilt als überholt und damit verzichtbar.

Das Wirtschaftsleben kennt unternehmerisches Tätigwerden, bei dem entgeltliche Leistungen am Markt erbracht werden, ohne dass ausdrücklich eine Gewinnerzielungsabsicht verfolgt wird. Diese Unternehmen dürfen nicht vom Anwendungsbereich des Handelsrechts ausgeklammert werden. Anstelle des Merkmals der Gewinnerzielungsabsicht soll nach dieser Ansicht nur noch geprüft werden, ob eine **entgeltliche Leistungserbringung** am Markt vorliegt. Es ist somit allein auf das unternehmerische Tätigwerden am Markt nach dem ökonomischen Prinzip abzustellen.

Beim Verbrauchsgüterkauf (§ 474 BGB) ist die Unternehmerstellung nicht von der Gewinnerzielungsabsicht des Vertragspartners abhängig. Nach der Legaldefinition des § 14 Abs. 1 BGB ist eine natürliche oder juristische Person Unternehmer, die in Ausübung ihrer gewerblichen oder selbstständigen Tätigkeit handelt. Beim Verbrauchsgüterkauf setzt das Vorliegen eines Gewerbes und damit die Unternehmerstellung des Verkäufers nicht voraus, dass dieser mit seiner Geschäftstätigkeit die Absicht verfolgt, Gewinn zu erzielen. Dies entspricht der herrschenden Auffassung des für § 474 BGB maßgeblichen Unternehmerbegriffs.

 **MERKE**

Bei privatwirtschaftlichen Unternehmen wird eine Gewinnerzielungsabsicht vermutet. Strittig ist die Gewinnerzielungsabsicht bei Unternehmen, die humanitäre Ziele verfolgen und bei öffentlichen Versorgungsunternehmen. Sofern diese Unternehmen in Form einer GmbH oder AG geführt werden, stellt sich diese Frage nicht. In diesem Fall ist das Unternehmen Formkaufmann aufgrund der Rechtsform.

4. Gewerbe ist eine **selbstständige** Tätigkeit. Selbstständig ist, wer seine Arbeitszeit frei einteilen kann und nicht weisungsgebunden ist → selbstständiges Handeln.

Beispiel

Kaufleute betreiben ein Handelsgewerbe, d. h. das Handelsgewerbe wird im eigenen Namen und auf eigene Rechnung ausgeübt. Angestellte Mitarbeiter sind somit keine Kaufleute im Sinne des Handelsrechts. Im Gegensatz zum Handlungsgehilfen (§ 59 HGB) ist der Handelsvertreter selbstständiger Gewerbetreibender (§ 84 Abs. 1 HGB).

5. Der Gewerbebetrieb darf **nicht gesetzes- oder sittenwidrig** sein → erlaubtes Handeln.

Beispiel

Der erfolgreiche, dauerhaft tätige Rauschgiftdealer ist kein Kaufmann.

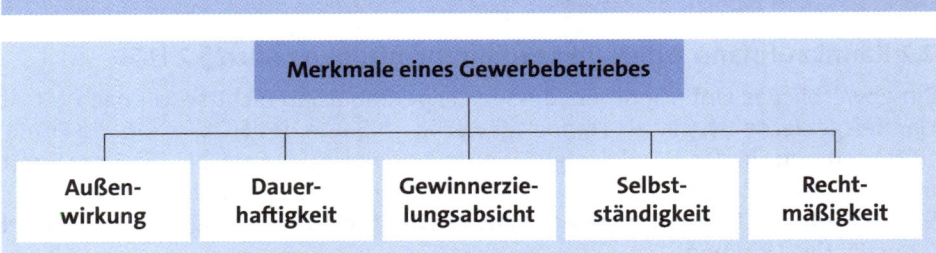

Obwohl auch die **Angehörigen der sog. freien Berufe** (selbstständige Ärzte, Rechtsanwälte, Steuerberater, Architekten) die Merkmale eines Gewerbes erfüllen, betreiben sie handelsrechtlich **kein Gewerbe**. Bei der Berufsgruppe der Freiberufler wird unterstellt, dass der Erwerbszweck nicht im Vordergrund steht. Die unternehmerische Leistung tritt hinter der persönlichen Leistung zurück. Da die freien Berufe kein Gewerbe betreiben, können sie auch kein Handelsgewerbe ausüben. Darüber hinaus betreiben auch freischaffende Künstler und Wissenschaftler kein Gewerbe.

Freie Berufe erfordern i. d. R. formal eine höhere Bildung und die persönliche Mitarbeit des Betriebsinhabers (vgl. § 1 Abs. 2 Satz 1 PartGG).

Für einen Unternehmer, der ein Handelsgewerbe betreibt und nicht ins Handelsregister eingetragen ist, besteht eine **Beweislastumkehr: Er muss beweisen, dass er kein Kaufmann ist**. Umgekehrt gilt jedes Handelsgewerbe, das ins Handelsregister eingetragen ist als Handelsgewerbe, selbst dann, wenn es nur ein Kleingewerbe ist.

Der Begriff Kaufmann als Berufsbezeichnung ist nicht geschützt.

Kaufmann ist der Betreiber eines Handelsgewerbes. In der Regel ist der Betreiber identisch mit dem Inhaber des Geschäftes. Der Betreiber muss aber nicht notwendigerweise mit dem Eigentümer identisch sein und auch nicht selbst im Betrieb mitarbeiten. Betreiber des Gewerbes ist derjenige, in dessen Namen und auf dessen Risiko Geschäfte getätigt werden. Betreiber sind natürliche und juristische Personen sowie Personenhandelsgesellschaften.

Beispiel

Zwei Steuerberater schließen sich zu einer GmbH zusammen. Betreiber der Steuerberatungsgesellschaft ist die GmbH.

2.2 Kannkaufmann aufgrund gewählter Eintragung nach § 2 HGB

Ein gewerbliches Unternehmen, dessen Gewerbebetrieb nicht schon nach § 1 Abs. 2 Handelsgewerbe ist, gilt als Handelsgewerbe im Sinne des HGB, wenn die Firma des Unternehmens in das Handelsregister eingetragen ist (§ 2 Satz 1 HGB). Der Unternehmer ist berechtigt, aber nicht verpflichtet die Eintragung herbeizuführen (§ 2 Satz 2 HGB). **Die Kaufmannseigenschaft entsteht mit Eintragung ins Handelsregister (konstitutive Wirkung)**.

Mit der Eintragung ins Handelsregister gilt das Gewerbe dieses Kaufmanns als Handelsgewerbe im Sinne des § 1 HGB. Durch die Eintragung ins Handelsregister wird seine Stellung als Kaufmann begründet, während beim Istkaufmann die Kaufmannseigenschaft nur erklärt wird.

Von der **Option des Kleingewerbetreibenden** hängt es somit ab, ob er als Kaufmann oder Nichtkaufmann behandelt wird. Die Entscheidung für den Kaufmannsstatus kann der Kleingewerbetreibende wieder rückgängig machen. Er ist somit Kaufmann auf eigenen Wunsch mit Ausstiegsmöglichkeit.

MERKE

Der Kleingewerbetreibende nach § 2 HGB kann sich ins Handelsregister eintragen lassen, muss es aber nicht.

ACHTUNG

Ein nicht in das Handelsregister eingetragener Gewerbetreibender trägt die Beweislast, dass er kein Kaufmann ist.

2.3 Kannkaufmann aufgrund gewählter Eintragung nach § 3 HGB

Land- oder Forstwirte werden nicht zum handelsrechtlichen Gewerbebegriff gerechnet und fallen somit nicht unter § 1 HGB. Wenn ein land- oder forstwirtschaftliches Unternehmen

- nach Art und Umfang einen in kaufmännischer Weise eingerichteten Geschäftsbetrieb erfordert und
- seine Firma ins Handelsregister eingetragen ist, dann gilt es als Handelsgewerbe.

Unter bestimmten Voraussetzungen können somit auch Land- und Forstwirte die Kaufmannseigenschaften erwerben (§ 3 HGB):

1. Es handelt sich um ein **land- oder forstwirtschaftliches Unternehmen oder** um ein **land- oder forstwirtschaftliches Nebengewerbe**.
2. Das Unternehmen erfordert eine **kaufmännische Einrichtung**.
3. Das Unternehmen ist **im Handelsregister eingetragen. Der Eintrag hat konstitutive Wirkung**.

Beispiel

Nebengewerbe
- Ein Obstbauer (Haupterwerb) betreibt eine Schnapsbrennerei (Nebenbetrieb zur Weiterverarbeitung).
- Ein Forstwirt betreibt eine Sägemühle.

 **MERKE**

Land- oder Forstwirte, sofern die Voraussetzungen erfüllt sind, sind berechtigt, aber nicht verpflichtet, sich ins Handelsregister eintragen zu lassen. Der Kannkaufmann erwirbt die Kaufmannseigenschaft grundsätzlich ohne Rückgaberecht (§ 3 Abs. 2 HGB). Er ist nicht berechtigt, die Firma im Handelsregister wieder zu löschen. Ist eine freiwillige Eintragung in das Handelsregister erfolgt, kann der Land- oder Forstwirt die Löschung seiner Firma nur dann herbeiführen, wenn die Eintragung der Firma von Anfang an unzulässig war.

2.4 Kaufmann kraft Gesellschaftsform, Formkaufleute nach § 6 HGB

Eine Gesellschaft bürgerlichen Rechts (**GbR**) liegt vor, wenn sich mehrere Personen zur gemeinsamen Erreichung eines bestimmten Zwecks zusammenschließen. (§ 705 BGB) Zweck einer GbR ist **nicht** der Betrieb eines **Handelsgewerbes**. Die **Gesellschaft bürgerlichen Rechts** ist **keine Handelsgesellschaft** und somit **kein Kaufmann**. Bei einer Gesellschaft, deren **Zweck** auf den Betrieb eines **Handelsgewerbes** gerichtet ist, handelt es sich um eine **OHG**. (§ 105 Abs. 1 HGB) Ist die Haftung bei der Gesellschaft bei einem oder einigen Gesellschaftern beschränkt, während die anderen Gesellschafter voll haften, wird aus der OHG eine **KG**. (§ 161 Abs. 1 HGB) Bei einer **Personengesellschaft** muss geprüft werden, ob es sich um eine **Personenhandelsgesellschaft** handelt. Eine Personenhandelsgesellschaft **muss** ein **Handelsgewerbe** betreiben. Bei einer **Kapitalgesellschaft** entfällt die Prüfung, ob die Gesellschaft ein Gewerbe betreibt und ob es sich um ein Handelsgewerbe handelt. AG und GmbH unterliegen **kraft ihrer Rechtsform** dem HGB, selbst wenn sie kein Gewerbe betreiben.

 RECHTSGRUNDLAGEN

§ 6 Abs. 1 HGB:
Die Bestimmungen des Handelsgesetzbuches gelten für Einzelkaufleute und für alle Handelsgesellschaften. **Personenhandelsgesellschaften** (OHG, KG) sind dem Einzelkaufmann gleichgestellt, obwohl sie **keine juristischen Personen** sind. OHG und KG **müssen** ein **Gewerbe** betreiben. Ihnen wird mit § 6 Abs. 1 HGB die Kaufmannseigenschaft ausdrücklich zuerkannt.

§ 6 Abs. 2 HGB:
Von § 6 Abs. 2 HGB werden alle **Kapitalgesellschaften** und die **eingetragenen Genossenschaften (eG)** erfasst. Die **AG** gilt als Handelsgesellschaft, auch wenn der Gegenstand des Unternehmens nicht im Betrieb eines Handelsgewerbes besteht. (§ 3 Abs. 1 AktG; Formkaufmann) Die **GmbH** gilt als Handelsgesell-

schaft im Sinne des Handelsgesetzbuches. (§ 13 Abs. 3 GmbHG) Die **eingetragene Genossenschaft** ist eine juristische Person und somit Formkaufmann: Genossenschaften gelten als Kaufleute im Sinne des Handelsgesetzes. (§ 17 Abs. 2 GenG)

In § 6 Abs. 2 HGB ist geregelt, dass die Rechte und Pflichten eines **Vereins**, dem das Gesetz die **Kaufmannseigenschaft beilegt, ohne Rücksicht auf den Gegenstand des Unternehmens (Kaufmann kraft Gesetz)**, unberührt bleiben. Erfasst werden mit dieser Norm auch Kleingewerbetreibende, selbst wenn kein Gewerbe betrieben wird. Der Begriff **Verein** steht hier nicht in der alltagssprachlichen Verwendung im Sinne eines Fußballvereins, sondern für **juristische Personen**. Juristische Personen im Sinne des § 6 Abs. 2 HGB sind Formkaufleute, auf die das Handelsrecht Anwendung findet.

MERKE

Nicht jeder, der Kaufmann werden möchte, muss ein Gewerbe betreiben. Bei §§ 1 und 2 HGB **muss** ein Gewerbe betrieben werden. Bei Gesellschaften greift § 6 Abs. 2 HGB: Eine Gesellschaft, die kein Gewerbe betreibt, kann die Kaufmannseigenschaft erwerben, weil sie die Rechtsform einer AG oder GmbH gewählt hat. OHG und KG sind wie der Einzelkaufmann Kaufleute, wenn die Gesellschaft nach Art oder Umfang einen in kaufmännischer Weise eingerichteten Geschäftsbetrieb erfordert. **Personengesellschaften** (GbR, OHG, KG) sind keine juristischen Personen. Personengesellschaften sind nur dann eine OHG oder KG, wenn sie ein Handelsgewerbe betreiben (**Personenhandelsgesellschaften**).

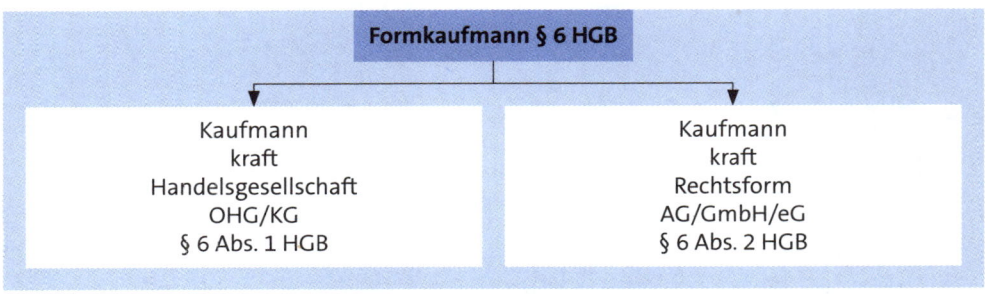

Die Bestimmung der Kaufmannseigenschaft

Die Bestimmung der Kaufmannseigenschaft prüft man zweckmäßigerweise wie folgt:[1]

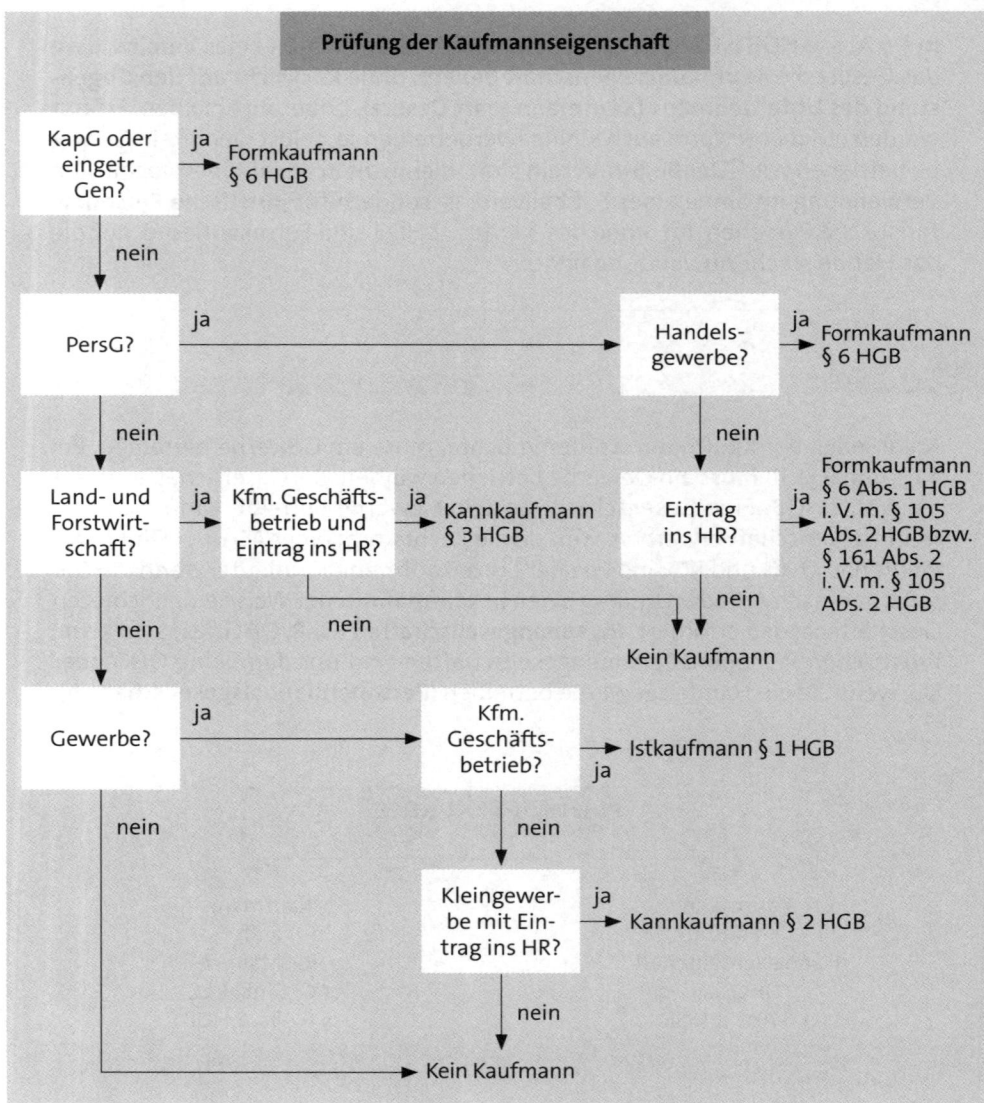

---

[1] Das Schaubild hat freundlicherweise Herr Professor Dr. Ulrich Harbrücker von der Dualen Hochschule Baden-Württemberg Mannheim zur Verfügung gestellt.

Aufgaben 199 - 206 > Seite 279 - 281

2.5 Übungsaufgaben

Aufgabe 199:
Warum sind Ihrer Meinung nach gesetzliche Regelungen im Wirtschaftsleben erforderlich?

Aufgabe 200:
Ergänzen Sie den folgenden Lückentext:

Kaufmann ist jeder _____. Nicht jeder Gewerbetreibender ist _____. Wer keinen nach Art und Umfang in kaufmännischer Weise eingerichteten Geschäftsbetrieb hat, ist _____. Kleingewerbetreibende sind _____ sich ins Handelsregister eintragen zu lassen. Die Handelsregistereintragung des Kleingewerbetreibenden hat _____ Wirkung.

Aufgabe 201:
Bestimmen Sie die Kaufmannseigenschaften in den folgenden Fällen! Ist ein Handelsregistereintrag erforderlich/möglich? Begründen Sie Ihre Lösung!

a) Bäckermeister Braun führt eine Bäckerei mit einem Gesellen. Seine Frau arbeitet als Verkäuferin im Betrieb mit.
b) Schuhmachermeister Bertram stellt selbst keine Schuhe her. Er betreibt lediglich eine Reparatur ohne Warenverkauf.
c) Diplom-Kaufmann Walter Ziegler ist leitender Angestellter bei der MODUL AG.

C. Handels- und Gesellschaftsrecht | Aufgaben

d) Steuerberater Jürgen Keller hat zwei angestellte Steuerberater, fünf angestellte Steuerfachangestellte und zwei Auszubildende.

e) Immobilienkaufmann Eberhard Nolde handelt mit Grundstücken. Er hat 10 Mitarbeiter und einen Jahresumsatz von 1.022.583,80 €.

f) Schneidermeister Bernhard Pfister hat 20 Mitarbeiter und mehrere Filialen. Er hat sich auf die Herstellung von Anzügen spezialisiert. Zu diesem Zweck kauft er englische Stoffe und verkauft die hergestellten Anzüge.

g) Die Kindertagesstätte „Teddy GmbH" in Heidelberg betreut Kinder von studierenden Eltern. Eine Gewinnerzielungsabsicht ist nicht gegeben.

h) Bauunternehmer Norbert Koch erstellt schlüsselfertige Häuser. Sein Jahresumsatz beträgt 2.556.459,40 €.

i) Das Reisebüro Albert Schuster hat mehrere Filialen und 30 Mitarbeiter.

j) Baustoffgroßhändler Roland Gast OHG liefert Baumaterialien.

k) Stefan Zöller betreibt einen Steinbruch mit 20 Angestellten.

l) Landwirt Dieter Patzke betreibt seinen Betrieb in Form einer OHG.

m) Doris Zimmermann betreibt ohne Mitarbeiter in der Berufsschule einen kleinen Kiosk.

n) Schneidermeisterin Lore Deckert hat 30 Mitarbeiterinnen und zwei Filialen. Sie fertigt Kleidungsstücke aus von ihren Kundinnen gestellten Stoffen.

o) Clemens Weller ist Inhaber einer Gebäudereinigungs-KG.

p) Das Neustadter Lichtspieltheater OHG hat sich auf moderne Filme spezialisiert.

q) Rentner Georg Winter betreibt ohne Mitarbeiter ein kleines Weinkommissionsgeschäft.

r) Winzer Rudi Wimmer betreibt als Nebenbetrieb eine gutgehende Weinstube. Die Weinstube erfordert eine kaufmännische Organisation und ist ins Handelsregister eingetragen.

s) Bürokaufmann Peter Kluge besitzt Aktien der MODUL AG.

t) Herr Clyde ist gewerbsmäßig als Hehler tätig.

u) Der Steuerfachangestellte Horst Wagner verkauft anlässlich eines Fußballspiels im Mannheimer Carl-Benz-Stadion Würstchen.

v) Die Heidelberger Zoo GmbH als kommunaler Betrieb verfolgt keine Erwerbszwecke.

w) Student Otto Busch verkauft gelegentlich auf dem Flohmarkt eigene Spielsachen.

x) Lehrer Lämpel sekuliert seit einiger Zeit erfolgreich an der Börse.

y) Apotheker Gerald Wiebke hat 10 Mitarbeiterinnen.

z) Dres. Abel, Bertram und Christ betreiben eine internistische Gemeinschaftspraxis mit 20 Mitarbeiterinnen.

Aufgabe 202:

Ein Mandant Ihres Arbeitgebers ist der Meinung, Herr Bertram (siehe Aufgabe 201 b) kann sein Geschäft nicht zum Handelsregister anmelden, da der Antrag begründet werden muss und der Antragsteller eine kaufmännische Organisation nachweisen muss. Nehmen Sie zu dieser Behauptung Stellung!

Aufgabe 203:

Ergänzen Sie den folgenden Lückentext:

Jeder Gewerbebetrieb ist ein _____ und sein Betreiber _____ wenn das Unternehmen nach Art oder _____ einen in _____ Weise eingerichteten _____ erfordert. Ist dies der Fall, ist _____ anwendbar. Ist dies nicht der Fall, liegt ein nicht kaufmännisches _____ vor.

Aufgabe 204:

Prüfen Sie, ob es sich bei den folgenden Rechtsgeschäften um ein einseitiges bzw. zweiseitiges Handelsgeschäft oder um ein bürgerliches Geschäft handelt.
a) Einzelhandelskaufmann Müller, Inhaber eines Modehauses, kauft beim Bekleidungshersteller Trend GmbH 10 Jeans für die Frühjahrskollektion.
b) Als Geburtstagsgeschenk für seine Frau kauft Herr Müller bei der Parfümerie Jasmin OHG Kosmetika.
c) Zum bestandenen Abitur kauft Herr Müller für seine Tochter ein Fahrzeug auf einem privaten Gebrauchtmarkt.

Aufgabe 205:

Schweigen wird oft falsch interpretiert, aber nie falsch zitiert. Stimmen Sie dieser Aussage zu?

Aufgabe 206:

Ergänzen Sie den folgenden Lückentext:

Jedes Gewerbe setzt ein _____ voraus. Nicht jedes Unternehmen ist auch ein _____. Jedes Handelsgewerbe setzt ein _____ voraus. Nicht jedes Gewerbe ist auch ein _____. Nicht alle Unternehmen betreiben ein _____. Nicht alle Gewerbetreibende sind _____. Alle Kaufleute betreiben ein _____ und sind _____.

3. Handelsregisterrecht

Das **Handelsregister** ist ein **öffentliches Verzeichnis**, das bestimmte **Tatsachen über Kaufleute** aufzeichnet. Eintragungspflichtige Tatsachen sind u. a. die Firma sowie Erteilung und Widerruf der Prokura, Geschäftsadresse sowie Änderung der Geschäftsadresse. Öffentlich bedeutet, dass die Einsicht in das Handelsregister sowie in die zum Handelsregister eingereichten Dokumente jedermann gestattet ist, auch wenn er kein besonderes Interesse an der Einsichtnahme nachweisen kann (§ 9 Abs. 1 Satz 1 HGB).

Die Einsichtnahme in das Handelsregister ist jedem zu Informationszwecken gestattet (§ 9 Abs. 1 Satz 1 HGB). Eine Einsichtnahme ist möglich über die Geschäftsstelle des jeweiligen Registergerichts. Nach der Eintragung folgt die Bekanntmachung. Das Gericht macht die Eintragungen in das Handelsregister in dem von der Landesjustizverwaltung bestimmten elektronischen Informations- und Kommunikationssystem in der zeitlichen Folge ihrer Eintragung nach Tagen geordnet bekannt (§ 10 Satz 1 HGB). Eine Pflicht zur Veröffentlichung in der Zeitung ist möglich, jedoch nicht mehr erforderlich. Die elektronischen Bekanntmachungen der Registereintragungen sind für jedermann kostenlos im Internet einsehbar.

MERKE

Das Handelsregister ist der Personalausweis einer Firma.

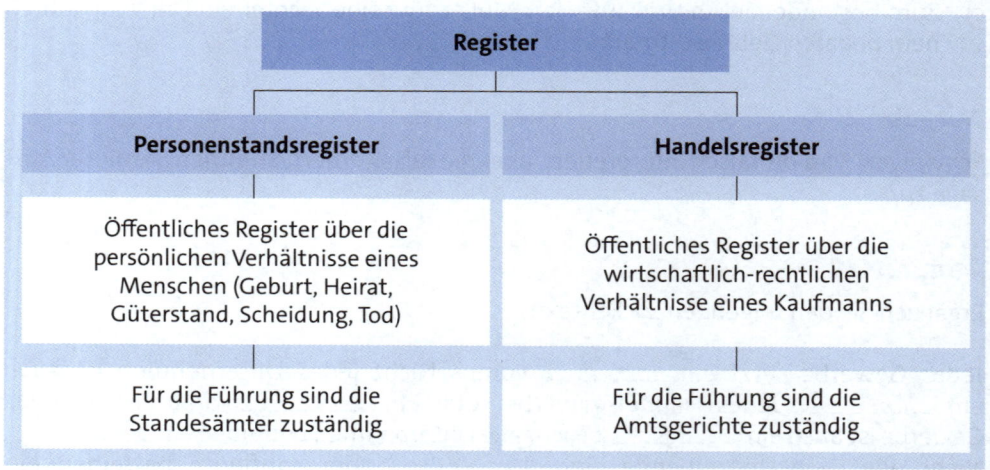

3.1 Eintragung und Löschung von Tatsachen

Das **Handelsregister** besteht aus **zwei Abteilungen** (§ 3 Abs. 1 - 3 HRV):

Abteilung A = HRA	Abteilung B = HRB
Eintragungen	Eintragungen
Einzelkaufleute Personengesellschaften	Kapitalgesellschaften

Für die Führung des Handelsregisters sind das Amtsgericht, in dessen Bezirk ein Landgericht seinen Sitz hat, zuständig (§ 125 Abs. 1 FGG). Die **Anmeldung zur Eintragung** in das Handelsregister sowie die zur Aufbewahrung bei dem Gericht bestimmten Zeichnungen von Unterschriften sind elektronisch in **öffentlich beglaubigter Form einzureichen** (§ 12 Abs. 1 Satz 1 HGB). Bei Unterlassung einer eintragungspflichtigen Tatsache kann das Registergericht durch Festsetzung eines Zwangsgeldes **bis 5.000 €** die Eintragung erzwingen (§ 14 HGB).

Eine Eintragung, die durch eine spätere Eintragung ihre Bedeutung verloren hat, ist nach Anordnung des Richters rot zu unterstreichen. Mit der Eintragung selbst ist auch der Vermerk über ihre Löschung rot zu unterstreichen (§ 1 Abs. 1 HRV).

3.2 Eintragungstatsachen und Eintragungswirkung

Das Handelsregisterrecht unterscheidet **eintragungspflichtige** und **eintragungsfähige Tatsachen**. Eintragungspflichtige Tatsachen sind Tatsachen, die der Kaufmann aufgrund gesetzlicher Vorschriften zur Eintragung anmelden muss. Eintragungsfähige Tatsachen sind Tatsachen, deren Eintragung zwar zulässig ist, aber gesetzlich nicht vorgeschrieben ist.

Eintragungspflichtige Tatsachen müssen eingetragen werden.

Eintragungsfähige Tatsachen können eingetragen werden.

Alle Tatsachen, die weder eintragungspflichtig noch eintragungsfähig sind, können nicht eingetragen werden.

Eintragungspflichtige Tatsachen (Musseintragung)	Eintragungsfähige Tatsachen (Kanneintragung)	Nicht eintragungsfähige Tatsachen (Nichteintragung)
▸ Firma (§ 29 HGB) ▸ Erteilung und Widerruf der Prokura (§ 53 HGB) ▸ Registerzwang (§ 14 HGB) ▸ anmeldepflichtig („ist anzumelden") ▸ negative und positive Publizität	▸ Haftungsausschluss des Erwerbers bei Firmenfortführung (§ 25 Abs. 2 HGB) ▸ Haftungsausschluss bei Eintritt in das Geschäft eines Einzelkaufmanns (§ 28 Abs. 2 HGB) ▸ kein Registerzwang ▸ anmeldefähig ▸ positive Publizität	▸ Erteilung der Handlungsvollmacht ▸ Haftungskapital eines Einzelkaufmanns ▸ kein Registerzwang ▸ anmeldeunfähig ▸ keine Publizität

Die **Eintragungen** ins Handelsregister wirken **entweder rechtsbekundend** (rechtsverkündend, rechtserklärend, deklaratorisch) oder **rechtsbegründend** (rechtserzeugend, rechtsauslösend, konstitutiv). **Deklaratorische Eintragungen bekunden** lediglich **Vorgänge** des Rechtsverkehrs. Die rechtliche Wirkung tritt auch ohne Handelsregistereintrag ein: Die Eintragung bekundet eine schon zuvor bestehende Rechtslage, d. h. die Tatsache ist bereits entstanden.

Beispiel

Die Prokura wird erteilt oder widerrufen: Die Prokuraerteilung bzw. der Prokurawiderruf werden durch den Eintrag lediglich bekundet.

Konstitutive Eintragungen bringen eine vorher noch nicht bestehende **Rechtslage hervor:** Durch die Eintragung wird die Tatsache erst geschaffen.

Beispiel

Die Handelsregistereintragung des Kannkaufmanns (§§ 2, 3 HGB): Die Kaufmanneigenschaft wird durch den Eintrag begründet.

3.3 Vertrauensschutz des Handelsregisters

Aus Gründen der Rechtssicherheit muss sich **jeder gutgläubige Dritte auf die Richtigkeit des Handelsregisters verlassen können** (= Publizitätswirkung des Handelsregisters).

Publizität ist die Bezeichnung für die **Information der Öffentlichkeit** durch das Handelsregister.

Das Registergericht übt grundsätzlich nur eine formelle Überprüfung aus hinsichtlich der Zuständigkeit, der Anmeldeformalitäten und der Eintragungsfähigkeit der Tatsache (vgl. § 12 HGB). Eine Prüfung der sachlichen Richtigkeit erfolgt nur, wenn begründete Zweifel an der Richtigkeit der einzutragenden Tatsachen bestehen.

Das **Handelsregister** genießt **öffentlichen Glauben** und dient somit der **Sicherheit im Rechtsverkehr**. Durch die Eintragung wichtiger Tatsachen und durch die Offenlegung der Rechtsverhältnisse der Kaufleute erzeugt das Handelsregister **Vertrauensschutz:** Der gutgläubige Dritte kann auf die Richtigkeit der Eintragungen und Bekanntmachungen vertrauen. Die Vertrauensschutzregeln sind in § 15 HGB geregelt und unterscheiden drei Fälle.

3.3.1 Schutz gutgläubiger Dritter bei Nichteintragung und/oder Nichtbekanntmachung (fehlende Publizität)

Nach § 15 Abs. 1 HGB kann sich ein gutgläubiger Dritter auf das Schweigen des Handelsregisters verlassen. (**Auf das Schweigen des HR ist Verlass = negatives Publizitätsprinzip.**)

ACHTUNG

Solange eine eintragungspflichtige oder eintragungsfähige Tatsache nicht eingetragen ist, kann sie der Kaufmann einem Dritten gegenüber nicht entgegenhalten.

- **Voraussetzung:**
  Nichteintragung und/oder Nichtbekanntmachung einer eintragungspflichtigen Tatsache. Der Dritte darf keine Kenntnis von der Nichteintragung/Nichtbekanntmachung haben.
- **Rechtsfolge:**
  Nichteintragung und/oder nicht bekannt gemachte Tatsachen gelten als unbekannt.
- **Schutzwirkung:**
  Schutz Dritter bei Nichteintragung und/oder Nichtbekanntmachung.

Beispiel

Ein Prokurist, dem die Prokura entzogen wurde, nimmt die Darlehensrückzahlung eines Kunden entgegen. Das Erlöschen der Prokura ist im HR noch nicht eingetragen. Der Prokurist unterschlägt die Rückzahlung. Der Geschäftsinhaber kann von dem Kunden eine erneute Zahlung nicht fordern. Der gutgläubige Dritte wird so gestellt, als würde die Prokura noch bestehen.

3.3.2 Schutz des Eintragungspflichtigen bei richtiger Eintragung und Bekanntmachung (fehlerfreie Publizität)

Nach § 15 Abs. 2 HGB muss ein Dritter Tatsachen gegen sich gelten lassen, sofern diese eingetragen und bekannt gemacht sind; oder anders ausgedrückt: **Eine eingetragene und bekannt gemachte Tatsache kann jedem Dritten entgegengehalten werden (positives Publizitätsprinzip)**.

 MERKE

> Auf eingetragene und bekannt gemachte Tatsachen kann sich der Kaufmann Dritten gegenüber berufen.

- **Voraussetzung:**
  Eingetragung und Bekanntmachung einer eintragungspflichtigen Tatsache. Der Dritte darf keine Kenntnis von der Eintragung/Bekanntmachung haben.
- **Rechtsfolge:**
  Eingetragene und bekanntgemachte Tatsachen gelten als bekannt.
- **Schutzwirkung:**
  Schutz des Kaufmanns bei richtiger Eintragung und richtiger Bekanntmachung.

Beispiel

Das Erlöschen der Prokura wurde ins Handelsregister eingetragen und ist bekannt gemacht worden. Der ehemalige Prokurist nimmt ein Darlehen auf. Der Dritte muss die bekannt gemachte Tatsache gegen sich gelten lassen, d. h. es ist mangels Vertretungsmacht überhaupt kein Darlehensvertrag zwischen dem Geschäftsinhaber und dem Darlehensgeber zustande gekommen.

3.3.3 Schutz gutgläubiger Dritter bei falschen Bekanntmachungen (fehlerhafte Publizität)

Nicht nur die Eintragung, sondern **auch die Bekanntmachung kann unrichtig sein**. Die Bekanntmachung hat für den Rechtsverkehr noch größere Bedeutung als die Eintragung. Jeder Kaufmann ist verpflichtet die amtlichen Handelsregisterveröffentlichung zu verfolgen.

Ein gutgläubiger Dritter kann sich nach § 15 Abs. 3 HGB **auf eine unrichtig bekannt gemachte Tatsache berufen**, d. h. der gutgläubige Dritte wird so gestellt, als wäre die bekannt gemachte Tatsache richtig.

> Auf unrichtig bekannt gemachte Tatsachen kann sich der Kaufmann Dritten gegenüber nicht berufen. Ein Dritter darf sich aber auf die Richtigkeit einer bekanntgemachten Tatsache berufen, auch wenn diese Bekanntmachung der wahren Rechtslage nicht entspricht.

- **Voraussetzung:**
  Unrichtige Bekanntmachung einer eintragungspflichtigen Tatsache. Der Dritte darf keine Kenntnis von der unrichtigen Bekanntgabe haben.
- **Rechtsfolge:**
  Falsch bekannt gemachte Tatsachen gelten als richtig. **Schutzwirkung:** Schutz Dritter bei unrichtiger Bekanntgabe.
- **Schutzwirkung:**
  Schutz Dritter bei unrichtiger Bekanntgabe.

Beispiel

Der Geschäftsinhaber Mario Naucke erteilt seinem Mitarbeiter Josef Mayer Prokura. Versehentlich meldet er seinen Mitarbeiter Joseph Mayer als Prokurist zum Handelsregistereintrag an. Die Eintragung der Prokura von Herrn Joseph Mayer wird in der örtlichen Tageszeitung bekannt gemacht. Mayer nimmt beim Bankhaus Berger ein Darlehen in Höhe von 100.000 € auf. Das Bankhaus kann sich auf die Richtigkeit der Handelsregisterbekanntmachung berufen. Zwischen Mario Naucke und dem Bankhaus Berger ist ein rechtswirksamer Darlehensvertrag zustande gekommen.

Aufgaben 207 - 215 > Seite 290 - 292

3.3.4 Elektronisches Handelsregister

Mit dem **Gesetz über elektronische Handelsregister und Genossenschaftsregister sowie das Unternehmensregister (EHUG)** werden die Handels- und Genossenschaftsregister auf elektronische Registerführung umgestellt. Mit der Umstellung der lokalen Handelsregister auf eine elektronische Registerführung sind folgende Besonderheiten verbunden:

1. **Elektronisches Handels-, Genossenschafts- und Partnerschaftsregister**
   Mit Einführung des Gesetzes wird das **Handelsregister** von den Gerichten **elektronisch geführt** (§ 8 Abs. 1 HGB). Die elektronische Registerführung ist bundeseinheitlich zwingend vorgeschrieben. Registerblätter, die bisher in Papierform geführt wurden, werden in Zukunft elektronisch angelegt. Alle deutschen Handels-, Genossenschafts- und Partnerschaftsregister sind über das Internet einsehbar.

   ▶ Dokumente zum Handels-, Genossenschafts- und Partnerschaftsregister **dürfen nur noch in elektronischer Form beim Registergericht eingereicht werden** (Art. 1 EHUG, § 12 Abs. 2 Satz 1 HGB). Eine Übersendung in Papierform ist grundsätzlich unzulässig und darf vom Registergericht nicht mehr anerkannt werden.

   Aus Gründen der Rechtssicherheit sind **Anmeldungen** zur Eintragung in das Handelsregister elektronisch **in öffentlich beglaubigter Form** einzureichen (§ 12 Abs. 1 Satz 1 HGB).

   ▶ Weil die Register elektronisch geführt werden, wird die **Bekanntmachung der Handelsregistereintragung** künftig ebenfalls über **das Internet** erfolgen. Veröffentlicht werden Bekanntmachungen, die nach § 10 HGB oder anderen gesetzlichen Bestimmungen durch die Gerichte öffentlich bekannt zu machen sind. Die bisherige Pflichtpublizität im Papier-Bundesanzeiger wurde vollständig aufgegeben. Der elektronische Bundesanzeiger wird als Internet-Publikationsplattform aller gesellschafts- und kapitalmarktrechtlichen Veröffentlichungen ausgebaut. Die Veröffentlichungsdaten werden anschließend dem Unternehmensregister zugeführt.

   ▶ Über das Internet kann jederman zeit- und kostensparend

   - Informationen aus dem Handels-, Genossenschafts- und Partnerschaftsregister sowie

   - die Registerbekanntmachungen im elektronischen Informations- und Kommunikationssystem selbst abrufen und direkt ausdrucken, auch außerhalb der Geschäftszeiten.

   - Der frühere Handelsregisterauszug heißt jetzt „Ausdruck aus dem Handelsregister".

MEDIEN

Die **elektronischen Bekanntmachungen** der Registereintragungen sind für **jedermann kostenlos im Internet einsehbar**. Die Bekanntmachungen erfolgen über die Internetseite

www.handelsregister.de: Auf dieser Seite veröffentlichen die Registergerichte der Länder die Bekanntmachungen gemäß § 10 HGB (Gemeinsames Registerportal der Länder).

Neben dem Datenabruf über das Internet ist die Einsichtnahme vor Ort auf der Geschäftsstelle des Registergerichts über ein Terminal möglich.

2. **Elektronisches Unternehmensregister**
Ab 01.01.2007 wurde ein zentrales Unternehmensregister geschaffen, über das ebenfalls online alle veröffentlichungspflichtigen Daten eines Unternehmens von jedermann über eine zentrale Seite im Internet einsehbar sind.

Unter der Adresse **www.unternehmensregister.de** können **wesentliche publikationspflichtige Unternehmensdaten und Gesellschaftsbekanntmachungen** abgerufen werden. Folgende Informationen sind zugänglich (vgl. § 8b Abs. 2 HGB):

- Eintragungen im Handelsregister, Genossenschaftsregister und Partnerschaftsregister und deren Bekanntmachung und die zum jeweiligen Register eingereichten Dokumente,
- Unterlagen der Rechnungslegung nach den §§ 325 und 326 HGB und deren Bekanntmachung,
- Gesellschaftliche Bekanntmachungen im elektronischen Bundesanzeiger, etwa die Einladung zu einer Hauptversammlung.

3. **Offenlegung der Jahresabschlüsse**
Die Jahresabschlüsse sind künftig **beim Betreiber des elektronischen Bundesanzeigers** – und nicht mehr bei den Amtsgerichten – **einzureichen**. Sie werden dort gespeichert und veröffentlicht.

MEDIEN

Über Einzelheiten der Einreichung der Jahresabschlussunterlagen informiert der elektronische Bundesanzeiger unter **www.ebundesanzeiger.de**

3.4 Übungsaufgaben

Aufgabe 207:

a) Geschäftsinhaber Bernd Wecker erteilt seinem Mitarbeiter Norbert Birkle Prokura, die er später widerruft. Eine Eintragung des Widerrufs ist jedoch unterblieben. Nach dem Widerruf kauft Birkle beim Computervertrieb Gerd Rumpf einen Personalcomputer für 10.000 €. Muss Wecker den Computer bezahlen?

b) Wie ist die Rechtslage, wenn auch die Erteilung der Prokura nicht in das Handelsregister eingetragen wurde?

Aufgabe 208:

Bernd Wecker hat Günter Helfrich zum Prokuristen bestellt. Diese Tatsache wurde in das Handelsregister eingetragen. In der Bekanntgabe in der Tageszeitung und im Bundesanzeiger erscheint jedoch der Angestellte Gregor Helfrich. Wie ist die Rechtslage, wenn Gregor Helfrich dem Mitarbeiter Reiner Düll Handlungsvollmacht erteilt?

Aufgabe 209:

Kreuzworträtsel zu den Themen Kaufmann-Handelsregister-Firma.

Hinweise:

▸ ß = ss

▸ Doppelwörter ohne Leerstelle

▸ Lösungswort (L) = Inselgruppe vor der nordafrikanischen Küste

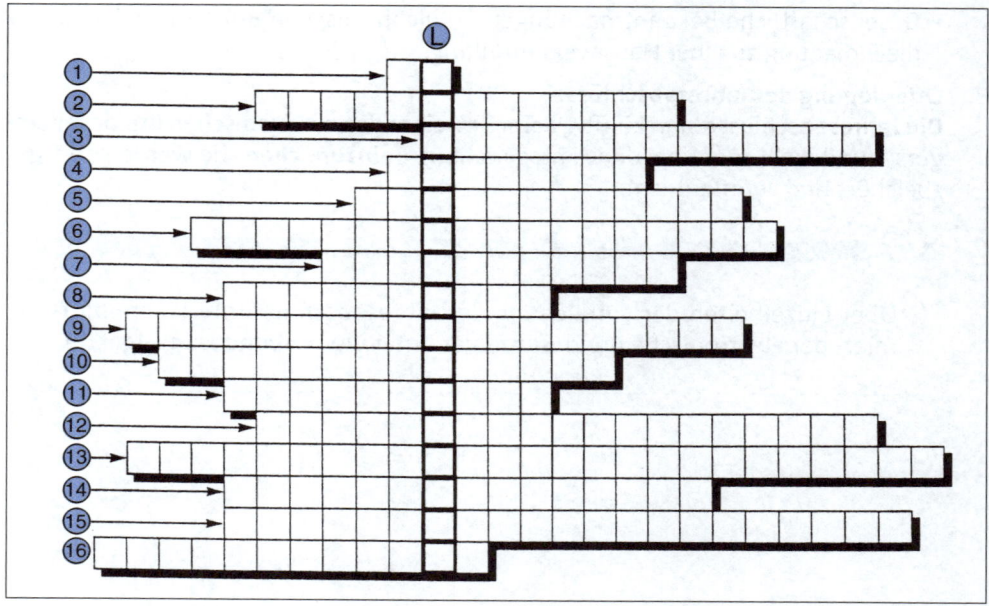

- Ⓛ Lösungswort
- ① Möglicher Rechtsformzusatz eines Einzelunternehmers (ohne Punkte)
- ② Land- und Forstbetriebe sind …
- ③ Nicht im Handelsregister eingetragene Gewerbetreibende ohne kaufmännischen Geschäftsbetrieb sind …
- ④ Die Scholz OHG ist in jedem Fall ein … nach dem HGB
- ⑤ Eine GmbH ist stets …
- ⑥ Handelsregister = öffentliches Verzeichnis aller eingetragener Kaufleute des …
- ⑦ Rechtserzeugend
- ⑧ Unterschriftszusatz eines im Handelsregister notierten Bevollmächtigten
- ⑨ In Abt. B des HR geführte Unternehmen (Alternativbez.)
- ⑩ Löschungen im Handelsregister erfolgen durch …
- ⑪ Firma Möbel Schneider GmbH ist eine …
- ⑫ Firmengrundsatz
- ⑬ Firmengrundsatz
- ⑭ Die Firma darf bei Geschäftsverkauf nur beibehalten werden, wenn kein … erfolgt
- ⑮ Sie sind stets Formkaufleute
- ⑯ Kaufmannsart, die niemals Nichtkaufmann sein kann

Quelle: *HOT-Zeitschrift für Unterricht und Ausbildung in Wirtschaftsfächern*

Aufgabe 210:

Großhändlerin Nicole Vetrano widerruft die Prokura von Kerstin Mangold. Der Widerruf ist im Handelsregister gelöscht und in der örtlichen Tageszeitung bekannt gemacht. Frau Mangold kauft vom Hersteller Walter Speicher Waren im Wert von 50.000 €. Herr Speicher verlangt von Frau Vetrano die Zahlung des Kaufpreises. Wie ist die Rechtslage?

Aufgabe 211:

Die OHG-Gesellschafterin Anna Holzeimer scheidet aus der Müller OHG aus. Das Ausscheiden ist im Handelsregister eingetragen und in den Handelsregistereintragungen veröffentlicht worden. Frau Holzheimer stellt Patricia Hessenauer als neue Mitarbeiterin ein. Ist der Arbeitsvertrag gegenüber der Gesellschaft wirksam?

Aufgabe 212:

Prokurist Wolf-Dieter Seifert ist wegen Diebstahls fristlos entlassen worden. Noch bevor der Widerruf eingetragen und amtlich bekannt gegeben wird, kauft Seifert im Namen seiner Firma ein Grundstück. Wie ist die Rechtslage?

Aufgabe 213:

Ordnen Sie den folgenden Fällen die Publizität des § 15 HGB zu.

a) Der falsche Prokurist wurde bekannt gemacht.
b) Die Prokura wurde entzogen. Der Widerruf wurde nicht eingetragen.
c) Die Prokura wurde entzogen. Der Widerruf wurde eingetragen.

Aufgabe 214:

Ordnen Sie die folgenden Aussagen zum § 15 HGB den Absätzen 1, 2 und 3 zu.

a) Eine eintragungspflichtige Tatsache ist richtig eingetragen und richtig bekannt gemacht.
b) Eine richtige Eintragung aber unrichtige Bekanntmachung schützt gutgläubige Dritte.
c) Eine nicht eingetragene und nicht bekannt gemachte Tatsache kann einem Dritten nicht entgegengehalten werden.
d) Eine eintragungspflichtige Tatsache ist richtig eingetragen, aber unrichtig bekannt gemacht worden.

Aufgabe 215:

Nennen Sie neben dem Handelsregister weitere öffentliche Register.

4. Firmenrecht

Die Firma eines Kaufmanns ist der Name, unter dem er seine Geschäfte betreibt und die Unterschrift abgibt (§ 17 Abs. 1 HGB). Ein **Kaufmann** kann unter seiner Firma **klagen und verklagt werden** (§ 17 Abs. 2 HGB). Die Firma selbst ist kein Rechtssubjekt, sondern lediglich der Geschäftsname. Die Firma gibt Auskunft darüber, wer der Träger des Unternehmens ist.

Jeder Kaufmann ist verpflichtet seine Firma zur Anmeldung in das Handelsregister anzumelden (§ 29 HGB). Der Kaufmann ist nicht nur verpflichtet, sondern auch berechtigt, eine Firma zu führen.

Die **Firma als Visitenkarte des Unternehmens** ist ein wichtiger Werbeträger. Die Firmenbildung soll sich nach den drei wesentlichen Funktionen der Firma ausrichten:

1. nach der Unterscheidungskraft und der damit einhergehenden Kennzeichnungswirkung
2. nach der Ersichtlichkeit des Gesellschaftsverhältnisses und
3. nach der Offenlegung der Haftungsverhältnisse.

 MERKE

> Die Firma ist der Name eines Unternehmensträgers. Von der Firma zu unterscheiden ist das Unternehmen.

Handelsrechtlich ist das Unternehmen das Handelsgewerbe. Unternehmensträger ist der Einzelkaufmann oder die Gesellschafter. Nichtkaufleute treten unter ihrem bürgerlichen Namen oder unter einer Geschäftsbezeichnung im Rechtsverkehr auf.

Beispiel

Die „Rathaus Apotheke" ist kein Kaufmann.

In vielen Fällen stimmt der Handelsname des Kaufmanns mit seinem bürgerlichen Namen überein. Durch Heirat bzw. Inhaberwechsel kann der Handelsname vom bürgerlichen Namen abweichen.

C. Handels- und Gesellschaftsrecht | 4. Firmenrecht

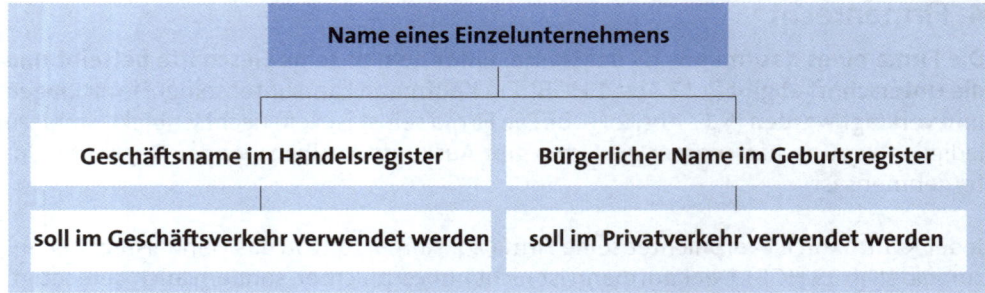

Der **Firmenkern** (bürgerlicher Name) eines Einzelkaufmanns besteht aus seinem Familiennamen und mindestens einem ausgeschriebenen Vornamen (§ 18 Abs. 1 HGB).

Neben dem Firmenkern sind **Firmenzusätze** möglich. Firmenzusätze geben Auskunft über den Gegenstand des Betriebes.

Beispiel

Firma eines Einzelkaufmanns		
Fritz Esser	+	Computervertrieb
= Bürgerlicher Name = Firmenkern	+	= Gegenstand des Betriebes = Firmenzusatz

Der geschäftliche Name „Fritz Esser Computervertrieb" ist die Firma des Einzelkaufmanns Fritz Esser.

Unter Betrieb versteht man die technisch-wirtschaftliche Seite und unter Unternehmung die juristisch-finanzielle Seite ein und derselben Wirtschaftseinheit. Ein Unternehmen kann somit aus mehreren Betrieben bestehen. Mit Fabrik bezeichnet man im engeren Sinne die technische Produktionsstätte eines Industriebetriebes.

4.1 Firmenarten und Firmenzusätze

Jedes Unternehmen – Einzelkaufmann, Personengesellschaft oder Kapitalgesellschaft – kann sich wahlweise unter einer **Personenfirma**, **Sachfirma**, **gemischten Firma** oder **Fantasiefirma** ins Handelsregister eintragen lassen.

Firmenarten

Man unterscheidet folgende Firmenarten:

1. **Personenfirma**
   Personenfirmen enthalten **einen oder mehrere Personennamen**, z. B. Fritz Esser e. K.

2. **Sachfirma**
   Sachfirmen **weisen auf den Gegenstand des Betriebes hin**, z. B. Neustadter Computervertrieb GmbH.

3. **Gemischte Firma**
   Gemischte Firmen enthalten **Personennamen und Zusätze**, die auf den Gegenstand des Betriebes hinweisen, z. B. Computervertrieb Fritz Esser e. K.

4. **Fantasiefirma**
   Fantasiefirmen bestehen aus Fantasienamen oder Abkürzungen, z. B. FECEDE GmbH

   Das Handels- und Gesellschaftsrecht verlangt, dass alle Firmen einen aktuell zutreffenden **Zusatz über die Rechtsform** enthalten müssen (vgl. §§ 19 HGB, 4 AktG, 5 GmbHG, 3 GenG). Die Firma muss zur **Kennzeichnung** geeignet sein und Unterscheidungskraft besitzen (§ 18 Abs. 1 HGB). Die Firma muss also eine Kennzeichnungswirkung und Unterscheidungskraft gewährleisten, sodass sie die Individualisierung der Firma zulässt und sich deutlich von anderen Firmen unterscheidet.

Beispiel

Die Bezeichnung „007" ist nicht zur Kennzeichnung geeignet.

4.2 Grundsätze der Firmenbildung und Firmenführung

Jeder Kaufmann muss eine Firma führen. Bei der Wahl der Firma ist der Kaufmann grundsätzlich frei. Die Firmenbildung und Firmenführung ist jedoch nicht uneingeschränkt möglich. Das Firmenwahlrecht des Kaufmanns ist aus Gründen der Rechtssicherheit und Rechtsklarheit durch einige **Grundsätze des Firmenrechts** eingeschränkt.

4.2.1 Grundsatz der Firmenwahrheit und Firmenklarheit

Für die Firmenbildung ist das Prinzip der **Firmenwahrheit oberster Grundsatz** des Firmenrechts. Alle Personen, die mit einem Kaufmann in Geschäftsverbindungen stehen (Kunden, Kreditgeber, Finanzamt), möchten aus der Firma ersehen, mit wem sie es zu tun haben. Die Firma lässt Rückschlüsse auf die Rechtsform des Inhabers oder der Inhaber zu. Sie gibt aber keine Auskunft über die Indentität der Personen, die das Unternehmen führen. Das Gebot der Firmenwahrheit verlangt, dass die Öffentlichkeit **weder über die Rechtsform** noch über die **Unternehmensträger irregeführt wird**. Der Rechtsformzusatz in der Firma soll die **Gesellschafts- und Haftungsverhältnisse** offen legen.

Der Grundsatz der Firmenklarheit verbietet Firmenangaben, die geeignet sind über geschäftliche Verhältnisse irrezuführen (§ 18 Abs. 2 HGB). Mit dem Grundsatz der Firmenklarheit unvereinbar und somit unzulässig sind Firmenzusätze, die geeignet sind, eine Täuschung über die Art oder den Umfang des Geschäfts herbeizuführen.

Beispiel

Ein kleines Ladengeschäft firmiert als Warenhaus.

Aufgaben 216 - 217 > Seite 299

4.2.2 Grundsatz der Firmenbeständigkeit und Firmenfortführung

Wer ein bestehendes **Handelsgeschäft erwirbt** (Kauf oder Erbschaft), **darf** für das Geschäft die **bisherige Firma**, auch wenn sie den Namen des bisherigen Geschäftsinhabers enthält, **fortführen**, wenn der bisherige Geschäftsinhaber oder dessen Erben zustimmen (§ 22 Abs. 1 HGB). Die Firma darf unverändert bestehen, obwohl sie im Firmenkern unwahr geworden ist.

Beispiel

Fritz Esser hat sein Geschäft an Ralf Berghausen verkauft. Ralf Berghausen hat folgende Firmierungsmöglichkeiten:

a) Ralf Berghausen
b) Fritz Esser
c) Fritz Esser, Inhaber Ralf Berghausen
d) Ralf Berghausen vormals Fritz Esser.

Der Name des Geschäftsinhabers kann sich durch Heirat ändern. Wird ohne eine Änderung der Person der in der Firma enthaltene Name des Geschäftsinhabers oder eines Gesellschafters geändert, so kann die bisherige Firma fortgeführt werden (§ 21 HGB).

Der Grundsatz der Firmenbeständigkeit ist insofern sinnvoll, dass sich der neue Geschäftsinhaber den Good Will (guter Ruf) des Geschäftes sichern kann.

Im **Interesse der Erhaltung des Firmenimages** (Corporate Identity, Firmenpersönlichkeit) führt der Grundsatz der Firmenbeständigkeit zu einem Verstoß gegen den Grundsatz der Firmenwahrheit. Der fortgeführte Namen des Unternehmens darf allerdings nicht über dessen tatsächliche Rechtsform täuschen. Deshalb ist es erforderlich, dass der Rechtsformzusatz gegebenenfalls angepasst werden muss.

 **MERKE**

> Eine Firma kann niemals ohne das Handelsgeschäft, für die sie geführt wird, veräußert werden (§ 23 HGB), da die Firma kein Rechtsobjekt ist.

Exkurs: Unternehmensbezeichnungen

Die **Firma als Geschäftsname** ist abzugrenzen von anderen Unternehmensbezeichnungen. Von der Firma zu unterscheiden sind **Geschäftsbezeichnungen** und **Markenbezeichnungen**.

Eine Marke als Visitenkarte ist ein Kennzeichnungs- und Unterscheidungsmerkmal für ein Produkt und somit imagefördernd. Als Marke können alle Zeichen geschützt werden, die geeignet sind, Waren oder Dienstleistungen eines Unternehmens von denjenigen anderer Unternehmen zu unterscheiden (§ 3 Abs. 1 MarkenG).

Beispiele

Wörter einschließlich Personennamen, Abbildungen, Buchstaben, Zahlen, Hörzeichen einschließlich der Form einer Ware oder ihre Verpackung.

Im Gegensatz zur Firma kennzeichnet die Marke nicht den Unternehmensträger, sondern bestimmte Waren und Dienstleistungen eines Unternehmens, z. B. Bayerische Motorenwerke AG (Firma) – BMW (Marke).

Neben Waren- und Dienstleistungsmarken schützt das Markengesetz auch Geschäftsbezeichnungen (§ 5 Abs. 1 MarkenG). Geschäftsbezeichnungen benennen nicht den Unternehmensträger, sondern das Unternehmen. Geschäftsbezeichnungen enthalten keinen Rechtsformzusatz und können somit auch von Nichtkaufleuten gewählt werden.

Beispiel

Die Gastro GmbH (Firma des Unternehmensträgers) betreibt das Café „Verbotene Liebe" (Geschäftsbezeichnung).

Jedes nichtkaufmännische Unternehmen wird unter einem Namen betrieben, aber nur der Name eines Kaufmanns unterliegt den Vorschriften des Handelsrechts.

4.2.3 Grundsatz der Firmenausschließlichkeit und Firmenunterscheidbarkeit

Der **Grundsatz der Firmenausschließlichkeit schützt vor Verwechslungen**. Jede neue Firma muss sich von allen innerhalb derselben politischen Gemeinde bereits bestehenden Firmen deutlich unterscheiden (§ 30 Abs. 1 HGB). Eine Verwechslungsgefahr ist dann gegeben, wenn gleiche Familiennamen und gleiche Vornamen vorliegen. Sofern der Kaufmann sich dieser Namen als seine Firma bedienen will, muss er der Firma einen

Zusatz beifügen, durch den sie sich von der bereits eingetragenen Firma deutlich unterscheidet (§ 30 Abs. 2 HGB).

Beispiel

In Neustadt gibt es einen Computervertrieb Fritz Esser (Firma: Fritz Esser). Der Einzelkaufmann Fritz Esser aus Ludwigshafen möchte in Neustadt eine Spielwarengroßhandlung eröffnen (Firma: Fritz Esser, Spielwarengroßhandlung).

Eine Verwechslungsgefahr ist zu verneinen, wenn bei gleichem Familiennamen und Vornamen ein Zusatz beigefügt wird.

Der **Grundsatz der Firmenausschließlichkeit** soll vor **Verwechslungsgefahr schützen** für den Fall, dass zwei Kaufleute an demselben Ort denselben Vor- und Nachnamen haben. Es gilt hierbei der Grundsatz „Wer zuerst kommt, mahlt zuerst", d. h. die früher eingetragene Firma genießt Bestandsschutz.

4.2.4 Grundsatz der Firmeneinheit

Jeder Kaufmann kann **für ein Unternehmen nur eine Firma** führen. Betreibt er aber mehrere selbstständige Unternehmen nebeneinander, kann er für jedes Unternehmen eine eigene Firma führen.

Beispiel

Fritz Esser hat sein Geschäft (Computervertrieb) an Georg Lederle (Elektrogroßhandlung) verkauft. Lederle betreibt unter Fritz Esser den Computervertrieb und unter Georg Lederle die Elektrogroßhandlung.

4.2.5 Grundsatz der Firmenöffentlichkeit

Jeder **Kaufmann** ist verpflichtet seine **Firma zur Eintragung in das Handelsregister anzumelden**. Er hat seine Namensunterschrift unter Angabe der Firma zur Aufbewahrung bei dem Gericht zu zeichnen in dessen Bezirk sich die Niederlassung befindet (§ 29 HGB). Darüber hinaus sind eine Änderung der Firma oder ihrer Inhaber und das Erlöschen der Firma zur Eintragung in das Handelsregister anzumelden (§ 31 Abs. 1 und 2 HGB).

Neben der Verpflichtung des Kaufmanns seine Firma ins Handelsregister eintragen zu lassen, dienen auch die Pflichtangaben auf Geschäftsbriefen und Bestellscheinen dem Grundsatz der Firmenöffentlichkeit.

4.2.6 Pflichtangaben auf Geschäftsbriefen und Bestellscheinen

Die firmenrechtlichen Vorschriften werden ergänzt durch **Vorschriften über Pflichtangaben auf Geschäftsbriefen und Bestellscheinen**. Die Firma erlaubt lediglich Rückschlüsse auf die Rechtsform des Inhaber oder der Inhaber. Der Inhaber eines Einzelunternehmens oder die Inhaber einer Personengesellschaft sind nicht immer aus der Firma ersichtlich. Aus Gründen der Sicherheit des Geschäftsverkehrs sind für alle Firmen Pflichtangaben auf Geschäftsbriefen und Bestellscheinen vorgeschrieben (§§ 37a, 125a HGB, 80 AktG, 35a GmbHG, 25a GenG): Firma, Rechtsformzusatz, Geschäftsadresse, Registergericht, Handelsregisternummer unter der die Firma eingetragen ist.

Damit müssen auch E-Mails die notwendigen Angaben zum Unternehmen, wie sie auf Papiergeschäftspost üblich ist, enthalten. Ein Geschäftsbrief liegt auch dann vor, wenn keine dauernde Geschäftsbeziehung angestrebt wird, sondern nur ein einmaliger Kontakt vorliegt.

4.3 Übungsaufgaben

Aufgabe 216:

Prüfen Sie die folgenden Fälle hinsichtlich eines Verstoßes gegen einen Firmengrundsatz:

a) In Neustadt ist eine Weingroßhandlung unter der Firma Rolf Wagner ins Handelsregister eingetragen. Clemens Wagner möchte unter seinem bürgerlichen Namen ebenfalls eine Weingroßhandlung eröffnen.

b) Der Computervertrieb Fritz Esser möchte unter „Euro-Computer-Supermarkt" firmieren.

c) Die Geschäftsinhaberin Jutta Klein führt unter gleichnamiger Firma eine Boutique. Nach der Heirat mit Klaus Kolbe hat Jutta den Ehenamen Jutta Kolbe angenommen. Sie betreibt ihr Geschäft weiterhin unter der Firma Jutta Klein.

Aufgabe 217:

Kaufmann Werner Schneider möchte die Firma „Elektrogroßhandlung Gernot Nenner" erwerben.

a) Darf Schneider die Firma nach Kauf fortführen?
b) Ist eine Übertragung der Firma ohne Handelsgeschäft zulässig?
c) Wer haftet nach Firmenfortführung für die Verbindlichkeiten des früheren Inhabers?
d) Ist ein Ausschluss der Haftung durch den Erwerber zulässig?
e) Wem stehen die im Betrieb begründeten Forderungen zu?

5. Recht der Stellvertretung

Aus Zeit- und Kostengründen ist es nicht sinnvoll, dass der Geschäftsinhaber alle Rechtsgeschäfte persönlich vornimmt. Willenserklärungen können vom Geschäftsinhaber persönlich, aber auch von **Hilfspersonen** abgegeben werden.

Geschäftsinhaber	Stellvertreter
handelt in eigenem Namen, für eigene Rechnung	handelt in fremdem Namen, für fremde Rechnung

5.1 Stellvertreter und Bote

Während der **Vertreter in fremdem Namen durch Abgabe einer eigenen Willenserklärung** handelt (§ 164 Abs. 1 BGB), gibt der **Bote** keine eigene Willenserklärung ab, sondern **überbringt lediglich eine fremde Willenserklärung** ohne auf den Inhalt Einfluss zu nehmen. Der Bote ist somit kein Stellvertreter. Während der Stellvertreter wenigstens beschränkt geschäftsfähig sein muss, kann ein Bote auch ein Geschäftsunfähiger sein.

Beispiel

Für den Kindergeburtstag ihrer sechsjährigen Tochter Julia benötigt die Mutter Süßigkeiten. Auf der Einkaufsliste schreibt die Mutter die gewünschten Sachen und schickt Julia mit dem abgezählten Geld zum Einkauf beim Lebensmittelhändler.

Die geschäftsunfähige Julia überbringt als Bote lediglich den Kaufwunsch der Mutter. Der Bote ist lediglich Sprachrohr des Auftragsgebers und überbrückt die räumliche Entfernung von Absender und Empfänger (Transportfunktion).

 MERKE

Der Erklärungsbote (Übermittlungsbote) gibt eine Willenserklärung des Auftraggebers weiter, er ist ein „Brief auf Beinen." Der Empfangsbote nimmt eine fremde Willenserklärung für den Absender in Empfang.

Ob eine Person als Vertreter oder lediglich als Bote handelt, richtet sich nach dem äußeren Auftreten, wie es für den Geschäftspartner erkennbar ist, d. h. wie die Person nach den Umständen des Einzelfalls dem Geschäftspartner gegenüber auftritt und wie dieser sein Verhalten verstehen durfte.

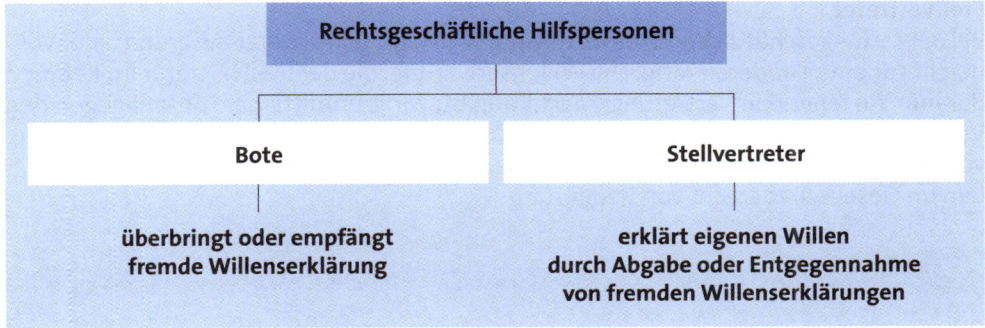

5.2 Stellvertretung und Vollmacht

Vollmacht ist die durch Rechtsgeschäft begründete Vertretungsmacht. Die Vollmachterteilung ist ein einseitiges empfangsbedürftiges Rechtsgeschäft. Die Vollmachterteilung (Bevollmächtigung) bedarf keiner bestimmten Form (§ 167 Abs. 2 BGB).

 MERKE

Die Vollmacht ist das Recht für einen anderen zu handeln.

(Vertretungsmacht)

Die **Vertretungsmacht** kann **durch Rechtsgeschäft** oder **durch Gesetz** begründet sein.

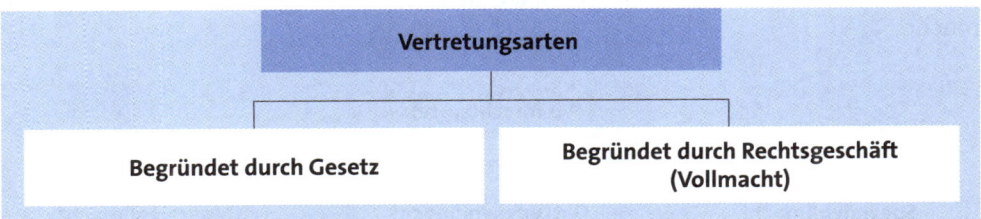

Beispiele für gesetzlich begründete Vertretungsmacht:
- gesetzliche Vertretung der Kinder durch die Eltern (§ 1629 Abs. 1 BGB)
- die gesetzliche Vertretung des Schuldners durch den Insolvenzverwalter (§§ 22 Abs. 1, 80 Abs. 1 InsO)
- die gesetzliche Vertretung der OHG (§ 125 HGB).

Stellvertreter

Bei der **rechtsgeschäftlichen Stellvertretung** wird der Stellvertreter aufgrund einer Vollmacht für einen anderen tätig. Die Willenserklärung, die der Stellvertreter im Rahmen der ihm zustehenden Vertretungsmacht abgibt, wirkt unmittelbar für und gegen den Vertretenen (§ 164 Abs. 1 Satz 1 BGB). Die vom Vertreter abgegebene Willenserklärung verpflichtet bzw. berechtigt den Vertretenen, nicht den Vertreter. Vertretung ist vor allem im Gesellschaftsrecht von Bedeutung.

 MERKE

> Qui facit per alium, facit per se → Wer durch einen anderen handelt, handelt selbst.

Bei der **gesetzlichen Vertretungsmacht** wird das Recht zur Stellvertretung nicht ausdrücklich erteilt. Die gesetzliche Stellvertretung ist bereits gesetzlich festgelegt.

Welchen Umfang hat die Stellvertretung?

Nach **BGB** kann der Vollmachtgeber den Umfang der Vollmacht **frei bestimmen**. Die **Spezialvollmacht** beschränkt sich auf ein bestimmtes Rechtsgeschäft, während sich die **Gattungsvollmacht** auf eine bestimmte Gattung von Rechtsgeschäften erstreckt. Die Generalvollmacht ist die weitreichendste Vertretungsmacht. Die **Generalvollmacht** erstreckt sich auf alle Rechtsgeschäfte ohne Beschränkungen. Die Generalvollmacht ist die umfassendste Vollmacht im Rechtsverkehr. Die Generalvollmacht ist eine unbeschränkte Vollmacht, die über den Umfang der Prokura hinausgeht. Der Generalbevollmächtigte hat grundsätzlich dieselben Rechte wie der Vollmachtgeber.

Die Generalvollmacht darf nicht verwechselt werden mit der Generalhandlungsvollmacht.

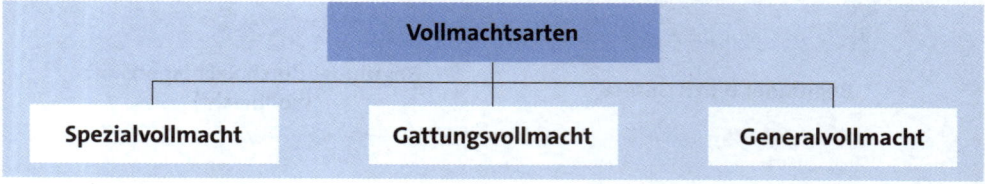

 MERKE

> Soweit einem Prokuristen Generalvollmacht erteilt worden ist, finden die Vorschriften des Bürgerlichen Gesetzbuches Anwendung.

Nach **HGB** ist der **Umfang** der Vollmacht **gesetzlich geregelt**.

Umfang der Vertretungsmacht	
Nach BGB	Nach HGB
frei bestimmbar	gesetzlich festgelegt

Handlungsvollmacht und Prokura sind Vollmachten besonderer Art, die von Kaufleuten erteilt werden.

Handlungsbevollmächtigter und **Prokurist** sind **unselbstständige Mitarbeiter**, da sie an Weisungen des Arbeitgebers gebunden sind.

5.3 Handlungsbevollmächtigter

Die Handlungsvollmacht kann durch den Geschäftsinhaber oder einen Prokuristen erteilt werden. Einer besonderen Form der Erteilung bedarf es hierbei nicht. Ein Handelsregistereintrag ist jedoch nicht möglich.

Nach dem Umfang der Vollmacht unterscheidet man folgende Vollmachtsarten:

1. **Einzelhandlungsvollmacht (Spezialhandlungsvollmacht)**
   Eine **Einzelhandlungsvollmacht** wird **für ein einzelnes Rechtsgeschäft** erteilt.

   Beispiel

   Ein Auszubildender erhält den Auftrag Kopierpapier zu kaufen.

2. **Arthandlungsvollmacht**
   Die **Arthandlungsvollmacht** berechtigt zur **Vornahme von Rechtsgeschäften, die in der gleichen Art ständig** im Betrieb **vorkommen**.

   Beispiel

   Ein Angestellter erhält Kassenvollmacht.

3. **Allgemeine Handlungsvollmacht (Generalhandlungsvollmacht)**
   Die **allgemeine Handlungsvollmacht** erstreckt sich **auf alle Geschäfte und Rechtshandlungen, die der Betrieb dieses Handelsgewerbes gewöhnlich** mit sich bringt (§ 54 Abs. 1 HGB). So darf der Generalhandlungsbevollmächtigte eines Handelsbetriebes Waren einkaufen und Waren verkaufen. Er darf aber keine Rechtshandlungen vornehmen, die der Betrieb dieses Handelsgewerbes nicht mit sich bringt.

Beispiel

Der Generalhandlungsbevollmächtigte einer Bank darf keine Modebekleidung einkaufen.

 MERKE

Der Generalhandlungsbevollmächtigte darf nur branchenübliche und gewöhnliche Rechtshandlungen vornehmen.

Gesetzlich ist es dem Generalhandlungsbevollmächtigten **untersagt, Grundstücke zu veräußern** oder zu **belasten, Wechselverbindlichkeiten** einzugehen, **Darlehen aufzunehmen, Prozesse zu führen** (§ 54 Abs. 2 HGB). Für diese Rechtsgeschäfte ist eine besondere Befugnis erforderlich.

Zwar ist gesetzlich nicht festgelegt, ob ein Generalhandlungsbevollmächtigter ohne besondere Befugnis Grundstücke kaufen darf. Da der Kauf eines Grundstücks jedoch nicht zu den Rechtsgeschäften gehört, die der Betrieb gewöhnlich mit sich bringt, muss die Berechtigung zum Grundstückskauf ebenso wie der Verkauf und die Aufgabe des Geschäfts verneint werden.

Darüber hinaus darf der Generalhandlungsbevollmächtigte keine Geschäfte vornehmen, bei denen es gesetzlich verboten ist, dass sich der Geschäftsinhaber vertreten lässt:

- Gesellschafter aufnehmen
- Prokura und Handlungsvollmacht erteilen, Steuererklärungen unterschreiben
- Bilanzen unterschreiben
- Eintragungen ins Handelsregister anmelden
- Eid leisten
- Insolvenzverfahren beantragen
- Einstellung oder Veräußerung des Handelsgeschäftes.

Selbstverständlich erstreckt sich die Handlungsvollmacht nicht auf Rechtsgeschäfte, die rein privater Natur sind. **Beschränkungen** der Handlungsvollmacht sind **nur wirksam, wenn der Geschäftspartner** sie kannte oder kennen musste (§ 54 Abs. 3 HGB). Der

Handlungsbevollmächtigte hat mit einem das Vollmachtsverhältnis ausdrückenden Zusatz zu zeichnen (§ 57 HGB):

Zeichnung des Handlungsbevollmächtigten		
Einzel-handlungsvollmacht	Art-handlungsvollmacht	General-handlungsvollmacht
i. A.	i. A.	i. V.
= im Auftrag		= in Vollmacht

Die **Handlungsvollmacht erlischt** durch

- Widerruf
- Beendigung des Arbeitsverhältnisses
- Tod des Handlungsbevollmächtigten
- freiwillige oder zwangsweise Auflösung des Betriebes
- Beendigung des Auftrags bei Einzelhandlungsvollmacht.

5.4 Prokurist

Die Prokura (lat. pro curare = sich kümmern um) ist die handelsrechtlich weitreichendste Vollmacht. Die **Prokura ermächtigt** zu **allen Arten von gerichtlichen und außergerichtlichen Geschäften und Rechtshandlungen, die der Betrieb irgendeines Handelsgewerbes** mit sich bringt (§ 49 Abs. 1 HGB). Die Rechtsgeschäfte müssen nicht im Handelsgewerbe des Prokuristen üblich sein, sondern in irgendeinem Handelsgewerbe.

Beispiele

1. Der Prokurist einer Bank darf Modebekleidung einkaufen. Der Prokurist darf zwar das Geschäft weder veräußern noch aufgeben, jedoch den Gegenstand des Betriebes ändern.
2. In Abwesenheit des Geschäftsinhabers wandelt der Prokurist die Bank in ein Modehaus um.

 MERKE

Die Prokura ist nicht beschränkt auf das spezielle Handelsgewerbe, sondern erstreckt sich auf Rechtshandlungen irgendeines Handelsgewerbes.

Die Prokura ist eine empfangsbedürftige Willenserklärung. Sie **muss vom Geschäftsinhaber ausdrücklich erteilt** werden (§ 48 Abs. 1 HGB). Der Geschäftsinhaber ist zwar verpflichtet die Prokura zur **Eintragung in das Handelsregister** anzumelden (§ 53 Abs. 1 HGB), jedoch hat die Anmeldung lediglich **deklaratorische Wirkung:** Die Prokura ist bereits mit Erteilung wirksam.

MERKE

Die Prokura muss persönlich und ausdrücklich vom Geschäftsinhaber erteilt werden.

Gesetzlich ist es dem **Prokuristen untersagt, Grundstücke zu belasten und zu veräußern** (§ 49 Abs. 2 HGB). Für diese Rechtsgeschäfte benötigt der Prokurist eine besondere Befugnis.

Das Veräußerungs- und Belastungsverbot bezieht sich auf Grundstücke, die sich bereits im Eigentum des Geschäftsinhabers befinden. Zum Erwerb und zur Belastung von neuen Grundstücken ist der Prokurist ermächtigt. Darüber hinaus ist dem Prokuristen die Einstellung oder Veräußerung des Handelsgeschäftes untersagt, da dies keine gewöhnlichen, zum Betrieb gehörenden, Geschäfte sind.

Dem **Prokuristen** sind **folgende Rechtsgeschäfte untersagt:**
- Prokura erteilen
- Steuererklärungen unterschreiben
- Bilanzen unterschreiben
- Eintragungen ins Handelsregister anmelden
- Eid leisten
- Insolvenzverfahren beantragen
- Gesellschafter aufnehmen
- Veräußerungen und Belastungen von Grundstücken
- Einstellung oder Veräußerung des Handelsgeschäftes.

Eine **Beschränkung der Prokura** auf gewisse Geschäfte oder gewisse Arten von Geschäften ist **Dritten gegenüber** (also im Außenverhältnis) unwirksam (§ 50 Abs. 1 HGB). Mit Dritten abgeschlossene Rechtsgeschäfte sind trotz Beschränkungen rechtswirksam. Das Außenverhältnis betrifft die Rechtsbeziehungen des Prokuristen zu Dritten (Kunden, Lieferanten, Banken = Stellvertretungsrecht). Eine **Beschränkung** der Prokura **im Innenverhältnis ist möglich**. Das Innenverhältnis betrifft die Rechtsbeziehungen des Prokuristen mit dem Geschäftsinhaber (= Arbeitsrecht).

Beispiel

Dem Prokuristen ist es im Innenverhältnis untersagt, Darlehen aufzunehmen. Trotz Beschränkung der Prokura nimmt der Prokurist ein Darlehen über 20.000,00 € auf. Das Rechtsgeschäft ist gültig. Der Geschäftsinhaber muss es gegen sich gelten lassen. Allerdings ist der Prokurist gegenüber dem Geschäftsinhaber schadenersatzpflichtig.

Das **Handelsrecht** kennt folgende **Prokuraarten:**

1. Einzelprokura:
   Der **Prokurist** ist **berechtigt** den **Geschäftsinhaber alleine zu vertreten.**
2. Gesamtprokura:
   Die **Erteilung der Prokura ist an mehrere Personen** gemeinschaftlich **erfolgt** (§ 48 Abs. 2 HGB). Die Prokura kann nur gemeinsam ausgeübt werden. Der Geschäftsinhaber kann auf diese Art und Weise das Risiko mindern, dass ein Prokurist Alleingänge unternimmt.
3. Filialprokura:
   Die **Prokura ist auf eine selbstständige Zweigniederlassung** (Eintragung der Firma im Handelsregister) eines Betriebes **beschränkt** (§ 50 Abs. 3 HGB).

Der Prokurist hat in der Weise zu zeichnen, dass er der Firma seinen Namen mit einem die Prokura andeutenden Zusatz beifügt (§ 51 HGB):

Zeichnung des/der Prokuristen		
Einzelprokura	**Filialprokura**	**Gesamtprokura**
Computervertrieb Fritz Esser	Südwestdeutsche Hypothekenbank Filiale Neustadt	Computervertrieb Gerd Rumpf GmbH
ppa. Stemmler	ppa. Glöckner	ppa. Fuchs ppa. Stumpf
ppa. = per Prokura		

Die Prokura erlischt durch

- Widerruf
- Tod des Prokuristen – nicht des Geschäftsinhabers
- Beendigung des Arbeitsverhältnisses
- Einstellung oder Veräußerung des Handelsgeschäfts
- Insolvenz.

 **MERKE**

Nur natürliche Personen können zum Prokuristen bestellt werden. Prokurist kann jeder Geschäftsfähige sein, also auch eine beschränkt geschäftsfähige Person (§ 165 BGB).

Das Erlöschen der Prokura ist zur Eintragung in das Handelsregister anzumelden (§ 53 Abs. 3 HGB). Wie die Erteilung der Prokura, hat auch der **Widerruf lediglich deklaratorische Wirkung**. Solange allerdings der Widerruf nicht eingetragen und bekannt gemacht ist, schützt § 15 Abs. 1 HGB gutgläubige Dritte.

5.5 Erlöschen der Vollmacht

Mit dem Erlöschen der Vollmacht verliert der Mitarbeiter das Recht für den Kaufmann nach außen hin rechtswirksam zu handeln. Verträge, die der Mitarbeiter nach Erlöschen der Vertretungsbefugnis abschließt, bedürfen der Genehmigung des Geschäftsinhabers (§ 177 Abs. 1 BGB). Wer als Vertreter einen Vertrag geschlossen hat, ist dem Vertragspartner nach dessen Wahl zur Erfüllung oder zum Schadensersatz verpflichtet, wenn der Vertretene die Genehmigung des Vertrages verweigert (§ 179 Abs. 1 BGB). Schließt der Mitarbeiter Verträge ohne Vollmacht ab, handelt er als **Vertreter ohne Vertretungsmacht**.

Übersicht über die Handlungsmöglichkeiten der Bevollmächtigten:

Handelsrechtliche Vollmacht	Prokura	Generalhandlungsvollmacht
Erteilung	Vom Gesetz festgelegt	Vom Vollmachtgeber mit Wirkung gegenüber Dritten bestimmt
Befugnis	Für alle gewöhnlichen, außergewöhnlichen und branchenfremden Rechtsgeschäfte, die der Betrieb irgendeines Handelsgewerbes mit sich bringt	Für alle gewöhnlichen Rechtsgeschäfte, die der Betrieb dieses Handelsgewerbes mit sich bringt
Beschränkung der Befugnis	Keine Befugnis zur Veräußerung und Belastung von Grundstücken	Keine Befugnis zur Veräußerung von Grundstücken, Eingehen von Wechselverbindlichkeiten und Darlehensaufnahme
Handelsregistereintrag	HR-Eintrag zwingend vorgeschrieben, jedoch nur deklaratorische Wirkung	Kein HR-Eintrag möglich, da die Erteilung der HV eine eintragungsunfähige Tatsache ist
Erlöschen	Durch Widerruf des Vollmachtgebers, zwingender Eintrag ins HR	Durch Widerruf des Vollmachtgebers, kein HR-Eintrag

Aufgaben 218 - 224 > Seite 315 - 317

5.6 Selbstständige Mitarbeiter des Kaufmanns

Hersteller und Händler können den Verkauf ihrer Produkte durch angestellte Mitarbeiter oder selbstständige Mitarbeiter durchführen. Der **Handlungsreisende** ist kaufmännischer Angestellter eines Betriebes. Seine Tätigkeit beruht auf einem **Arbeitsvertrag**.

Der Handlungsreisende ist Handlungsgehilfe des Geschäftsinhabers und somit Angestellter des Unternehmens, in dessen Namen er außerhalb des Betriebes „auf Reisen" Geschäfte abschließt. Im Gegensatz zum Handelsvertreter ist der Handlungsgehilfe weisungsgebunden und hat nicht die Möglichkeit seine Arbeitszeit frei zu bestimmen.

Häufig bedienen sich Kaufleute selbstständiger Mitarbeiter, die den Absatz ihrer Produkte vermitteln. Solche Absatzmittler sind der **Handelsvertreter**, der **Kommissionär** und der **Handelsmakler**.

5.6.1 Handelsvertreter

Handelsvertreter ist, wer als

- selbstständiger
- Gewerbetreibender
- ständig damit beauftragt ist
- für einen anderen Unternehmer
- Geschäfte zu vermitteln oder
- in dessen Namen abzuschließen (§ 84 Abs. 1 Satz 1 HGB).

Selbstständig ist, wer im Wesentlichen frei seine Tätigkeit gestalten und seine Arbeitszeit bestimmen kann (§ 84 Abs. 1 Satz 2 HGB). Der **Vermittlungsvertreter** vermittelt lediglich Verträge zwischen seinem Auftraggeber und seinen Kunden. Der **Abschlussvertreter** schließt im Namen und für Rechnung des Auftraggebers Verträge ab.

Der Handelsvertreter muss keine natürliche Person sein, sondern kann auch in Form einer GmbH tätig sein. Der Handelsvertreter ist auch nicht zwingend Kaufmann im Sinne des HGB. Eine Eintragung ins Handelsregister ist erst dann zwingend vorgeschrieben, wenn der Geschäftsbetrieb eine vollkaufmännische Organisation erfordert (Istkaufmann) oder eine Eintragungsverpflichtung sich bereits aus der gewählten Rechtsform ergibt (Formkaufmann).

Darüber hinaus hat der Handelsvertreter die gesetzliche Möglichkeit zu einer freiwilligen Eintragung ins Handelsregister (Kannkaufmann). Selbst wenn der Handelsvertreter kein Kaufmann ist, finden die handelsrechtlichen Vorschriften über den Handelsvertreter Anwendung (§ 84 Abs. 4 HGB).

Der Handelsvertreter wird aufgrund eines **Handelsvertretervertrages** tätig (§ 85 HGB). Die vertraglichen Vereinbarungen regeln Rechte und Pflichten der Vertragspartner, wobei die speziellen gesetzlichen Bestimmungen des HGB nicht abgeändert werden können.

Der **Handelsvertretervertrag** ist ein **Geschäftsbesorgungsvertrag**. Ein Geschäftsbesorgungsvertrag ist ein **Dienst- oder Werkvertrag** (§ 675 Abs. 1 BGB). Da der Handelsvertreter mit dem Unternehmer **ständig im Vertragsverhältnis** steht (Regelfall), findet das **Dienstvertragsrecht** Anwendung. Bei einer **nur gelegentlichen Tätigkeit** liegt kein Handelsvertreterverhältnis zugrunde. In diesem Fall findet das **Werkvertragsrecht** Anwendung.

Pflichten des Handelsvertreters

1. Der Handelsvertreter hat sich um Geschäftsabschlüsse zu bemühen (§ 86 Abs. 1 HGB), wobei er die Interessen des Unternehmens wahrzunehmen hat.
   - **Bemühungspflicht**

2. Er hat die Pflicht zur unverzüglichen Mitteilung von jedem Geschäftsabschluss (§ 86 Abs. 2 HGB).
   - **Benachrichtigungspflicht**

3. Er hat seine Pflichten mit der Sorgfalt eines ordenlichen Kaufmanns wahrzunehmen (§ 86 Abs. 3 HGB).
   - **Sorgfaltspflicht**

4. Er darf keine Geschäfts- ode Betriebsgeheimnisse anderen mitteilen (§ 90 HGB).
   - **Verschwiegenheitpflicht**

5. Er ist längstens zwei Jahre nach Beendigung des Vertragsverhältnisses in seiner gewerblichen Tätigkeit beschränkt, wenn dies schriflich vereinbart wurde (§ 90a Abs. 1 HGB).
   - **Wettbewerbsverbot**

Rechte des Handelsvertreters

1. Der Handelsvertreter hat das Recht auf Überlassung der erforderlichen Unterlagen (§ 86a HGB).
   - **Unterstützungsrecht**

2. Er hat Anspruch auf Provision für alle abgeschlossenen Geschäfte (§ 87 Abs. 1 HGB).
   - **Provisionsanspruch**

3. Verpflichtet sich der Handelsvertreter zum Einzug der außenstehenden Forderungen, steht ihm eine besondere Inkassoprovision zu (§ 87 Abs. 4 HGB).

   ▸ **Inkassoprovision**

4. Steht der Handelsvertreter für die Erfüllung der Verbindlichkeiten aus seinen Geschäften ein, hat er Anspruch auf eine besondere Delkredereprovision (§ 86b HGB).

   ▸ **Delkredereprovision**

5. Für seine Tätigkeit kann er nach Beendigung des Vertragsverhältnisses einen angemessenen Ausgleich verlangen (§ 89b Abs. 1 HGB).

   ▸ **Ausgleichsanspruch**

 MERKE

Der Handelsvertreter handelt im fremden Namen und auf fremde Rechung. Die Tätigkeit ist auf Dauer angelegt.

5.6.2 Kommissionär

Kommissionär ist, wer

▸ gewerbsmäßig

▸ für Rechnungen eines anderen

▸ in eigenem Namen

▸ Waren oder Wertpapiere ankauft oder verkauft (§ 383 HGB).

Die handelsrechtlichen Vorschriften über den Kommissionär finden auch Anwendung, wenn das Unternehmen des Kommissionärs nach Art oder Umfang einen in kaufmännischer Weise eingerichteten Geschäftsbetrieb nicht erfordert und die Firma des Unternehmens nicht nach § 2 HGB in das Handelsregister eingetragen ist (§ 383 Abs. 2 HGB). Der Kommissionsvertrag ist wie der Handelsvertretervertrag ein Geschäftsbesorgungsvertrag, auf den das Dienstvertragsrecht (ständiges Vertragsverhältnis) oder Werkvertragsrecht (gelegentliches Vertragsverhältnis) Anwendung findet.

Pflichten des Kommissionärs

1. Der Kommissionär hat seine Pflichten mit der Sorgfalt eines ordentlichen Kaufmanns wahrzunehmen (§ 384 Abs. 1 HGB).

   ▸ **Sorgfaltspflicht**

2. Er ist verpflichtet das übernommene Geschäft auszuführen (§ 384 Abs. 1 HGB).

   ▸ **Tätigkeitspflicht**

3. Er hat die Interessen des Auftraggebers wahrzunehmen und Weisungen zu befolgen (§ 384 Abs. 1 HGB).
   ▸ **Weisungs- und Treuepflicht**
4. Er hat die Ausführung des Geschäftes unverzüglich anzuzeigen (§ 384 Abs. 2 HGB).
   ▸ **Benachrichtigungspflicht**
5. Er ist für den Verlust oder die Beschädigung der in seinem Besitz befindlichen Gegenstände verantwortlich (§ 390 Abs. 1 HGB).
   ▸ **Haftungspflicht**

Rechte des Kommissionärs

1. Der Kommissionär hat Anspruch auf Provision für das ausgeführte Geschäft (§ 396 Abs. 1 Satz 1 HGB).
   ▸ **Provisionsanspruch**
2. Steht der Kommissionär für die Erfüllung der Verbindlichkeiten aus seinen Geschäften ein, hat er Anspruch auf eine besondere Delkredereprovision (§ 394 Abs. 2 HGB).
   ▸ **Delkredereprovision**
3. Er hat Anspruch auf Aufwendungsersatz für Lagerräume und Beförderungsmittel (§ 396 Abs. 2 HGB).
   ▸ **Aufwendungsersatzanspruch**
4. Er kann Waren oder Wertpapiere, die er einkaufen soll, selbst als Verkäufer liefern und Waren, die er verkaufen soll, selbst als Käufer übernehmen (§ 400 Abs. 1 HGB).
   ▸ **Selbsteintrittsrecht**

 MERKE

Der Kommissionär handelt im eigenen Namen und auf fremde Rechung. Die Tätigkeit ist nicht auf Dauer angelegt.

5.6.3 Handelsmakler

Handelsmakler ist, wer als

- selbstständiger
- Gewerbetreibender
- gelegentlich damit beauftragt ist
- für andere Personen
- Verträge
- über bewegliche Sachen zu vermitteln (§ 93 Abs. 1 HGB).

Grundsätzlich besteht die Tätigkeit des Handelsmaklers nur in der Vermittlung, nicht im Abschluss von Verträgen. Im Gegensatz zum Handelsvertreter besteht das Vertragsverhältnis nicht ständig (§ 93 Abs. 1 HGB). Auf den Handelsmaklervertrag findet daher regelmäßig das Werksvertragsrecht Anwendung.

Die handelsrechtlichen Vorschriften über den Handelsmakler finden auch Anwendung, wenn das Unternehmen des Handelsmaklers nach Art oder Umfang einen in kaufmännischer Weise eingerichteten Geschäftsbetrieb nicht erfordert (§ 93 Abs. 3 HGB).

Pflichten des Handelsmaklers
1. Der Handelsmakler hat nach jedem Kauf nach Probe die Probe aufzubewahren (§ 96 HGB).
   ▸ **Aufbewahrungspflicht**
2. Er hat beiden Parteien jeden Geschäftsabschluss unverzüglich mitzuteilen (§ 94 Abs. 1 HGB).
   ▸ **Benachrichtigungspflicht**

Der Handelsmakler hat keine Inkassovollmacht (§ 97 HGB) und somit auch keinen Anspruch auf Inkassoprovision.

Recht des Handelsmaklers
Der Handelsmakler hat für seine Tätigkeit **Anspruch auf einen Maklerlohn**, der von jeder Partei je zur Hälfte zu zahlen ist, wenn darüber nichts vereinbart wurde (Courtage, Provision; § 99 HGB).

Keine Handelsmakler sind Vermittler von Geschäften über unbewegliche Sachen (§ 93 Abs. 2 HGB).

Immobilienmakler sind auf jeden Fall Kaufleute, wenn ihr Unternehmen nach Art oder Umfang einen in kaufmännischer Weise eingerichteten Geschäftsbetrieb erfordert. Die besonderen handelsrechtlichen Bestimmungen über den Handelsmakler gelten jedoch nicht für die gewerbliche Vermittlung von Immobiliengeschäften (§ 93 Abs. 2 HGB). Für Immobilienmakler gelten die Vorschriften der §§ 652, 653 BGB.

Exkurs: Franchisenehmer und Vertragshändler
Sowohl der **Vertragshändler-Vertrag** als auch der **Franchising-Vertrag** ist im Gesetz nicht geregelt. Das Franchising ist kein Rechtsbegriff. **Franchising** ist ein **betriebswirtschaftliches Absatzsystem** (Vertriebsform). Rechtlich handelt es sich um eine **auf Dauer** angelegte Vertragsbeziehung. Man unterscheidet Vertriebs-, Dienstleistungs- und Herstellungs-Franchising. Der Franchisenehmer ist ein **selbstständiger Gewerbetreibender**. Er ist **im eigenen Namen** und **für eigene Rechnung** tätig. Aufgrund des Franchising-Vertrages ist der Franchisenehmer berechtigt, bestimmte Waren zu vertreiben oder Dienstleistungen zu erbringen. Als Gegenleistung hat er die Pflicht und das Recht, den Namen, die Marke und das Warenzeichen des Franchisegebers zu benutzen. Der

Franchisevertrag ist ein **Geschäftsbesorgungsvertrag** mit dienstvertraglichen Bestandteilen.

Beispiele

McDonalds-Restaurants, Eismann, Holiday-Inn-Hotels, Hilton-Hotels, Coca-Cola-Produzenten, Obi-Baumärkte

 MERKE

Franchisenehmer ist, wer als **selbstständiger Unternehmer** von einem anderen Unternehmer (Franchisegeber) ständig damit betraut ist, im eigenen Namen auf eigene Rechnung Waren oder Dienstleistungen am Markt anzubieten. Der Franchisegeber gestattet dem Franchisenehmer gegen Zahlung eines Entgelts (Franchisegebühr), die Rechte des Franchisegebers an gewerblichem Eigentum selbst zu verwerten und im Geschäftsverkehr zu gebrauchen.

Vertragshändler sind **selbstständige Gewerbetreibende**, die sich aufgrund eines auf Dauer angelegten Vertragsverhältnisses verpflichtet haben, Waren eines Herstellers **im eigenen Namen** und **auf eigene Rechnung** zu vertreiben. Der Vertragshändlervertrag ist wie der Franchisingvertrag ein Geschäftsbesorgungsvertrag mit dienstvertraglichen Elementen. Der Vertragshändlervertrag ähnelt dem Handelsvertretervertrag.

Beispiel

Wichtigstes Beispiel des Vertragshändlervertrages sind die Vertriebsformen der meisten Automobilhersteller: Autohaus Beyer, BMW-Vertragshändler; der Verkauf von Neuwagen auf dem Weg eigener Zweigniederlassungen des Autoherstellers ist die Ausnahme.

Der Vertragshändler fällt unter § 1 HGB oder unter § 2 HGB, sofern er nicht Formkaufmann nach § 6 HGB ist (GmbH). Der Vertragshändler schließt nicht nur Geschäfte im eigenen Namen, sondern auch auf eigene Rechnung ab und trägt damit selbst das unternehmerische Risiko für dieses Geschäft. Da der Vertragshändler sowohl im eigenen Namen als auch für eigene Rechnung handelt, wird er auch häufig als **Eigenhändler** bezeichnet, der **Eigengeschäfte** tätigt.

MERKE

Weder der Vertragshändler noch der Franchisenehmer sind speziell im HGB geregelt. Gesetzliche Regelungen, die ausdrücklich den Vertragshändler oder den Franchisenehmer definieren oder betreffen, bestehen nicht. Der Vertragshändler wird von der Rechtssprechung einem Handelsvertreter gleichgestellt.

5.7 Übungsaufgaben

Aufgabe 218:
Ist mit dem Tod des Geschäftsinhabers eine bestehende Prokura erloschen? (Hinweis: § 52 Abs. 3 HGB)

Aufgabe 219:
Bestimmen Sie die Rechtslage in den folgenden Fällen!

a) Ein Prokurist akzeptiert einen Wechsel über 1,5 Mio. €.

b) Der Prokurist eines Betriebes für Feuerwerkskörper ist der Meinung, dass die Herstellung von Schokoladenprodukten mehr Zukunft hat. Der Geschäftsinhaber verbringt einen längeren Erholungsurlaub im Ausland. Während seiner Abwesenheit stellt der Prokurist den Betrieb auf die Herstellung von Schokoladenprodukten um.

c) Ein Generalhandlungsbevollmächtigter stellt einen neuen Mitarbeiter ein.

d) Ein Prokurist kauft ein Grundstück im Wert von 250.000 €.

e) Ein Handlungsbevollmächtigter erteilt einem Mitarbeiter Handlungsvollmacht.

f) Einem Prokuristen ist die Prokura mit der Auflage erteilt worden Wareneinkäufe über 10.000 € nur mit ausdrücklicher Genehmigung des Geschäftsinhabers vorzunehmen. Der Prokurist kauft Waren im Wert von 40.000 €. Der Verkäufer verlangt vom Geschäftsinhaber Vertragserfüllung.

g) Ein Prokurist kauft 50 Flaschen des Parfüms „Softy" zu einem besonders günstigen Preis für die Frau des Geschäftsinhabers. Der Geschäftsinhaber verweigert die Zahlung.

h) Ein Prokurist erteilt einem Mitarbeiter Handlungsvollmacht.

i) Einem Prokuristen wurde die Prokura entzogen. Der Widerruf ist ins Handelsregister eingetragen und bekannt gegeben. Der ehemalige Prokurist nimmt ein Darlehen in Höhe von 50.000 € für den Betrieb auf. Der Geschäftsinhaber ist der Meinung, dass der Darlehensvertrag von Anfang an nichtig ist.

j) Einem Prokuristen wird am 01.04.20.. Prokura erteilt. Die Eintragung ins Handelsregister erfolgt am 24.04.20.. Am 20.04.20.. entlässt der Prokurist einen Mitarbeiter. Ist die Entlassung rechtswirksam?

k) Kann das Vorstandsmitglied einer AG Ihrer Meinung nach Prokurist sein?

Aufgabe 220:

Fertigen Sie nach folgendem Muster eine Übersicht an und beantworten Sie die einzelnen Fragen.

	General-handlungs-vollmacht	Prokura
Wer kann die Vollmacht erteilen?		
In welcher Form wird die Vollmacht erteilt?		
Welchen Umfang hat die Vollmacht?		
Welche Rechtsgeschäfte darf der Bevollmächtigte nicht vornehmen?		
Wie unterschreibt der Bevollmächtigte?		
Wie erlischt die Vollmacht?		

Aufgabe 221:

Prüfen Sie, um welche Vollmachtsart es sich in den folgenden Fällen handelt.

a) Ich bevollmächtige meine Angestellte Laura Düll zum Kauf eines gebrauchten Kopierers bis zu einem Kaufpreis von 500 €.

   Dr. Peter Ritter

b) Ich erteile meinem Angestellten Horst Golley Inkassovollmacht.

   Dr. Peter Ritter

c) Ich bevollmächtige meinen Bruder Roland Ritter mich in allen gerichtlichen und außergerichtlichen, geschäftlichen und persönlichen Angelegenheiten zu vertreten.

   Dr. Peter Ritter

Aufgabe 222:

Zu welchen Rechtsgeschäften ist der Prokurist bzw. der Generalhandlungsbevollmächtigte einer Möbelgroßhandlung OHG ermächtigt?

a) Mitarbeiter einstellen
b) Prokura erteilen
c) Wechsel akzeptieren
d) Insolvenzverfahren beantragen
e) Veräußerungen eines Grundstücks
f) Kauf eines Wochenendgrundstücks für das Unternehmen ohne Zustimmung des Geschäftsinhabers

g) Mitarbeiter entlassen
h) Bilanz unterschreiben
i) Kauf eines Betriebsgrundstücks
j) Veräußerung des Unternehmens
k) Gesellschafter für die OHG aufnehmen
l) Handlungsvollmacht erteilen
m) Umwandlung des Unternehmens in ein Fitnesscenter
n) Prokuraerteilung zum Handelsregistereintrag anmelden
o) Prozess führen
p) Fitnessgeräte für die Möbelgroßhandlung in großem Umfang einkaufen.

Aufgabe 223:

Welche der folgenden Aussagen ist richtig/falsch?
a) Die Prokura erstreckt sich auch auf ungewöhnliche Geschäfte.
b) Der Prokurist darf keine öffentlich-rechtlichen Rechtshandlungen vornehmen.
c) Die Generalhandlungsvollmacht erstreckt sich auch auf branchenfremde Geschäfte.
d) Dem Prokuristen ist es untersagt, Privatgeschäfte im Namen des Geschäftsinhabers ohne dessen Erlaubnis vorzunehmen.
e) Der Generalhandlungsbevollmächtigte darf nur branchenübliche Geschäfte vornehmen.
f) Die Generalvollmacht berechtigt zur Veräußerung und Belastung von Grundstücken.

Aufgabe 224:

Steuerberater Kai Lehmann erteilt seiner Ehefrau Vorsorgevollmacht. Die Vollmacht soll auch für den außervermögensrechtlichen Bereich gelten. Sie berechtigt insbesondere auch zu einer Einwilligung in ärztliche oder sonstige medizinische Maßnahmen, und zwar auch dann, wenn die begründete Gefahr besteht, dass der Vollmachtgeber aufgrund der Maßnahme sterben oder einen schweren gesundheitlichen Schaden erleiden kann. Wie wäre die Rechtslage, wenn der Komapatient Kai Lehmann eine solche Generalvollmacht seiner Ehefrau nicht erteilt hätte, und die Ärzte eine risikoreiche Operation durchführen möchten?

6. Unternehmensformen

6.1 Überblick über die Unternehmensformen

Der juristische Mantel eines jeden Unternehmens ist die Rechtsform. Einen Überblick über die wichtigsten Unternehmensformen gibt die folgende Übersicht:

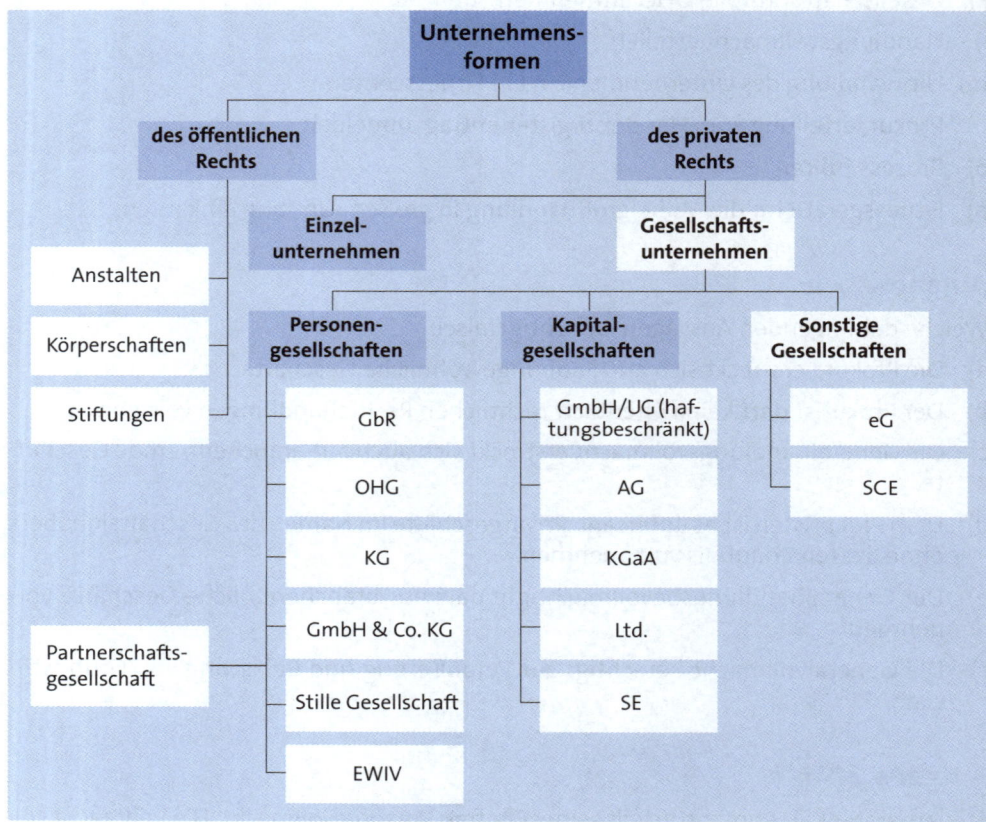

In großem Umfang wird in Deutschland das Wirtschaftsgeschehen von Gesellschaftsunternehmen bestimmt. Eine Gesellschaft ist ein Zusammenschluss von mindestens zwei Personen (Ausnahme: Ein-Personen-Gesellschaft), die aufgrund eines Gesellschaftsvertrages ein gemeinsames Ziel verfolgen. Der Grundsatz der **Privatautonomie** stellt es jeder Person frei,

- ob sie sich mit anderen Personen zusammenschließen will (**Abschlussfreiheit**)
- zu welchem Zweck sie sich zusammenschließen will (**Gestaltungsfreiheit**) und
- in welcher Rechtsform sie sich zusammenschließen will (**Rechtsformfreiheit**).

MERKE

Im Gegensatz zum Bürgerlichen Recht (BGB) und Handelsrecht (HGB) gibt es für das Gesellschaftsrecht kein „Gesellschaftsgesetzbuch". Gesellschaftsrechtliche Regelungen finden sich in mehreren Gesetzen.

Die Unternehmensformen des privaten Rechts und deren gesetzmäßige Regelungen								
Gesellschaft	GbR	OHG	KG	PartG	Stille Ges.	GmbH	AG	KGaA	eG
Rechtsquelle	§§ 705 -740 BGB	§§ 105 - 160 HGB	§§ 161 - 177a HGB	PartGG	§§ 230 - 237 HGB	GmbHG	AktG	§§ 278 - 290 AktG	GenG
Rechtsfähigkeit[1]	nein	nein	nein	nein	nein	ja	ja	ja	ja
Gesellschaftsrecht = Teilgebiet des Privatrechts								

Der Rechtsrahmen für Unternehmen innerhalb der Europäischen Union beruht immer noch weitgehend auf einzelstaatlichem Recht und entspricht damit nicht dem wirtschaftlichen Rahmen, der die angestrebte Vollendung des Binnenmarktes und die damit verbundene Verbesserung der wirtschaftlichen und sozialen Lage in der gesamten Gemeinschaft möglich macht.

Da diese Situation ein erhebliches Hindernis für die **Schaffung von Unternehmensgruppen mit Unternehmen aus verschiedenen Mitgliedstaaten** darstellt wurden auf europäischer Ebene Rechtsformen geschaffen, die den Bedingungen von grenzüberschreitend tätigen Unternehmen Rechnung tragen. Dabei handelt es sich um die Rechtsformen der

- **Europäischen wirtschaftlichen Interessenvereinigung** (EWIV) als Form der Personengesellschaft, der
- **Societas Europaea** (SE) als Form der Kapitalgesellschaft und der
- **Societas Cooperativa Europaea** (SCE) als Form der Genossenschaft,

auf die jeweils in den entsprechenden Abschnitten ergänzend zu den Rechtsformen nach deutschem Recht eingegangen wird.

6.1.1 Personen- und Kapitalgesellschaften

Eine der am häufigsten vorgenommenen Differenzierungen der Gesellschaften ist die **Unterscheidung nach der Haftung in Personen- und Kapitalgesellschaften**. Für die Haftung von Verbindlichkeiten von besonderer Bedeutung ist die Einteilung der Unternehmensformen mit eigener **Rechtsfähigkeit** und ohne eigene Rechtsfähigkeit. Bei Unternehmensformen mit eigener Rechtsfähigkeit haften die Mitglieder nicht persönlich, sondern

---

[1] Erläuterung des Begriffs der Rechsfähigkeit folgt direkt im Anschluss in Abschnitt 6.1.1.

nur die Unternehmung selbst. Hat eine Unternehmensform keine eigene Rechtsfähigkeit, so haften die Gesellschafter für die Verbindlichkeiten des Unternehmens.

Die **Unterschiede zwischen Personen- und Kapitalgesellschaften** macht die folgende Übersicht deutlich:

Personengesellschaften	Kapitalgesellschaften
Die Eigentümer der Gesellschaft üben die Geschäftsführung und Vertretung aus. **(Eigentümergesellschaft)**	Es erfolgt meist eine Trennung zwischen Eigentum und Geschäftsführung. **(Managergesellschaft)**
Die Gesellschaft ist nur eingeschränkt rechtsfähig.	Die Gesellschaft ist eine voll rechtsfähige juristische Person.
Die persönliche Mitarbeit steht im Vordergrund.	Die unpersönliche Kapitalaufbringung steht im Vordergrund.
Das Kapital wird von wenigen Mitgliedern aufgebracht.	Das Kapital wird von vielen Mitgliedern aufgebracht.
Die einzelnen Mitglieder haften persönlich.	Die einzelnen Mitglieder haften nicht persönlich.
Die Kosten und der Zeitaufwand im Zusammenhang mit der Gründung sind gering.	Die Kosten und der Zeitaufwand der Gründung sind aufgrund bestimmter formaler Anforderungen hoch.

6.1.2 Exkurs: Handelsrechtliche Rechnungslegung und Publizität

In Abhängigkeit von der Unternehmensform werden unterschiedliche Anforderungen an die Unternehmen hinsichtlich Rechnungslegung (Umfang und Prüfung des Jahresabschlusses) und Publizität gestellt. Unter **Rechnungslegung** im weitesten Sinne versteht man das Sammeln und Ordnen von betrieblichen Informationen zum Zweck der pflichtgemäßen Offenlegung gegenüber Dritten (Rechenschaftslegung). **Publizität** bedeutet öffentliche Darlegung (Offenlegung) der Lage, Verhältnisse, Erfolge und Entwicklung eines Unternehmens.

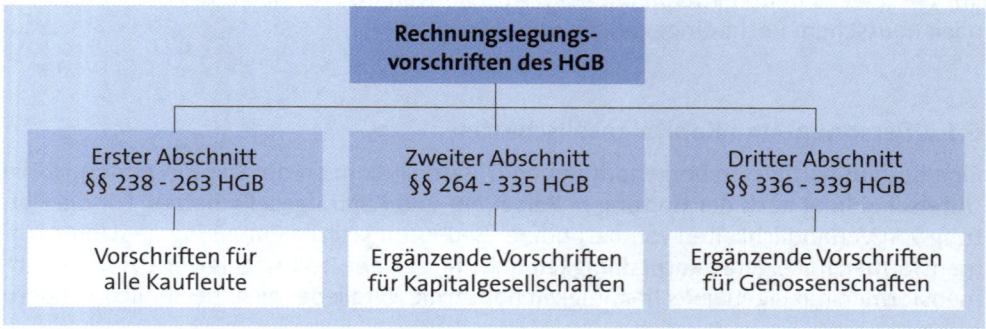

Die Anforderungen des HGB bei **Kapitalgesellschaften und Genossenschaften** sind von der Größe der Gesellschaft abhängig. Das HGB umschreibt drei Größenklassen mit drei Größenmerkmalen (§ 267 HGB). Für die Zuordnung zu einer Größenklasse müssen mindestens zwei der drei Größenmerkmale erfüllt sein.

Größenklasse	Bilanzsumme in Euro	Umsatzerlöse in Euro	Arbeitnehmerzahl
Kleine Kapitalgesellschaft	<= 6,0 Mio.	<= 12,0 Mio.	<= 50
Mittelgroße Kapitalgesellschaft	> 6,0 Mio. <= 20,0 Mio.	> 12,0 Mio. <= 40,0 Mio.	> 50 <= 250
Große Kapitalgesellschaft	> 20,0 Mio.	> 40,0 Mio.	> 250

Die Anforderungen an die Rechnungslegung umfassen:

- **Umfang des Jahresabschlusses**
  - Einzelkaufleute mit einem Umsatz von <= 600.000 € und einem Gewinn <= 60.000 € werden von der handelsrechtlichen Verpflichtung zur Buchführung und Bilanzierung befreit (§ 241a HGB).
  - bei Einzelunternehmen und Personengesellschaften
    - Bilanz, Gewinn- und Verlustrechnung § 242 HGB
  - bei Kapitalgesellschaften und Genossenschaften
    - Bilanz, GuV-Rechnung und Anhang zur Bilanz und GuV-Rechnung, Lagebericht (§ 264 HGB)
    - Kleine Kapitalgesellschaften und Genossenschaften sind von der Verpflichtung zur Aufstellung des Lageberichtes (§ 264 Abs. 1 Satz 3 HGB) und Aufbereitung bestimmter anderer Informationen, z. B. des des Anlagegitters befreit (§ 274a Nr. 1 HGB).

- **Prüfungspflicht**
  - Der Jahresabschluss und der Lagebericht von **mittelgroßen und großen Kapitalgesellschaften** sind durch Abschlussprüfer zu prüfen (§ 316 Abs. 1 Satz 1 HGB).

- **Publizität**
  - Alle **Kapitalgesellschaften** haben den Jahresabschluss beim elektronischen Bundesanzeiger einzureichen und bekannt zu machen (§ 325 Abs. 1 HGB).
  - Große Kapitalgesellschaften haben Bilanz, Gewinn- und Verlustrechnung, Anhang zur Bilanz und Gewinn- und Verlustrechnung und Lagebericht einzureichen.
  - Kleine Kapitalgesellschaften haben nur die Bilanz und den Anhang einzureichen. Der Anhang braucht die die Gewinn- und Verlustrechnung betreffenden Angaben nicht zu enthalten (§ 326 HB). Mittelgroße Kapitalgesellschaften haben die Angaben in der Bilanz und im Anhang um bestimmte Positionen zu ergänzen (§ 327 HGB).

- Da das Handelsregister seit 2007 elektronisch geführt wird (**www.handelsregister.de**), sind auch die Unterlagen in elektronischer Form beim elektronischen Bundesanzeiger (**www.ebundesanzeiger.de**) einzureichen. Die Überwachung der fristgerechten Einreichung der Unterlagen obliegt damit auch dem elektronischen Bundesanzeiger, der im Zuge der Umstellung zum zentralen Veröffentlichungsorgan ausgebaut wurde.

Entsprechendes gilt für die Genossenschaften gemäß § 339 HGB.

6.1.3 Unterscheidungskriterien

Die Frage nach der günstigsten Rechtsform kann nur für den Einzelfall, nicht aber generell beantwortet werden. Die Wahl für eine bestimmte Rechtsform der Unternehmung hängt von verschiedenen Faktoren ab. Anhand dieser Kriterien sollen die einzelnen Unternehmensformen im Folgenden auch unterschieden werden.

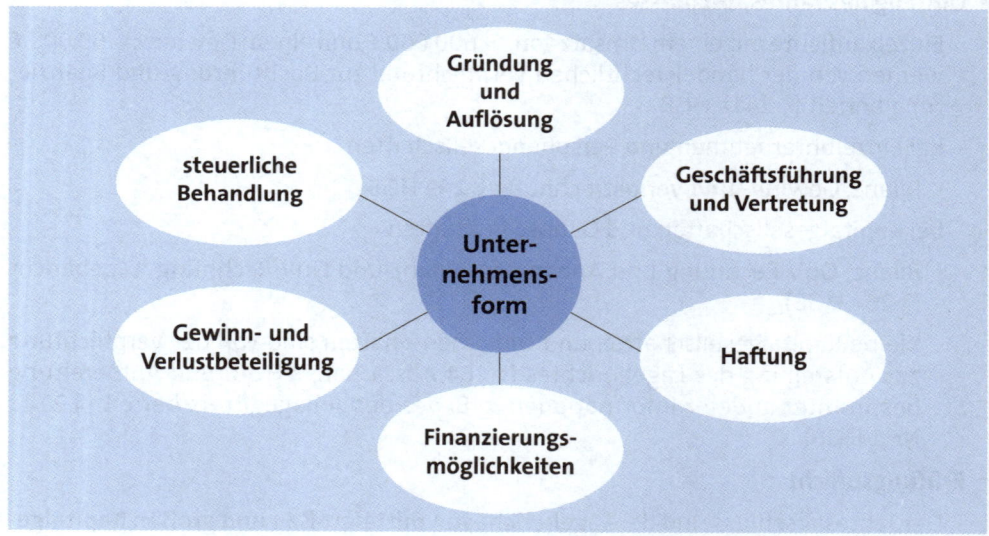

Aufgaben 225 - 229 > Seite 376 - 377

6.2 Einzelunternehmen

Bei der Einzelunternehmung ist der alleinige Eigentümer des Unternehmens eine natürlichen Person. Die **Gründung** erfolgt formlos.

Der Einzelunternehmer hat das alleinige Recht zur **Geschäftsführung und Vertretung**. Er unterliegt der unbeschränkten **Haftung** mit seinem Geschäfts- und Privatvermögen. Der Inhaber der Einzelunternehmung bringt das **Kapital** selbst auf. Eine gesetzlich vorgeschriebene Mindestkapitalhöhe gibt es nicht. **Gewinne** und Privatentnahmen stehen allein dem Eigentümer zu. Auf der anderen Seite trägt der Einzelunternehmer alleine entstandene **Verluste**.

Das Einzelunternehmen ist kein Steuersubjekt. Der Inhaber des Einzelunternehmens unterliegt der **Einkommensteuer**. Je nach Art der Tätigkeit bezieht er Einkünfte aus Land- und Forstwirtschaft, Einkünfte aus Gewerbebetrieb oder Einkünfte aus selbstständiger Arbeit.

Eine selbstständige, nachhaltige Betätigung, die mit Gewinnabsicht unternommen wird und sich als Beteiligung am allgemeinen wirtschaftlichen Verkehr darstellt, gilt als Gewerbebetrieb. Soweit er die Voraussetzungen eines Gewerbebetriebes gemäß den Bestimmungen des Einkommensteuergesetzes erfüllt, unterliegt der Unternehmer der **Gewerbesteuer**. Nicht gewerbesteuerpflichtig sind land- und forstwirtschaftliche Betriebe und die freien Berufe.

Das Einzelunternehmen unterliegt der **Umsatzsteuer**. Steuersubjekt ist der Geschäftsinhaber. Bis zu bestimmten Umsatzgrenzen wird für die sogenannten Kleinunternehmer die Umsatzsteuer nicht erhoben. Der Kleinunternehmer kann jedoch auf die Anwendung dieser Regelung verzichten und für die Regelbesteuerung optieren. Dies ist dann vorteilhaft, wenn er hauptsächlich Umsätze mit anderen Unternehmern ausführt und seine Vorsteuerbeträge geltend machen kann (§ 19 UStG).

Beispiel

Marion Meier hat sich mit einer Boutique für Brautmoden und Accessoires selbstständig gemacht. Nachdem sie zunächst in kleinem Rahmen im Bekanntenkreis anfing und alles von zu Hause aus noch organisieren konnte, hat sie sich jetzt aufgrund der starken Nachfrage und des größeren Umfangs einen Laden in einem Gewerbegebiet angemietet.

6.3 Gesellschaft des bürgerlichen Rechts (GbR)
a) Gründung
Im täglichen Leben bildet sich oft eine **Gesellschaft bürgerlichen Rechts (GbR)**, ohne dass dies den Betroffenen bewusst ist.

Beispiel

Vier Steuerfachangestellte gründen eine Lottogemeinschaft.

Mehrere Hausfrauen geben eine Sammelbestellung auf.

Die **GbR**, auch als **BGB-Gesellschaft** bezeichnet, beginnt mit Abschluss des Gesellschaftsvertrages, für den keine Formvorschriften bestehen und somit auch mündlich geschlossen werden kann. Durch den Gesellschaftsvertrag verpflichten sich die Gesellschafter gegenseitig, einen **gemeinsamen Zweck** zu erreichen.

Die BGB-Gesellschaft ist **keine Handelsgesellschaft**. In ihr können sich auch Nichtkaufleute zusammenschließen. OHG und KG betreiben notwendigerweise immer ein Handelsgewerbe, während die GbR gerade kein Handelsgewerbe betreiben muss. Die GbR ist daher eine Gesellschaftsform, in der sich Angehörige der freien Berufe zusammenschließen können. Die BGB-Gesellschaft kann sowohl zu ideellen als auch zu wirtschaftlichen Zwecken gegründet werden.

Beispiel

Drei Steuerberater schließen sich zu einer GbR zusammen. Im Gesellschaftsvertrag verpflichten sie sich gegenseitig, einen bestimmten gemeinsamen Zweck zu erreichen (§ 705 BGB). Die Einnahmen aus der Gemeinschaftspraxis fließen der Gesellschaft zu, die Gewinne und Verluste werden verteilt. Wenn vertraglich nichts anderes vereinbart ist, hat jeder Gesellschafter am Gewinn und Verlust gleichen Anteil. Für die Verbindlichkeiten der Gesellschaft haftet die Gesellschaft und jeder einzelne Gesellschafter mit seinem gesamten Vermögen. Das Vermögen der Gesellschaft ist Gesamthandsvermögen (gemeinschaftliches Vermögen), d. h. ein einzelner Gesellschafter kann über seinen Anteil am Gesellschaftsvermögen nicht frei verfügen. Über das Gesellschaftsvermögen als Ganzes können nur alle Gesellschafter gemeinsam verfügen.

Die GbR führt keine Firma, da dies nach § 17 GHB den Handelsgesellschaften vorbehalten ist. Sie kann die Namen aller Gesellschafter mit einem die GbR andeutenden Zusatz führen, z. B. „Meier und Schulze GbR". Zulässig ist auch die Führung einer Geschäftsbezeichnung, wie bei den häufig im Baugewerbe vorkommenden Arbeitsgemeinschaften, z. B. „ARGE Hoch-Tief".

Kleingewerbetreibende, die ihr Gewerbe in Form einer BGB-Gesellschaft betreiben, haben wie der kleingewerbetreibende Einzelkaufmann die Möglichkeit durch Eintrag ins Handelsregister die Rechtsform einer Personengesellschaft (OHG, KG) zu erlangen (§ 105 Abs. 2 HGB). Die Eintragung hat konstitutive Wirkung, d. h. die Gesellschaft entsteht erst mit der Eintragung. Eine OHG oder KG kann somit auch dann bestehen, wenn der Gewerbebetrieb keine kaufmännische Organisation erfordert (kleingewerbetreibende Personenhandelsgesellschaft).

b) Geschäftsführung und Vertretung

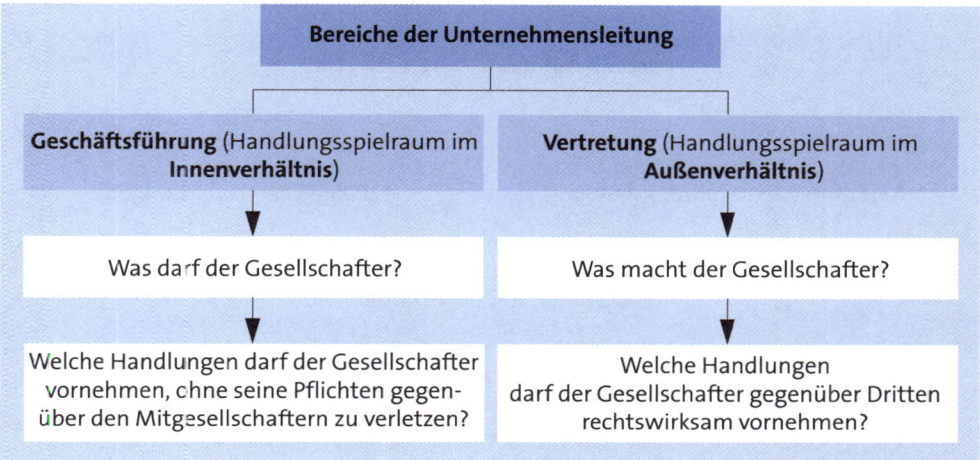

ba) Geschäftsführung

Die **Geschäftsführung**, d. h. die Rechtsbeziehungen der Gesellschafter untereinander, betreffen das **Innenverhältnis**. Bei der Geschäftsführungsbefugnis geht es um die Frage, welche Maßnahmen und Handlungen ein Gesellschafter gegenüber seinen Mitgesellschaftern vornehmen kann.

Wenn gesellschaftsvertraglich nichts vereinbart ist, gelten die **gesetzlichen Bestimmungen:** die Geschäftsführung steht den Gesellschaftern gemeinschaftlich zu. Für jedes Geschäft ist die Zustimmung aller Gesellschafter erforderlich (§ 709 Abs. 1 BGB: **Gesamtgeschäftsführung**).

Beispiel

Die drei Steuerberater wollen einen neuen Personalcomputer für die Gemeinschaftskanzlei anschaffen. Alle drei Gesellschafter müssen ihre Zustimmung geben.

Das Gesamtgeschäftsführungsprinzip ist allerdings nachgiebiges Recht, d. h. von der BGB-Regelung kann gesellschaftsvertraglich abgewichen werden.

Folgende **vertragliche Abweichungen** sind denkbar:

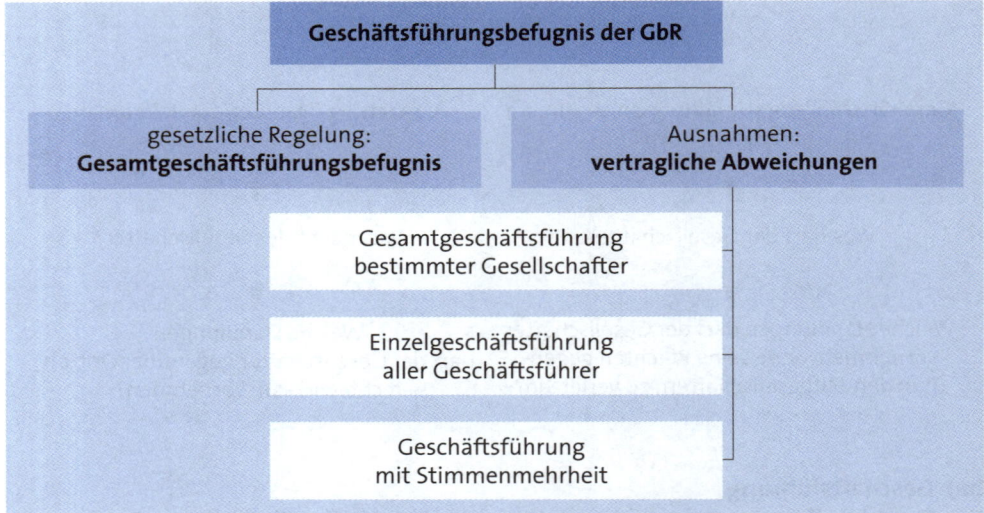

- **Gesamtgeschäftsführung mehrerer Gesellschafter**

  Die übrigen Gesellschafter sind in diesem Falle von der Geschäftsführung ausgeschlossen und haben kein Widerspruchsrecht.

- **Einzelgeschäftsführung aller Gesellschafter**

  Die Geschäftsführung steht allen Gesellschaftern zu, aber jedem für sich allein. Steht im Gesellschaftsvertrag die Geschäftsführung allen Gesellschaftern in der Art zu, dass jeder allein zu handeln berechtigt ist, so kann jeder Gesellschafter der Vornahme eines Geschäfts durch den anderen widersprechen (§ 711 Satz 1 BGB: Vetorecht). Im Falle des Widerspruchs muss das Geschäft unterbleiben (§ 711 Satz 2 BGB).

- **Geschäftsführung mit Stimmenmehrheit**

  Jeder Gesellschafter hat im Zweifel eine Stimme (§ 709 Abs. 2 BGB).

bb) Vertretung

Die **Vertretung**, d. h. die Rechtsbeziehungen der Gesellschafter gegenüber Dritten (nach außen), betreffen das **Außenverhältnis**. Bei der Vertretungsbefugnis geht es um die Frage, welche Maßnahmen und Handlungen ein Gesellschafter gegenüber Dritten vornehmen darf. Wenn gesellschaftsvertraglich nichts Abweichendes vereinbart ist, stimmen Geschäftsführungsbefugnis und Vertretungsmacht überein d. h. **gesetzlich besteht Gesamtvertretungsprinzip**. Wurde vertraglich Einzelgeschäftsführung vereinbart, so gilt auch Einzelvertretung (§ 714 BGB). Selbstverständlich kann von dieser Regelung gesellschaftsvertraglich abgewichen werden, und zwar völlig unabhängig von der Geschäftsführungsbefugnis. **Geschäftsführungsbefugnis und Vertretungsmacht können vertraglich beliebig ausgestaltet und kombiniert werden.**

Die GbR hat keine eigene Rechtspersönlichkeit wie beispielsweise die Aktiengesellschaft (AG) als juristische Person, in Teilgebieten wird ihr jedoch die Rechtsfähigkeit zugestanden. Durch Teilnahme am Rechtsverkehr in Form von Vertragsabschlüssen mit Dritten (GbR-Außengesellschaft) kann sie eigene Rechte und Pflichten begründen und ist eine teilrechtsfähige Personenvereinigung des privaten Rechts.

Im Unterschied zur AG haften jedoch die Gesellschafter für die GbR, falls diese ihre vertraglichen Verpflichtungen nicht einhalten kann. So kann die GbR z. B. vor Gericht klagen oder verklagt werden oder Eigentümer eines Grundstücks sein.

Beispiel

Schließt ein geschäftsführungs- und vertretungsberechtigter Steuerberater mit einer Steuerfachangestellten einen Arbeitsvertrag, dann ist dies sowohl ein Akt der Geschäftsführung als auch ein Akt der Vertretung. Die Steuerberater-GbR wird aus diesem Rechtsgeschäft verpflichtet. Alle Gesellschafter haften als Gesamtschuldner.

c) Gewinn- und Verlustverteilung
Der Gewinn und Verlust wird nach Köpfen verteilt, das heißt auf jeden Gesellschafter entfällt der selbe Betrag. Im Gesellschaftervertrag kann eine andere Regelung getroffen werden.

d) Auflösung
Die Gesellschaft wird in folgenden Fällen aufgelöst:

- Erreichung oder Unmöglichwerden des vereinbarten Zwecks (§ 726 BGB)
- Tod eines Gesellschafters, sofern im Gesellschaftsvertrag nicht eine andere Regelung getroffen wurde (§ 727 BGB)
- Eröffnung des Insolvenzverfahrens über das Vermögen eines Gesellschafters (§ 728 Abs. 1 Satz 1 BGB).

 ACHTUNG

Da die Gesellschaft des bürgerlichen Rechts keine Rechtsfähigkeit besitzt, kann sie auch nicht Schuldner eines Insolvenzverfahrens sein. Eine Insolvenzeröffnung ist also ebenso wie eine Klage nur gegenüber den Gesellschaftern möglich (vgl. hierzu die OHG).

e) Steuerliche Behandlung
Die BGB-Gesellschaft selbst ist kein Steuersubjekt im Rahmen der **Einkommensteuer**. Liegt Mitunternehmerschaft vor, haben die Gesellschafter ihre Gewinnanteile als Einkünfte aus Gewerbebetrieb zu versteuern.

Eine **Gewerbesteuerpflicht** besteht, wenn die einkommensteuerlichen Merkmale eines Gewerbebetriebs erfüllt sind.

Bei entsprechender Tätigkeit besteht bei der BGB-Gesellschaft als Steuersubjekt (Unternehmen) **Umsatzsteuerpflicht**.[1]

Aufgaben 230 - 232 > Seite 377

6.4 Offene Handelsgesellschaft (OHG)

Eine Gesellschaft, deren Zweck auf den Betrieb eines Handelsgewerbes unter gemeinschaftlicher Firma gerichtet ist, ist eine offene Handelsgesellschaft (§ 105 Abs. 1 HGB).

a) Gründung
Die Gesellschaft entsteht:

- im **Innenverhältnis** mit Abschluss des Gesellschaftsvertrages

- im **Außenverhältnis** mit Eintrag ins Handelsregister (§ 123 Abs. 1 HGB). Die Eintragung hat in diesem Fall konstitutive Wirkung. Nimmt die Gesellschaft ihren Geschäftsbetrieb vor der Eintragung auf, entsteht die OHG bereits zu diesem Zeitpunkt. Der Handelsregistereintrag hat dann lediglich deklaratorische Wirkung.

Eine Gesellschaft, deren Gewerbebetrieb nicht schon nach § 1 Abs. 2 HGB Handelsgewerbe ist, ist eine offene Handelsgesellschaft, wenn die Firma des Unternehmers in das Handelsregister eingetragen ist (§ 105 Abs. 2 HGB). Die Firma muss die Bezeichnung „offene Handelsgesellschaft" oder eine allgemein verständliche Abkürzung dieser Bezeichnung enthalten (z. B. OHG: § 19 Abs. 1 Nr. 2 HGB).

Kleingewerbetreibende können sich auch in der Rechtsform der OHG bzw. KG zusammenschließen.

Die OHG ist wie die Gesellschaft des bürgerlichen Rechts nach herrschender Lehrmeinung **keine juristische Person** und somit **nicht rechtsfähig**. Trotzdem kann sie unter ihrer Firma Rechtsgeschäfte abwickeln und ist damit teilrechtsfähig. Die OHG kann unter ihrer Firma (§ 124 Abs. 1 HGB)

- Rechte erwerben

- Verbindlichkeiten eingehen

- Eigentum an Grundstücken erwerben (die OHG wird als Eigentümer ins Grundbuch eingetragen) und

- vor Gericht klagen und verklagt werden.

---

[1] Zur Sonderregelung für Kleinunternehmen vergleiche Lernabschnitt C 6.2 zur Einzelunternehmung.

b) Geschäftsführung und Vertretung
ba) Geschäftsführung

Zur **Geschäftsführung** sind alle Gesellschafter berechtigt und verpflichtet (§ 114 Abs. 1 HGB). Steht die Geschäftsführung allen oder mehreren Gesellschaftern zu, so ist jeder von ihnen allein zu handeln berechtigt (§ 115 Abs. 1 HGB). Allerdings hat jeder geschäftsführende Gesellschafter ein Widerspruchsrecht.

Das gesetzlich verankerte **Einzelgeschäftsführungsprinzip** erlaubt es jedem geschäftsführenden Gesellschafter, dass er bei der **Vornahme eines gewöhnlichen Geschäfts** die Mitgesellschafter nicht zu fragen braucht. Widerspricht jedoch ein anderer geschäftsführender Gesellschafter der Vornahme der Handlung, so muss diese unterbleiben (§ 115 Abs. 1 HGB).

Die Befugnis zur Geschäftsführung erstreckt sich auf alle Handlungen, die der gewöhnliche Betrieb dieses Handelsgewerbes der Gesellschaft mit sich bringt. Für **außergewöhnliche Geschäfte** ist der **Beschluss sämtlicher Gesellschafter**, also auch der nicht geschäftsführenden Gesellschafter, erforderlich (§ 116 Abs. 2 HGB Gesamtgeschäftsführung aller Gesellschafter). Darüber hinaus bedarf es zur Bestellung (nicht des Widerrufs) eines Prokuristen der Zustimmung aller geschäftsführenden Gesellschafter (§ 116 Abs. 3 Satz 1 HGB). Die Gesellschafterbeschlüsse bei ungewöhnlichen Geschäften und Prokura-Erteilung sind einstimmig zu fassen (§ 119 Abs. 1 HGB) und an keine Form gebunden (keine Gesellschafterversammlung erforderlich).

Die gesetzlichen Bestimmungen sind wie bei der BGB-Gesellschaft nachgiebiges Recht, d. h. **im Gesellschaftsvertrag können andere Regelungen vereinbart werden**, z. B. Einzelgeschäftsführung mehrerer oder Gesamtgeschäftsführung aller. Eine Beschränkung der Geschäftsführung ist möglich (§ 115 Abs. 2 HGB).

Jeder Gesellschafter hat das **Wettbewerbsverbot** zu beachten. Ein Gesellschafter darf ohne Einwilligung der anderen Gesellschafter weder in dem Handelszweig der Gesellschaft Geschäfte machen noch an einer anderen gleichartigen Gesellschaft als persönlich haftender Gesellschafter teilnehmen (§ 112 Abs. 1 HGB). Eine Verletzung des Wettbewerbsverbots führt gegenüber der Gesellschaft zur Schadensersatzpflicht (§ 113 Abs. 1 HGB). Das Wettbewerbsverbot ist beschränkt auf den Handelszweig der Gesellschaft.

bb) Vertretung

Zur **Vertretung** der Gesellschaft ist jeder Gesellschafter ermächtigt (§ 125 Abs. 1 HGB: **Einzelvertretungsprinzip**). Im Gesellschaftsvertrag kann jedoch Gesamtvertretung aller bzw. mehrerer Gesellschafter vereinbart werden (§ 125 Abs. 2 Satz 1 HGB). Die Vertretungsmacht erstreckt sich:

- auf alle gerichtlichen und außergerichtlichen Geschäfte und Rechtshandlungen (gewöhnliche und außergewöhnliche Geschäfte)
- auf die Veräußerung und Belastung von Grundstücken
- auf die Erteilung und den Widerruf einer Prokura (§ 126 Abs. 1 HGB).

Eine Beschränkung der Vertretung im Außenverhältnis ist nicht möglich und ist Dritten gegenüber unwirksam (§ 126 Abs. 2 HGB: **Unbeschränkbarkeit der Vertretungsmacht**). Entweder hat ein Gesellschafter volle Vertretungsmacht oder überhaupt keine.

MERKE

Eine gesellschaftsvertraglich vereinbarte Beschränkung der Vertretungsmacht im Innenverhältnis ist möglich und rechtswirksam.

c) Haftung

Aufgrund der fehlenden Rechtsfähigkeit der OHG haftet nicht die Gesellschaft, sondern die Gesellschafter für die Verbindlichkeiten des Unternehmens. Die **Gesellschafter haften**:

- **unbeschränkt**

  Die Haftung erstreckt sich auf das gesamte Geschäfts- und Privatvermögen des Gesellschafters.

- **unmittelbar**

  Jeder Gläubiger kann sowohl gegenüber der Gesellschaft als auch gegenüber jedem beliebigen Gesellschafter seine Rechte geltend machen.

- **gesamtschuldnerisch (solidarisch)**

  Jeder Gesellschafter haftet für die gesamten Schulden der OHG.

Wer als Geschäftsführer in eine bestehende OHG eintritt, haftet für die vor seinem Eintritt begründeten Schulden der Gesellschaft (§ 130 Abs. 1 HGB). Wer aus einer OHG ausscheidet, haftet noch fünf Jahre für die Schulden der Gesellschaft, die zum Zeitpunkt des Ausscheidens bestanden (§ 159 Abs. 1 HGB).

d) Gewinn- und Verlustverteilung

Jeder Gesellschafter

- hat zunächst Anspruch auf 4 % Verzinsung seines Kapitalanteils. Ein eventueller Restgewinn wird nach Köpfen verteilt. Reicht der Jahresgewinn nicht aus, erfolgt eine niedrigere Verzinsung (§ 121 HGB).

Beispiel

An einer OHG ist der Gesellschafter A mit 10.000 € und der Gesellschafter B mit 40.000 € beteiligt. Der Jahresgewinn beträgt 1.200 €.
4 % Verzinsung der gesamten Kapitaleinlagen von 50.000 € = 2.000 €
1.200 € Jahresgewinn im Verhältnis zum Gesamtkapital = 2,4 %
A erhält 240 €, B erhält 960 €.

- hat entstehende Verluste der Gesellschaft zu tragen. Verluste werden unter den Gesellschaftern nach Köpfen verteilt (§ 121 Abs. 3 HGB).

Beispiel

An einer OHG sind fünf Gesellschafter beteiligt. Bei einem Verlust von 125.000 € trägt jeder Gesellschafter 25.000 € Verlust.

- hat das Recht auf 4 % > Privatentnahmen seines für das letzte Geschäftsjahr festgestellten Kapitalanteils (§ 122 Abs. 1 HGB).

e) Auflösung
Die OHG wird aufgelöst (§ 131 Abs. 1 HGB)
- mit Ablauf der Zeit, für die sie errichtet wurde
- durch Beschluss der Gesellschafter
- durch Eröffnung des Insolvenzverfahren über das Vermögen der Gesellschaft
- durch gerichtliche Entscheidung.

Folgende Gründe führen mangels abweichender vertraglicher Bestimmung zum Ausscheiden eines Gesellschafters (§ 131 Abs. 3 HGB):
- Tod des Gesellschafters
- Eröffnung des Insolvenzverfahrens über das Vermögen des Gesellschafters
- Beschluss der Gesellschafter
- Kündigung des Gesellschafters unter Beachtung einer Kündigungsfrist von mindestens sechs Monaten zum Schluss eines Geschäftsjahres (§ 132 HGB).

f) Steuerliche Behandlung
Steuersubjekt im Sinne der **Einkommensteuer** ist nicht die Gesellschaft, sondern die einzelnen Gesellschafter. Die Gewinn- und Verlustanteile stellen bei den Gesellschaftern **Einkünfte aus Gewerbebetrieb** dar.

Die OHG als Gewerbebetrieb unterliegt der **Gewerbesteuer**. Die Gesellschaft als Unternehmer unterliegt der **Umsatzsteuer**.

Aufgaben 233 - 237 > Seite 378 - 379

6.5 Kommanditgesellschaft (KG)
Die Kommanditgesellschaft ist wie die OHG eine Personengesellschaft, deren Zweck auf den Betrieb eines Handelsgewerbes unter gemeinschaftlicher Firma gerichtet ist. Allerdings gibt es 2 **Arten von Gesellschaftern**, wobei mindestens ein Gesellschafter

(**Komplementär**) unbeschränkt und ein Gesellschafter (**Kommanditist**) beschränkt maximal in Höhe seiner Einlage haftet (§ 161 Abs. 1 HGB).

Während der Komplementär mit dem OHG-Gesellschafter vergleichbar ist, gibt es eine Reihe von wirtschaftlichen und rechtlichen **Gemeinsamkeiten** zwischen dem **Kommanditisten** und dem **stillen Gesellschafter**.[1]

Die Regelungen für die OHG gelten grundsätzlich auch für die KG, sodass im Folgenden nur auf die Besonderheiten der KG eingegangen wird.

a) Gründung
Die Gesellschaft ist zur Eintragung in das Handelsregister anzumelden. Die Anmeldung hat u. a. die Bezeichnung der Kommanditisten und die Höhe ihrer Einlage zu enthalten. Bekannt gegeben wird allerdings nur die Zahl der Kommanditisten (§ 162 HGB). Die Firma muss bei einer Kommanditgesellschaft die Bezeichnung „Kommanditgesellschaft" oder eine allgemein verständliche Abkürzung dieser Bezeichnung enthalten (§ 19 Abs. 1 Nr. 3 HGB).

b) Geschäftsführung und Vertretung
Der Komplementär alleine hat das Recht zur Geschäftsführung und Vertretung. Der **Kommanditist ist von der Geschäftsführung und Vertretung ausgeschlossen**, hat jedoch bei außergewöhnlichen Geschäften ein **Widerspruchsrecht** (§ 164 HGB). Jeder Kommanditist hat daneben ein **Kontrollrecht** und ist berechtigt, unter Vorlage der Bücher die Richtigkeit des Jahresabschlusses zu prüfen (§ 166 Abs. 1 HGB).

Ein **Wettbewerbsverbot** entsprechend der Regelung für die OHG-Gesellschafter **besteht** für die Kommanditisten der KG **nicht** (§ 165 HGB).

c) Haftung
Der Komplementär haftet wie die OHG-Gesellschafter. Der **Kommanditist** haftet lediglich **in Höhe seiner Einlage**. Wer in eine bestehende KG eintritt, haftet für die vor seinem Eintritt begründeten Schulden der Gesellschaft (§ 173 Abs. 1 HGB).

d) Gewinn- und Verlustverteilung
Jeder Gesellschafter

- hat zunächst Anspruch auf 4 % Verzinsung seines Kapitalanteils. Der eventuell verbleibende Restgewinn wird in angemessenem Verhältnis verteilt (§ 168 HGB)
- hat entstehende Verluste zu tragen; Verluste werden unter den Gesellschaftern in angemessenem Verhältnis verteilt.

e) Auflösung
Beim Tod eines Kommanditisten wird die Gesellschaft mit den Erben fortgesetzt (§ 177 HGB).

---

[1] Vergleiche Lernabschnitt C.6.8 zur stillen Gesellschaft.

Die gesetzlichen Regelungen über die Auflösungsgründe einer OHG und die Gründe für das Ausscheiden eines OHG-Gesellschafters sind entsprechend auf die KG und die Komplementäre anwendbar (§ 131 HGB).

f) Steuerliche Behandlung

Steuersubjekt im Sinne der **Einkommensteuer** ist nicht die Gesellschaft, sondern die einzelnen Gesellschafter. Die Gewinn- und Verlustanteile stellen bei den Gesellschaftern **Einkünfte aus Gewerbebetrieb** dar.

Die KG als Gewerbebetrieb unterliegt der **Gewerbesteuer**. Die Gesellschaft als Unternehmer unterliegt der **Umsatzsteuer**.

Aufgaben 238 - 239 > Seite 379 - 380

6.6 GmbH & Co. KG

Die GmbH & Co. KG ist eine **Variante der Kommanditgesellschaft**, bei der der Komplementär keine natürliche, sondern eine juristische Person in Form einer GmbH ist. Wichtigstes Gründungsmotiv ist die **Risikobegrenzung** für die Gesellschafter **durch die Haftungsbeschränkung**. Da als voll haftender Komplementär die GmbH fungiert, bei der die Haftung jedoch auf ihr Betriebsvermögen beschränkt ist[1], haften die Gesellschafter der GmbH (die über die GmbH indirekt die Komplementäre der KG sind) nicht persönlich mit ihrem Privatvermögen für die Verbindlichkeiten der KG.

Beispiel

für eine typische GmbH & Co. KG (personengleiche Gesellschaft):
Die Gesellschafter Rumpf und Esser haben einen Computervertrieb unter der Firma Rumpf GmbH gegründet. Rumpf und Esser übernehmen je eine Stammeinlage von 25.000 €. Die Geschäftsführung steht beiden Gesellschaftern zu.

Rumpf und Esser gründen eine Leasing-Gesellschaft in der Rechtsform einer KG. Beide beteiligen sich an der KG mit einer Einlage von je 2.500 €. Eine weitere Einlage in Höhe von 2.500 € übernimmt die Rumpf GmbH als Komplementär.

Die Kommanditisten haften nur mit ihrer Einlage von je 2.500 €. Der Komplementär haftet voll mit seinem gesamten Vermögen, jedoch ist sein Risiko begrenzt auf sein Gesellschaftsvermögen (bei Gründung der GmbH 25.000 €).

Bei der GmbH & Co. KG handelt es sich als KG um eine **Personengesellschaft**. Da die GmbH & Co. KG die Unternehmensform der Personengesellschaft (KG) mit der Kapitalgesellschaft (GmbH) verbindet, spricht man auch von einer **Mischform**.

---

[1] Vergleiche Lernabschnitt C.6.10 zur GmbH.

Die **Gründung** der GmbH & Co. KG vollzieht sich in zwei Stufen: Bevor die GmbH & Co. KG gegründet werden kann, muss die GmbH errichtet werden. Hierbei gibt es verschiedene Gestaltungsmöglichkeiten:

- personengleiche GmbH & Co. KG
  Die Gesellschafter der GmbH sind gleichzeitig Kommanditisten der GmbH & Co. KG.
- nicht personengleiche GmbH & Co. KG

Beide selbstständige Gesellschaften haben verschiedene Gesellschafter.

Neben der Beteiligung einer GmbH kommt auch die Beteiligung einer AG an einer KG in Betracht (AG & Co. KG).

Steuersubjekt im Sinne der **Einkommensteuer** ist nicht die Gesellschaft, sondern die einzelnen Gesellschafter. Die Gewinnanteile der Kommanditisten, sofern diese natürliche Personen sind, stellen bei den Gesellschaftern **Einkünfte aus Gewerbebetrieb** dar. Der Gewinnanteil der GmbH (Komplementär) unterliegt der **Körperschaftsteuer**.

Die GmbH & Co. KG gilt i. d. R. als Gewerbebetrieb und unterliegt damit der Gewerbesteuer. Die Gesellschaft als Unternehmer unterliegt der Umsatzsteuer.

Aufgabe 240 > Seite 380

6.7 Partnerschaftsgesellschaft (PartG)

Die Partnerschaftsgesellschaft ist eine **Gesellschaftsform der Freien Berufe**. Angehörige können nur natürliche Personen sein (§ 1 Abs. 1 PartGG). Sie ist eine **Personengesellschaft**, die in wesentlichen Punkten der OHG angenähert ist. Sie kann unter eigenem Namen klagen und verklagt werden, sie hat die Insolvenzfähigkeit und sie kann in das Grundbuch eingetragen werden.

Die **Regelungen für die OHG gelten grundsätzlich auch für die Partnerschaftsgesellschaft**, sodass im Folgenden nur auf die Besonderheiten der Partnerschaftsgesellschaft eingegangen wird.

a) Gründung
Der **Partnerschaftsvertrag bedarf der Schriftform** (§ 3 Abs. 1 PartGG). Die Partnerschaft ist bei dem Gericht, in dessen Bezirk sie ihren Sitz hat, zur Eintragung in das **Partnerschaftsregister** anzumelden (§ 4 Abs. 1 PartGG). Mit der Eintragung der Gesellschaft in das Partnerschaftsregister entsteht die Gesellschaft im Außenverhältnis (§ 7 Abs. 1 PartGG).

Der **Name der Gesellschaft** muss den Nachnamen mindestens eines Partners sowie den Zusatz „und Partner" oder „Partnerschaft" enthalten. Ferner sind die Berufsbezeichnungen aller in der Partnerschaft vertretenen Berufe enthalten. Die Beifügung von Vornamen ist nicht erforderlich (§ 2 Abs. 1 PartGG). Für die Angaben auf Geschäftsbriefen der Partnerschaft ist § 125a Abs. 1 HGB entsprechend anzuwenden (§ 7 Abs. 5 PartGG).

Beispiel

Rechtsanwalt Dr. Jürgen Schuler und Steuerberater Dr. Peter Ritter schließen sich in einer Partnerschaftsgesellschaft zusammen. Mögliche Namen der Partnerschaftsgesellschaft:

Dr. Ritter und Partner – Steuerberater und Rechtsanwalt
Dr. Schuler Partnerschaft – Rechtsanwalt und Steuerberater

Partnerschaftsgesellschaften sind zur Steuerrechtshilfe befugt. Die Partnerschaftsgesellschaft ist eine Berufsausübungsgesellschaft (§ 3 Nr. 2 StBerG), obwohl sie nicht als Steuerberatungsgesellschaft firmiert. Sie kann ebenso wie Aktiengesellschaften, Kommanditgesellschaften auf Aktien, Gesellschaften mit beschränkter Haftung, Offene Handelsgesellschaften und Kommanditgesellschaften **als Steuerberatungsgesellschaft anerkannt** werden (§ 49 Abs. 1 StBerG).

b) Geschäftsführung und Vertretung
Soweit der Partnerschaftsvertrag keine Bestimmungen enthält, gilt der Grundsatz der **Einzelgeschäftsführung** gemäß den Bestimmungen des HGB (§ 6 Abs. 3 PartGG).

Werden keine vertraglichen Regelungen getroffen, gilt der Grundsatz der **Einzelvertretung** gemäß den Vorschriften des HGB (§ 7 Abs. 3 PartGG).

c) Haftung
Für die Verbindlichkeiten der Gesellschaft haften den Gläubigern neben dem Vermögen der Gesellschaft die **Gesellschafter als Gesamtschuldner mit ihrem Privatvermögen** (§ 8 Abs. 1 PartGG). Die Besonderheit der Partnerschaftsgesellschaft besteht jedoch darin, dass die Gesellschafter die **Möglichkeit haben, die persönliche Haftung zu beschränken:** die Gesellschafter können die Haftung aus Schäden wegen fehlerhafter Berufsausübung **auf den Gesellschafter** beschränken, der innerhalb der Gesellschaft die berufliche Leistung zu erbringen hat (§ 8 Abs. 2 PartGG).

Beispiel

Dr. Schuler und Dr. Ritter haben die Möglichkeit, die persönliche Haftung für Ansprüche aus fehlerhafter Berufsausübung vertraglich in den AGB zu beschränken: Dr. Schuler haftet für Straf- und Zivilsachen, Dr. Ritter haftet für Steuersachen.

Für alle Gesellschaftsschulden, die nicht speziell beruflich verursacht wurden, haften die Partner gesamtschuldnerisch (z. B. Darlehenszinsen, Gehaltszahlungen, Mieten).

d) Auflösung

Der Tod eines Partners, die Eröffnung des Insolvenzverfahrens über das Vermögen eines Gesellschafters, sowie die Kündigung eines Partners führen nicht zur Auflösung der Gesellschaft, sondern bewirken nur das Ausscheiden des Partners aus der Partnerschaft (§ 9 Abs. 2 PartGG). Im Falle der Zahlungsunfähigkeit einer Partnerschaftsgesellschaft findet über deren Vermögen ein selbstständiges Insolvenzverfahren statt.

e) Steuerliche Behandlung

Die Partnerschaftsgesellschaft selbst ist kein Steuersubjekt im Sinne der **Einkommensteuer**. Sie ist nicht einkommensteuerpflichtig, da es sich nicht um eine natürliche Person im Sinne von § 1 EStG handelt. Die Gesellschafter haben ihre Gewinne als **Einkünfte aus selbstständiger Arbeit** zu versteuern. Die Partner der Gesellschaft können frei wählen, ob sie ihren Gewinn im Bereich der selbstständigen Einkünfte aufgrund der Bilanzierung (§ 4 Abs. 1 EStG) oder durch Einnahmen-Überschussrechnung (§ 4 Abs. 3 EStG) ermitteln.

Die Partnerschaftsgesellschaft betreibt kein Handelsgewerbe und unterliegt damit **nicht der Gewerbesteuer**. Bei entsprechender Tätigkeit besteht bei der Partnerschaftsgesellschaft als Steuersubjekt (Unternehmen) **Umsatzsteuerpflicht**. Die Partnerschaftsgesellschaft ist **nicht körperschaftsteuerpflichtig**, da eine Körperschaftsteuerpflicht nur für die in § 1 KStG genannten Körperschaften zutrifft.

6.8 Stille Gesellschaft

Bei der stillen Gesellschaft beteiligt sich eine Person mit einer **Vermögenseinlage** an dem Handelsgewerbe eines anderen. Die Einlage geht in das Vermögen des Inhabers der Gesellschaft über (§ 230 Abs. 1 HGB), d. h. bei der stillen Gesellschaft gibt es kein Gesamthandsvermögen. Der stille Gesellschafter ist dafür **am Gewinn, aber auch am Verlust der Gesellschaft beteiligt**. Die Verlustbeteiligung erstreckt sich allerdings maximal bis zum Betrag seiner eingezahlten oder rückständigen Einlage und kann vertraglich auch komplett ausgeschlossen werden (§§ 231 - 232 HGB).

Der **stille Gesellschafter** weist eine Reihe von wirtschaftlichen und rechtlichen **Gemeinsamkeiten mit** dem **Kommanditisten** einer KG auf:

- Kapitalbeteiligung an einer Personengesellschaft
- keine persönliche Mitarbeit
- Kontrollrecht
- Haftungsbegrenzung (Verlustbeteiligung) auf die Höhe der Einlage
- Gewinnanspruch.

Die **Gründung** kann formlos erfolgen. Die stille Gesellschaft tritt nach außen hin nicht in Erscheinung. Das **Beteiligungsverhältnis ist nicht erkennbar** (Innengesellschaft). Die stille Gesellschaft hat damit auch **keine gemeinsame Firma**. Es erfolgt **kein Handelsregistereintrag**. Nur der Inhaber des Handelsgewerbes hat Geschäftsführungs- und Vertretungsbefugnis. Der stille Gesellschafter ist berechtigt die schriftliche Mitteilung des Jahresabschlusses zu verlangen und diesen durch Einsicht in die Bücher zu prüfen (Kontrollrecht § 233 Abs. 1 HGB). Die stille Gesellschaft ist **keine Handelsgesellschaft**, da das Handelsgewerbe allein vom Inhaber des Handelsgewerbes betrieben wird.

Insbesondere aus steuerlicher Sicht wird in die typische und atypische stille Gesellschaft unterschieden:

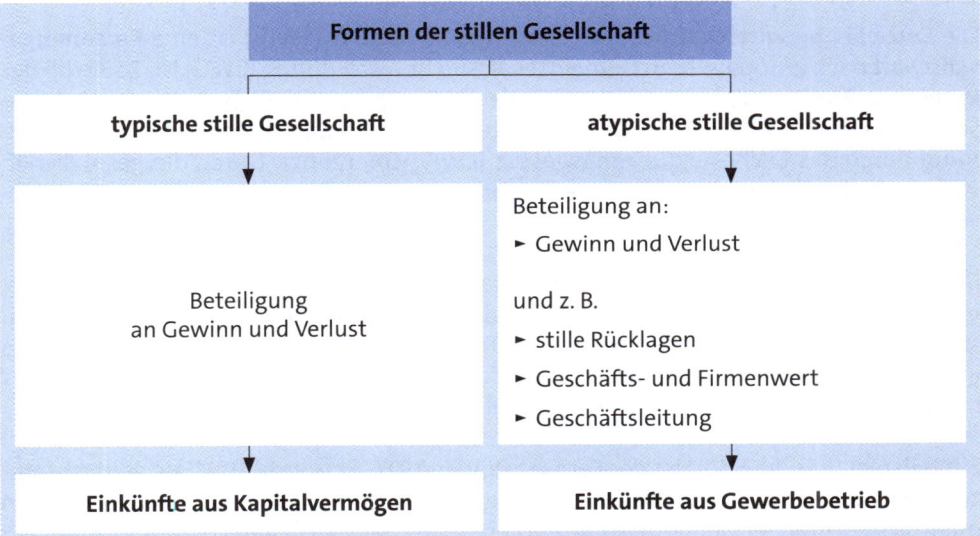

Bei der **typischen stillen Gesellschaft** beteiligt sich der stille Gesellschafter an einem Handelsgewerbe mit einer Vermögenseinlage. Wenn vertraglich nichts vereinbart ist, ist der stille Gesellschafter in angemessenem Verhältnis am Gewinn und Verlust beteiligt. Eine typische stille Gesellschaft liegt vor, wenn die Einlage des stillen Gesellschafters vorwiegend Darlehenscharakter ohne festen Zinsanspruch und ohne Mitunternehmerschaft besitzt. In diesem Fall sind im Rahmen der **Einkommensteuer** die Einnahmen und Ausgaben den **Einkünften aus Kapitalvermögen** zuzuordnen, da es sich hier um eine reine Vermögensanlage handelt. Die Gewinnanteile des Geschäftsinhabers gehören zu den Einkünften aus Gewerbebetrieb.

Im Fall der **atypischen stillen Gesellschaft** ist der stille Gesellschafter je nach Ausgestaltung des Gesellschaftsvertrags nicht nur an Gewinn und Verlust beteiligt, sondern hat auch einen Anspruch auf Beteiligung an den stillen Reserven und dem Geschäfts- oder Firmenwert des Unternehmens. Auch die Ausübung von unternehmerischen Funktionen oder weitergehenden Kontrollrechten ist denkbar. Dadurch handelt es sich nicht mehr nur um eine Kapitalanlage, sondern um die Tätigkeit als Mitunternehmer an einer Personengesellschaft. Im Rahmen der **Einkommensteuer** erfolgt daher eine Zuordnung zu den **Einkünften aus Gewerbebetrieb** (§ 15 Abs. 1 Nr. 2 EStG).

Gewerbebetrieb im Sinne der **Gewerbesteuer** ist nicht die stille Gesellschaft, sondern der Betrieb des Geschäftsinhabers. Unternehmer im Sinne der **Umsatzsteuer** ist der Geschäftsinhaber.

Aufgabe 241 > Seite 380

6.9 Europäische wirtschaftliche Interessengemeinschaft (EWIV)

Die **Europäische wirtschaftliche Interessengemeinschaft (EWIV)** ist eine **Personengesellschaft** nach europäischem Gemeinschaftsrecht: Verordnung (EWG) Nr. 2137/85 des Rates vom 25.07.1985 über die Schaffung einer Europäischen wirtschaftlichen Interessenvereinigung (EWIVVO). Für Gesellschaften mit Sitz in Deutschland wird die Verordnung durch das EWIV-Ausführungsgesetz (EWIVAG) ergänzt. Durch die gesetzlichen Vorschriften sollen möglichst wenige Beschränkungen erfolgen, um viele Kooperationsvarianten zu gestatten.

Die Vereinigung hat den **Zweck**, die wirtschaftliche Tätigkeit ihrer Mitglieder zu erleichtern oder zu entwickeln, sowie die Ergebnisse dieser Tätigkeit zu verbessern oder zu steigern. Sie hat nicht den Zweck, Gewinn für sich selbst zu erzielen. Ihre Tätigkeit muss im Zusammenhang mit der wirtschaftlichen Tätigkeit ihrer Mitglieder stehen und darf nur eine Hilfstätigkeit hierzu bilden (Artikel 3 EWIVVO).

Ein **Beispiel** für eine EWIV ist der **Fernsehsender ARTE**. Er wurde 1991 als deutschfranzösisches Gemeinschaftsprojekt gegründet, das auch Partnerschaften mit anderen öffentlich rechtlichen Sendern in Europa vereinbart hat und in ganz Europa empfangen wird. Gleichberechtigte Mitglieder sind die ARTE Deutschland TV GmbH und ARTE France.

a) Gründung
Die EWIV muss aus **mindestens zwei Mitgliedern** bestehen, die **aus verschiedenen EU-Mitgliedstaaten** stammen. Dabei kann es sich um juristische Personen des privaten und öffentlichen Rechts handeln, sowie um natürliche Personen, die eine gewerbliche, kaufmännische, handwerkliche, landwirtschaftliche oder freiberufliche Tätigkeit in der Gemeinschaft ausüben oder dort andere Dienstleistungen erbringen (Artikel 4 EWIV-VO).

Der **Gesellschaftsvertrag** bedarf der **Schriftform**. Die Vereinigung gilt als Handelsgesellschaft im Sinne des Handelsgesetzbuchs und ist zur Eintragung in das **Handelsregister** anzumelden (Artikel 1 Abs. 1 EWIVVO).

b) Geschäftsführung und Vertretung
Die **Organe** der Vereinigung sind die **gemeinschaftlich handelnden Mitglieder** und der oder die **Geschäftsführer**. Der Gründungsvertrag kann andere Organe vorsehen; er bestimmt in diesem Fall deren Befugnisse (Artikel 16 EWIVVO).

Gegenüber Dritten wird die Vereinigung ausschließlich durch den **Geschäftsführer** oder, wenn es mehrere sind, durch einen jeden Geschäftsführer vertreten. Eine **Beschränkung der Befugnisse des Geschäftsführers** oder der Geschäftsführer durch den Gründungsvertrag oder durch einen Beschluss der Mitglieder ist Dritten gegenüber **nicht wirksam**, selbst wenn sie bekannt gemacht worden ist (Artikel 20 EWIVVO).

Bei der Beschlussfassung hat jedes **Mitglied** eine Stimme. Der Gründungsvertrag kann jedoch bestimmten Mitgliedern mehrere Stimmen unter der Bedingung gewähren, dass ein einziges Mitglied nicht die Stimmenmehrheit besitzt. Bestimmte Beschlüsse können von den Mitgliedern nur einstimmig gefasst werden, z. B.:

- Änderungen des Unternehmensgegenstandes der Vereinigung, Änderungen der Stimmenzahl eines jeden Mitglieds.
- eine Verlängerung der Dauer der Vereinigung über den im Gründungsvertrag festgelegten Zeitpunkt hinaus.

c) Haftung
Die **Mitglieder** der Vereinigung haften **unbeschränkt und gesamtschuldnerisch** für deren Verbindlichkeiten (Artikel 24 EWIVVO).

d) Finanzierung, Gewinnverteilung und Besteuerung
Ein **Mindestkapital** ist nicht vorgesehen. Die Vereinigung darf sich nicht öffentlich an den Kapitalmarkt wenden (Artikel 23 EWIVVO).

Gewinne aus den Tätigkeiten der Vereinigung gelten als Gewinne der Mitglieder und sind auf diese in dem im Gründungsvertrag vorgesehenen Verhältnis oder, falls dieser hierüber nichts bestimmt, **zu gleichen Teilen aufzuteilen** (Artikel 21 EWIVVO).

Das Ergebnis der Tätigkeit der Vereinigung wird **nur bei ihren Mitgliedern besteuert** (Artikel 40 EWIVVO).

e) Auflösung
Die Vereinigung kann durch Beschluss ihrer Mitglieder aufgelöst werden, der diese Auflösung ausspricht. Dieser Beschluss muss einstimmig gefasst werden, es sei denn, dass der Gründungsvertrag etwas anderes bestimmt (Artikel 31 ff. EWIVVO).

6.10 Gesellschaft mit beschränkter Haftung (GmbH)
Die GmbH ist eine Kapitalgesellschaft (juristische Person), an der sich die Gesellschafter mit ihren Kapitaleinlagen beteiligen ohne persönlich für die Verbindlichkeiten der Gesellschaft zu haften. Für die Verbindlichkeiten der Gesellschaft haftet den Gläubigern nur das Gesellschaftsvermögen (§ 13 Abs. 2 GmbHG).

a) Gründung
In der Gründungsphase besteht für den oder die Gesellschafter die Wahlmöglichkeit zwischen der Gründung einer GmbH unter Aufbringung des gesetzlich geforderten

Mindestkapitals in Höhe von 25.000 € oder einer haftungsbeschränkten Unternehmergesellschaft (UG) bei unterschreiten des gesetzlich geforderten Mindestkapitals.

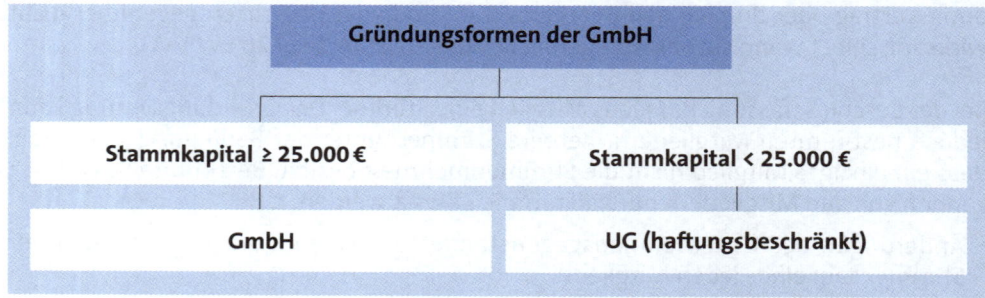

aa) GmbH
Die Gründung der GmbH vollzieht sich in mehreren Stufen und hat insbesondere haftungsrechtliche und steuerrechtliche Folgen[1]:

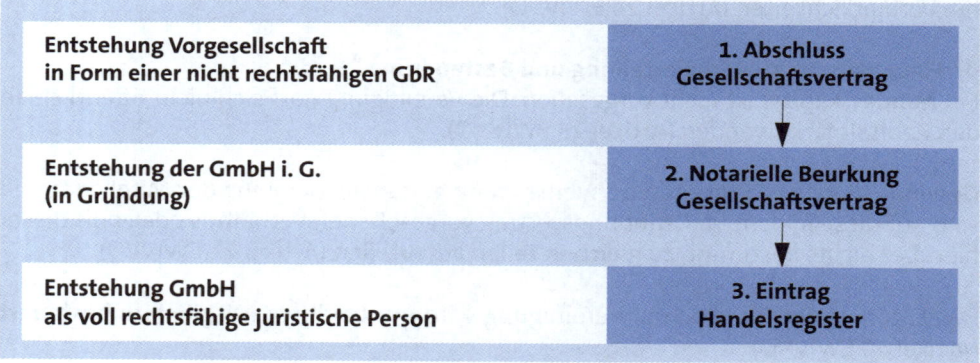

Der Gesellschaftsvertrag bedarf **notarieller Beurkundung** (§ 2 Abs. 1 Satz 1 GmbHG) und muss folgende **Angaben** enthalten (§ 3 GmbHG):

- die Firma und Sitz der Gesellschaft
- den Gegenstand des Unternehmens
- den Betrag des Stammkapitals
- die Zahl und die Nennbeträge der Geschäftsanteile, die jeder Gesellschafter gegen Einlage auf das Stammkapital (Stammeinlage) übernimmt.

---

[1] Vergleiche Lernabschnitt 6.10 c) und f).

Beispiel

Auszug aus einem möglichen Gründungsvertrag

...

§ 3
Das Stammkapital der Gesellschaft beträgt 60.000 €.

§ 4
Vom Stammkapital in Höhe von 60.000 € übernimmt Herr Abel einen Geschäftsanteil von 10.000 €, Herr Behrens einen Geschäftsanteil von 20.000 €, Herr Chron einen Geschäftsanteil von 30.000 €.

Die **Firma** muss die Bezeichnung „Gesellschaft mit beschränkter Haftung" oder eine allgemein verständliche Abkürzung dieser Bezeichnung enthalten (§ 4 GmbHG). Die Gründung einer GmbH durch nur eine Person ist zulässig (§ 1 GmbHG: **Ein-Personen-GmbH**).

Der **Sitz der Gesellschaft** muss ein Ort im Inland sein, den der Gesellschaftsvertrag bestimmt (§ 4a GmbHG). Dieser muss jedoch nicht mit dem Ort der Geschäftsleitung oder der Unternehmensverwaltung übereinstimmen, womit es beispielsweise deutschen Konzernen ermöglicht wird, Tochtergesellschaften mit Verwaltungssitz im Ausland in der Rechtsform der GmbH zu führen.

Neben dem Sitz der Gesellschaft ist bei der Anmeldung im Handelsregister eine **inländische Geschäftsanschrift** anzugeben und in das Handelsregister einzutragen, die nicht zwangsläufig mit dem Sitz der Gesellschaft gemäß Gesellschaftsvertrag identisch sein muss (§§ 8 Abs. 4 und 10 Abs. 1 GmbHG).

Das **Stammkapital** muss **mindestens 25.000 €** betragen und entspricht der Summe der Nennbeträge aller Geschäftsanteile. Ein Gesellschafter kann mehrere Geschäftsanteile über unterschiedliche Nennbeträge übernehmen (§ 5 Abs. 2 und Abs. 3 GmbHG). Das Stammkapital ist Teil des Eigenkapitals und in der Bilanz des aufzustellenden Jahresabschlusses als gezeichnetes Kapital auszuweisen (§ 42 Abs. 1 GmbHG).

Ein Gesellschafter kann bereits bei Gründung der GmbH mehrere **Geschäftsanteile** übernehmen. Der Nennbetrag eines Geschäftsanteils muss auf volle Euro lauten und kann damit theoretisch lediglich 1 € betragen (§ 5 Abs. 2 GmbHG). Die Gesamtheit, der durch die Einlage auf das Stammkapital erworbenen Geschäftsanteile bezeichnet man als **Stammeinlage** des Gesellschafters. Sie bezeichnet den Anteil des Gesellschafters am gesamten Gesellschaftsvermögen mit den sich daraus ergebenden Rechten und Pflichten und hängt vom Anteil der Stammeinlage vom gesamten Stammkapital ab (§ 3 Abs. 1 Nr. 4 GmbHG).

Das Stammkapital ist nicht in jedem Fall identisch mit dem Gesellschaftsvermögen. Bei Gründung der GmbH erhält die Gesellschaft ein Vermögen, das mindestens so hoch ist wie das Stammkapital. Nur bei Gründung deckt sich möglicherweise das Stammkapital mit dem Gesellschaftsvermögen, wenn kein Fremdkapital zur Finanzierung des Unternehmens eingesetzt wurde. Der Gesamtwert aller Geschäftsanteile eines Gesellschafters kann nach Gründung wertmäßig (nicht nennbetragsmäßig!) größer oder kleiner als der Nennbetrag der Stammeinlage sein. Der Wert der Geschäftsanteile weicht vom Nennbetrag der Stammeinlage in demselben Verhältnis ab, wie der Wert des Gesellschaftsvermögens vom Nennbetrag des Stammkapitals.

Zur **Veräußerung von Geschäftsanteilen** durch Gesellschafter bedarf es eines in notarieller Form geschlossenen Vertrages (§ 15 Abs. 3 GmbHG). Im Gesellschaftsvertrag kann allerdings die Abtretung von der Genehmigung der Gesellschaft abhängig gemacht werden (§ 15 Abs. 5 GmbHG). Die Veränderung der Gesellschafterzusammensetzung wird erst mit der Aktualisierung der beim Handelsregister mit aufgenommenen Gesellschafterliste wirksam (§ 16 Abs. 1 GmbHG). Wird über den Geschäftsanteil eine Urkunde ausgestellt, so ist zu beachten, dass diese Urkunde kein Wertpapier ist und somit **kein börsenmäßiger Handel möglich** ist. Die GmbH kann auch ihre eigenen Geschäftsanteile erwerben, soweit diese voll eingezahlt sind (§ 33 GmbHG).

Beispiel

Auszug aus einem möglichen Abtretungsvertrag

Vor dem unterzeichnenden Notar X erschienen heute
Herr Abel, Herr Behrens.

§ 1
Der erschienene Abel ist Inhaber eines Geschäftsanteils von 10.000 € der Y-GmbH. Diesen Geschäftsanteil verkauft er an den erschienenen Behrens zum Preis von 10.000 €.

Der **Geschäftsanteil ist maßgebend** für

- die Verteilung des Jahresüberschusses, zuzüglich eines Gewinnvortrags, abzüglich eines Verlustvortrags (§ 29 Abs. 3 GmbHG)

  das Stimmrecht (§ 47 Abs. 2 GmbHG: jeder Euro eines Geschäftsanteils gewährt eine Stimme) und

- den Anteil am Liquidationserlös (§ 72 GmbHG).

  Die GmbH entsteht erst mit Eintragung der Gesellschaft in das Handelsregister (**konstitutive Wirkung der Eintragung**). Sie gilt unabhängig von der Ausübung eines Handelsgewerbes als Handelsgesellschaft und ist **Formkaufmann** nach § 6 HGB i. V. m. § 13 Abs. 3 GmbHG.

Die **Anmeldung zur Eintragung ins Handelsregister** darf erst erfolgen, wenn

- ein Viertel des Nennbetrages auf jeden Geschäftsanteil einbezahlt ist, soweit nicht Sacheinlagen vereinbart sind (§ 7 Abs. 2 Satz 1 GmbHG)
- insgesamt auf das Stammkapital mindestens 12.500 € eingezahlt sind (§ 7 Abs. 2 Satz 2 GmbHG).

Zur Anmeldung sind Gesellschaftsvertrag, Geschäftsführerbestellung und Gesellschafterbestellung beizufügen (§ 8 GmbHG):

Falls die folgenden Voraussetzungen alle gegeben sind, kann die GmbH in einem **vereinfachten und kostengünstigeren Standardverfahren** gegründet werden (§ 2 Abs. 1a GmbHG):

- maximal drei Gesellschafter
- maximal ein Geschäftsführer

    Verwendung eines der gesetzlich vorgegebenen beurkundungspflichtigen Musterprotokolle, in denen Gesellschaftsvertrag, Geschäftsführerbestellung und Gesellschafterliste zusammengefasst werden.
- keine abweichenden Regelungen über das Musterprotokoll hinaus.

ab) Unternehmergesellschaft (haftungsbeschränkt)

Für die haftungsbeschränkte UG gelten grundsätzlich alle Regelungen zur GmbH. Ergänzungen und Abweichungen ergeben sich aus besonderen Vorschriften, die im Folgenden kurz dargestellt werden.

Eine GmbH kann ohne bestimmtes Mindestkapital als haftungsbeschränkte Unternehmergesellschaft gegründet werden und muss in diesen Fällen als **Unternehmergesellschaft (haftungsbeschränkt)** oder **UG (haftungsbeschränkt)** firmieren (§ 5a Abs. 1 GmbHG). Dabei handelt es sich nicht um eine neue Rechtsform, sondern um eine GmbH, in die das Mindeststammkapital nicht in der Gründungsphase eingebracht, sondern im Verlauf der Geschäftstätigkeit aus den erwirtschafteten Gewinnen angespart wird. Bis zum Erreichen des Mindestkapitals ist eine **gesetzliche Rücklage** zu bilden, in die jährlich 25 % des Jahresüberschusses abzüglich eines eventuellen Verlustabzugs einzustellen ist (§ 5a Abs. 3 GmbHG). Bei Erreichen des Mindestkapitals können die Gesellschafter entscheiden, ob die bisherige Firmierung beibehalten oder eine Umfirmierung als GmbH erfolgen soll (§ 5a Abs. 5 GmbHG).

Da der **Nennbetrag jedes Geschäftsanteils** lediglich auf volle Euro lauten muss (§ 5 Abs. 2 GmbHG), ist es theoretisch möglich, eine Ein-Personen-GmbH in Form einer haftungsbeschränkten Unternehmergesellschaft mit einem **Mindeststammkapital von 1 €** zu gründen. Das Stammkapital der UG (haftungsbeschränkt) ist in Abweichung zur GmbH vor Eintragung in voller Höhe einzuzahlen. Sacheinlagen sind bei der UG nicht zulässig (§ 5a Abs. 2 GmbHG).

b) Geschäftsführung und Vertretung

Die Fragen der Unternehmensleitung stehen in engem Zusammenhang mit den Organen der GmbH.

Organe der GmbH	Aufgaben und Rechte
Geschäftsführer = leitendes Organ	▸ Geschäftsführung und Vertretung ▸ Einberufung der Gesellschafterversammlung
Gesellschafterversammlung = beschließendes Organ	▸ Feststellung der Jahresbilanz ▸ Verteilung des Reingewinns ▸ Wahl und Abberufung von Geschäftsführern, Prokuristen und Generalbevollmächtigten
Aufsichtsrat = überwachendes Organ	Ein Aufsichtsrat ist nur bei Gesellschaften vorgeschrieben, die regelmäßig mehr als 500 Arbeitnehmer beschäftigen. Der Gesellschaftsvertrag kann die freiwillige Bildung eines Aufsichtsrates vorsehen.

Der Geschäftsführung obliegt als leitendem Organ die Geschäftsführung und Vertretung. Soweit im Gesellschaftsvertrag keine Regelungen getroffen wurden, so gilt **Gesamtgeschäftsführung und Gesamtvertretung aller Gesellschafter** gemeinschaftlich (§ 35 Abs. 2 Satz 2 GmbHG). **Abweichende Regelungen** im Gesellschaftsvertrag (z. B. Einzelgeschäftsführungs- und -vertretungsbefugnis) sind **möglich**. Allerdings ist die Vertretungsbefugnis im Außenverhältnis unbeschränkbar (§ 37 Abs. 2 Satz 1 GmbHG).

c) Haftung
Die Haftung steht in engem Zusammenhang mit den Stufen der Gründung der GmbH.

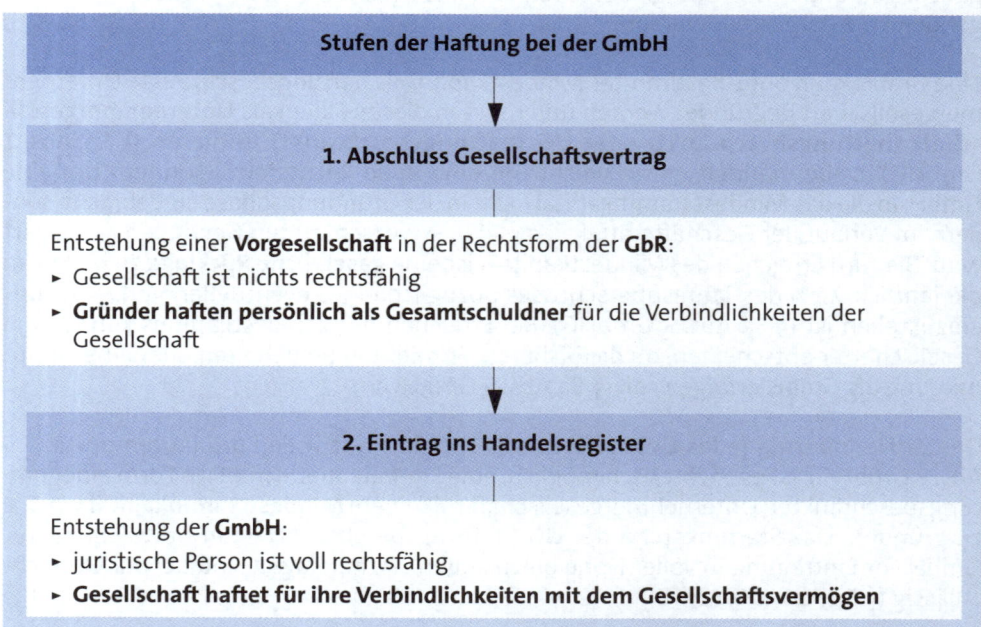

Mit Abschluss des Gesellschaftsvertrages entsteht die sog. **Vorgesellschaft**, bei der es sich i. d. R. um eine Gesellschaft bürgerlichen Rechts (**GbR**) handelt, die nicht rechtsfähig ist. Daher haften die Gründer für die Verbindlichkeiten der Vorgesellschaft **persönlich und solidarisch als Gesamtschuldner** (§ 11 Abs. 2 GmbHG).

Mit Eintrag ins Handelsregister entsteht die, als juristische Person, voll rechtsfähige **GmbH**. Ab diesem Zeitpunkt ist die Haftung **beschränkt auf das Gesellschaftsvermögen des Unternehmens**. Die Gesellschafter haften nur noch in Höhe ihrer Stammeinlage.

Die Gewinnverteilung erfolgt im Verhältnis der Geschäftsanteile. Eine gesellschaftsvertragliche Abweichung ist möglich (§ 29 GmbHG).

d) Gewinn- und Verlustverteilung
Die Gewinnverteilung erfolgt im Verhältnis der Geschäftsanteile. Eine gesellschaftsvertragliche Abweichung ist möglich (§ 29 GmbHG).

Beispiel

Gesellschafter	Stammeinlage [€]	Geschäftsanteil [%]	Gewinnanteil [%]
Abel	10.000	20 %	20 %
Behrens	20.000	40 %	40 %
Chron	20.000	40 %	40 %
Stammkapital	50.000		

e) Finanzierung
Um zusätzlichen Kapitalbedarf zu decken, besteht die Möglichkeit der Vereinbarung einer **Nachschusspflicht der Gesellschafter**.

Bei der **unbeschränkten Nachschusspflicht** verpflichten sich die Gesellschafter zur Einzahlung von zusätzlichem Kapital auf ihre Stammeinlage (Nachschuss auf die Stammeinlage), über deren Höhe die Gesellschafterversammlung beschließt. Wurde im Gesellschaftsvertrag die Nachschusspflicht auf einen bestimmten Betrag (abhängig vom Geschäftsanteil) beschränkt, so spricht man von einer **beschränkten Nachschuss-pflicht** (§ 26 GmbHG).

Sieht die Satzung eine **beschränkte Nachschusspflicht** vor, so führt ein Verzug der Einzahlung zum Ausschluss des GmbH-Gesellschafters mit seinem Geschäftsanteil (**Kaduzierung**). Der Geschäftsanteil wird versteigert. Mit dem Versteigerungserlös wird der Nachschuss gedeckt. Ein etwaiger Überschuss steht der GmbH zu, einen Fehlbetrag bringen die Gesellschafter nach Verhältnis ihrer Kapitalanteile auf (§ 24 Satz 1 GmbHG). Dem Gesellschafter ist im Kaduzierungsverfahren sein Geschäftsanteil aberkannt worden (für verfallen erklärt worden; §§ 21, 28 GmbHG).

Bei **unbeschränkter Nachschusspflicht** können sich die Gesellschafter der Nachzahlung dadurch entziehen, dass sie der Gesellschaft ihren Geschäftsanteil zur Verfügung stellen (Recht zum **Abandonieren** = aufgeben). Wie bei der Kaduzierung wird der Geschäftsanteil versteigert und der Nachschuss gedeckt. Ein etwaiger Überschuss steht dem Gesellschafter zu, einen Fehlbetrag trägt die Gesellschaft (§ 27 GmbHG).

f) Steuerliche Behandlung

Die GmbH ist eine **juristische Person** und somit selbstständiges Steuersubjekt im Sinne der **Körperschaftsteuer** und ist bereits in der Gründungsphase mit notarieller Beurkundung körperschaftsteuerpflichtig. Die Dividendenzahlungen stellen für die **Gesellschafter**, sofern diese natürliche Personen sind, **Einkünfte aus Kapitalvermögen** dar und unterliegen somit der **Einkommensteuer**.

Die GmbH ist Gewerbebetrieb kraft Rechtsform und unterliegt somit der **Gewerbesteuer**. Unternehmer ist die GmbH selbst. Sie unterliegt als Steuerschuldner der **Umsatzsteuer**.

Eine im Zuge der Gründung entstehende **Vorgesellschaft in der Rechtsform der GbR** ist nicht körperschaftssteuerpflichtig. Die Gesellschafter erzielen in diesem Zusammenhang im Rahmen der Einkommensteuer Einkünfte aus Gewerbebetrieb. Handelt es sich bei der Tätigkeit der GbR um einen Gewerbebetrieb im Sinne des Einkommensteuergesetzes, ist die GbR Gewerbebtrieb kraft gewerblicher Betätigung und unterliegt der Gewerbesteuer. Sie unterliegt als Steuerschuldner der Umsatzsteuer.

Exkurs: Limited (Ltd.)

Die englische Private Limited Company by Shares (Limited oder Ltd.) ist wie die GmbH eine Kapitalgesellschaft und wird häufig für Existenzgründer als Alternative zur GmbH dargestellt. Insbesondere die schnelle und kostengünstige Gründung, das fehlende Mindestkapital sowie die Haftungsbeschränkung auf das Gesellschaftsvermögen werden als Vorteile genannt. Aus diesem Grund werden die wichtigsten Kriterien der Limited dargestellt und deren Vorteilhaftigkeit hinterfragt.

a) Gründung

Die Gründung der Ltd. ist innerhalb einer Woche ohne kostspielige Einschaltung eines Notars möglich und muss in England erfolgen. In Deutschland muss dann eine Zweigniederlassung in das Handelsregister eingetragen werden.

b) Geschäftsführung und Vertretung

Die Limited ist als juristische Person nur durch Ihre **zwei Organe** handlungsfähig.

- directors (Geschäftsführer)
- members (Gesellschafter).

In England muss verpflichtend ein registered office unterhalten werden, in dem bestimmte Unterlagen aufbewahrt und für die Öffentlichkeit bereitgehalten werden müssen.

c) Haftung

Die Haftung der Kapitalgesellschaft ist auf das Unternehmensvermögen begrenzt. Allerdings bestehen hinsichtlich der Haftung des Geschäftsführers nach dem englischen

Recht zum Teil strengere Maßstäbe, z. B. im Zusammenhang mit der Insolvenz des Unternehmens.

d) Finanzierung und Besteuerung
Ein **Mindestkapital** ist nicht vorgeschrieben, sodass eine Gründung bereits mit einem britischen Pfund möglich ist. Allerdings ist dies in der Realität problematisch, da eine gewisse Kapitalausstattung zu Beginn der Unternehmenstätigkeit und während der laufenden Tätigkeit notwendig ist.

Die Gewinne einer ausschließlich in Deutschland betriebenen Ltd., unterliegen wie bei der GmbH der deutschen Körperschaftsteuer und Gewerbesteuer. Auch auf der Gesellschafterebene ergeben sich die selben **steuerlichen Folgen** wie bei der GmbH.

e) Beurteilung im Vergleich zur GmbH
Für Gründer, die an den anglo-amerikanischen Markt oder auch an Südostasien denken, wo die Limited bekannt und anerkannt ist, ist sie sicherlich eine gute Option. Fraglich ist allerdings, wie die Rechtsform der Limited bei deutschen Geschäftspartnern, wie Kunden, Lieferanten und Banken, wahrgenommen wird und sich nicht im Einzelfall als **Imagenachteil** erweist.

Neben den zeitlichen und kostenmäßigen Vorteilen zeigen sich auch zusätzliche Belastungen und Risiken gegenüber der Existenzgründung in der Rechtsform einer GmbH. So entstehen **zusätzliche Kosten** z. B. durch die Stellung des registered office sowie für die Erstellung von Jahresabschluss und Steuererklärung nach englischem Recht. Daneben fallen auch für die Eintragung der Zweigniederlassung sowie eventuell notwendige Rechtsberatung in englischem Recht an.

Daneben stellt auch das **Haftungsrisiko** aufgrund der englischen Vorschriften zu den Pflichten des Geschäftsführers eine weitere Unwägbarkeit dar.

Aufgaben 242 - 248 > Seite 380 - 383

6.11 Aktiengesellschaft (AG)

Bei Unternehmen in der Rechtsform der **Aktiengesellschaft (AG)** ist jeder Gesellschafter durch die Überlassung von Kapital Miteigentümer des Unternehmens und erhält entsprechende Teilhaberrechte (auch Mitgliedschaftsrechte genannt), die durch die Ausgabe von **Aktien** in Form einer Urkunde verbrieft werden. Dabei handelt es sich bei der Aktienurkunde um ein **vertretbares (austauschbares, fungibles) Wertpapier**, da jede Aktie (bei gleichem Nennwert und gleicher Aktienart) die gleichen Vermögensrechte repräsentiert.

Bei **Börsenzulassung der Aktiengesellschaft** kann die Aktie an der Börse gehandelt, d. h. gekauft und veräußert werden. Bei Kapitalgesellschaften ist die **Kapitalbeteiligung wesentliches Merkmal**. Das Kapital ist unpersönlich und die Kapitalanteile sind deshalb grundsätzlich ohne Zustimmung der Gesellschafter übertragbar. Dies erleichtert bei Unternehmen mit großem Kapitalbedarf die Beschaffung von Eigenkapital durch Ausgabe neuer Aktien, da bei börsennotierten Unternehmen die neuen Aktionäre ihre Anteile jederzeit über die Börse wieder veräußern können.

MERKE

Bei Personengesellschaften ist die persönliche Mitarbeit wesentliches Merkmal. Die Mitgliedschaft ist deshalb grundsätzlich nicht ohne Zustimmung der Gesellschafter veräußerbar.

Die **Aktienurkunde** besteht aus zwei Teilen (äußere Form):
- Der **Mantel** ist die eigentliche Urkunde. Er verbrieft das Gläubiger- bzw. Teilhaberrecht.
- Der **Bogen** enthält die Dividendenscheine (Kupons/Coupons). Alle Kupons sind fortlaufend nummeriert. Bei Fälligkeit der Dividenden wird ein Kupon abgetrennt und zur Auszahlung vorgelegt. Sind alle Kupons zur Zahlung vorgelegt worden, erhält der Effekteninhaber gegen Einsendung des Erneuerungsscheins (Talon), der sich am Ende des Bogens befindet, einen neuen Bogen.

Zur **Vereinfachung der Wertpapierverwaltung** wird bei börsennotierten Unternehmen nur noch ein kleiner Teil der Aktien als effektive Stücke verbrieft und an die Aktionäre ausgegeben. Die Aktien einer AG werden in Form von Sammel- oder Globalurkunden bei einer Wertpapiersammelbank verwahrt und die Anteile nur noch buchmäßig dem Aktionär in sein entsprechendes Depot eingebucht, ohne dass der Aktionär oder seine Depot führende Bank die Aktienurkunden ausgehändigt bekommt.

In der Satzung kann der Anspruch auf Einzelverbriefung der Aktien ausgeschlossen oder eingeschränkt werden (§ 10 Abs. 5 AktG). Damit besteht kein Recht des Aktionärs auf Verbriefung seiner Mitgliedschaft in Einzelurkunden entsprechend der Grundkapitalstückelung.

Durch bestimmte Erleichterungen für kleine Aktiengesellschaften im Rahmen des Aktiengesetzes verfolgt der Gesetzgeber das Ziel, die Rechtsform der AG auch für Mittelstandsbetriebe zugänglich und attraktiv zu machen.

Große Massen-AG	Kleine Familien-AG
börsennotierte AG	nicht börsennotierte AG
börsenfähige Aktien	nicht börsenfähige Aktien
großer, anonymer Aktionärskreis	kleiner, geschlossener Aktionärskreis
Aktionäre unbekannt	Aktionäre namentlich bekannt
geringer Aktienanteil der Aktionäre, d. h. Aktienanteile weit gestreut	hoher Aktienanteil der Aktionäre, d. h. kleine Aktionärsgruppen halten Aktienpakete
z. B. BASF SE: 460.000 Aktionäre	z. B. Deidesheimer Laborgeräte AG: 10 Aktionäre

6.11.1 Aktienarten

Die Aktien können nach unterschiedlichen Kriterien unterschieden werden.

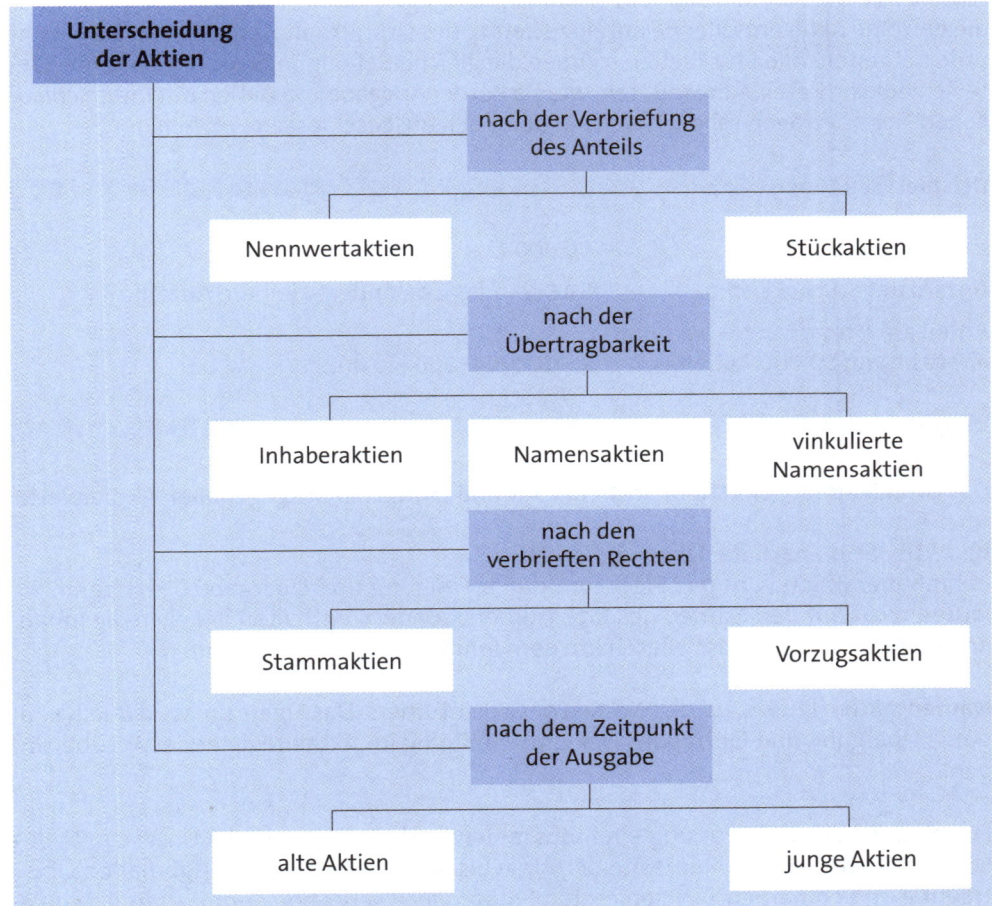

a) Aktienarten nach der Verbriefung des Anteils

Nennbetragsaktien müssen auf mindestens einen Euro lauten. Höhere Aktienbeträge müssen auf volle Euro lauten. Der Nennwert der Aktie gibt an, mit wie viel Euro der Aktionär am Grundkapital der Aktiengesellschaft beteiligt ist. Der **Anteil am Grundkapital** bestimmt sich bei Nennbetragsaktien nach dem Verhältnis ihres Nennbetrags zum Grundkapital. Eine Gesellschaft kann Aktien mit unterschiedlichen Nennbeträgen herausgeben, z. B. über 5, 50, 1.000 und 10.000 € (§ 8 AktG).

Stückaktien lauten auf keinen Nennbetrag. Sie verbriefen das Recht an einem bestimmten Anteil am Grundkapital. Der **Anteil am Grundkapital**, den eine Aktie verbrieft, bestimmt sich bei Stückaktien aus dem Verhältnis zur Gesamtzahl aller ausgegebenen Aktien. Alle Stückaktien sind am Grundkapital in gleichem Umfang beteiligt. Der auf die einzelne Aktie entfallende anteilige Betrag des Grundkapitals darf einen Euro nicht unterschreiten. Alle Stückaktien müssen die gleiche Beteiligungsquote gewähren. Unterschiedliche Beteiligungsquoten, wie sie bei der Ausgabe von Aktien mit unterschiedlichen Nennbeträgen möglich ist, sind demnach ausgeschlossen (§ 8 AktG).

Beispiel

Grundkapital:	50.000 €
Anzahl der Stückaktien:	50.000 oder jede andere kleinere Anzahl
Anteil am Grundkapital bei Ausgabe von 50.000 Aktien:	1 · 100 : 50.000 = 0,002 %

Das **Grundkapital der AG entspricht der Summe sämtlicher ausgegebenen Aktienwerte**.

b) Aktienarten nach der Übertragbarkeit

Bei **Inhaberaktien** wird das Eigentum durch Einigung und Übergabe übertragen. Sie lauten nicht auf den Namen des Eigentümers, sondern enthalten lediglich die Inhaberklausel, die besagt, dass alle Rechte dem Inhaber der Aktie zustehen.

Namensaktien lauten auf den Namen des Eigentümers. Das Eigentum wird durch Einigung, Übergabe und Eintragung der Umschreibung im Aktienregister der AG übertragen.

Daneben ist zur Übertragung ein **Indossament** notwendig, d. h. die Unterschrift des Übertragenden auf der Rückseite der Aktie als Vermerk der ordnungsgemäßen Übertragung an den namentlich genannten Empfänger. Da bei börsennotierten Aktiengesellschaften lediglich eine Globalurkunde ausgestellt wird, die bei einer Wertpapiersammelbank verwahrt wird, ist diese bereits mit einem Blankoindossament (ohne Nennung des Empfängers) versehen, wodurch die weitere Indossierung entfallen kann.

Vinkulierte Namensaktien sind eine Sonderform der Namensaktie. Die Eigentumsübertragung erfolgt wie bei Namensaktien, die AG muss jedoch der Eigentumsübertragung zustimmen.

Die **Namensaktien** bieten eine Reihe von **Vorteilen** für die AG:

- Durch die im Aktienregister gespeicherten Daten hat die AG die Möglichkeit, die Aktionäre direkt anzusprechen und muss nicht die Depotbanken oder die Presse einschalten, um Informationen weiterzugeben und das Verhältnis zu seinen Aktionären zu pflegen.
- Durch das Aktienregister ist nachvollziehbar, welche Anteilseigner mehrheitlich an der AG beteiligt sind und welche Veränderungen stattfinden. Dadurch kann einer feindlichen Übernahme entgegengewirkt werden.
- Die Namensaktie ist die international übliche Form der Aktie und erleichtert somit den Zugang zu internationalen Kapitalmärkten.

c) Aktienarten nach dem verbrieften Recht

Stammaktien verbriefen die gesetzlichen Aktionärsrechte[1]. Vorzugsaktien verbriefen daneben zusätzliche Rechte bezüglich der zu zahlenden Dividende, z. B.:

- höhere Dividende (Zusatzdividende)
- Dividendennachzahlungen für Jahre, in denen keine Dividende gewährt wurde (kumulative Vorzugsaktien).

Oftmals sind dafür die Vorzugsaktionäre in der Hauptversammlung nicht stimmberechtigt (**stimmrechtslose Vorzugsaktien**). Das Stimmrecht lebt jedoch wieder auf, wenn die Vorzüge mindestens 2 Jahre nicht gezahlt wurden. Sie dürfen nur bis zur Hälfte des Grundkapitals ausgegeben werden.

ACHTUNG

> Nach § 12 Abs. 2 Satz 1 AktG sind Mehrstimmrechtsaktien unzulässig.

d) Aktienarten nach dem Zeitpunkt der Ausgabe

Als **junge oder neue Aktien** bezeichnet man die Aktien, die im Rahmen einer Eigenkapitalerhöhung neu ausgegeben werden sollen. Unter dem Begriff **alte Aktien** versteht man die Aktien, die bereits im Umlauf sind, da sie bei Gründung der AG oder bei vorangegangenen Kapitalerhöhungen ausgegeben wurden.

---

[1] Vergleiche Lernabschnitt 6.11.2 Aktionärsrechte.

6.11.2 Aktionärsrechte

Stammaktien verbriefen folgende **gesetzliche Rechte:**

- Teilnahme an der Hauptversammlung (§ 118 Abs. 1 AktG)
- Stimmrecht in der Hauptversammlung (§ 134 Abs. 1 AktG)
- Auszahlung des Gewinnanteils in Form einer Dividende (Aktien werden daher auch als Dividendenpapiere bezeichnet) (§§ 58, 60 AktG)
- Bezugrecht auf neue (junge) Aktien (§ 186 AktG)
- Anteil am Liquidationserlös (§ 271 AktG).

a) Stimmrecht in der Hauptversammlung

Jede Aktie gewährt ein **Stimmrecht** auf der Hauptversammlung, sofern das Stimmrecht nicht ausgeschlossen wurde (stimmrechtslose Vorzugsaktie). Mehrstimmrechtsaktien, d. h. Aktien, die mehr Stimmrechte als andere Aktien gleicher Gattung verbriefen, sind nicht zulässig (§ 12 AktG). Das Stimmrecht kann nicht entzogen werden, selbst wenn ein unliebsamer Aktionär den Vorstand stark kritisiert. Das Stimmrecht ist auch nicht abhängig von einer Mindestzahl von Aktien.

Die **Anzahl der Stimmrechte** richtet sich bei Nennbetragsaktien nach den verbrieften Aktiennennbeträgen (§ 134 Abs. 1 Satz 1 AktG). Der kleinste Nennwert einer Nennwertaktie gewährt eine Stimme. Beträgt der kleinste Nennwert der ausgegebenen Aktien ein Euro (eine Stimme), so hat der Eigentümer einer 10-Euro-Aktie 10 Stimmen. Bei Stückaktien bestimmt sich die Anzahl der Stimmrechte nach der Zahl der Aktien, denn jede Aktie gewährt genau ein Stimmrecht.

Hat ein Aktionär mehrere Aktien, so kann bei nicht börsennotierten Unternehmen die Satzung das Stimmrecht durch Festsetzung eines Höchstbetrages beschränken (§ 134 Abs. 1 Satz 2 AktG).

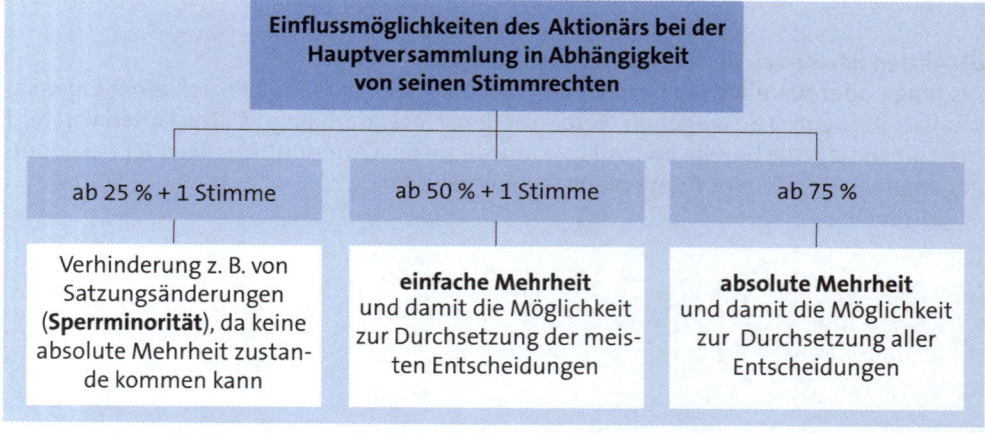

Die **Beschlüsse der Hauptversammlung** bedürfen grundsätzlich der einfachen Stimmenmehrheit von **mehr als 50 %** (§ 133 Abs. 1 AktG). Ein Großaktionär mit 50 % der Aktien und zusätzlich einer Aktie hat somit großen Einfluss auf die Unternehmenspolitik. Für bestimmte Entscheidungen, wie z. B. Satzungsänderungen, ist eine **¾-Mehrheit** notwendig (§ 179 Abs. 2 Satz 1 AktG). Verfügt ein Aktionär über 25 % der Aktien plus eine Aktie, kann er Satzungsänderungen verhindern (**Sperrminorität**).

Grundsätzlich übt der Aktionär das Stimmrecht auf der Hauptversammlung aus. Für den Kleinaktionär aus Hamburg, der fünf BASF-Aktien besitzt, wäre es jedoch ein großer Zeit- und Kostenaufwand zur Hauptversammlung nach Mannheim (Ort der Hauptversammlung) zu reisen. Aus diesem Grund erlaubt es das Aktienrecht, die **Ausübung des Stimmrechts durch Bevollmächtigte** vornehmen zu lassen (§ 134 Abs. 3 AktG).

Der praktisch bedeutsamste Fall ist die Ausübung des Stimmrechts durch das Kreditinstitut, bei der der Kunde ein Wertpapierdepot unterhält (§ 135 AktG: **Banken- oder Depotstimmrecht**). Das beauftragte Kreditinstitut darf dieses Stimmrecht nur aufgrund einer schriftlichen Vollmacht ausüben, die längstens 15 Monate erteilt wird (§ 135 Abs. 4 AktG). Das Kreditinstitut ist hierbei an Weisungen des Aktionärs gebunden. Fehlt eine solche Weisung für die Ausübung des Stimmrechts, so hat das Kreditinstitut das Stimmrecht entsprechend seinen eigenen, den Aktionären mitgeteilten Vorschlägen auszuüben (§ 135 Abs. 5 AktG).

b) Dividendenrecht

Aktien verbriefen ein Recht auf **Gewinnbeteiligung**. Sie garantieren keine feste Verzinsung wie beispielsweise ein Sparbuch oder festverzinsliche Wertpapiere (z. B. Bundesschatzbriefe, Unternehmensanleihen), sondern ihr Ertrag **schwankt im Zeitablauf** in Abhängigkeit davon, ob und wie viel Gewinn erwirtschaftet wurde.

Da dieser Umstand Aktionäre von der Investition von Kapital in Aktien abhält, sind viele Unternehmen bestrebt, eine über viele Jahre hinweg gleich hohe oder ähnlich hohe Dividende zu zahlen, sofern die wirtschaftliche Lage des Unternehmens dies zulässt (**Dividendenkontinuität**). Dies trägt zu einer guten Bewertung der Aktie bei und wirkt sich positiv auf die Nachfrage nach der Aktie und deren Kurs an der Börse aus.

In Abhängigkeit von den bereits abgerechneten Steuern unterscheidet man zwischen der **Brutto-, Bar- und Netto-Dividende**.

Beispiel

Unternehmensebene:

Jahresüberschuss vor Steuern:	69.973,27 €	Brutto-Dividende
Körperschaftsteuer 15 %:	10.495,99 €	
Solidaritätszuschlag 5,5 %:	577,28 €	
Jahresüberschuss nach Steuern (entspricht hier dem Bilanzgewinn)	58.900,00 €	Bar-Dividende

Gesellschafterebene:

(Anteil des Aktionärs 10 %)
Gewinnanteil:	5.890,00 €	Bar-Dividende
- Abgeltungssteuer 25 %:	1.472,50 €	
- Solidaritätszuschlag 5,5 %:	80,99 €	
= Auszahlung	4.336,51 €	Netto-Dividende

Der Gewinn der Aktiengesellschaft (**Brutto-Dividende**) wird mit 15 % Körperschaftsteuer zuzüglich 5,5 % > Solidaritätszuschlag besteuert. Unterstellt man, dass der Jahresüberschuss nach Steuern komplett ausgeschüttet wird, so entspricht er dem Bilanzgewinn1 (**Bar-Dividende**).

Die von der AG ausgeschüttete Bar-Dividende fließt dem Aktionär entsprechend seinem Beteiligungsanteil über das Depot führende Kreditinstitut zu, welches die Abgeltungssteuer und den Solidaritätszuschlag einbehält und nur die **Netto-Dividende** auf dem Konto des Anteilsinhabers gutschreibt, sofern kein Freistellungsauftrag vorliegt.

c) Bezugsrecht
Sachverhalt:
Der Aktionär Heinrich Müller besitzt 500 Aktien der Müller AG mit einem Nennwert von jeweils 100 €. Das Grundkapital beträgt 100.000 €.

Das Grundkapital soll durch die Ausgabe neuer Aktien um 50.000 € erhöht werden.

Fragen:
1. Wie hoch ist sein Anteil an der AG vor der Kapitalerhöhung?
2. Wie hoch ist sein Anteil nach der Kapitalerhöhung, wenn er keine jungen Aktien erhält?

Unter dem **Bezugsrecht** versteht man im Rahmen einer Kapitalerhöhung das **Vorkaufsrecht des Aktionärs** auf einen bestimmten Anteil der jungen Aktien, um seinen bisherigen Beteiligungsanteil und den damit zusammenhängenden Stimmrechtsanteil in der Hauptversammlung einer Aktiengesellschaft konstant zu halten.

Vor diesem Hintergrund wird dem Aktionär ein Bezugsrecht auf neue Aktien über ein bestimmtes **Bezugsverhältnis** eingeräumt, das es ihm ermöglicht, bei einer Kapitalerhöhung denjenigen Anteil an jungen Aktien zu erwerben, der seinem bisherigen Anteil am Grundkapital entspricht.

---

[1] Vergleiche Lernabschnitt C.6.11.6.b zur Finanzierung der AG.

C. Handels- und Gesellschaftsrecht | 6. Unternehmensformen

Beispiel

Das gezeichnete Kapital (Grundkapital) einer AG in Höhe von 100.000 € wurde bei Gründung durch die Ausgabe von 1.000 Nennwertaktien über jeweils 100 € aufgebracht. Die Aktien notieren an der Börse zu einem Börsenkurs von 180 €.

Aufgrund anstehender Investitionen zur Anschaffung moderner Produktionsanlagen besteht zusätzlicher Kapitalbedarf in Höhe von 60.000 €. Der Betrag soll durch Emission von 500 Stück junger Aktien zu einem Ausgabekurs von 120 € aufgebracht werden. Das Grundkapital erhöht sich deshalb um 50.000 €, da auch die jungen Aktien einen Nennwert von 100 € haben sollen.

Das Verhältnis vom bisherigen Grundkapital zur Grundkapitalerhöhung (**Bezugsverhältnis**) beträgt damit 2 : 1. Damit der Anteil eines Aktionärs konstant bleibt, muss ihm in Bezug auf seinen bisherigen Aktienbesitz auch der anteilige Erwerb junger Aktien angeboten werden, d. h. auf zwei alte Stückaktien entfällt eine junge Aktie. Mit jeder alten Aktie ist ein Bezugsrecht auf den Erwerb einer halben jungen Aktie verbunden.

Da nach der Kapitalerhöhung nicht mehr zwischen alten und jungen Aktien unterschieden wird und sich ein einheitlicher Kurs an der Börse bildet, muss damit gerechnet werden, dass durch den, im Vergleich zum Börsenkurs der alten Aktien, niedrigen Ausgabekurs der jungen Aktien der Börsenkurs nach Kapitalerhöhung sinken wird. Der neue Börsenkurs lässt sich als Mittelwert aus dem Kurs der alten und jungen Aktien ableiten und führt zu folgendem **rechnerischen Wert einer Aktie nach Kapitalerhöhung:**

Beispiel

Zusammensetzung des Depots nach Bezug der jungen Aktien:

	2 alte Aktien mit aktuellem Kurswert von 180 €	360,00 €
+	1 junge Aktie zum Ausgabekurs von 120 €	120,00 €
=	3 Aktien mit einem Gesamtwert	480,00 €
:	**3 rechnerischer Wert einer Aktie nach der Kapitalerhöhung**	**160,00 €**

Der voraussichtliche Kursverlust der alten Aktien durch die Kapitalerhöhung beträgt damit 20 € je alter Aktie:

	Kurswert einer alten Aktie	180,00 €
-	rechnerischer Wert nach Kapitalerhöhung	160,00 €
=	Kursverlust einer alten Aktie	20,00 €

C. Handels- und Gesellschaftsrecht | 6. Unternehmensformen

Der Kursverlust der beiden alten Aktien (40 €) wird durch den Kursgewinn aus den neuen Aktien ausgeglichen:

rechnerischer Wert nach Kapitalerhöhung	160,00 €
- Ausgabekurs einer jungen Aktie	120,00 €
= Kursgewinn	40,00 €

Für die Ausnutzung des Bezugsrechts wird sich der Aktionär nur entscheiden, wenn der Stimmrechtsanteil in der Hauptversammlung für ihn eine wichtige Rolle spielt oder wenn er für die Zukunft mit attraktiven Kursgewinnen rechnet. Trifft beides nicht zu oder fehlt ihm zur Ausnutzung des Bezugsrechts das notwendige Kapital, so bleibt nur der **Verzicht auf die Ausnutzung des Bezugsrechts**. Dabei besteht das Risiko, dass er die errechneten Kursverluste tatsächlich tragen muss, da diesen kein Kursgewinn aus den jungen Aktien gegenüber steht.

Um den drohenden Kurzverlust auszugleichen, wird der Aktionär versuchen, sein Bezugsrecht zu einem Preis zu veräußern, bei dem ihm keine Verluste aus der Kapitalerhöhung entstehen. Der **rechnerische Wert des Bezugsrechts** einer alten Aktie ergibt sich daher aus dem **rechnerischen Kursverlust der alten Aktie**.

Beispiel

Kursverlust einer alten Aktie	
= Wert des Bezugsrechts	20,00 €

Bezugsrechte werden an der Börse gehandelt, sofern die Aktie zur Börse zugelassen ist.

- Es ist immer zu beachten, dass es sich bei den genannten Werten lediglich um rechnerische Größen handelt. Da der Kurs der Aktien sowie der Kurs des Bezugsrechts aufgrund von Angebot und Nachfrage an der Börse bestimmt werden und Faktoren wie z. B. wirtschaftliche Daten des Unternehmens, der Branche, sowie der allgemeinen konjunkturellen und politischen Entwicklung wichtige Einflussfaktoren darstellen, können die rechnerisch ermittelten Werte lediglich als Orientierungsgrößen dienen.

- Das Bezugsrecht kann ausgeschlossen werden, wenn die Kapitalerhöhung 10 % des Grundkapitals nicht übersteigt und der Ausgabebetrag den Börsenpreis nicht wesentlich unterschreitet (§ 186 Abs. 3 AktG).

- Der **Börsenkurs** oder **Kurswert** der Aktie bildet sich aufgrund von Angebot und Nachfrage an der Wertpapierbörse. Der **Bilanzkurs** drückt das Verhältnis zwischen Eigenkapital und Grundkapital aus. Der Kurswert der Aktie liegt über ihrem Nennwert, wenn das Eigenkapital höher ist als das Grundkapital. Der Unterschied zwischen Börsenkurs und Bilanzkurs drückt die vermutete stille Rücklage der Aktie aus.

Beispiel

Grundkapital = 100.000,00 €
Eigenkapital = 220.000,00 €
Bilanzkurs   = 220 %

Auf eine Aktie im Nennwert von 100 € entfällt bei einem Bilanzkurs von 220 € zusätzlich ein Eigenkapital in Höhe von 120 €. Beläuft sich der Börsenkurs der Aktie auf 300 €, wird ein Anteil an stillen Rücklagen von 80 € pro Aktie vermutet.

d) Anteil am Liquidationserlös

Der Aktionär hat gegenüber der Gesellschaft **kein Recht auf Rückzahlung** des von ihm eingebrachten Kapitals. Aktien werden nicht wie Gläubigerpapiere (z. B. Unternehmensanleihen, Sparbriefe) zurückbezahlt.

Kommt es zur **Auflösung der Aktiengesellschaft**, so wird das verbleibende Vermögen aus dem Gegenwert der veräußerten Vermögensgegenstände nach Rückzahlung der Verbindlichkeiten unter den Eigentümern im Verhältnis ihrer Beteiligung aufgeteilt.

6.11.3 Gründung

Die AG kann von einer oder mehreren Personen gegründet werden (§ 2 AktG). Die Stufen der Gründung zeigt die untenstehende Übersicht:

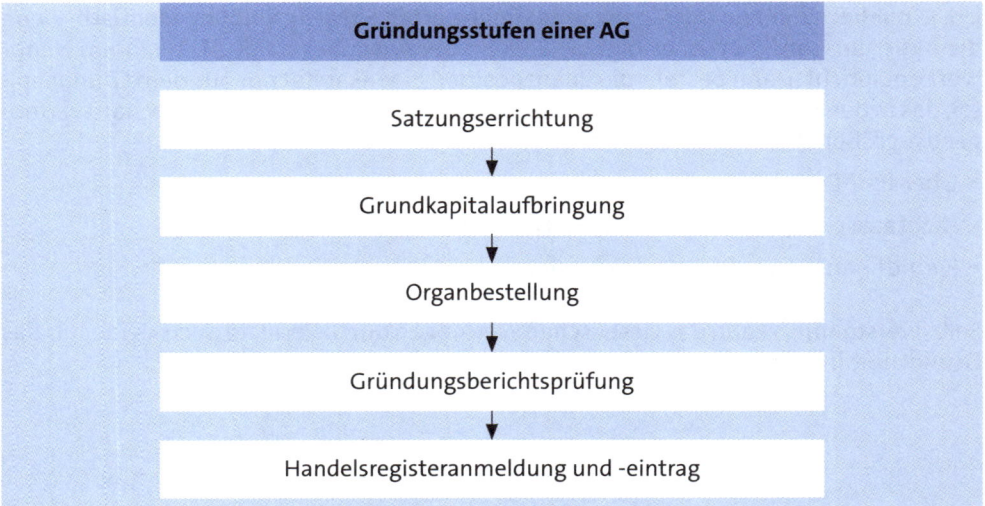

a) Satzungserrichtung

Die Aktionäre, die die **Satzung** festgestellt haben, sind die Gründer der Gesellschaft (§ 28 AktG). Die Satzung muss durch **notarielle Beurkundung** festgestellt werden und die folgenden Angaben enthalten (§ 23 Abs. 1 und 2 AktG):

- Gründer
- bei Nennbetragsaktien der Nennbetrag, bei Stückaktien die Zahl, der Ausgabebetrag und, wenn mehrere Gattungen (Stamm- oder Vorzugsaktien) bestehen, die Gattung der Aktien, die jeder Gründer übernimmt
- eingezahlter Betrag des Grundkapitals
- Firma und Sitz der Gesellschaft
- Gegenstand des Unternehmens
- Höhe des Grundkapitals
- Zerlegung des Grundkapitals entweder in Nennbetragsaktien oder in Stückaktien
- ob die Aktien Inhaber- oder Namensaktien sind
- Zahl der Vorstandsmitglieder.

b) Grundkapitalaufbringung

Das Grundkapital muss auf einen Nennbetrag in Euro lauten (§ 6 AktG). Der **Mindestnennbetrag des Grundkapitals beträgt 50.000 €** (§ 7 AktG). Die Gründer verpflichten sich zur Aufbringung des Grundkapitals (§ 29 AktG).

Vom Grundkapital ist das **Gesellschaftsvermögen** zu unterscheiden. Unter dem Gesellschaftsvermögen versteht man alle Vermögensgegenstände des Unternehmens (Aktivseite der Bilanz), dessen Buchwert der Bilanzsumme entspricht. Die beiden Begriffe sind i. d. R. **nur bei einer rein mit Eigenkapital finanzierten Firmengründung identisch**, wenn die Aktienausgabe zu pari erfolgt, d. h. wenn der Ausgabekurs der Aktie ihrem Nennwert entspricht. Dann besteht die Bilanzposition Eigenkapital nur aus dem Grundkapital, das in der Bilanz als gezeichnetes Kapital bezeichnet wird. Das Gesellschaftsvermögen ist größer als das Grundkapital bei:

- Über-Pari-Emmission
- Nichtausschüttung von Gewinnen (Gewinnthesaurierung)
- Fremdfinanzierung von Vermögenswerten

Selbstverständlich kann das Gesellschaftsvermögen durch Verluste auch kleiner als das Grundkapital werden.

c) Organbestellung

Die AG als juristische Person kann nicht handeln, sondern nur ihre verantwortlichen **Organe**. Jede juristische Person kann nur mithilfe natürlicher Personen rechtsgeschäftlich handeln.

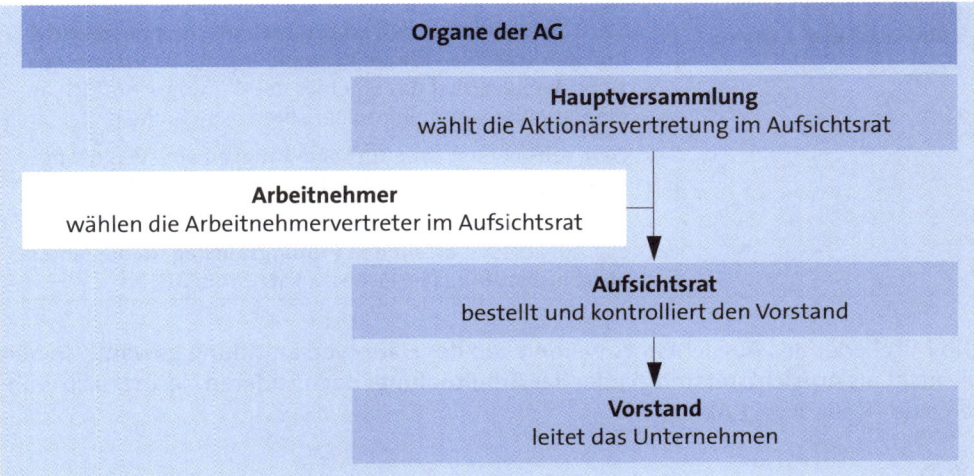

ca) Hauptversammlung

| Hauptversammlung
Sie ist die Versammlung der Aktionäre
= **beschließendes Organ** | 1. Die Hauptversammlung **wählt die Mitglieder des Aufsichtsrates**, soweit sie nicht als Aufsichtsratsmitglieder der Arbeitnehmer nach dem Mitbestimmungsgesetz oder dem Betriebsverfassungsgesetz 1952 zu wählen sind (§ 101 Abs. 1 Satz 1 AktG).
2. Die Hauptversammlung **stellt den Jahresabschluss fest** (§ 173 Abs. 1 AktG).
3. Die Hauptversammlung **beschließt über die Verwendung des Bilanzgewinns** (§ 174 Abs. 1 Satz 1 AktG).
4. Die Hauptversammlung **beschließt über die Entlastung der Vorstands- und Aufsichtsratsmitglieder** (§ 120 Abs. 1 Satz 1 AktG). |

cb) Aufsichtsrat

Aufsichtsrat	
Aufsichtsrat Er wird von der Hauptversammlung für vier Jahre gewählt (§§ 101 Abs. 1, 102 Abs. 2 AktG) = **überwachendes Organ**	1. Der Aufsichtsrat **bestellt den Vorstand** und widerruft die Bestellung des Vorstandes aus wichtigem Grund (§ 84 AktG). 2. Der Aufsichtsrat hat die **Geschäftsführung** zu **überwachen** (§ 111 Abs. 1 AktG). 3. Der Aufsichtsrat hat den **Jahresabschluss, den Lagebericht und den Vorschlag für die Verwendung des Bilanzgewinns zu prüfen** und über das Ergebnis der Prüfung schriftlich an die Hauptversammlung zu berichten (§ 171 AktG). 4. Dem Aufsichtsrat kann für seine Tätigkeit eine Vergütung gewährt werden (**Aufsichtsratstantieme:** § 113 Abs. 1 Satz 1 AktG). 5. Der Aufsichtsrat **erteilt den Prüfungsauftrag für die Jahresabschlussprüfung** (§ 111 Abs. 2 Satz 3 AktG).

Die Mitglieder des Aufsichtsrats werden von der Hauptversammlung gewählt, soweit sie nicht als **Aufsichtsratsmitglieder der Arbeitnehmer** nach anderen Gesetzen zu wählen sind (§ 101 Abs. 1 AktG).

 MERKE

Bestellung und Zusammensetzung des Aufsichtsrates richtet sich nach dem Aktiengesetz, nach dem Betriebsverfassungsgesetz und dem Mitbestimmungsgesetz.

cc) Vorstand

Vorstand	
Vorstand Er wird vom Aufsichtsrat auf höchstens fünf Jahre bestellt (§ 84 Abs. 1 Satz 1 AktG) = **leitendes Organ**	▸ Der Vorstand hat unter eigener Verantwortung die Gesellschaft zu leiten (**Geschäftsführung und Vertretung:** §§ 76 Abs. 1, 77, 78 AktG). ▸ Der Vorstand ist dem Aufsichtsrat gegenüber zur **Berichterstattung** verpflichtet (§ 90 AktG). ▸ Der Vorstand muss mindestens einmal im Jahr die **Hauptversammlung einberufen** (§ 121 Abs. 2 AktG). ▸ Die gesetzlichen Vertreter einer AG haben den **Jahresabschluss und** einen **Lagebericht aufzustellen**. ▸ Der Vorstand hat dem Aufsichtsrat den Vorschlag vorzulegen, den er der Hauptversammlung für die **Verwendung des Bilanzgewinns** machen will (§ 170 Abs. 2 Satz 1 AktG). ▸ Der Vorstand hat dafür zu sorgen, dass die erforderlichen **Handelsbücher** geführt werden (§ 91 Abs. 1 AktG). ▸ Der Vorstand hat geeignete Maßnahmen zu treffen, insbesondere ein Überwachungssystem einzurichten, damit der **Fortbestand der Gesellschaft gesichert ist** (§ 91 Abs. 2 AktG).

d) Handelsregisteranmeldung und -eintragung

Die **Anmeldung zur Eintragung ins Handelsregister** kann erst erfolgen, wenn auf jede Aktie, soweit nicht Sacheinlagen vereinbart sind, der eingeforderte Betrag ordnungsgemäß eingezahlt worden ist, d. h. die Gründer müssen alle Aktien übernehmen (§§ 36 - 36a AktG):

- Sacheinlagen sind vollständig zu leisten.
- Bei Bareinzahlungen muss der eingeforderte Betrag mindestens 25 % des Nennbetrages und bei Ausgabe der Aktien für einen höheren als den Nennbetrag auch den Mehrbetrag (Agio) umfassen.
- Wird eine Ein-Personen-AG errichtet, so hat der Gründer zusätzlich für den Teil der Geldeinlage, der den eingeforderten Betrag übersteigt, eine Sicherung zu leisten.

Gehören alle Aktien allein oder neben der Gesellschaft einem Aktionär, ist dies sowie der Name, Vorname, Beruf und Wohnort des alleinigen Aktionärs unverzüglich zur Handelsregistereintragung anzumelden (§ 42 AktG).

Die **Firma** muss die Bezeichnung „Aktiengesellschaft" oder eine allgemein verständliche Abkürzung dieser Bezeichnung enthalten (§ 4 AktG).

Die Aktiengesellschaft ist **Formkaufmann**. Sie gilt als Handelsgesellschaft, auch wenn der Gegenstand des Unternehmens nicht im Betrieb eines Handelsgewerbes besteht (§ 3 AktG).

Die Aktiengesellschaft ist eine Gesellschaft mit eigener Rechtspersönlichkeit (**juristische Person**) und somit voll rechtsfähig (§ 1 AktG).

6.11.4 Geschäftsführung und Vertretung

Zur Geschäftsführung und Vertretung der AG sieht die gesetzliche Regelung die **Gesamtgeschäftsführung und Gesamtvertretung aller** Geschäftsführer vor (§§ 77 und 78 AktG).

Vertragliche Abweichungen in der Satzung sind möglich. Die Satzung kann bestimmen, dass einzelne Vorstandsmitglieder allein (Einzelvertretung) oder in Gemeinschaft mit einem Prokuristen zur Vertretung der Gesellschaft befugt sind (§ 78 Abs. 3 Satz 1 AktG). Sie kann jedoch nicht bestimmen, dass ein oder mehrere Vorstandsmitglieder bei Meinungsverschiedenheiten im Vorstand gegen die Mehrheit seiner Mitglieder entscheiden (§ 77 Abs. 1 Satz 2 AktG).

MERKE

Die Vertretungsbefugnis ist im Außenverhältnis unbeschränkbar. Im Innenverhältnis sind die Vorstandsmitglieder verpflichtet Beschränkungen der Geschäftsführungsbefugnis einzuhalten, die durch Satzung, Aufsichtsrat oder Hauptversammlung getroffen wurden (§ 82 AktG).

6.11.5 Haftung

Für die Verbindlichkeiten des Unternehmens haftet den Gläubigern ausschließlich die **Gesellschaft** mit ihrem gesamten Gesellschaftsvermögen. Die **Aktionäre** haften nicht persönlich, d. h. die Gläubiger können ihnen gegenüber keine Ansprüche geltend machen. Das Risiko der Aktionäre besteht darin, dass sie im Extremfall ihren Kapitaleinsatz (Anschaffungskosten der Aktien) verlieren.

6.11.6 Finanzierung

Nach § 266 Abs. 3 HGB findet sich in der Bilanz einer Kapitalgesellschaft vor Gewinnverteilung folgende **Gliederung des Eigenkapitals:**

A.	Eigenkapital:	
I.	Gezeichnetes Kapital	
II.	Kapitalrücklage	**Beteiligungsfinanzierung**
III.	Gewinnrücklagen:	
	1. gesetzliche Rücklage	
	2. Rücklage für eigene Anteile	**offene Selbstfinanzierung**
	3. satzungsgemäße Rücklagen	
	4. andere Gewinnrücklagen	
IV.	Gewinnvortrag/Verlustrücktrag	
V.	Jahresüberschuss/Jahresfehlbetrag	

Diese Aufteilung des Eigenkapitals macht deutlich, welche **Möglichkeiten** insbesondere für eine Aktiengesellschaft bestehen, ihren **Finanzierungsbedarf durch die Erhöhung des Eigenkapitals zu decken:** Beteiligungsfinanzierung und offene Selbstfinanzierung.

a) Finanzierung durch Beteiligungsfinanzierung

Die Positionen des **Gezeichneten Kapitals** und der **Kapitalrücklage** zeigen, wie eine AG durch Ausgabe neuer Aktien das Eigenkapital erhöhen kann. Da es sich bei den neuen Aktionären um Miteigentümer handelt, die mit dem entsprechenden Anteil an der AG beteiligt sind, bezeichnet man dies als **Beteiligungsfinanzierung**.

Das zusätzliche Eigenkapital kommt nicht von der AG, sondern fließt von außen zu, sodass man die Beteiligungsfinanzierung als eine Form der **Außenfinanzierung** bezeichnet. Bei den Kapitalgebern handelt es sich um Eigentümer, weshalb man die Beteiligungsfinanzierung auch den Formen der **Eigenfinanzierung** zurechnet (Außen- und Eigenfinanzierung durch Beteiligungsfinanzierung[1]).

Zur Erhöhung des Eigenkapitals durch Beteiligungsfinanzierung stehen grundsätzlich 4 Möglichkeiten zur Verfügung. Voraussetzung ist jeweils, dass die Aktionäre auf der Hauptversammlung mit einer ¾-Mehrheit zustimmen.

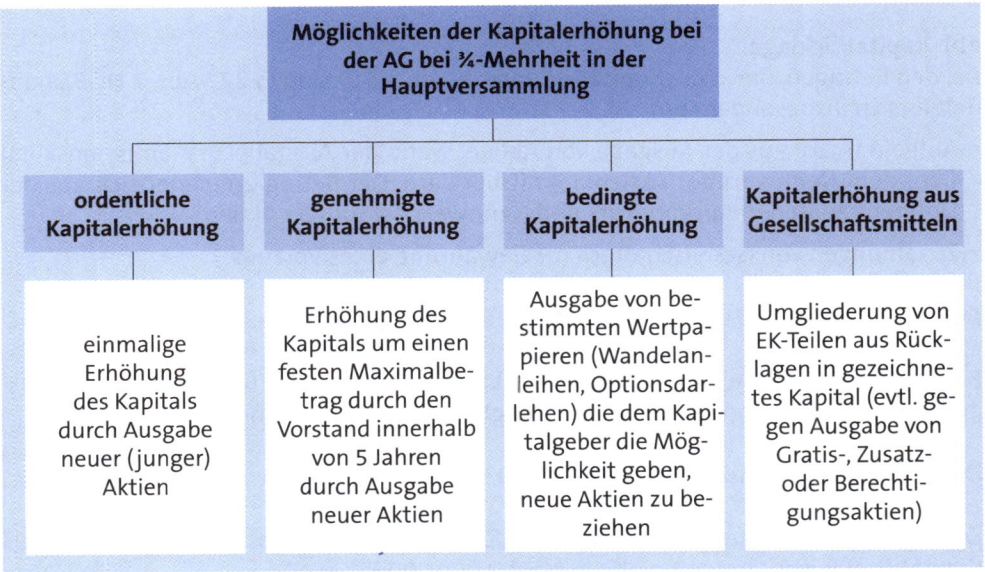

Bei der **ordentlichen Kapitalerhöhung** wird ein bestimmtes Finanzierungsvolumen, beispielsweise aus einer konkret geplanten Investition, durch die einmalige Ausgabe von Aktien gedeckt. Im Fall der **genehmigten Kapitalerhöhung** handelt es sich um geplante, aber noch nicht konkretisierte Investitionen, für die der Vorstand die Befugnis erhält, innerhalb der folgenden 5 Jahre finanzielle Mittel durch die Ausgabe von Aktien zu beschaffen.

---

[1] Vergleiche Kapitel D. Investition und Finanzierung.

Im Rahmen einer **bedingten Kapitalerhöhung** ist zu Beginn noch nicht absehbar, wie viel Kapital dem Unternehmen zufließen wird. Es werden anstelle von Aktien festverzinsliche Wertpapiere ausgegeben, die das Recht beinhalten, zu fest vereinbarten Konditionen Aktien zu beziehen. Wie viele dieser Rechte ausgenutzt werden, steht somit nicht von vorneherein fest. Bei der **Kapitalerhöhung aus Gesellschaftsmitteln** handelt es sich nicht um eine Erhöhung des Eigenkapitals, sondern lediglich um eine Erhöhung des gezeichneten Kapitals. Die Mittel kommen dabei nicht von außen, sondern werden aus den bereits zur Eigenkapital-Position gehörenden Rücklagen umgeschichtet.

aa) Gezeichnetes Kapital
Im **Gezeichneten Kapital** wird das **Grundkapital** der AG ausgewiesen. Es setzt sich aus der **Summe der Nennwerte aller ausgegebenen Aktien** zusammen.

Es gibt daneben Auskunft über die Höhe des **Haftungskapitals der Gesellschafter**, auf welches die Gesellschafter verzichten, bis alle anderen Verbindlichkeiten des Unternehmens zurückgezahlt sind (§ 272 Abs. 1 Satz 1 HGB).

ab) Kapitalrücklage
Bei den Beträgen, die in die **Kapitalrücklage** einzustellen sind (§ 272 Abs. 2 HGB), handelt es sich insbesondere um:

- Aufgeld (Agio) aus der Ausgabe von Aktien, wenn der Ausgabekurs (Emissionskurs) über dem Nennwert der Aktien liegt (Über-Pari). Der Betrag errechnet sich aus der Differenz zwischen Ausgabekurs und Nennwert der jungen Aktien.
- Zuzahlungen von Gesellschaftern für Gewährung eines Vorzugs.

Beispiel

Bei Gründung einer AG werden 100.000 Aktien mit einem Nennwert je Aktie von 10 € ausgegeben. Die Ausgabe der Aktien erfolgt Über-Pari (Emissionskurs 100 €).

Das gezeichnete Kapital beträgt 1.000.000 €.

Das Agio (Emissionsgewinn) in Höhe von 90 € ist nach § 272 Abs. 2 Nr. 1 gesondert als Kapitalrücklage auszuweisen und beträgt 9.000.000 €.

b) Finanzierung durch offene Selbstfinanzierung
Wird der Jahresüberschuss nach Steuern nicht oder nicht vollständig an die Aktionäre ausgeschüttet, sondern im Unternehmen einbehalten (thesauriert), spricht man von **offener Selbstfinanzierung**. Die nicht ausgeschütteten Anteile des Jahresüberschusses sind dann in die Position Gewinnrücklagen einzustellen.

In Abhängigkeit davon, aufgrund welcher gesetzlichen oder satzungsgemäßen Regelung die Gewinne einbehalten wurden, sind sie im Rahmen der Gewinnrücklagen als gesetzliche Rücklagen, Rücklagen für eigene Anteile, satzungsmäßige Rücklagen oder andere Gewinnrücklagen zu bezeichnen. Bei den einbehaltenen Gewinnen handelt es sich um Kapital, das von der Gesellschaft selbst erwirtschaftet wurde, also von innen kommt. Man bezeichnet diesen Vorgang der **Selbstfinanzierung** als eine Form der **Innenfinanzierung** und der **Eigenfinanzierung**. Da die Zuführung zu den Gewinnrücklagen offen in der Bilanz ausgewiesen wird spricht man von einer **offenen Selbstfinanzierung** (offene Selbstfinanzierung als Form der Innen- und Eigenfinanzierung[1]).

ba) Gesetzliche Rücklage

Nach § 150 Abs. 1 AktG ist eine **gesetzliche Rücklage** zu bilden. Danach sind 5 % des um einen Verlustvortrag aus dem Vorjahr geminderten Jahresüberschusses in die gesetzliche Rücklage einzustellen, bis die gesetzliche Rücklage und die Kapitalrücklage zusammen 10 % > oder einen satzungsmäßig festgelegten höheren Teil des Grundkapitals erreichen (§ 150 Abs. 2 AktG).

Damit zwingt der Gesetzgeber die Gesellschaft zu einer offenen Selbstfinanzierung, um sicherzustellen, dass neben dem Grundkapital eine Rücklage geschaffen wird, die zum Ausgleich von zukünftigen Jahresfehlbeträgen und Verlustvorträgen dienen soll.

Beispiel

Das Grundkapital einer AG beträgt 1.000.000 €, die Kapitalrücklage 15.000 € und die gesetzliche Rücklage (Gewinnrücklagen) 80.000 €. Die AG hat einen Jahresüberschuss in Höhe von 500.000 €.

Davon sind aufgrund der gesetzlichen Regelung 5.000 € in die gesetzliche Rücklage einzustellen.

bb) Rücklage für eigene Anteile

In die Rücklage für eigene Anteile ist der Betrag einzustellen, der auf der Aktivseite der Bilanz als Vermögenswert ausgewiesen wird, wenn die AG eigene Aktien zurückkauft. Aktiengesellschaften dürfen grundsätzlich **eigene Aktien** bis zu 10 % des Grundkapitals erwerben.

Grundsätzlich ist der Erwerb eigener Aktien unzulässig. Das Aktiengesetz sieht für den Erwerb eigener Aktien acht Gründe vor (§ 71 AktG), beispielsweise wenn der Erwerb notwendig ist, um einen schweren Schaden von der Gesellschaft abzuwenden. Der Gesamtbetrag der erworbenen Aktien darf in diesem Fall mit dem Betrag anderer bereits erworbener Aktien 10 % des Grundkapitals nicht übersteigen (§ 71 Abs. 2 Satz 1 AktG). Ferner muss die Rücklagenbildung für eigene Aktien gem. § 272 Abs. 4 HGB möglich sein (§ 71 Abs. 2 Satz 2 AktG). Eigene Aktien sind Vermögensposten, die nur im Umlaufvermögen ausgewiesen werden dürfen (§ 265 Abs. 3 Satz 2 HGB). Sie stellen einen Korrekturposten zum Grundkapital dar.

---

[1] Vergleiche Kapitel D. Investition und Finanzierung.

bc) Satzungsgemäße Rücklagen
Stellen Vorstand und Aufsichtsrat den Jahresabschluss fest, so kann in der Satzung der Gesellschaft bestimmt werden, dass ein von den gesetzlichen Regelungen abweichender Anteil des Jahresüberschusses in die Gewinnrücklagen einzustellen ist (§ 58 Abs. 2 AktG).

bd) Andere Gewinnrücklagen
Vom Jahresüberschuss darf höchstens die Hälfte in andere Gewinnrücklagen eingestellt werden, wobei der Verlustvortrag und Beträge, die in die gesetzliche Rücklage einzustellen sind vorab vom Jahresüberschuss abzuziehen sind. (§ 58 Abs. 1 + 2 AktG)

be) Jahresüberschuss, Bilanzgewinn und Gewinnvortrag
Die Position Eigenkapital besteht neben dem gezeichneten Kapital und den Kapital- und Gewinnrücklagen noch aus dem Jahresüberschuss (oder Jahresfehlbetrag), dem Gewinnvortrag (oder Verlustvortrag) und dem Bilanzgewinn (oder Bilanzverlust). Die Zusammenhänge zeigt die folgende Abbildung:

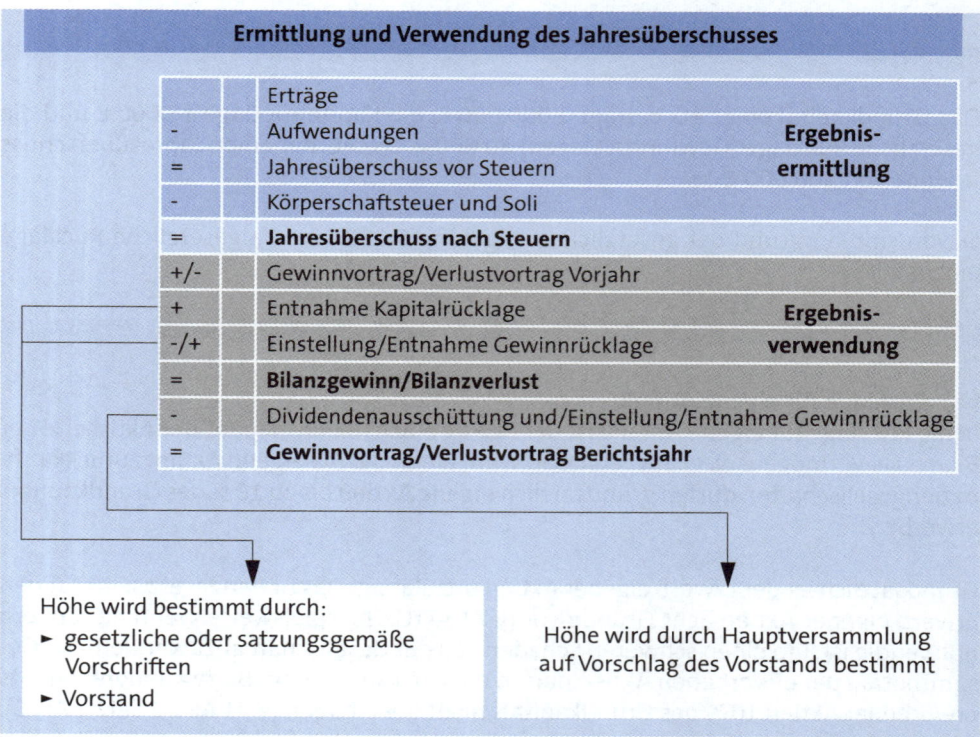

Die beiden unterschiedlichen Gewinnbegriffe (**Jahresüberschuss und Bilanzgewinn**) und Verlustbegriffe (Jahresfehlbetrag und Bilanzverlust) erfordern eine Trennung in Ergebnisermittlung und Ergebnisverwendung.

Die **Ergebnisermittlung** erfolgt in der **Gewinn- und Verlustrechnung** durch Gegenüberstellung von Aufwendungen und Erträgen. Die Gewinn- und Verlustrechnung schließt mit der Position Jahresüberschuss bzw. Jahresfehlbetrag ab (Position 19 im Gliederungsschema des § 275 HGB), also mit dem Betrag, der sich ergibt, bevor man einen Gewinnvortrag/Verlustvortrag berücksichtigt und Rücklagen gebildet bzw. aufgelöst hat.

Über die **Ergebnisverwendung** entscheiden Vorstand und Hauptversammlung. Die **Verwendung des Jahresüberschusses** liegt zunächst in der **Verantwortung des Vorstands**, der nach Beachtung der gesetzlichen und satzungsgemäßen Vorschriften Teile des verbleibenden Jahresüberschusses verfügen kann. Welcher Teil zur **Ausschüttung an die Aktionäre** verwendet und wie viel im Unternehmen einbehalten werden soll (**Gewinnthesaurierung**), muss nach Abwägung der jeweiligen Vor- und Nachteile unter Berücksichtigung der Unternehmenssituation entschieden werden:

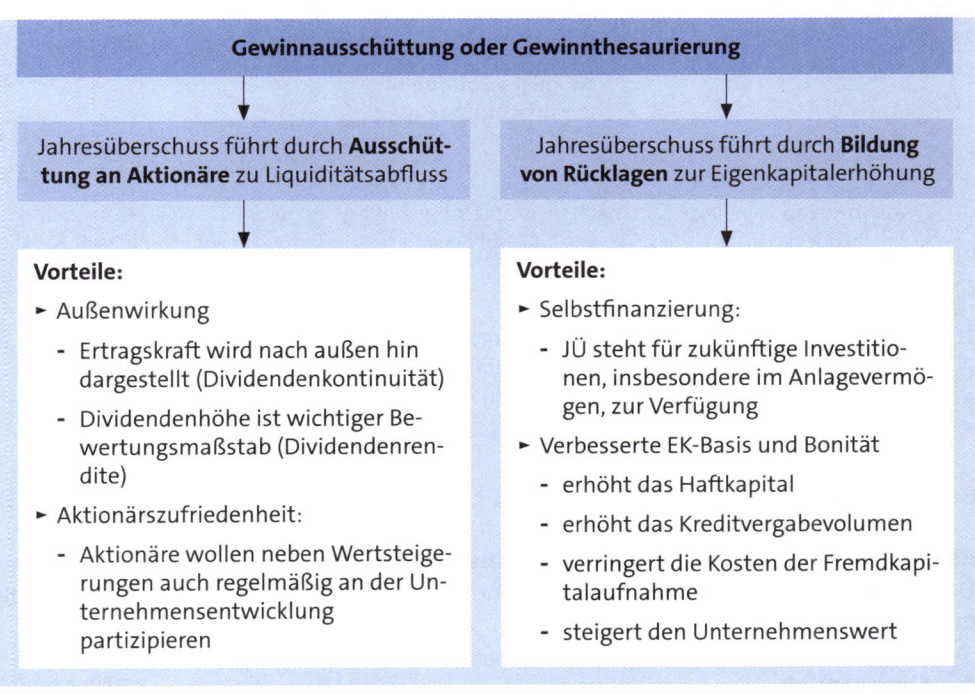

Die **Möglichkeiten des Vorstands zur vollständigen Gewinnthesaurierung** werden dadurch begrenzt, dass er in eigener Verantwortung in die anderen Gewinnrücklagen maximal 50 % des Jahresüberschusses, abzüglich eines Verlustvortrags und der zu bildenden gesetzlichen Rücklage, einstellen kann. Den verbleibenden Betrag muss er im Bilanzgewinn belassen und es der Entscheidung der Hauptversammlung überlassen, ob sie seinem Vorschlag folgt, auch diesen Teil des Jahresüberschusses nicht auszuschütten.

Aus dem Schema wird ersichtlich, dass der **Ausweis eines Bilanzgewinns auch dann möglich ist, wenn mit einem Jahresfehlbetrag abgeschlossen wurde**, z. B. durch Auflösung von Rücklagen. Die Einstellung bzw. Auflösung von Rücklagen ist erfolgsneutral, da sie im Jahresabschluss im Rahmen der Gewinnverwendung erfolgt.

Die **Hauptversammlung beschließt auf Vorschlag des Vorstands über die Verwendung des Bilanzgewinns:**
- Ausschüttung an die Aktionäre
- Einstellung in die Gewinnrücklagen
- Übernahme als Gewinnvortrag in die Rechenlegung des neuen Geschäftsjahres
- Kombination aus den vorgenannten Punkten.

bf) Eigenkapitalgliederung in Abhängigkeit vom Zeitpunkt der Bilanzerstellung
Die Trennung in Ergebnisermittlung und Ergebnisverwendung bringt somit drei Möglichkeiten der Bilanzaufstellung und somit drei Gliederungsschemen mit sich:

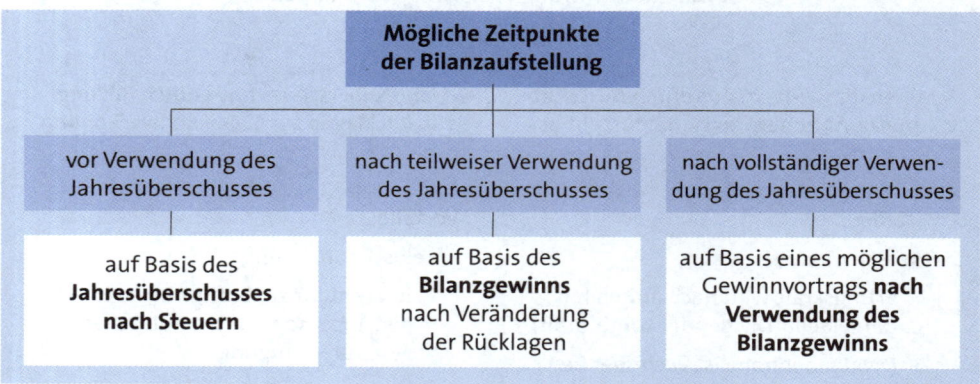

Beispiel

Bilanzaufstellung vor Verwendung des Jahresergebnisses (in Euro):
Das Gliederungsschema des § 266 HGB geht von der Bilanzaufstellung vor Verwendung des Jahresüberschusses aus.

A.	**Eigenkapital:**		**3.300.000,00**
	I. Gezeichnetes Kapital	2.500.000,00	
	II. Kapitalrücklage	50.000,00	
	III. Gewinnrücklagen:		
	1. gesetzliche Rücklage	125.000,00	
	2. Rücklage für eigene Anteile	–	
	3. satzungsmäßige Rücklagen	–	
	4. andere Rücklagen	100.000,00	
	IV. Gewinnvortrag	25.000,00	
	V. Jahresüberschuss	500.000,00	

Bilanzaufstellung nach teilweiser Verwendung des Jahresergebnisses:

Es werden 5 % des Jahresüberschusses (25.000 €) in die gesetzliche Rücklage und 50 % des Jahresüberschusses abzüglich der Einstellung in die gesetzliche Rücklage (237.500 €) in andere Gewinnrücklagen eingestellt. An die Stelle der Positionen A. IV. und A. V. tritt die Position Bilanzgewinn einschließlich des Gewinnvortrags aus dem Vorjahr.

A.	**Eigenkapital:**		**3.300.000,00**
	I. Gezeichnetes Kapital	2.500.000,00	
	II. Kapitalrücklage	50.000,00	
	III. Gewinnrücklagen:		
	1. gesetzliche Rücklage	150.000,00	
	2. Rücklage für eigene Anteile	–	
	3. satzungsmäßige Rücklagen	–	
	4. andere Rücklagen	337.500,00	
	IV. Bilanzgewinn	262.500,00	

Bilanzaufstellung nach vollständiger Verwendung des Jahresergebnisses:

Auf Vorschlag des Vorstands beschließt die Hauptversammlung, den Bilanzgewinn vollständig an die Aktionäre auszuschütten. Die Zahl der sich im Umlauf befindlichen Stückaktien beträgt 500.000 Stück, sodass auf jede Stückaktie eine Dividende von 0,52 € entfällt und ein Betrag von 260.000 € ausgeschüttet werden kann. Der nicht verteilbare Rest wird als Gewinnvortrag in das kommende Geschäftsjahr überführt. Der Bilanzgewinn wird am Tag nach der Hauptversammlung an die Aktionäre verteilt.

A.	**Eigenkapital:**		**3.040.000,00**
	I. Gezeichnetes Kapital	2.500.000,00	
	II. Kapitalrücklage	50.000,00	
	III. Gewinnrücklagen:		
	1. gesetzliche Rücklage	150.000,00	
	2. Rücklage für eigene Anteile	–	
	3. satzungsmäßige Rücklagen	–	
	4. andere Rücklagen	337.500,00	
	IV. Gewinnvortrag	2.500,00	

6.11.7 Steuerliche Behandlung

Die **AG** ist eine juristische Person und somit selbstständiges Steuersubjekt im Sinne der **Körperschaftsteuer** und ist körperschaftsteuerpflichtig. Die Dividendenzahlungen stellen für die **Aktionäre**, sofern diese natürliche Personen sind, **Einkünfte aus Kapitalvermögen** dar und unterliegen somit der **Einkommensteuer**.

Die AG ist Gewerbebetrieb kraft Rechtsform und unterliegt somit der **Gewerbesteuer**. Unternehmer ist die AG selbst. Sie unterliegt als Steuerschuldner der **Umsatzsteuer**.

Aufgaben 249 - 266 > Seite 383 - 389

6.12 Kommanditgesellschaft auf Aktien (KGaA)

Die KGaA ist eine **Mischform aus AG und KG**. Die KGaA ist zwar eine **Kapitalgesellschaft** (juristische Person), sie unterscheidet sich jedoch von der AG dadurch, dass es **zwei Arten von Gesellschaftern** gibt (§ 278 Abs. 1 AktG):

- Mindestens ein Gesellschafter (**Komplementär**) haftet unbeschränkt (persönlich haftender Gesellschafter). Die Rechtsstellung der Komplementäre der KGaA entspricht der Rechtsstellung der Komplementäre einer KG.
- Die **Kommanditaktionäre** sind an dem in Aktien zerlegten Grundkapital beteiligt ohne persönlich für die Verbindlichkeiten der Gesellschaft zu haften. Die Kommanditaktionäre haften lediglich mit ihrer Einlage.

Die **Firma** der Kommanditgesellschaft auf Aktien muss die Bezeichnung Kommanditgesellschaft auf Aktien oder eine allgemein verständliche Abkürzung dieser Bezeichnung enthalten (§ 279 AktG).

Für die Kommanditgesellschaft auf Aktien gelten die Vorschriften über die Aktiengesellschaft sinngemäß (§ 278 Abs. 3 AktG).

6.13 Europäische Gesellschaft (SE)

Die **Europäische Gesellschaft oder Societas Europaea (SE)** ist eine Rechtsform auf Grundlage europäischen Rechts (Verordnung Nr. 2157/2001 des Rates vom 8. Oktober 2001 über das Statut der Europäischen Gesellschaft – SEVO) und ermöglicht seit Ende 2004 die Gründung von Kapitalgesellschaften mit eigener Rechtspersönlichkeit auf europäischer Ebene.

Ein **Beispiel** einer SE ist die Umwandlung der ursprünglichen Allianz AG in eine Europäische Gesellschaft im Zuge der Verschmelzung mit Ihrer italienischen Tochtergesellschaft RAS zur **Allianz SE**.

a) Gründung

Der **Sitz der SE** muss in der Gemeinschaft liegen, und zwar in dem Mitgliedstaat, in dem sich die Hauptverwaltung der SE befindet. Die SE muss ihrer **Firma** den Zusatz „SE" voran- oder nachstellen.

Die SEVO nennt in Artikel 2 fünf Möglichkeiten zur Gründung einer SE, wobei mindestens 2 Gesellschaften aus unterschiedlichen Mitgliedstaaten beteiligt sein müssen:

- Zusammenschluss (Verschmelzung oder Fusion) von bestehenden Gesellschaften
- Gründung einer Holding-Gesellschaft
- Gründung einer gemeinsamen Tochtergesellschaft
- Umwandlung einer nationalen Aktiengesellschaft
- Gründung einer Tochter-SE durch eine bestehende SE

b) Geschäftsführung und Vertretung
Die SE verfügt über folgende Organe:

- eine Hauptversammlung der Aktionäre und

- entweder ein **Aufsichtsorgan** und ein **Leitungsorgan (dualistisches System)** wie in Deutschland mit Aufsichtsrat und Vorstand üblich, oder ein **Verwaltungsorgan (monistisches System)**, wie es im angelsächsischen Rechtsraum etabliert ist (Artikel 39 SEVO).

c) Finanzierung, Haftung und Besteuerung
Das gezeichnete Kapital muss mindestens 120.000 € betragen. Die SE ist eine Gesellschaft, deren Kapital in Aktien zerlegt ist. Jeder Aktionär haftet nur bis zur Höhe des von ihm gezeichneten Kapitals. (Artikel 1 Abs. 2 SEVO)

6.14 Eingetragene Genossenschaft (eG)

Grundgedanke des Genossenschaftswesens war, wirtschaftlich schwächere Personen (Bauern, Handwerker, Verbraucher) im Konkurrenzkampf mit wirtschaftlich Mächtigeren (Großbetriebe) zu stärken (Einigkeit macht stark). **Durch den Zusammenschluss sollten sich die wirtschaftlich Schwächeren selbst helfen**, ohne dass sie ihre Selbstständigkeit aufgeben. Im Jahre 1849 gründete **Schulze in Delitzsch** (daher der Name Schulze-Delitzsch) die erste Genossenschaft für Tischler und Schuhmacher mit dem Ziel, Rohstoffe gemeinsam in großen Mengen einzukaufen. **Raiffeisen** gründete zur gleichen Zeit Genossenschaften für die Landwirtschaft.

Nach dem **Ziel der Genossenschaften** unterscheidet man gemäß § 1 Abs. 1 GenG

- Erwerbsgenossenschaften

  Sie sollen den Gewerbebetrieb der Mitglieder sichern und fördern, z. B.:

  - Winzergenossenschaften

  - Einkaufsgenossenschaften (Edeka, Rewe)

  - Bezugsgenossenschaften der Handwerker und Landwirte

  - Ländliche Kreditgenossenschaften (Raiffeisenbanken).

- Wirtschaftsgenossenschaften

  Sie sollen die private Haushaltsführung der Mitglieder sichern und fördern, z. B.:

  - Konsumgenossenschaften

  - Wohnungsgenossenschaften.

- Genossenschaften zur Förderung sozialer oder kultureller Belange.

a) Gründung

Für die Gründung einer Genossenschaft sind **mindestens drei Personen** erforderlich (§ 4 GenG).

Die **Satzung** der Genossenschaft bedarf der **Schriftform** (§ 5 GenG). Die Satzung (Gesellschaftsvertrag) sowie die Mitglieder des Vorstandes sind in das **Genossenschaftsregister** einzutragen (§ 10 Abs. 1 GenG).

Die **Firma** der Genossenschaft muss die Bezeichnung „eingetragene Genossenschaft" oder die Abkürzung „eG" enthalten (§ 3 Abs. 1 GenG).

Die Genossenschaft ist eine **juristische Person** und **Formkaufmann** (§ 17 GenG).

b) Geschäftsführung und Vertretung

Die Fragen der Unternehmensleitung stehen in engem Zusammenhang mit den Organen der Genossenschaft.

Organe der Genossenschaft	Aufgaben und Rechte
Vorstand = leitendes Organ	▶ Geschäftsführung und Vertretung (§§ 24 ff. GenG) ▶ Einberufung der Generalversammlung (§ 44 GenG) ▶ Aufstellung des Jahresabschlusses und des Lageberichts (§ 33 Abs. 1 GenG)
Generalversammlung (Mitgliederversammlung) = beschließendes Organ	▶ Bestellung des Vorstands (§ 24 Abs. 2 GenG) und des Aufsichtsrats (§ 36 GenG) ▶ Feststellung des Jahresüberschusses sowie Beschluss über die Verwendung des Jahresüberschusses (§ 48 Abs. 1 GenG) ▶ Bei Genossenschaften mit mehr als 1.500 Mitgliedern kann die Satzung bestimmen, dass die Generalversammlung aus Vertretern der Mitglieder (Vertreterversammlung) besteht (§ 43a GenG). **Hinweis:** Jedes Mitglied hat unabhängig von der Höhe seines Geschäftsanteils eine Stimme (§ 43 Abs. 3 Satz 1 GenG).
Aufsichtsrat = überwachendes Organ	Der Aufsichtsrat einer eG nimmt ähnliche Aufgaben wahr wie der Aufsichtsrat einer AG (insbesondere die Überwachung der Geschäftsführung (§ 38 GenG), er wählt aber bei der eG nicht das leitende Organ!). Bei Genossenschaften mit nicht mehr als 20 Mitgliedern kann durch Bestimmung in der Satzung auf einen Aufsichtsrat verzichtet werden (§ 9 Abs. 1 GenG).

Vorstand und Aufsichtsrat müssen grundsätzlich aus Mitgliedern der Genossenschaft bestehen (§ 9 Abs. 2 GenG).

In Bezug auf die Geschäftsführung und Vertretung sieht die gesetzliche Regelung bei der Genossenschaft **Gesamtgeschäftsführung und Gesamtvertretung** aller Vorstandsmitglieder vor. Die **Satzung kann Abweichendes bestimmen** (§ 25 GenG).

c) Haftung

Für die Verbindlichkeiten der Genossenschaft haftet den Gläubigern gemäß § 2 GenG nur das Vermögen der Genossenschaft.

Sollte im **Insolvenzfall** das Vermögen der Genossenschaft nicht ausreichen, um die Forderungen der Insolvenzgläubiger zu befriedigen, sind die Mitglieder grundsätzlich verpflichtet, Nachschüsse, d. h. nachträgliche Einzahlungen in die Insolvenzmasse zu leisten. Nach § 105 GenG in Verbindung mit § 119 GenG sind hinsichtlich der **Nachschusspflicht** drei Genossenschaftsarten zu unterscheiden:

- Genossenschaften mit unbeschränkter Nachschusspflicht zur Insolvenzmasse
- Genossenschaften mit beschränkter Nachschusspflicht zur Insolvenzmasse
- Genossenschaften ohne Nachschusspflicht zur Insolvenzmasse.

Die **Haftsumme** ist eine im Voraus der Höhe nach bestimmte Summe, die das Mitglied für den Fall zur Insolvenzmasse zu leisten hat, dass die Gläubiger bei Insolvenz aus dem vorhandenen Vermögen der Genossenschaft nicht befriedigt werden. Diese Nachschusspflicht besteht gegenüber der Gesellschaft, nicht gegenüber den Gläubigern, da das Mitglied nicht direkt haftet. Die Haftsumme darf nicht niedriger sein als der Geschäftsanteil (§ 119 GenG).

Beispiel

Der Geschäftsanteil eines Mitglieds beträgt 500 €. Auf diesen erfolgte eine Einzahlung von 100 €. Die Gewinngutschriften belaufen sich auf 250 €. Die Haftsumme beträgt 800 €. Im Falle der Insolvenz beträgt die Risikosumme des Mitglieds 1.300 €, d. h. er hat noch 150 € auf seinen Geschäftsanteil und 800 € als Nachschuss zur Insolvenzmasse zu leisten (Nachschusspflicht in begrenzter Höhe; § 119 GenG).

Ist in der Satzung eine Nachschusspflicht in unbeschränkter Höhe festgelegt, dann haftet das Mitglied unbeschränkt mit seinem Privatvermögen.

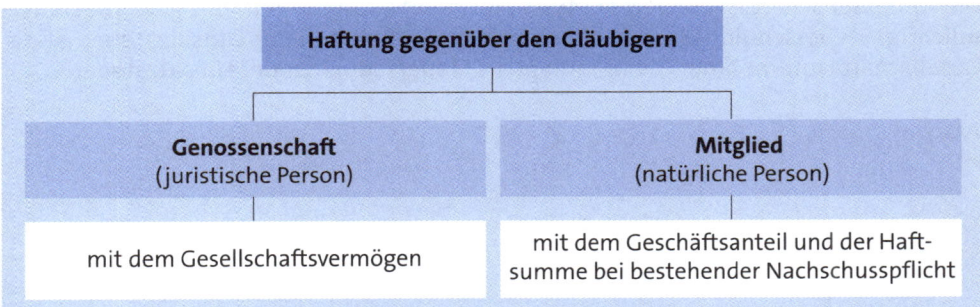

d) Finanzierung

Im Gegensatz zur AG und GmbH hat die Genossenschaft kein festes Grundkapital. Ein **Mindestkapital** und eine **Mindesteinlage** sind **gesetzlich nicht vorgeschrieben**, können aber durch die Satzung bestimmt werden (§ 8a GenG). Die Satzung der Genossenschaft muss jedoch bestimmen (§ 7 Nr. 2 GenG):

- die Bildung einer gesetzlichen Rücklage zur Deckung eines sich ergebenden Verlustes
- den Teil des Jahresüberschusses, der in diese Rücklage einzustellen ist
- den Mindestbetrag dieser Rücklage, bis zu dessen Erreichung die Einstellung zu erfolgen hat.

Unter dem **Geschäftsanteil** versteht man den in der Satzung festgelegten Betrag, bis zu dem sich die einzelnen Mitglieder mit Einlagen beteiligen können (§ 7 Nr. 1 GenG). Die Satzung kann auch Sacheinlagen als Einzahlungen auf den Geschäftsanteil zulassen (§ 7a Abs. 3 GenG).

Als **Mindesteinlage** bezeichnet man den in der Satzung festgelegten Betrag, den das Mitglied auf seinen Geschäftsanteil einzahlen muss (§ 7 Nr. 1 GenG: mindestens 10 % des Geschäftsanteils).

Das **Geschäftsguthaben** ist die Summe der Einzahlungen zuzüglich der Gewinnanteile abzüglich der Verlustanteile. Die Zuschreibung des Gewinns zum Geschäftsguthaben erfolgt solange, bis der Geschäftsanteil erreicht ist (§ 19 Abs. 1 Satz 3 GenG).

e) Gewinn- und Verlustbeteiligung

Die Gewinn- und Verlustbeteiligung erfolgt im ersten Geschäftsjahr nach dem Verhältnis ihrer auf den Geschäftsanteilen geleisteten Einzahlungen, für die folgenden Geschäftsjahre nach dem Verhältnis der Geschäftsguthaben (§ 19 Abs. 1 Satz 2 GenG).

f) Steuerliche Behandlung

Die Genossenschaft ist eine juristische Person und unterliegt der **Körperschaftsteuer**. Die ausgeschütteten Gewinnanteile stellen für die Mitglieder, sofern diese natürliche Personen sind, **Einkünfte aus Kapitalvermögen** im Rahmen der Einkommensteuer dar.

Die Genossenschaft ist Gewerbebetrieb kraft Rechtsform und damit **gewerbesteuerpflichtig**. Steuerschuldner ist die Gesellschaft. Im Rahmen der Umsatzsteuer ist die Gesellschaft Unternehmer. Sie unterliegt als Steuerschuldner der **Umsatzsteuer**.

Aufgaben 267 - 268 > Seite 389 - 390

6.15 Europäische Genossenschaft (SCE)

Die Europäische Genossenschaft, **Societas Cooperativa Europaea (SCE)**, ist eine rechtsfähige Form der Genossenschaft nach europäischem Recht. Auf Europäische Genossenschaften mit Sitz in Deutschland ist ergänzend das SCE-Ausführungsgesetz (SCEAG) anzuwenden.

Seit Mitte 2006 ist es möglich eine SCE zu gründen, die das **Gegenstück zu den nationalen Genossenschaften** der einzelnen Mitgliedstaaten bildet. Ihr **Hauptzweck** ist es, den Bedarf ihrer Mitglieder zu decken und/oder deren wirtschaftliche und/oder soziale Tätigkeiten zu fördern.

Eine SCE kann beispielsweise **gegründet** werden

- von mindestens fünf natürlichen Personen, deren Wohnsitze in mindestens zwei Mitgliedstaaten liegen.
- durch Verschmelzung von Genossenschaften, die nach dem Recht eines Mitgliedstaats gegründet worden sind und ihren Sitz sowie ihre Hauptverwaltung in der Gemeinschaft haben, sofern mindestens zwei von ihnen dem Recht verschiedener Mitgliedstaaten unterliegen.

Der in der Satzung festgelegte **Sitz** muss in einem Mitgliedstaat der EU liegen. Eine SCE mit Sitz in Deutschland ist in das **Genossenschaftsregister** einzutragen.

Das Grundkapital ist in **Geschäftanteile** aufgeteilt. Die Einzahlungen auf die Geschäftsanteile einer SCE müssen mindestens 30.000 € betragen, wobei nach Recht des jeweiligen Mitgliedstaates ein höherer Betrag bestimmt werden kann.

Die SCE verfügt über die folgenden **Organe:**

- eine **Generalversammlung** und
- entweder ein **Aufsichtsorgan** und ein **Leitungsorgan** (dualistisches System) oder ein **Verwaltungsorgan** (monistisches System) entsprechend der in der Satzung gewählten Form.

Sofern in der Satzung der SCE nichts anderes vorgesehen ist, **haftet ein Mitglied der Genossenschaft** nur bis zur Höhe seines eingezahlten Geschäftsanteils. Gilt für die Mitglieder der SCE eine beschränkte Haftung, so wird der Firma der SCE der Zusatz „mit beschränkter Haftung" angefügt. Die **Mitglieder des Leitungs-, Aufsichts- oder Verwaltungsorgans haften** gemäß den im Sitzstaat der SCE für Genossenschaften maßgebenden Rechtsvorschriften für den Schaden, welcher der SCE durch eine Verletzung der ihnen bei der Ausübung ihres Amtes obliegenden gesetzlichen, satzungsmäßigen oder sonstigen Pflichten entsteht.

Aufgabe 269 > Seite 390

6.16 Übungsaufgaben

Aufgabe 225:

Ordnen Sie folgenden juristischen Personen des öffentlichen Rechts den Körperschaften, Anstalten und Stiftungen zu.

a) Schule
b) Altersheim
c) Steuerberaterkammer
d) Bundesbank
e) Kunsthalle
f) Bundesanstalt für Arbeit
g) Kloster Maulbronn

Aufgabe 226:

Entscheiden Sie, ob es sich bei den folgenden Unternehmen um Einzelunternehmen, Personengesellschaften, Kapitalgesellschaften oder sonstige Gesellschaften handelt.

a) Schmitt IT-Tech KG
b) Rudolf Wild GmbH & Co KG
c) BASF SE
d) VR Bank Mittelhaardt eG
e) Merck KGaA
f) Heinrich Fritz Metallbau
g) SAP Deutschland AG & Co. KG
h) Daimler AG
i) Reuter und Scheuer Partnerschaft
j) Müller Ltd. & Co. KG

Aufgabe 227:

Welche der folgenden Aussagen sind richtig?

a) Die OHG ist eine voll rechtsfähige juristische Person.
b) Die Gesellschafter der GbR haften persönlich für die Verbindlichkeiten der Gesellschaft.
c) Die Gesellschafter der GmbH haften persönlich mit ihrem Privatvermögen.
d) Bei einem Einzelunternehmen wird das Unternehmenskapital von mehreren Gesellschaftern aufgebracht.
e) Die Kosten und der Zeitaufwand für die Gründung einer Aktiengesellschaft sind im Vergleich zu einer GbR sehr hoch.

f) Bei der OHG sind die Gesellschafter in der Geschäftsführung des Unternehmens tätig.
g) Die KG ist als Unternehmen nur eingeschränkt rechtsfähig.
h) Die Rechtsform der AG ermöglicht es, eine große Summe Eigenkapital von vielen einzelnen Gesellschaftern zu beschaffen, ohne dass diese in der Geschäftsführung tätig sein müssen.

Aufgabe 228:

Warum sind Kapitalgesellschaften zur Offenlegung ihres Jahresabschlusses verpflichtet?

Aufgabe 229:

Für die Rechtsbeziehungen zu Lieferanten, Kunden, Banken und Gesellschaftern ist die gewählte Rechtsform von entscheidender Bedeutung.
a) Welche Rechtsformen werden von deutschen Unternehmen am häufigsten gewählt?
b) Welche Gründe gibt es nach Ihrer Meinung für diese Aufteilung der Rechtsformen?
c) Finden Sie für jede der Rechtsformen mindestens ein Beispielunternehmen und vergleichen Sie diese Unternehmen hinsichtlich der Merkmale Gesellschafteranzahl, Gesellschaftergeschäftsführer oder Fremdgeschäftsführer, Haftung, Anzahl der Mitarbeiter, Umsatzgröße, regionales, nationales oder globales Absatzgebiet.

Aufgabe 230:

Eine Steuerberatungsgesellschaft mit drei Steuerberatern (BGB-Gesellschaft) erwirtschaftet einen Gewinn in Höhe von 534.678 €. Der Gewinn soll nach der gesetzlichen Regelung verteilt werden (§ 722 BGB). Ermitteln Sie den Gewinnanteil pro Gesellschafter.

Aufgabe 231:

Welche der folgenden Aussagen über die BGB-Gesellschaft sind richtig bzw. falsch?
a) Mitglieder einer BGB-Gesellschaft können nur natürliche Personen sein.
b) Jede Rechtshandlung eines Gesellschafters ist entweder eine Geschäftsführungsmaßnahme oder Vertretungsmaßnahme.
c) Der Kauf eines Computers durch einen Gesellschafter ist sowohl eine Geschäftsführungsmaßnahme als auch eine Vertretungsmaßnahme.
d) Die gesetzliche Regelung der Geschäftsführung und Vertretung ist schwerfällig und wird deshalb häufig gesellschaftsvertraglich abgeändert.

Aufgabe 232:

Entscheiden Sie, ob in den folgenden Fällen eine GbR entstanden ist.
a) Zwei Freundinnen planen und buchen einen gemeinsamen Urlaub.
b) Mehrere Arbeitskollegen spielen gemeinsam Lotto.

c) Zusammenschluss von Bauunternehmen zur Realisierung eines Großprojekts in Form einer Arbeitsgemeinschaft (ARGE).
d) Drei Schüler aus dem gleichen Ort bilden eine Fahrgemeinschaft, um Fahrtkosten zur Schule zu sparen.
e) Eine Familie mit 2 Kindern lebt zusammen, ohne dass Vater und Mutter verheiratet sind.
f) Ein Steuerberater, ein Rechtsanwalt und ein Wirtschaftsprüfer schließen sich zur ganzheitlichen Beratung von Mandanten zusammen.
g) Zwei Informatiker wollen eine GmbH gründen und haben ihre Arbeit bereits aufgenommen, ohne dass der Gesellschaftsvertrag notariell beurkundet wurde und die GmbH im Handelsregister eingetragen ist.

Aufgabe 233:

Welche der folgenden Aussagen über die OHG sind richtig bzw. falsch?

a) Die OHG ist eine Gesellschaftsform, die gegenüber Banken wegen der unbeschränkten Haftung der Gesellschafter als besonders kreditwürdig gilt.
b) Der Eintritt eines Gesellschafters in eine bereits existierende OHG ist völlig ungefährlich.
c) Jeder OHG-Gesellschafter haftet nur mit seinem Privatvermögen.
d) Die Gläubiger einer OHG können jeden Gesellschafter sofort in Anspruch nehmen.
e) Bevor ein Gläubiger einen Gesellschafter in Anspruch nehmen möchte, muss dieser zuvor die erfolglose Zwangsvollstreckung in das Vermögen der Gesellschaft betrieben haben.
f) Gesellschaftsvertraglich können die gesetzlichen Bestimmungen, die das Innenverhältnis betreffen, leichter abgeändert werden als die Bestimmungen, die das Außenverhältnis betreffen.

Aufgabe 234:

An einer OHG sind drei Gesellschafter beteiligt:

A mit 25.000 €, B mit 85.000 € und C mit 7.500 €. Die Ergebnisverteilung soll nach handelsrechtlichen Bestimmungen vorgenommen werden.

Jahr 1: Gewinn 108.000 €
Jahr 2: Gewinn 122.000 €
Jahr 3: Verlust 4.800 €

Die Gewinnanteile wurden nicht ausbezahlt.

Ermitteln Sie die Gewinnanteile in den Jahren 1 und 2 und die Kapitalanteile der drei Gesellschafter im Jahr 3.

Aufgabe 235:
Bei einer OHG sind vier Personen beteiligt. A mit 16.000 €, B mit 14.500 €, C mit 12.400 € und D mit 9.100 €. Der Reingewinn in Höhe von 2.000 € soll nach den Bestimmungen des HGB verteilt werden. Wie viel erhält jeder Gesellschafter?

Aufgabe 236:
An einer OHG sind beteiligt
- Gesellschafter A mit einer Kapitaleinlage von 50.000 €
- Gesellschafter B mit einer Kapitaleinlage von 35.000 € und
- Gesellschafter C mit einer Kapitaleinlage von 25.000 €.

Die Privatentnahmen während des Wirtschaftsjahres betrugen
- bei A 8.200 €
- bei B 5.400 € und
- bei C 5.000 €.

Im Gesellschaftsvertrag wurde vereinbart, dass jeder Gesellschafter während des Wirtschaftsjahres bis zu 20 % seiner zu Beginn des Wirtschaftsjahres bestehenden Kapitaleinlage entnehmen kann.

a) Der Jahresgewinn in Höhe von 228.000 € ist nach handelsrechtlichen Bestimmungen zu verteilen.
b) Wie sehen die Kapitalkonten der Gesellschafter nach Gewinnverteilung aus?

Die Gewinnverteilung soll ohne Verzinsung der Kapitalbewegungen erfolgen.

Aufgabe 237:
Wie werden OHG-Gewinne steuerrechtlich behandelt?

Aufgabe 238:
An einer KG sind beteiligt:
- Komplementär A mit 135.000 €
- Kommanditist B mit 45.000 € und
- Kommanditist C mit 15.000 €.

Die Privatentnahmen des Komplementärs betrugen 12.000 €. Im Gesellschaftsvertrag wurde vereinbart, dass A während des Wirtschaftsjahres bis zu 15 % seiner zu Beginn des Wirtschaftsjahres bestehenden Kapitaleinlage entnehmen kann.

a) Der Jahresgewinn in Höhe von 180.000 € ist nach handelsrechtlichen Bestimmungen zu verteilen. Ein Gewinnrest soll im Verhältnis 9 (A): 3 (B): 1 (C) verteilt werden. Die Kapitaleinlagen von B und C sind voll eingebracht.
b) Wie sehen die Kapitalkonten der Gesellschafter nach Gewinnverteilung aus?
c) Die Gewinnverteilung soll mit Verzinsung der Kapitalbewegungen erfolgen. Die Entnahmen wurden vorgenommen:
   - 1.200 € am 28.01.
   - 2.000 € am 05.03.
   - 6.000 € am 30.06.
   - 2.800 € am 17.10.

Aufgabe 239:
Wie werden Einkünfte der Gesellschafter einer KG steuerrechtlich behandelt?

Aufgabe 240:
Erläutern Sie die Rechtsform einer:
a) GmbH & Co. OHG
b) AG & Co. KG

Aufgabe 241:
Welche der folgenden Aussagen über die stille Gesellschaft sind richtig bzw. falsch?
a) Die stille Gesellschaft kann auch eine Außengesellschaft sein.
b) Die stille Gesellschaft hat keine Firma, jedoch ein Gesellschaftsvermögen.
c) Die Rechtshandlungen des Inhabers des Handelsgewerbes binden den stillen Gesellschafter.
d) Der stille Gesellschafter kann ein Handelsgewerbe betreiben.
e) Die stille Gesellschaft wird nicht ins Handelsregister eingetragen.
f) Der stille Gesellschafter haftet nicht unmittelbar.
g) Der stille Gesellschafter ist zur Mitarbeit verpflichtet.

Aufgabe 242:
Eine GmbH wird gegründet. Das Stammkapital soll 1 Mio. € betragen. Von den Gesellschaftern wurden 500.000 € auf das Stammkapital und eine Zuzahlung von 100.000 € bei der Bank eingezahlt. Erstellen Sie die Eröffnungsbilanz.

Aufgabe 243:

Am 10.01.2012 ging bei dem Amtsgericht Leverkusen das folgende Schreiben der InterSelect GmbH ein (siehe folgende Abbildung):

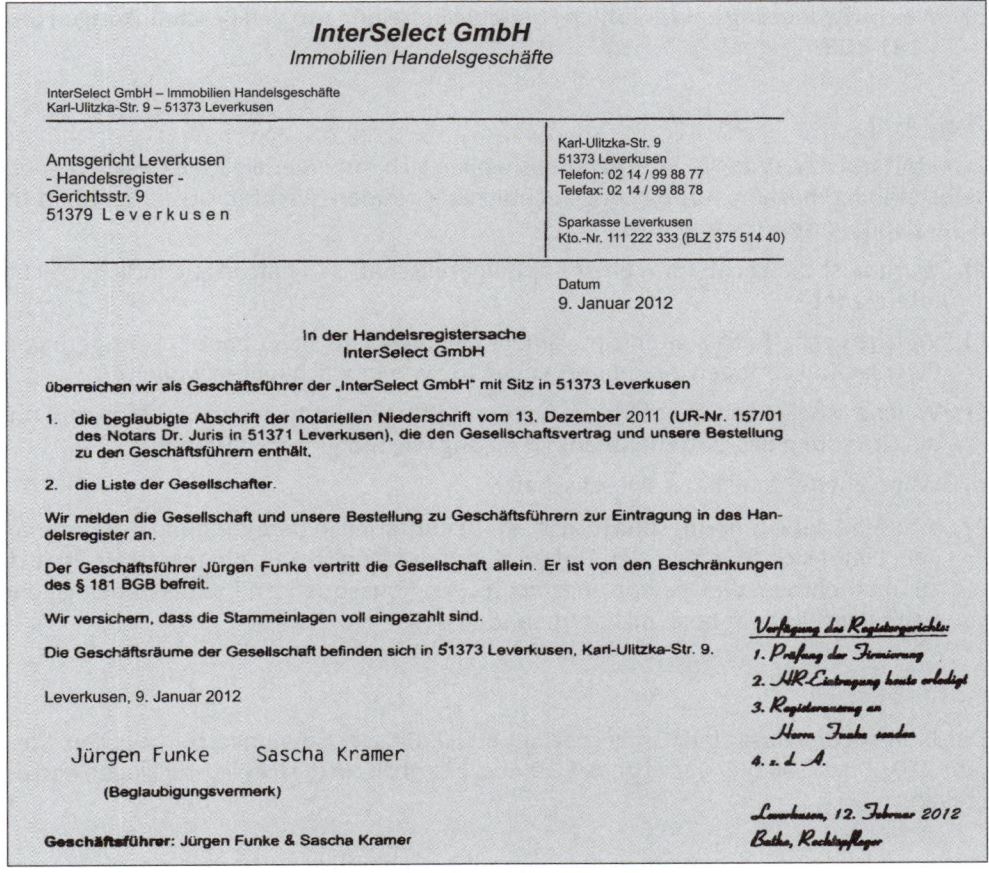

Quelle: *Schweizer, R.*, in: Prüfungstraining für Steuerfachangestellte

Beantworten Sie die folgenden Fragestellungen und begründen Sie Ihre Lösung!

a) An welchem Tag (Angabe des Datums erforderlich!) ist die InterSelect GmbH als Handelsgesellschaft entstanden? Nennen Sie die gesetzliche Bestimmung aus dem GmbH-Gesetz!

b) Wie hoch muss das Stammkapital der InterSelect GmbH mindestens sein? Nennen Sie die gesetzliche Bestimmung aus dem GmbH-Gesetz!

c) Ist die festgelegte Firmierung zulässig? Nennen Sie die gesetzliche Bestimmung aus dem GmbH-Gesetz!

d) In welche Abteilung des Handelsregisters hat das Registergericht die InterSelect GmbH eingetragen?

e) Hätte es ausgereicht, wenn Jürgen Funke die InterSelect GmbH allein zur Eintragung in das Handelsregister angemeldet hätte?
f) Welche wesentlichen Inhalte muss der der Anmeldung beigefügte Gesellschaftsvertrag enthalten?
g) Welche Bedeutung hat für Jürgen Funke die Befreiung von den Beschränkungen des § 181 BGB?

Aufgabe 244:

Zwei Mitarbeiter eines IT-Unternehmens wollen sich mit einer eigenen Geschäftsidee selbstständig machen. Aus haftungsrechtlichen Gründen möchten sie die Rechtsform einer Kapitalgesellschaft wählen.

a) Warum ist die Rechtsform einer Kapitalgesellschaft aus haftungsrechtlicher Sicht interessant?
b) Welche Rechtsform sollten sie wählen, wenn sie lediglich über ein sehr geringes Eigenkapital verfügen oder dieses so niedrig wie möglich halten wollen?
c) Welche Möglichkeiten haben sie, um den zeitlichen und finanziellen Aufwand für die Gründung des Unternehmens so niedrig wie möglich zu halten?
d) Wann entsteht die Kapitalgesellschaft?
e) Während der Gründungsphase, d. h. vor der notariellen Beurkundung der Unterlagen, bietet sich für die beiden Unternehmer die Möglichkeit, ein lukratives Projekt zu übernehmen. Welche haftungsrechtlichen Konsequenzen hat dies, solange die Kapitalgesellschaft noch nicht entstanden ist?

Aufgabe 245:

Der Jahresüberschuss einer GmbH beträgt 800.000 €, der Gewinnvortrag aus dem Vorjahr 210.000 €. 260.000 € sind gem. § 29 Abs. 2 GmbHG in die Gewinnrücklagen einzustellen.

Wie hoch ist der Bilanzgewinn in der Bilanz, die nach teilweiser Verteilung des Jahresergebnisses aufgestellt wird?

Aufgabe 246:

Wie sind Nachschüsse der Gesellschafter im Eigenkapital einer GmbH auszuweisen?

Aufgabe 247:

Eine GmbH soll aufgelöst werden. Die Gesellschafter A, B und C sind im Verhältnis 1 : 2 : 3 beteiligt.

Welchen Liquidationsbetrag erhält jeder Gesellschafter, wenn der Liquidationserlös 282.000 € beträgt?

Aufgabe 248:

Beurteilen Sie, welche der folgenden Aussagen richtig sind.

a) Bei der haftungsbeschränkten Unternehmergesellschaft handelt es sich neben der GmbH und der AG um eine zusätzliche Rechtsform der Kapitalgesellschaft für solche Unternehmensgründer, die das gesetzlich geforderte Mindestkapital von 25.000 € nicht aufbringen können oder wollen.

b) Die notarielle Beurkundung des Gesellschaftsvertrags führt bereits zur Entstehung einer voll rechtsfähigen juristischen Person.

c) Da es sich bei der GmbH um ein Gesellschaftsunternehmen handelt, sind mindestens 2 Gesellschafter zur Gründung der GmbH notwendig.

d) Der Sitz der Gesellschaft muss ein Ort im Inland sein. Dabei muss es sich um den Ort der Geschäftsleitung oder der Unternehmensverwaltung handeln.

e) Das Stammkapital der GmbH, das in der Bilanz unter dem Eigenkapital als gezeichnetes Kapital ausgewiesen wird, muss mindestens 25.000 € betragen und muss bei der Anmeldung der Gesellschaft zur Eintragung in das Handelsregister insgesamt zu mindestens 50 % eingezahlt sein.

f) Das Stammkapital muss der Summe aller Geschäftsanteile entsprechen. Die Summe aller Geschäftsanteile eines Gesellschafters bezeichnet man als die Stammeinlage des Gesellschafters.

g) Neben dem Geschäftsführer und der Gesellschafterversammlung stellt der Aufsichtsrat, als Überwachungsinstanz, das dritte gesetzlich vorgeschriebene Organ einer GmbH dar.

Aufgabe 249

Ergänzen Sie den folgenden Lückentext:

Publikumsaktiengesellschaften sind große _____ mit großem _____. Eine Familienaktiengesellschaft könnte das erforderliche Kapital _____ aufbringen. Die Aktien einer Massenaktiengesellschaft sind _____ .

Das Kapital wird von einer großen _____ von anonymen _____ aufgebracht. Der einzelne Aktionär hat meist einen _____ Aktienanteil. Das Risiko des Aktionärs ist begrenzt auf die _____ der Aktie. Der Aktionär kann seine Aktie jederzeit an der _____ veräußern. Dazu bedarf es keiner besonderen kaufmännischen _____ . Da die Aktien von einer _____ Zahl von Aktionären gehalten werden, haben diese wenig _____ auf die Unternehmenspolitik.

Aufgabe 250:

Das Grundkapital einer AG beträgt 1.000.000 €. Ein Aktionär ist Inhaber einer 5.000 € Nennbetrags-Aktie. Wie hoch ist sein Anteil am Grundkapital?

Aufgabe 251:

Angenommen, das Mindestkapital einer AG wird nur durch Ausgabe von 50-Euro-Aktien aufgebracht. Wie viele Aktien sind in Umlauf?

Aufgabe 252:

Das Eigenkapital der Commerzbank AG betrug gemäß dem veröffentlichten Jahresabschluss für das Geschäftsjahr 01 insgesamt 10.452.507.187,97 €. Insgesamt waren zu diesem Zeitpunkt 657.168.541 Stück nennwertlose Stückaktien im Umlauf. Das gezeichnete Kapital betrug 1.708.638.206,60 €.

a) Welchen rechnerischen Nennwert verbrieft eine Aktie?
b) Wie viele Aktien muss ein Aktionär besitzen, um mit 1 % an der Commerzbank beteiligt zu sein?
c) Welche Summe musste man investieren, um diesen Anteil bei einem Kurs zum 31.12. von ca. 25 € zu erwerben?

Aufgabe 253:

Der Nennbetrag des Grundkapitals einer neu gegründeten AG beträgt 100.000 €. Er wird durch Ausgabe von 100-Euro-Aktien aufgebracht. Begründen Sie Ihre Lösung.

a) Wie viele Aktien muss ein Aktionär erwerben um Satzungsänderungen zu verhindern?
b) Wie viele Aktien muss ein Aktionär erwerben um Satzungsänderungen durchzusetzen?

Aufgabe 254:

Ein Aktionär hat in seinem Depot 100 Stück Aktien der SAP AG. Zum vergangenen Ausschüttungstermin wurde eine Dividende von 0,50 € je Aktie gezahlt. Wie hoch war, bezogen auf den genannten Aktionär, seine

a) Bruttodividende
b) Bardividende
c) Nettodividende.

Aufgabe 255:

Ergänzen Sie den folgenden Lückentext:

Der _____ führt die Geschäfte der AG. Er arbeitet nicht mit seinem eigenen Vermögen, sondern mit dem Vermögen der _____. Der _____ kontrolliert den Vorstand. Das Organ der Aktionäre ist die _____. Die Aktionäre stimmen über die Höhe der _____ ab. Die Aktionäre besitzen also ein _____. Die Gesellschafter einer AG sind mit Teilbeträgen am _____ beteiligt. Das Aktienkapital wird mit einem Nennwert von mindestens _____ gestückelt. Die _____ ist die Gewinnausschüttung an die Aktionäre. Sie wird durch die Höhe des _____ einer AG bestimmt.

Aufgabe 256:

„Dennoch besteht Übereinstimmung darüber, dass der moderne Großbetrieb – das ist typisch für ihn – von seinem Management kontrolliert wird. Die Revolution der Manager erkennt man im Unterschied zur Revolution der Technostruktur an."[1]

Was versteht *Galbraith* unter der „Revolution der Manager"?

Aufgabe 257:

Welche unterschiedlichen Interessen vertreten die verschiedenen Interessengruppen in der Hauptversammlung einer AG?

a) Arbeitnehmervertreter

b) Groß- und Kleinaktionäre

c) Banken

d) Vorstand

Aufgabe 258:

Die Südchemie erhöht ihr Kapital im Verhältnis 5:3, Kurs der alten Aktien: 257 €, Kurs der neuen Aktien: 100 €. Wie hoch ist der rechnerische Wert des Bezugsrechts?

Aufgabe 259:

Die MODUL AG erhöht ihr Grundkapital ohne Ausgabe neuer Aktien.

a) Bei welcher Form der Kapitalerhöhung ist dies möglich?

b) Wie bezeichnet man die ausgegebenen Aktien?

c) Wie verändert sich der Wert der einzelnen Aktien?

---

[1] *Galbraith, J. K.*, Die moderne Industriegesellschaft, Frankfurt a. M. 1967, S. 135.

Aufgabe 260:

Die MODUL-AG legt für das vergangene Geschäftsjahr folgende (sehr verkürzte) Bilanz vor:

AKTIVA	Bilanz der MODUL AG zum 31.12.		PASSIVA
	Euro		Euro
A. Anlagevermögen		A. Eigenkapital	
I. Immaterielle Vermögensgegenstände	100.000	I. Gezeichnetes Kapital	3.000.000
II. Sachanlagen	1.400.000	II. Kapitalrücklage	390.000
B. Umlaufvermögen	4.500.000	III. Gewinnrücklage	570.000
		IV. Gewinnvortrag	40.000
		V. Jahresüberschuss	300.000
		B. Rückstellungen	130.000
		C. Verbindlichkeiten	1.570.000
	6.000.000		6.000.000

a) Wie hoch ist das Eigenkapital in der obigen Bilanz?

b) Inwiefern können in den Bilanzpositionen „Sachanlagen" (Unbebaute Grundstücke) und „Rückstellungen" stille Rücklagen stecken?

c) Wie hoch ist der Bilanzkurs?

d) Wodurch unterscheiden sich Rücklagen von Rückstellungen?

e) Der Börsenkurs der MODUL-Aktie beträgt 280 €. Wie groß ist der Unterschied zwischen Börsenkurs und Bilanzkurs (bezogen auf eine 100-Euro-Aktie)?

Aufgabe 261:

Beantworten Sie die folgenden Fragen bzw. lösen Sie die folgenden Aufgaben:

a) Wer beruft die Hauptversammlung ein?

b) Wie oft wird die Hauptversammlung einberufen?

c) Welche Rechte hat der Aktionär auf der Hauptversammlung?

d) Was versteht man unter dem Bilanzgewinn?

e) Wie kann er grundsätzlich verwendet werden?

f) Wer legt den Vorschlag für die Verwendung des Bilanzgewinns vor, wer prüft den Vorschlag für die Verwendung des Bilanzgewinns, wer beschließt über die Verwendung des Bilanzgewinns?

g) Prüfen Sie, ob die folgende Klausel in der Satzung einer AG zulässig wäre: „Gehören einem Aktionär Aktien im Nennbetrag von 80 Mio. €, so ist sein Stimmrecht auf die Anzahl von Aktien erweitert, die Aktien im Nennbetrag von 160 Mio. € gewähren".

Aufgabe 262:

Welche der folgenden Aussagen zur Aktiengesellschaft sind richtig?

a) Gewinnrücklagen werden aus einbehaltenen Gewinnen gebildet.
b) Die Kapitalrücklagen werden aus nicht ausgeschütteten Gewinnen gebildet.
c) Satzungsmäßige Rücklagen können zweckgebunden sein und werden aufgrund der Satzung gebildet.
d) Die Hauptversammlung schlägt vor, wie der Bilanzgewinn zu verteilen ist.
e) Der Vorstand entscheidet über die Gewinnverwendung nach Ablauf des Geschäftsjahres.
f) Stellt die Hauptversammlung den Jahresabschluss fest, kann die Satzung bestimmen, dass höchstens 75 % aus dem Jahresüberschuss in die anderen Gewinnrücklagen eingestellt werden können.
g) Stellen Vorstand und Aufsichtsrat den Jahresabschluss fest, dürfen höchstens 25 % des Jahresüberschusses in die anderen Gewinnrücklagen eingestellt werden.
h) Die Hauptversammlung kann nur im Einvernehmen mit dem Aufsichtsrat über die Verwendung des Bilanzgewinns entscheiden.
i) Der Gewinn wird als Jahresüberschuss durch Gegenüberstellung von Aufwendungen und Erträgen in der Gewinn- und Verlustrechnung für das abgelaufene Geschäftsjahr ermittelt.
j) Bei einem Jahresüberschuss in der Gewinn- und Verlustrechnung übersteigen die Aufwendungen die Erträge.
k) In der Position „Gewinnvortrag" werden nicht ausgeschüttete Gewinne ausgewiesen.
l) Die Hauptversammlung beschließt über die Gewinnverwendung, wenn die Bilanz einen Gewinn aufweist.
m) Die Hauptversammlung ist an Gewinnverwendungsvorschläge des Vorstands nicht gebunden.
n) Da die Hauptversammlung nicht an den festgestellten Gewinn gebunden ist, kann sie die Gewinnhöhe ändern.
o) Das gezeichnete Kapital ist identisch mit dem Gesellschaftsvermögen.
p) Das gezeichnete Kapital ist das Haftungskapital der Mitglieder der Gesellschaft für die Verbindlichkeiten der Gesellschaft gegenüber den Gläubigern.
q) Eine Erhöhung des gezeichneten Kapitals ist ohne Satzungsänderung möglich.
r) Gewinnrücklagen werden aus dem Jahresergebnis vor Steuern gebildet.
s) Jeder Rücklagenposition ist eine ganz bestimmte Vermögensposition zugeordnet.
t) Wenn ein Jahresüberschuss des Vorjahres weder als Dividende an die Aktionäre ausgeschüttet noch den Gewinnrücklagen zugewiesen wird, entsteht ein Gewinnvortrag.

u) Durch Bildung von freiwilligen Rücklagen aufgrund eines Zuweisungsbeschlusses der Hauptversammlung kommt es zu anderen Gewinnrücklagen.

v) Eigenkapital kann sowohl von innen in Form einer Gewinnrücklage, eines Gewinnvortrags oder eines Jahresüberschusses als auch von außen in Form von gezeichnetem Kapital oder einer Kapitalrücklage entstehen.

w) Gewinnrücklagen sind Innenfinanzierung und Selbstfinanzierung.

x) Kapitalrücklagen sind Außenfinanzierung und Beteiligungsfinanzierung.

Aufgabe 263:

Ermitteln Sie anhand der unten abgebildeten Bilanz

a) das Eigenkapital und

b) den Bilanzkurs.

AKTIVA	Bilanz der MODUL AG zum 31.12.		PASSIVA
	Euro		Euro
A. Anlagevermögen	200.000	A. Eigenkapital	
B. Umlaufvermögen	75.000	VI. Gezeichnetes Kapital	150.000
		VII. Kapitalrücklage	20.000
		VIII. Gewinnrücklage	5.000
		D. Verbindlichkeiten	100.000
	275.000		275.000

Aufgabe 264:

Die Position Eigenkapital der MODUL AG weist ein Grundkapital von 5 Mio. € und eine Kapitalrücklage von 325.000 € aus. Die gesetzliche Rücklage beträgt 120.000 €, während sich die satzungsmäßigen Rücklagen auf 200.000 € belaufen. An anderen Gewinnrücklagen sind 0,8 Mio. € bilanziert. Die MODUL AG erwirtschaftet einen Jahresüberschuss in Höhe von 250.000 €, während ein Gewinnvortrag aus dem Vorjahr mit 50.000 € zu Buche steht.

Erstellen Sie eine Gliederung des Eigenkapitals nach Ergebnisverwendung, wenn:

▸ die Einstellung in die gesetzliche Rücklage nach aktienrechtlichen Bestimmungen erfolgen soll und

▸ der aktienrechtlich höchstzulässige Prozentsatz in andere Gewinnrücklagen vorzunehmen ist (Hinweis: Vorstand und Aufsichtsrat stellen den Jahresabschluss fest). Satzungsmäßige Bestimmungen, dass ein größerer Teil in andere Gewinnrücklagen eingestellt werden kann, gibt es nicht.

Aufgabe 265:

Das bisherige Grundkapital einer AG von 750.000 € soll durch Ausgabe junger Aktien (Nennwert 50 €) um 250.000 € erhöht werden. Der Kurs der alten Aktien beträgt 280 €, der Kurs der Ausgabe der jungen Aktien beträgt 140 €. Die AG weist Gewinnrücklagen in Höhe von 150.000 € aus.

a) Berechnen Sie

   aa) das Bezugsverhältnis

   ab) den Mittelkurs

   ac) den Wert des Bezugsrechts.

b) Wie setzt sich das Eigenkapital der AG nach der Kapitalerhöhung zusammen?

c) Ermitteln Sie den Bilanzkurs!

Aufgabe 266:

Beurteilen Sie, welche der folgenden Aussagen richtig sind.

a) Die Teilhaberrechte der Aktionäre werden durch die Ausgabe von Aktien in Form einer Urkunde verbrieft, die jeder Aktionär bei Kauf eines Anteils bei seiner Bank ausgehändigt bekommt oder in einem Schließfach der Bank (Depot) verwahren muss.

b) Stückaktien lauten im Gegensatz zu Nennwertaktien auf keinen Nennbetrag. Der Anteil, den eine Aktie am Gesamtunternehmen repräsentiert ergibt sich aus der Gesamtzahl der ausgegebenen Stückaktien.

c) Auf Namensaktien wird im Gegensatz zu Inhaberaktien der Name des Aktionärs auf der Aktienurkunde vermerkt und in das Aktienregister des Unternehmens eingetragen, welches zuvor dem Aktienerwerb zustimmen muss.

d) Stammaktien verbriefen neben den gesetzlich vorgeschriebenen Aktionärsrechten zwar keine weitergehenden Rechte wie Vorzugsaktien, können aber bei entsprechender Regelung in der Satzung mehrere Stimmrechte pro Aktie verbriefen.

e) Bei der Ausgabe neuer Aktien im Rahmen einer Neuemission verlieren die alten Aktien ihre Gültigkeit und können gegen junge Aktien eingetauscht werden. Das Austauschverhältnis wird hierbei durch das Bezugsverhältnis bestimmt.

f) Beim Kauf von Aktien eines börsennotierten Unternehmens über eine Aktienbörse handelt es sich i. d. R. um den Erwerb von Altaktien eines anderen Investors. Beim Kauf von neuen Aktien werden diese direkt vom emittierenden Unternehmen über ein Kreditinstitut bezogen.

Aufgabe 267:

50 Bauern des Landkreises Südliche Weinstraße gründen eine landwirtschaftliche Genossenschaft. Jedes Mitglied übernimmt einen Geschäftsanteil von 350 €. Auf jeden Geschäftsanteil wurden gemäß Statut 30 % einbezahlt. Wie hoch ist das in der Gründungsbilanz ausgewiesene Kapital?

Aufgabe 268:

Der Geschäftsanteil eines Mitglieds beträgt 750 €. Auf den Geschäftsanteil erfolgte eine Einzahlung von 250 €. Die bisherigen Gewinngutschriften belaufen sich am Ende des Jahres auf 350 €. Für das abgelaufene Wirtschaftsjahr muss das Mitglied einen Verlustanteil von 75 € übernehmen. Die Haftsumme beträgt 1.200 €. Wie hoch ist die Risikosumme des Mitglieds im Falle einer Insolvenz im neuen Jahr?

Aufgabe 269:

Fertigen Sie nach dem folgenden Muster eine Übersicht an und ergänzen Sie die einzelnen Felder zur jeweiligen Rechtsform.

Merkmale	EU	GbR	OHG	KG	PartG	Stille Ges.	GmbH	AG	eG
Personen- oder Kapitalgesellschaft									
Rechtsfähigkeit									
Anzahl der zur Gründung erforderlichen Personen									
Formvorschriften bei Gründung									
Mindestkapital bei Gründung									
Firma notwendig									
Bezeichnung der Gesellschafter									
Haftungsumfang der Gesellschafter									
Geschäftsführung									
Vertretung									
Gewinnverteilung									
Verlustverteilung									
steuerliche Behandlung									

D. Investition und Finanzierung

Der Begriff **Investition** ist aus dem lateinischen Wort Investierung abgeleitet. Investierung bedeutet einkleiden, bekleiden, in ein Amt einführen, mit dem Zeichen der Amtswürde bekleiden. Betriebswirtschaftlich bedeutet Investierung (Investition) die Einkleidung („Ausstaffierung") eines Betriebes mit Sach- und Finanzvermögen, d. h. die **Beschaffung von Vermögenswerten.**

Investitionsanlässe und Ziele		Beispiele
Laufende Investitionen	anlässlich der laufenden Umwandlung von Geldkapital in Sachkapital	Beschaffung von Rohmaterial zur Herstellung von Fertigerzeugnissen
Besondere Investitionen	**Rationalisierungsinvestition** anlässlich der Senkung der Produktionskosten und Erhöhung der Produktivität	Senkung der Herstellungskosten eines Produktes
	Gründungsinvestition anlässlich der Unternehmensgründung	Beschaffung der Erstausstattung (z. B. Maschinen, Fahrzeuge)
	Erweiterungsinvestition anlässlich der Vergrößerung und Veränderung des Betriebsmittelbestandes	Beschaffung zusätzlicher Maschinen zur Erhöhung der Stückzahl eines Produktes
	Ersatzinvestition anlässlich des Ersatzes alter durch neue Wirtschaftsgüter	Ausschluss abgenutzter Maschinen und Erwerb neuer Maschinen

Jeder Betrieb braucht zur Realisierung seiner Investitionsabsichten finanzielle Mittel. Unter **Finanzierung** versteht man **alle Maßnahmen, zur Realisierung der betrieblichen Ziele Geld zu beschaffen und einzusetzen.** Somit ergeben sich aus den Investitionen auch die entsprechenden Finanzierungsanlässe.

Finanzierungsanlässe und Ziele		Beispiele
Laufende Finanzierung	anlässlich der laufenden Unternehmensprozesse	Lieferantenrechnungen, Löhne und Gehälter sind zu zahlen
Besondere Finanzierung	**Gründungsfinanzierung** anlässlich der Unternehmensgründung	Beschaffung der Erstausstattung (z. B. Maschinen, Fahrzeuge)
	Erweiterungsfinanzierung anlässlich der Vergrößerung und Veränderung des Betriebsmittelbestandes	Beschaffung zusätzlicher Maschinen zur Erhöhung der Stückzahl eines Produktes
	Umwandlungsfinanzierung anlässlich eines Wechsels der Rechtsform	Rechtsformwechsel, z. B. von der OHG in eine GmbH
	Kapitalerhöhung anlässlich der Zuführung von Eigenkapital	Aufnahme eines neuen Gesellschafters

D. Investition und Finanzierung

Der **Zusammenhang zwischen Investitionen und der dazu notwendigen Finanzierung** lässt sich auch anhand der Bilanz verdeutlichen:

Aktiva	Bilanz zum 31.12.		Passiva
Gesamtvermögen	Anlagevermögen	Eigenkapital	Gesamtkapital
	Umlaufvermögen	Fremdkapital	

Wofür wurden die finanziellen Mittel verwendet?
Mittelverwendung (Investitionsseite)

Woher kommen die finanziellen Mittel?
Mittelherkunft (Finanzierungsseite)

Die **Passivseite** zeigt, wer Kapitalgeber ist. Das Eigenkapital hat der Eigentümer des Betriebes selbst aufgebracht. Das Fremdkapital stammt von fremden Kapitalgebern. Die **Aktivseite** zeigt, welche Vermögenswerte mit den finanziellen Mitteln angeschafft worden sind (Anlagevermögen und Umlaufvermögen).

Die folgende Abbildung zeigt noch einmal den Zusammenhang zwischen Finanzierung und Investition im Rahmen der unternehmerischen Kernprozesse.

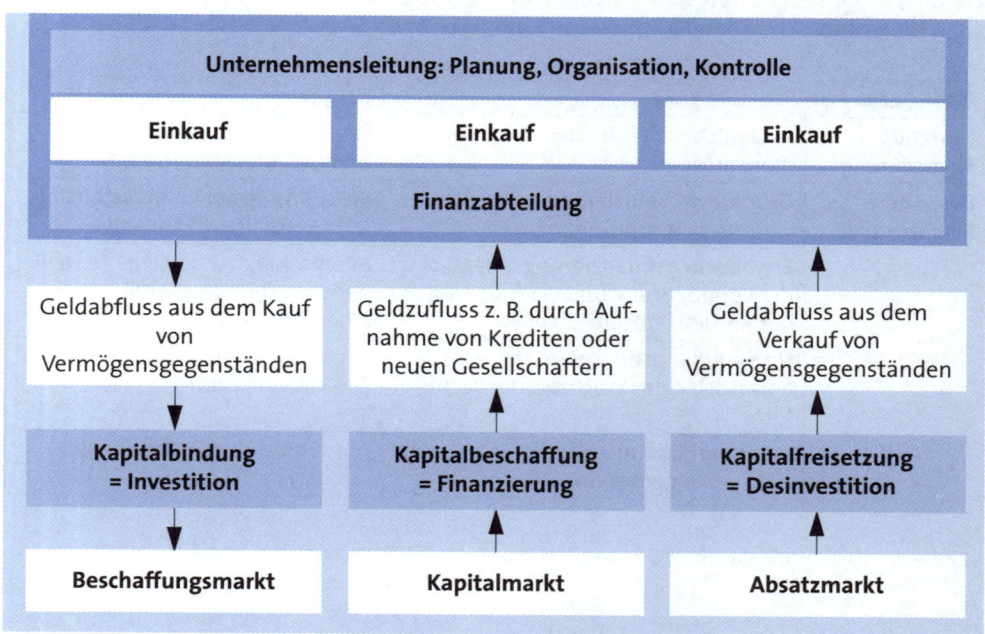

Ständig wird Kapital freigesetzt (Geldeingang durch Verkauf von Wirtschaftsgütern) oder beschafft (Geldeingang durch die Beschaffung von Fremd- oder Eigenkapital) und Kapital gebunden (Beschaffung von Vermögenswerten). Diese **Finanzierungsprozesse** können die **Bilanz auf unterschiedliche Art und Weise verändern:**

Auswirkungen der Finanzierungsprozesse in der Bilanz	
Aktivtausch (Passivtausch)	**Aktiv-Passiv-Mehrung (Aktiv-Passiv-Minderung)**
Änderung des Vermögens (der Verbindlichkeiten) in seiner Zusammensetzung durch Umschichtung von Vermögenswerten (Verbindlichkeiten)	Erhöhung (Verminderung) der Aktiva und der Passiva
z. B. Kauf von Maschinen aus Bankguthaben (Rückführung von Verbindlichkeiten aus Lieferungen und Leistungen durch Ausnutzung eines Kontokorrentkredits)	z. B. Kauf von Immobilien durch Aufnahme eines Bankdarlehens (Verkauf von Vermögensgegenständen und Tilgung von Verbindlichkeiten aus dem Erlös)

Zu den **finanzwirtschaftlichen Aufgaben** zählen neben dem **Investitions-** und **Finanzierungsbereich** zwangsläufig auch die Planung, Durchführung und Kontrolle des **Zahlungsverkehrs**.

Die dabei verfolgten **finanzwirtschaftlichen Ziele** zeigt die folgende Abbildung:

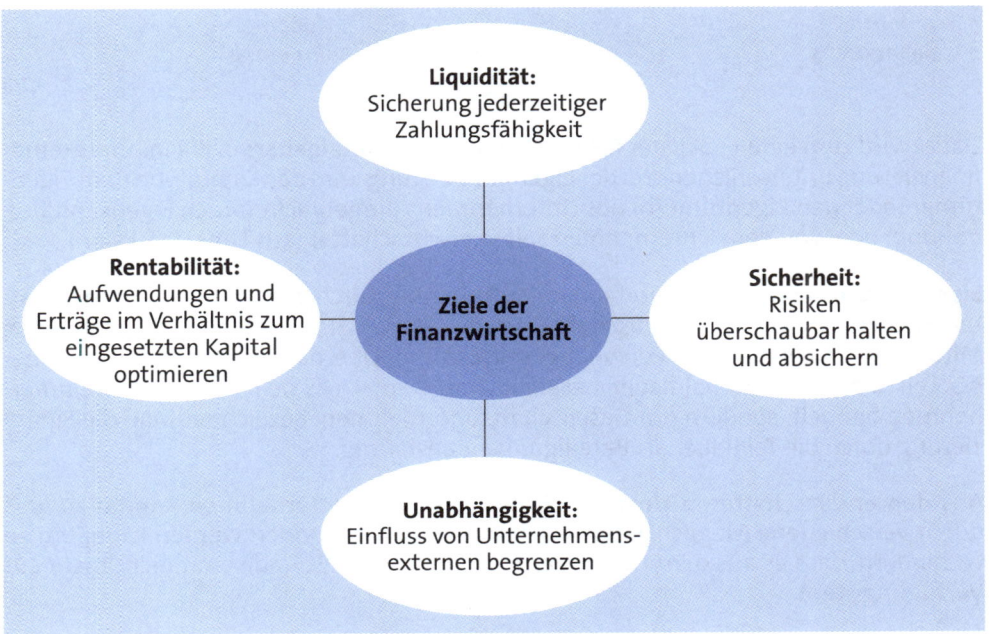

1. Finanzierungsarten

Dem Unternehmen steht eine **Vielzahl von möglichen Finanzierungsarten** zur Beschaffung finanzieller Mittel zur Verfügung. Die in den folgenden Kapiteln behandelten Finanzierungsarten zeigt die folgende Übersicht.

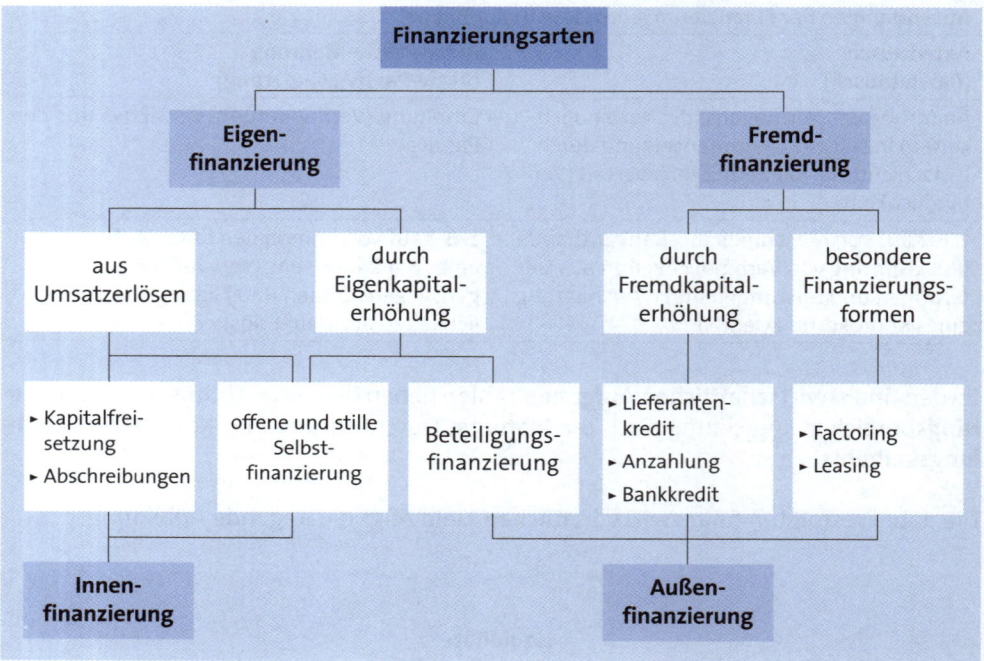

Dabei wird zum einen nach der **Rechtsstellung des Kapitalgebers** in Eigen- und Fremdfinanzierung unterschieden. Bei der **Eigenfinanzierung** wird das Kapital von dem Eigentümer (oder den Eigentümern) des Unternehmens aufgebracht (durch Eigenkapitalerhöhung) oder von dem Unternehmen selbst erwirtschaftet (aus Umsatzerlösen).

Eigenkapitalerhöhung bedeutet Kapitalaufbringung durch alte oder neue Gesellschafter aus eigenem Vermögen (Erbschaft, Ersparnis, Heirat), d. h. Finanzierung aus eigenen Mitteln durch Einlagen bei Personengesellschaften, Übernahme von Aktien bei einer AG, Leistung von Stammeinlagen bei einer GmbH. Sofern es sich nicht um Einzelunternehmen handelt, sondern um Gesellschaftsunternehmen, bezeichnet man die Finanzierung durch die Teilhaber als Beteiligungsfinanzierung.

Aus den erwirtschafteten **Umsatzerlösen** fließt dem Unternehmen Kapital zu, das durch verschiedene Möglichkeiten im Unternehmen gebunden werden kann, um zu verhindern, dass es aus dem Unternehmen wieder abfließt und somit nicht mehr zur Verfügung steht.

Bei der **Fremdfinanzierung** stammt das Kapital von fremden Kapitalgebern (Gläubigerkapital). Nimmt der Betrieb z. B. zur Beschaffung von zusätzlichem Kapital einen Kredit auf, spricht man von Kreditfinanzierung. Der Kreditgeber ist nicht am Betrieb beteiligt, er ist Kreditgläubiger.

Unterschiede zwischen Eigen- und Fremdfinanzierung	
z. B. Eigenkapitalerhöhung durch Beteiligungsfinanzierung	z. B. Fremdkapitalerhöhung durch Aufnahme eines Bankdarlehens
Kapitalgeber hat Einfluss auf die Geschäftsführung	Kapitalgeber hat keinen Einfluss auf die Geschäftsführung
Kapitalgeber ist Teilhaber, z. B. hat er Anspruch auf Gewinnbeteiligung	Kapitalgeber ist Gläubiger, z. B. hat er Anspruch auf feste Zinszahlung und Tilgung
Kapitalgeber hat keinen Rückzahlungsanspruch, d. h. Eigenkapital steht dem Betrieb unbefristet zur Verfügung	Kapitalgeber hat Anspruch auf Rückzahlung des zur Verfügung gestellten Kapitals, d. h. Fremdkapital steht damit nur befristet zur Verfügung

Eine weitere Möglichkeit ist die Einteilung nach der Herkunft des Kapitals in **Außen-und Innenfinanzierungsarten**. Bei der Innenfinanzierung kommt das Kapital aus dem Betrieb selbst. Bei der Außenfinanzierung fließt dem Betrieb Kapital von außen zu. Die Unterscheidung in Innen- und Außenfinanzierung lässt sich auch im Zusammenhang mit der Bilanz und Gewinn- und Verlustrechnung verdeutlichen:

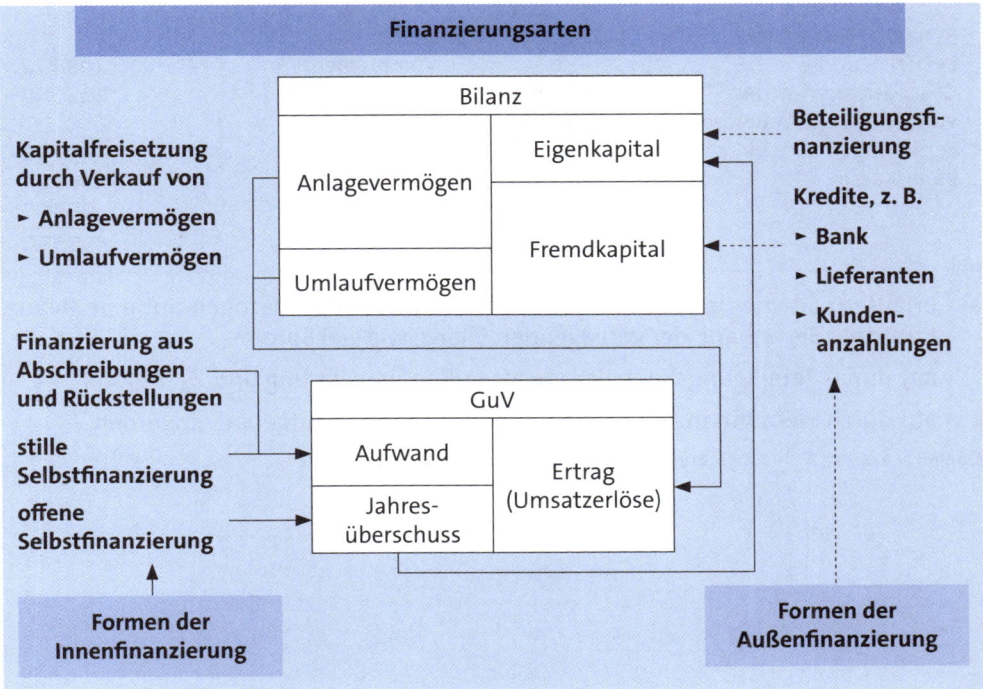

Aufgaben 270 - 271 > Seite 396 - 397

Die **Außenfinanzierung** zeigt sich immer auf der Passivseite der Bilanz, da hier das dem Unternehmen **von außerhalb zugeflossene Kapital** ausgewiesen wird.

Die **Innenfinanzierung** lässt sich insbesondere an der GuV verdeutlichen. Hier wird das **vom Unternehmen selbst erwirtschaftete Kapital** aus dem Verkauf der Unternehmensleistungen (Umsatzerlöse) entweder durch Aufwendungen, denen aber kein tatsächlicher Zahlungsmittelabfluss gegenüber steht, buchmäßig vermindert (stille Selbstfinanzierung durch Bildung stiller Reserven, Abschreibungs- und Rückstellungsfinanzierung). Oder es kommt zur Nichtausschüttung des Jahresüberschusses und Einstellung in das Eigenkapital in Form der offenen Selbstfinanzierung.

1.1 Übungsaufgaben

Aufgabe 270:

Die vereinfachte Bilanz einer KG aus Bergisch Gladbach weist folgende Positionen aus:

AKTIVA	Bilanz für die Zeit vom 01.01. - 31.12.		PASSIVA
	Euro		Euro
Bebaute Grundstücke	196.250	Einlagen:	
Betriebs- und Geschäftsausstattung	100.000	Komplementäre	108.750
		Kommanditisten	112.500
Vorräte/Fertigerzeugnisse	50.000	Sonderposten mit	
Forderungen aus LuL	62.500	Rücklagenanteil	37.500
Bank/Kasse	25.000	Bankdarlehen	150.000
		Verbindlichkeiten	25.000
	433.750		433.750

a) Erläutern Sie die Begriffe Finanzierung und Investition bezogen auf eine Bilanz. Ermitteln Sie anhand der vorliegenden Bilanz, wie viel Euro

aa) durch Beteiligungsfinanzierung als Außenfinanzierung und

ab) durch Fremdfinanzierung als Außenfinanzierung aufgebracht wurden.

Quelle: *Schweizer, R.*, in: Die Steuerfachangestellten, Heft 3, März 2002, S. 21

Aufgabe 271:

Beurteilen Sie, welche der folgenden Aussagen richtig sind.

a) Bei der Unterscheidung der Finanzierungsarten nach der Rechtsstellung des Kapitalgebers unterscheidet man in Eigen- und Fremdfinanzierung, da im ersten Fall das Kapital aus eigenen erwirtschafteten Mitteln des Unternehmens zur Verfügung steht und nicht wie im zweiten Fall von außen durch fremde Dritte dem Unternehmen zufließt.

b) Bei der Finanzierung durch Kapitalfreisetzung kommen liquide Mittel in das Unternehmen, indem entweder Anlagevermögen, das nicht zur Aufrechterhaltung der unternehmerischen Tätigkeit benötigt wird, oder Umlaufvermögen, insbesondere Fertigprodukte, veräußert wird.

c) Wenn Gewinne des Unternehmens nicht an die Gesellschafter ausgeschüttet werden, sondern im Unternehmen verbleiben, um beispielsweise für Neuinvestitionen oder Schuldentilgung zur Verfügung zu stehen, so spricht man von stiller Selbstfinanzierung, da diese Vorgänge nicht aus dem veröffentlichten Jahresabschluss ersichtlich sind.

d) Abschreibungen führen zu keinen Auszahlungen und mindern nicht die liquiden Mittel eines Unternehmens. Sie sind aber als Aufwand im Rahmen der Gewinn- und Verlustrechnung zu erfassen und verringern somit den Gewinn des Unternehmens. Dadurch wird verhindert, dass ein Teil der zugeflossenen finanziellen Mittel an die Gesellschafter ausgeschüttet wird, der in Zukunft zur Durchführung von Ersatzinvestitionen notwendig ist.

e) Als Lieferantenkredit bezeichnet man den Zahlungsaufschub, den der Lieferant eines Unternehmens einräumt, wenn die gelieferten Waren nicht unmittelbar nach Lieferung, sondern mit einem Zahlungsziel von mehreren Tagen oder Wochen bezahlt werden können.

2. Außenfinanzierung

Bei der **Außenfinanzierung** fließen dem Unternehmen finanzielle Mittel von unternehmensexternen Kapitalgebern von außen zu. Entscheidungshilfen bei der Auswahl verschiedener Finanzierungsmöglichkeiten sind folgende Merkmale:

- Analyse der Finanzierungskosten
- Analyse der Finanzierungsdauer
- Analyse der Kapitalgebereinflussnahme
- Analyse der Finanzierungsstruktur
- Analyse der Finanzierungssicherungsmöglichkeiten.

2.1 Beteiligungsfinanzierung

Bei der Beteiligungsfinanzierung beschafft sich die Unternehmung Eigenkapital durch die Miteigentümer. Bei einer **Einzelunternehmung** erfolgt die Eigenfinanzierung durch Einbringung von Privateinlagen (Zuführung von Eigenkapital durch den Unternehmer). Bei **Personengesellschaften** erfolgt die Beteiligungsfinanzierung durch Aufnahme von neuen Gesellschaftern oder durch Einlagenerhöhung der bisherigen Eigentümer (Zuführung von Eigenkapital durch Mitunternehmer). Bei **Kapitalgesellschaften** wird dem Betrieb Eigenkapital durch den Erwerb von Anteilen an einer Kapitalgesellschaft zugeführt (Aktien, GmbH-Anteile). Mit der Überlassung von Eigenkapital haben die Kapitalgeber Rechte erworben (z. B. Gewinnanspruch, Anspruch auf Beteiligung am Liquidationserlös).

2.2 Bankkredit

Wer mehr Geld hat, als er zurzeit benötigt, der spart in irgendeiner Form den überschüssigen Betrag. Wer mehr Geld benötigt, als er zurzeit hat, der nimmt beispielsweise bei einem Kreditinstitut einen Kredit auf.

Fremdkapital wird immer dann benötigt, wenn das Eigenkapital nicht ausreicht, ein bestimmtes Vorhaben zu finanzieren.

Unter einem **Kredit** versteht man die befristete Überlassung von Geld oder Waren. Das Wort Kredit kommt vom lateinischen „credere" = vertrauen. Der Kreditgeber vertraut darauf, dass der Kreditnehmer seinen Verpflichtungen zur Rückführung (Tilgung) und Zinszahlung nachkommt. Als **Zins** bezeichnet man den Preis für die Kreditüberlassung.

2.2.1 Kreditarten
a) Unterscheidung der Kreditarten
Die **Kreditarten** können nach unterschiedlichen Gesichtspunkten eingeteilt werden:

Unterscheidungsmerkmal	Bezeichnung des Kredits	Erläuterung
Laufzeit	kurzfristiger Kredit	Laufzeit bis 12 Monate (Diskontkredite, Lombardkredite, Kontokorrentkredite)
	mittelfristiger Kredit	Laufzeit 12 Monate bis vier Jahre (Ratenkredite)
	langfristiger Kredit	Laufzeit über vier Jahre (Hypothekarkredite)
Kreditgeber	Bankkredit	Kredit, der von einem Kreditinstitut gegeben wird
	Lieferantenkredit	Zahlungsziel, das von einem Lieferanten gewährt wird
Verwendungszweck	Investitionskredit	Kredit, der für die Gütererzeugung verwendet wird
	Konsumkredit	Kredit, der für den privaten Verbrauch verwendet wird
Verfügbarkeit	Kontokorrentkredit	Der in Anspruch genommene Kreditbetrag schwankt in seiner Höhe
	Darlehen	Einmalige Auszahlung mit vereinbarter Tilgung
Sicherheit	Personalkredit	Die Sicherheit besteht in der Haftung von Personen
	Realkredit	Die Sicherheit besteht in Rechten an einer Sache
Kreditnehmer	Kommunaldarlehen	Öffentliche Haushalte
	Geschäftskredite	Private Unternehmer
	Privatkredite	Private Haushalte
Einsatz von Geldmittel	Kreditleihe	Kreditinstitut setzt keine Geldmittel ein (Bürgschaft, Akzeptkredit)
	Geldleihe	Kreditinstitut setzt Geldmittel ein (Kontokorrentkredit, Darlehen)

b) Kontokorrentkredit
Der **Kontokorrentkredit** (italienisch: il conto corrente = laufende Rechnung) dient zur Abwicklung des Zahlungsverkehrs. Die Bank gestattet dem Kreditnehmer bis zu einer vereinbarten Kreditobergrenze (als **Kreditlimit**, **Kreditlinie** oder **Kreditrahmen** bezeichnet) über sein Konto zu verfügen. Der Kontokorrentkredit wird nicht ausgezahlt, sondern kann vom Kreditnehmer bis zu einer vereinbarten Obergrenze auf seinem Kontokorrentkonto in Anspruch genommen werden. Die **Rückzahlungen** erfolgen durch die Einzahlungen auf dem Kontokorrentkonto, z. B. aus Umsatzerlösen bei Firmenkunden oder Gehaltszahlungen bei Privatkunden. Die ursprünglich vereinbarte Kreditlinie kann aber auch nach Rückzahlung jederzeit wieder in Anspruch genommen werden.

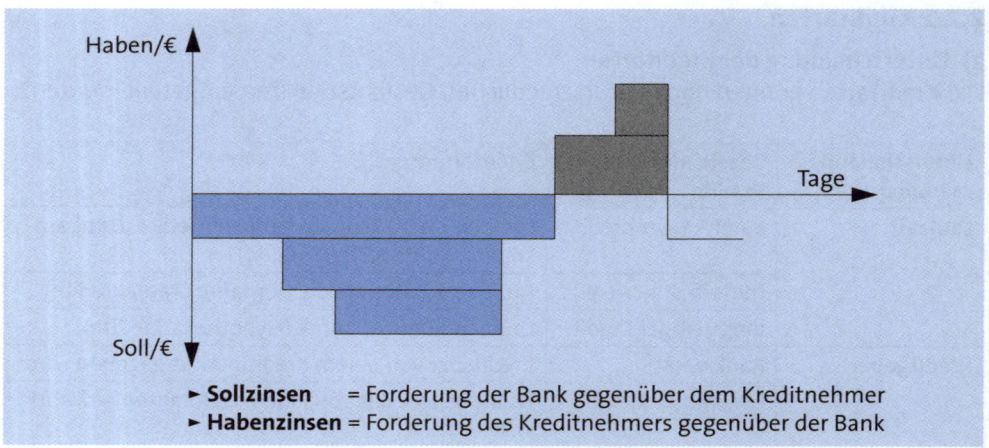

Auf dem Kontokorrentkonto werden **Verbindlichkeiten und Forderungen zwischen der Bank und dem Kreditnehmer ständig verrechnet**. Der Saldo auf dem Konto schwankt gemäß den Zahlungseingängen bzw. den Zahlungsausgängen. Beim Kontokorrentkredit sind nur für den jeweils beanspruchten Kreditbetrag **Zinsen** zu zahlen und nicht auf die zur Verfügung gestellte Kreditlinie. Für Guthaben werden bei bestimmten Kundengruppen auch **Habenzinsen** gewährt.

Der Kontokorrentkredit ist täglich fällig, d. h. Bank und Kunde haben täglich Anspruch auf Erfüllung ihrer Forderungen. Die **Laufzeit** des Kontokorrentkredits beträgt i. d. R. ein Jahr, für das die Kreditlinie fest zugesagt wird. Sofern keine negativen Entwicklungen auftreten, wird er von der Bank jährlich erneuert.

Die **Kosten** des Kontokorrentkredits sind relativ hoch. Die Bank berechnet:
- Sollzinsen für den beanspruchten Kredit
- Umsatzprovision
- Überziehungsprovision
- Kreditprovision
- eigene Auslagen.

Nach der Verwendung unterscheidet man u. a. folgende **Arten des Kontokorrentkredits:**

- Der **Dispositionskredit** ist ein ausdrücklich oder stillschweigend (z. B. Ausdruck auf dem Kontoauszug) eingeräumter Überziehungskredit von Privatkunden bis zu einem bestimmten Betrag (z. B. drei Monatsgehälter).
- Der **Betriebsmittelkredit** dient zur laufenden Finanzierung des kurzfristigen Umlaufvermögens eines Unternehmens.
- Der **Überbrückungskredit** dient zur Überbrückung von kurzfristigen und einmaligen Liquiditätsengpässen.
- Der **Saisonkredit** dient zur Überbrückung von regelmäßig wiederkehrenden saisonalen Schwankungen.
- Bei einem **Überziehungskredit** belastet der Kunde sein Konto, ohne dass das Kreditinstitut ihm den Kredit eingeräumt hat.

c) Darlehen

Das **Darlehen** eignet sich zur Finanzierung von privaten Konsumausgaben (**Raten- oder Konsumentendarlehen**), zur Finanzierung von betrieblichen Investitionen (**Investitionsdarlehen**) sowie zur Anschaffung oder Herstellung von Gebäuden (**Baufinanzierung**).

Das **BGB** unterscheidet zwischen Gelddarlehen und Sachdarlehen. Durch den **Sachdarlehensvertrag** wird der Darlehensgeber verpflichtet, dem Darlehensnehmer eine vereinbarte Sache zu überlassen (§ 607 Abs. 1 Satz 1 BGB). Durch den **Gelddarlehensvertrag** wird der Darlehensgeber verpflichtet, dem Darlehensnehmer einen Geldbetrag in vereinbarter Höhe zur Verfügung zu stellen (§ 488 Abs. 1 Satz 1 BGB). Der Darlehensnehmer ist verpflichtet, einen vereinbarten **Zins** zu zahlen und bei Fälligkeit, d. h. nach einem vorher fest vereinbarten Zeitraum, das Darlehen zurückzuzahlen (§ 488 Abs. 1 Satz 2 BGB). Im Gegensatz zum Kontokorrentkredit erfolgt beim Darlehen eine einmalige Auszahlung, wobei die Rückzahlungen nicht mehr in Anspruch genommen werden können. Die Darlehenssumme wird entweder in voller Höhe oder unter Abzug eines **Abschlags** (**Damnum**, **Disagio**) ausgezahlt.

Für die **Rückzahlung des Darlehens** gibt es drei Möglichkeiten:

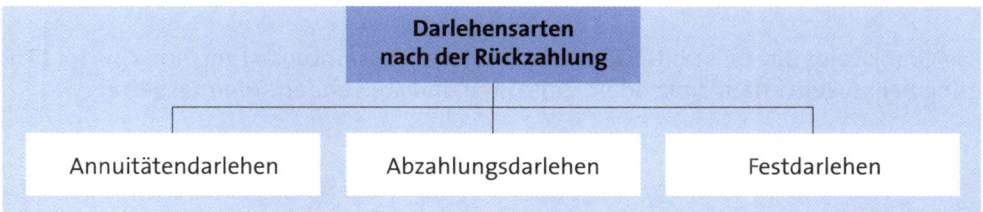

D. Investition und Finanzierung | 2. Außenfinanzierung

ca) Annuitätendarlehen

Beim Annuitätendarlehen zahlt der Kreditnehmer monatlich, vierteljährlich oder jährlich gleich hohe Raten (Annuitäten), die aus einem Zins- und einem Tilgungsanteil bestehen. Mit der abnehmenden Restschuld im Verlauf der Rückzahlung, sinkt der Zinsanteil von Annuität zu Annuität. Die Annuität bleibt dadurch gleich, dass sich in den folgenden Jahren der Tilgungsbetrag um die ersparten Zinsen erhöht.

Beispiel

Ein Darlehen über 20.000 € ist mit 10 % zu verzinsen. Durch die Tilgung nehmen Darlehenssumme und damit auch die Zinsen von Jahr zu Jahr ab. Da die Annuität in jedem Jahr gleich bleiben soll, erhöht sich die Tilgungsrate in den Folgejahren um die gegenüber dem Vorjahr ersparten Zinsen.

Darlehens-jahr	Restschuld Jahresanfang	Zinsen	Tilgung	Annuität	Restschuld Jahresende
1	20.000,00	2.000,00	4.309,42	6.309,42	15.690,58
2	15.690,58	1.569,06	4.740,36	6.309,42	10.950,23
3	10.950,23	1.095,02	5.214,39	6.309,42	5.735,83
4	5.735,83	573,58	5.735,83	6.309,42	0,00
		5.237,66	**20.000,00**	**25.237,68**	

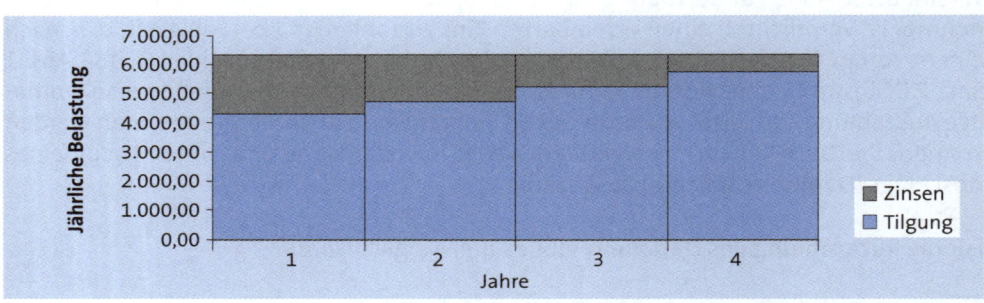

Die Grafik zeigt die konstante Höhe der jährlichen Gesamtbelastung aus Zins und Tilgung bei im Zeitverlauf sinkendem Zinsanteil und steigendem Tilgungsbetrag.

cb) Abzahlungsdarlehen

Der Tilgungsbetrag bleibt bei dieser Art der Rückzahlung über die gesamte Laufzeit gleich. Die Zinsbelastung nimmt jährlich ab, da der Restschuldbetrag durch die Tilgung jährlich kleiner wird. Dadurch werden die Darlehensraten (Annuitäten) immer niedriger.

Beispiel

Ein Darlehen über 20.000 € soll in vier gleichen Jahresraten bei einem Zinssatz von 10 % getilgt werden.

Darlehens-jahr	Restschuld Jahresanfang	Zinsen	Tilgung	Annuität	Restschuld Jahresende
1	20.000,00	2.000,00	5.000,00	7.000,00	15.000,00
2	15.000,00	1.500,00	5.000,00	6.500,00	10.000,00
3	10.000,00	1.000,00	5.000,00	6.000,00	5.000,00
4	5.000,00	500,00	5.000,00	5.500,00	0,00
		5.000,00	**20.000,00**	**25.000,00**	

In der grafischen Darstellung wird deutlich, dass der Tilgungsbetrag über die Laufzeit konstant bleibt, wogegen der Zinsanteil und damit die Gesamtrate von Jahr zu Jahr sinken.

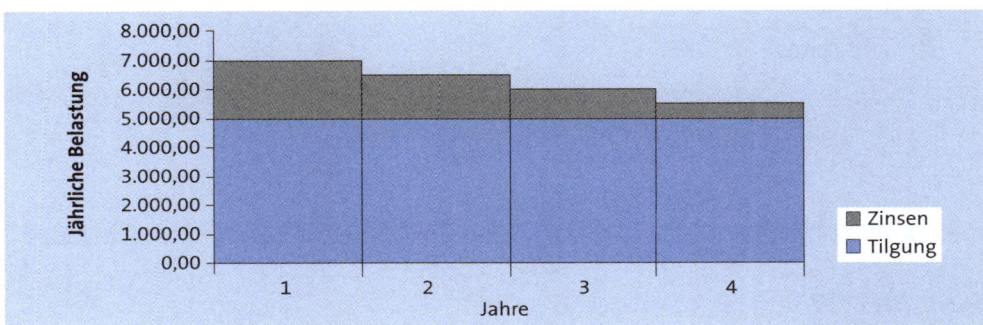

cc) Festdarlehen

Beim Festdarlehen ist die Darlehenssumme am vereinbarten Fälligkeitstag in voller Höhe zurückzuzahlen. Während der Laufzeit des Darlehens braucht der Kreditnehmer nur die Zinsen zu zahlen.

Beispiel

Ein Darlehen über 20.000 € soll erst am Laufzeitende nach 4 Jahren bei einem Zinssatz von 10 % getilgt werden.

Darlehens-jahr	Restschuld Jahresanfang	Zinsen	Tilgung	Annuität	Restschuld Jahresende
1	20.000,00	2.000,00	0,00	2.000,00	20.000,00
2	20.000,00	2.000,00	0,00	2.000,00	20.000,00
3	20.000,00	2.000,00	0,00	2.000,00	20.000,00
4	20.000,00	2.000,00	20.000,00	22.000,00	0,00
		8.000,00	**20.000,00**	**28.000,00**	

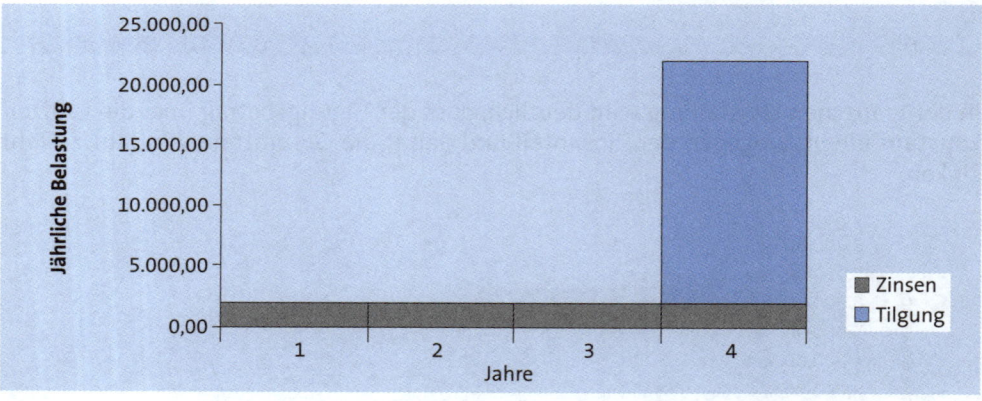

Aufgaben 272 - 278 > Seite 436 - 437

2.2.2 Kreditsicherheiten

Die **Sicherung eines Kredites** durch die zusätzliche Mithaftung von Personen oder Vermögensgegenständen verschafft dem Kreditgeber zusätzliche Möglichkeiten, seine Ansprüche durchzusetzen, wenn der Kreditnehmer nicht leistet. Wenn der Kreditnehmer seinen Verpflichtungen nicht nachkommt, kann der Kreditgeber die Kreditsicherheiten verwerten.

Beim **reinen Personalkredit** besteht die Sicherheit lediglich im Vertrauen des Kreditgebers auf Erfüllung der Pflichten aus dem Kreditvertrag (Blankokredit). Der Schuldschein ist nur Beweisurkunde im Falle einer gerichtlichen Auseinandersetzung.

Beim **verstärkten Personalkredit** besteht die Sicherheit für den Kreditgeber in der Haftung weiterer Personen für die Kreditverbindlichkeiten, die zusätzlich für die Verbindlichkeiten des Kreditnehmers aufkommen müssen.

Beim **Realkredit** verschafft sich die Bank Zugriffsmöglichkeiten auf verwertbare Vermögensgegenstände, aus deren Veräußerungserlösen die Verbindlichkeiten zurückgeführt werden können.

In vielen Fällen ergibt sich bereits aus dem Finanzierungsvorhaben und der Kreditart eine sinnvolle Möglichkeit zur Vereinbarung von Sicherheiten:

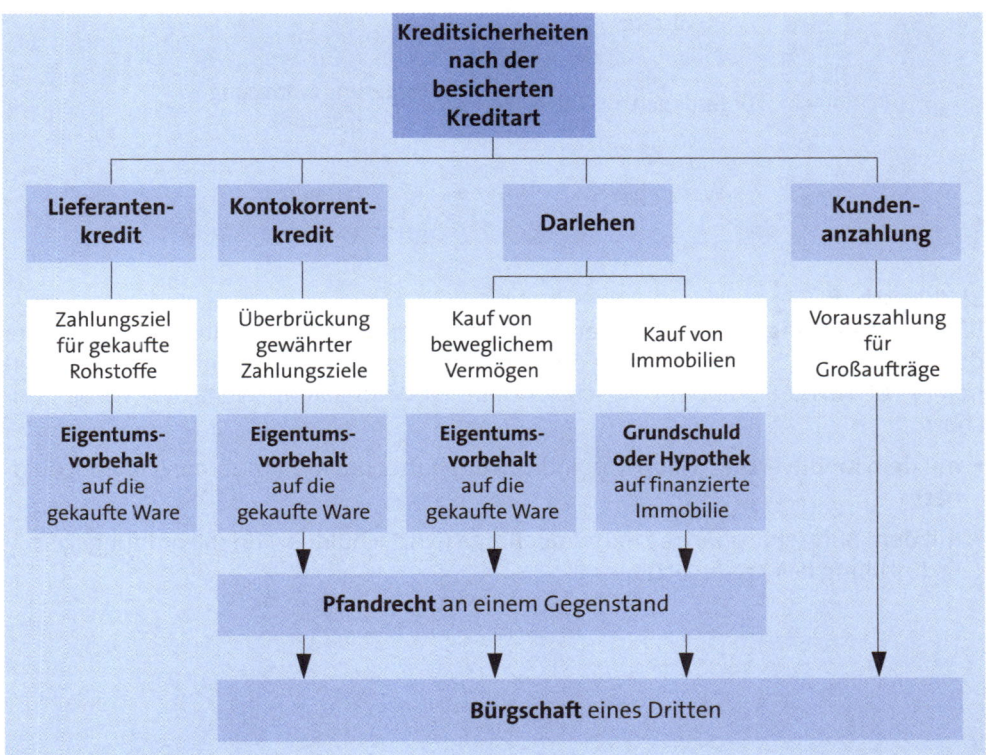

Ergänzend spielt natürlich eine wichtige Rolle, welche Möglichkeiten von Seiten des Kreditnehmers bestehen, durch andere Vermögensgegenstände zusätzliche Sicherheiten zu stellen.

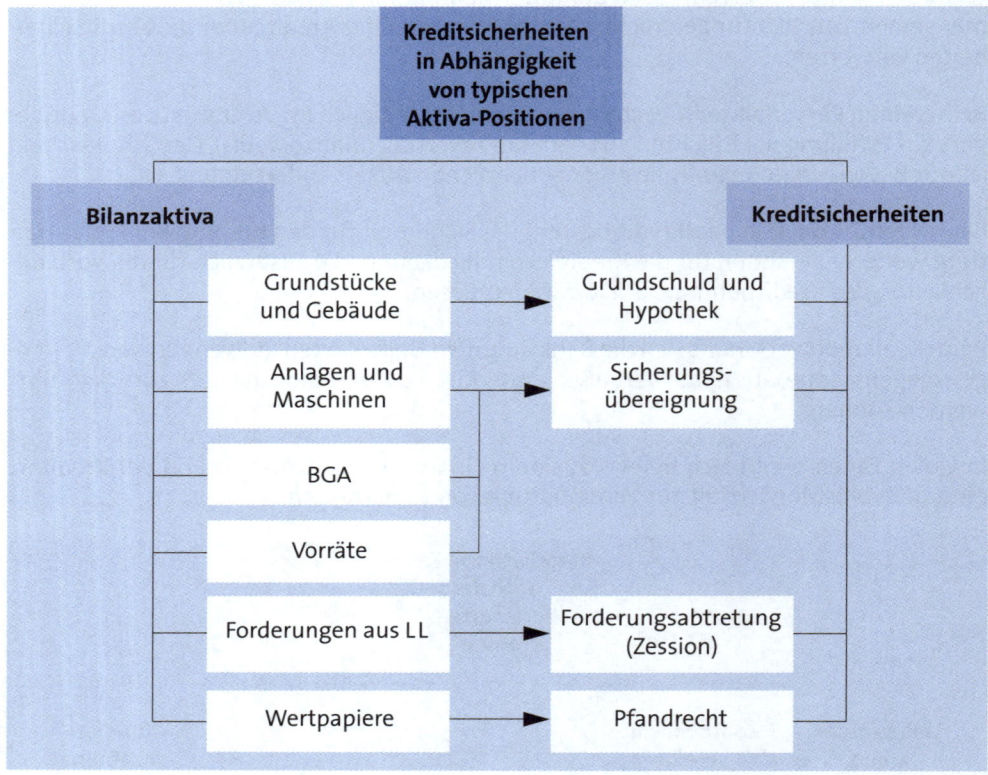

a) Bürgschaft
Bürgschaftsverträge dienen der Kreditsicherung. Der Bürge verpflichtet sich gegenüber dem Kreditgeber, für die Erfüllung der Verbindlichkeiten des Kreditnehmers einzustehen (§ 765 Abs. 1 BGB). Der Bürgschaftskredit ist demnach in zweifacher Weise gesichert:

- mit dem Kreditvertrag (Hauptverbindlichkeit) haftet der Kreditnehmer (Hauptschuldner)
- mit dem Bürgschaftsvertrag haftet der Bürge (Drittschuldner) für die ordnungsgemäße Erfüllung des Kreditvertrages.

Für den Bürgschaftsvertrag ist **Schriftform** zwingend vorgeschrieben. Auf die Bürgschaft finden die Formvorschriften des BGB keine Anwendung, sofern die Bürgschaft auf der Seite des Bürgen ein Handelsgeschäft ist (§ 350 HGB). In diesem Fall kann der Bürgschaftsvertrag auch mündlich abgeschlossen werden. (§ 766 BGB). Der Bürgschaftsvertrag begründet ein Dreiecksverhältnis zwischen Kreditgeber, Kreditnehmer und Bürgen.

Es gibt **drei Arten von Bürgschaften:**

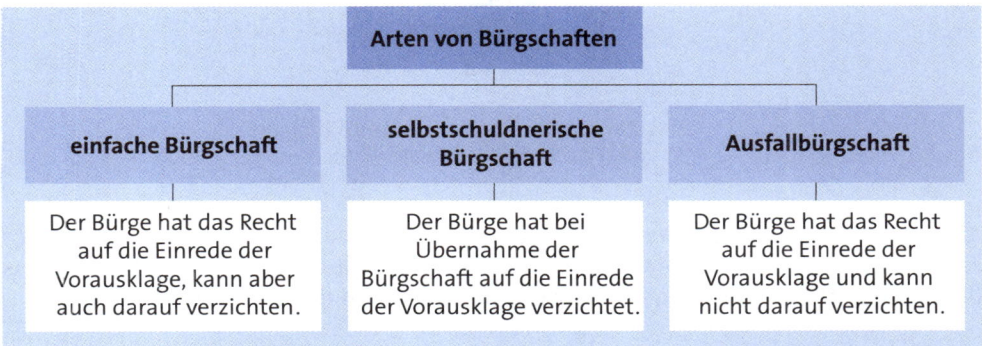

Bei der **gewöhnlichen (einfachen) Bürgschaft** ist der Bürge erst dann zur Zahlung verpflichtet, wenn der Kreditgeber die Zwangsvollstreckung in das Vermögen des Hauptschuldners ohne Erfolg betrieben hat (§ 771 BGB). Der Bürge kann die sogenannte **Einrede der Vorausklage** erheben, d. h. er kann verlangen, dass der Kreditgeber alle Rechtsmittel gegenüber dem Hauptschuldner ausschöpft, bevor er in Anspruch genommen werden kann.

Der Bürge kann auch auf die Einrede der Vorausklage verzichten. Dieser Verzicht ist dann sinnvoll, wenn die Zwangsvollstreckung in das Vermögen des Hauptschuldners vermutlich erfolglos sein wird. In diesem Fall müsste der Bürge für die Kosten der Zwangsvollstreckung zusätzlich aufkommen.

Bei der **selbstschuldnerischen Bürgschaft** hat der Bürge auf die Einrede der Vorausklage verzichtet. Der Kreditgeber kann in diesem Fall den Bürgen sofort in Anspruch nehmen ohne zuvor die Zwangsvollstreckung in das Vermögen des Hauptschuldners versucht zu haben (§ 349 HGB). Privatpersonen haften nach dem BGB gewöhnlich, Kaufleute haften nach dem HGB selbstschuldnerisch. In der Praxis verlangen allerdings die Kreditinstitute auch von Privatpersonen selbstschuldnerische Bürgschaften.

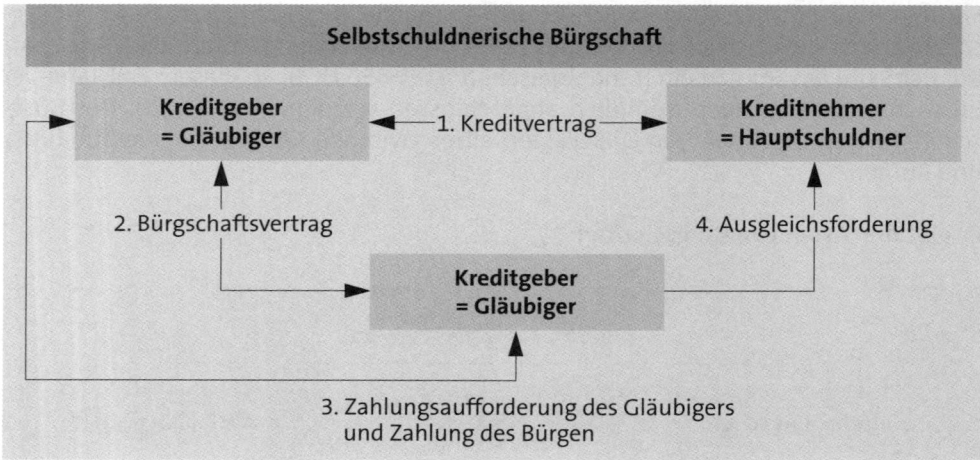

Auch bei der **Ausfallbürgschaft** hat der Bürge die Einrede der Vorausklage. Der Bürge kann allerdings nicht auf Einrede der Vorausklage verzichten, d. h. der Kreditgeber muss die Zwangsvollstreckung in das Vermögen des Hauptschuldners versucht haben.

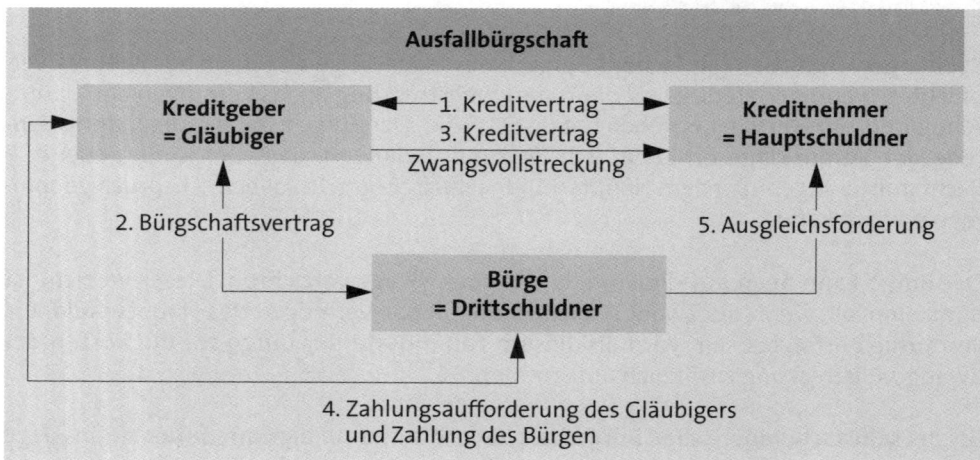

Wird der Bürge aufgrund des Bürgschaftsvertrages vom Gläubiger in Anspruch genommen, geht die Forderung gem. § 774 Abs. 1 Satz 1 BGB auf den Bürgen über (**Rückgriffsforderung des Bürgen**). Der Kreditnehmer ist somit von seiner Schuld gegenüber dem Kreditgeber befreit. Er haftet jetzt dem Bürgen gegenüber mit demselben Kreditbetrag wie gegenüber dem Kreditgeber.

b) Forderungsabtretung

Bei der Kreditsicherung durch **Forderungsabtretung** (auch **Zession** genannt) werden Forderungen, die der Kreditnehmer (**Zedent**) gegenüber Dritten hat, vertraglich an den Kreditgeber (**Zessionar**) abgetreten (§ 398 BGB). Nach außen findet ein Gläubigerwechsel statt: Der neue Gläubiger tritt an die Stelle des alten Gläubigers. Der Abtretungsvertrag bedarf keiner bestimmten Form. Aus Beweisgründen empfiehlt sich jedoch Schriftform. Durch die Forderungsabtretung entsteht ebenfalls ein Dreiecksverhältnis, und zwar zwischen Kreditgeber, Kreditnehmer und Drittschuldner.

Rechtlich erfolgt die **Abtretung nur zur Absicherung der Verbindlichkeiten** (Sicherungsabtretung) und nicht zur Erfüllung der Darlehensschuld. Der Kreditnehmer trägt weiterhin das Risiko des Zahlungseingangs der Forderung (Delkrederefunktion). Die Ansprüche des Kreditgebers gegenüber dem Kreditnehmer aus dem Kreditvertrag werden von der Forderungsabtretung nicht berührt. Neben Forderungen aus Warenlieferungen und Leistungen können auch Lohn- und Gehaltsforderungen abgetreten werden.

Bei **Verwertung der Forderung** geht ein Mehrbetrag an den Kreditnehmer. Bei Nichtinanspruchnahme der Forderung (völlige Kreditrückzahlung) erfolgt rechtlich eine Rückübertragung der Forderung auf den Kreditnehmer.

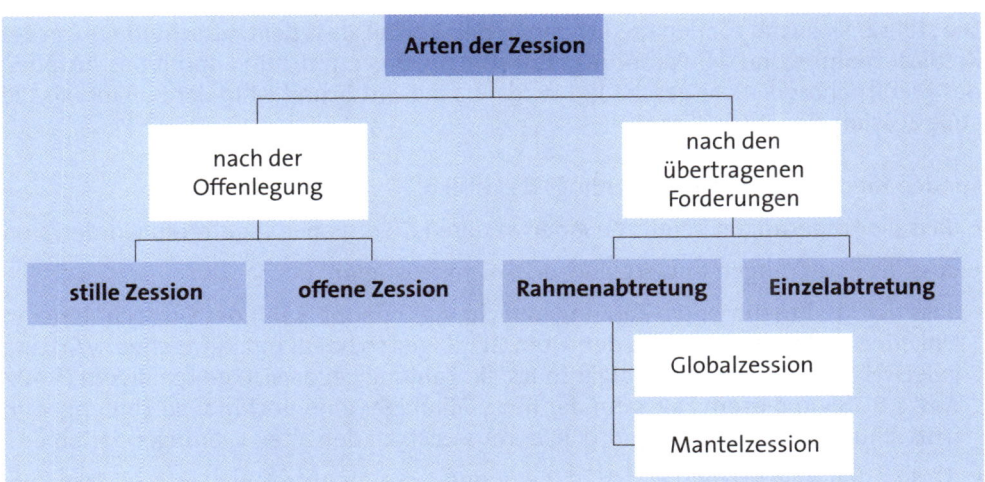

Bei der **stillen Zession** hat der Drittschuldner keine Kenntnis von der Abtretung. Da der Drittschuldner die Tatsache der Abtretung nicht erfahren hat, begleicht er seine Verbindlichkeiten auch weiterhin an den Kreditnehmer. Der Kreditgeber kann die Forderung nur dann einziehen, wenn der Kreditnehmer nicht zahlt.

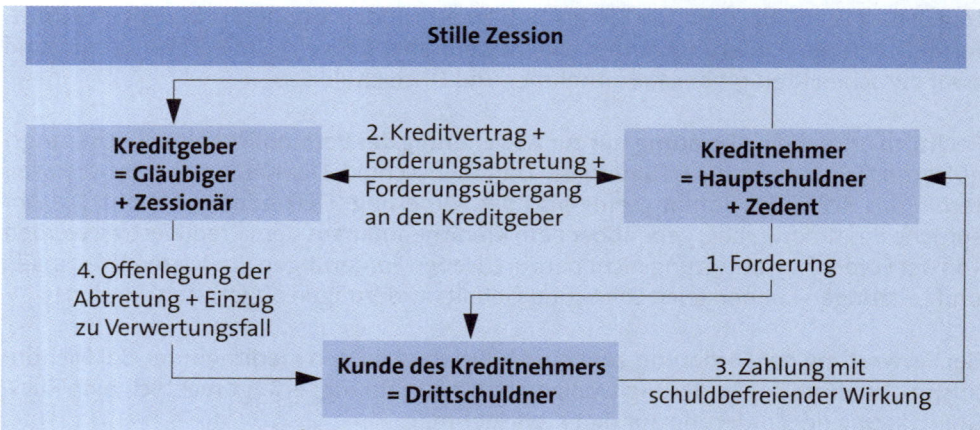

Die stille Zession hat für den Kreditnehmer den **Vorteil**, dass der Drittschuldner von der Kreditaufnahme und der Forderungsabtretung nichts erfährt und damit das Ansehen des Kreditnehmers nicht geschädigt wird. Aus diesem Grund ist in der Bankpraxis die stille Zession die übliche Form.

Für den Kreditgeber besteht allerdings das **Risiko**,

- dass die Forderungen bereits an einen anderen Kreditgeber abgetreten worden sind
- dass die Forderungen fingiert sind, d. h. nicht existieren
- dass der Kreditnehmer die Zahlungen nicht weiterleitet. Zahlt der Drittschuldner in Unkenntnis der Abtretung an den alten Gläubiger, so hat er mit befreiender Wirkung geleistet, d. h. der neue Gläubiger muss die Zahlung gegen sich gelten lassen (§ 407 Abs. 1 BGB). In diesem Fall kann der neue Gläubiger eine nochmalige Zahlung vom Drittschuldner nicht verlangen, d. h. er muss sich an den alten Gläubiger halten
- dass in den Allgemeinen Geschäftsbedingungen eine Abtretung vertraglich ausgeschlossen ist
- dass es sich um zweifelhafte Forderungen handelt.

Bei der **offenen Zession** wird dem Drittschuldner vom Kreditnehmer die Abtretung mitgeteilt. In diesem Falle überweist der Drittschuldner seine Zahlungen direkt an den Kreditgeber. Der Drittschuldner kann hierbei nur an den Kreditgeber mit Schuld befreiender Wirkung zahlen. Die eingegangenen Beträge werden mit der Schuld des Kreditnehmers verrechnet. Ein etwaiger Überschuss steht dem Kreditnehmer zu.

Die **Einzelabtretung** einer bestimmten Forderung ist selten. In der Regel erfolgt eine Rahmenabtretung, bei der auf Grundlage eines Abtretungsvertrages laufend Forderungen bis zu einer festgesetzten Höhe abgetreten werden. Bei der Rahmenabtretung unterscheidet man die Global- und die Mantelzession.

Bei einer **Globalzession** werden alle Forderungen, z. B. gegenüber den Schuldnern A - K oder alle Forderungen gegenüber den Schuldnern in der Vorderpfalz abgetreten. Alle bestehenden und künftigen Forderungen gehen mit Entstehung der Forderung auf den Kreditgeber automatisch über.

Bei einer **Mantelzession** tritt der Kreditnehmer bestehende Forderungen laufend in Höhe einer bestimmten Summe ab. Der Forderungsübergang erfolgt hierbei erst mit der Übergabe der Rechnungskopie bzw. der Debitorenlisten. Damit die vereinbarte Summe der abgetretenen Forderungen gleich bleibt, verpflichtet sich der Kreditnehmer, bezahlte Forderungen durch neue Forderungen zu ersetzen.

c) Pfandrecht

Hinterlegt der Kreditnehmer zur Sicherung des Kredits bewegliche Vermögensgegenstände (Wertpapiere, Schmuck, Edelmetalle, Wertpapiere) als **Faustpfand** beim Kreditgeber (§ 1204 Abs. 1 BGB), so spricht man von einem **Lombardkredit**. Der Begriff Faustpfand bedeutet, dass der Eigentümer den Vermögensgegenstand an den Gläubiger übergibt und dieser den Gegenstand in Händen hält („mit der Faust festhält").

Die Verpfändung der Sachen erfolgt durch Einigung und Übergabe (§ 1205 Abs. 1 BGB). Der **Kreditnehmer bleibt Eigentümer** der Sache, der Kreditgeber wird lediglich Besitzer. Kommt der Kreditnehmer seinen Verpflichtungen aus dem Kreditvertrag nicht nach, kann der Kreditgeber das Faustpfand veräußern.

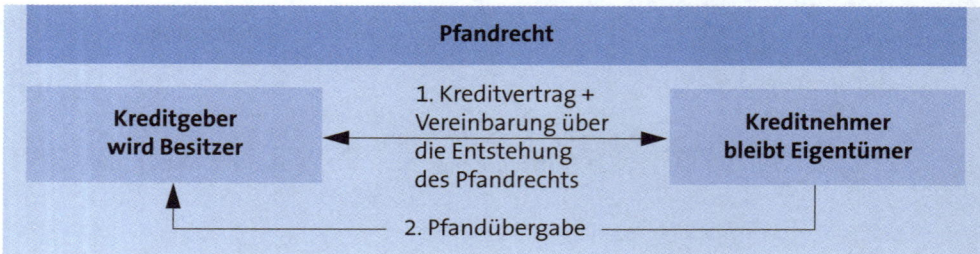

d) Sicherungsübereignung

Bei der **Sicherungsübereignung** wird das **Eigentum** an einer beweglichen Sache sicherungsweise auf den Kreditgeber übertragen. Der **Kreditnehmer wird Besitzer** der Sache und kann über sie verfügen. Die Sicherungsübereignung ist Ersatz für das Faustpfand. Im Gegensatz zum Faustpfand hat der Kreditgeber bei der Sicherungsübereignung lediglich ein „besitzloses Pfandrecht". Die Sicherungsübereignung ist von außen her nicht ersichtlich. Wenn der Kreditnehmer seine Verpflichtungen nicht erfüllt, kann der Kreditgeber die übereigneten Sachen veräußern. Ist der Kredit vollständig getilgt, geht das Eigentum an der Sache auf den Kreditnehmer über.

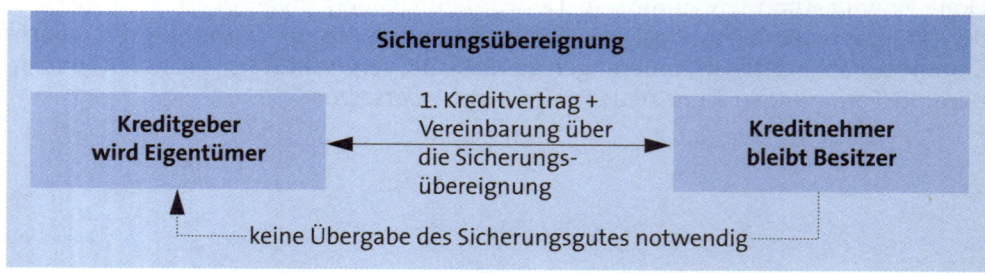

e) Eigentumsvorbehalt

Der Eigentumsvorbehalt ist eine **Sicherungsmöglichkeit beim Lieferantenkredit**. Jeder Warenverkauf auf Ziel ist mit dem Risiko des Forderungsverlustes verbunden. Aus Sicherungsgründen vereinbaren Verkäufer und Käufer einen Eigentumsvorbehalt.

Die bewegliche Sache bleibt **beim einfachen Eigentumsvorbehalt** bis zur vollständigen Bezahlung des Kaufpreises Eigentum des Verkäufers (§ 449 BGB) und geht somit im Insolvenzfall nicht in die Insolvenzmasse ein.

Der Kaufpreis wird beim Warenkredit somit nicht Zug um Zug mit der Warenübergabe bezahlt, sondern erst zu einem späteren Zeitpunkt. Der Eigentumsvorbehalt muss zwischen den Vertragspartnern eindeutig vereinbart werden. Eine mögliche Klausel in den Lieferungs- und Zahlungsbedingungen könnte folgendermaßen lauten: „**Die Ware bleibt bis zur vollständigen Zahlung unser Eigentum.**"

Ansprüche des Verkäufers bei Nichtzahlung des Kaufpreises	
Beim Verkauf **ohne Eigentumsvorbehalt**	Beim Verkauf **mit Eigentumsvorbehalt**
Nur schuldrechtlicher Anspruch	Schuldrechtlicher Anspruch und sachenrechtlicher Anspruch auf Herausgabe (§ 985 BGB)
Verkäufer verliert mit Übergabe der Kaufsache das Eigentum	Verkäufer bleibt trotz Übergabe der Kaufsache Eigentümer

Der einfache Eigentumsvorbehalt ist nur sinnvoll, wenn der Käufer Endverbraucher der Kaufsache ist. Ist der Käufer kein Endverbraucher, sondern möchte die Kaufsache beispielsweise als Händler weiterveräußern, so wäre dies bis zur völligen Bezahlung des Kaufpreises nicht möglich. Dies wäre aber wenig sinnvoll und würde den Kaufzweck nicht erfüllen. Für diesen Fall bietet sich der **verlängerte Eigentumsvorbehalt** an. Hier sichert sich der Vorbehaltseigentümer dadurch, dass er sich bei Abschluss des Kaufvertrages die Forderung aus dem Weiterverkauf abtreten lässt.

Beim verlängerten Eigentumsvorbehalt **kann der Vorbehaltskäufer im Gegensatz zum einfachen Eigentumsvorbehalt über die Kaufsache verfügen**, d. h. er kann sie an Dritte weiterverkaufen. Der Vorbehaltskäufer tritt in diesem Fall die aus dem späteren Weiterverkauf an den Dritten entstandene Forderung an den Vorbehaltsverkäufer ab (Vorausabtretung der Weiterveräußerungsforderung).

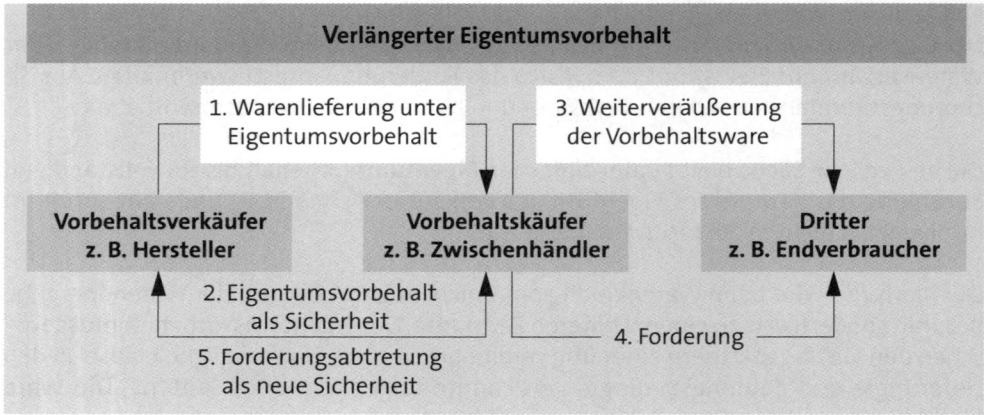

Die Vorausabtretung erfolgt nicht anstatt der Zahlung, sondern nur zahlungshalber. Deshalb besteht die Kaufpreisforderung des Vorbehaltsverkäufers weiterhin. Durch die Weiterveräußerung der Vorbehaltsware wird der Dritte neuer Eigentümer, da der Vorbehaltsverkäufer (Weiterverkäufer) zur Weiterveräußerung befugt war (§ 185 Abs. 1 BGB).

Einfacher und verlängerter Eigentumsvorbehalt sind Sicherungsmittel einer Kaufsache. Werden mehrere Sachen gleichzeitig oder nacheinander geliefert, kommt als Sicherungsmittel der **erweiterte Eigentumsvorbehalt** in Betracht. Bei diesem wird vertraglich vereinbart, dass der aus mehreren gelieferten Sachen bestehende Eigentumsvorbehalt so lange fortbestehen und erweitert werden soll, bis der Käufer alle Verbindlichkeiten aus sämtlichen Käufen beglichen hat. Das Eigentum geht erst dann auf den Käufer über, wenn alle Forderungen des Verkäufers ausgeglichen sind.

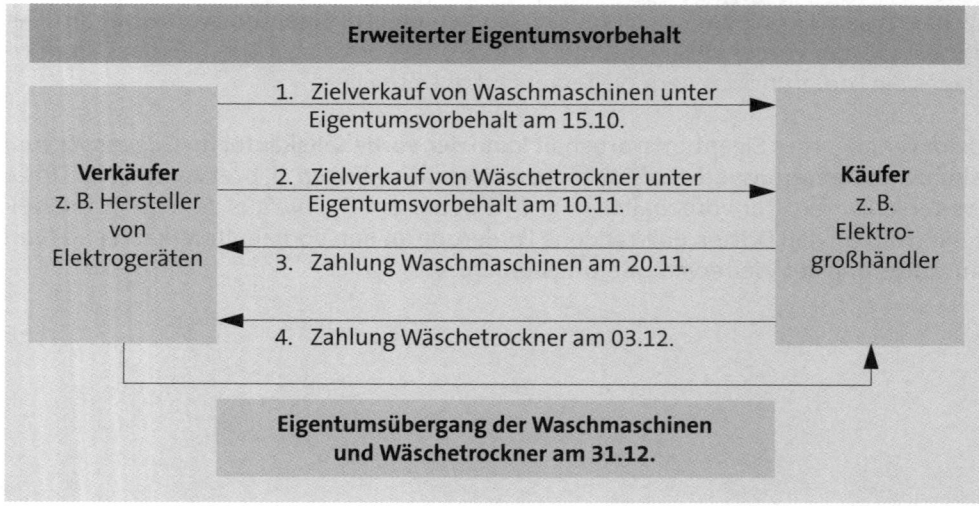

f) Grundpfandrecht

Grundpfandrechte gewähren ein vertragliches **Pfandrecht an Grundstücken** (dingliche Sicherung). Hierbei sind die Kredite durch die Eintragung eines Grundpfandrechts im Grundbuch gesichert.

Das **Grundbuch** ist ein öffentliches Verzeichnis von privaten Grundstücken und deren Rechtsverhältnisse, die in einem Amtsgerichtsbezirk liegen. Für Grundbesitz der Gebietskörperschaften, der Kirchen, Klöster und Schulen besteht kein Buchungszwang (Eintragungspflicht): Anlegung eines Grundbuchblattes nur auf Antrag (§ 3 GBO). Das Grundbuch wird im **Grundbuchamt** (des jeweiligen **Amtsgerichts**) geführt. Für jedes Grundstück wird ein Grundbuchblatt angelegt.

Die Eintragungen im Grundbuch genießen öffentlichen Glauben: Jeder kann auf die Richtigkeit der Eintragungen vertrauen, es sei denn, er weiß, dass es sich um eine unrichtige Eintragung handelt (§ 892 Abs. 1 BGB). Es gilt der Leitsatz: *„Was nicht im Grundbuch steht, das gibt es auch draußen nicht."*

Beispiel

Schlau ist irrtümlicherweise als Eigentümer eines Grundstücks im Grundbuch eingetragen. Schlau verkauft das Grundstück an den gutgläubigen Schnell, der zuvor Einsicht in das Grundbuch genommen hat. Schnell ist neuer Eigentümer des Grundstücks.

Bei den Grundpfandrechten unterscheidet man zwischen der Grundschuld und der Hypothek.

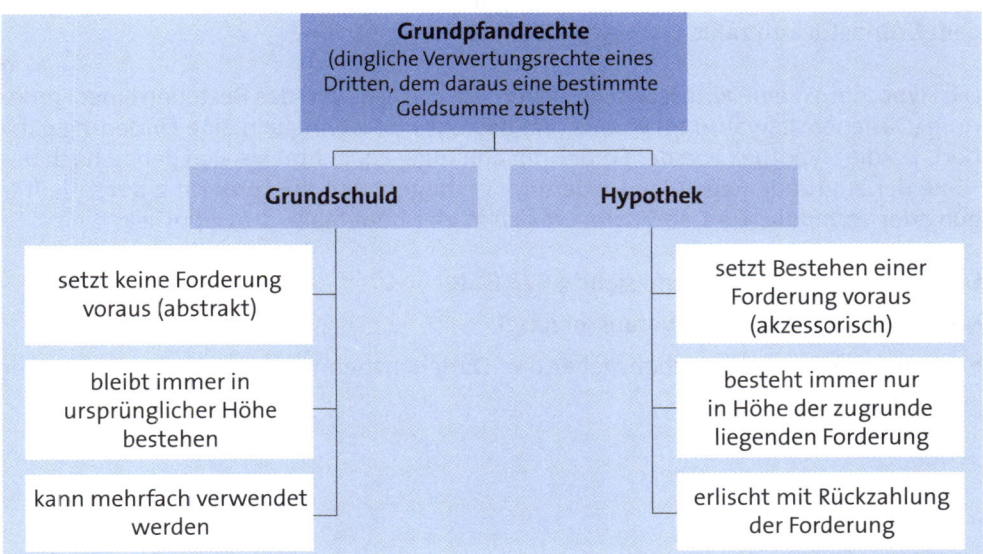

Grundpfandrechte können als **Brief- oder Buchrechte** ausgestellt werden. Nach dem BGB ist die Briefgrundschuld die Regel, die Ausstellung eines Briefes kann jedoch ausgeschlossen werden. In der Praxis wird in den meisten Fällen auf die Ausstellung eines Briefes verzichtet.

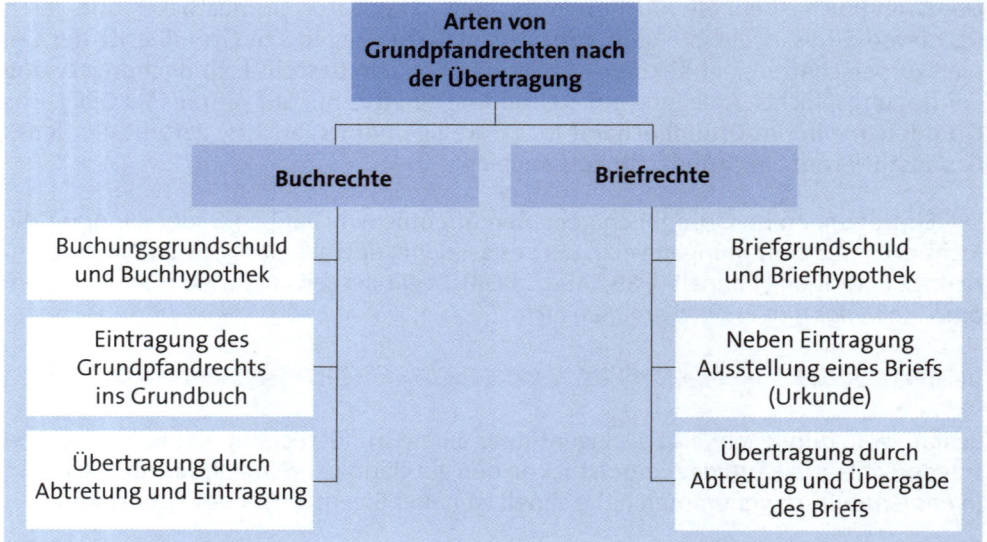

fa) Hypothek

Die Hypothek ist ein **Pfandrecht an einem Grundstück:** „Ein Grundstück kann in der Weise belastet werden, dass an denjenigen, zu dessen Gunsten die Belastung erfolgt, eine bestimmte Geldsumme zur Befriedigung einer ihm zustehenden Forderung aus dem Grundstück zu zahlen ist" (§ 1113 Abs. 1 BGB).

Die Hypothek ist eine **akzessorische Sicherheit**, d. h. sie setzt das Bestehen einer Forderung (Darlehensgewährung) voraus und besteht nur, wenn auch eine Forderung existiert. Da die Hypothek von der Forderung abhängig ist, richtet sie sich genau nach der Höhe der zugrunde liegenden Forderung. Verringert sich die Forderung durch Teiltilgung der Verbindlichkeit, so verringert sich in gleichem Maße die Hypothek.

Die Hypothek entsteht durch (siehe § 873 BGB):

- einen Darlehensvertrag (Voraussetzung)
- Einigung zwischen Darlehensgeber und Darlehensnehmer über das Entstehen der Hypothek

- Antrag auf Eintragung ins Grundbuch und Eintragungsbewilligung durch den Darlehensnehmer (Grundstückseigentümer) und
- Eintrag ins Grundbuch.

Bei einer **Briefhypothek** wird zusätzlich zum Grundbucheintrag ein Hypothekenbrief erstellt. Eine **Buchhypothek** wird nur in das Grundbuch eingetragen, ohne dass zusätzlich ein Hypothekenbrief erstellt wird.

Die **Verwertung des Grundstücks**, auf das sich die Hypothek erstreckt, erfolgt auf dem Weg der Zwangsvollstreckung (§ 1147 BGB). Die Hypothek ist die Belastung eines Grundstücks (Pfandrecht) zur Sicherung einer Forderung mit Duldung der Zwangsvollstreckung (dingliche und persönliche Anspruchsgrundlage). Neben der dinglichen Haftung des belasteten Grundstücks haftet der Darlehensnehmer mit seinem übrigen gesamten Vermögen (persönliche Haftung) aus dem Darlehensvertrag.

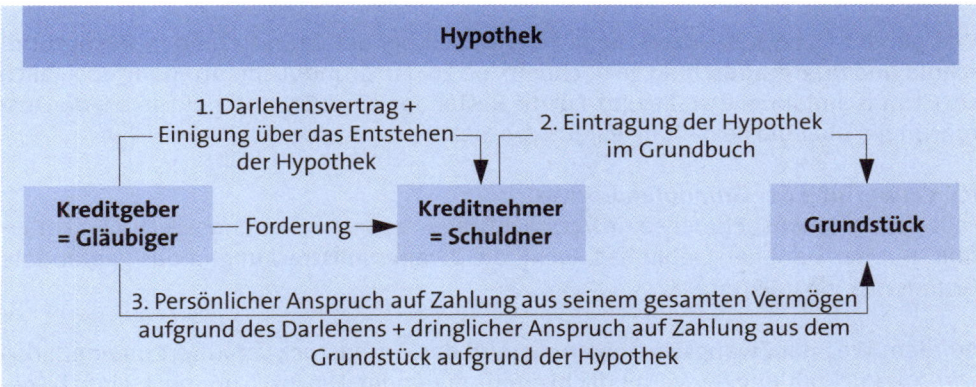

fb) Grundschuld

Die Grundschuld ist wie die Hypothek **ein Pfandrecht an einem Grundstück**. Die Grundschuld ist eine **abstrakte Sicherheit**, d. h. sie setzt das Bestehen einer Forderung nicht voraus: „Ein Grundstück kann in der Weise belastet werden, dass an denjenigen, zu dessen Gunsten die Belastung erfolgt, eine bestimmte Geldsumme aus dem Grundstück zu zahlen ist" (§ 1191 BGB). Die Grundschuld kann daher auch ohne bestehende Forderung bestellt werden (nur dingliche Anspruchsgrundlage).

Da die Grundschuld meist zur Absicherung eines gewährten Darlehens bestellt wird und in der Grundschuld-Bestellungsurkunde die persönliche Haftung mit Zwangsvollstreckungsklausel vereinbart wird, besteht in der Bankpraxis auch bei der Grundschuld neben dem dinglichen Anspruch aus dem Grundstück ein persönlicher Anspruch aus dem Darlehensvertrag, bzw. es besteht ein dinglicher und persönlicher Anspruch aus der Urkunde.

Da bei der Grundschuld kein persönlicher Anspruch aus einem Grundgeschäft (Darlehensvertrag) bestehen muss, kann der Grundstückseigentümer auf sich selbst eine sogenannte **Eigentümergrundschuld** eintragen lassen.

Beispiel

Herr Weitblick lässt für sich eine Grundschuld eintragen. Er nimmt zu einem späteren Zeitpunkt ein Darlehen auf. Durch Abtretung und Übergabe des Grundschuldbriefes an den Darlehensgeber kann er rasch eine Kreditsicherungsmöglichkeit geben, ohne dass zusätzliche Umschreibungskosten für eine Grundschuldeintragung entstehen.

Wie bei der Hypothek unterscheidet man auch bei der Grundschuld in **Buchgrundschuld** und **Briefgrundschuld**, je nachdem, ob zu der Grundbucheintragung zusätzlich ein Grundschuldbrief erstellt wird. Für die Bestellung einer Grundschuld gelten die Ausführungen über die Bestellung einer Hypothek.

fc) Verwertung der Grundpfandrechte

Falls der Darlehensnehmer seine Verpflichtungen aus dem Darlehensvertrag nicht erfüllt, hat der Darlehensgeber das Recht, die **Zwangsvollstreckung** in das gepfändete Grundstück einzuleiten.

Auf dem Weg der **Zwangsversteigerung** wird das Grundstück veräußert und der Erlös wird zur Rückzahlung der Verbindlichkeiten verwendet. Die im Grundbuch eingetragene Rangfolge entscheidet darüber, in welcher Reihenfolge die Gläubiger befriedigt werden.

Beispiel

Ein Darlehensnehmer baut ein Einfamilienhaus im Wert von 250.000 €. Die Hypothekenbank beleiht das Haus bis zu 60 %, d. h. der Darlehensnehmer erhält von der Hypothekenbank einen Kredit von 150.000 €. Der Restbetrag muss von anderen Darlehensgebern finanziert werden (Nachranggläubiger). Wir unterstellen, dass das Bankhaus Schäfer 40.000 € und die Bausparkasse 60.000 € finanzieren.

Das Grundpfandrecht des Bankhauses ist mit dem zweiten Rang eingetragen, das Grundpfandrecht der Bausparkasse mit dem dritten Rang. Beträgt der Versteigerungserlös 200.000 €, so können der erste und der zweite Rang voll befriedigt werden, der dritte Rang lediglich mit 10.000 €.

Neben dem Weg der Zwangsversteigerung steht dem Darlehensgeber auch der Weg der **Zwangsverwaltung** offen. Im Gegensatz zur Zwangsversteigerung bleibt der Darlehensschuldner bei der Zwangsverwaltung Eigentümer des Grundstücks, ihm wird lediglich die Verfügungsmacht über das Haus entzogen und einem Verwalter übertragen. Der Verwalter führt die Mieterträge nach einem Tilgungsplan an die Gläubiger ab.

Beispiel

Ein Mietshaus erbringt einen Mietertrag von 10.000 € im Monat. Der Darlehensgeber kann für das Grundstück Zwangsverwaltung beantragen. In diesem Fall fließen bis zur Erfüllung seines Anspruchs dem Darlehensgeber die Mieterträge abzüglich entstehender Kosten zu.

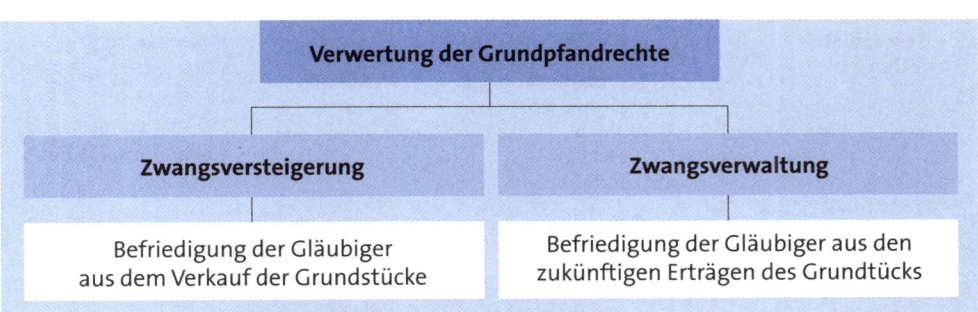

Aufgaben 279 - 306 > Seite 437 - 442

2.2.3 Bonitätsanalyse und Rating

a) Kreditvertrag

Rechtliche Grundlage für das Kreditgeschäft ist der **Kreditvertrag** zwischen dem Kreditgeber und dem Kreditnehmer. Das Kreditinstitut prüft zuvor die **Kreditfähigkeit** und die **Kreditwürdigkeit** des Kreditnehmers um sicherzustellen, dass der gewährte Kredit auch zurückgezahlt werden kann und damit das Kreditrisiko zu mindern.

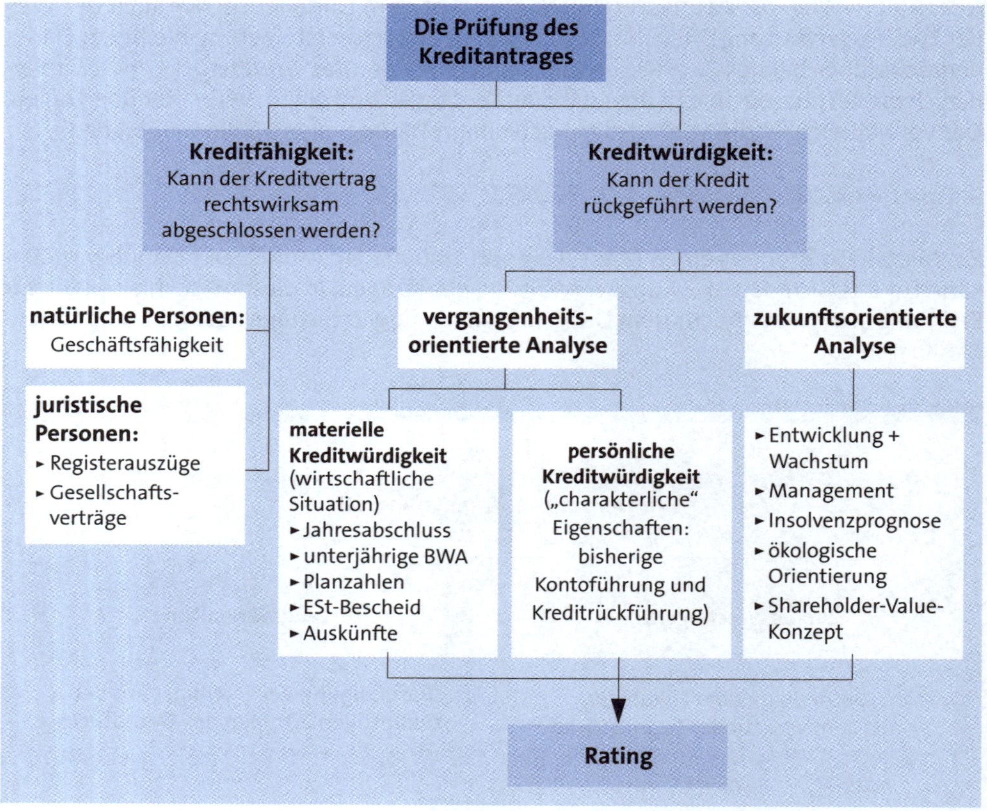

```
                    Die Prüfung des
                    Kreditantrages
        ┌─────────────────┴─────────────────┐
   Kreditfähigkeit:                  Kreditwürdigkeit:
   Kann der Kreditvertrag            Kann der Kredit
   rechtswirksam                     rückgeführt werden?
   abgeschlossen werden?
                            ┌────────────────┴────────────────┐
 natürliche Personen:   vergangenheits-              zukunftsorientierte
   Geschäftsfähigkeit   orientierte Analyse                Analyse
                        ┌──────────┴──────────┐
 juristische
 Personen:              materielle            persönliche       ► Entwicklung +
   ► Registerauszüge    Kreditwürdigkeit      Kreditwürdigkeit    Wachstum
   ► Gesellschafts-     (wirtschaftliche      („charakterliche" ► Management
     verträge           Situation)            Eigenschaften:    ► Insolvenzprognose
                        ► Jahresabschluss     bisherige         ► ökologische
                        ► unterjährige BWA    Kontoführung und    Orientierung
                        ► Planzahlen          Kreditrückführung)► Shareholder-Value-
                        ► ESt-Bescheid                            Konzept
                        ► Auskünfte
                                        │
                                     Rating
```

MERKE

Unter **Kreditfähigkeit** versteht man die Fähigkeit, Kreditverträge rechtswirksam abzuschließen. Die Kreditfähigkeit haben alle voll geschäftsfähigen natürlichen Personen und alle juristischen Personen. Beschränkt geschäftsfähige Personen bedürfen zur Kreditaufnahme der Einwilligung des gesetzlichen Vertreters und des Vormundschaftsgerichts (§§ 107, 1693 Abs. 1, 1822 Nr. 8 BGB).

Zur Beurteilung der **Kreditwürdigkeit** steht das Kreditinstitut vor dem Problem, dass zur Beurteilung der Rückführung des Kredites in der Zukunft lediglich verlässliche Daten aus der Vergangenheit zur Verfügung stehen. Die zukünftige Entwicklung kann aufgrund der Vergangenheitswerte sowie weiterer Faktoren nur abgeschätzt werden. Im Ergebnis kommt es zu einer Bewertung des Kreditnehmers in Form eines Ratings, in das alle Informationen mit einfließen. Das **Rating** bildet die Grundlage für die Entscheidung, ob und zu welchen Konditionen (Zinssatz, Laufzeit, Kreditbetrag, ...) der Kredit gewährt wird.

Die **persönliche Kreditwürdigkeit** betrifft die charakterlichen Eigenschaften des Kreditnehmers. Dies zeigt sich durch den persönlichen Kontakt im Rahmen der bisherigen Kundenbeziehungen, insbesondere in der Art und Weise, in der bisher die Konten geführt, getroffene Vereinbarungen eingehalten und Kredite in der Vergangenheit zurückgeführt wurden.

Materielle Kreditwürdigkeit liegt vor, wenn die wirtschaftliche Situation darauf schließen lässt, dass der Kreditnehmer seinen Verpflichtungen aus dem Kreditvertrag nachkommen kann. Zur Überprüfung der materiellen Kreditwürdigkeit stehen dem Kreditgeber u. a. folgende Mittel zur Verfügung:

- Auswertung von Jahresabschlüssen und unterjährigen betriebswirtschaftlichen Auswertungen (BWA) sowie Planzahlen für die zukünftige Entwicklung
- Vorlage der Einkommensteuerbescheide
- Einholen von Auskünften bei anderen Banken oder Auskunfteien
- Durchführung von Betriebsbesichtigungen
- Beobachtung der Kontenbewegungen
- Vorlage der Gehaltsabrechnungen bei privaten Kreditnehmern

Aufgrund des ermittelten Ratings erhält der Kreditsuchende vom Kreditinstitut ein Kreditangebot. Der Kreditvertrag kommt zustande, wenn der Kreditnehmer das Angebot annimmt. Der **Kreditvertrag** enthält wichtige Einzelheiten des Kreditgeschäfts:

- Bezeichnung des Kredits
- Kredithöhe
- Kreditkosten (Zinsen, Provisionen, Bearbeitungsgebühren, Bereitstellungszinsen)
- Zinsfestschreibungszeitraum und Gesamtlaufzeit bis zur kompletten Rückführung
- Tilgungsraten und Sondertilgungsmöglichkeiten
- Verwendungszweck
- Sicherheiten
- Kündigungsmöglichkeiten

- Bereitstellungszeitpunkt
- Disagio
- Überziehungsmöglichkeiten

b) Jahresabschlussanalyse

Bei der Ermittlung der **materiellen Kreditwürdigkeit** spielt die Analyse des Jahresabschlusses eine zentrale Rolle, die sich in drei Schritte aufteilen lässt.

- Zusammenfassung der wichtigsten Positionen der Bilanz und GuV-Rechnung unter Berücksichtigung der Informationen des Anhangs (**Aufbereitung zur Struktur-Bilanz und GuV**)
- Ermittlung betriebsstatistischer Kennzahlen (Bilanzkennzahlen und Rentabilitätskennzahlen)
- Beurteilung der errechneten Kennzahlen.

Da auf die Jahresabschlussanalyse auch im Bereich des Rechnungswesens eingegangen wird, soll an dieser Stelle insbesondere der zweite Schritt betrachtet werden.

ba) Strukturbilanz und Struktur-GuV

Im ersten Schritt werden die teilweise umfangreichen und weit untergliederten Positionen der Bilanz **zu den wichtigsten Positionen**, die im zweiten Schritt zur Ermittlung der Kennzahlen benötigt werden, **zusammengefasst**. Die **Strukturbilanz** weist lediglich die folgenden Positionen auf, denen alle anderen Unterpositionen zugeordnet werden:

AKTIVA	Bilanz	PASSIVA
	Euro	Euro
Anlagevermögen Umlaufvermögen Zahlungsmittel kurzfristige Forderungen Vorräte und sonstiges UV Bilanzsumme		Eigenkapital Fremdkapital kurzfristiges FK langfristiges FK Bilanzsumme

Bei der **Struktur-GuV** handelt es sich um eine Neugliederung, durch die das Jahresergebnis um die Ertragsteuern und außergewöhnliche Erfolgskomponenten (z. B. einmalig, betriebsfremd, periodenfremd) bereinigt wird. Man errechnet das Ergebnis der gewöhnlichen Geschäftstätigkeit, das nachhaltig aus dem Kerngeschäft des Unternehmens erwirtschaftet werden kann.

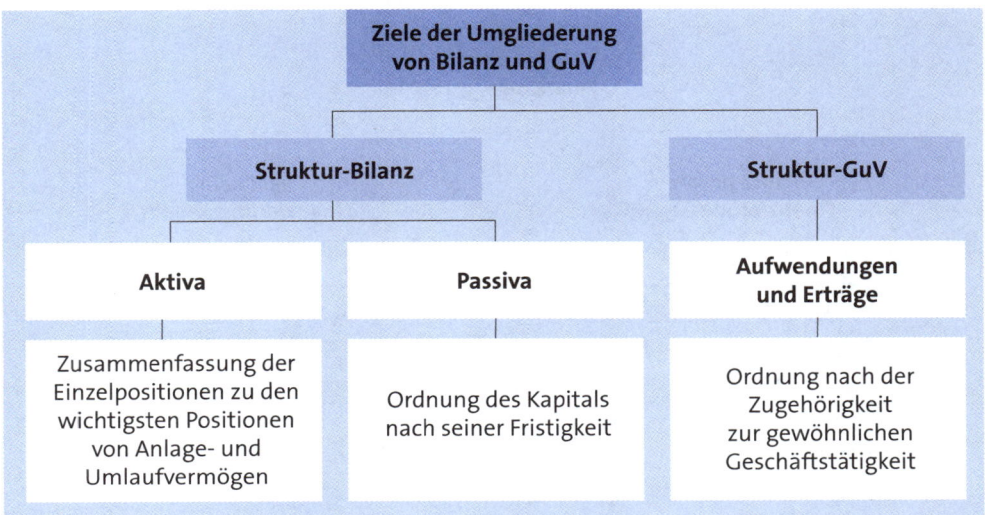

bb) Bilanzkennzahlen und Finanzierungsregeln

Finanzierungsregeln bzw. Finanzierungsgrundsätze treffen auf der Grundlage des Jahresabschlusses eine Aussage, in welchem Verhältnis bestimmte Bilanzpositionen zueinander stehen sollten, um langfristig die Existenz eines Unternehmens zu sichern. Um überprüfen zu können, ob bei der bisherigen Finanzierung eines Unternehmens die geforderten Finanzierungsregeln eingehalten wurden, errechnet man **Kennziffern**, die eine quantitative Beurteilung ermöglichen. Sie dienen dabei

- im **Vorhinein**
  - den Kreditinstituten zur Prüfung, ob eine Kreditvergabe erfolgen kann und zu welchen Konditionen (z. B. Kreditbetrag, Zinssatz, Laufzeit, u. a.) der Kredit herausgegeben werden soll.
  - als unternehmerische Entscheidungshilfe zur Beurteilung der eigenen wirtschaftlichen Situation und der Realisierbarkeit von Investitionen.
- im **Nachhinein** der Beurteilung der Vermögens- und Finanzierungsstruktur eines Unternehmens, um zu überprüfen, ob das Kreditverhältnis zu den vereinbarten Konditionen weiter aufrecht gehalten werden kann.

In Anlehnung an die, der Berechnung der Bilanzkennzahlen zugrunde liegenden Aktiv- und Passivpositionen, spricht man von **horizontalen und vertikalen Finanzierungsregeln und Bilanzkennzahlen**.

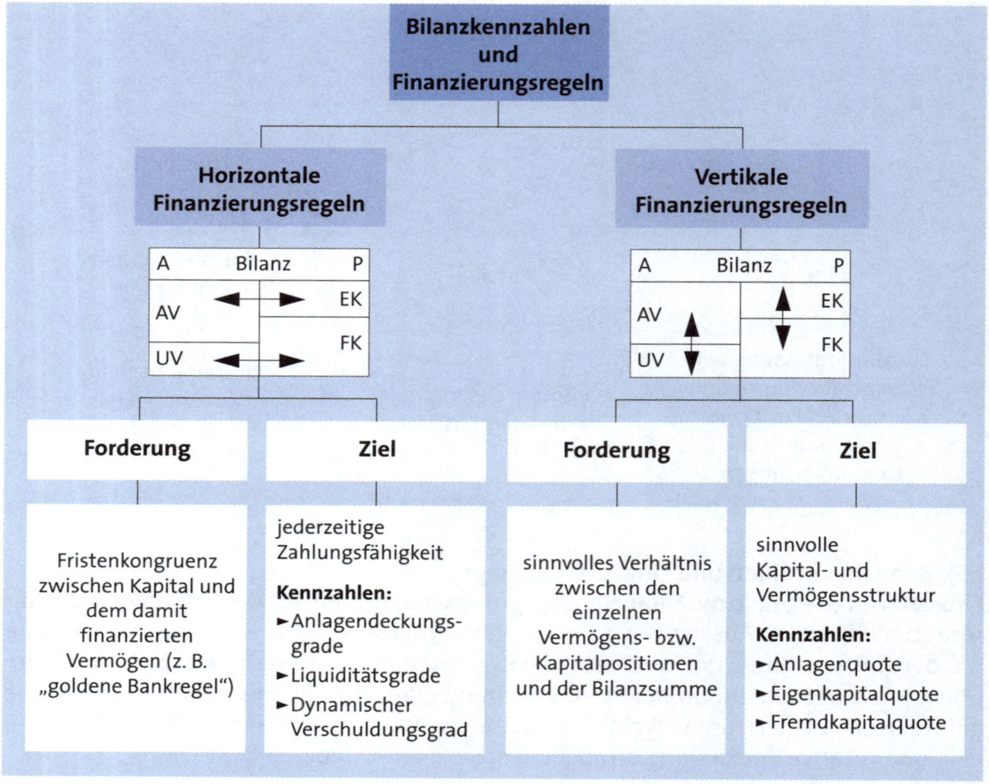

Bilanzkennzahlen und Finanzierungsregeln

Horizontale Finanzierungsregeln

A	Bilanz	P
AV	⇔	EK
UV	⇔	FK

Forderung: Fristenkongruenz zwischen Kapital und dem damit finanzierten Vermögen (z. B. „goldene Bankregel")

Ziel: jederzeitige Zahlungsfähigkeit

Kennzahlen:
- Anlagendeckungsgrade
- Liquiditätsgrade
- Dynamischer Verschuldungsgrad

Vertikale Finanzierungsregeln

A	Bilanz	P
AV	↕	EK
UV	↕	FK

Forderung: sinnvolles Verhältnis zwischen den einzelnen Vermögens- bzw. Kapitalpositionen und der Bilanzsumme

Ziel: sinnvolle Kapital- und Vermögensstruktur

Kennzahlen:
- Anlagenquote
- Eigenkapitalquote
- Fremdkapitalquote

bba) Horizontale Kennzahlen und Finanzierungsregeln

Die **horizontalen Finanzierungsregeln** greifen den bilanziellen Zusammenhang zwischen den Begriffen Finanzierung (Passiva) und Investition (Aktiva) auf. Anlagevermögen soll mit langfristigem Kapital, insbesondere mit Eigenkapital, finanziert werden. Umlaufvermögen soll mit kurzfristigem Kapital, i. d. R. mit kurzfristigem Fremdkapital, finanziert werden. Diese **Fristenkongruenz** zwischen der Mittelverwendung und der Mittelherkunft wird auch als **Goldene Bilanzregel**, **Goldene Bankregel oder Goldene Finanzierungsregel** bezeichnet.

MERKE

Hinsichtlich der Kreditfinanzierung von Investitionen ist somit Folgendes zu fordern:

- **Anlagevermögen** soll nicht mit kurzfristigen Krediten finanziert werden. Anlagevermögen soll mit langfristigen Krediten finanziert werden.
- **Umlaufvermögen** soll nicht mit langfristigen Krediten finanziert werden. Umlaufvermögen soll mit kurzfristigen Krediten finanziert werden.

Ziel der horizontalen Finanzierungsregeln ist die **Aufrechterhaltung der Liquidität**, d. h. der Zahlungsbereitschaft (Fähigkeit, seinen Zahlungsverpflichtungen nachzukommen). Zur Erfüllung der Zahlungsverpflichtungen mit unterschiedlicher Fristigkeit, die sich in der Passivseite der Bilanz widerspiegeln, werden finanzielle Mittel mit entsprechender Fristigkeit benötigt. Diese sind auf der Aktivseite der Bilanz ausgewiesen. Stehen zur Begleichung der fälligen Zahlungen, beispielsweise aus Gehaltszahlungen oder Verbindlichkeiten aus Lieferungen und Leistung, keine liquiden Zahlungsmittel zur Verfügung, führt das zur Zahlungsunfähigkeit und im Extremfall zur Eröffnung des Insolvenzverfahrens.

Ein Betrieb befindet sich im **finanziellen Gleichgewicht**, wenn die Zahlungsbereitschaft zu jedem Zeitpunkt gesichert ist. Wenn ein Betrieb seinen fälligen Zahlungsverpflichtungen nicht nachkommen kann, liegen Störungen auf der Ausgabenseite oder auf der Einnahmenseite vor.

Störungen des finanziellen Gleichgewichts	
auf der Ausgabenseite durch **zu hohe Ausgaben**	auf der Einnahmenseite durch **zu geringe Einnahmen**
Mögliche Ursachen:	
Beschäftigungsstruktur: hoher Bestand an fest eingestelltem Personal muss auch bei geringem Arbeitsanfall bezahlt werden	Absatzschwierigkeiten: Der Verkauf der Fertigerzeugnisse entwickelt sich schlechter als erwartet
Beschaffungsbereich: feste Abnahmeverpflichtungen	Fremdkapitalaufnahme: Banken gewähren keine Kredite mehr
Privatentnahmen und Gewinnausschüttungen: Anteilseigner fordern ihren Anteil am Gewinn	Eigenkapitalaufnahmen: es sind keine neuen Gesellschafter bereit, in das Unternehmen zu investieren
Fertigungsbereich: großes Anlagevermögen mit hoher Fixkostenbelastung	Zahlungsbereich: Kunden nehmen immer größere Zahlungsziele in Anspruch; schlecht organisiertes Mahnwesen

Zur Beurteilung der Fristenkongruenz dienen insbesondere die folgenden Kennzahlen, die das Verhältnis zwischen den fristengleichen Positionen der Aktiv- und Passivseite darstellen:

$$\text{Anlagendeckungsgrad I} = \frac{\text{Eigenkapital}}{\text{Anlagevermögen}} \cdot 100$$

$$\text{Anlagendeckungsgrad II} = \frac{\text{Eigenkapital} + \text{langfristiges Fremdkapital}}{\text{Anlagevermögen}} \cdot 100$$

D. Investition und Finanzierung | 2. Außenfinanzierung

Das langfristig gebundene Vermögen sollte durch langfristiges Kapital finanziert sein. Der Anlagendeckungsgrad II sollte daher mindestens einen Wert von 100 % erreichen. Ist er größer als 100 % sind auch Teile des Umlaufvermögens, z. B. bei Haltung von Sicherheitsbeständen im Material- oder Fertigerzeugnislager, gedeckt.

$$\text{Liquiditätsgrad I} = \frac{\text{Liquide Mittel erster Ordnung}}{\text{kurzfristige Verbindlichkeiten}} \cdot 100$$

$$\text{Liquiditätsgrad II} = \frac{\text{Liquide Mittel zweiter Ordnung}}{\text{kurzfristige Verbindlichkeiten}} \cdot 100$$

$$\text{Liquiditätsgrad III} = \frac{\text{Liquide Mittel dritter Ordnung}}{\text{kurzfristige Verbindlichkeiten}} \cdot 100$$

Zu den **liquiden Mitteln erster Ordnung** gehören die Kasse, Bankguthaben und Wechsel. Bei den liquiden Mitteln **zweiter Ordnung** kommen die kurzfristigen Forderungen, insbesondere aus Lieferungen und Leistungen dazu. Die liquiden Mittel **dritter Ordnung** umfassen noch zusätzlich die Vorräte.

Liegt die Liquidität dritten Grades unter 100 %, müsste das Unternehmen Teile des Anlagevermögens veräußern, um alle kurzfristigen Verbindlichkeiten zurückzuführen. Da sich das Unternehmen dadurch langfristig seiner Existenzgrundlage berauben würde, sollte mindestens der **Liquiditätsgrad III über 100 %** liegen.

Neben den aus der Bilanz abgeleiteten Kennzahlen zur **strukturellen Liquidität** kann aus den Informationen der GuV die **dynamische Liquidität** errechnet werden. Bei dem aus der GuV abgeleiteten **Cashflow** handelt es sich um eine Kennzahl zur Beurteilung der Unternehmensliquidität, die die Innenfinanzierungskraft eines Unternehmens zeigt. Es soll errechnet werden, welche finanziellen Mittel dem Unternehmen zugeflossen sind und unter Berücksichtigung der Ausgaben (abgeflossene Zahlungen) noch zur Verfügung stehen.

```
  Einnahmen
- Ausgaben
= Cashflow
```

Da die GuV jedoch keine Einnahmen und Ausgaben, sondern nur Erträge und Aufwendungen erfasst, wird der Jahresüberschuss um die nicht zahlungswirksamen Positionen, wie z. B. Abschreibungen und Rückstellungen, korrigiert.

Cashflow =		Jahresüberschuss
	+	Abschreibungen auf das Anlagevermögen
	-	Zuschreibungen auf das Anlagevermögen
	+	Erhöhung der langfristigen Rückstellungen
	+	Einstellung in den Sonderposten mit Rücklagenanteil
	+/-	andere nicht zahlungswirksame Aufwendungen und Erträge

Unter **Liquidität** versteht man die Fähigkeit eines Unternehmens seinen Zahlungsverpflichtungen jederzeit nachzukommen. Dies kann gesichert sein durch die Fähigkeit, Wirtschaftsgüter kurzfristig in Bargeld zu verwandeln (Kennzahl: Liquiditätsgrade) oder die Bereitschaft zur Zahlung der Verbindlichkeiten oder Finanzierung von Investitionen aus dem laufenden Geschäftsbetrieb (Kennzahl: Cashflow).

bbb) Vertikale Bilanzkennzahlen und Finanzierungsregeln

Bei den **vertikalen Finanzierungsregeln** geht es um ein sinnvolles Verhältnis zwischen den Passiva (Kapitalstruktur) und den Aktiva (Vermögensstruktur). Die **Kapitalstruktur** gibt Auskunft darüber, inwieweit das Unternehmen durch die Ausstattung mit ausreichend Eigenkapital in der Lage ist, **Investitionsentscheidungen entweder selbst oder durch die Aufnahme von Fremdkapital zu finanzieren**.

Ist der Fremdkapitalanteil im Unternehmen zu groß, hat das Unternehmen eine starke Fixkostenbelastung durch laufende Zinszahlungen. Daneben wird es schwierig sein, weitere Kredite zu entsprechend niedrigen Konditionen aufzunehmen, da dem Risiko der Fremdkapitalgeber eine vergleichsweise geringe Eigenkapitalhaftung gegenüber steht. Als Kennzahlen zur Beurteilung kommen die **Eigenkapitalquote** und die **Fremdkapitalquote** zur Anwendung.

$$\text{Eigenkapitalquote} = \frac{\text{Eigenkapital}}{\text{Gesamtkapital}} \cdot 100$$

$$\text{Fremdkapitalquote} = \frac{\text{Fremdkapital}}{\text{Gesamtkapital}} \cdot 100$$

Ergänzend kann der **dynamische Verschuldungsgrad** berechnet werden, der die Jahre angibt, die das Unternehmen benötigt, um seine Verbindlichkeiten aus eigener Kraft zurückzuführen.

$$\text{Dynamischer Verschuldungsgrad} = \frac{\text{Effektivverschuldung}}{\text{Cashflow}}$$

D. Investition und Finanzierung | 2. Außenfinanzierung

Die **Effektivverschuldung** berechnet sich aus dem Fremdkapital abzüglich der liquiden Mittel 2. Ordnung.

Die **Vermögensstruktur** lässt eine Aussage über die Flexibilität des Unternehmens zu. Bei einer hohen **Anlagenintensität** (auch Anlagenquote), d. h. einem großen Anteil des Anlagevermögens am Gesamtvermögen, ist eine kurzfristige Anpassung an den technischen Fortschritt oder an branchenabhängige oder gesamtwirtschaftliche Schwankungen der konjunkturellen Lage erschwert. Daneben kann eine hohe Anlagenquote ein Hinweis für eine hohe Fixkostenbelastung sein.

Zur Beurteilung dienen insbesondere folgende Kennzahlen:

$$\text{Anlagenintensität} = \frac{\text{Anlagevermögen}}{\text{Gesamtvermögen}} \cdot 100$$

$$\text{Umlaufintensität} = \frac{\text{Umlaufvermögen}}{\text{Gesamtvermögen}} \cdot 100$$

bc) Rentabilitätskennzahlen

Als **Rentabilität** bezeichnet man das prozentuale Verhältnis einer Erfolgsgröße (z. B. Gewinn, Ergebnis der gewöhnlichen Geschäftstätigkeit) zu einer Bezugsgröße wie dem Eigenkapital, dem Gesamtkapital oder den Umsatzerlösen.

$$\text{Eigenkapitalrentabilität} = \frac{\text{Jahresüberschuss}}{\text{Eigenkapital}} \cdot 100$$

$$\text{Gesamtkapitalrentabilität} = \frac{\text{Jahresüberschuss} + \text{Fk-Zinsen}}{\text{Gesamtkapital}} \cdot 100$$

$$\text{Umsatzrentabilität} = \frac{\text{Jahresüberschuss}}{\text{Umsatzerlöse}} \cdot 100$$

Je höher die Eigenkapital- und Gesamtkapitalrentabilität, desto höher ist die Verzinsung die das jeweilige Kapital erwirtschaftet. Die Umsatzrentabilität macht deutlich, wie viel Euro Jahresüberschuss mit 100 € Umsatz erzielt wurden.

bd) Beurteilung der errechneten Kennzahlen

Die einzelnen Kennziffern sagen isoliert gesehen wenig aus. Erst durch die **Gegenüberstellung von Vergleichswerten** können Aussagen zur wirtschaftlichen Situation und Entwicklung des Unternehmens getroffen werden.

Im **Zeitvergleich** werden die Kennzahlen des Unternehmens mit den Werten der vorangegangenen Geschäftsjahre verglichen. Daraus kann eine Trendentwicklung erkannt werden, die Aufschlüsse darüber gibt, ob sich die Kennzahl in den vergangenen Jahren positiv oder negativ entwickelt hat. Für den Zeitvergleich sind mindestens die drei letzten Jahresabschlüsse zu vergleichen.

Durch einen **Branchenvergleich** kann abgeschätzt werden, wie sich das Unternehmen im Vergleich zu anderen Unternehmen des gleichen Wirtschaftsbereichs entwickelt hat. Als Maßstab kann hier das in dieser Branche führende Unternehmen oder auch der jeweilige Branchendurchschnitt dienen.

Bei einem **Soll-Ist-Vergleich** werden die erreichten Ist-Werte mit den angestrebten Soll-Werten verglichen um zu beurteilen, ob die gesteckten Ziele erreicht wurden. Damit lassen sich unternehmensinterne Vorgaben und Planungsgrößen überprüfen. Aufgetretene Abweichungen von den Zielwerten können dann auf ihre Ursache hin überprüft werden.

Aufgaben 307 - 308 > Seite 443

2.3 Lieferantenkredit und Kundenanzahlung

a) Lieferantenkredit

Einem **Lieferantenkredit** (Warenkredit) liegt ein Wareneinkauf auf Ziel zugrunde. Der Lieferer möchte durch die Einräumung von Skonto den Kunden zur vorzeitigen Bezahlung der Verbindlichkeiten veranlassen. Der Skontosatz ist kein direkt vergleichbarer Zinssatz; zuvor müssen die Kosten auf das Jahr umgerechnet werden. Dann freilich erweist sich der Lieferantenkredit als ein sehr teurer Kredit.

Beispiel

Dr. Ritter kauft ein Kopiergerät im Wert von 5.000 €. Die Zahlungsbedingungen lauten: „Zahlbar innerhalb von zehn Tagen unter Abzug von 2 % Skonto oder nach 30 Tagen ohne Abzug".

	Rechnungsbetrag	5.000 €
-	Skonto	100 €
=	Überweisungsbetrag	4.900 €

Zahlt Dr. Ritter den Kaufpreis innerhalb von zehn Tagen, muss er nur 4.900 € überweisen.

Lohnt es sich auch dann Skonto auszunutzen, wenn zu diesem Zweck ein Bankkredit aufgenommen werden muss?

Wir unterstellen, dass Dr. Ritter einen Kredit in Höhe von 4.900 € aufnimmt:

Laufzeit 20 Tage, Zinssatz 10 %. An Zinsen fallen 27,22 € an (Zinsen = 4.900 · 10 · 20 / 100 · 360). Dennoch entsteht ein Gewinn, wenn wir die Kreditkosten dem Skontobetrag gegenüberstellen:

	Skontobetrag	100,00 €
-	Kreditkosten	27,22 €
=	Gewinn	72,78 €

Betrachten wir nun den **Zinssatz des Lieferantenkredits**, wenn Dr. Ritter das Zahlungsziel von 30 Tagen beansprucht:

Kreditkosten für 20 Tage = 2 %
Kreditkosten für 360 Tage = x %
x = 36 %

Wenn Dr. Ritter das Zahlungsziel von 30 Tagen beansprucht, entsprechen die 20 Tage Kredit einem Jahreszinssatz von 36 %.

Einen Vergleich zwischen Lieferantenkredit, Darlehen und Kontokorrentkredit zeigt die folgende Übersicht:

Unterscheidung der Kreditarten nach der zeitlichen Beanspruchung und den Rückzahlungsverwendungsmöglichkeiten		
Darlehen	**Kontokorrentkredit**	**Lieferantenkredit**
Einmalige Beanspruchung des zugesagten Kredits	Laufende Beanspruchung des zugesagten Kredits	Einmalige Beanspruchung des zugesagten Kredits
Rückführung in regelmäßigen Raten oder in einem Betrag am Ende der Laufzeit	laufende Rückführung durch Gutschriften, z. B. aus Umsatzerlösen oder Gehaltszahlungen	Rückführung durch Zahlung des Rechnungsbetrages

b) Kundenanzahlung

Auch die **Anzahlungen von Kunden** für Leistungen, die erst in der Zukunft erbracht werden, stellen eine Form der Kreditgewährung dar. Allerdings sind Anzahlungen **abhängig von der Marktposition**, in der sich der leistende Unternehmer befindet und darüber entscheidet, ob diese Zahlungsbedingung beim Kunden durchsetzbar ist. Zum Teil sind Anzahlungen auch üblich um sicherzustellen, dass die bestellten Waren vom Kunden auch tatsächlich abgenommen werden.

Aufgaben 309 - 310 > Seite 443

2.4 Besondere Finanzierungsarten

2.4.1 Factoring

Die in den USA entwickelte **Factoringfinanzierung** hat den Zessionskredit in den Hintergrund gestellt. Ein **Factor** (Bank oder Factoring-Gesellschaft) kauft von seinen Kunden Forderungen aus Warenlieferungen und Leistungen. Betriebswirtschaftlich ist die Factoringfinanzierung der Außenfinanzierung und der Fremdfinanzierung zuzuordnen.

Der Factor erwirbt das Eigentum an den gekauften Forderungen. Neben der reinen **Finanzierungsfunktion** übernimmt der Factor das Risiko des Forderungsausfalls (**Delkrederefunktion**). Dies unterscheidet das Factoring von der Forderungsabtretung.

Beim Factoring trägt das Kreditinstitut (Factor) das Risiko des Zahlungseingangs, bei der Forderungsabtretung trägt dieses Risiko der Kreditnehmer. Es ist allerdings zu beachten, dass der Factor wegen des Delkrederrisikos eine Delkrederegebühr kalkuliert und diese seinen Kunden berechnet. Neben der Finanzierungs- und Delkrederefunktion kann der Factor häufig noch **Dienstleistungsfunktionen** erfüllen (Debitorenbuchhaltung, Inkasso, Mahnwesen und Rechnungsschreibung). Für die Übernahme dieser Funktionen berechnet der Factor neben den Zinsen für die Vorauszahlung eine Factoring-Provision. Bilanziell bewirkt der Vorgang des Factorings beim Forderungsverkäufer einen Aktivtausch: Die Forderungen aus Warenlieferung und Leistung verringern sich, das Bankguthaben/Postbankguthaben erhöht sich. Die zusätzlichen finanziellen Mittel können zum Ausgleich von Verbindlichkeiten verwendet werden.

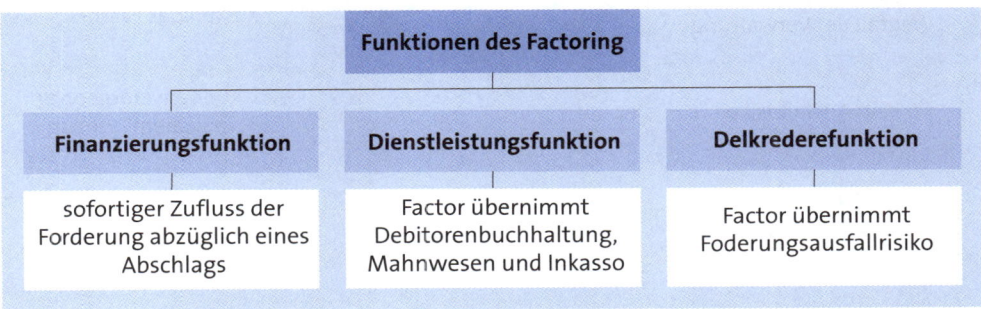

Gerät der Kunde in **Insolvenz**, stehen die vor Insolvenzeintritt abgetretenen Forderungen dem Factor zu, d. h. sie gehören nicht zur Insolvenzmasse. Fällt der Factor in Insolvenz, gehören die abgetretenen Forderungen zu seiner Insolvenzmasse.

Beispiel

Verkauf von Warenforderungen zu folgenden Bedingungen:

Warenforderung	11.600 €
Vorauszahlung 80 %	9.280 €

Der Gegenwert der Vorauszahlung wird unter Abzug der Provision dem Verkäufer der Forderungen vergütet:

Zinsen für den Vorschuss, Factoring-Gebühr, Delkrederegebühr	300 €
Gutschriftsbetrag	8.980 €

Der Factor zahlt i. d. R. beim Kauf der Forderungen nicht den vollen Kaufpreis aus, sondern lediglich eine Anzahlung von z. B. 80 %. Der Restbetrag ist fällig, wenn der Schuldner seine Verbindlichkeiten beim Factor beglichen hat.

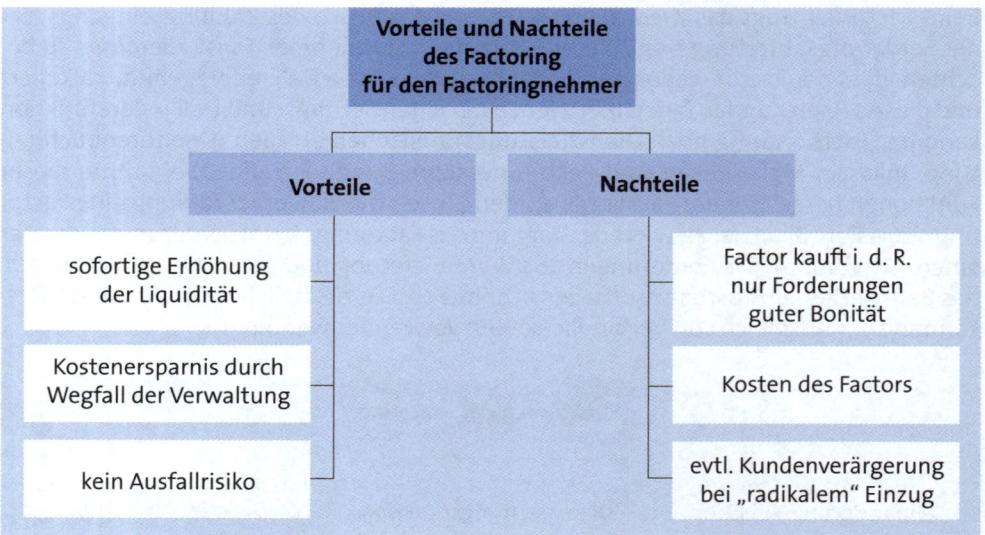

2.4.2 Leasing

Unter **Leasing** versteht man die Vermietung oder Verpachtung von Wirtschaftsgütern gegen Entgelt (Außenfinanzierung als Fremdfinanzierung). Beim **direkten Leasing** ist der Vermieter (Leasinggeber) gleichzeitig der Hersteller des Wirtschaftsgutes. Ist der Vermieter eine Leasinggesellschaft, die Wirtschaftsgüter vom Hersteller kauft um sie zu vermieten, spricht man von **indirektem Leasing**.

a) Operate-Leasing und Finance-Leasing

Bei der Ausgestaltung der Leasingverträge unterscheidet man zwischen Operate-Leasing und Finance-Leasing.

Beim **Finance-Leasing** kann das Wirtschaftsgut während der Grundmietzeit nicht zurückgegeben werden. Die Leasingverträge werden meist langfristig abgeschlossen und sind während der Grundmietzeit, die kürzer als die betriebsgewöhnliche Nutzungsdauer ist, unkündbar. Bei Vertragsabschluss kann der Leasingnehmer für die Zeit nach der Grundmiete zwischen mehreren Vertragsvarianten wählen. Er hat die Möglichkeit

- den Vertrag zu wesentlich ermäßigten Leasingraten zu verlängern
- den Kauf des Leasinggegenstandes zu vereinbaren oder
- den Vertrag mit automatischem Eigentumsübergang abzuschließen.

Eine Sonderform des Finance-Leasing ist das sogenannte **Sale-and-lease-back** (verkaufe und miete wieder). Hierbei verkauft der Leasingnehmer bereits von ihm genutzte Investitionsgüter an eine Leasinggesellschaft und mietet sie darauf im Leasingverfahren wieder von dieser Gesellschaft.

Beim **Operate-Leasing** ist eine Rückgabe des Wirtschaftsgutes während der Vertragsdauer jederzeit möglich. Der Leasingnehmer hat während der Laufzeit die Möglichkeit, den Vertrag unter Einhaltung einer Kündigungsfrist zu kündigen, ohne dass weitere Kosten auf ihn zukommen. Der Leasinggeber trägt somit das volle Investitionsrisiko. Im Rahmen des Operating-Leasings bietet sich auch die Möglichkeit eines „Maintenance-Leasing" (= Full Service-Vertrag). Der Leasinggeber übernimmt dann auch bestimmte Nebenleistungen für den Leasinggegenstand (z. B. Wartung, Reparatur oder Versicherung).

b) Steuerrechtliche Behandlung von Leasingverträgen

Für die steuerrechtliche **Zuordnung des Leasingobjektes** ist das wirtschaftliche Eigentum am Wirtschaftsgut maßgebend. Beim **Operate-Leasing** wird der Leasing-Gegenstand dem Leasinggeber zugerechnet, der ihn als Eigentümer mit den Anschaffungs- oder Herstellungskosten in seiner Bilanz aktiviert und über die Jahre der betriebsgewöhnlichen Nutzungsdauer abschreibt. Die Leasingraten sind für den Leasinggeber Betriebseinnahmen und für den Leasingnehmer Betriebsausgaben.

D. Investition und Finanzierung | 2. Außenfinanzierung

INFO

Nach einem **Erlass des Bundesfinanzministeriums** (BStBl 1971 I Satz 264) ergeben sich die folgenden Möglichkeiten der Zurechnung beweglicher Wirtschaftsgüter:

Zuordnung zum	ohne Optionsrecht	mit Kaufoption	mit Mietverlängerungsoption
Leasing-geber	Grundmietzeit 40 - 90 % der Nutzungsdauer des Wirtschaftsgutes	Grundmietzeit 40 - 90 % der Nutzungsdauer des Wirtschaftsgutes und der Optionskaufpreis ist größer als der Restbuchwert	Grundmietzeit 40 - 90 % der Nutzungsdauer des Wirtschaftsgutes und die Anschlussmiete ist größer als der Wertverzehr des Wirtschaftsgutes
Leasing-nehmer	Grundmietzeit weniger als 40 % oder mehr als 90 % der Nutzungsdauer des Wirtschaftsgutes	Grundmietzeit weniger als 40 % oder mehr als 90 % der Nutzungsdauer des Wirtschaftsgutes oder wenn bei einer Grundmietzeit von mindestens 40 % und höchstens 90 % der Nutzungsdauer der Optionspreis kleiner als der Restbuchwert ist	Wenn die Grundmietzeit weniger als 40 % oder mehr als 90 % der Nutzungsdauer des Wirtschaftsgutes ist oder wenn bei einer Grundmietzeit von mindestens 40 % und höchstens 90 % der Nutzungsdauer die Anschlussmiete kleiner als der Wertverzehr des Wirtschaftsgutes ist

Beispiel

Ein Lkw (Anschaffungskosten 50.000 €) hat eine betriebsgewöhnliche Nutzungsdauer von vier Jahren. Es erfolgt eine Zurechnung

a) beim Leasingnehmer, wenn die Grundmietzeit 18 Monate = 37,5 % beträgt

b) beim Leasinggeber, wenn die Grundmietzeit 30 Monate = 62,5 % beträgt.

In Fall a) muss der Leasingnehmer den Lkw mit 50.000 € auf der Aktivseite seiner Bilanz aktivieren. In gleicher Höhe entsteht auf der Passivseite der Bilanz eine Verbindlichkeit gegenüber dem Leasinggeber. Der Leasingnehmer schreibt den Lkw über die Jahre der betriebsgewöhnlichen Nutzungsdauer ab. Der Leasinggeber aktiviert die 50.000 € in seiner Bilanz als Forderung.

Neben dem Leasing von beweglichen Wirtschaftsgütern (Mobilien-Leasing) gibt es auch noch das Leasing von unbeweglichen Wirtschaftsgütern (Immobilien-Leasing).

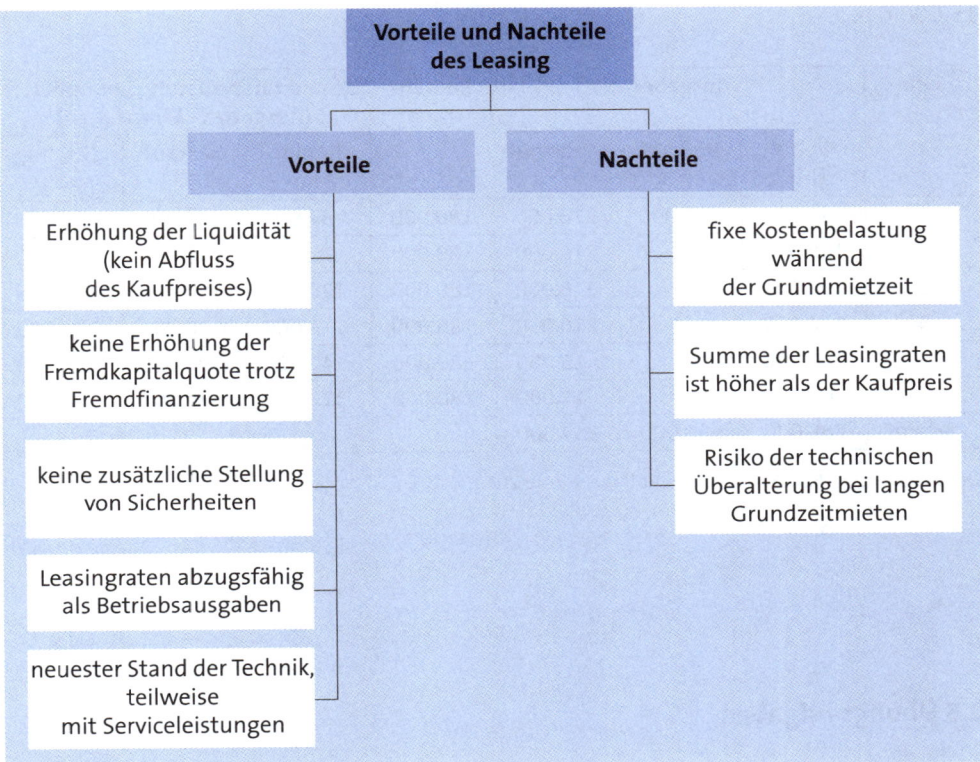

Die Entscheidung zwischen einer Leasing-Finanzierung, einer Kreditfinanzierung oder der Eigenkapitalfinanzierung muss jeweils im Einzelfall unter Berücksichtigung der individuellen Gegebenheiten getroffen werden. Eine pauschale Aussage zu einer grundsätzlichen Vorteilhaftigkeit einer Finanzierungsvariante ist nicht möglich.

Beispiel

Das folgende Beispiel vergleicht die Anschaffung einer Maschine für 600.000 € bei einer betriebsüblichen Nutzungsdauer von sechs Jahren, indem es Darlehensfinanzierung, Eigenfinanzierung und Leasing gegenüberstellt. Die Einnahmen aus der Maschinennutzung betragen pro Jahr 180.000 €.

Die Konditionen des **Kreditvertrages** sehen einen Zinssatz von 8 % bei sechs gleichen Tilgungsraten von jeweils 100.000 € vor.

D. Investition und Finanzierung | Aufgaben

Das **Leasing-Angebot** ist auf eine Grundmietzeit von vier Jahren ausgelegt. Die monatliche Leasingrate beträgt 3 % p. m. (216.000 € p. a.). Im ersten Jahr ist zusätzlich eine Abschlussgebühr von 10 % fällig. Nach der Grundmietzeit beträgt die Anschlussmiete 15.000 € p. a.

Jahr	Ausgaben			Einnahmen	Liquiditätsbelastung (kumuliert) (Ausgaben - Einnahmen)		
	Kreditkauf	Barkauf	Leasing		Kreditkauf	Barkauf	Leasing
1	148.000	600.000	276.000	180.000	-32.000	420.000	96.000
2	140.000		216.000	180.000	-72.000	240.000	132.000
3	132.000		216.000	180.000	-120.000	60.000	168.000
4	124.000		216.000	180.000	-176.000	-120.000	204.000
5	116.000		15.000	180.000	-240.000	-300.000	39.000
6	108.000		15.000	180.000	-312.000	-480.000	-126.000
gesamt	768.000	600.000	954.000				

Quelle: *Olfert, K.,* Finanzierung, 17. Auflage, Herne 2017, S. 401

Aufgaben 311 - 314 > Seite 444

2.5 Übungsaufgaben

Aufgabe 272:

In Abhängigkeit von der Verwendung der im Rahmen eines Kontokorrentkredits zur Verfügung gestellten Mittel unterscheidet man die folgenden Kreditarten. Nennen Sie für jeden dieser Kredite ein konkretes Beispiel.

a) Dispositionskredit

b) Betriebsmittelkredit

c) Überbrückungskredit

d) Saisonkredit

e) Überziehungskredit

Aufgabe 273:

Warum eignet sich ein Kontokorrentkredit nicht zur Finanzierung langfristiger Investitionen?

Aufgabe 274:
Ein Darlehen über 20.000 € soll bei einem Zinssatz von 10 % in fünf gleichen Jahresraten getilgt werden. Stellen Sie einen Tilgungsplan bei Tilgung mit fallender Annuität auf!

Aufgabe 275:
Ein Kaufmann nimmt ein Darlehen in Höhe von 120.000 € auf. Das Darlehen wird mit 8 % verzinst und ist im ersten Jahr mit 3 % zu tilgen. Stellen Sie für die ersten vier Jahre einen Tilgungsplan mit gleichbleibender Annuität auf.

Aufgabe 276:
Anita Burgsmüller, Pommernstr. 2, 67433 Neustadt, gewährte am 11.11. ihrer besten Freundin Irene Walsch, Rosenstraße 7, 67433 Neustadt, ein privates Darlehen über 1.000 €. Es wurde vereinbart, dass das Darlehen in einem Betrag am 11.11. des nächsten Jahres einschließlich 4 % Zinsen zurückzuzahlen ist.

a) Wann verjähren der Rückzahlungs- und Zinsanspruch?
b) Wie hoch ist der Rückzahlungsbetrag?

Aufgabe 277:
Berechnen Sie den Effektivzins.

a) Kreditbetrag 1.000 €, Laufzeit 12 Monate, Zinssatz 6,5 %, 2 % Bearbeitungsgebühr.
b) Kreditbetrag 8.000 €, 30 Monatsraten, Nominalzins 5 %, 1,5 % Disagio.

Aufgabe 278:
Warum ist aus juristischer Sicht der Ausdruck „geliehenes Geld" falsch?

Aufgabe 279:
Was ist eine Bürgschaft? Welche Aussage trifft zu?

a) Einbürgerung
b) Mithaftung einer dritten Person
c) Zugriffsmöglichkeit verwertbarer Sachen
d) Verpfändung von Sachen
e) Garantie für rechtzeitige Lieferung

Aufgabe 280:

Irene Walsch nimmt einen Kredit bei der Sparkasse Neustadt auf und bittet Anita Burgsmüller, eine Bürgschaft zu übernehmen. Bestimmen Sie die Bürgschaftsart in den folgenden Bürgschaftserklärungen!

a) Ich, Anita Burgsmüller, Pommernstr. 2, 67433 Neustadt, übernehme die Bürgschaft gegenüber der Sparkasse Neustadt, für das Frau Irene Walsch, Rosenstr. 7, 67433 Neustadt, gewährte Darlehen in Höhe von 1.000 € (in Worten: eintausend). Ich verzichte auf die Einrede der Vorausklage.

Neustadt, den 11.02.20..

b) Frau Irene Walsch, Rosenstr. 7, 67433 Neustadt, erhielt von der Stadtsparkasse Neustadt ein Darlehen in Höhe von 1.000 € (in Worten: eintausend). Für dieses Darlehen übernehme ich, Anita Burgsmüller, Pommernstr. 2, 67433 Neustadt, die Bürgschaft gegenüber der Stadtsparkasse Neustadt.

Neustadt, den 11.02.20..

c) Für das Frau Irene Walsch, Rosenstr. 7, 67433 Neustadt, gewährte Darlehen in Höhe von 1.000 € (in Worten: eintausend) übernehme ich, Anita Burgsmüller, Pommernstr. 2, 67433 Neustadt, die Bürgschaft gegenüber der Stadtsparkasse Neustadt unter der Bedingung, dass ich erst in Anspruch genommen werden kann, wenn alle gesetzlichen Vollstreckungsmaßnahmen in das Vermögen von Frau Walsch erfolglos waren.

Neustadt, den 11.02.20..

Aufgabe 281:

Stellen Sie die Möglichkeit der Einrede der Vorausklage bei den verschiedenen Bürgschaftsarten gegenüber!

Aufgabe 282:

Ist es Ihrer Meinung nach immer sinnvoll auf die Einrede der Vorausklage zu verzichten?

Aufgabe 283:

Die 21-jährige Tochter eines Immobilienmaklers hat für den Geschäftskredit ihres Vaters in Höhe von 100.000 € die Bürgschaft übernommen. Die junge Frau hatte bei Vertragsabschluss ein Nettoeinkommen von 1.150 €. Darf die Bank Ihrer Meinung nach die Tochter in Anspruch nehmen, wenn der Vater seinen kreditvertraglichen Verpflichtungen nicht nachkommt! Wie würden Sie entscheiden?

Aufgabe 284:

Eine Ehefrau hatte für den Kredit ihres Mannes gebürgt (70.000 €). Das Darlehen diente der Anschaffung eines Pkws, den ihr Mann als Versicherungsvertreter brauchte. Die Ehefrau verfügte über ein monatliches Einkommen von 800 €. Die Bank beansprucht die Ehefrau als Bürgin, nachdem der Ehemann seinen kreditvertraglichen Verpflichtungen nicht nachkommen konnte. Mit Recht?

Aufgabe 285:
Was ist ein Avalkredit?

Aufgabe 286:
Was ist eine Forderungsabtretung? Welche Aussage trifft zu?
a) Dauerauftrag
b) Mahnbescheid
c) Lastschriftverfahren
d) Forderungsübertragung
e) Forderungsausfall.

Aufgabe 287:
Die Forderungsabtretung wird häufig zur Absicherung von Kontokorrentkrediten herangezogen.
a) Welche Beteiligten sind gemeint, wenn man im Rahmen einer Forderungsabtretung vom Zessionar, Zedenten und Drittschuldner spricht?
b) Was versteht man unter einer offenen Zession und welche Nachteile sind damit verbunden?
c) Nennen Sie die Risiken einer stillen Zession für den Sicherungsnehmer.

Aufgabe 288:
Wie ist die Rechtslage, wenn bei einer Forderungsabtretung
a) bei der Verwertung der Forderungen ein Mehrbetrag erzielt wird?
b) die Forderungen nicht verwertet wurden?

Aufgabe 289:
Beim Lombardkredit handelt es sich um einen Kredit, der über ein Pfandrecht abgesichert ist. Welche Aussage trifft auf den Lombardkredit zu?
a) Der Kreditgeber wird Besitzer der Pfandsache.
b) Der Kreditnehmer wird Besitzer der Pfandsache.
c) Der Kreditgeber wird Eigentümer der Pfandsache.
d) Der Kreditgeber übergibt die Pfandsache.
e) Ein Pfandvertrag ist nicht erforderlich.

Aufgabe 290:

Ein Kreditnehmer verpfändet am 08.05. 1.600 St. Aktien mit einem Kurswert von 48.000 €. Nennwert einer Aktie 5 €, Beleihungssatz 64 %.

a) Welche Kreditsumme wird gewährt?
b) Wie hoch ist die Rückzahlung am 02.08., wenn ein Zinssatz von 8 % berechnet wird und der gesamte gewährte Kredit am 08.05. in Anspruch genommen wurde?

Aufgabe 291:

Ein Kaufmann hat nach Verpfändung von Pfandbriefen einen Kredit in Höhe von 40.000 € erhalten. Die Pfandbriefe wurden mit 62 ½ % beliehen.

a) Wie hoch waren Nennwert und Kurswert der hinterlegten Pfandbriefe, wenn diese einen Kurs von 104 % hatten und das kleinste Stück 100 € betrug?
b) Wie verändert sich der Pfandbriefbestand, wenn der Kurs der Pfandbriefe auf 101 % fällt bzw. auf 106 % steigt?

Aufgabe 292:

Was trifft auf die Sicherungsübereignung zu?

a) Ein Pfandvertrag ist erforderlich.
b) Der Kreditnehmer bleibt Eigentümer des Sicherungsübereignungsgutes.
c) Der Kreditgeber wird Besitzer des Sicherungsübereignungsgutes.
d) Der Kreditgeber wird Eigentümer des Sicherungsübereignungsgutes.
e) Es erfolgt keine Übergabe des Sicherungsübereignungsgutes.

Aufgabe 293:

Ein Geschäftsinhaber (Elektrogroßhandel) hat zur Sicherung eines Kredits die gekauften Computer im Wert von 57.000 € seinem Kreditinstitut sicherungsübereignet.

a) Warum ist die Verpfändung in diesem Fall keine geeignete Sicherheit?
b) Wie sind die Eigentums- und Besitzverhältnisse?
c) Wem ist das Wirtschaftsgut bilanziell zuzurechnen?

Aufgabe 294:

Der Geschäftsinhaber verkauft an einen Elektroeinzelhändler zehn Fernsehgeräte unter Eigentumsvorbehalt. Bei wem werden diese Fernsehgeräte bilanziert?

Aufgabe 295:
Welche der folgenden Aussagen über den Eigentumsvorbehalt sind richtig?
a) Der Verkäufer der unbeweglichen Sache bleibt Eigentümer bis zur vollständigen Bezahlung des Kaufpreises.
b) Der Käufer wird lediglich Besitzer und kann die bewegliche Sache weiterverkaufen.

Aufgabe 296:
Um welche Art von Eigentumsvorbehalt handelt es sich bei den folgenden Kaufvertragsklauseln?
a) „Wir behalten uns das Eigentum an den von uns gelieferten Waren bis zur völligen Bezahlung unserer gesamten Forderungen vor."
b) „Zur Sicherung unserer Kaufpreisforderung treten Sie die Ihnen aus der Weiterveräußerung zustehende Forderung ab."

Aufgabe 297:
Was trifft auf den einfachen Eigentumsvorbehalt zu?
a) Der Verkäufer bleibt Eigentümer der Ware bis zur vollen Bezahlung.
b) Der Käufer wird Eigentümer der Ware mit der Übergabe.
c) Dem Käufer wird die Ware leihweise überlassen.
d) Der Käufer least die Ware.
e) Der Verkäufer bleibt Besitzer der Ware nach Übergabe.

Aufgabe 298:
Inwiefern kann man sagen, dass die Grundschuld ohne Schuldgrund ist?

Aufgabe 299:
Das Grundpfandrecht der Bank A in Höhe von 80.000 € ist mit dem 1. Rang eingetragen, das der Bank B in Höhe von 50.000 € mit dem 2. Rang, das der Bank C in Höhe von 40.000 € mit dem 3. Rang, während das Pfandrecht der Bank D in Höhe von 20.000 € mit dem 4. Rang eingetragen ist.
a) Wie werden die Darlehensgeber befriedigt, wenn der Versteigerungserlös 140.000 € beträgt?
b) Warum sind die Zinsen für die mit einer ersten Hypothek abgesicherten Grundstücke niedriger als die Zinsen für die hochrangig abgesicherten Kredite?

Aufgabe 300:
Wodurch unterscheidet sich der Begriff der Hypothek (§ 1113 BGB) vom Begriff der Grundschuld (§ 1191 BGB)?

Aufgabe 301:
Warum ist es möglich, dass ein Grundstückseigentümer nach Bestellung einer Grundschuld für sein Grundstück sich einem fremden Gläubiger gegenübersieht?

Aufgabe 302:
Ergänzen Sie den folgenden Lückentext:

Eine Grundschuld setzt das Bestehen einer Forderung ____ voraus, d. h. sie ist von einer Forderung nicht ____ Die Hypothek ist ein Pfandrecht an einem ____ Die Hypothek setzt das Bestehen einer ____ voraus.

Aufgabe 303:
Verkäufer und Erwerber des Grundstücks einigen sich auf einen Kaufpreis von 150.000 €. Um Grunderwerbsteuer und Notarkosten zu sparen, wird lediglich ein Kaufpreis von 100.000 € beurkundet. Der Kaufvertrag muss dem Finanzamt zur Kontrolle vorgelegt werden. Wie ist die Rechtslage?

Aufgabe 304:
Wie erfolgt die Eigentumsübertragung an einem Grundstück?

Aufgabe 305:
Warum bedarf es Ihrer Meinung nach zur Rechtsgültigkeit eines Grundstückskaufvertrages der notariellen Beurkundung?

Aufgabe 306:
Verkäufer Ahrens und Erwerber Berger haben den Kaufvertrag am 10.09. vor dem Notar unterschrieben. Der Kaufpreis ist laut vertraglicher Vereinbarung innerhalb von 14 Tagen fällig. Berger hat den Kaufpreis vertragsgemäß überwiesen. Am 30.09. erscheinen Ahrens und Clar vor einem anderen Notar, um nochmals einen Grundstückskaufvertrag zu unterschreiben. Am 28.12. wird Clar als Eigentümer in das Grundbuch eingetragen. Wie ist die Rechtslage?

Aufgabe 307:

Beschaffen Sie sich den Jahresabschluss eines Unternehmens ihrer Wahl über die Internetseite des elektronischen Bundesanzeiger **www.ebundesanzeiger.de**.

a) Berechnen Sie für die beiden letzten Geschäftsjahre die folgenden Kennzahlen:
   aa) Eigenkapitalrentabilität
   ab) Gesamtkapitalrentabilität
   ac) Anlagendeckungsgrad II
   ad) Liquiditätsgrad II
   ae) Cashflow
   af) Dynamischer Verschuldungsgrad
   ag) Eigenkapitalquote
   ah) Anlagenintensität
b) Welche Aussage trifft die jeweilige Kennzahl über das Unternehmen?
c) Beurteilen Sie die Entwicklung der Kennzahlen im Zeitvergleich.
d) Beurteilen Sie die Finanzierung des Unternehmens nach den horizontalen und vertikalen Finanzierungsregeln.

Aufgabe 308:

Kennzahlen haben als Einzelwerte oftmals keine Aussagekraft.

a) Erläutern Sie, warum Kennzahlen immer nur im Vergleich zu anderen Werten beurteilt werden können.
b) Welche Kennzahlen haben auch ohne Vergleichswerte eine isolierte Aussagekraft?

Aufgabe 309:

Ein Steuerberater erwirbt ein Bürogerät im Wert von 7.000 €. Bei Zahlung innerhalb von acht Tagen kann 1 % Skonto abgezogen werden. Erfolgt keine vorzeitige Zahlung, ist der volle Rechnungsbetrag nach 60 Tagen zu begleichen. Der Kredit muss nach Ablauf des Zahlungsziels von 60 Tagen an die Bank zurückbezahlt werden. Lohnt sich die Aufnahme eines Bankkredits zur Ausnutzung des Skontos, wenn die Bank 12 % Zinsen verlangt?

Aufgabe 310:

Frau Anke Fuchs hat das Rechenbeispiel zum Lieferantenkredit wenig überzeugt. Sie wendet ein: „Die Rechnung geht nur auf, wenn der Schuldner den Kredit einschließlich Zinsen nach Ablauf des Zahlungsziels zurückzahlen kann". Können Sie Frau Fuchs davon überzeugen, dass unsere Rechnung stimmt?

Aufgabe 311:

Wie unterscheiden sich Factoring und Forderungsabtretung hinsichtlich des Risikos des Zahlungseingangs?

Aufgabe 312:

Ein geleastes Wirtschaftsgut hat eine betriebsgewöhnliche Nutzungsdauer von acht Jahren. Wem ist das Wirtschaftsgut zuzurechnen, wenn die Grundmietzeit

a) sieben Jahre

b) zwei Jahre beträgt?

Aufgabe 313:

Wem (Leasinggeber oder Leasingnehmer) ist in den folgenden Fällen der Leasinggegenstand zuzuordnen?

a) Ein Gewerbetreibender schließt einen Leasing-Vertrag mit Kaufoption ab. Anschaffungskosten des Wirtschaftsgutes: 10.000 €; Nutzungsdauer: zehn Jahre; AfA-Art: linear; Grundmietzeit: sechs Jahre; vorgesehener Kaufpreis nach Ablauf der Grundmietzeit: 2.000 €.

b) Ein Gewerbetreibender schließt einen Leasing-Vertrag mit Mietverlängerungsoption. Anschaffungskosten des Wirtschaftsgutes: 10.000 €; Nutzungsdauer: zehn Jahre; Grundmietzeit: sechs Jahre; vorgesehene Vertragsverlängerung nach Ablauf der Grundmietzeit: zwei Jahre; vorgesehene Anschlussmiete: 1.000 €.

Aufgabe 314:

Leasing stellt eine Alternative zur klassischen Kreditfinanzierung dar.

a) Welcher Personenkreis nutzt Leasing am häufigsten als Finanzierungsform? Finden Sie jeweils Beispiele.

b) Welche Objekte werden am häufigsten über Leasing finanziert?

3. Innenfinanzierung

3.1 Finanzierungseffekt von Abschreibungen

Die Abschreibungen haben verschiedene **Aufgaben** zu erfüllen. Neben der Wertbemessungsfunktion (Ansatz der Vermögensgegenstände mit ihrem Wert zum Jahresende) entfalten Sie auch Finanzierungswirkungen, die durch den Kapitalfreisetzungs- und Kapitalbindungseffekt deutlich werden.

3.1.1 Kapitalfreisetzungs- und Kapitalbindungseffekt

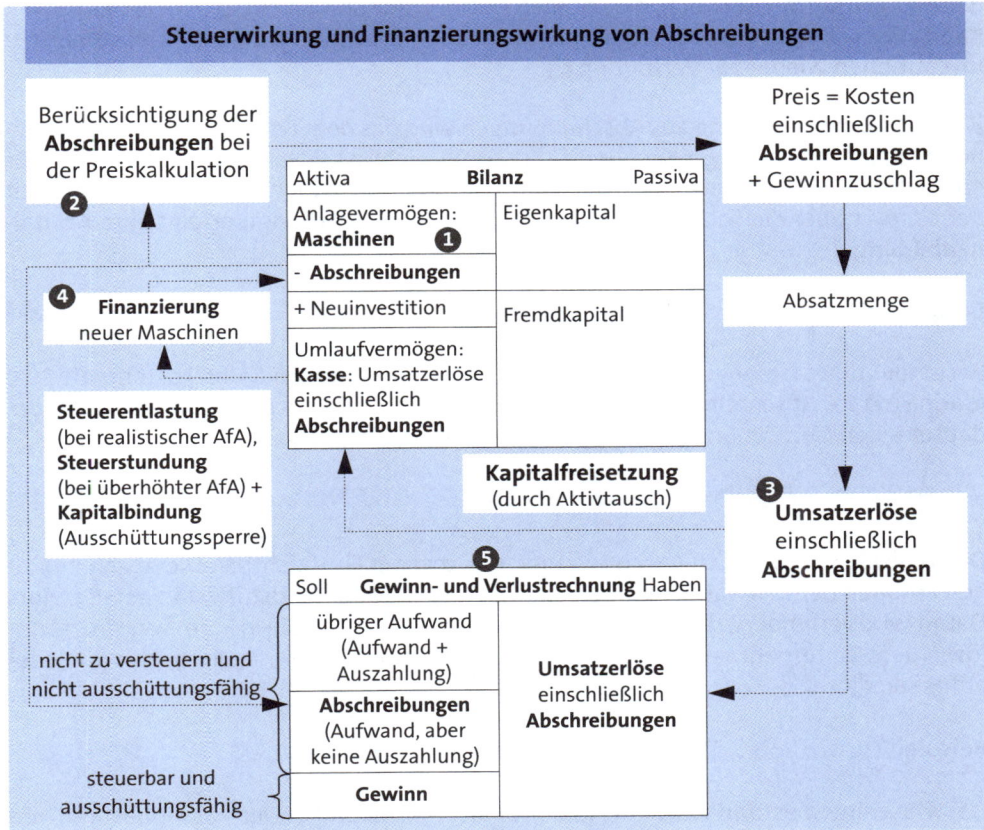

Die **Kapitalfreisetzungswirkung** der Abschreibungen erfolgt über die Umsatzerlöse. Zur Leistungserstellung werden in einem Industriebetrieb neben Roh-, Hilfs- und Betriebsstoffen auch Anlagen (Maschinen) durch Abnutzung „verbraucht". Die Wertminderung eines Wirtschaftsgutes wird durch die Abschreibungen erfasst ❶. Da der Wertverlust nicht direkt erkennbar ist, muss er errechnet werden. Ein Wirtschaftsgut abschreiben bedeutet, rechnerisch den Wert des Wirtschaftsgutes zu vermindern. Die Abschreibungen verteilen die Anschaffungs- oder Herstellungskosten eines Wirtschaftsgutes auf die Jahre der betriebsgewöhnlichen Nutzung.

Bei der **Preiskalkulation** müssen die Selbstkosten, einschließlich der Kosten der Abnutzung der Maschinen, die bei der Herstellung der Güter entstanden sind, berücksichtigt werden. Die Selbstkosten sind der in Geld bewertete Verbrauch von Gütern zur Produktion von Betriebsleistungen ❷.

Über die **Umsatzerlöse** ❸ wird der Abschreibungsbetrag verdient und fließt über die Positionen „Kasse" oder den „Forderungen aus Lieferungen und Leistungen" dem Umlaufvermögen zu. Die Finanzierung aus Abschreibungen stellt eine schrittweise Vermögensumschichtung (**Aktivtausch**) dar. Die in den Anlagen investierten finanziellen Mittel werden über die verdienten Abschreibungen nach und nach desinvestiert. Der Wert der Anlagen vermindert sich, die liquiden Mittel erhöhen sich entsprechend. Es hat ein **Kapitalfreisetzungseffekt** stattgefunden. Die zugeflossenen liquiden Mittel stehen für Investitionen wieder zur Verfügung ❹.

Bei der Kapitalfreisetzung aus Abschreibungen wird das dem Betrieb zur Verfügung stehende Kapital nicht vergrößert und führt somit nicht zu einer Bilanzverlängerung. Es handelt sich lediglich um einen Aktivtausch, um eine Vermögensumschichtung. Soweit der Umsatz über die Selbstkosten hinaus einen Gewinn erbringt, erfolgt eine **Kapitalneubildung**.

Beispiel

Bei einer Verkaufsmenge von 10.000 Stück im Jahr beträgt der Selbstkostenpreis 20 € (darin sind 2 € Abschreibungen enthalten). Jeder über 20 € eingenommene Betrag bedeutet einen Gewinn und somit Selbstfinanzierung.

Die **Kapitalbindung** durch Abschreibungen wird in der GuV sichtbar. Die Abschreibungen erhöhen den Aufwand und vermindern damit den ausschüttungsfähigen Gewinn. Damit wird verhindert, dass die darauf entfallenden Erträge, die in Form von Umsatzerlösen dem Unternehmen zugeflossen sind, nicht durch Gewinnausschüttung wieder abfließen ❺.

Beispiel

Der Maschinenbestand erscheint in der Bilanz mit 90.000 €. Der Kassenbestand von 10.000 € resultiert aus 10.000 € verdienten Abschreibungen. Die eingegangenen Zahlungen für die kalkulierten Materialkosten und Personalkosten müssen kurzfristig wieder ausgegeben werden. Der Abschreibungsgegenwert steht aber längere Zeit zur Verfügung, da die Abschreibungen im Vergleich zu den Materialkosten und Personalkosten keine Auszahlungen nach sich ziehen. Da die Abschreibungen als Aufwand im GuV-Konto verbucht wurden, mindern sie den Gewinn. Die über die Umsatzerlöse als liquide Mittel zugeflossenen Abschreibungen können somit auch nicht ausgeschüttet werden und stehen dem Unternehmen für neue Investitionen zur Verfügung.

Bei der **Bildung von Rückstellungen** ergeben sich grundsätzlich dieselben **Finanzierungseffekte** wie bei den Abschreibungen, sodass in diesem Zusammenhang darauf verwiesen werden kann.

3.1.2 Kapazitätserweiterungseffekt

Solange die über die Umsatzerlöse wieder zugeflossenen Abschreibungsbeträge im Betrieb bleiben und nicht für Ersatzinvestitionen benötigt werden, erhöhen sie den Bestand an liquiden Mitteln. Wenn der Betrieb die **Abschreibungsbeträge fortlaufend für Investitionszwecke** ausgibt, kann unter bestimmten Voraussetzungen ohne zusätzliche Finanzierungsmittel der Anlagenbestand vergrößert werden. In diesem Fall kommt zum Kapitalfreisetzungseffekt ein **Kapazitätserweiterungseffekt**.

Beispiel

Ein Betrieb erwirbt 10 Maschinen.

Anschaffungskosten je Maschine	5.000 €
Nutzungsdauer je Maschine	5 Jahre
Abschreibungsmethode	linear
Abschreibungssatz in %	20
Abschreibungsbetrag	1.000 €

Die verdienten Abschreibungsbeträge werden fortlaufend reinvestiert. Die folgende Tabelle zeigt die Kapazitätserweiterung bei konstantem Kapitaleinsatz:

Jahr	Maschinenzahl			Summe der verdienten Jahresabschreibung	Buchwert der Maschinen	Kapitalfreisetzung		
	Zugänge Kapazitätserweiterung	Abgänge	Bestand			Reinvestitionen	Freies Kapital nach Reinvestition (liquider Abschreibungsrestbetrag)	Buchwert + Reinvestition + freies Kapital
1	10	0	10	10.000	40.000	10.000	0	50.000
2	2	0	12	12.000	38.000	10.000	2.000	50.000
3	2	0	14	14.000	34.000	15.000	1.000	50.000
4	3	0	17	17.000	32.000	15.000	3.000	50.000
5	3	0	20	20.000	27.000	20.000	3.000	50.000

Die Maschinenzahl hat sich bis zum fünften Jahr durch die Reinvestitionen verdoppelt. Im sechsten Jahr sind alle im ersten Jahr angeschafften Maschinen abgeschrieben. Ab dem achten Jahr hat sich der Maschinenbestand konstant auf 16 Maschinen eingependelt. Bei einem Abschreibungssatz von 20 % und einem Kapazitätserweiterungseffekt von 10 auf 16 Maschinen beträgt der Erweiterungskoeffizient 1,6.

Jahr	Maschinenzahl			Summe der verdienten Jahresabschreibung	Buchwert der Maschinen	Kapitalfreisetzung		
	Zugänge Kapazitätserweiterung	Abgänge	Bestand			Reinvestitionen	Freies Kapital nach Reinvestition (liquider Abschreibungsrestbetrag)	Buchwert + Reinvestition + freies Kapital
6	4	10	14	14.000	33.000	15.000	2.000	50.000
7	3	2	15	15.000	33.000	15.000	2.000	50.000
8	3	2	16	16.000	32.000	15.000	3.000	50.000
9	3	3	16	16.000	31.000	15.000	4.000	50.000
10	3	3	16	16.000	30.000	20.000	0	50.000
11	4	4	16	16.000	34.000	15.000	1.000	50.000
12	3	3	16	16.000	33.000	15.000	2.000	50.000

Dem Betrieb fließen bis zum Zeitpunkt der **Ersatzinvestitionen** ständig finanzielle Mittel zu. Es wäre daher unwirtschaftlich diese finanziellen Mittel so lange auf einem Sonderkonto anzusammeln, bis die alten Maschinen ersetzt werden müssen. Wie eben gezeigt, ist es sinnvoll und wirtschaftlich die verdienten Abschreibungsbeträge sofort für Neuinvestitionen auszugeben.

Bei dem geschilderten Kapazitätsausweitungseffekt handelt es sich um ein **theoretisches Konzept**. In dem oben dargestellten Finanzplan tritt der geschilderte Erweiterungseffekt nur unter folgenden Voraussetzungen ein:

- Preissteigerungen bleiben unberücksichtigt, d. h. die Wiederbeschaffungskosten der Maschinen bleiben unverändert.
- Die verdienten Abschreibungsbeträge müssen sofort und kontinuierlich für gleichartige Ersatzinvestitionen ausgegeben werden.
- Die Maschinen können die geplante Nutzungsdauer eingesetzt werden und müssen nicht z. B. aufgrund technischen Fortschritts früher ersetzt werden.
- Zusätzlich benötigtes Personal und notwendige Produktionshallen können beschafft und finanziert werden.
- Die zusätzlichen produzierten Güter können am Absatzmarkt veräußert werden.

Aufgaben 315 - 316 > Seite 451 - 452

3.2 Finanzierung durch Kapitalfreisetzung

Bei der **Kapitalfreisetzung** handelt es sich um den Fall, dass nicht mehr im Unternehmen benötigte Vermögensgegenstände veräußert werden und zu einem Kapitalzufluss führen, der für den betrieblichen Leistungserstellungsprozess genutzt werden kann. Bei dieser **Vermögensumschichtung** (Aktivtausch), wird „totes" Kapital, das in einem ungenutzten Vermögensgegenstand gebunden ist, in liquide Mittel umgewandelt, um dann dem Unternehmen wieder zur Verfügung zu stehen.

Beispiel

Eine nicht mehr genutzte Produktionsanlage wird veräußert und daraus ein Verkaufserlös von 20.000 € erzielt.

3.3 Offene Selbstfinanzierung

Bei der **offenen Selbstfinanzierung** erfolgt eine Eigenkapitalerhöhung aus zurückbehaltenen (nicht ausgeschütteten) Gewinnen (Gewinnthesaurierung; thesaurieren = gr.-lat. für Geld oder Edelmetall horten). Selbstfinanzierung ist somit Finanzierung aus eigener Kraft. Wir sprechen von offener Selbstfinanzierung, da die erzielten Gewinne offen in der Bilanz ausgewiesen werden.

Bei der **Aktiengesellschaft** werden die thesaurierten Anteile des Jahresüberschusses im Eigenkapital als Gewinnrücklagen (gesetzliche Rücklagen, Rücklage für eigene Anteile, satzungsmäßige Rücklagen, andere Rücklagen) ausgewiesen.[1] Bei **Personengesellschaften** wird der nicht ausgeschüttete Gewinn den Eigenkapitalkonten der Vollhafter zugeschrieben.

Beispiel

An einer OHG sind Gesellschafter A am 01.01. mit 180.000 € und Gesellschafter B mit 120.000 € beteiligt. Der Gewinn in Höhe von 120.000 € ist nach handelsrechtlichen Bestimmungen zu verteilen. Die Privatentnahmen des Gesellschafters A betragen im laufenden Jahr 20.000 €, die Privatentnahmen von B 12.000 €. Es wurden abweichend von § 122 Abs. 1 HGB vertraglich Privatentnahmen bis zu 20 % vereinbart.

---

[1] Siehe hierzu Lernabschnitt 6.11.6.b).

Gewinnverteilung ohne Verzinsung der Kapitalbewegungen in Euro:

Gesell-schafter	Kapital am 01.01.	4 % Ver-zinsung	Rest-gewinn	Gesamt-gewinn	Privatent-nahmen	Kapital am 31.12.
A	180.000	7.200	54.000	61.200	20.000	221.200
B	120.000	4.800	54.000	58.800	12.000	166.800
Summen	300.000	12.000	108.000	120.000	32.000	388.000

Die Gewinnanteile des Kommanditisten einer KG werden nur so lange seinem Eigenkapitalkonto gutgeschrieben, bis der Kapitalanteil voll eingebracht ist. Ist der Kapitalanteil voll eingebracht, werden die Gewinnanteile nicht mehr dem Eigenkapitalkonto gutgeschrieben, sondern auf das Verbindlichkeitskonto „Gewinnanteil Kommanditist" oder „sonstige Verbindlichkeit" gebucht, da Kommanditisten nur mit ihrer Kapitaleinlage haften. Der Kommanditist trägt somit nicht zur Selbstfinanzierung bei, da sein Gewinnanteil kein Eigenkapital, sondern Schulden für die KG darstellt.

3.4 Stille Selbstfinanzierung

Stille (versteckte) Selbstfinanzierung ist nicht direkt aus der Bilanz ersichtlich. Stille Selbstfinanzierung entsteht durch **Bildung stiller Reserven** aus der **Überbewertung von Passivposten** oder **Unterbewertung von Aktivposten**.

Beispiel

Stille Reserven können in dem Aktivposten „Sachanlagen" stecken. Betragen die Anschaffungskosten einer Produktionsanlage zu Jahresbeginn 500.000 € (maximaler Bewertungsansatz), die degressiv mit einem Satz von 20 % abgeschrieben wird, so ergibt sich am Jahresende ein Buchwert von 400.000 €. Liegt der Verkehrswert am Jahresende bei 450.000 €, so sind stille Reserven in Höhe von 50.000 € entstanden.

Auf der Passivseite könnten in den Rückstellungen stille Reserven stecken, wenn aus übertriebener Vorsicht überhöhte Rückstellungen gebildet wurden (z. B. bei Rückstellungen für ungewisse Verbindlichkeiten in einem Schadensprozess). In beiden Fällen ist das Eigenkapital um die stillen Reserven in der Bilanz zu niedrig ausgewiesen.

Es kommt zur Auflösung der stillen Reserven,
- wenn die unterbewerteten Produktionsanlagen verkauft werden oder
- wenn die tatsächlich gezahlten Schadensersatzansprüche geringer sind als die gebildeten Rückstellungen für die Zahlung.

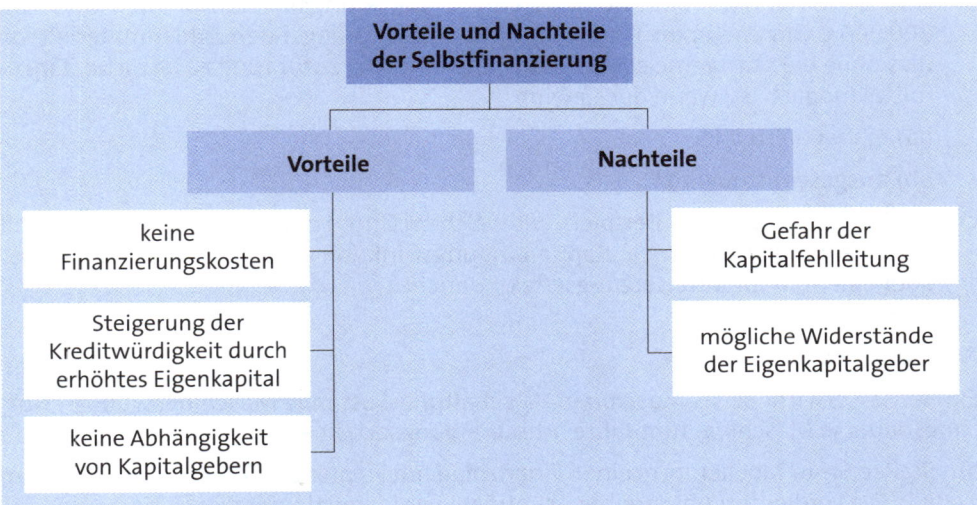

Aufgabe 317 > Seite 452

3.5 Übungsaufgaben
Aufgabe 315:
Ein Unternehmen, das mit der Herstellung von Solaranlagen beschäftigt ist, weist die folgende zusammengefasste GuV aus:

GuV in Euro			
Personalaufwand	2.400.000	Umsatzerlöse	9.200.000
Abschreibungen	2.100.000		
Materialaufwand	2.600.000		
Zinsen	600.000		
Sonstige Aufwendungen	400.000		
Gewinn	1.100.000		
	9.200.000		9.200.000

a) Die Zahlungsbedingungen des Unternehmens lassen ausschließlich Barzahlung zu. Ein Verkauf der Solaranlagen führt demnach unmittelbar zu einer Erhöhung der flüssigen Mittel des Unternehmens. Welcher Betrag an flüssigen Mitteln war erforderlich, um die Aufwendungen des laufenden Geschäftsjahres zu begleichen, wenn die Solarfabrik grundsätzlich bar bezahlt?

b) Das Unternehmen beabsichtigt, eine Erweiterungsinvestition in Höhe von 800.000 € vorzunehmen. Prüfen Sie anhand des vorliegenden Zahlenmaterials, ob dies ohne die Aufnahme eines Kredits und ohne die Zuführung zusätzlicher Eigenmittel möglich ist, wenn der Gewinn

   ba) einbehalten oder

   bb) ausgeschüttet wird?

c) Erklären Sie anhand des Beispiels, aus welchem Grund man im Zusammenhang mit Abschreibungen von einer „Kapitalbindungsfunktion oder Ausschüttungssperre" oder einem „Kapitalfreisetzungseffekt" spricht.

Aufgabe 316:

Ein Betrieb erwirbt sechs Maschinen. Anschaffungskosten je Maschine: 3.000 €; Nutzungsdauer je Maschine: fünf Jahre; Abschreibungsart: linear.

a) Stellen Sie in Tabellenform einen Finanzplan mit Finanzierung aus Abschreibungen dar. Die verdienten Abschreibungsbeträge werden fortlaufend investiert.

b) Errechnen Sie den Erweiterungskoeffizienten.

Aufgabe 317:

An einer KG sind der Komplementär A mit 220.000 € und der Kommanditist B mit 60.000 € beteiligt. Der Jahresgewinn lt. GuV-Rechnung in Höhe von 90.000 € soll nach handelsrechtlichen Bestimmungen verteilt werden (Hinweis: Rest im Verhältnis 3:1). Die Privatentnahmen des Komplementärs betrugen während des Jahres 18.000 €. Es wird unterstellt, dass der Kommanditist seine Kapitaleinlage voll eingebracht hat. Wie hoch ist die offene Selbstfinanzierung?

4. Insolvenz

Unter dem Begriff **Insolvenz** versteht man ganz allgemein die Zahlungsunfähigkeit von Unternehmen oder Verbrauchern. Der Begriff kommt aus dem Lateinischen: insolvens, „nicht-lösend", hier im Sinne von: „die Schulden nicht einlösen können". Aus Sicht des Gläubigers besteht zunächst noch die Ungewissheit, ob der Schuldner lediglich zahlungsunwillig ist oder ob es sich um eine temporäre oder tatsächliche Zahlungsunfähigkeit handelt. In beiden Fällen trägt er das Risiko, dass seine Forderungen gegen den Schuldner von diesem nicht mehr erfüllt werden. Zur Durchsetzung seiner Forderungen stehen dem Gläubiger zwei Möglichkeiten zur Verfügung:

- Einzelzwangsvollstreckung im Rahmen des gerichtlichen Mahnverfahrens zur Beschaffung eines vollstreckbaren Titels zur Befriedigung seiner Einzelansprüche[1],
- Gesamtzwangsvollstreckung im Rahmen des Insolvenzverfahrens zur geordneten Befriedigung und Gleichbehandlung aller Gläubiger.

In der aktuellen globalisierten Marktsituation, in der Unternehmen zunehmend grenzüberschreitend tätig sind, gewinnen auch grenzüberschreitende Insolvenzen zunehmend an Bedeutung. In diesem Zusammenhang regelt die Europäische Insolvenzordnung grenzüberschreitende Insolvenzen innerhalb der Europäischen Union. Wird beispielsweise in einem Mitgliedstaat der EU ein Insolvenzverfahren eröffnet, an dem Gläubiger anderer[2] Mitgliedstaaten beteiligt sind, werden diese durch das zuständige Gericht oder den bestellten Verwalter unverzüglich informiert.

Die Vorschriften zum nationalen Insolvenzrecht finden sich insbesondere in der Insolvenzordnung (InsO). Danach gibt es drei Gründe für die Eröffnung des Insolvenzverfahrens.

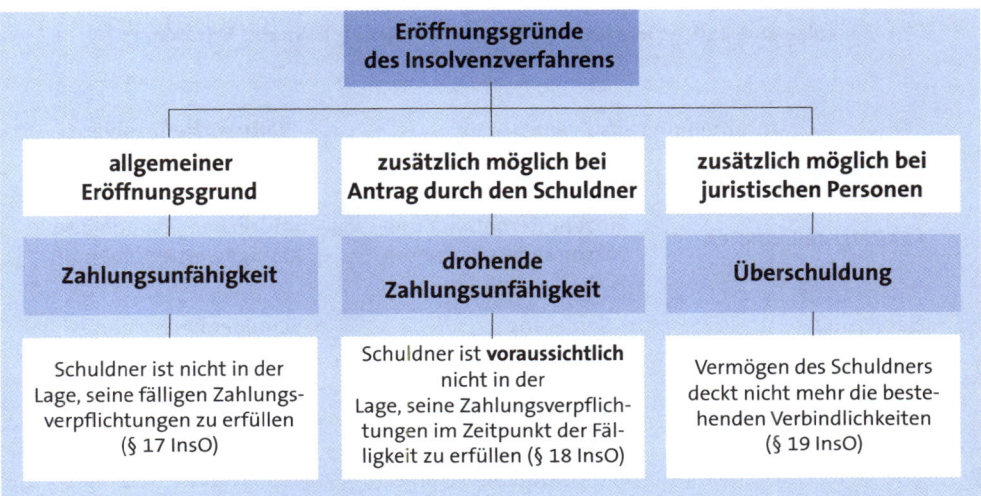

---

[1] Zum Mahnverfahren vergleiche Lernabschnitt A.5.
[2] Siehe Abbildung „Eröffnungsgründe des Insolvenzverfahrens".

D. Investition und Finanzierung | 4. Insolvenz

Neben der eingetretenen Zahlungsunfähigkeit ist nach der Insolvenzordnung auch bereits die **drohende Zahlungsunfähigkeit** ein möglicher Insolvenzgrund. Damit soll gewährleistet werden, dass bereits frühzeitig die Möglichkeit zur Eröffnung des Insolvenzverfahrens besteht, solange noch Vermögen vorhanden ist. Um zu vermeiden, dass die Gläubiger durch die Drohung mit dem Eröffnungsantrag den Schuldner unter Druck setzen können, kann der Antrag auf Insolvenzeröffnung aufgrund drohender Zahlungsunfähigkeit nur durch den Schuldner erfolgen.

Hintergrund dieser Regelung sind die unterschiedlichen Möglichkeiten zur Befriedigung der Gläubiger. Vorrangiges Ziel ist die **Sanierung** überlebensfähiger Unternehmen, um durch eine Neustrukturierung das Unternehmen zu erhalten und die Verbindlichkeiten gegenüber den Gläubigern aus den zukünftigen Erträgen zurückzuführen.[1]

Als nachgeordnete Alternative kann die **Liquidation des Unternehmens** erfolgen, um durch Verkauf des gesamten Unternehmens oder der einzelnen Vermögensgegenstände Erlöse zu erzielen, aus denen die Forderungen der Gläubiger zurückbezahlt werden können. Ist das Vermögen jedoch bereits zu großen Teilen aufgezehrt, werden die Gläubiger nur noch einen Teil ihrer Forderungen erzielen können.

Ziel des Insolvenzverfahrens ist die **Rückführung der Verbindlichkeiten der Gläubiger** unter grundsätzlicher Gleichbehandlung aller Gläubigergruppen und Schaffung der Möglichkeit eines wirtschaftlichen Neuanfangs für den Schuldner durch die **Restschuldbefreiung**. Fortführung und Sanierung haben dabei Vorrang vor der Liquidierung, sofern es eine Aussicht auf Erfolg gibt.

In Abhängigkeit von der **Rechtsform des Schuldners** unterscheidet sich der Ablauf des Insolvenzverfahrens.

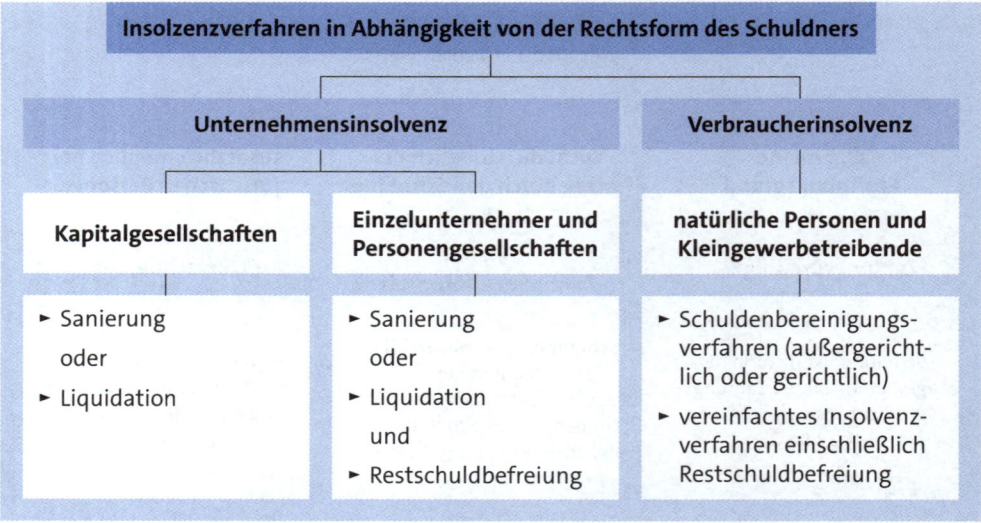

---

[1] Dies hat der Gesetzgeber mit dem „Gesetz zur weiteren Erleichterung der Sanierung von Unternehmen" (ESUG), verkündet im Bundesgesetzblatt mit Datum vom 13.12.2011, erneut verdeutlicht.

4.1 Unternehmensinsolvenz

Die wichtigsten Schritte im Zusammenhang mit der Unternehmensinsolvenz zeigt die folgende Grafik.

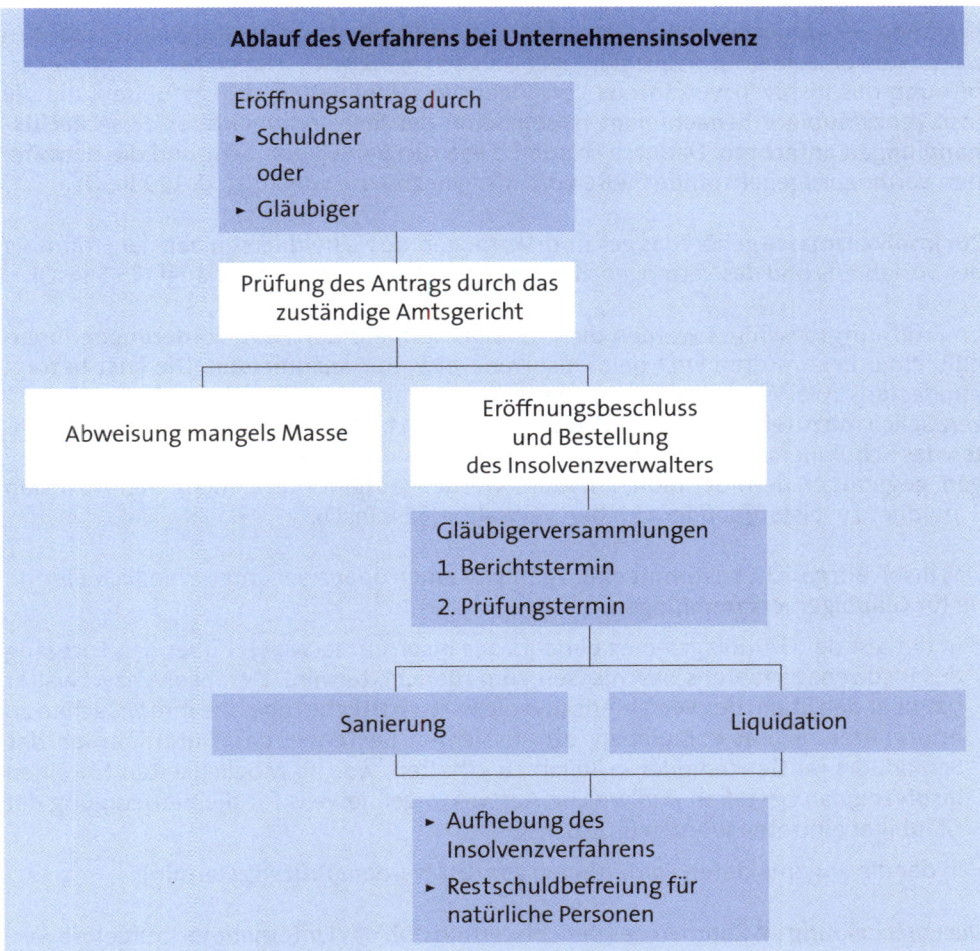

Für das Insolvenzverfahren ist das **Amtsgericht**, in dessen Bezirk ein Landgericht seinen Sitz hat, zuständig (§ 2 InsO). Den **Eröffnungsantrag** kann der Schuldner oder ein Gläubiger stellen. Das **Gericht prüft** daraufhin, ob ein **Eröffnungsgrund** vorliegt und ob bei Antrag eines Gläubigers ein nachgewiesenes Interesse zur Eröffnung des Insolvenzverfahrens nachgewiesen wurde. Weiterhin wird überprüft, ob das Vermögen des Schuldners voraussichtlich ausreichen wird, um die Kosten des Verfahrens zu decken. Ist dies nicht der Fall, wird der Antrag auf Eröffnung des Insolvenzverfahrens **mangels Masse abgewiesen**.

Sind alle Voraussetzungen erfüllt, kommt es zur **Eröffnung des Insolvenzverfahrens**. Durch die Eröffnung des Insolvenzverfahrens geht das Recht des Schuldners, das zur Insolvenzmasse gehörende Vermögen zu verwalten und über es zu verfügen, auf den vom Gericht bestellten **Insolvenzverwalter** über (§ 80 InsO).

Während der Dauer des Insolvenzverfahrens sind keine Einzelzwangsvollstreckungen zugunsten einzelner Insolvenzgläubiger möglich (§ 89 InsO). Haben bereits vor der Eröffnung des Insolvenzverfahrens Vermögensverschiebungen stattgefunden, die die Insolvenzgläubiger benachteiligt haben, kann der Insolvenzverwalter diese **Rechtshandlungen anfechten**. Dadurch werden diese rückgängig gemacht und die betroffenen Vermögensgegenstände fließen der Insolvenzmasse wieder zu (§ 129 InsO).

Zur **Insolvenzmasse** gehört das gesamte Vermögen, des Schuldners zurzeit der Eröffnung des Verfahrens und das Vermögen, das er während des Verfahrens erlangt (§ 35 InsO).

Im Eröffnungsbeschluss werden die Gläubiger aufgefordert, ihre **Forderungen** innerhalb einer bestimmten Frist beim Insolvenzverwalter **anzumelden**. Die Frist beträgt mindestens zwei Wochen und höchstens drei Monate. Daneben ist dem Verwalter unverzüglich mitzuteilen, welche **Sicherungsrechte** an beweglichen Sachen oder an Rechten des Schuldners die Gläubiger in Anspruch nehmen. Die Personen, die Verpflichtungen gegenüber dem Schuldner haben, werden aufgefordert, nicht mehr an den Schuldner zu leisten, sondern an den Verwalter (§ 28 InsO).

Das Insolvenzgericht bestimmt einen gemeinsamen oder zwei unterschiedliche Termine für **Gläubigerversammlungen**,

- in der auf der Grundlage eines Berichts des Insolvenzverwalters über den Fortgang des Insolvenzverfahrens beschlossen wird (**Berichtstermin**). Der Insolvenzverwalter hat über den Stand des Verfahrens und die wirtschaftliche Lage und ihre Ursachen zu informieren. Er hat darzulegen, ob Aussichten bestehen, das Unternehmen des Schuldners im Ganzen oder in Teilen zu erhalten, welche Möglichkeiten für einen **Insolvenzplan** bestehen und welche Auswirkungen jeweils für die Befriedigung der Gläubiger eintreten würden (§ 156 InsO).

- in der die angemeldeten Forderungen geprüft werden (**Prüfungstermin**).

Die Entscheidung im Rahmen des Berichtstermins, ob das Unternehmen aufgelöst werden soll (**Liquidation**) oder ganz oder in Teilen weitergeführt werden kann (**Sanierung** über einen Insolvenzplan) trifft die Gläubigerversammlung.

Kommt es zur **Liquidation**, so hat der Insolvenzverwalter unverzüglich das zur Insolvenzmasse gehörende Vermögen zu verwerten (§ 159 InsO). Die Insolvenzmasse dient zur Befriedigung der persönlichen Gläubiger, die einen zur Zeit der Eröffnung des Insolvenzverfahrens begründeten Vermögensanspruch gegen den Schuldner haben (**Insolvenzgläubiger**). Vorab sind alle diejenigen zu befriedigen, die keine Insolvenzgläubiger im Sinne der Insolvenzordnung sind:

- **Aussonderungsberechtigte**, die aufgrund eines dinglichen oder persönlichen Rechts geltend machen können, dass ein Gegenstand nicht zur Insolvenzmasse gehört (§ 47 InsO). Dazu gehören z. B. Gläubiger mit einfachem Eigentumsvorbehalt.

- **Absonderungsberechtigte**, denen ein Recht aufgrund von
  - Grundpfandrechten (§ 49 InsO)
  - Pfandrechten an beweglichem Vermögen (§ 50 InsO)
  - Sicherungsübereignungen und Sicherungsabtretungen (§ 51 InsO) zusteht.
- **Massegläubiger**, die Forderungen aus Kosten des Insolvenzverfahrens und sonstigen Masseverbindlichkeiten haben, wie Kosten des Insolvenzverwalters und Löhne und Gehälter nach Eröffnung des Insolvenzverfahrens (§ 53 InsO).

Der **Insolvenzplan** bietet die Möglichkeit einer von der gesetzlichen Regelabwicklung der Liquidation abweichenden Abwicklung. Grundlage ist eine einvernehmliche Regelung zwischen den Gläubigern, bei der insbesondere die **Sanierung** und Weiterführung des gesamten Unternehmens oder von Teilen des Unternehmens ermöglicht werden kann.

4.2 Verbraucherinsolvenz

Das **Verbraucherinsolvenzverfahren** ist speziell auf Verbraucher und Kleingewerbetreibende ausgerichtet. Um eine übermäßige Belastung der Gerichte zu verhindern, sieht das Verfahren zwingend den Versuch vor, in einem ersten Schritt eine außergerichtliche Schuldenbereinigung zu erreichen.

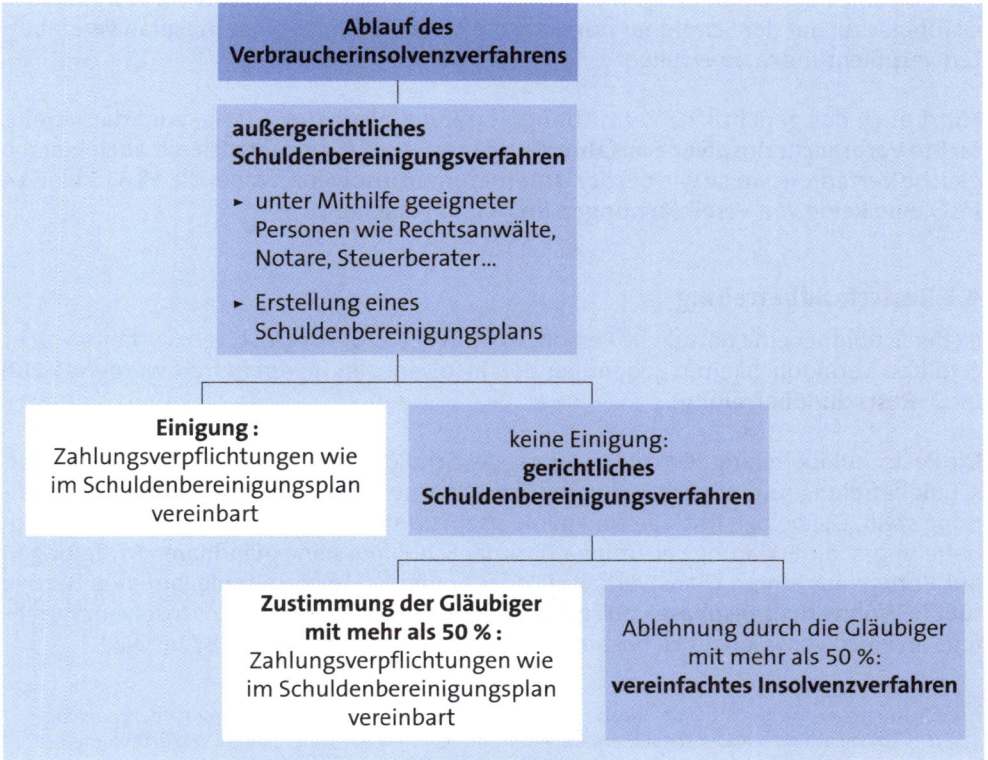

Bei der **außergerichtlichen Schuldenbereinigung** versucht der Schuldner

- unter Mithilfe einer fachlich geeigneten Person, wie Rechtsanwalt, Notar oder Steuerberater
- durch Aufstellung eines Schuldenbereinigungsplans

eine Einigung mit allen Gläubigern zu finden. Dabei geht es darum, auf welchen Teil ihrer Forderungen die Gläubiger verzichten würden und wie die restlichen Verbindlichkeiten zurückgeführt werden könnten, um ein gerichtliches Insolvenzverfahren mit all seinen Kosten und zeitlichen Verzögerungen zu vermeiden. Bei Zustimmung der Gläubiger hat der Schuldner nur noch die im Schuldenbereinigungsplan vereinbarten Verpflichtungen zu erfüllen.

Stimmen nicht alle Gläubiger zu, wobei bei einer fehlenden Stellungnahme von einer Ablehnung ausgegangen wird, kommt es im zweiten Schritt zum Antrag auf **Eröffnung des Verbraucherinsolvenzverfahrens**.

Zunächst wird das Insolvenzgericht im Rahmen einer **gerichtlichen Schuldenbereinigung** versuchen, eine Einigung zwischen Schuldner und Gläubigern herbeizuführen, sofern nicht von vorne herein abzusehen ist, dass eine Einigung nicht zu erwarten ist. Nach Übersendung des Schuldenbereinigungsplans einschließlich Vermögens-, Gläubiger- und Forderungsverzeichnis sind die Gläubiger nun gezwungen, Stellung zu nehmen, da eine ausbleibende Reaktion jetzt als Zustimmung gewertet wird. Stimmen alle Gläubiger zu, hat der Schuldner nur noch die im Schuldenbereinigungsplan vereinbarten Verpflichtungen zu erfüllen.

Führt auch das gerichtliche Vermittlungsverfahren nicht zum Erfolg, wird das **vereinfachte Verbraucherinsolvenzverfahren** aufgenommen. Grundsätzlich gilt auch hier die gleiche Verfahrensweise wie bei der Unternehmensinsolvenz, wobei die §§ 312 bis 314 InsO eine Reihe von Vereinfachungen im Ablauf vorsehen.

4.3 Restschuldbefreiung

Ist der Schuldner eine natürliche Person, so kann er von den im Insolvenzverfahren nicht erfüllten Verbindlichkeiten gegenüber den Insolvenzgläubigern befreit werden (§ 286 InsO: **Restschuldbefreiung**).

Die Restschuldbefreiung setzt einen **Antrag des Schuldners** voraus. Außerdem ist die Restschuldbefreiung nur möglich, wenn der Schuldner selbst den Antrag auf Insolvenzeröffnung stellt. Die beiden Anträge sind gemeinsam zu stellen. Dem Antrag auf Restschuldbefreiung ist die Erklärung beizufügen, dass der Schuldner seine **pfändbaren Forderungen** auf Bezüge aus einem Dienstverhältnis oder an deren Stelle tretende laufende Bezüge **für die Wohlverhaltensphase von sechs Jahren** nach der Eröffnung des Insolvenzverfahrens an einen vom Gericht zu bestimmenden Treuhänder abtritt (§ 287 InsO).[1]

---

[1] Im Rahmen der zweiten Stufe der Insolvenzrechtsreform zur Neuregelung des Verbraucherinsolvenzrechts soll die Dauer des Restschuldbefreiungsverfahrens von sechs auf drei Jahre verkürzt werden, wenn es dem Schuldner innerhalb dieser drei Jahre gelingt, 25 % der ausstehenden Gläubigerforderungen zu begleichen.

Das Insolvenzgericht kann die **Zulassung der Restschuldbefreiung** versagen, wenn dies einer der Insolvenzgläubiger am Schlusstermin (letzte Gläubigerversammlung nach der Verteilung der Erlöse aus der Verwertung der Insolvenzmasse) beantragt und einer der **Versagungsgründe** gemäß § 290 InsO vorliegt, z. B. wenn der Schuldner

- wegen einer Straftat rechtskräftig verurteilt worden ist
- im letzten Jahr vor dem Antrag auf Eröffnung des Insolvenzverfahrens oder nach diesem Antrag vorsätzlich oder grob fahrlässig die Befriedigung der Insolvenzgläubiger dadurch beeinträchtigt hat, dass er unangemessene Verbindlichkeiten begründet oder Vermögen verschwendet oder ohne Aussicht auf eine Besserung seiner wirtschaftlichen Lage die Eröffnung des Insolvenzverfahrens verzögert hat oder
- während des Insolvenzverfahrens Auskunfts- oder Mitwirkungspflichten vorsätzlich oder grob fahrlässig verletzt hat.

Sofern das Insolvenzgericht die Zulassung zur Restschuldbefreiung erteilt hat, kann der Schuldner nach Ablauf der Wohlverhaltensphase von den verbleibenden Verbindlichkeiten befreit werden, wenn nicht eine der ihm auferlegten **Obliegenheiten des § 295 InsO** im Verlauf der 6 Jahre verletzt wurden oder keine anderen Versagungsgründe (§§ 297 und 298 InsO) vorliegen. Beispielsweise hat der Schuldner während der Wohlverhaltensphase

- eine angemessene Erwerbstätigkeit auszuüben und, wenn er ohne Beschäftigung ist, sich um eine solche zu bemühen und keine zumutbare Tätigkeit abzulehnen
- Vermögen, das er von Todes wegen oder mit Rücksicht auf ein künftiges Erbrecht erwirbt, zur Hälfte des Wertes an den Treuhänder herauszugeben
- jeden Wechsel des Wohnsitzes oder der Beschäftigungsstelle unverzüglich dem Insolvenzgericht und dem Treuhänder anzuzeigen, keine von der Abtretungserklärung erfassten Bezüge und kein Vermögen zu verheimlichen und
- Zahlungen zur Befriedigung der Insolvenzgläubiger nur an den Treuhänder zu leisten und keinem Insolvenzgläubiger einen Sondervorteil zu verschaffen.

Aufgaben 318 - 319 > Seite 459

4.4 Übungsaufgaben

Aufgabe 318:

Was versteht man unter einem insolventen Unternehmen?

Aufgabe 319:

Finden Sie Gründe dafür, warum die Höhe der Forderungen und das Alter für die Insolvenzen eine Rolle spielen.

E. Grundzüge der Wirtschaftsordnung und der Wirtschaftspolitik

1. Wirtschaftsordnungen

1.1 Grundprobleme einer Wirtschaftsordnung

Der Konflikt zwischen den **unbegrenzten Bedürfnissen des Menschen** und den **begrenzten Gütern** zur Bedürfnisbefriedigung auf dem „Raumschiff Erde" zwingt den Menschen zu planvollem Handeln. Jede Gesellschaft muss daher vier grundlegende Probleme lösen:

- Was soll produziert werden (Konsumgüter, Produktionsgüter)?
- Wie viel soll produziert werden (Stückzahl)?
- Wie soll produziert werden (Produktionsverfahren)?
- Für wen soll produziert werden (Güterverteilung an die Mitglieder der Gesellschaft)?

Im Idealfall würden Produktion und Bedarf in einer Volkswirtschaft genau übereinstimmen. Dies ist jedoch in den seltensten Fällen tatsächlich der Fall.

Beispiel

Produktion	10 Fahrräder	100 Brote	20 Messer
Bedarf	15 Fahrräder	90 Brote	20 Messer

In diesem Beispiel wurden fünf Fahrräder zu wenig produziert. Fünf Nachfrager können daher ihr „Bedürfnis nach Fahrrad" nicht befriedigen. Auf der anderen Seite sind für zehn Brote keine Nachfrager vorhanden. In beiden Fällen wurde am tatsächlichen Bedarf vorbeiproduziert.

Die Steuerung des Wirtschaftsprozesses setzt **planvolles Handeln** voraus, um Produktion und Bedarf in einer Volkswirtschaft in Übereinstimmung zu bringen. Art und Weise der Planung des Wirtschaftsprozesses sowie das Verhältnis von Staat und den einzelnen Wirtschaftssubjekten (Unternehmungen und Haushalte) sind in der jeweiligen **Wirtschaftsordnung** festgelegt.

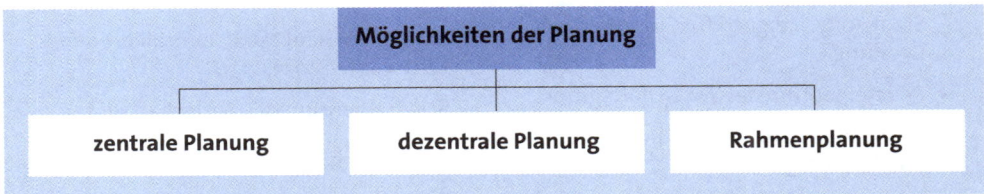

Bei der **zentralen Planung** plant eine oberste Planbehörde Ziele und Ablauf des Geschehens bis ins Detail. Die Mitglieder der Gesellschaft sind weisungsgebunden, sie haben keinerlei Planungsspielraum.

Bei der **dezentralen Planung** gibt es keine Zentrale, die in die Geschehnisse eingreift. Jedes Mitglied der Gesellschaft führt seine Planungen selbstständig und eigenverantwortlich aus.

Bei der **Rahmenplanung** setzt die zentrale Planbehörde einen groben Rahmen. Die Mitglieder der Gesellschaft führen die Detailplanung aus.

1.2 Marktwirtschaft und Zentralverwaltungswirtschaft

Die **Wirtschaftsordnung** ist Teil des Gesellschaftssystems und schließt neben der **Planung und Lenkung des Staates** auch die **Regelung der Eigentumsverhältnisse** und die **Form der Preisbildung** mit ein.

Je nachdem, ob eine zentrale Planung (der Staat plant den Wirtschaftsprozess) oder dezentrale Planung (jeder Haushalt und jeder Unternehmer plant für sich selbst) vorliegt, unterscheidet man zwei gegensätzliche, idealtypische Wirtschaftsordnungen: **Marktwirtschaft und Zentralverwaltungswirtschaft**. **Idealtypische Wirtschaftsordnungen** sind lediglich **gedachte Modelle**, die in reiner Form in der Wirtschaftswirklichkeit niemals vorkommen.

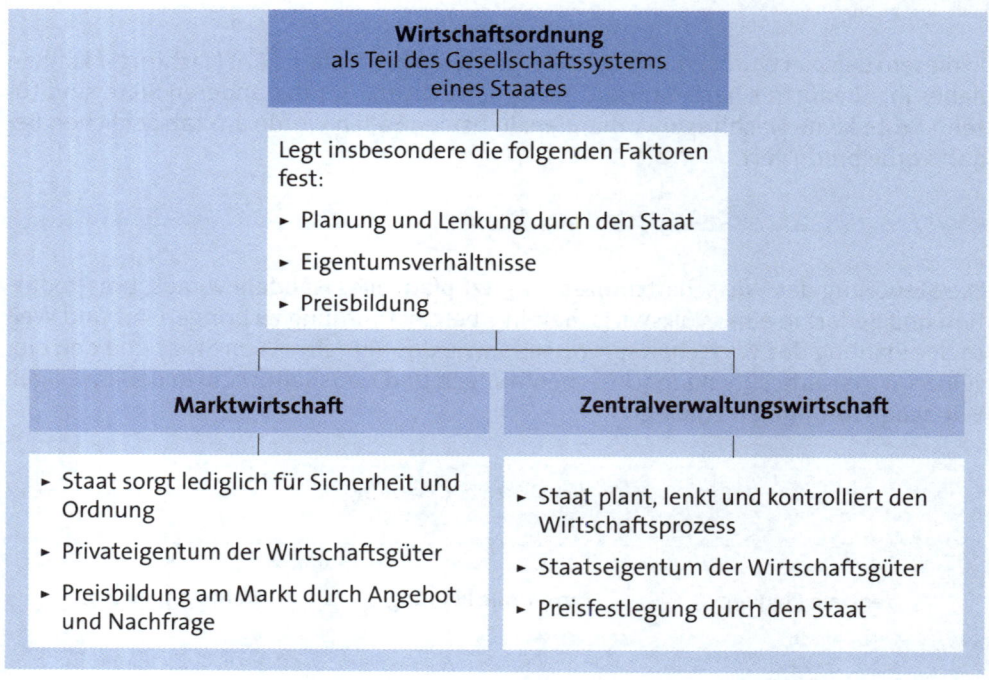

MERKE

In der **Marktwirtschaft** (auch als freie Marktwirtschaft bezeichnet) bilden sich die **Preise** im freien Zusammenspiel von **Angebot und Nachfrage**.

Einkommen und Arbeitsbedingungen werden von Arbeitgebern und Arbeitnehmern frei ausgehandelt. Alle Produktionsmittel sind in **Privateigentum**. Der Einsatz der Produktionsfaktoren vollzieht sich nach den Einzelplänen der Wirtschaftssubjekte. Der Staat hat lediglich die Aufgabe, für Sicherheit und Ordnung zu sorgen und den Schutz des Privateigentums zu garantieren, ohne in das Wirtschaftsgeschehen einzugreifen.

In der **Zentralverwaltungswirtschaft** (auch als Planwirtschaft bezeichnet) plant, lenkt und kontrolliert die oberste Planbehörde (Staat) den Wirtschaftsprozess. **Der Staat setzt Preise, Einkommen und Arbeitsbedingungen fest** und bestimmt den Einsatz der Produktionsfaktoren. Alle Produktionsmittel sind Eigentum des Staates (**Kollektiveigentum**).

Reine Marktwirtschaft und reine Zentralverwaltungswirtschaft lassen sich in der Realität nicht verwirklichen, da sie lediglich in der Wirtschaftstheorie vorkommen. Die in der Wirtschaftswirklichkeit vorkommenden Wirtschaftsordnungen (**realtypische Wirtschaftsordnungen**) sind Mischformen, die sowohl Elemente der Marktwirtschaft als auch Elemente der Zentralverwaltungswirtschaft aufweisen. Dabei spielt das Gesellschaftssystem des jeweiligen Landes auch eine wichtige Rolle bei der Entwicklung der jeweiligen Wirtschaftsordnung.

1.3 Soziale Marktwirtschaft

Die Wirtschaftsordnung der Bundesrepublik heißt **soziale Marktwirtschaft**. Sie verbindet das **Prinzip der Marktwirtschaft** (freies Spiel der Wirtschaftssubjekte) mit der **Forderung nach sozialem Ausgleich**. Ihr Koordinationsprinzip soll der **Wettbewerb** sein. Die **staatlichen Eingriffe sollen marktkonform erfolgen**, d. h. sie dürfen die freie Preisbildung auf den Märkten nicht einschränken.

Die Rolle des Staates im 19. Jahrhundert (Nichteingreifen in das Wirtschaftsgeschehen) führte zur Ausbeutung und Verelendung der Arbeiter sowie zur Konzentration in der Wirtschaft (Anhäufung von wirtschaftlicher Macht durch Großbetriebe). Die soziale Marktwirtschaft möchte die wirtschaftlichen Fehlentwicklungen des 19. Jahrhunderts vermeiden, indem der Staat am Wirtschaftsprozess soziale Korrekturen vornimmt und durch die Aufrechterhaltung des Wettbewerbs der Konzentration in der Wirtschaft entgegentritt (**Wettbewerb so viel wie möglich, Planung so viel wie nötig**).

Viele Gesetze, Erlasse und Verordnungen sichern die **Verwirklichung der wirtschafts- und sozialpolitischen Ziele:**

- soziale Gerechtigkeit und Sicherheit
- gerechte Einkommens- und Vermögensverteilung
- Mitbestimmung des Wirtschaftsgeschehens
- Chancengleichheit in Schule und Beruf
- Sicherung eines funktionsfähigen Wettbewerbs.

Aus der Fülle der **Gesetze** seien nur einige genannt:

- Sozialversicherungsgesetze
- Gesetz gegen Wettbewerbsbeschränkungen (Kartellgesetz)
- Mitbestimmungsgesetz
- Patentgesetz
- Warenzeichengesetz
- Kündigungsschutzgesetz
- Mutterschutzgesetz
- Tarifvertragsgesetz
- Ausbildungsförderungsgesetz
- Mieterschutzgesetz
- Bundeskindergeldgesetz
- Vermögensbildungsgesetz
- Gesetz gegen unlauteren Wettbewerb.

Die wichtigsten **Merkmale der sozialen Marktwirtschaft** zeigt die folgende Übersicht, auf die in den folgenden Abschnitten gesondert eingegangen werden soll.[1]

---

[1] Zu den Themenbereichen des sozialen Netzes und des Geldwertes siehe Lernabschnitte B.6 und E.2.3.

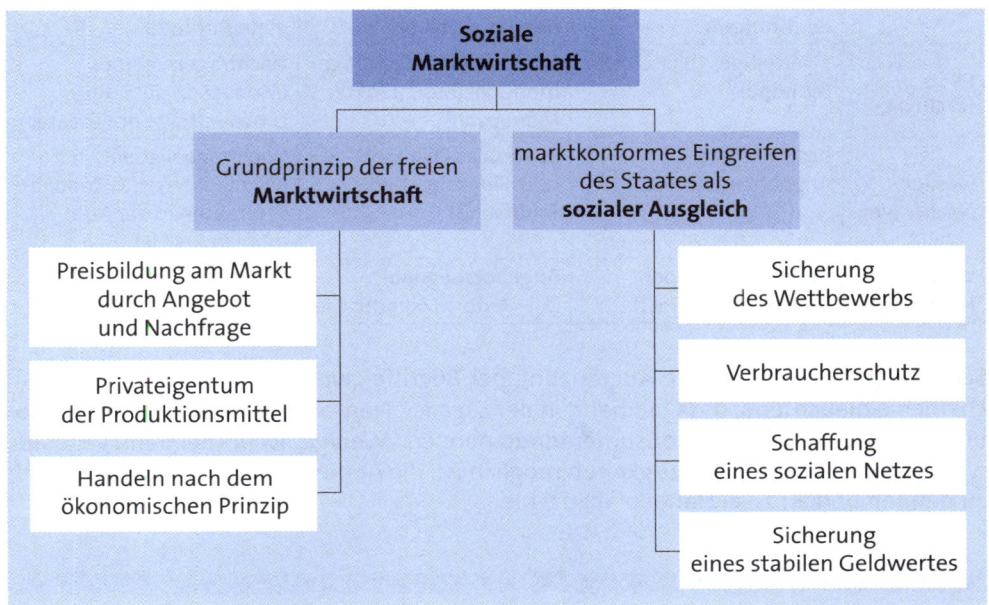

1.4 Marktformen

Anbieter und Nachfrager vertreten am Markt unterschiedliche Interessen. Die **Anbieter** wollen zu einem möglichst hohen Preis verkaufen und somit einen möglichst hohen Gewinn erzielen (**Gewinnmaximierung**). Die **Nachfrager** wollen zu einem möglichst niedrigen Preis kaufen und einen hohen Nutzen erzielen (**Nutzenmaximierung**). Ein Ausgleich der Interessen erfolgt über den Preis. Der Marktpreis ist das Ergebnis dieses Kompromisses.

Die **Anzahl der Anbieter und Nachfrager** bestimmt sowohl das Marktverhalten der Marktparteien als auch die **Preisbildung auf dem Markt**. Je nach Zahl der Anbieter und Nachfrager kann eine Einteilung der Märkte in sog. Marktformen erfolgen. Es ist hierbei nicht notwendig die Zahl der Marktteilnehmer exakt zu bestimmen. Es genügt eine Gruppierung in „einer", „wenige" und „viele".

	ein Anbieter	wenige Anbieter	viele Anbieter
ein Nachfrager	zweiseitiges (bilaterales) **Monopol**	beschränktes Nachfragemonopol (beschränktes Monopson)	**Nachfragemonopol** (Monopson) (z. B. Rüstungsaufträge des Staates)
wenige Nachfrager	beschränktes Angebotsmonopol	Bilaterales **Oligopol** (z. B. Flugzeug- und Schiffsbau)	Nachfrageoligopol (Oligoposon) (z. B. Zubehörlieferanten in der Automobilindustrie)
viele Nachfrager	**Angebotsmonopol** (z. B. Deutsche Post)	**Angebotsoligopol** (z. B. Automobilindustrie)	**Polypol** (vollständige Konkurrenz)

Schwierigkeiten bereitet die Abgrenzung der Begriffe **„wenige"** und **„viele"**. Es ist sicherlich einleuchtend, dass niemand in der Lage ist, Namen und Anzahl aller Automobilkäufer und Waschmittelkonsumenten zu nennen. „Wenige" ist immer dann gegeben, wenn es ohne große Schwierigkeiten möglich ist, die Anbieter eines Gutes namentlich zu nennen und an zwei Händen abzuzählen.

ACHTUNG

Verwechseln Sie beispielsweise nicht die Zigarettenanbieter (= Hersteller) mit den Zigarettenmarken (= Marke).

Betrachtet man den Weltmarkt für ein bestimmtes Gut, dürfte es schwer fallen, Beispiele für **Angebotsmonopole** zu finden. Beschränkt man sich jedoch auf ein geografisch kleines Gebiet, so lassen sich durchaus monopolähnliche Stellungen der Anbieter feststellen. So hatte die Deutsche Post bisher eine Monopolstellung, die jedoch in einzelnen Geschäftsbereichen nicht mehr gegeben ist. Auch das einzige Hotel und der einzige Metzger am Ort genießen durchaus eine beschränkte Monopolstellung.

Ähnliche Überlegungen wie für das Monopol sind auch für das **Polypol** anzustellen. Bezogen auf das gesamte Gebiet der Bundesrepublik ist der Blumenmarkt (Anbieter: Blumengeschäfte) als Polypol anzusehen. Bezogen auf eine kleine Stadt muss man den Blumenmarkt jedoch als Oligopol bezeichnen.

1.5 Ökonomisches Prinzip

Auf lange Sicht können private Unternehmen nur bestehen, wenn sie Gewinne erzielen. Oberstes Ziel **privater Unternehmen** ist daher das Streben nach maximalem Gewinn (**Gewinnmaximierung**). In der Regel stehen aus Sicht des Unternehmens **ökonomische Ziele** im Vordergrund.

Nach dem **ökonomischen Prinzip** lassen sich folgende unternehmerische Handlungsalternativen (Zwischenziele) ableiten:

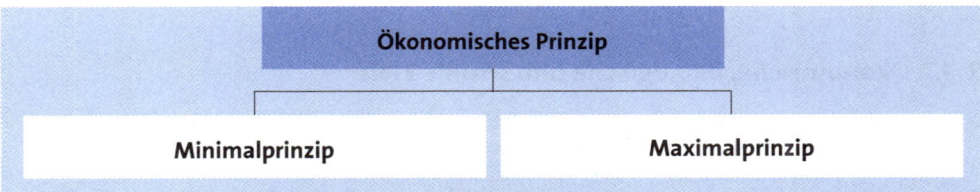

- Maximalprinzip: Mit gegebenem Mittelaufwand ein maximales Ziel erreichen.

Beispiel

Mit gegebenem Aufwand den größtmöglichen Umsatz erzielen (Umsatzmaximierung);

- Minimalprinzip: Mit minimalem Mitteleinsatz ein festgelegtes Ziel erreichen.

Beispiel

Eine bestimmte Umsatzmenge mit möglichst geringen Kosten (Kostenminimierung)

1.5.1 Ethik der Marktwirtschaft

Der Wunsch, Gewinne zu erzielen oder im Unternehmen aufzusteigen, sind wichtige Triebkräfte für die wirtschaftliche Fortentwicklung, doch bedürfen sie der Eingrenzung und Einbindung durch entsprechende **moralische und staatliche Rahmensetzung und Gegenkräfte**.

Zentrales Anliegen der Wirtschaft ist die **optimale Versorgung** der Bürger mit Gütern und Dienstleistungen. Dabei ist auch die Sicherung und Schaffung **menschengerechter Arbeitsplätze** von elementarer Bedeutung. Die beiden vorgenannten Punkte dürfen nicht **Umwelt und Natur** gefährden. Der Erhalt der Natur ist die Grundvoraussetzung für menschenwürdiges Leben in der Zukunft.

Solidarität mit den Mitmenschen, gesellschaftlichen Gruppen und Staaten ist eine Grundlage unseres Gesellschafts- und Wirtschaftssystems. Eine staatliche Rahmensetzung ist für die soziale und ökologische Marktwirtschaft unerlässlich. Gewinnerzielung auf Kosten der Umwelt und der Mitmenschen ist nicht legitim. Arbeit und Leistung sind auch als Dienst am Nächsten aufzufassen. Die im Unternehmen oder im Haushalt und Familie erbrachte Leistung kommt denen zugute, die noch nicht für sich selbst sorgen können, wie beispielsweise Kindern und alten Menschen, die nicht mehr erwerbstätig sind. Denken sollten wir aber auch an die Kranken und Behinderten, die ein Anrecht auf unsere Solidarität haben.

1.5.2 Ökonomische, ökologische und soziale Ziele

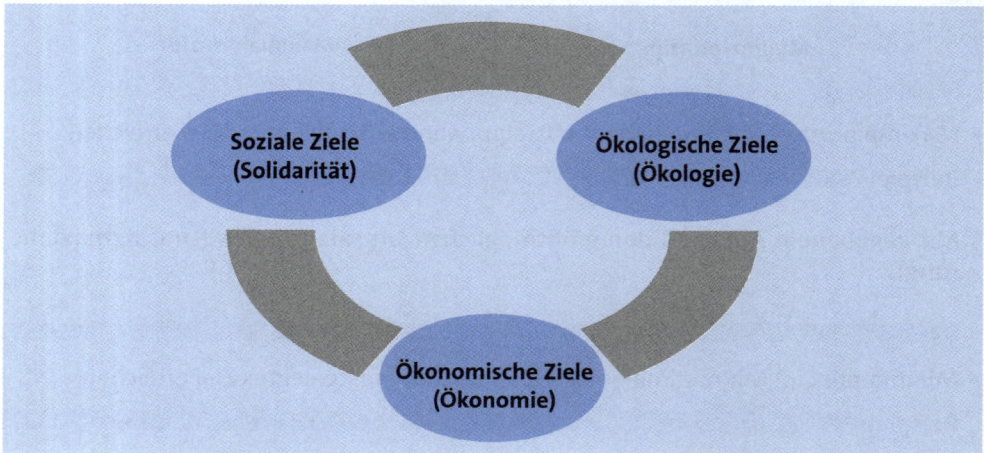

Wegen der Verantwortung für Umwelt und Mitmenschen ist die Verwirklichung **ökologischer und sozialer Ziele** als gleichrangig zu den **ökonomischen Zielen** anzustreben und anzusehen.

Da die gleichzeitige Verwirklichung aller drei Ziele unmöglich oder schwer zu erreichen ist, kann man von einem magischen Dreieck sprechen. Offensichtlich besteht zwischen den unternehmerischen Zielen Ökonomie und Ökologie sowie den sozialen Zielen ein **Zielkonflikt**.[1]

Aufgaben 320 - 323 > Seite 474 - 475

---

[1] Zum Themenbereich Zielbeziehungen siehe Lernabschnitt E.2.2.a).

1.6 Wettbewerbsschutz

1.6.1 Unternehmenskonzentration

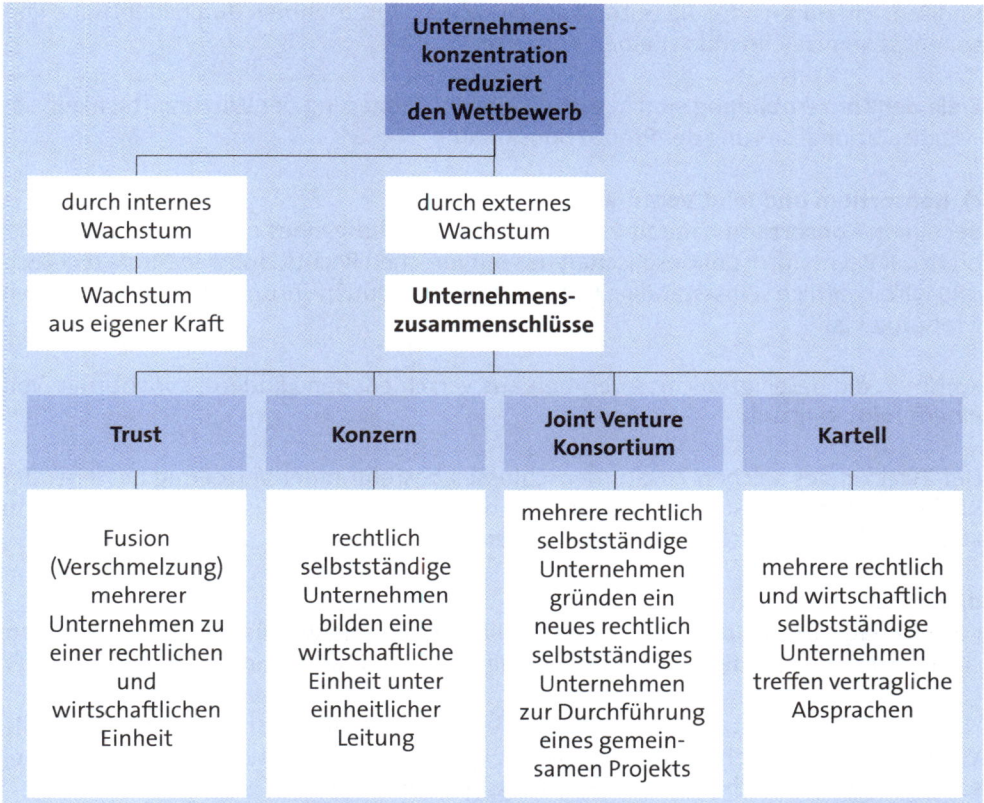

a) Fusion

Eine **Fusion (Verschmelzung)** liegt vor, wenn die rechtliche Selbstständigkeit aufgegeben wird und die bisher selbstständigen Unternehmen zu einem einheitlichen Unternehmen zusammengefasst werden. Das Aktienrecht kennt zwei Möglichkeiten der Verschmelzung: Fusion durch Aufnahme und Fusion durch Neubildung (§ 339 Abs. 1 Ziffer 1 und 2 AktG). Bei der **Fusion durch Aufnahme** überträgt eine Kapitalgesellschaft (übertragende Gesellschaft) ihr Vermögen als Ganzes auf eine AG (übernehmende Gesellschaft). Mit der Eintragung der Verschmelzung in das Handelsregister gehen das Vermögen und die Verbindlichkeiten der übertragenden Gesellschaft auf die übernehmende Gesellschaft über. Gleichzeitig erlöschen die übertragenden Gesellschaften (§ 346 Abs. 3 und 4 AktG), es bleibt eine einzige einheitliche übernehmende Gesellschaft bestehen.

b) Konzern

Bei einem **Konzern** handelt es sich um einen Unternehmenszusammenschluss zwischen mehreren rechtlich selbstständigen Unternehmen unter einheitlicher Leitung eines herrschenden Unternehmens (Holdinggesellschaft). Dabei spielen insbesondere die Verflechtungen aufgrund von Kapitalmehrheiten oder wechselseitigen Beteiligungen eine Rolle. Auch die wechselseitige personelle Verflechtung in Geschäftsleitung und Aufsichtsräten oder die Leitung der einzelnen Unternehmen durch identische Personen ist kennzeichnend für einen Konzern.

Ziele der Konzernbildung sind in erster Linie die Steigerung der Wirtschaftlichkeit, sowie die Rationalisierung der Produktionsabläufe.

c) Konsortium und Joint Venture

Bei einem **Konsortium** handelt es sich um die Gründung eines neuen Unternehmens, oft in der Rechtsform der Gesellschaft des bürgerlichen Rechts, durch mehrere rechtlich und wirtschaftlich selbstständige Unternehmen zur Durchführung eines gemeinsamen Großprojekts.

Kommen die beteiligten Unternehmen aus verschiedenen Ländern, spricht man von einem **Joint Venture**.

Der **Zweck** eines solchen Zusammenschlusses besteht in der Verteilung bestehender Risiken, der gemeinsamen Kapitalaufbringung sowie der Zusammenführung von Know-how aus unterschiedlichen Bereichen.

d) Kartell

Kartelle (lat. carta = Urkunde) sind **vertragliche Zusammenschlüsse** rechtlich und wirtschaftlich selbstständiger Unternehmen der gleichen Produktionsstufe.

Nach § 1 GWB (Gesetz gegen Wettbewerbsbeschränkungen) sind grundsätzlich alle Verträge von Unternehmen, soweit sie geeignet sind die Marktverhältnisse durch Beschränkung des Wettbewerbs zu beeinflussen, unwirksam.

Nach dem Gegenstand der vertraglichen Absprache unterscheidet man folgende **Kartellarten:**

Kartellart	Gegenstand der Vereinbarung
Konditionenkartell	Einheitliche Anwendung allgemeiner Geschäfts-, Lieferungs- und Zahlungsbedingungen, Skonti
Rabattkartell	Beschlüsse über Rabatte
Strukturkrisenkartell	Planmäßige Anpassung der Kapazität
Rationalisierungskartell	Einheitliche Anwendung von Normen und Typen
Ausfuhrkartell	Sicherung der Ausfuhr
Einfuhrkartell	Regelungen über Einfuhr
Preiskartell	Einheitliche Preisfestsetzung
Kalkulationskartell	Kalkulationsabsprachen
Quotenkartell	Absprachen über Produktions- und Absatzmengen

1.6.2 Gesetz gegen Wettbewerbsbeschränkungen

Nach dem Unternehmenszusammenschluss gibt es **keinen Wettbewerb** mehr unter den beteiligten Unternehmen. Ziel der sozialen Marktwirtschaft ist aber das Bestreben, möglichst viel Wettbewerb auf jedem Markt zu garantieren und damit möglichst viele Unternehmen zu erhalten. Das **Gesetz gegen Wettbewerbsbeschränkungen (GWB)**, auch Kartellgesetz genannt, möchte die Beeinträchtigung des Wettbewerbs verhindern, also vor Wirtschaftskonzentration schützen. Zu diesem Zweck sind im GWB zwei Institutionen verankert: das Bundeskartellamt und die Monopolkommission.

a) Bundeskartellamt

Der Schutz des Wettbewerbs ist eine zentrale Aufgabe in einer Marktwirtschaft. In Deutschland ist das **Bundeskartellamt** mit Sitz in Bonn, zusammen mit den Landeskartellbehörden, für den Schutz des Wettbewerbs zuständig. Das Bundeskartellamt ist eine selbstständige Bundesoberbehörde im Geschäftsbereich des Bundesministeriums für Wirtschaft und Technologie.

Neben dem Gesetz gegen Wettbewerbsbeschränkungen wendet das Bundeskartellamt auch das **europäische Wettbewerbsrecht** an, soweit die Europäische Kommission, als Wettbewerbsbehörde auf EU-Ebene, nicht zuständig ist. Im Rahmen ihres Zuständigkeitsbereichs hat die EU-Kommission bereits eine Vielzahl von Wettbewerbsbeschränkungen sanktioniert.

Das Bundeskartellamt verfolgt alle Wettbewerbsbeschränkungen, die sich in der Bundesrepublik Deutschland auswirken. Auf dieser Grundlage hat es insbesondere drei Aufgabenbereiche:

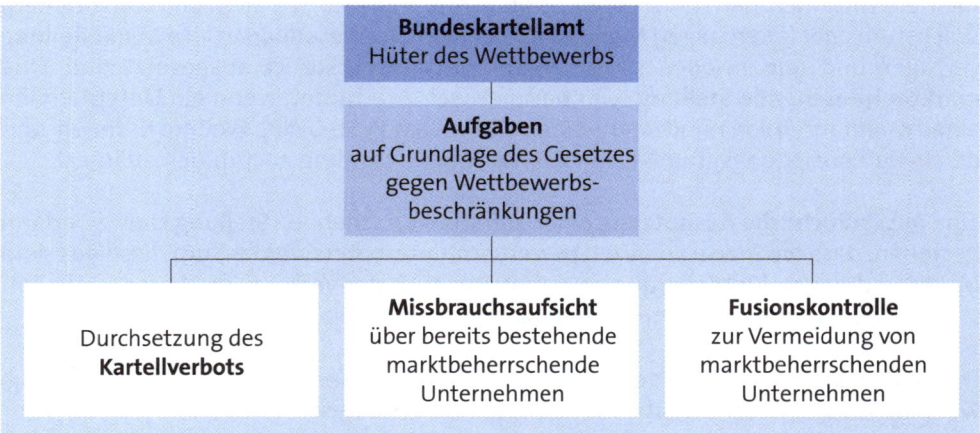

 **MERKE**

Kartelle sind Absprachen von Wettbewerbern über Preise oder Mengen, die Aufteilung von Gebieten oder Kundengruppen. Derartige wettbewerbsbeschränkende Vereinbarungen unterliegen dem allgemeinen **Kartellverbot** des § 1 GWB.

Gemäß § 1 GWB sind Vereinbarungen zwischen Unternehmen, Beschlüsse von Unternehmensvereinigungen und aufeinander abgestimmte Verhaltensweisen, die eine Verhinderung, Einschränkung oder Verfälschung des Wettbewerbs bezwecken oder bewirken (**Kartellbildung**), verboten.

Zur **Kontrolle der Kartellbildung** kann das Bundeskartellamt von den Unternehmen Auskünfte verlangen, Geschäftsunterlagen einsehen sowie nach richterlicher Anordnung Unternehmen durchsuchen und Beweismittel beschlagnahmen.

Als **Sanktionsmaßnahmen** kann das Bundeskartellamt gegen die beteiligten Unternehmen Geldbußen in Höhe von bis zu 10 % ihrer jeweiligen im vorausgegangenen Jahr erzielten Gesamtumsätze verhängen. Im Rahmen einer Bonusregelung gewährt die Behörde solchen Unternehmen, die das Amt frühzeitig über ein Kartell informieren und umfassend kooperieren, erhebliche Bußgeldreduzierungen. Diese Bonusregelung hat bereits in mehreren Fällen erheblich zur Aufdeckung eines Kartells beigetragen.

Die **missbräuchliche Ausnutzung einer marktbeherrschenden Stellung** durch ein oder mehrere Unternehmen ist verboten. Es gibt Unternehmen, die aufgrund von internem Wachstum oder (ehemaliger) Monopolrechte über eine besonders starke Marktstellung verfügen und keinem oder nur geringem Wettbewerbsdruck ausgesetzt sind. Eine **marktbeherrschende Stellung** wird beispielsweise vermutet, wenn ein Unternehmen einen Marktanteil von mindestens einem Drittel hat (§ 19 GWB). Weitere Kriterien werden in den Auslegungsgrundsätzen zur Marktbeherrschung ausführlich erläutert.

Eine **missbräuchliche Ausnutzung** einer marktbeherrschenden Stellung kann z. B. darin bestehen, dass die Preise von Wettbewerbern unterboten werden, um diese aus dem Markt zu drängen (Behinderungsmissbrauch). Auch der Verkauf von Waren unter Einstandspreis ist unter bestimmten Voraussetzungen explizit verboten.

Die **Fusionskontrolle** greift erst ab einer in § 35 GWB festgelegten Größenordnung, wenn im letzten Geschäftsjahr vor dem Zusammenschluss

- die beteiligten Unternehmen insgesamt weltweit Umsatzerlöse von mehr als 500 Mio. € und
- mindestens ein beteiligtes Unternehmen im Inland Umsatzerlöse von mehr als 25 Mio. € erzielt haben.

Kontrollpflichtige Zusammenschlüsse sind generell vor dem Vollzug beim Bundeskartellamt anzumelden (§ 39 GWB).

Eine Fusion ist vom Bundeskartellamt zu untersagen, wenn zu erwarten ist, dass sie eine marktbeherrschende Stellung begründet oder verstärkt, es sei denn, die beteiligten Unternehmen weisen nach, dass durch den Zusammenschluss auch Verbesserungen der Wettbewerbsbedingungen eintreten und dass diese Verbesserungen die Nachteile der Marktbeherrschung überwiegen (§ 36 GWB).

Der Bundesminister für Wirtschaft kann eine vom Kartellamt verbotene Fusion auf Antrag erlauben (**Ministererlaubnis**), wenn im Einzelfall die Wettbewerbsbeschränkungen von gesamtwirtschaftlichen Vorteilen des Zusammenschlusses aufgewogen werden oder der Zusammenschluss durch ein überragendes Interesse der Allgemeinheit gerechtfertigt ist. Die Erlaubnis kann mit Beschränkungen und Auflagen verbunden werden (§ 42 GWB).

b) Monopolkommission
Die **Monopolkommission** hat die Aufgabe, die Unternehmenskonzentration in der Bundesrepublik Deutschland zu beobachten und die Bundesregierung und die Öffentlichkeit zu unterrichten.

Außerdem werden die Bundesregierung und gesetzgebende Körperschaften bei Einzelentscheidungen oder Gesetzesänderungen beraten. Zu diesem Zweck erstellt die Monopolkommission alle zwei Jahre ein **Hauptgutachten** und in unregelmäßigen Abständen **Sondergutachten**, z. B. im Zusammenhang mit einer beantragten Ministererlaubnis.

Die Monopolkommission ist unabhängig und setzt sich aus fünf, auf Vorschlag der Bundesregierung vom Bundespräsidenten ernannten Mitgliedern mit besonderen volkswirtschaftlichen, betriebswirtschaftlichen, sozialpolitischen, technologischen oder wirtschaftsrechtlichen Kenntnissen und Erfahrungen zusammen.

1.6.3 Verbraucherschutz

Da der **Verbraucher** häufig gegenüber Produzenten und Anbietern im Allgemeinen **in einer schwächeren Position** ist, sind Verbraucherschutz und Verbraucherinformation bzw. -beratung notwendig um dem Verbraucher angesichts des kaum noch überschaubaren Warenangebotes Hilfestellung zu leisten und ihn vor unlauteren Geschäftsmethoden zu bewahren. Der **Verbraucherschutz** soll als Verwirklichung einer rechtspolitischen Forderung den Endverbraucher als Nachfrager von Sachgütern und Dienstleistungen schützen, seine Stellung gegenüber der Anbieterseite im Marktgeschehen verstärken und dadurch auch über die Interessenwahrung des Einzelnen hinaus zur Hebung der Lauterkeit und Fairness im Wirtschaftsleben beitragen.

Die vom Hersteller bzw. vom Verkäufer gegebenen Informationen über die angebotenen Güter und Dienstleistungen sind oftmals unzureichend. Eine der Ursachen für Verbraucherfehlverhalten sind aber gerade unzureichende Informationen. **Verbraucheror-**

ganisationen und Verbraucherinstitutionen haben es sich daher zur Aufgabe gemacht, den Verbraucher zu beraten und zu informieren, um ihn vor spontanen, unüberlegten Handlungen zu schützen.

Diese Aufgaben nehmen auf Bundesebene die Arbeitsgemeinschaft der Verbraucherverbände (AGV), auf Länderebene die Verbraucherzentralen (VZ) sowie die Stiftung Warentest (Zeitschrift „test") wahr.

Darüber hinaus bietet eine Reihe von **Einzelgesetzen** dem Verbraucherschutz.

Gesetz	Wichtige Bestimmungen
Preisangabeverordnung	▶ Die Preisangaben für den Endverbraucher sind einschließlich Umsatzsteuer anzugeben (§ 1 Abs. 1 VOPr). ▶ Waren, die sichtbar ausgestellt sind, sind durch Preisschilder oder Beschriftung der Waren auszuzeichnen.
Produkthaftungsgesetz	Der Hersteller haftet für Schäden, die der Käufer aufgrund eines Fehlers seines Produkts erleidet.
Gesetz gegen den unlauteren Wettbewerb (UWG)	Schutz gegen den unlauteren Wettbewerb unter Anbietern
Gesetz gegen Wettbewerbsbeschränkungen (GWG)	Schützt den lauteren, freien, klaren Wettbewerb unter Anbietern

Aufgabe 324 > Seite 476

1.7 Übungsaufgaben

Aufgabe 320:

Fertigen Sie nach dem untenstehenden Muster eine Übersicht an und beantworten Sie die einzelnen Fragen zur Wirtschaftsordnung!

Merkmale	Freie Marktwirtschaft	Zentralverwaltungswirtschaft
Wer plant das Wirtschaftsgeschehen?		
Wer führt den Wirtschaftsprozess durch und kontrolliert ihn?		
Wie werden die Preise ermittelt?		
Wer hat das Eigentum an den Produktionsfaktoren Boden und Kapital?		
Wie vollzieht sich die Güterverteilung?		
Wer bestimmt Lohnhöhe und Arbeitsbedingungen?		
Welche Aufgabe hat der Staat?		
Wie regulieren sich Produktion und Verteilung der Güter?		

Aufgabe 321:

Fertigen Sie die abgebildete Übersicht an und bestimmen Sie die Ihrer Meinung nach vorliegende Marktform!

Anbieter	Nachfrager	Marktform
Mineralölgesellschaften	Autofahrer	
Anbieter von Flachbildfernseher	Fernsehkonsument	
Erfinder der kalorienfreien Leberwurst	Liebhaber von Leberwurst	
Boutiquen	Modebewusste Konsumenten	
Kfz-Versicherungen	Versicherungsnehmer	
Steuerberater	Arbeitnehmer(innnen)	

Aufgabe 322:

Entscheiden Sie in den folgenden Fällen, ob es sich um das Minimal- oder das Maximalprinzip handelt.

a) Ein Unternehmen hat aufgrund eines aufmerksamen Mitarbeiters den Ablauf eines Produktionsprozesses so verändert, dass nach der durchgeführten Optimierung im verfangenen Quartal bei gleicher Mitarbeiterzahl weniger Ausschuss produziert wurde und die Produktionszahlen um 7 % erhöht werden konnten.

b) Aufgrund eines Stromausfalls hat ein Auszubildender zum Steuerfachangestellten an einem Berufsschultag, an dem eine Klassenarbeit in AWL angesetzt war, verschlafen. Da er den Zug zur Berufsschule nicht mehr erreichen konnte, benutzte er ausnahmsweise den Pkw seiner Eltern und kam noch rechtzeitig, um die Prüfung mitzuschreiben.

Aufgabe 323:

Eine Vielzahl von unterschiedlichen Personen und Institutionen sind an der wirtschaftlichen Entwicklung eines Unternehmens interessiert.

a) Erarbeiten Sie die Interessengruppen eines Unternehmens sowie deren spezifische Interessen und Ziele.

b) Diskutieren Sie, ob und inwieweit sich die Ziele der einzelnen Gruppen widersprechen und welche für Sie aus Sicht des Unternehmensmanagements die wichtigsten Interessengruppen darstellen, um langfristig die Existenz des Unternehmens zu sichern.

c) Ordnen Sie die verschiedenen Ziele den ökonomischen, ökologischen und sozialen Zielen zu.

Aufgabe 324:

Eine Zeitungsmeldung:

a) Um welche Kartellart geht es in diesem Zeitungsartikel?
b) Wie ist diese Kartellart gesetzlich geregelt?
c) Welchen Zweck verfolgten die im folgenden Artikel beteiligten Unternehmen mit ihren Absprachen?

EU-Kommission
400 Mio. € Strafe für Siemens

24.01.2007

Die EU-Kommission hat wegen illegaler Preisabsprachen bei Schaltsystemen für Stromnetze gegen den Siemens-Konzern eine Kartellstrafe in Höhe von etwa 396,6 Mio. € verhängt. Siemens Österreich muss für das gekaufte Unternehmen VA Tech 22 Mio. € in die EU-Kasse überweisen, entschied die EU-Kommission am Mittwoch in Brüssel. Auf das deutsche Unternehmen entfällt damit der Löwenanteil der 750 Mio. € Strafe, die mehrere Elektrokonzerne treffen. Die Summe, die Siemens zu zahlen hat, ist die zweithöchste Kartellstrafe, welche die EU-Kommission je gegen ein Unternehmen verhängt habe. [...] Siemens teilte unmittelbar nach der Urteilsverkündung mit, der Konzern akzeptiere den pauschalen Vorwurf der EU-Kommission nicht und werde beim Europäischen Gerichtshof klagen. Absprachen, so Siemens in einer Mitteilung, habe es lediglich von Oktober 2002 bis April 2004 bei einigen wenigen Projekten im europäischen Wirtschaftsraum gegeben. Die Kommission wirft den Münchenern dagegen vor, im Zeitraum von 1988 bis 2004 an einem Kartell im europäischen Markt für gasisolierte Hochspannungsanlagen teilgenommen zu haben. ...]

Das Verfahren laufe seit 2004, sagte ein Siemens-Sprecher. Der deutsche Konzern habe bei den Untersuchungen voll kooperiert. Zudem laufe eine interne Untersuchung, deren Ergebnisse Brüssel 2005 zur Verfügung gestellt worden seien.

An dem Kartell hätten unter anderem auch die japanischen Konzerne Mitsubishi, Toshiba und Hitachi mitgewirkt. Sie erhielten jedoch mit jeweils bis zu 100 Millionen Dollar deutlich geringere Strafen, hieß es. Alstom und Areva aus Frankreich sollen sich ebenfalls an dem Kartell beteiligt haben. Der Schweizer Elektrotechnikkonzern ABB müsse dagegen nicht mit einer Strafe rechnen. Das Unternehmen hatte die Untersuchungen einst angestoßen.

Quelle: www.faz.net.de

2. Wirtschaftspolitik

2.1 Träger der Wirtschaftspolitik

Unter **Wirtschaftspolitik** versteht man alle Maßnahmen, die zur Erreichung bestimmter wirtschaftlicher Ziele ergriffen werden. **Träger der Wirtschaftspolitik** sind Institutionen, die direkt in das Wirtschaftsgeschehen eingreifen können und somit die gesamtwirtschaftlichen Größen beeinflussen (Bruttoinlandsprodukt, Beschäftigung, Preisentwicklung). In der Bundesrepublik werden vor allem das Europäische System der Zentralbanken (ESZB), die Organe des Staates (Bund, Länder und Gemeinden) und die Tarifparteien wirtschaftspolitisch tätig.

2.2 Ziele der Wirtschaftspolitik

In § 1 des **Gesetzes zur Förderung der Stabilität und des Wachstums in der Wirtschaft** (**StabG**) von 1967 heißt es: „...Die Maßnahmen sind so zu treffen, dass sie ... gleichzeitig zur

- Stabilität des Preisniveaus, zu einem
- hohen Beschäftigungsstand und
- außenwirtschaftlichem Gleichgewicht bei
- stetigem und angemessenen Wirtschaftswachstum beitragen."

Weiterhin wird heute der **Umweltschutz** als eigenständiges fünftes wirtschaftspolitisches Ziel betrachtet. **Sozialverträgliche (gerechte) Einkommens- und Vermögensverteilung** ist daneben in Wirtschaftspolitik und Wirtschaftstheorie als sechstes wirtschaftspolitisches Ziel anerkannt.

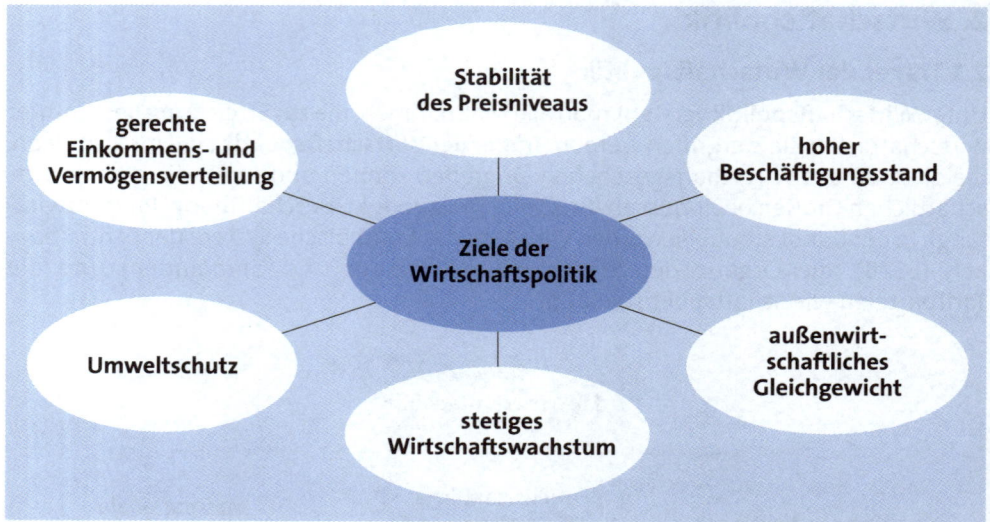

Die Erfahrung lehrt, dass es offensichtlich nicht möglich ist, alle sechs Ziele gleichzeitig zu verwirklichen. Die Verwirklichung eines oder mehrerer Ziele geht immer auf Kosten eines anderen oder anderer Ziele. Gesucht wird der Magier, dem es gelingt alle sechs Ziele gleichzeitig „unter einen Hut zu bringen". Man spricht deshalb auch vom magischen Sechseck der Wirtschaftspolitik.

a) Zielkonflikt und Zielharmonie

Von Zielkonflikt spricht man, wenn die gleichzeitige Verwirklichung von zwei Zielen nicht möglich ist. Empirische Untersuchungen haben beispielsweise gezeigt, dass zwischen den Zielen Vollbeschäftigung und Preisniveaustabilität ein Zielkonflikt besteht.

Beispiel

Ein vereinfachendes Modell soll einen Zusammenhang zwischen den Größen Arbeitslosigkeit bzw. Vollbeschäftigung und der Inflationsrate (Preissteigerung) beschreiben: Bei einer Arbeitslosenquote von 6 % ist die Inflationsrate 4 %. Soll beispielsweise die Arbeitslosenquote mit wirtschaftspolitischen Maßnahmen auf 4 % verringert werden, müssen die Träger der Wirtschaftspolitik eine Steigerung der Inflationsrate auf 6 % in Kauf nehmen.

Sind zwei Ziele gleichzeitig zu verwirklichen (beispielsweise Vollbeschäftigung und angemessenes Wachstum), spricht man von **Zielharmonie**.

Wenn sich die Maßnahmen zur Verwirklichung von zwei unterschiedlichen Zielen gegenseitig nicht behindern oder unterstützen, spricht man von Zielindifferenz.

Aufgabe 325 > Seite 504

2.3 Geldpolitik

Das erste im Stabilitäts- und Wachstumsgesetz genannte Ziel ist die **Stabilität des Preisniveaus**. Die Deutsche Bundesbank sowie das Europäische System der Zentralbanken, dem die Deutsche Bundesbank angehört, sind die in diesem Aufgabenbereich zentralen Institutionen. Zu ihren Hauptaufgaben gehört es, die Veränderungen des Preisniveaus zu beobachten und Maßnahmen zu ergreifen die dazu dienen, Preisschwankungen in Deutschland und Europa weitestgehend zu vermeiden. Alle diese Maßnahmen fasst man unter dem Begriff Geldpolitik zusammen.

2.3.1 Inflation

Wesentlicher Bestandteil für eine funktionierende Volkswirtschaft ist die Akzeptanz des Geldes als Zahlungs- und Wertaufbewahrungsmittel. Dabei spielt die Wertbeständigkeit des Geldes eine wesentliche Rolle. Erhöhen sich lediglich die Preise, ohne dass dem eine Mehrleistung an Gütern oder Dienstleistungen gegenübersteht, vermindert sich die Kaufkraft des Geldes, d. h. der Gegenwert in Gütern für eine Geldeinheit wird immer geringer. Man spricht dann von **Geldentwertung** oder **Inflation**. Kommt es zu einer gegensätzlichen Entwicklung, zum Absinken der Preise, spricht man von Geldaufwertung oder **Deflation**.

Um die Veränderung des Preisniveaus sichtbar zu machen, werden **Preisindizes** ermittelt. Beispiele hierfür sind der **Preisindex für die Lebenshaltung der privaten Haushalte** des Statistischen Bundesamtes oder der **Harmonisierte Verbraucherpreisindex für die Europäische Union (HVPI)** des Statistischen Amtes der Europäischen Gemeinschaft Eurostat. Sie beschreiben die Preisentwicklung derjenigen Güter, die für die Lebenshaltung der privaten Haushalte bestimmend sind. Die Gesamtheit dieser Güter wird als **Warenkorb** bezeichnet. Die Veränderung des Preises dieses Warenkorbes im Vergleich zu einem bestimmten Bezugszeitpunkt, wird als **Inflationsrate** bezeichnet.

Struktur der Warenkörbe im Harmonisierten Verbraucherpreisindex						
	EU	EWWU	Deutschland	Frankreich	Italien	Spanien
Nahrungsmittel	18,1	18,5	15,4	19,2	19,2	27,5
Verkehr	16,1	16,2	17,3	19,2	12,6	14,6
Wohnung und Nebenkosten	15,4	15,8	20,3	14,7	10,2	11,2
Freizeit und Kultur	10,1	9,8	10,9	8,6	8,5	6,9
Hotels, Gaststätten	9,3	9,0	6,8	9,1	11,8	11,8
Bekleidung und Schuhe	8,7	8,9	8,4	7,0	11,9	11,4
Hausrat und Instandhaltung	8,3	8,1	7,9	7,2	10,0	6,5

Quelle: *Bundesverband deutscher Banken*, Wirtschaft – Materialien für den Unterricht, Berlin 2006

Zu beachten ist dabei, dass der Preisanstieg des Warenkorbs einen durchschnittlichen **Preisanstieg** für eine Vielzahl von Gütern misst, wobei es bei einzelnen Gütern auch zu wesentlich höheren Preisanstiegen[1], aber auch in Teilbereichen zu Preissenkungen kommen kann. Entscheidend ist, dass das **Preisniveau insgesamt** ansteigt.

Da die Preise am Markt durch Angebot und Nachfrage gebildet werden, kann man die **Ursachen der Inflation** sowohl auf der Angebots- als auch auf der Nachfrageseite suchen. Bei der **Nachfrageinflation** kommt es zu einem Anstieg der Preise durch erhöhten Konsum der privaten Haushalte, durch verstärkte Investitionen der Unternehmen, durch zusätzliche Ausgaben des Staates oder durch eine erhöhte Nachfrage des Auslands. Bei der **Angebotsinflation** geht die Preiserhöhung von der Angebotsseite aus. Erhöhte Rohstoffpreise (z. B. auch Energiekosten), Lohnkosten, Steuern oder Zinsen können hier den Impuls für steigende Preise geben.

Entscheidend dafür, ob die genannten Möglichkeiten wirken können, ist jedoch die **Geldmenge, die in einer Volkswirtschaft in Umlauf ist**. Wächst die Geldmenge stärker als die Produktionsmöglichkeiten in einer Volkswirtschaft, so kann dies die Grundlage für inflationäre Wirkungen der Angebots- und Nachfrageseite sein oder bewirkt selbst einen Anstieg des Preisniveaus. Verantwortlich für die Steuerung der Geldmenge und damit der Preisstabilität ist das Europäische System der Zentralbanken (ESZB).

2.3.2 Ziele und Aufgaben des ESZB

---

[1] Vergleiche Grafik zu Beginn des Lernabschnitts E.2.3.1.

Als das Europäische System der Zentralbanken (ESZB) bezeichnet man das **Notenbanksystem der Europäischen Union** mit seinen 25 Mitgliedstaaten. Es besteht aus der **Europäischen Zentralbank (EZB)** und den nationalen Zentralbanken aller Mitgliedstaaten. Die EZB ist ein Tochterinstitut der nationalen EU-Notenbanken. Die Deutsche Bundesbank ist als deutsche Zentralbank Teil des ESZB.

Da noch nicht alle EU-Mitglieder den Euro eingeführt haben, werden die geldpolitischen Entscheidungen nur von der EZB und den Notenbanken des Euro-Währungsgebietes getroffen. Diese Teilmenge der ESZB wird als **Eurosystem** bezeichnet.

Vorrangiges Ziel des ESZB ist die **Sicherung der Preisstabilität**. Als Ziel hat sich die EZB dazu eine Inflationsrate gesetzt, die die 2 %-Grenze leicht unterschreitet. Die Schwierigkeit liegt darin, dass die Inflationsrate in den einzelnen Mitgliedstaaten zum Teil stark voneinander abweicht. So lag Finnland in 2006 bei einer Preissteigerung von 1,3 %, Spanien bei einer Inflationsrate von 3,6 %. Weitet man das Spektrum auf weitere europäische Staaten aus, so findet sich am oberen Ende Lettland mit einem Wert von 6,6 %.

2.3.3 Organisation des ESZB

Die geldpolitischen Entscheidungen im ESZB werden zentral getroffen und gelten für das gesamte Eurosystem.

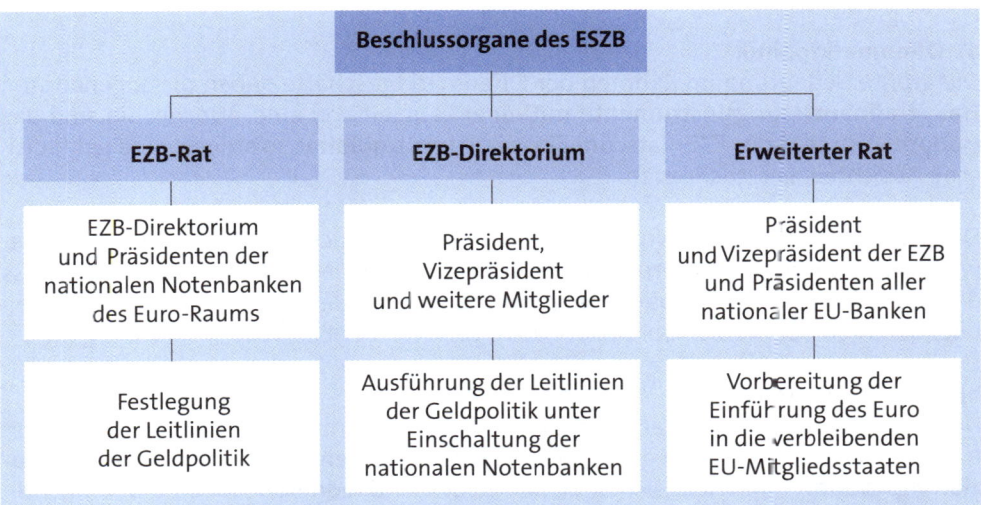

Die EZB hat das ausschließliche Recht, die **Ausgabe von Banknoten** innerhalb der Gemeinschaft zu genehmigen. Die EZB und die nationalen Zentralbanken sind zur Ausgabe von Banknoten berechtigt. Die von der EZB und nationalen Zentralbanken ausgegebenen Banknoten sind die einzigen Banknoten, die in der Gemeinschaft als gesetzliches Zahlungsmittel gelten. Die Mitgliedstaaten haben das **Recht zur Ausgabe von Münzen**, wobei der Umfang dieser Ausgabe der Genehmigung durch die EZB bedarf. (Art. 106 EU-Vertrag).

2.3.4 Instrumente des ESZB

Dem ESZB stehen zur Erreichung ihrer geldpolitischen Ziele drei geldpolitische Instrumente zur Verfügung:

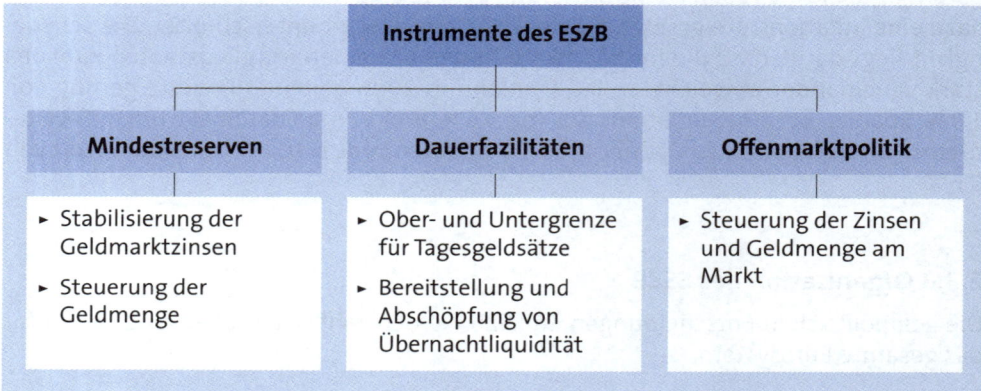

a) Offenmarktpolitik

Die größte Bedeutung im Rahmen der Offenmarktgeschäfte haben die sogenannten **Hauptrefinanzierungsinstrumente** mit einer Laufzeit von einer Woche. Sie sind das Hauptinstrument des EZB-Rats, um Zinssätze und Liquidität zu steuern und geldpoltische Absichten zu signalisieren.

Die EZB kauft Wertpapiere von den Banken mit einer Rückkaufvereinbarung oder gewährt ihnen Kredit gegen Verpfändung von Wertpapieren. Nach Ablauf dieser Frist muss die verkaufende Geschäftsbank diese Wertpapiere wieder von der EZB zurückkaufen oder den Kredit zurückzahlen. Die Initiative geht von der EZB aus.

b) Dauerfazilitäten

Neben den Offenmarktoperationen gibt es die sogenannten **Dauerfazilitäten**. Die Initiative zu diesen Geschäften geht von den Kreditinstituten aus. Bei der **Spitzenrefinanzierungsfazilität** handelt es sich um einen Übernachtkredit bzw. um eine Übernachtliquidität: die Kreditinstitute erhalten zu einem vorgegebenen Zinssatz einen Kredit (Liquidität) mit einer Laufzeit von einem Geschäftstag. Am nächsten Tag müssen die Kreditinstitute diesen Kredit wieder an die EZB zurückzahlen.

Bei der **Einlagenfazilität** können die Kreditinstitute überschüssiges Zentralbankguthaben bis zum nächsten Geschäftstag (über Nacht) bei den nationalen Zentralbanken zu einem festen Zinssatz anlegen. Die Einlagenfazilität ist keine Kreditlinie, sondern eine Anlagemöglichkeit. Der Zins für die Einlagenfazilität, der die Untergrenze für Tagesgeldzinsen vorgibt, ist niedriger als der Zins für die Spitzenrefinanzierungsfazilität, der die entsprechende Obergrenze vorgibt. Dazwischen bewegt sich der Leitzins, der Zins für das Hauptrefinanzierungs-Instrument (Mindestbietungssatz).

c) Mindestreservepolitik

Die Kreditinstitute müssen ein Guthaben in Höhe des **Mindestreservesatzes** von 2 % bestimmter Verbindlichkeiten als Einlagen bei ihren nationalen Zentralbanken unterhalten. **Mindestreservepflichtige Verbindlichkeiten** sind

- täglich fällige Einlagen
- Einlagen mit einer vereinbarten Laufzeit bzw. Kündigungsfrist von bis zu zwei Jahren
- Schuldverschreibungen mit vereinbarter Laufzeit von bis zu zwei Jahren und
- Geldmarktpapiere.

Durch eine **Senkung des Mindestreservesatzes** erhöht sich die Überschussreserve der Geschäftsbanken. Diese Zunahme der Bankenliquidität kann eine Zunahme der Kreditvergabe und der Geldmenge bewirken, führt also möglicherweise zu einer Belebung der Konjunktur.

d) Die Wirksamkeit der geldpolitischen Instrumente des ESZB

Entsprechend der **marktwirtschaftlichen Ausrichtung des ESZB**, besteht keine direkte Einflussmöglichkeit auf die Menge der vergebenen Kredite oder die Zinssätze der Kreditinstitute. Vielmehr soll durch die Instrumente des ESZB indirekt auf das Kreditangebotsverhalten der Banken und der Kreditnachfrager eingewirkt werden.

Letzten Endes entscheidet der Kreditnachfrager frei, in welchem Umfang er Kredite beansprucht. In Zeiten der **Hochkonjunktur** wird möglicherweise die Kreditnachfrage auch dann nicht zurückgehen, wenn die Zinsen bei optimistischer Zukunftserwartung steigen.

Umgekehrt bietet in Zeiten der **Rezession** bei pessimistischer Zukunfts- und Gewinnerwartung eine Senkung der Kreditzinsen den Haushalten und Unternehmen wenig Anreiz zu vermehrter Kreditnachfrage.

Der ehemalige Wirtschaftsminister Professor *Schiller* sagte einmal im Zusammenhang mit den Grenzen der Geldpolitik: *„Man kann die Pferde zur Tränke führen, zum Saufen zwingen aber kann man sie nicht."* Geschäftsbanken können nicht gezwungen werden Wertpapiere zu kaufen oder zu verkaufen. Unternehmen und Haushalte können nicht gezwungen werden Kredite in Anspruch zu nehmen oder nicht.

Darüber hinaus ist es denkbar und möglich, dass Kreditinstitute Zinssenkungen nicht oder nicht in vollem Maße an ihre Kunden weitergeben. Im Übrigen können sich Kreditinstitute auch außerhalb der Euro-Zone (Hongkong, Singapur, Japan, USA) mit Liquidität versorgen.

Aufgaben 326 - 332 > Seite 504 - 505

2.4 Beschäftigungspolitik

In Deutschland ist der Staat aufgrund des **Stabilitäts- und Wachstumsgesetzes** sowie des **Sozialgesetzbuches III (SGB III)** zur Erreichung eines hohen Beschäftigungsgrads und der Verbesserung der Beschäftigungsstruktur verpflichtet. Die Bekämpfung der Arbeitslosigkeit im Rahmen der **Beschäftigungspolitik** ist daher eine der zentralen Aufgaben der Bundesregierung.

Hintergrund dieser gesetzlich verankerten Zielsetzung ist der **Zusammenhang zwischen Beschäftigung und Wohlstand** einer Volkswirtschaft. Bei geringer Arbeitslosigkeit verfügen die privaten Haushalte über entsprechendes Einkommen, um über ihre Nachfrage nach Gütern eine positive Entwicklung des Unternehmenssektors und Wirtschaftswachstum zu ermöglichen. Daneben werden der Staat und die Sozialsicherungssysteme entlastet, da die Einzahlungen in die Sozialversicherungen gesichert und die Auszahlungen daraus reduziert werden.

2.4.1 Vollbeschäftigung und Arbeitslosigkeit

Ziel einer Volkswirtschaft ist die **Vollbeschäftigung** des Produktionsfaktors Arbeit. Darunter versteht man, dass alle Arbeitssuchenden, die eine Beschäftigung suchen, in angemessener Zeit auch einen Arbeitsplatz finden können.

Zur Überprüfung, ob dieses Ziel erreicht ist, dient die **Arbeitslosenquote**, die sich aus dem Anteil der Arbeitslosen an den gesamten Erwerbspersonen errechnet.

Arbeitslos sind nach dem Sozialgesetzbuch Personen, die vorübergehend nicht in einem Beschäftigungsverhältnis stehen, das 15 Wochenstunden und mehr umfasst, eine versicherungspflichtige Beschäftigung von mindestens 15 Wochenstunden suchen und dabei den Vermittlungsbemühungen der Agenturen für Arbeit bzw. der Träger der Grundsicherung zur Verfügung stehen und sich dort persönlich arbeitslos gemeldet haben.

Gemäß der Statistik der Bundesagentur für Arbeit kann der Kreis der **Erwerbspersonen** unterschiedlich abgegrenzt werden:

- Arbeitslosenquote, bezogen auf die abhängigen zivilen Erwerbspersonen: In den Erwerbspersonen sind nur die Arbeitnehmer, d. h. die Summe aus sozialversicherungspflichtig Beschäftigten (einschl. Auszubildende), geringfügig Beschäftigten und Beamten (ohne Soldaten) enthalten.
- Arbeitslosenquote, bezogen auf alle zivilen Erwerbspersonen: Unter den zivilen Erwerbstätigen versteht man die Summe aus Arbeitnehmern sowie Selbstständigen und mithelfenden Familienangehörigen.

2.4.2 Formen der Arbeitslosigkeit

Dass in den gesetzlichen Vorgaben von hohem Beschäftigungsstand und nicht von Vollbeschäftigung gesprochen wird, zeigt die Erkenntnis, dass Vollbeschäftigung aus verschiedenen Gründen nur sehr schwer zu erreichen ist. Dies zeigen auch die unterschiedlichen **Formen der Arbeitslosigkeit**.

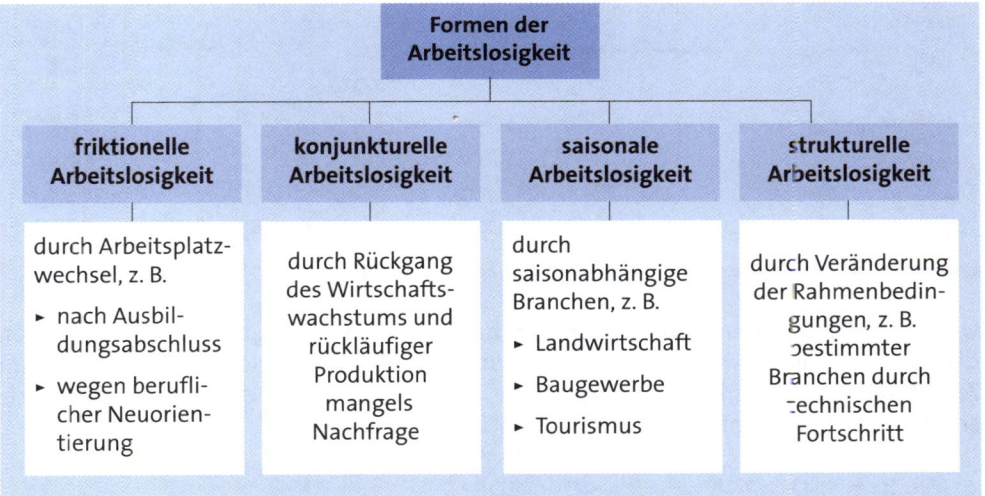

Bei der **friktionellen Arbeitslosigkeit** handelt es sich um gewollte Arbeitsplatzverluste im Rahmen des Wechsels des Arbeitgebers, beispielsweise nach dem Abschluss der Berufsausbildung oder um durch einen Arbeitgeber- oder Tätigkeitswechsel neue Motivation, neue Herausforderungen oder Einkommensverbesserungen zu erreichen. Dabei handelt es sich i. d. R. um kurze Zeiträume, da der neue Arbeitsplatz schon in Aussicht ist.

Die **konjunkturelle Arbeitslosigkeit** tritt immer dann auf, wenn das Wirtschaftswachstum zurückgeht und die Unternehmen aufgrund mangelnder Absatzmöglichkeiten ihre Produktion einschränken und weniger Arbeitskräfte benötigen.

Unter der **saisonalen Arbeitslosigkeit** versteht man Beschäftigungsschwankungen in Wirtschaftsbereichen, die stark vom jahreszeitlichen Wechsel, d. h. saisonalen Schwankungen, abhängig sind. Dies betrifft insbesondere die Branchen der Landwirtschaft, des Baugewerbes, der Tourismusindustrie sowie der Gastronomie. In der Berechnung der Arbeitslosenquote der Bundesagentur für Arbeit werden allerdings diese saisonalen Effekte bereits herausgerechnet, wie die folgende Grafik veranschaulicht.

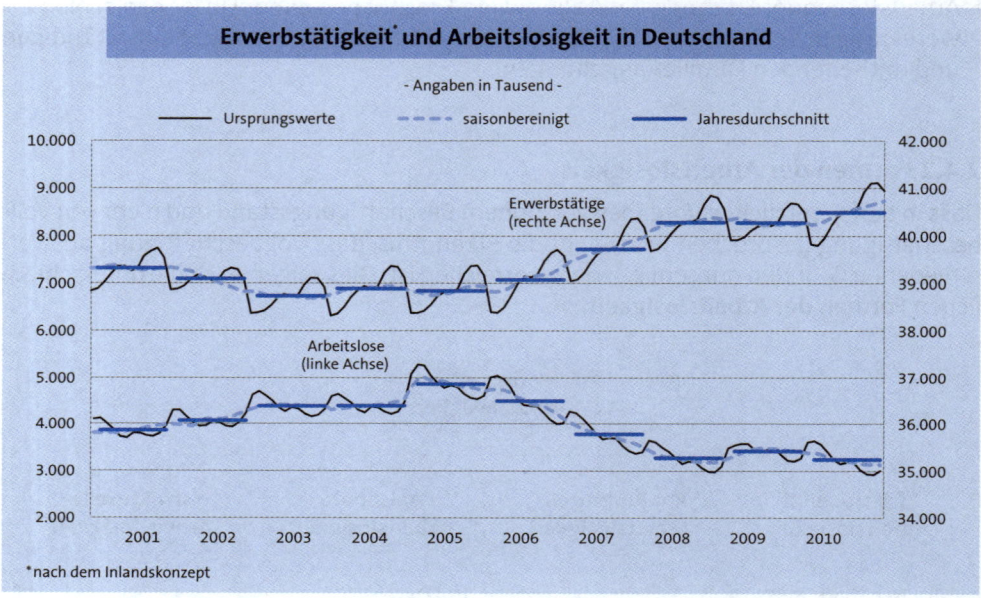

Quelle: *Statistisches Bundesamt*, Statistik der Bundesagentur für Arbeit

Unter den Bereich der **strukturellen Arbeitslosigkeit** fallen diejenigen Arbeitnehmer, die aufgrund von Veränderung einzelner Wirtschaftsbereiche einer Volkswirtschaft ihre Arbeit verlieren. Dies kann beispielsweise bedingt sein durch den technischen Fortschritt oder die zunehmende internationale Konkurrenz.

Aufgaben 333 - 335 > Seite 505 - 506

2.5 Außenwirtschaftspolitik

Mit dem Ziel der **Schaffung eines außenwirtschaftlichen Gleichgewichts** ist die Vorstellung verbunden, dass der Gegenwert der aus dem Ausland bezogenen Güter und Dienstleistungen (Import) nicht höher sein soll als die Summe der Einnahmen, die eine Volkswirtschaft durch die Ausfuhr von Gütern und Dienstleistungen in das Ausland erwirtschaftet. Die in diesem Zusammenhang stehenden Maßnahmen des Staates bezeichnet man als **Außenwirtschaftspolitik**.

2.5.1 Internationale Arbeitsteilung

Kein Land der Erde ist autark, d. h. keine Volkswirtschaft kann alle notwendigen Güter und Dienstleistungen selbst herstellen, da i. d. R. nicht alle **notwendigen Ressourcen** zur Verfügung stehen. Selbst wenn dies möglich wäre, so ist es dennoch mit **Kostenvorteilen** verbunden, wenn sich die einzelnen Länder auf die Erstellung derjenigen Güter und Dienstleistungen konzentrieren, die sie im Vergleich mit anderen Staaten günstiger produzieren können, um sich dann über internationale Handelsbeziehungen auszutauschen.

Die Bundesrepublik unterhält daher vielfältige wirtschaftliche Beziehungen zum Ausland. Sieht man sich die Schaufensterauslagen in den Einzelhandelsgeschäften bewusst an, so entdeckt man beispielsweise Zigarren aus Kuba, Modellkleider aus Frankreich, Tee aus China und Personalcomputer aus Japan, um nur einige Güter zu nennen. Auch die Rohstoffe zur industriellen Produktion müssen zum größten Teil importiert werden, da Deutschland nur über ein sehr beschränktes Vorkommen an Bodenschätzen verfügt.

Umgekehrt exportiert die Bundesrepublik produzierte Zwischen- und Fertigprodukte in die ganze Welt. Insbesondere im Bereich der Automobilindustrie, dem Maschinenbau und der chemischen Industrie sind deutsche Erzeugnisse im Ausland gefragt.

2.5.2 Zahlungsbilanz

Alle außenwirtschaftlichen Beziehungen zwischen der Bundesrepublik und dem Ausland innerhalb einer Wirtschaftsperiode werden in der sog. **Zahlungsbilanz** festgehalten. Der Begriff „Bilanz" ist allerdings unglücklich gewählt, da es sich nicht um Bestandsgrößen wie in der Jahresbilanz eines Betriebes handelt, sondern um Zahlungseingänge und Zahlungsausgänge (**Stromgrößen**). Die Zahlungsbilanz besteht aus mehreren **Teilbilanzen** und gliedert sich in vereinfachter Form wie folgt:

Positionen der Zahlungsbilanz			
		Aktiva	Passiva
1. **Leistungsbilanz**			
	▸ Handelsbilanz	Warenexporte	Warenimporte
	▸ Dienstleistungsbilanz	Dienstleistungsexporte	Dienstleistungsimporte
	▸ Bilanz der Erwerbs- und Vermögenseinkommen	erhaltene Zahlungen	geleistete Zahlungen
	▸ Bilanz der laufenden Übertragungen	erhaltene Zahlungen	geleistete Zahlungen
2. **Vermögensbilanz**		erhaltene Werte	geleistete Werte
3. **Kapitalbilanz**		Kapitalimporte	Kapitalexporte
4. **Devisenbilanz**		Verminderung des Devisenbestands	Erhöhung des Devisenbestands
5. erfasste Restposten			
Summen			

Die **Leistungsbilanz** ist die Zusammenfassung mehrerer Teilbilanzen. Die bedeutendste ist die **Handelsbilanz**, die die Warenexporte und -importe gegenüber stellt. Die **Dienstleistungsbilanz** gibt die entsprechenden Informationen aus dem Dienstleistungsbereich. Aus der **Bilanz der Erwerbs- und Vermögenseinkommen** sind die Einkommen aus Erwerbstätigkeit und Vermögensanlage ersichtlich. In der **Bilanz der laufenden Übertragungen** sind Zahlungen ausländischer Arbeitnehmer an ihre Heimatstaaten, Zahlungen Deutschlands an internationale Organisationen (z. B. EU) oder Zahlungen im Rahmen der Entwicklungshilfe enthalten.

Vermögensübertragungen aus dem oder in das Ausland aus Schenkungen oder Erbschaften werden in der **Vermögensbilanz** erfasst.

Die **Kapitalbilanz** ist wie die Leistungsbilanz eine Zusammenfassung verschiedener Teilpositionen. Sie gibt Auskunft über die Direktinvestitionen von Deutschland im Ausland und umgekehrt. Dazu gehören Beteiligungen an Unternehmen oder Gründungen neuer Unternehmen. Daneben werden hier auch die Anlagen in Wertpapieren und die Kreditbeziehungen zwischen in- und ausländischen Banken einschließlich der Deutschen Bundesbank, Unternehmen, Privatpersonen und dem Staat erfasst.

Alle außenwirtschaftlichen Vorgänge werden in der Außenhandelsstatistik doppelt, jeweils einmal auf der Aktiv- und Passivseite, gebucht. Die Gegenposition bildet dabei immer die **Devisenbilanz**, da mit den Waren-, Dienstleistungs- und Kapitalbewegungen auch immer eine Veränderung des **Devisenbestands der Deutschen Bundesbank** verbunden ist.

Die einzelnen Teilbilanzen sind i. d. R. nicht ausgeglichen. Sind in der betrachteten Teilbilanz die aus den jeweiligen Transaktionen resultierenden **Zahlungseingänge aus dem Ausland (Aktiva)** größer als die **Zahlungsausgänge an das Ausland (Passiva)** entsteht ein **positiver Saldo oder Überschuss**. Sind die Zahlungseingänge aus dem Ausland (Aktiva) kleiner als die Zahlungsausgänge an das Ausland (Passiva) entsteht ein **negativer Saldo oder Defizit**.

Rechnerisch und buchungstechnisch gibt es keinen Zahlungsbilanzsaldo, da die Aktiva und Passiva im Sinne der doppelten Buchführung immer ausgeglichen sind. Begriffe wie **aktive oder passive Zahlungsbilanz** bzw. **Zahlungsbilanzüberschuss** oder **Zahlungsbilanzdefizit** sind daher irreführend. Es gibt nur aktive oder passive Teilbilanzen. Wenn in der Wirtschaftspraxis von einer aktiven oder passiven Zahlungsbilanz die Rede ist, so beziehen sich diese Begriffe auf den **Saldo der Devisenbilanz**, über den der Zahlungsbilanzausgleich erfolgt.

Aufgabe 336 > Seite 506

2.5.3 Europäische Union und Europäischer Wirtschaftsraum (EU und EWR)

Um die internationale Arbeitsteilung in Europa zu fördern, wurde in verschiedenen Teiletappen **die Europäische Union (EU)** gegründet. Die Anfänge der EU gehen bis ins Jahr 1951 zurück. Seitdem hat sich die EU kontinuierlich vergrößert und ihre Strukturen verändert.

Nach dem Austritt Großbritanniens setzt sich die EU aus 27 Staaten zusammen, die zum Teil erhebliche Unterschiede hinsichtlich Einwohnerzahl, wirtschaftlicher Leistungsfähigkeit und auch historischer Vergangenheit und gesellschaftlichen Strukturen und Wertvorstellungen aufweisen.

Eine Erweiterung des Europäischen Binnenmarktes um bisher noch nicht der EU beigetretenen Staaten stellt der **Europäische Wirtschaftsraum (EWR)** dar. Dabei handelt es sich um eine Freihandelszone zwischen den Staaten der Europäischen Union und der Europäischen Freihandelsassoziation (EFTA). Die EFTA besteht aus den drei Staaten Island, Lichtenstein und Norwegen. **Ziel des EWR** ist die Schaffung eines gemeinschaftlichen Wirtschaftraums nach den Grundprinzipien des freien Waren-, Personen-, Dienstleistungs- und Kapitalverkehrs, ohne dass die EFTA-Staaten der EU beitreten müssen.

2.5.4 Europäische Wirtschafts- und Währungsunion (WWU)

Ein weiterer Schritt zu einem gemeinsamen Europa stellte die Einführung einer gemeinsamen europäischen Währung dar, die nach **Einführung des Euros** als Buchgeld endgültig durch die Ausgabe des Euro-Bargeldes im Jahr 2002 vollzogen wurde. Auf Grundlage der Gemeinschaftswährung sollte die Attraktivität des europäischen Wirtschaftsraumes weiter gesteigert werden. Neben dem Wegfall der Transaktionskosten im Zusammenhang mit dem Tausch von Währungen und der Absicherung gegen Kursrisiken und der besseren Vergleichbarkeit der Preise, erhoffte man sich auch eine Belebung des Wettbewerbs und einer damit einhergehenden Verbesserung der Leistungsfähigkeit der europäischen Volkswirtschaften.

Allerdings haben sich nicht alle Staaten der Europäischen Union für die Einführung des Euros entschieden. Die **Europäische Wirtschafts- und Währungsunion (WWU)** besteht aus den Euroländern und den EU-Staaten, die nicht der Europäischen Währungsunion angehören. Die folgende Grafik zeigt die Mitgliedstaaten der EU sowie die Mitglieder der Europäischen Währungsunion.

E. Grundzüge der Wirtschaftsordnung und der Wirtschaftspolitik | 2. Wirtschaftspolitik

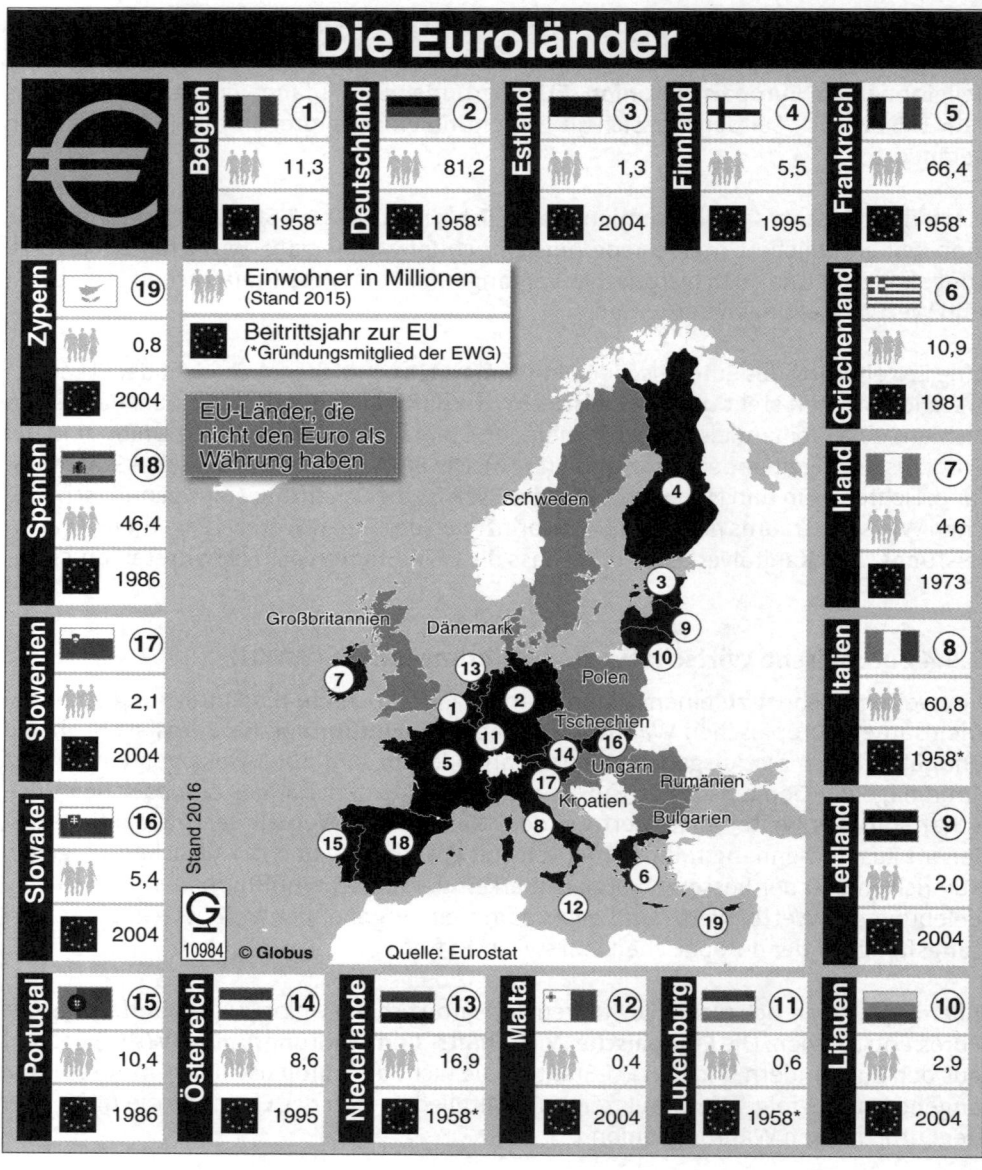

Um zu gewährleisten, dass es sich bei der Europäischen Wirtschafts- und Währungsunion um einen stabilen Wirtschaftsraum handelt und die Stabilität der Gemeinschaftswährung nicht zu gefährden, wurden im **Vertrag von Maastricht** Konvergenzkriterien vereinbart, an denen die neuen Mitgliedstaaten auf ihre nachhaltige und stabile wirtschaftliche Entwicklung hin überprüft werden.

Im Einzelnen handelt es sich dabei um die folgenden **Konvergenzkriterien:**

- **Inflationskriterium:**
  Die Inflationsrate eines Landes soll nicht mehr als 1,5 Prozentpunkte über der Inflationsrate der Mitgliedsstaaten mit der niedrigsten Inflationsrate liegen.

- **Zinskriterium:**
  Der langfristige Zinssatz soll nicht mehr als 2 Prozentpunkte über dem Zinsniveau der Mitgliedsstaaten mit den niedrigsten Inflationsraten liegen.

- **Wechselkurskriterium:**
  Ein Beitrittskandidat soll mindestens in den vergangenen beiden Jahren vor der Euro-Einführung die vorgesehenen Bandbreiten für den Wechselkurs zum Euro eingehalten haben.

- Finanzpolitische Kriterien
  - **Defizitkriterium:**
    Das Verhältnis zwischen Haushaltsdefizit und Bruttoinlandsprodukt soll 3 % nicht überschreiten.
  - **Schuldenstandskriterium:**
    Das Verhältnis zwischen Bruttoverschuldung des Staates und Bruttoinlandsprodukt soll 60 % nicht übersteigen.

Im **Stabilitäts- und Wachstumspakt** einigte man sich, auch die bereits dem Euro-Raum beigetretenen Staaten weiterhin, insbesondere hinsichtlich des Defizitkriteriums, zu überprüfen. Bei Nicht-Einhaltung des Defizitkriteriums wurden verschiedene **Sanktionen** vereinbart:

- Abführung einer unverzinslichen Einlage in Höhe von 0,2 - 0,5 % des Brutttoinlandsprodukts.

- Umwandlung der Einlage in eine Geldbuße, falls das Haushaltdefizit nicht reduziert wurde.

Aufgabe 337 > Seite 506

2.5.5 Außenwert des Geldes

Die Bundesrepublik und ihre ausländischen Handelspartner außerhalb der Euro-Zonen haben jeweils unterschiedliche **nationale Zahlungsmittel (Währungen)**. Da es noch kein Weltwährungssystem gibt, sind außenwirtschaftliche Beziehungen daher nur möglich, wenn die Preise der Handelspartner vergleichbar sind.

Der **Außenwert des Geldes (= Kaufkraft)** zeigt an, wie viel Güter und Dienstleistungen in Inlandswährung im Nicht-Euro-Ausland erworben werden können. Der Wert des Euro in einem Nicht-Euro-Land ist theoretisch null, da das Ausland eine andere Währung hat und daher mit Euro keine Güter und Dienstleistungen im Ausland gekauft werden können. Es besteht jedoch die Möglichkeit, ausländische Währungseinheiten mit Euro zu kaufen. Hierbei ist es notwendig, die Währungen in einzelnen Ländern austauschbar zu machen. Die Austauschbarkeit der Währungen untereinander bezeichnet man als **Konvertibilität**.

a) Wechselkurs
Die Vergleichbarkeit der Preise erfolgt über den **Wechselkurs**. Der Wechselkurs gibt das **Austauschverhältnis zweier Währungen** an und stellt das Bindeglied zwischen den verschiedenen Währungen dar. Handelt es sich um das Austauschverhältnis von Buchgeld, spricht man vom **Devisenkurs**. Beim Tausch von Geldmünzen und Geldscheinen handelt es sich um den **Sortenkurs**.

Die Darstellung dieses Austauschverhältnisses kann auf zwei Arten erfolgen. Bei der **Preisnotierung** gibt der Wechselkurs an, wie viel Euro für eine Fremdwährungseinheit bezahlt werden müssen.

Beispiel

Kursnotierungen:

1 US-Dollar	=	0,8543 €
1 Britisches Pfund	=	1,1305 €
1 Schweizer Franken	=	0,8568 €
100 Japanische Yen	=	0,7604 €

Bei der **Mengennotierung** gibt der Wechselkurs an, wie viele Fremdwährungseinheiten für einen Euro bezahlt werden müssen. Im Euroraum werden die Wechselkurse als Mengennotierung ausgewiesen.

Beispiel

Kursnotierungen:

1 € = 1,1706 US-Dollar
1 € = 0,8846 Britische Pfund
1 € = 1,1672 Schweizer Franken
1 € = 131,508 Japanische Yen

b) Internationale Währungsordnung
Freie Wechselkurse bilden sich ohne staatliches Eingreifen durch Angebot und Nachfrage auf dem Devisenmarkt. Oft werden diese jedoch in bestimmten Grenzen durch staatliche Maßnahmen beeinflusst, um das Austauschverhältnis zu einer bestimmten anderen Währung (z. B. US-Dollar) nicht zu großen Schwankungen zu unterwerfen.

Geht die Einflussnahme des Staates soweit, dass die Kurse nur innerhalb bestimmter Bandbreiten in Form von Kursober- und Kursuntergrenzen schwanken können, spricht man bereits von **festen Wechselkursen**. Dies kann im Extremfall darin münden, dass der Wechselkurs unveränderlich auf ein bestimmtes Niveau festgeschrieben wird.

Ein Beispiel für **die Festlegung von Bandbreiten** findet sich in der Europäischen Wirtschafts- und Währungsunion. EU-Mitgliedsstaaten, die den Euro einführen wollen, müssen u. a. über einen Zeitraum von mindestens 2 Jahren dafür sorgen, dass der Wechselkurs ihrer Währung nicht stärker als in einer Bandbreite von +/-15 % zu einem festgelegten Leitkurs zum Euro schwankt.

Zur Schaffung einer einheitlichen Weltwährungsordnung wurde der **internationale Währungsfonds (IWF)** gegründet, dem mittlerweile fast alle Staaten der Welt angehören. Den Mitgliedern des IWF steht es frei, ob sie ihre Währung frei schwanken lassen oder an eine andere Währung binden. Zu den Aufgaben des IWF gehören die Überwachung der Wechselkurspolitik seiner Mitgliedstaaten, die Abwicklung des internationalen Zahlungsverkehrs sowie die Kreditvergabe an Staaten, die sich in Zahlungsschwierigkeiten befinden. Daneben berät er die Mitgliedsstaaten hinsichtlich einer stabilitätsorientierten Währungspolitik.

Aufgaben 338 - 341 > Seite 506 - 508

2.6 Konjunkturpolitik

Unter einem **stetigen Wirtschaftswachstum**, wie es im Stabilitäts- und Wachstumsgesetz gefordert wird, versteht man die kontinuierliche Zunahme der Güter- und Dienstleistungsproduktion, die sich in der Veränderung des **Bruttoinlandsprodukts** widerspiegelt. Die **Konjunkturpolitik** ist ein Teilbereich der Wirtschaftspolitik und hat zum Ziel, die Konjunkturschwankungen (Pendelausschläge des Wirtschaftswachstums) zu glätten und für ein gleichförmiges, stetiges Wachstum zu sorgen.

2.6.1 Konjunkturphasen

Wirtschaftswachstum verläuft nicht linear, sondern wellenförmig und vollzieht sich in zyklischem Wechsel von Expansions- und Kontraktionsphasen. Diesen Prozess des Pendelausschlags des Wirtschaftswachstums bezeichnet man als **Konjunktur**. Konjunktur ist somit kein Zustand, sondern ein Prozess. Man kann den Konjunkturzyklus als **Pulsschlag des Wirtschaftslebens** bezeichnen.

Es handelt sich um ungewollte Schwankungen der wirtschaftlichen Entwicklung um ein gewolltes stetiges Wirtschaftswachstum im Zeitablauf (langfristiger Wachstumstrend). **Idealtypisch** kann man einen einzelnen Konjunkturzyklus in **vier typische Phasen** einteilen: Aufschwung (Expansion), Hochkonjunktur (Boom oder Höhepunkt), Abschwung (Rezession), Konjunkturtief (Depression).

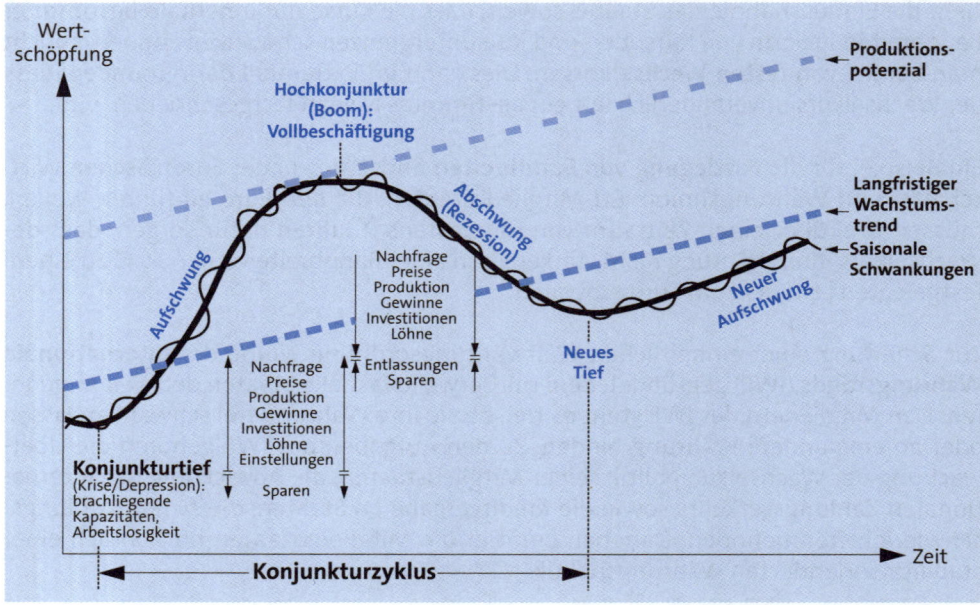

Quelle: *Bundesverband deutscher Banken*, Wirtschaft – Materialien für den Unterricht, Berlin 2006

2.6.2 Konjunkturindikatoren

Die Entscheidungsträger der Wirtschaftspolitik befinden sich in einer ähnlichen Lage wie ein Arzt: Der Arzt stellt beim Patienten anhand von Symptomen eine Diagnose und leitet therapeutische Maßnahmen ein. Über den Krankheitsverlauf bzw. Genesungsverlauf stellt er eine Prognose. Gesucht werden Messlatten oder **Indikatoren** für die Untersuchung und Behandlung des „Patienten Konjunktur". Die Methode der Indikatoren dient der Ermittlung konjunktureller Daten zur Prognose (Vorhersage) der konjunkturellen Entwicklung.

Folgende **Einzelindikatoren** haben sich zur Beurteilung der konjunkturellen Lage als praktikabel erwiesen:

- Entwicklung des Bruttoinlandsprodukts
- Anteil der Arbeitslosen an den abhängigen Erwerbstätigen (Arbeitslosenquote)
- Entwicklung der Lebenshaltungskosten (Preisindex für die Lebenshaltung aller privaten Haushalte)
- Einzelhandelsumsätze
- Auftragseingang im Bauhauptgewerbe
- Auftragseingang im Verarbeitungsgewerbe
- Produktion im produzierenden Gewerbe

E. Grundzüge der Wirtschaftsordnung und der Wirtschaftspolitik | 2. Wirtschaftspolitik

Während der einzelnen Phasen der **Konjunkturpolitik** müssen eine Reihe von Fragen beantwortet werden:

- Welche Indikatoren sind aussagefähig, um die momentane Stellung im Konjunkturverlauf eindeutig und rechtzeitig anzeigen zu können?
- In welcher Phase des Konjunkturverlaufs befindet sich die momentane Konjunktur?
- Mit welchen konjunkturpolitischen Maßnahmen kann einem unerwünschten Konjunkturverlauf entgegengesteuert werden?
- Zu welchem Zeitpunkt sind die konjunkturpolitischen Maßnahmen vorzunehmen?
- In welcher Dosierung sind einzelne Maßnahmen vorzunehmen?

Wie sich die einzelnen Indikatoren in bestimmten Konjunkturphasen entwickeln und somit Aufschluss über die aktuelle Konjunkturlage geben, zeigt die folgende Abbildung.

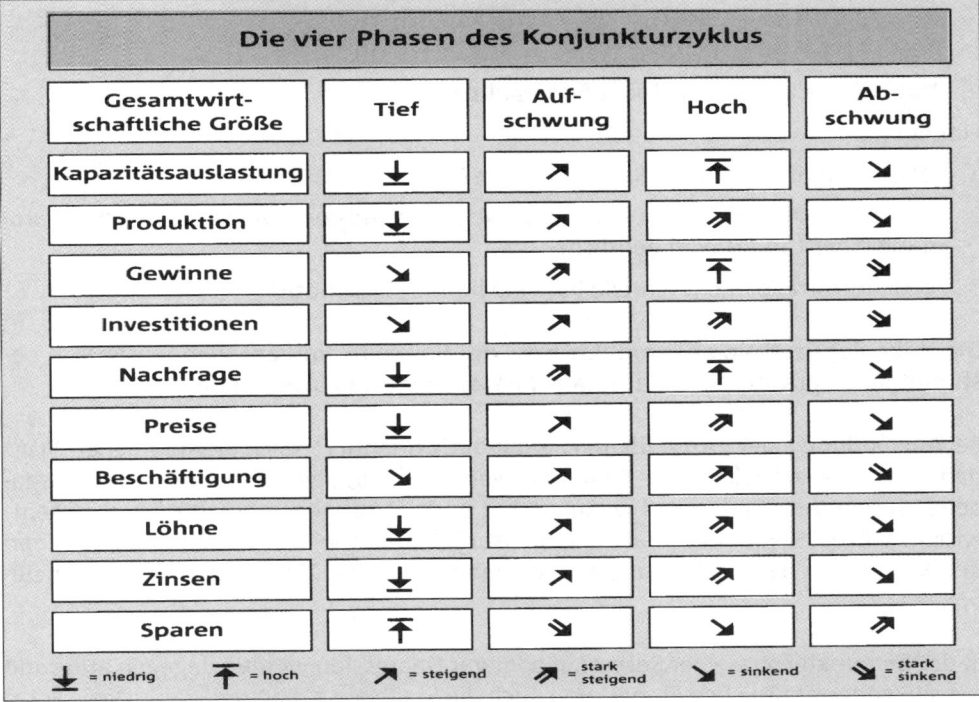

Quelle: *Bundesverband deutscher Banken*, Wirtschaft – Materialien für den Unterricht, Berlin 2006

2.6.3 Fiskalpolitik

Als **Fiskalpolitik** bezeichnet man die Summe der finanzpolitischen Maßnahmen des Staates zur **Erreichung bestimmter wirtschafts- und konjunkturpolitischer Zielsetzungen**. Gemäß dem klassischen Haushaltsprinzip sollte der Staatshaushalt ausgeglichen sein (Staatseinnahmen = Staatsausgaben). Der Haushaltsplan eines Staates ist eine Gegenüberstellung von erwarteten Einnahmen und beabsichtigten Ausgaben. Grundsätzlich stehen dem Staat zwei Wege offen, wie er staatliche Einnahmen und Ausgaben einsetzen kann, um die volkswirtschaftliche Entwicklung zu beeinflussen:

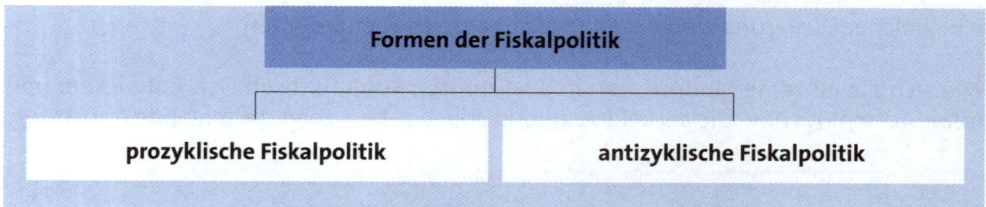

a) Prozyklische und antizyklische Fiskalpolitik

Fragen:

1. Was versteht man unter der Staatsquote?
2. Welcher Zusammenhang zwischen Staatsquote und der jeweiligen Wirtschaftsordnung eines Landes wird deutlich?
3. Welche Vorteile und Nachteile hat eine hohe Staatsquote?

Die **Höhe des Bruttoinlandprodukts bzw. des Volkseinkommens** wird wesentlich bestimmt durch private und auch **staatliche Nachfrage und Investitionen**.

Bei Anwendung einer **prozyklischen Fiskalpolitik** orientieren sich die staatlichen Maßnahmen an der aktuellen, vom Konjunkturverlauf abhängigen Einnahmen- und Ausgabensituation des Staates und wirken daher parallel zur allgemeinen Wirtschaftsentwicklung. In der Konjunkturphase der Hochkonjunktur erzielt der Staat hohe Einnahmen und kann daher auch hohe Ausgaben vornehmen, die zusätzlich die Konjunktur beleben.

In der Konjunkturphase der Rezession oder gar Depression werden dagegen aufgrund der sinkenden staatlichen Einnahmen auch die Staatsausgaben reduziert. Diese Form der Fiskalpolitik wird aus diesem Grund auch als Parallelpolitik bezeichnet.

Problematisch ist dabei die **verstärkende Wirkung der staatlichen Einnahmen und Ausgaben** auf die Konjunktur. Wenn man Unterbeschäftigung teilweise als Folge von Unternachfrage ansieht, dann verstärkt die sinkende staatliche Nachfrage den Konjunkturzyklus. Umgekehrt führen in Zeiten der Hochkonjunktur mit hohen privaten Einnahmen und hohen staatlichen Steuereinnahmen die hohen Staatsausgaben zu einem inflatorischen und die Konjunktur anheizenden Prozess.

Die **antizyklische Fiskalpolitik** rückt ab vom Konzept des soliden Hausvaters. Der Staat soll über die gesamtwirtschaftliche Nachfrage auf den Konjunkturverlauf einwirken. Daraus ergibt sich die Notwendigkeit einer zum Konjunkturverlauf entgegengesetzten (antizyklischen) Fiskalpolitik.

In Zeiten der **Konjunkturflaute** kann der Staat die fehlende private Nachfrage durch erhöhte staatliche Nachfrage kompensieren. Deshalb wird die antizyklische Fiskalpolitik auch als kompensatorische Fiskalpolitik bezeichnet. Daneben kann er z. B. über Steuersenkungen für verstärkte private Nachfrage sorgen.

In Zeiten der **Hochkonjunktur** mit einer relativ hohen Inflationsrate muss der Staat seine Ausgaben kürzen und/oder die überhöhte private Nachfrage durch wirtschaftspolitische Maßnahmen (z. B. Steuererhöhungen) dämpfen.

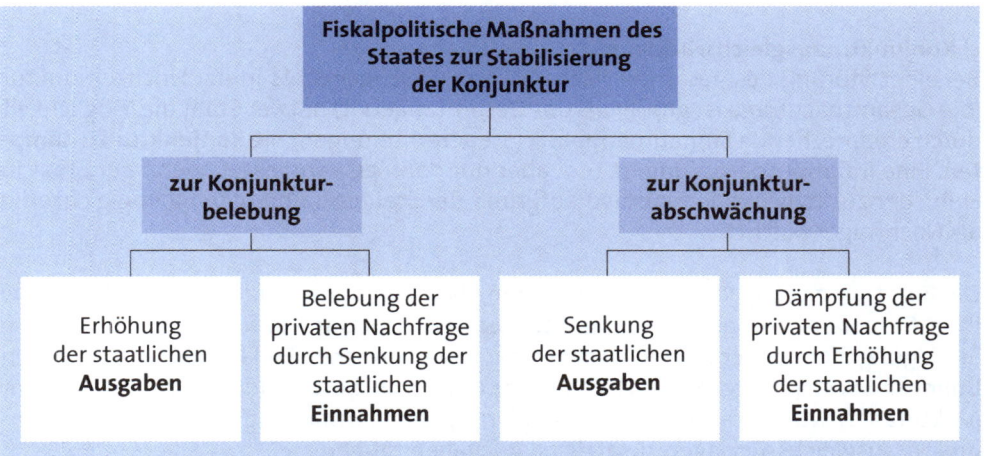

b) Wirtschaftspolitische Handlungsmöglichkeiten nach dem Stabilitätsgesetz
Der Bundesregierung stehen nach dem Gesetz zur Förderung der Stabilität und des Wachstums der Wirtschaft (StabG) folgende Maßnahmen auf der **Ausgabenseite** zur **Konjunkturdämpfung** zur Verfügung:

- Streckung von Baumaßnahmen (§ 6)
- Mittelzuführung in die Konjunkturausgleichsrücklage (§ 15 Abs. 1 und 2)
- zusätzliche Schuldentilgung (§ 5 Abs. 2).

Auf der **Einnahmenseite** kann die Bundesregierung

- Abschreibungsvergünstigungen (z. B. degressive Abschreibung) aussetzen (§ 26)
- einen Konjunkturzuschlag zur Einkommen- und Körperschaftsteuer erheben (§ 26) und
- die öffentliche Kreditaufnahme begrenzen (§ 19).

Folgende Maßnahmen stehen zur **Konjunkturbelebung** auf der **Ausgabenseite** zur Verfügung:

- Beschleunigung von Investitionsmaßnahmen (§§ 10, 11)
- Auflösung der Konjunkturausgleichsrücklage (§§ 5, 6, 7, 15).

Auf der **Einnahmenseite** kann die Bundesregierung die Konjunktur beleben

- durch Wiedereinführung von Abschreibungsvergünstigungen (§ 26)
- durch Steuersenkung bei der Einkommen- und Körperschaftsteuer bis zu 10 % für ein Jahr (§ 26)
- durch zusätzliche Kreditaufnahme (§ 6) und
- durch Gewährung eines Investitionsbonus von maximal 7,5 % der Anschaffungs- oder Herstellungskosten (§ 26).

c) Konjunkturausgleichsrücklage

Bei einer Störung des gesamtwirtschaftlichen Gleichgewichts in der Hochkonjunktur (die Gesamtnachfrage ist größer als das Gesamtangebot) hat der Staat die Möglichkeit durch entsprechende Einnahmenpolitik (Steuererhöhungen) die **Konjunktur zu dämpfen**. Eine Inflationsdämpfung ist u. a. aber nur dann gewährleistet, wenn der Staat in Höhe der zusätzlichen Einnahmen aufgrund der Steuererhöhungen nicht gleichzeitig als Nachfrager auftritt.

Die Bundesregierung kann daher anordnen, dass Bund und Länder bestimmte Anteile ihrer Steuereinnahmen der **Konjunkturausgleichsrücklage** zuführen müssen. Diese Stilllegung öffentlicher Gelder in Form einer unverzinslichen Einlage bei der Deutschen Bundesbank soll die gesamtwirtschaftliche Nachfrage beschneiden. In Zeiten des Konjunkturabschwungs kann die Bundesregierung durch Auflösung eines Teiles der Konjunkturausgleichsrücklagen zusätzliche Ausgaben tätigen.

d) Wirtschaftspolitik des deficit spending

Mit „deficit-spending-policy" bezeichnet man die Politik der bewussten **Erhöhung der Staatsverschuldung**, um die Konjunktur anzukurbeln. Wenn die Einnahmen und die Mittel aus der Konjunkturausgleichsrücklage nicht ausreichen, um die erforderlichen staatlichen Ausgaben zu tätigen, hat die Bundesregierung die Möglichkeit, Kredite aufzunehmen. Wenn der Staat mehr ausgeben will, als er einnimmt, entsteht im Haushaltsplan ein Finanzierungsdefizit (negativer Saldo). Da dieses Budgetdefizit durch Kreditaufnahme finanziert wird, erhöht sich die Geldmenge in der Wirtschaft, was zu einer Nachfragesteigerung nach Konsum- und Investitionsgütern führen kann.

e) Automatische Stabilisatoren

Bei der **gesteuerten Stabilisierung** ergreift der Staat von Fall zu Fall gezielte Maßnahmen zur Konjunkturbeeinflussung. Bei der **automatischen Stabilisierung** sind im Haushalt des Staates automatisch wirkende Stabilisatoren eingebaut, ohne dass es gezielter Maßnahmen bedarf.

E. Grundzüge der Wirtschaftsordnung und der Wirtschaftspolitik | 2. Wirtschaftspolitik

Die gesetzliche Ausgestaltung der Arbeitslosenversicherung führt beispielsweise in der **Hochkonjunktur** automatisch zu einer restriktiven Wirkung und im Konjunkturabschwung automatisch zu einer expansiven Wirkung (antizyklisches Verhalten). In Zeiten der Hochkonjunktur steigen die Einkommen und damit die Steuererträge. Wenn der Staat diese höheren Einnahmen stilllegt, wirkt der Steuerüberschuss nachfragedämpfend.

In Zeiten des **Konjunkturrückgangs** sinken die Einkommen und damit die Steuereinnahmen des Staates. Wenn der Staat sein Ausgabevolumen beibehält, muss das entstehende Haushaltsdefizit durch Kreditaufnahme finanziert werden, was sich expansiv auswirkt.

f) Schwierigkeiten und Grenzen der antizyklischen Fiskalpolitik

Wie der Arzt braucht auch der Wirtschaftspolitiker bestimmte Indikatoren um eine volkswirtschaftliche Krankheit zu diagnostizieren. Beim **Diagnoseproblem** geht es daher um die Frage, welche Indikatoren zur Diagnose und Prognose der Konjunkturlage aussagefähig sind (Beispiel: Preisindex für die Lebenshaltungskosten, Arbeitslosenzahl). Wenn der Arzt eine bestimmte Krankheit diagnostiziert hat, stehen ihm verschiedene therapeutische Wege zur Gesundung offen.

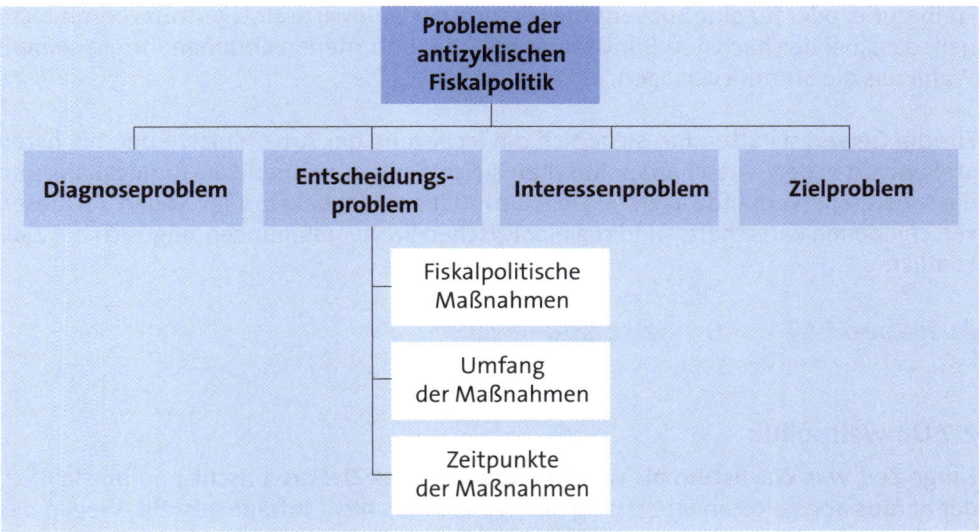

Auch der Wirtschaftspolitiker hat die Wahl zwischen mehreren wirtschaftspolitischen Instrumenten. Die **Entscheidung für ein bestimmtes Instrument** kann ungewollt und ungeplant negative Nebenwirkungen hervorrufen (eine konsequente Antiinflationspolitik gefährdet den sozialen Frieden). Selbst wenn der Wirtschaftspolitiker vollständige Entscheidungstransparenz hätte und die „richtige" Maßnahme ergreifen würde, erhebt sich die **Frage nach dem mengenmäßigen Umfang**.

Die falsche Dosierung einer konjunkturpolitischen Spritze kann unerwünschte Wirkungen nach sich ziehen: die Maßnahme greift unzureichend, zu stark oder überhaupt nicht. Auch die Entscheidung für den **richtigen Zeitpunkt** zur Ergreifung von wirtschaftspolitischen Maßnahmen ist problematisch. Kommen die Eingriffe zu spät und hat sich die Konjunktur zwischenzeitlich erholt, so kann es zu einem zu starken Anschub und einer Überhitzung der Konjunktur kommen.

Ein in der Wirtschaftspolitik dominierendes Problem sind die **Interessenkonflikte** zwischen verschiedenen Interessengruppen. Es geht hierbei um die Frage der gerechten Verteilung des Volkseinkommens. Gewerkschaften und Arbeitgeberverbände möchten einen möglichst großen Anteil an diesem volkswirtschaftlichen Kuchen erhalten (Steigerung der Lohnquote bzw. Gewinnquote). Da die meisten Parlamentarier in der nächsten Legislaturperiode wieder in den Bundestag gewählt werden wollen, müssen sie bei ihren wirtschaftspolitischen Entscheidungen Rücksicht nehmen auf die ihnen nahestehenden Interessenverbände.

Expansive Wirtschaftspolitik findet überwiegend Zustimmung in allen Teilen der Bevölkerung (Wer wehrt sich schon gegen Vorteile?). Restriktive Wirtschaftspolitik weckt dagegen Proteste der betroffenen Gruppen (Wer möchte Nachteile in seinem sozialen Besitzstand erleiden?). Ein Politiker, der für eine Arbeitsmarktabgabe für Beamte und Freiberufler oder für eine Subventionskürzung der Landwirte eintritt, muss damit rechnen, dass bei der nächsten Bundestagswahl die betroffenen Gruppen ihm in seinem Wahlkreis die Stimme versagen.

Für die Gewerkschaften hat sicherlich die Sicherung der Arbeitsplätze den höchsten Stellenwert in den wirtschaftspolitischen Zielsetzungen, während die Bundesbank und die Arbeitgeberverbände in erster Linie die Inflationsrate bekämpfen wollen. An diesen verschiedenen wirtschafts- und sozialpolitischen Wertvorstellungen zeigt sich der Zielkonflikt.

Aufgaben 342 - 346 > Seite 508 - 510

2.7 Umweltpolitik

Lange Zeit war **Wachstum als wirtschaftspolitisches Ziel erwünscht** und hinsichtlich der daraus abgeleiteten Steigerung des Wohlstands nicht infrage gestellt. Wegen des **zunehmenden Umweltbewusstseins** und der zunehmenden Umweltsensibilisierung ist Wachstum als wirtschaftspolitisches Ziel umstritten. Wünschenswert und erstrebenswert ist heute nicht mehr ein rein quantitatives Wachstum, sondern ein **qualitatives Wachstum** unter Beachtung einer **ökologisch nachhaltigen Entwicklung**, die sich an den Erfordernissen des Umweltschutzes und der Umweltstabilität orientiert. Die Verwirklichung beider Ziele ist jedoch problematisch, da es sich je nach Blickwinkel sowohl um **harmonische als auch konfliktäre Ziele** handelt.

Einerseits führt der Wettbewerb und das Wachstumstreben zu einem Strukturwandel und der Entwicklung umweltfreundlicher Technologien, was sowohl **aus ökonomischer als auch aus ökologischer Sicht positiv** zu werten ist, da dies zu einer Erweiterung von Produktions- und Absatzmöglichkeiten für ökologisch orientierte Güter und Dienstleistungen sowie zu einer Verbesserung der Umwelt- und Lebensqualität führt.

Andererseits zeigt sich ein **Zielkonflikt**, da die Produktion von Gütern und Dienstleistung i. d. R. mit einer Belastung der Umwelt oder dem Verbrauch von Ressourcen einhergeht. Die Begrenzung dieser Umweltbeeinträchtigungen durch umweltpolitische Auflagen verteuert jedoch die Produktionsmöglichkeiten und kann im Extremfall zu einem Standortnachteil gegenüber Unternehmen werden, die mit solchen Auflagen nicht konfrontiert sind.

Quelle: *Bundesverband deutscher Banken*, Wirtschaft – Materialien für den Unterricht, Berlin 2006

2.8 Gerechte Einkommens- und Vermögensverteilung

Bei der Frage nach der **gerechten Einkommens- und Vermögensverteilung** geht es um den Anteil der Einkommen aus unselbstständiger Arbeit (**Lohnquote**) bzw. den Anteil der Einkommen an selbstständiger Arbeit (**Gewinnquote**) am Volkseinkommen. Aber auch die ungleichmäßige Einkommensverteilung in unterschiedlichen **Wirtschaftssektoren** und Branchen (sektorale Ungleichverteilung) oder **Wirtschaftsregionen** (regionale Ungleichverteilung) spielen eine wichtige Rolle.

2.8.1 Wirtschaftssektoren

Unter der **sektoralen Struktur** einer Volkswirtschaft versteht man den Anteil der einzelnen Wirtschaftssektoren (**Wirtschaftsbereiche**) an der Gesamtproduktion. Dabei wird zwischen dem primären, sekundären und tertiären Wirtschaftssektor unterschieden.

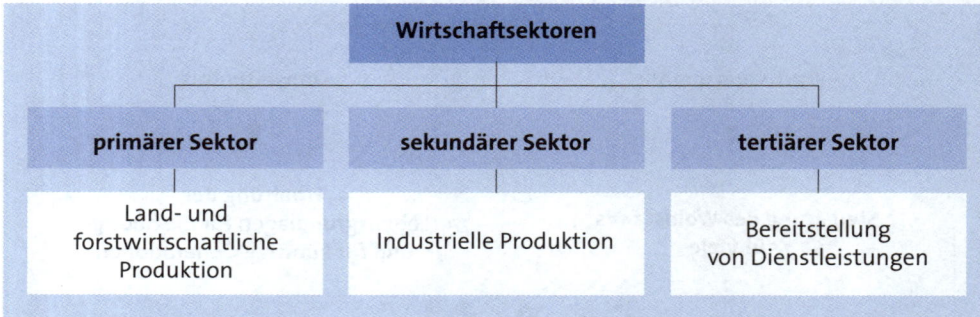

Nicht nur in den vergangenen Jahrzehnten, sondern auch in den letzten Jahren sind erhebliche **Verschiebungen zwischen den einzelnen Wirtschaftsbereichen** zu beobachten, was insbesondere an der Zahl der Beschäftigten in den jeweiligen Bereichen deutlich wird.

Die Produktionsstruktur und die Einkommens- und Vermögensverteilung ändert sich, die Verwendung des Bruttoinlandsprodukts wandelt sich. Folgen des Strukturwandels sind eine Veränderung der Produktions-, Bedarfs- und Beschäftigungsstruktur. In allen westlichen Industriestaaten kann man einen **Rückgang der Erwerbstätigen im primären Sektor** feststellen. Landwirtschaftliche Betriebe sterben, Werften erleiden einen Kollaps und der Bergbau geht auf Krücken. Primäre strukturpolitische Hilfen sind Einkommenshilfen wie Subventionen (Kohlepfennig) und Steuervergünstigungen (Landwirte).

2.8.2 Staatliche Strukturpolitik

Staatliche Strukturpolitik versucht Ungleichgewichte in der Einkommens- und Vermögensverteilung durch den Strukturwandel in der Wirtschaft auszugleichen. *„Wo immer die Wirtschaft wächst, erlebt sie einen Strukturwandel; und sie erfährt das stärkste Wachstum und den schnellsten Strukturwandel, wo sie in die wachsende Weltwirtschaft eingegliedert ist. Es gibt also einen wachstumsbedingten und einen weltwirtschaftlichbedingten Strukturwandel. Was dazu angetan ist, diesen Wandel zurück zu stauen, statt ihn zu bewältigen, bringt Wachstumsverluste."* (*Professor Herbert Giersch*)

Die Frage nach der Einkommensverteilung ist ein **konfliktträchtiges Thema**. Mehr als alle anderen Fragen unserer Wissenschaft entzündet es die Leidenschaften und selbst die rein theoretische Betrachtung hat es nicht immer leicht, Werturteil und Wirklichkeit sauber zu trennen. Wissenschaftliche Erkenntnis und persönliches Bekenntnis, Information und Kommentar liegen bei diesem Reizthema eng beieinander.

Das Ziel einer gerechten Einkommensverteilung wirft eine Reihe von **Fragen** auf:

- Kann man mit wissenschaftlich-objektiven Methoden überhaupt eine gerechte Einkommensverteilung ermitteln? Abgesehen von statistischen Problemen der Datengewinnung stellt sich das Problem der objektiven Beurteilung: Wenn der Beurteiler eine bestimmte Einkommensverteilung als gerecht empfindet, dann empfindet er jede andere Einkommensverteilung als ungerecht (subjektiv!).
- Welches sind die Ursachen der momentanen Einkommensverteilung?
- Ist eine Korrektur der momentanen Einkommensverteilung wünschenswert?
- Welche wirtschaftlichen Maßnahmen zur Korrektur der momentanen Einkommensverteilung sind zu ergreifen?
- Können die wirtschaftspolitischen Eingriffe unerwünschte Nebenwirkungen haben?

Da im Rahmen einer reinen Marktwirtschaft mit einer Ungleichgewichtung der Einkommens- und Vermögensverteilung zu rechnen ist, soll **im Rahmen der sozialen Marktwirtschaft** eine Umverteilung stattfinden. Insbesondere die folgenden **Maßnahmen** sollen dieser Ungleichgewichtung entgegenwirken.

- Soziale Sicherungssystem, z. B. gesetzliches Sozialversicherungssystem, Wohngeld
- Steuerliche Erleichterungen, z. B. im Rahmen der Einkommensteuer durch den progressiver Steuertarif, Freibetrag für Land- und Forstwirte, Altersentlastungsbetrag, Entlastungsbetrag für Alleinerziehende, Kinderfreibeträge, Zahlung von Arbeitnehmersparzulage
- aktive Lohnpolitik der Gewerkschaften
- unentgeltliche Bereitstellung z. B. von Bildung und Sicherheit durch den Staat
- staatliche Förderung bestimmter Branchen oder Regionen.

2.9 Übungsaufgaben

Aufgabe 325:

Zwichen der Entwicklung des Wirtschaftswachstums und der Arbeitsplätze in Deutschland besteht ein enger Zusammenhang.

a) Welche Zielbeziehung besteht zwischen den Zielen Wirtschaftswachstum und Schaffung von Arbeitsplätzen?

b) Wie schnell wirken Veränderungen beim Wirtschaftswachstum auf den Arbeitsmarkt?

Aufgabe 326:

Die Deutsche Bundesbank veröffentlicht in ihrem jeweiligen Monatsbericht einen umfangreichen Statistischen Teil, in dem beispielsweise auch die Veränderungen der Preise nach dem Verbraucherpreisindex zu finden sind. Die Daten sind auch über die Internetseite der Bundesbank unter **www.bundesbank.de** jederzeit abrufbar.

a) Zeichnen Sie in ein Koordinatensystem die jährlichen Preisveränderungen der aufgeführten Jahre. Hinweis: Wählen Sie einen sinnvollen Maßstab.

b) Zeichnen Sie ebenfalls die Preisveränderungen in den Bereichen Nahrungsmittel, Energie und Wohnungsmieten.

c) Vergleichen Sie die unterschiedlichen Preisänderungen und finden Sie mögliche Erklärungen.

d) Erstellen Sie die Grafik mithilfe des Tabellenkalkulationsprogramms Excel.

Aufgabe 327:

Die EZB möchte den Kreditspielraum der Geschäftsbanken erweitern. Erläutern Sie den Einsatz der Offenmarktpolitik zur Erreichung dieses Zieles!

Aufgabe 328:

Ein Bankkunde zahlt auf sein Girokonto 1.200 € ein. Die Bank rechnet mit einer Kassenreserve für Barauszahlungen von 20 %.

a) Wie viel kann die Bank ausleihen, wenn der Mindestreservesatz 10 % beträgt?

b) Wie hoch wäre der Kreditspielraum bei einem Mindestreservesatz von 12 %?

c) Wie hoch wäre der Kreditspielraum bei einem Mindestreservesatz von 7 %?

Aufgabe 329:

Ergänzen Sie den folgenden Lückentext:

Je höher der Mindestreservesatz ist, desto ____ Kreditspielraum haben die Kreditinstitute. Je niedriger der Mindestreservesatz ist, desto ____ ist der Liquiditätsspielraum der Kreditinstitute. Durch eine Veränderung des Mindestreservesatzes lässt sich der ____ der Kreditinstitute direkt beeinflussen. Soll die Geldmenge sinken, muss der

Mindestreservesatz _____ werden. Eine Senkung des Mindestreservesatzes _____ die Geldmenge.

Aufgabe 330:

Erläutern Sie die mögliche Wirkung der Senkung der Spitzenrefinanzierungsfazilität unter folgenden Gesichtspunkten:

a) Refinanzierungsmöglichkeiten der Kreditinstitute
b) Veränderung des Zinsniveaus
c) Veränderung der Geldmenge
d) Auswirkung auf die Konjunktur

Aufgabe 331:

Nicht alles, was ökonomisch sinnvoll ist, lässt sich politisch durchsetzen, und umgekehrt. Nehmen Sie zu dieser Aussage Stellung.

Aufgabe 332:

Recherchieren Sie die folgenden Fragestellungen auf der Internetseite der EZB und der Deutschen Bundesbank.

a) Wie hoch sind derzeit die folgenden Zinssätze der EZB?
   - Einlagenfazilität
   - Hauptrefinanzierungssatz
   - Spitzenrefinanzierungssatz
   - Basiszinssatz
b) In welchem Zusammenhang spielen diese Zinssätze eine wichtige Rolle?
c) Wie heißen die aktuellen Präsidenten der EZB und der Deutschen Bundesbank?

Aufgabe 333:

Der Sachverständigenrat zur Begutachtung der gesamtwirtschaftlichen Lage hat Ende der 60-iger Jahre das Ziel Vollbeschäftigung wie folgt operationalisiert: Unter Vollbeschäftigung – oder hohem Beschäftigungsgrad – wird in der Zielprojektion eine Arbeitslosenquote von 0,8 v. H., gemessen am Anteil der Arbeitslosen an den abhängigen Erwerbspersonen, verstanden.

a) Ist Ihrer Meinung nach ein hoher Beschäftigungsgrad ein Indikator für eine stabile Wirtschaft?
b) Wer bestimmt, wann Vollbeschäftigung und Preisniveaustabilität herrscht?
c) Sehen Sie Gefahren darin, dass der Zielerreichungsgrad jeweils der Realität angepasst wird?
d) Diskutieren Sie die Operationalisierung des Ziels Vollbeschäftigung durch den damaligen Sachverständigenrat mit dem heutigen Zielerreichungsgrad.

Aufgabe 334:

„Es ist nicht entscheidend, wofür investiert wird, es kommt nur darauf an, dass überhaupt investiert wird. Der Staat mag Pyramiden bauen oder Löcher in die Erde graben und wieder zuschütten. Es ist immer noch besser, Pyramiden zu bauen, als eine Arbeitslosigkeit zu dulden."

Nehmen Sie Stellung zu dieser Aussage von *John Maynard Keynes*.

Aufgabe 335:

Jeder Markt hat zwei Seiten: eine Angebotsseite und eine Nachfrageseite. Befindet sich eine Volkswirtschaft in Ungleichgewicht, droht Massenarbeitslosigkeit.

a) Was versteht man unter Keynesianismus bzw. Monetarismus?
b) Auf welche Art und Weise wollen diese beiden Glaubensrichtungen die Massenarbeitslosigkeit erfolgreich bekämpfen?

Aufgabe 336:

Deutschland gehört zu den größten Handelsnationen und war in den vergangenen Jahren der weltweit größte Exporteur.

a) Welche Waren exportieren deutsche Unternehmen ins Ausland?
b) Versuchen Sie für die wichtigsten Branchen Beispiele für global agierende Unternehmen zu finden.

Aufgabe 337:

Beurteilen Sie die EU-Mitgliedsländer nach den finanzpolitischen Kriterien des Maastricht-Vertrags.

a) Welche Länder konnten beide Kriterien erfüllen?
b) Wie berechnen sich die angegebenen Werte für das Staatsdefizit und den Schuldenstand?
c) Welche Bedeutung haben die Kriterien für den wirtschaftspolitischen Handlungsspielraum der Staaten der Eurozone?

Aufgabe 338:

Bei der Einführung des Euro waren viele Kritiker skeptisch, ob eine stabile Währung entstehen könnte.

a) Welche Entwicklung zeigt die folgende Grafik?
b) Erläutern Sie mögliche Gründe, warum der Euro gegenüber bestimmten Währungen an Wert verloren hat.

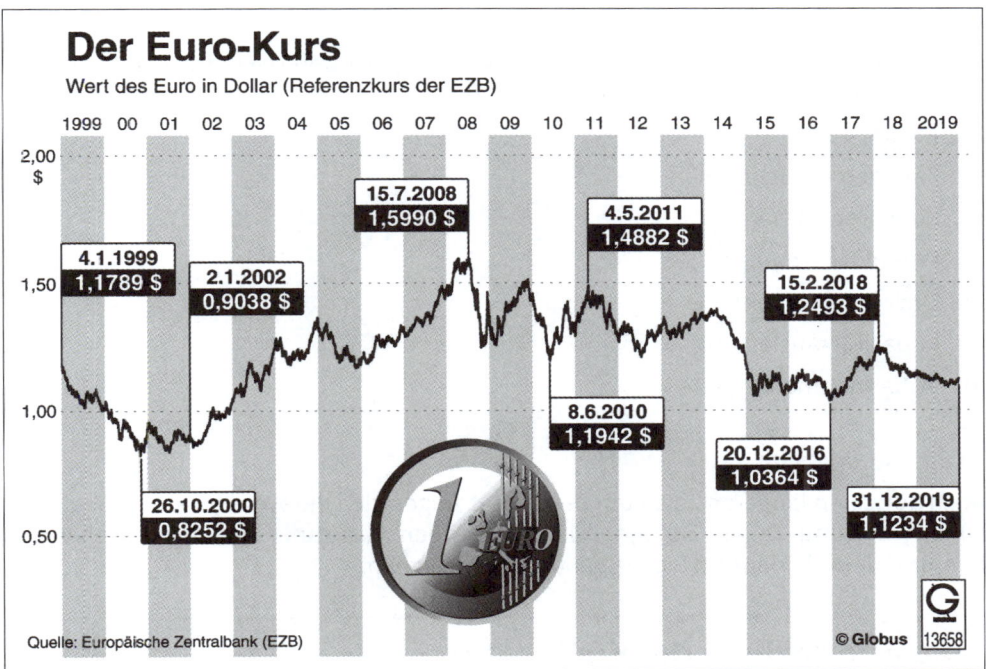

Aufgabe 339:

Zahlungsbilanz:

a) Was versteht man unter einer passiven Handelsbilanz und einer passiven Devisenbilanz?
b) Stellen Sie diese Situationen auf T-Konten dar!

Aufgabe 340:

Beschreiben Sie mögliche Auswirkungen einer

a) Aufwertung
b) Abwertung

des Euro gegenüber dem Dollar auf den deutschen Import bzw. Export!

Aufgabe 341:

Wie verändern sich möglicherweise die folgenden gesamtwirtschaftlichen Größen in den einzelnen Phasen des Konjunkturverlaufs?

a) Preise

b) Zahl der Arbeitslosen

c) Konsumnachfrage

d) Produktionsmenge

e) Unternehmergewinne

f) Kapazitätsauslastung

g) Arbeitnehmerentgelte

Aufgabe 342:

Auch auf einen längeren Zeitraum betrachtet zeigen sich die Wellen der konjunkturellen Entwicklung. Zeigen Sie anhand der folgenden Abbildung die langen Wellen der Konjunktur und erläutern Sie die genannten Ursachen.

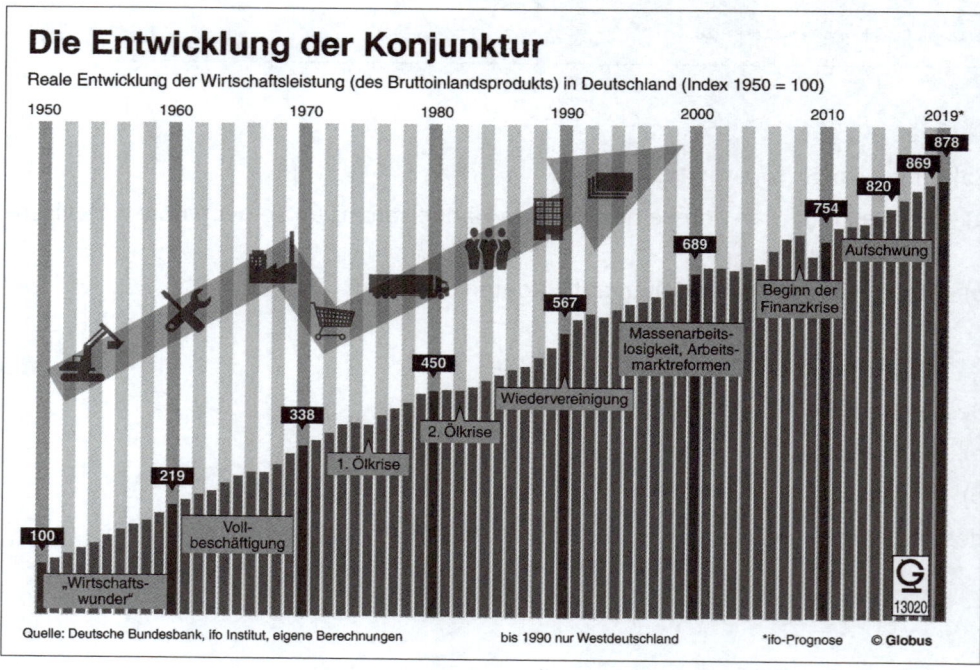

Aufgabe 343:

Welche der unten stehenden Abbildungen stellt die prozyklische, welche die antizyklische Fiskalpolitik dar? Begründen Sie ihre Entscheidung!

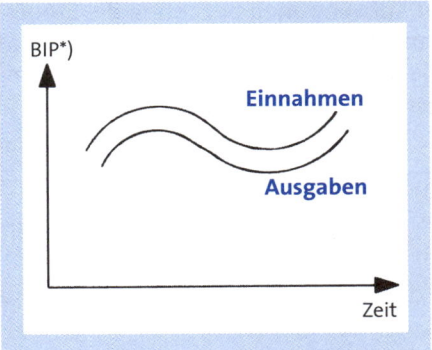
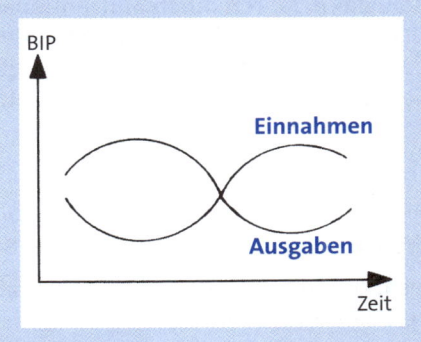

Aufgabe 344:

Kreuzen Sie an, ob die folgenden konjunkturpolitischen Maßnahmen konjunkturbelebend oder konjunkturdämpfend wirken.

Konjunkturpolitische Maßnahmen	konjunktur-belebend	konjunktur-dämpfend
EZB-Kauf von Wertpapieren		
Erhöhung des Mindestreservesatzes durch die EZB		
Verkauf von Wertpapieren durch die EZB		
Senkung des Mindestreservesatzes durch die EZB		
Erhöhung des Einkommensteuersatzes		
Aussetzung/Abschaffung der degressiven AfA		
Senkung des Körperschaftsteuersatzes		
zeitliche Verschiebung öffentlicher Ausgaben		
Anpassung der Einkommensteuervorauszahlungen an die konjunkturelle Entwicklung		
Erhöhung des Hauptrefinanzierungssatzes durch die EZB		

Aufgabe 345:

Der deutsche Steinkohlenbergbau ist teuer. Jede Tonne Kohle, die aus den Zechen an Ruhr und Saar gefördert wird, kostet rund 144 €. Auf dem Weltmarkt ist sie für gut 41 € zu haben. Damit die deutsche Kohle überhaupt abgenommen wird, senkt der Staat die Preise seit vielen Jahren durch Subventionen. Für Subventionen bezahlten die Steuerzahler 1999 rund 5,73 Mrd. €. Auf jeden Bergmann entfielen damit rechnerisch rund 66.467,94 € Unterstützung. Seit 1970 kosteten die Kohlehilfen über 86,92 Mrd. €. Sammeln Sie Argumente für bzw. gegen die Kohlesubventionierung (Kohlepfennig).

Aufgabe 346:

Die Verwirklichung einer gerechten Einkommens- und Vermögensverteilung ist eines der sechs Wirtschaftspolitischen Ziele des Staates.

a) Errechnen Sie an Hand der folgenden Tabelle die Lohnquote bzw. die Gewinnquote für die Jahre 01, 02 und 03.

Verteilung des Volkseinkommens (in Mrd. €)			
	01	02	03
Arbeitnehmerentgelt	1.137,7	1.136,8	1.129,3
Unternehmens- und Vermögenseinkommen	460,3	513,8	545,9
Volkseinkommen	1.597,0	1.650,6	1.675,2

b) Erläutern Sie auch anhand der Grafik zu Beginn des Abschnitts 2.8, wie sich die Arbeitnehmereinkommen und die Unternehmens- und Vermögenseinkommen in den letzten Jahren entwickelt haben.

c) Welche Ursachen könnte es für diese Entwicklung geben?

d) Welche Entwicklung erwarten Sie für die folgenden Jahre? Begründen Sie Ihre Einschätzung.

STICHWORTVERZEICHNIS

A

Abmahnung	200
Abschreibung	
-, Finanzierungseffekt	445
-, Kapitalbindungseffekt	445
-, Kapitalfreisetzung	445
Absonderungsberechtigte	457
Abzahlungsdarlehen	403
AG	
-, Organe	359
Aktie	347
-, rechnerischer Kursverlust	356
-, rechnerischer Wert	355
Aktienarten	
-, alte Aktie	351
-, Inhaberaktie	350
-, junge Aktie	351
-, Namensaktie	350
-, Nennbetragsaktie	349
-, Stammaktie	351
-, Stückaktie	350
-, vinkulierte Namensaktie	350
-, Vorzugsaktie	351
Aktiengesellschaft (AG)	347
Aktienurkunde	348
Aktionärsrecht	352
Aktiv-Passiv-Mehrung	393
Aktiv-Passiv-Minderung	393
Aktivtausch	393
Allgemeines Gleichbehandlungsgesetz	213
Allgemeinverbindlichkeitserklärung	191
Angebot	62
-, Bindung	63
Anlagendeckungsgrad I, II	425
Anlagenintensität	428
Annahme des Antrags	42
Annahmeverzug	91
-, Rechtsfolge	92
-, Voraussetzung	91
Annuitätendarlehen	402
Antrag	42
Anzahlung	431
Arbeitsgerichtsbarkeit	257
Arbeitslosenquote	484
Arbeitslosigkeit	484
-, Formen	485
-, friktionelle	485
-, konjunkturelle	485
-, saisonale	486
-, strukturelle	485
Arbeitsschutz	156
Arbeitsteilung	487
Arbeitsverhältnis	184
Arbeitsvertrag	184, 186
Arbeitszeitregelung	172
Arbeitszeugnis	212
Arthandlungsvollmacht	303
Atypische stille Gesellschaft	337
Auflösungsvertrag	195
Aufsichtsrat	344, 360, 372
Ausbildungsordnung	147
Außenfinanzierung	363, 394 ff., 398
Außenwert	491
Außenwirtschaftspolitik	486
Außergerichtliches Mahnverfahren	113
Außerordentliche Kündigung	199
Aussonderungsberechtigte	456

B

B2B	76
Bankkredit	398
Basiszinssatz	98
Bedürfnis	461
Beispiel Verzugszinsen	100
Beitragsbemessungsgrenze	249
Berufsausbildung	148
Berufsausbildungsverhältnis	140
Berufsausbildungsvertrag	
-, Kündigung	144 f.
Berufsbildungsgesetz	147
Berufsbildungsvertrag	
-, Inhalt	139
Berufsschule	149
Beschaffenheit	74, 78
Beschäftigungspolitik	484
Besonderer Kündigungsschutz	210
Bestellung	61
Beteiligungsfinanzierung	363, 395, 398
Betriebsrat	179
Betriebsvereinbarung	191
Betriebsverfassungsgesetz	180
Bezugsrecht	354
BGB	
-, Aufbau	26

511

STICHWORTVERZEICHNIS

BGB-Gesellschaft	324
Bilanzgewinn	366
Bilanzkennzahl	423
Bilanzkurs	356
Bonitätsanalyse	420
Boom	493
Börsenkurs	356
Börsenzulassung	347
Bote	300
Briefhypothek	417
Bruttoinlandsprodukt	493, 496
Buchhypothek	417
Bundesdatenschutzgesetz	175
Bundeskartellamt	471
Bürgschaft	406
-, Arten	407
-, Ausfallbürgschaft	407
-, einfache	407
-, selbstschuldnerische	407
Business to Business	76

C

C2C	76
Cashflow	426
Consumer to Consumer	76

D

Darlehen	399, 401
-, Rückzahlung	401
Darlehensvertrag	46
Datenschutz	173
Datenschutzgrundverordnung	174
Datenschutzkontrolle	174
Dauerfazilitäten	482
Deflation	479
Delkrederefunktion	431
Depression	493
Devisenbilanz	488
Devisenkurs	492
Dienstleistungsbilanz	488
Dienstvertrag	46 f.
Dividende	
-, bar	353 f.
-, brutto	353 f.
-, netto	353

Duales System	148
Dynamischer Verschuldungsgrad	427

E

E-Commerce	68
Eigenfinanzierung	363, 394
Eigenkapitalquote	427
Eigenkapitalrentabilität	428
Eigentumserwerb	107
Eigentumsübertragung	107
Eigentumsvorbehalt	
-, erweiterter	414
-, verlängerter	413
Eingetragene Genossenschaft (eG)	371
-, Mitglied	373
Einzelarbeitsvertrag	184
Einzelhandlungsvollmacht	303
Einzelprokura	307
Einzelunternehmen	322
Elektronisches Handelsregister	288
Elektronisches Unternehmensregister	289
Elterngeld	166
Elternzeit	166
Entgeltforderung	94
Entgelttransparenzgesetz (EntgTranspG)	215
Ergebnisermittlung	367
ESZB	480
EU	489
Europäische Genossenschaft (SCE)	375
Europäische Gesellschaft (SE)	370
Europäischer Wirtschaftsraum	489
Europäisches System der Zentralbanken	481
Europäische Union	489
Europäische wirtschaftliche Interessengemeinschaft (EWIV)	338
Europäische wirtschaftliche Interessenvereinigung	319
Europäische Wirtschafts- und Währungsunion	489
Europäische Zentralbank (EZB)	481
Eurosystem	481
EWIV	338
EWR	489
Expansion	493

STICHWORTVERZEICHNIS

F

Factor	431
Factoring	431
Falschlieferung	78
Fehlerhafte Montageanleitung	76
Fernabsatzvertrag	66
Festdarlehen	404
Filialprokura	307
Finance-Leasing	433
Finanzierung	391
Finanzierung aus Abschreibungen	395
Finanzierung durch Kapitalfreisetzung	449
Finanzierungsarten	394
Finanzierungsregel	
-, horizontale	423
-, vertikale	423, 427
Finanzwirtschaft	
-, Ziele	393
Firma	293
Firmenrecht	293
-, Firmenarten	294
-, Firmenzusatz	294
-, Grundsätze der Firmenbildung und irmenführung	295
Fiskalpolitik	496
Forderungsabtretung	409
Fortbildung	177
Franchisenehmer	313
Fremdfinanzierung	394
Fremdkapitalquote	427
Fusion	469
Fusionskontrolle	472

G

Geldleihe	399
Geldmenge	480
Geldpolitik	479
Generalversammlung	372
Generationenvertrag	239
Genossenschaft	371 f.
-, Aufsichtsrat	372
-, Generalversammlung	372
-, Vorstand	372
Geringfügige Beschäftigung	250
Gesamtkapitalrentabilität	428
Gesamtprokura	307
Gesamtsozialversicherungsbeitrag	255
Geschäftsanteil	340 f.
Geschäftsbrief	299
Geschäftsfähigkeit	31
-, Stufen	32
Geschäftsführung	325
Gesellschaft	318
Gesellschaft des bürgerlichen Rechts (GbR)	323
Gesellschafterversammlung	344
Gesellschaft mit beschränkter Haftung (GmbH)	339
Gesellschaftsrecht	319
Gesetzliche Arbeitslosenversicherung	240
-, Arbeitslosenversicherungsträger	241
-, Beitragsaufbringung	241
-, versicherter Personenkreis	241
Gesetzliche Krankenversicherung	229
Gesetzliche Rentenversicherung	236
-, Beitragsaufbringung	237
-, Beitragshöhe	237
-, versicherter Personenkreis	236
-, Versicherungsfall	237
Gesetzliche Unfallversicherung	
-, Leistung	249
-, Unfallversicherungsträger	247
-, versicherter Personenkreis	247
-, Versicherungsfall	247
Gesundheitsschutz	171
Gewährleistung	83
Gewerbebetrieb	
-, Merkmale	273
Gewinnausschüttung	367
Gewinnmaximierung	465, 467
Gewinnquote	502
Gewinnrücklage	362
Gewinnthesaurierung	367
Gewöhnliche Verwendung	74
Gezeichnetes Kapital	362, 364
Girokonto	408
Globalzession	411
GmbH	340
GmbH & Co. KG	333
Goldene Bankregel	424
Goldene Bilanzregel	424
Goldene Finanzierungsregel	424

STICHWORTVERZEICHNIS

Grundbuch	415
Grundkapital	350, 364
-, Namensaktie	350
-, Stammaktie	351
-, Stückaktie	351
-, vinkulierte Namensaktie	350
-, Vorzugsaktie	351
Grundpfandrecht	415 f.
-, Briefrecht	416
-, Buchrecht	416
Grundschuld	415, 417

H

Haftsumme	373
Haftungsbeschränkte UG	343
Handelsbilanz	488
Handelsgeschäft	266
-, beiderseitiges	267
-, einseitiges	267
Handelsmakler	312
Handelsrecht	265
Handelsregister	282
Handelsregisterrecht	282
-, Eintragungstatsachen	283
-, Eintragungswirkung	283
-, Vertrauensschutz des Handelsregisters	285
Handelsvertreter	309
Handlungsbevollmächtigter	303
Harmonisierter Verbrauchpreisindex	479
Hauptversammlung	352, 359
Hemmung	129
Hemmungsgrund	129
HGB	
-, Aufbau	268
Holdinggesellschaft	470
Hypothek	415 f.

I

Inflation	479
Inhaberaktie	350
Innenfinanzierung	394 ff., 445
Insolvenz	453
Insolvenzmasse	456
Insolvenzplan	457
Insolvenzverwalter	456

Internationaler Währungsfonds	493
Investition	391
Investitionskredit	399
Istkaufmann	269
IWF	493

J

Jahresabschlussanalyse	422
JArbSchG	157
Joint Venture	470
Joint Venture Konsortium	469
Jugendarbeitsschutzgesetz	157
-, Arbeitszeit	159
-, ärztliche Untersuchung	161
-, außerbetriebliche Ausbildungsmaßnahme	160
-, Berufsschule	160
-, Beschäftigungsverbot	161
-, Informationspflicht des Arbeitgebers	161
-, Kinderarbeit	158
-, Nachtruhe	159
-, Pause	159
-, Prüfungen	160
-, Sanktion	162
-, tägliche Freizeit	159
-, Urlaub	160
Jugendlicher	158
Jugendvertretung	183

K

Kannkaufmann aufgrund gewählter Eintragung nach § 2 HGB	274
Kannkaufmann aufgrund gewählter Eintragung nach § 3 HGB	275
Kapazitätserweiterungseffekt	447
Kapitalbilanz	488
Kapitalbindung	446
Kapitalbindungseffekt	445
Kapitalerhöhung	
-, aus Gesellschaftsmitteln	364
-, bedingte	364
-, genehmigte	363
-, ordentliche	363
Kapitalfreisetzungseffekt	445
Kapitalgesellschaft	320
Kapitalrücklage	362, 364

STICHWORTVERZEICHNIS

Kartell	469 f.
Käufer	
-, Rechte	79
Kaufkraft	491
Kaufmannsarten	269
Kaufmannseigenschaft	269
-, Bestimmung	278
Kaufvertrag	45, 60
Kaufvertragsabschluss	59
Kaufvertragserfüllung	59
Kaufvertragsrecht	59
Kaufvertragsstörungen	71
Kennziffer	423
Kind	158
KindArbSchV	157
Kinderarbeit	158
Kinderarbeitsschutzverordnung	157
Kommanditaktionär	370
Kommanditgesellschaft auf Aktien (KGaA)	370
Kommanditgesellschaft (KG)	331
Kommanditist	332
Kommissionär	311
Komplementär	332, 370
Konjunktur	493
Konjunkturindikator	494
Konjunkturphase	493
Konjunkturpolitik	493
Konsortium	470
Konsumkredit	399
Kontokorrentkredit	399, 401
-, Betriebsmittelkredit	401
-, Dispositionskredit	401
-, Saisonkredit	401
-, Überbrückungskredit	401
-, Überziehungskredit	401
Konzern	469
Krankenversicherung	
-, Leistungen	232
Kreditarten	399
Kreditfähigkeit	420
Kreditleihe	399
Kreditlinie	399
Kreditsicherheit	405
Kreditwürdigkeit	420
-, materielle	421
-, persönliche	421
Kundenanzahlung	429
Kündigung	193
-, Berufsausbildungsvertrag	145
-, Form	193
-, Grund	193
-, Zugang	194
Kündigungsfrist	196
Kündigungsgründe der Ausbildenden	144
Kündigungsgründe der Azubis	144
Kündigungsschutzgesetz	204
Kündigungsschutzklage	203
Kurswert	356

L

Leasing	
-, direktes	433
-, Finance-Leasing	433
-, indirektes	433
-, Operate-Leasing	433
Leihvertrag	45
Leistungsanspruch	235
Leistungsbilanz	488
Lieferantenkredit	399, 429
Lieferungsverzug	86
Limited (Ltd.)	346
Liquidation	454
Liquidationserlös	342
Liquidität	393
Liquiditätsgrad	426
Lohnquote	502

M

Maastricht	490
Mahnung	94, 96, 115
Mahnverfahren	
-, außergerichtliches	115
-, gerichtliches	116
-, kaufmännisches	115
Mahnwesen	113
Mängel	72
Mangelhafte Lieferung	71, 79
Mangelhafte Montageanleitung	78
Mantelzession	411
Marktform	465
Marktwirtschaft	462
-, Ethik	467
Massegläubiger	457

STICHWORTVERZEICHNIS

Maximalprinzip	467
Mengennotierung	492
Mietvertrag	47
Mindestreservepolitik	483
Minimalprinzip	467
Mitbestimmung	179
Mittelherkunft	392
Mittelverwendung	392
Monopol	466
Monopolkommission	473
Montagemangel	76
Montage- und Installationsanleitung	75
Muster	78
Mutterschutzgesetz	164

N

Neubeginn	132
Neubeginn der Verjährung	131
Nutzenmaximierung	465

O

Objektive Anforderung	74
Offene Handelsgesellschaft (OHG)	328
Offene Selbstfinanzierung	449
Offenmarktpolitik	482
Öffentliches Recht	22
Ökologisches Ziel	468
Ökonomisches Prinzip	467
Ökonomisches Ziel	468
Oligopol	466
Operate-Leasing	433

P

Pachtvertrag	47
Partnerschaftsgesellschaft (PartG)	334
Passivtausch	393
Person	
-, juristische	24 f.
-, natürliche	24 f.
Personalkredit	399, 405
Personengesellschaft	320
Pfandrecht	412
Pflichten der Ausbildenden	140
Pflichten der Azubis	140
Polypol	466
Preisbildung	465
Preisindex	479
Preisnotierung	492
Privatautonomie	318
Privatrecht	17
Probe	78
Produkthaftungsgesetz	85
Prokura	305
Prokuraarten	
-, Einzelprokura	307
-, Filialprokura	307
-, Gesamtprokura	307
Publizität	321

R

Rating	420
Realkredit	399, 405
Recht	
-, formelles	28
-, Käufer	89
-, materielles	28
-, nachgiebiges	24
-, objektives	27
-, subjektives	27
-, zwingendes	24
Rechte des Käufers	79
Rechtsfähigkeit	28
Rechtsform	318
Rechtsgeschäft	35
-, Arten	37
-, Formvorschrift	36
Rechtsmangel	73, 77 f.
Rechtsobjekt	24
Rechtssubjekt	24
Rentabilität	393, 428
Restschuldbefreiung	454, 458
Rezession	493
Rücklage	
-, andere Gewinnrücklage	366
-, für eigene Anteile	365
-, gesetzliche	365
-, satzungsgemäße	366

STICHWORTVERZEICHNIS

S

Sache	25
Sachmangel	73, 78
Sale-and-lease-back	433
Sanierung	454
Schuldenbereinigung	458
Schuldnerverzug	93
Schuldverhältnis	43
Selbstfinanzierung	
-, offene	364, 395, 449
-, stille	395, 450
Selbsthilfeverkauf	93
Sicherheit	393
-, abstrakte	417
-, akzessorische	416
Sicherungsübereignung	412
Skonto	429
Societas Cooperativa Europaea	319
Societas Europaea	319, 370
Soziale Marktwirtschaft	463
Soziale Pflegeversicherung	
-, Beitragsaufbringung	235
-, Pflegeversicherungsträger	235
-, versicherungspflichtiger Personenkreis	233
Soziales Ziel	468
Sozialgerichtsbarkeit	257
Sozialrecht	226
Sozialversicherung	226
-, Entstehen	226
-, Grundgedanke	227
-, Zweige	227
Sperrminorität	353
Stammeinlage	340 f.
Stammkapital	340 f.
Stellvertreter	300
Stellvertretung	300
Steuerberaterkammer	151
Stille Gesellschaft	336 f.
-, atypische	337
-, typische	337
Stiller Gesellschafter	332
Stille Selbstfinanzierung	450
Stimmrecht	342, 352
Strukturbilanz	422
Struktur-GuV	422
Strukturpolitik	503
Subjektive Anforderung	73

T

Tarifvertrag	189
Trust	469
Typische stille Gesellschaft	337

U

UG (haftungsbeschränkt)	343
Umlaufintensität	428
Umsatzrentabilität	428
Umweltpolitik	500
Unabhängigkeit	393
Unfallschutz	171
Unsachgemäße Montage	78
Unternehmensbezeichnung	297
Unternehmensform	318
Unternehmensinsolvenz	454 f.
Unternehmenskonzentration	469
Unternehmensregister	
-, elektronisches	289
Unternehmergesellschaft (haftungsbeschränkt)	343
Urlaubsanspruch	187

V

Verbraucherinsolvenz	454, 457
Verbraucherschutz	473
Verbrauchsgüterkauf	64, 76
Vereinbarte Beschaffenheit	73, 78
Vereinbartes Zubehör	78
Vereinbarte Verwendung	73, 78
Verjährung	
-, Beispiel	128
-, Einrede	126
-, Hemmung	129 f.
-, Neubeginn	130 f.
Verjährungsfrist	127
Verjährung von Ansprüchen im Privatrecht	
-, Einrede	126
Vermögensbilanz	488

STICHWORTVERZEICHNIS

Versicherungspflichtgrenze	254
Vertragsart	43
Vertragshändler	313
Vertrag von Maastricht	490
Vertretung	325
Verzug durch Mahnung	96
Verzugstag	99
Volkseinkommen	496
Vollbeschäftigung	484
Vollmacht	301
-, Erlöschen	308
Vollmachtsarten	
-, Arthandlungsvollmacht	303
-, Einzelhandlungsvollmacht	303
-, Generalhandlungsvollmacht	303
Vollstreckungsbescheid	119
Vorstand	360, 372

W

Währungsordnung	492
Warenkorb	479
Wechselkurs	492
Weiterbildung	177
Werkvertrag	45, 47
Wettbewerbsbeschränkung	471
Wettbewerbsschutz	469
Willenserklärung	35
Wirtschaftsordnung	461
Wirtschaftspolitik	461
-, Träger	477
-, Ziele	477
Wirtschaftssektor	502
WWU	489

Z

Zahlungsbilanz	487
Zahlungsunfähigkeit	454
Zahlungsverzug	93
-, Rechtsfolge	98
Zedent	409
Zentralverwaltungswirtschaft	462
Zession	
-, Globalzession	409
-, Mantelzession	409
-, offene	409
-, stille	409
Zessionar	409
Zielharmonie	478
Zielkonflikt	468, 478
Zinsmethode	99
Zivilprozess	132
Zivilrecht	17
Zubehör	73, 75
Zwangsversteigerung	418
Zwangsverwaltung	419
Zwangsvollstreckung	418

Nicht alle Klassiker helfen Dir bei der Abschlussprüfung.
Diese schon!

Manche Aufgaben kommen in der Prüfung immer wieder dran. Sie sind echte Klassiker! Wenn Du sie beherrschst, kann Dir nicht mehr viel passieren. Die drei „Prüfungsklassiker" von Kiehl enthalten typische Prüfungsaufgaben der letzten Jahre zum Üben! Und mit den ausführlichen Lösungen weißt Du immer ganz genau, wo Du stehst. Rechtslage 2021.

DIE Klassiker der letzten Prüfungen zusammengefasst – mit kostenloser Online-Version!

Prüfungsklassiker Steuerlehre für Steuerfachangestellte
Mecklenbrauck | Müller | Schulz
8. Auflage · 2022 · ca. 310 Seiten · € 20,-
ISBN 978-3-470-**65608**-3
@ Online-Buch inklusive

Prüfungsklassiker Wirtschafts- und Sozialkunde für Steuerfachangestellte
Schweizer | Schuster
8. Auflage · 2022 · ca. 239 Seiten · € 20,-
ISBN 978-3-470-**65448**-5
@ Online-Buch inklusive

Prüfungsklassiker Rechnungswesen für Steuerfachangestellte
Schulz
8. Auflage · 2022 · ca. 261 Seiten · € 20,-
ISBN 978-3-470-**65168**-2
@ Online-Buch inklusive

Im Paket zum Sonderpreis:
ISBN 978-3-470-**10305**-1

€ 52,-

kiehl
Kiehl ist eine Marke des NWB Verlags
Bestellen Sie bitte unter: **www.kiehl.de oder per Fon 02323.141-900**
Unsere Preise verstehen sich inkl. MwSt.

Bestellen Sie diese Bücher versandkostenfrei unter www.kiehl.de

In drei Schritten zum Erfolg im Rechnungswesen

Das gesamte Wissen – übersichtlich und verständlich dargestellt!

Das „Dreier-Paket" Rechnungswesen ist der ideale Begleiter für die gesamte Ausbildung. Durch die Kombination aus Lehrbuch inklusive Online-Training, Arbeits- und Lösungsheft haben Sie immer die richtige Lösung für die jeweilige Herausforderung zur Hand.

- Das **Lehrbuch** (ISBN 978-3-470-64398-4) vermittelt Ihnen das grundlegende Wissen in den Bereichen Rechnungswesen und Jahresabschluss. Diese können Sie mit den Übungsaufgaben im Buch und im kostenlosen Online-Training weiter festigen.

- Das **Arbeitsheft** (ISBN 978-3-470-10073-9) hilft Ihnen, mit Übungsaufgaben zu allen Themenbereichen Ihr Wissen zu vertiefen und sich optimal auf Prüfungen vorzubereiten.

- Das **Lösungsheft** (ISBN 978-3-470-64408-0) ist mit seinen detaillierten Lösungen ideal geeignet für das schnelle Auffrischen Ihres Wissens z. B. vor Klausuren und Prüfungen.

Ob Prüfungsvorbereitung, Nachbereitung des Unterrichts oder Auffrischen des Wissens – das Dreier-Paket aus Lehrbuch, Arbeits- und Lösungsheft ist der ideale Begleiter für die gesamte Ausbildung!

Rechtsstand: Frühjahr 2021!

Übungsaufgaben zum Rechnungswesen
für Steuerfachangestellte
Zschenderlein
3. Auflage · 2021 · Broschur
100 Seiten · € 13,-
ISBN 978-3-470-**10073**-9
Online-Buch inklusive

Im Paket mit Lehrbuch und Übungsbuch zum Sonderpreis: € 43,-
ISBN 978-3-470-**10771**-4

Rechnungswesen
für Steuerfachangestellte
Zschenderlein
8. Auflage · 2021 · Broschur
720 Seiten · € 35,-
ISBN 978-3-470-**64398**-4
Online-Buch und Online-Training inklusive

Lösungen zum
Rechnungswesen
für Steuerfachangestellte
Zschenderlein
8. Auflage · 2021 · Broschur
248 Seiten · € 20,-
ISBN 978-3-470-**64408**-0
Online-Buch inklusive

kiehl
Kiehl ist eine Marke des NWB Verlags
Bestellen Sie bitte unter: **www.kiehl.de** oder per Fon 02323.141-900
Unsere Preise verstehen sich inkl. MwSt.

Bestellen Sie dieses Buch versandkostenfrei unter www.kiehl.de